Bienvenue à Nice !

Bénie des dieux par un environnement enchanteur, Nice mêle l'élégance des stations balnéaires de la Belle Epoque, le charme des villes méridionales et le dynamisme des grands centres urbains. De la colline historique de Cimiez en passant par celle du Mont-Boron et ses vestiges historiques, la vieille ville et le centre ville ou l'incontournable Promenade des Anglais, la cité niçoise bouge en toute saison. Sans oublier le vert des forêts ou le blanc des sommets enneigés des Alpes du Sud, non loin du bleu profond de la Méditerranée, qui constituent une bouffée d'air frais accessible à tous à seulement 1h de route du littoral ! Partir à la découverte de Nice, de son l'arrière pays et de ses environs, des premiers rayons de soleil aux profondeurs de la nuit, ce n'est pas uniquement visiter des sites vertigineux et de toute beauté : c'est aussi découvrir des restaurants sympas, des boutiques originales, des bars à l'ambiance amicale et de nombreux bons plans pour vos séjours « ski », « shopping », « culture » ou « nature ».

EDITION
Directeurs de
et Jean-Paul L
Responsable
d'Elodie CABR
Avec la collab

Auteurs : Mél
BERNAR, Valé
MOUSKA, Kari
CARUCHET, Je
et alter

Directeur Editorial : Stéphan SZEREMETA
Rédaction France : François TOURNIE, Jeff BUCHE, Perrine GALAZKA, Talatah FAVREAU
Rédaction Monde : Patrick MARINGE, Caroline MICHELOT, Morgane VESLIN, Pierre-Yves SOUCHET, Leena BRISACQ

FABRICATION
Responsable Studio : Sophie LECHERTIER assistée de Romain AUDREN
Maquette et Montage : Julie BORDES, Élodie CLAVIER, Sandrine MECKING, Delphine PAGANO, Laurie PILLOIS
Iconographie et Cartographie : Audrey LALOY

WEB ET NUMERIQUE
Directeur Web : Louis GENEAU de LAMARLIERE
Directeur technique : Lionel CAZAUMAYOU
Chef de projet et développeurs : Jean-Marc REYMUND assisté de Florian FAZER, Anthony GUYOT, Cédric MAILLOUX

DIRECTION COMMERCIALE
Responsable Régies locales : Michel GRANSEIGNE
Responsable recrutement Régies locales : Victor CORREIA
Relation Clientèle : Vimla MEETTOO

REGIE NATIONALE
Responsable Régie Nationale : Aurélien MILTENBERGER assisté de Sandra RUFFIEUX
Chefs de Publicité : Caroline AUBRY, Perrine DE CARNE MARCEIN, Caroline GENTELET, Sacha GOURAND, Florian MEYBERGER, Stéphanie MORRIS, Caroline PREAU, Carla ZUNIGA

REGIE INTERNATIONALE
Directrice : Karine VIROT assistée de Elise CADIOU et Elisa MORLAND
Chefs de Publicité : Romain COLLYER, Camille ESMIEU, Guillaume LABOUREUR

DIFFUSION ET PROMOTION
Directrice des Ventes : Bénédicte MOULET assistée d'Aissatou DIOP et Alicia FILANKEMBO
Responsable des ventes : Jean-Pierre GHEZ assisté de Nathalie GONCALVES
Relations Presse-Partenariats : Jean-Mary MARCHAL

ADMINISTRATION
Président : Jean-Paul LABOURDETTE
Directeur Administratif et Financier : Gérard BRODIN
Directrice des Ressources Humaines : Dina BOURDEAU assistée de Sandra MORAIS et de Naommi CHOQUET
Responsable informatique : Pascal LE GOFF
Responsable Comptabilité : Valérie DECOTTIGNIES assistée de Jeannine DEMIRDJIAN, Oumy DIOUF, Christelle MANEBARD
Recouvrement : Fabien BONNAN assisté de Sandra BRIJLALL
Standard : Jehanne AOUMEUR

PETIT FUTE NICE 2015
Petit Futé a été fondé par Dominique AUZIAS.
Il est édité par Les Nouvelles Editions de l'Université
18, rue des Volontaires - 75015 Paris.
✆ 01 53 69 70 00 - Fax 01 42 73 15 24
Internet : www.petitfute.com
SAS au capital de 1 000 000 € - RC PARIS B 309 769 966
Couverture : © grems - comillus.com
Impression : IMPRIMERIE CHIRAT - 42540 Saint-Just-la-Pendue
Dépôt légal : 20/01/2015
ISBN : 9782746982048

Pour nous contacter par email, indiquez le nom de famille en minuscule suivi de @petitfute.com
Pour le courrier des lecteurs : info@petitfute.com

Retrouvez cette offre en page 97

Sommaire

Le palmarès du Petit Futé

Les nouveautés de ma ville

Manifestations Événements

Restaurants

Hébergement

S'amuser Sortir

Sports et loisirs

Shopping Mode Cadeaux

Produits gourmands – Vins

Beauté Bien-être

accès direct à la plage
bar
blanchisserie
climatisation
discothèque
distributeur d'argent
eau potable
équitation
espace fumeurs
établissement non-fumeurs
fitness
golf miniature
handicap malentendant
handicap malvoyant
handicap mental
handicap moteur
jardin ou parc
jeux
lave-linge / laverie
location de vélos
magasin d'alimentation
navette aéroport
pêche
piscine intérieure

Maison Déco Jardin

Pense futé Services

Visites Points d'intérêt

Voyages Tourisme Transports

Escapade dans les Alpes du Sud

Il aurait dû écouter France Bleu
france bleu azur
Suivez les grands événements
103.8
BILLY.
Ecoutez, on est bien ensemble
francebleu.fr

Nice

B
C
D
E
F
G
H
I
1
2
3
4
5
Faculté de Médecine
Château
IUFM
CIMIEZ
LIBÉRATION
VERNIER
CARABACEL
RIQUIER
Gare des Chemins de Fer de Provence
Gare de Nice-Ville
Gare de Nice-St-Roch
Concervatoire Nat. de Musique
Musée M. Chagall
Maison d'Arrêt
Palais des Expositions
Palais des Congrès
Centre Commercial
Centre Sportif Vauban
Gendarmerie
Police
Pôle Univ.
BOULEVARD DE CIMIEZ
BOULEVARD JOSEPH GARNIER
AVENUE BORRIGLIONE
AVENUE MALAUSSENA
BOULEVARD GAMBETTA
AVENUE DES ARÈNES DE CIMIEZ
BOULEVARD PASTEUR
AVENUE DU MARÉCHAL LYAUTEY
BOULEVARD JEAN-BAPTISTE VÉRANY
ROUTE DE TURIN
AV. DES DIABLES BLEUS
BOULEVARD PIERRE SOLA
VOIE A. MALRAUX
BD DE CIMIEZ
RUE DESAMBROIS
AVENUE DE LA GENDARMERIE
AVENUE VALROSE
AVENUE GEORGES V
BOULEVARD RISSO

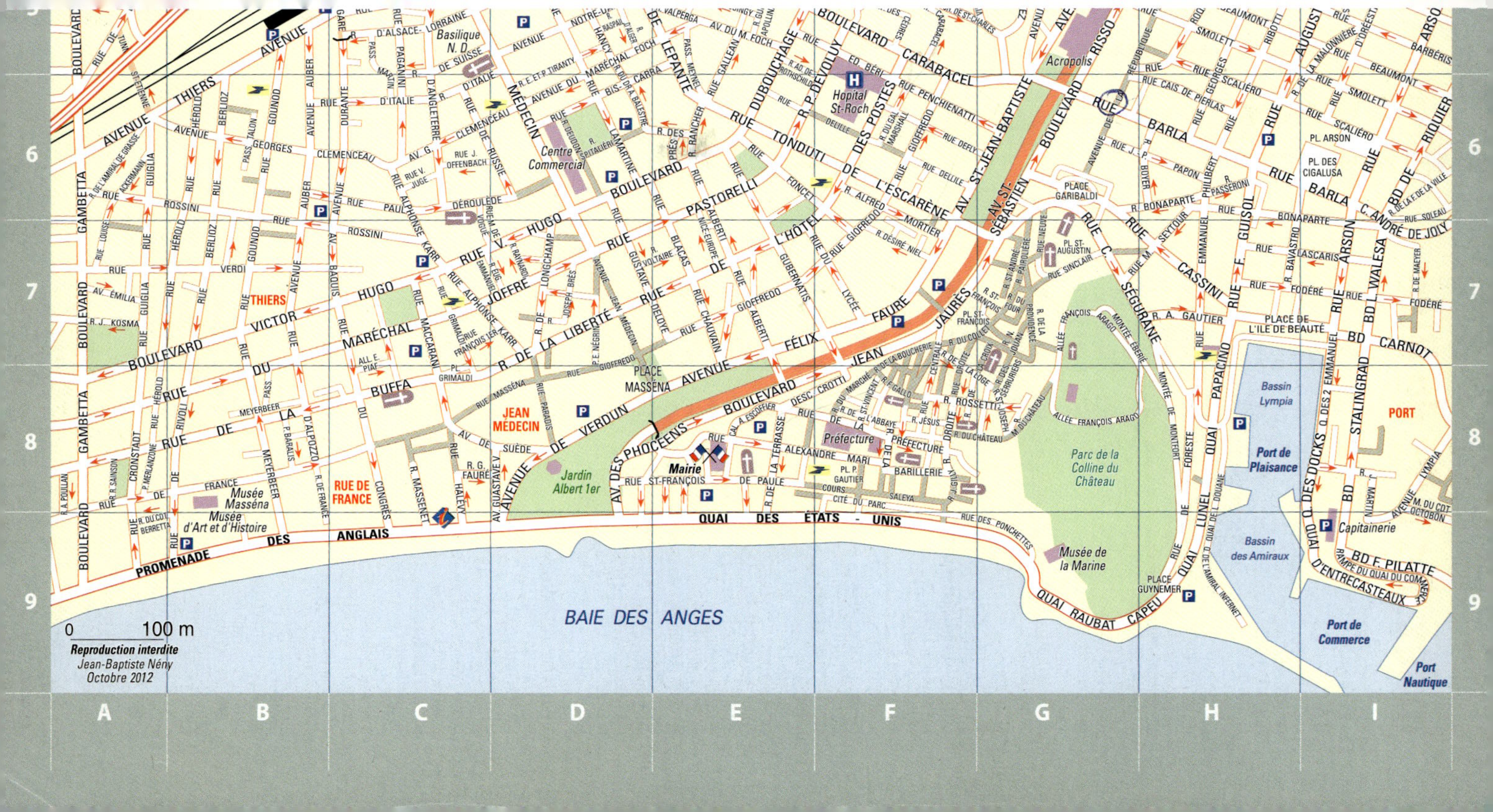

BAIE DES ANGES
PROMENADE DES ANGLAIS
QUAI DES ÉTATS - UNIS
QUAI RAUBAT CAPEU
Port de Plaisance
Bassin Lympia
Bassin des Amiraux
Port de Commerce
Port Nautique
PORT
Capitainerie
Parc de la Colline du Château
Musée de la Marine
Jardin Albert 1er
PLACE MASSÉNA
Mairie
Préfecture
Hopital St-Roch
Acropolis
Basilique N. D.
Centre Commercial
Musée Masséna
Musée d'Art et d'Histoire
JEAN MÉDECIN
RUE DE FRANCE
THIERS
PLACE GARIBALDI
PLACE DE L'ILE DE BEAUTÉ
BOULEVARD JEAN JAURÈS
AVENUE FÉLIX FAURE
AVENUE DE VERDUN
AV. DES PHOCÉENS
BOULEVARD VICTOR HUGO
AVENUE THIERS
BOULEVARD GAMBETTA
BOULEVARD RISSO
BOULEVARD CARABACEL
BOULEVARD DUBOUCHAGE
RUE DE L'HÔTEL DES POSTES
AV. ST-JEAN-BAPTISTE
AV. ST-SÉBASTIEN
RUE C. SÉGURANE
RUE CASSINI
QUAI PAPACINO
QUAI LUNEL
BD CARNOT
BD STALINGRAD
BD F. PILATTE
QUAI D'ENTRECASTEAUX
0 100 m
Reproduction interdite
Jean-Baptiste Nény
Octobre 2012
A B C D E F G H I
6 7 8 9

Index des rues de Nice

A

B

C

D

E

F

G

H

I-J

K-L

M

N

O-P

Q-R

S

T

U-V-W

Les futés de l'année

APÉRITIV
Port – 4, rue Cassini
✆ 04 83 55 37 09 – www.aperitiv.fr
contact@aperitiv.fr

Du lundi au samedi de 9h30 à 20h. Le dimanche de 9h30 à 12h30.

Vous organisez un apéro entre amis mais l'idée de courir chez le charcutier, le fromager, le caviste et le boulanger vous décourage ? Rendez-vous chez Apéritiv' ! *Concept store* inédit en France situé à deux pas de la Place Garibaldi, vous trouverez ici des produits alimentaires (jambon de Parme et de Bayonne, saucissons d'Arles, tapenades, olives, popcorns, chips au chorizo, chips bio...), des boissons avec et sans alcool (rosé à la tireuse, jus de fruits, chablis, mousseux, champagnes, bières, liqueurs, crème de banane...) ainsi que toute une gamme d'accessoires (coupes de champagne, serviettes en papier, shakers, girafes à bières, tire-bouchon décapsuleurs, pailles, pics apéritifs...) des plus classiques aux plus originaux mais toujours rigoureusement sélectionnés, notamment auprès de petits producteurs. Le *must* reste sans doute la gamme des coffrets *apéritiv* : des écrins élégants et pratiques que l'on peut composer soi-même (vins, spiritueux, champagnes, tapenades, crackers, saucissons, foie gras...) pour un cadeau original et gourmand. A noter également, l'espace bar et sa sélection de coffrets « cocktails clé-en-main » permettant de réaliser chez vous et facilement des cocktails comme au bar d'un grand hôtel. A consommer, sans modération !

DÉLI BO
Port – 5, rue Bonaparte
✆ 04 93 56 33 04 – nice.delibo@gmail.com

Ouvert du lundi au samedi de 7h30 à 19h, le dimanche de 10h à 17h. Carte : 30 € environ. Vin au verre. Chèques non acceptés. Terrasse. Vente à emporter.

Elise et Pascal régalent leurs clients selon l'heure de la journée de petits déjeuners vitaminés, de sandwichs frais ou de plats savoureux. En version salon de thé, le choix de pâtisseries créatives comble les plus gourmands : autour d'un thé de marque ou d'un café, on s'accorde une pause épicurienne dans ce Déli Bo au cadre doux et enchanteur au cœur d'un quartier paisible et rénové. Une adresse coup de cœur qui allie charme et saveurs.

AL CAPONE
Centre-ville
41, avenue Georges Clemenceau
✆ 04 93 92 29 22
www.alcaponerestaurant.com
contact@alcaponerestaurant.com

Ouvert du lundi au vendredi de 12h à 14h30 et de 19h à 22h30, le samedi sur réservation. Cuisine du marché, plats à l'ardoise. Accueil des groupes (jusqu'à 50 personnes. Menus de groupe possibles). Terrasse. Pizzas au feu de bois sur place ou à emporter.

Al Capone n'est pas un restaurant comme les autres. Plongez dans une ambiance rétro rappelant les années 20-30 : façades grises et rouges, mûrs en briques rouges, tableaux vintages en noir et blanc, instruments de musique, vinyls, sol en damier, fond de musique jazz et blues... tout est réuni pour voyager dans une autre époque ! Côté cuisine, vous serez aussi émerveillé : l'établissement prône une cuisine du marché fraîche et savoureuse. Les plats maison sont proposés uniquement à l'ardoise et mettent en valeur des produits frais : camembert rôti, figatellu jambon cru et mesclun, gnocchi frais à la crème de foie gras, risotto à la crème de parmesan, wok de bœuf à la thaï et ses légumes croquants ou encore punta de lomo (cochon ibérique AOP)... Une explosion de saveurs et un savoir-faire maîtrisé par un jeune Chef passionné. Les cuissons sont parfaites et les assaisonnements équilibrés. Quant aux desserts, ils sont simplement sublimes : charlotte aux clémentines, verrine gourmande, crème brûlée Kinder... La carte évolue au fil des saisons et le service reste impeccable. Des menus de groupes sont également réalisables sur demande. Une belle adresse très futée à découvrir.

AU RENDEZ-VOUS DES AMIS
Rimiez
176, avenue de Rimiez
Aire Saint Michel ✆ 04 93 84 49 66
www.rdvdesamis.fr
contact@rdvdesamis.fr

Maître Restaurateur. Fermé 3 semaines en novembre et 15 jours pendant les vacances de février. Ouvert de 12h à 13h30 et de 19h30 à 21h30. Ouvert de 12h à 13h30 et de 19h30 à 21h30 du jeudi au mardi. Fermé le mercredi. Réservation recommandée. Carte : 32 € environ. Menus enfants : 8 € et 13 €. Vin au verre. Menu groupes à partir de 12 €. Menu à partir de 28 € (entrée, plat, dessert). Possibilité de bon cadeau à imprimer via le site Internet. American Express, Chèque Restaurant. Accueil des groupes (de 30 à 40 personnes). Jardin. Terrasse. Vente à emporter.

Aucune fausse note pour ce restaurant tenu par Isabelle et Thierry Bagnis. Situé sur les hauteurs de Nice dans une jolie bâtisse des années 1930, ce lieu fut d'abord une épicerie puis un dancing, et enfin un hôtel où les habitants du quartier résidentiel de Rimiez venaient jouer aux boules, aux cartes et danser le samedi soir. Aujourd'hui, cet établissement transformé en restaurant de cuisine niçoise à la déco champêtre propose un service soigné et des produits irréprochables. Si on aime s'attabler en hiver dans la salle intérieure très chaleureuse, aux couleurs acidulées, il est agréable de s'installer aux beaux jours sur la très belle terrasse ombragée par des tilleuls centenaires. Derrière les fourneaux, Thierry concocte ici une cuisine de terroir familiale : raviolis à la niçoise, terrine d'artichauts à la crème de ciboulette, mijoté d'agneau au pistou, polenta crémeuse, filet de loup à la vierge de légumes, sauté de veau au pistou que l'on accompagne, pourquoi pas, de vins des Côtes de Provence ou de Bandol. En dessert, succombez au clafoutis aux fruits de saison ou à la mousse de mascarpone et ses cerises cuites au kirsch, parsemée d'éclats de noisettes. Une adresse gourmande que l'on recommande vivement !

© ISTOCKPHOTO.COM – GVICTORIA

Le port de Nice

LE BISTROT D'ANTOINE
Vieux-Nice
27, rue de la Préfecture
✆ 04 93 85 29 57

Fermé 3 semaines en août, 1 semaine à Noël, 1 semaine à Pâques. Ouvert du mardi au samedi de 12h à 14h et de 19h à 22h. Réservation impérative. Carte : 26 € environ (entrée, plat, dessert). Vin au verre. Chèques non acceptés. Terrasse.

Un incontournable du Vieux Nice. Il faut préciser que le bar Antoine devenu le Bistrot d'Antoine, véritable adresse nissarte dès 1904, est toujours au cœur de la vie de ce si pittoresque quartier. Un rez-de-chaussée et un bar, une salle en étage avec sa déco rustique et aux fourneaux Sébastien Krieger ancien du Cigalon tout comme le patron Armand Crespo. Le chef propose une cuisine traditionnelle qui rassemble les convives. Des saveurs qui n'en finissent pas de séduire les clients qui se régalent (le mot n'est pas trop fort) : terrine de lapin, rognons de veau, cocotte de cochon à l'ancienne, noix de Saint Jacques rôties lard légumes de saison pommes de terre grenaille et en dessert baba au rhum, poires « martin sec » pruneaux et raisins crumble au spéculos mousse d'amandes. Les prix sont attractifs, l'accueil et l'ambiance également. Adresse niçoise par excellence. Il est indispensable de réserver longtemps à l'avance.

COMPTOIR DU MARCHÉ
Vieux Nice
8, rue du Marché ✆ 04 93 13 45 01
♿

Fermé une semaine à Pâques, une semaine à Noël, trois semaines en août. Ouvert du mardi au samedi de 12h à 13h30 et de 19h à 21h30. Réservation recommandée. Carte : 26 € environ (entrée + plat + dessert). Vin au verre. Entrées : 7 € environ, plats : 13 € environ, desserts : 6 € environ. Terrasse.

Armand Crespo a visé juste avec son Comptoir du Marché qui ne désemplit pas depuis son ouverture. Il faut dire que de la déco à l'assiette en passant par l'accueil, c'est un sans faute. Véritable clin d'œil aux années 1950, la cuisine affiche un décor où le bleu ciel et le jaune poussin prédominent laissant une place toute trouvée au mobilier en Formica. Derrière l'espace de travail ouvert, le Chef et sa brigade s'activent minutieusement pour concocter des plats du terroir : langue de bœuf sauce raifort, rognons de veau sur le grill, cabillaud rôti bouillon de truffes, saumon gravelax mariné sucre/sel… Côté douceurs : mille feuilles gingembre citron vert compotée d'ananas. L'ardoise change au gré du marché et des inspirations mais les prix restent très accessibles. Coup de cœur assuré.

GIROFLE & CANNELLE
Vieux Nice
4, rue Pairolière
✆ 04 93 54 43 13
www.girofle-et-cannelle.com
contact@girofle-et-cannelle.com

Ouvert du mardi au samedi de 10h à 19h ; le dimanche et le lundi de 10h à 18h.

Véritable antre aux trésors, cette enseigne déploie des couleurs, des senteurs et des saveurs par milliers. On y trouve une sélection variée d'épices, des sels et des poivres du monde entier, d'authentiques vinaigres balsamiques de Modène, des versions millésimées, des huiles précieuses, des coffrets gourmets, un choix de thés rigoureusement sélectionnés... C'est une escapade réjouissante pour les yeux dédiée au bonheur du goût. Le propriétaire chine avec passion les saveurs et les produits d'épicerie fine consacrés de par le monde et nous invite au voyage au cœur même du vieux Nice.

L'HYDROPATHE NOUVEAU
Centre-ville
6, boulevard Victor Hugo
✆ 04 93 55 89 12
www.lhydropathe.com
hydropathe@orange.fr
Ouvert du lundi au samedi de 7h à 0h30. Service midi et soir. Plat du jour : 12 €. Formule midi : 15 € (plat du jour + verre de vin + café). Menu enfant : 9 €.
C'est dans un cadre moderne que l'Hydropathe ouvre ses portes midi et soir. Le service est des plus accueillants grâce à une équipe dynamique et souriante ; l'ambiance est chaleureuse et la cuisine exceptionnelle. Les plats sont réalisés uniquement à partir de produits frais : burrata nature grappe de tomates cerise et croûtons de tapenade, duo de tartare de saumon et thon frais aux agrumes sésame et gingembre, feuilleté au parmesan salade du soleil levant (salade iceberg, tomates, cébettes, pousses de soja, émincé de poulet yakitori, citron, coriandre, graines de sésame), souris d'agneau confite au Madère et son écrasé de pommes de terre aux truffes, brochettes de saint-Jacques coulis de mangue et riz sauvage, ravioles à la truffe et son escalope de foie gras poêlé... de quoi passer un merveilleux moment ! Côté sucré, vos papilles seront également en ébullition avec les desserts maison : tarte citron meringuée ou fondant au chocolat au cœur framboise. Une adresse que vous n'êtes pas prêt d'oublier.

ITALIAN PUB
Magnan
6, impasse Saint-Laurent
✆ 09 81 39 20 85
Ouvert du lundi au samedi le midi, le vendredi midi et soir. Ouvert le samedi soir sur réservation. Groupes acceptés. Terrasse. Ticket moyen : environ 20 € par personne pour plat + dessert + boisson. Vin au verre.

Niché dans une petite impasse, la carte de ce restaurant joliment décoré affiche une cuisine italienne traditionnelle : pizzas, pâtes fraîches en sauce (*parppadelles* aux cèpes, au pistou, à la carbonara, à l'arrabiata...), lasagnes maison et autres spécialités sont ainsi concoctées à base de produits de première fraîcheur selon les recettes des véritables *mammas* italiennes. Côté sucré, c'est encore une fois une explosion de saveurs : profiteroles revisitées, croustillant au chocolat ou tiramisu... de quoi satisfaire les plus gourmands ! La carte des vins propose également des découvertes typiquement transalpines. Le service est irréprochable : sympathie, bonne humeur et convivialité sont les maîtres mots de cette excellente adresse.

L'AUTOBUS
Rimiez
142, avenue de Gairaut
✆ 04 93 84 49 88
lautobus06@hotmail.fr

Ouvert tous les jours de 12h à 14h sauf mercredi toute l'année. En hiver, ouvert les vendredis et samedis soir. En été, tous les soirs sauf le dimanche et mercredi. Carte : 25 € environ. Menu enfant : 10 €. Menus à partir de 25 €. Menu gourmet : 50 €. Accueil des groupes (jusqu'à 35 personnes). Jardin. Terrasse. Boulodrome. Animaux acceptés.

Cette adresse chère aux cœurs des Niçois célèbre les recettes locales depuis plus de 20 ans. Olivier Traverso concocte les grands classiques de la cuisine niçoise avec envie et passion, et dans les règles de l'art : farcis, daube-raviolis, ratatouille, beignets de fleurs de courges, stockfish, polenta... On s'attable à l'intérieur dans un cadre épuré et contemporain. Dès les beaux jours, on profite de la terrasse dallée et ombragée qui fait face à la cuisine d'été. Une adresse coup de cœur où la sérénité des lieux et l'amour des saveurs du terroir perpétuent une alliance parfaite !

L'OLIVIER
Centre-ville
13, rue Biscarra
✆ 04 93 62 93 55

Ouvert tous les jours de 12h à 14h et de 17h à 22h. Menus de 9,50 € à 22 €. Formule du midi : 9,50 €. Entrée à partir de 6 €. Plat à partir de 10 €. Chèque Restaurant.

Envie de cuisine libanaise ? Petit restaurant de quartier à l'ambiance conviviale aux tonalités rouge et blanc, la gentillesse du patron qui officie à lui seul en cuisine et en salle fait de ce lieu un petit paradis gourmand. L'Olivier satisfera en effet vos désirs de saveurs orientales ! Ici, les plats sont généreux et la cuisine délicieuse. Les assortiments de *mezze* fraîchement préparés défilent dans l'assiette : taboulé, feuilles de vignes farcies, houmous... Les végétariens trouveront leur bonheur avec des préparations qui mêlent légumes et assaisonnements tandis que les amateurs de viande pourront se rattraper avec les brochettes grillées de volaille, de bœuf ou d'agneau savamment aromatisées. Les connaisseurs en vins apprécieront aussi les crus libanais : Ksara, Château Musar, Kefraya, Domaine Wardy, Domaine de Baal, Coteaux de Botrys ou Château Khoury. En dessert, vous succomberez certainement au feuilleté aux amandes ou au gâteau de semoule. Petit plus : possibilité de vente à emporter.

LOU BUS D'AQUI NOUVEAU
Centre Ville
4, boulevard Carabacel
✆ 06 59 79 58 76
lafabriquegourmande@orange.fr

De 11h30 à 14h30 du lundi au vendredi sur le parking de l'école de commerce l'IPAG accessible au public au 4 boulevard Carabacel. Pour les soirs de match de l'OGC Nice, parvis Nord à l'Allianz Riviera durant toute la saison. Tarifs : de 3 € à 8 €. Menu 8 € environ. Service traiteur avec ou sans camionnette pour tous types d'événements.

Premier *food truck* 100% niçois créé par Clémentine et Julien, ce drôle de camion Citroën type H tout droit sorti des années 1970 affiche fièrement les couleurs de la Ville (le rouge et le noir) ainsi que l'Aiglon, l'emblème de Nice. Lou Bus D'Aqui vous propose ainsi de déjeuner sainement sur le pouce avec des bouchées fraîches et savoureuses typiquement locales : pans-bagnats, pissaladières, tartes aux blettes, capoun, socca, frites de panisse et plats du jour... Les légumes servis sont tous cultivés avec délicatesse et passion dans la Plaine du Var, de quoi satisfaire les plus gourmands et les fervents défenseurs de l'identité niçoise. Lou Bus d'Aqui, une façon originale de (re) découvrir les saveurs de la capitale azuréenne et de manger équilibré ! Petit plus très futé : service traiteur pour vos événements.

LE MAKASSAR
5, rue Alexandre-Marie
Vieux Nice
✆ 04 93 80 99 09
Tramway : arrêt Opéra.

Ouvert toute l'année. Fermé dimanche soir et lundi. Samedi midi et dimanche midi brunch 11h-15h : 20 €. De 12h à 14h et de 19h30 à 23h. Menus de 20 € à 29 € (le soir, entrée, plat, dessert). Carte : 35 € environ (entrée, plat, dessert). Menu enfant : 10 €. Formule du midi : 13 € (plat, boisson, café). American Express, Chèque Restaurant. Accueil des groupes (jusqu'à 25 personnes). Terrasse. Parking public Corvesy face au restaurant. En saison vente salades à emporter.

Ambiance élégante et colorée dans ce charmant restaurant à l'entrée de la vieille ville. La cuisine honore les produits frais de qualité et opte pour les saveurs sucrées-salées : millefeuille de rougets, crumble de camembert pomme caramélisée et magret fumé, soupes, salades de gambas et Saint-Jacques au pistou, terrine de foie gras maison, canard à la framboise, carré d'agneau rôti au thym, filet de bœuf sauce fruits rouges et basilic, pavé de thon sauce vierge, dos de loup cuit sur la peau clouté à la vanille, tiramisu au caramel beurre salé, mousse de chocolat au piment d'Espelette... Le samedi et le dimanche dès 11h le brunch s'offre à la carte : brunch complet ou assiettes au choix sucrées ou salées (dont les pancakes maison faits à la minute).

OLIVE ET ARTICHAUT
Vieux Nice
6, rue Sainte-Réparate ✆ 04 89 14 97 51
www.oliveartichaut.com
contact@oliveartichaut.com
Ouvert toute l'année. Du mercredi au dimanche de 12h à 14h et de 19h30 à 22h. Brunch dimanche de 10h30 à 15h30. Fermeture hebdomadaire le lundi et le mardi. Réservation recommandée. Carte : 17 € environ. Site internet accessible aux personnes handicapées.
Véritable parenthèse gourmande posée au cœur de la vieille ville niçoise, Aurélie Marion et Thomas Hubert sont deux passionnés de cuisine. Leur amour pour les beaux produits se partage dans leurs assiettes gourmandes et bien présentées qui mettent à l'honneur les saveurs locales et les petits producteurs du coin. Côté déco, l'ambiance est chaleureuse à l'image des patrons : matériaux bruts, tons chauds, coin *show cooking* où le Chef s'active devant ses fourneaux sous l'oeil fasciné des clients sans oublier un bel espace d'épicerie fine. La carte change au gré des saisons : soupe froide de courgette oeuf de caille poché crouton à l'huile d'olive et amande fraîche, risotto d'olive et artichaut copeaux de vieux parmesan, retour de pêche et purée d'artichaut avec des légumes en barigoule... Une excellente adresse authentique à (re) découvrir impérativement !

PASCAL ROLLAND
Centre Ville
28, rue Lepante ✆ 04 93 54 50 35
Ouvert du mardi au samedi de 9h30 à 19h30. Coupe (à partir de) : femme 40 €, homme 21 €, enfant (moins de 10 ans) 18 €. Couleur : à partir de 30 €. Carte de fidélité (20% de remise au bout de 5 RDV).
Dans ce salon de coiffure tendance, Pascal Rolland et son équipe mettent leur expérience des défilés parisiens et des podiums de la mode au service de leurs clients. Nouvel élan cette année avec l'arrivée de la marque italienne Davines, le salon se met donc au vert et au BIO... Changement de déco avec aussi, une nouvelle approche de la coiffure. Place donc à la «beauté durable» car la marque Davines est totalement axée sur le respect de l'environnement en n'utilisant que d'excellents ingrédients naturels. Cela se traduit également par le choix des partenaires et des consommateurs de qualité. Chaque étape de fabrication du produit, de sa conception à son acheminement, est pensée pour réduire l'empreinte écologique de la marque sur la planète. Visagistes et spécialistes de la coupe sur cheveux secs qui respecte davantage le placement naturel des cheveux, leur travail est particulièrement artistique. Le lissage brésilien est proposé à un tarif très correct par rapport à la concurrence avec un soin profond à la kératine qui nourrit le cheveu en profondeur. Colorations et soins capillaires sont dispensés avec attention tandis que les conseils personnalisés ajoutent à la prise en charge individuelle qui comble la clientèle féminine autant que masculine. L'ambiance musicale électro, l'accueil attentif et le salon cosy situé au sous-sol avec coin bar et espace pose d'ongles (Nails By Eve) concourent au plaisir d'un rendez-vous coiffure très *cocooning* !

SPA SPLENDID
Centre-ville
50, boulevard Victor-Hugo ✆ 04 93 16 41 00
www.spa-splendid.com
spa@splendid-nice.com
Dans l'enceinte de l'hôtel Splendid
Tous les jours à partir de 10h. Massages de 89 € l'heure à 119 € pour 1h30 ; Rituels Visages de 69€ à 89 €. Forfait journée à 229 €.
Au sein du Splendid Hôtel & Spa****, la détente commence déjà sur la route puisqu'il n'est pas question de chercher désespérément une place de parking : le garage de l'Hôtel vous ouvre gratuitement ses portes pendant toute la durée des soins. Sur 110 m², le Spa Splendid by Decléor constitue une oasis de calme dans une atmosphère de luxe et de sérénité. A la carte, retrouvez une multitude de massages différents aux huiles essentielles issues de la gamme de produits Decléor, pionnière dans l'aromathérapie en cosmétique. Vous découvrirez également les massages suédois, revitalisant, à quatre mains, drainant, minceur, énergétique ou encore déstressant. Le spa prodigue aussi des soins pour le corps et des épilations pour les femmes et les hommes. De quoi se faire chouchouter par une équipe professionnelle, hors de l'effervescence et du tumulte de la ville ! Spa Happy Hour : une idée très futée. De 13h à 15h, profitez de 50 % de réduction sur le massage suédois, le soin du visage Aroma Oxygène et la pose de vernis. Sans attendre, allez vous faire chouchouter au lieu de déjeuner !

LA TERRASSE DU PLAZA
Carré d'Or
12, avenue de Verdun
Hôtel Plaza ✆ 04 93 16 75 92 / 04 93 16 75 73
www.laterrasseduplaza.fr
contact@laterrasseduplaza.fr

Ouvert toute l'année. Du 1er octobre au 30 avril, terrasse ouverte de 10h30 à 17h (fermé le dimanche midi jusqu'à fin mars). Plaz'Art Café Bar Lounge (rez-de-chaussée de l'hôtel) ouvert de 17h à 21h. Du 1er mai au 30 septembre, terrasse ouverte tous les jours de 10h30 à 0h30 non-stop, services midi et soir, lounge bar de 10h30 à 0h30. Réservation recommandée. Carte : 35 € environ. Menu enfant : 12 €. Vin au verre. Servis uniquement le midi : plat du jour 15,90 €. Menu du jour 21,90 €. Menu affaires 36 €. Suggestions du jour de 16 € à 40 €. Brunch tous les dimanches de 11h à 15h. American Express, Diners Club, Chèque Restaurant. Accueil des groupes (jusqu'à 120 personnes assises, 250 en cocktail). Terrasse. Animations. Parkings publics Masséna et Ruhl à proximité.

Ce restaurant situé au 6e étage, sur le toit de l'Hôtel Plaza, offre une vue imprenable sur la Promenade des Anglais. Déjeuner, dîner, bar lounge et petits-déjeuners en été, apéritif ou *afterworks*, l'établissement propose une restauration fraîche et délicate orchestrée par le chef Olivier Bœuf, enfant du pays niçois forgé à la cuisine provençale depuis son plus jeune âge. La carte annonce des notes envoûtantes comme la salade niçoise revisitée au thon mi-cuit, la fine tartelette aux oignons confits pomme caramélisée et foie gras poêlé, réduction au porto, la daurade grise fourrée de jeunes pousses, courge butternut et pommes noisettes, infusion de citronnelle, le filet de bœuf Rossini aux truffes, légumes assortis, pommes Anna, le macaron cœur coulant chocolat, marmelade de fruits rouges, sorbet orange. L'été cède la place aux *show cooking* avec une plancha et un wok pour animer la terrasse. Nouveauté : un brunch sur la terrasse tous les dimanches de 11h à 15h (45 €/personne). Le lieu se prête également à de belles soirées estivales, la tête dans les étoiles, avec ambiance musicale et la présence d'un super barman, roi du mojito et des cocktails colorés à déguster accompagnés d'une assiette de tapas. À chaque moment de la journée, venir à La Terrasse du Plaza promet de belles surprises, dans un décor de rêve entre ciel et mer !

VINO E CUCINA
Nice nord
118, boulevard de Cessole
✆ 04 93 52 28 08
www.vinocucina.eu
info@vinocucina.eu

Ouvert toute l'année. De 12h à 14h et de 19h à 22h. Fermé le samedi midi, le dimanche toute la journée et le lundi midi. Menu déjeuner entre 12 € et 16 €. Menu découverte le soir pour toute la table : 39 €. (antipasti, deux demi plats viande ou poisson au choix et dessert). Terrasse.

Le Chef italien Fabio Merra au parcours riche de grandes tables (Louis XV et Grill de l'Hôtel de Paris à Monaco, L'Andana en Toscane, le Spoon à Paris, le Negresco à Nice…) et sa compagne Laura ont posé leur piano et leurs sourires dans l'agréable quartier de Cessole où le succès est indéniablement au rendez-vous ! Sur la jolie terrasse chauffée ou entre les murs à l'ambiance chaleureuse, on voyage en Toscane, dans les Pouilles ou les Abruzzes. Les produits de grande qualité dénichés dans le sud de l'Italie par Fabio qui cultive également son jardin potager proposent une palette de saveurs pleine de respect. Ces beaux produits signent une carte dont les plats changent tous les mois : *antipasti* comme les maquereaux de Méditerranée mi-cuits marinés aux agrumes de Sicile façon palermitaine, *primipiatti* comme les tortelli de loup et agrumes asperges blanches et vertes cuites et crues, 4 sortes de risottos dont un aux truffes noires, *secondi piatti* comme le filet de chapon cuit en cocotte carottes et autres racines glacées d'un jus safrané… Pour parfaire ce périple gourmand, la carte des vins cultive elle aussi un bel accent italien qui résonne également dans la chaleur de l'accueil et le service enthousiaste.

Les nouveautés de ma ville

© Florian Villesèche - Fotolia

Restaurants

L'ARDOISE ROUGE

Centre ville
9, rue Clément Roassal
✆ 04 89 92 03 38 / 06 31 22 61 69 / 06 58 73 77 00
lardoiserouge@gmail.com

Ouvert du mardi au samedi de 12h à 13h45 et de 18h à 22h (23h pour les boissons), le dimanche de 11h à 13h45. Réservation recommandée. Formule du midi : 12,90 € pour 3 saveurs + café, 15,90 € pour 4 saveurs + café. Saveur supplémentaire : 5,50 €. Formule brunch : salée 15 €, sucrée, 10 € et complète 20 €. Vin au verre : entre 5 € et 8 €. Soir : assiettes de tapas (pas de restauration). Accueil des groupes (jusqu'à 30 personnes – buffet ou apéritif dînatoires). Terrasse.

L'Ardoise Rouge met en avant un concept innovant et inédit où chacun compose son assiette à partir des différentes suggestions de la semaine élaborées autour de quatre thèmes : saveurs de la terre, de la mer, du potager et gourmandes. En formule, vous pouvez opter jusqu'à trois ou quatre saveurs aux choix présentées sous forme de petite cocottes, verrines ou tartines préparées sur place à base de produits frais et de saison, le tout servi avec de la salade ou des frites maison. Le soir, l'établissement se transforme en bar à vins avec de grands crus provenant de producteurs artisanaux et dégustés autour d'assiettes de tapas.

L'ASSIETTE BISTROT PÂTISSERIES

Centre Ville
16, rue Foncet
Angle Pastorelli ✆ 04 93 91 30 65

Ouvert toute l'année. Du lundi au samedi de 7h à 19h. Restaurant – Bistrot – Cuisine du jour – Produits frais – Pâtisseries du chef.

Pour une pause gourmande ou un déjeuner équilibré, laissez-vous tenter par la carte de cet établissement branché aux tonalités douces qui propose toute la journée des mets frais et délicats cuisinés avec les produits du marché à l'image de ce fabuleux tartare de bœuf à assaisonner selon vos goûts accompagné de pommes grenailles et de mesclun du Pays. En dessert ou à l'heure du goûter, vous succomberez aux savoureuses et colorées pâtisseries du Chef. Une belle adresse qui ravira vos papilles.

CAFÉ DES CHINEURS

Port
1 rue Cassini
✆ 04 93 89 09 62
cafedeschineurs@gmail.com

Ouvert toute l'année. Tous les jours de 11h à 00h30. Fermé le dimanche. Carte : 20 € environ. Tapas de 6 à 10 €. Terrasse.

Le Café des Chineurs est avant tout l'histoire de trois niçois passionnés qui après avoir baroudé à travers le monde ont posé leurs valises dans leur ville natale pour créer ce café pas comme les autres… Une décoration atypique et inédite orchestrée par un brillant architecte et composée d'objets de récupération et de meubles chinés un peu partout. On adore le bar, les fauteuils club ou encore les tables en formica. La grande terrasse extérieure est un point de passage obligé pour prendre son café le matin. Il faut dire que l'établissement a plusieurs visages : on y vient boire un verre, grignoter quelques tapas, on déjeune sur le pouce ou on dîne en prenant son temps. Le Chef est aussi un « chineur » dans son style : il part chaque matin à la conquête des meilleurs produits du marché et concocte une cuisine simple toute en fraîcheur. Tartares, plancha de la mer, burgers, grande salades, pâtes… C'est bon, c'est joliment présenté et l'adition reste sage. Ajoutez à cela un accueil toujours au top. Résultat garanti : c'est toujours un plaisir d'y faire une halte.

La Promenade du Paillon, poumon vert au cœur de la ville

Les Niçois bénéficient désormais d'un nouvel espace naturel au cœur de la ville. Après 3 ans de labeur, ce chantier qui a débuté avec la destruction de la gare routière de Nice au printemps 2011 s'est donné pour objectif de réintroduire des espaces verts dans la cité et de valoriser le patrimoine architectural et les espaces publics en ouvrant une vue sur les hauteurs. Pari gagné ! Inauguré fin octobre 2013, quiconque peut donc accéder à ce parc urbain agrémenté de miroirs d'eau, fontaines, prairies, œuvres d'art et activités ludiques de 12 ha pour une promenade piétonnière entièrement « verte ». Le jardin offre également un accès gratuit à Internet via la technologie WiFi : il suffit de sélectionner le réseau « spot WiFi Nice » puis on reçoit un code à rentrer dans son mobile ou sa tablette et la connexion est immédiate.

- Horaires d'ouverture du 1er octobre au 31 mars de 7h à 21h et du 1er avril au 30 septembre de 7h à 23h.

BAGELSTEIN

10 avenue Felix Faure ✆ 04 93 53 42 43
felixfaure-nice@bagelstein.com

Ticket moyen : entre 8 et 10 €. Formule 2 Bagels à 9,70 € (1 bagel salé + 1 bagel sucré + 1 boisson.). Ouvert de 7h30 à 22h (été) et de 8h à 20h (hiver). Carte de fidélité.

La petite franchise qui monte vient de s'installer à Nice pour le plus grand bonheur de ces *afficionados*. Cette marque toute jeune (moins de 4 ans) a été inventée par deux Strasbourgeois un peu décalés et elle ne cesse de progresser dans l'hexagone. Le concept ? Le respect de la tradition artisanale de fabrication du Bagel tous fabriqués avec des produits frais. Les pains sont préparés tous les jours et livrés tôt le matin. Ensuite, les bagels sont conçus dans la boutique devant vos yeux par les équipes sur place. La décoration est complètement atypique : les murs sont remplis d'affiches diverses et variées pour vous faire patienter avec un peu de lecture quand vous faites la queue… Ambiance décalée à souhait, accueil convivial de toute l'équipe. On a vite compris ce qui fait le succès de cette enseigne.

LE CANON

Centre Ville
23, rue Meyerbeer
✆ 04 93 79 09 24

Ouvert toute l'année. Du lundi au vendredi de 12h à 22h15. Carte : 25 € environ.

Restaurant mais également cave à vins et épicerie, les produits du terroir sont ici sublimés par le Chef ! Le patron partage avec la clientèle sa passion pour les vins et les cépages tandis que les produits locaux et les plats proposés sont savoureux, préparés à la demande et présentés avec soin. Le coin épicerie propose quant à lui à la vente des terrines, des confitures, des crèmes de marron ou des huiles d'olive… Seul bémol : le service parfois très long.

Promenade du Paillon

Azur TV, la chaîne 100 % azuréenne !

Cette chaîne de TV 100% Côte d'Azur propose un journal quotidien rediffusé à 3 reprises dans la soirée, de très bons reportages tels que Les Ficanasses, Suivez le guide, C'est l'histoire, Rencontre avec..., La Grande Emission, Côté Sports diffusé le lundi soir ou encore Ca coule de source. On y retrouve aussi une chronique juridique, une émission ciné et des infos sur le patrimoine, la culture ou le développement durable. Les programmes proposés sont en grande partie orientés sur le local et la proximité. Tous sont réalisés en interne par les équipes d'Azur TV. Azur TV est disponible sur (Canal 31) de la TNT mais aussi sur Numéricable Nice (Canal 95), Orange (Canal 269), SFR (Canal 376) et Darty Box (Canal 312).

- Nice Azur TV dessert le littoral azuréen mais aussi Grimaud, Vidauban, Draguignan, Comps, Saint-Auban, Puget-Théniers, la Vallée du Cians, la Vallée de la Tinée, la Vallée de la Vésubie et Sospel.
- Disponible sur (Canal 31) de la TNT mais aussi sur Numéricable Nice (Canal 95), Orange (Canal 269), SFR (Canal 376) et Darty Box (Canal 283).

■ CANTINE BAVASTRO
Port – 1 rue Bavastro ✆ 04 93 56 87 17
cantinebavastro@gmail.com

Ouvert toute l'année. Ouvert midi et soir. Fermé le dimanche et le lundi soir. Carte : 17 € environ (le midi. 20 € environ en soirée). Pas de carte, uniquement des suggestions à l'ardoise.

Une élégante cantine conçue dans un décor industriel où les murs en pierre s'associent aux tonalités grises, noires et blanches. La cuisine s'ouvre sur la salle et la terrasse extérieure couverte permet dès les beaux jours de déjeuner au soleil. Fabien, le maître des lieux, est originaire du sud-ouest et issu d'une famille de restaurateurs. Il aime la cuisine simple et artisanale. Les suggestions s'égrènent à l'ardoise et revisitent les vieilles recettes traditionnelles françaises : paupiettes de veau, pot au feu, cassoulet, ris de veau, foie de veau, poêlée de cèpes… des plats que l'on a perdu l'habitude de trouver à la carte des restaurants. La formule est simple et efficace : 3 entrées au choix, et 5 à 6 suggestions à l'ardoise. C'est succulent, frais et l'addition reste toujours sage. Bravo !

LA CLEF D'OR
Centre Ville – 2, rue Chauvin
✆ 04 93 54 83 18

Ouvert toute l'année. Ouvert midi et soir. Fermé le dimanche midi. Bar à vin le soir. Carte : 25 € environ. Formule du midi : 11 € (plat + verre de vin ou soda). Vin au verre. 15 € formule du midi avec 2 choix (entrée + plat) et 19 € pour la formule complète. Terrasse.

Quelle belle découverte que cette Clef d'Or installée en plein cœur de Nice. Restaurant et bar à vin à la fois, le lieu est animé par deux jeunes associés et un DJ qui mixe depuis le haut d'une armoire ! Une déco contemporaine originale dans une atmosphère new-yorkaise, quelques tables en terrasse et un bon petit son tendance *lounge* : le décor est planté. Si la carte des vins est conséquente – nous sommes dans un lieu de dégustation de ce précieux breuvage – La Clef d'Or est aussi une bonne table où l'on choisit le midi sa formule entre les suggestions du jour qui se déclinent selon l'humeur du Chef et le soir des plats inscrits à l'ardoise avec des mets plus travaillés comme le camembert au four et son huile de truffe, la poêlée de saint-Jacques, le burger au foie gras, les gambas au pastis ou le steak de thon au basilic frais. Les assiettes sont généreuses et joliment présentées. Une adresse originale.

LE COMPTOIR DE L'IMAGINAIRE
Centre-ville – 10, rue Biscarra
✆ 06 70 21 81 75 – www.lcdli.fr
lcdli.nice@gmail.com

Ouvert toute l'année. Ouvert non-stop de 8h30 à 19h. Formule brunch le samedi jusqu'à 15h. Carte : 15 € environ. Plat du jour : 10 €.

Le café de l'Imaginaire décline un concept inédit : c'est le 1er café 3D en France accessible à tous. Comme l'impression 3D est une technique qui prend du temps, les concepteurs du projet (Mélissa et Nicolas) ont imaginé un espace chaleureux où le client peut se détendre, boire un verre, déjeuner ou grignoter. Cette idée d'associer la restauration à la technologie est venue naturellement. La cuisine est axée sur des produits locaux et de saison uniquement. Les suggestions se déclinent par des bouchées salées ou sucrées, un peu à l'image d'une carte « tapas » mais en plus copieux. Les recettes sont originales : nougat de betteraves au roquefort, terrine de foie gras, terrine de lapin pistaché… Un plat du jour complète ces bouchées. Les desserts sont souvent des recettes de gâteaux de grand-mère revisités comme l'excellent gâteau au yaourt à la pomme. A noter un goûter l'après-midi pour les gourmands et une « Kid Zone » pour que vos charmants bambins se délectent dans un espace ludique qui leur est dédié pendant que vous profitez pleinement de votre « brève » tranquillité retrouvée ! Une nouvelle adresse niçoise complètement inédite qui conjugue intelligemment découverte et plaisir, technologie et gourmandise.

■ LES GARÇONS (RELAX, EAT, ENJOY)

Vieux Nice – 3, rue Centrale ✆ 04 93 80 87 90
www.restaurant-lesgarcons.fr
societe.frem@gmail.com

Ouvert toute l'année du mardi au dimanche de 19h30 à 23h uniquement. Entrée + plat + dessert : 24,90 €. Entrée + plat ou Plat + dessert : 19,90 €. Carte environ 15,50 € (plat). WiFi gratuit. Possibilité de privatiser les lieux. Réservation obligatoire : premier service à 20h, second à partir de 22h.
Dans une ambiance *chill* très tendance, l'endroit décline deux atmosphères : au rez-de-chaussée, la partie restaurant affiche un mobilier industriel où le métal côtoie des briques rouges tandis qu'au sous-sol, on s'assoit dans de confortables fauteuils pour prendre un verre entre amis sous une étonnante cave voûtée avec pierres apparentes. Les Garçons proposent une cuisine française revisitée réalisée à partir de produits frais du terroir dénichés auprès des commerçants et producteurs locaux : *burrata* italienne et tomates cœur de bœuf sur tartine de campagne, terrine de foie gras au piment d'Espelette accompagnée de son chutney de cerises noires, burger César *by Les Garçons* et ses pommes de terre rôties, risotto crémeux aux gambas. Les gourmands apprécieront en dessert le tiramisu *by Manu* ou la tarte citron meringuée, le tout pour un excellent rapport qualité/prix. *Relax, Eat, Enjoy* ! Attention : réservation obligatoire.

■ LE JARDIN D'HÉLÈNE

Riquier – 15, rue de Orestis ✆ 04 93 89 17 94
www.lejardindhelene-nice.com

Ouvert du mardi au samedi de 10h à 22h. Spécialités nissartes. Ouvert aux particuliers et professionnels. Vin au verre. Plat du jour : entre 10 € et 12 €. Assiette découverte pour 2 personnes : 26 €. Socca (à partir de 17h) : 2,80 € la part. Pissaladière : 2,40 € la part. Tickets restaurant acceptés. Chèques non acceptés.
Ce bel espace vins et dégustations vous accueille toute la journée autour de spécialités niçoises et de vins d'exception. Derrière ce joli décor d'antan qui nous rappelle incontestablement l'époque de nos grands-parents, découvrez une cuisine maison, généreuse et de tradition : pissaladière, socca (le soir uniquement), farcis niçois (aubergines, tomates, courgettes, oignons), salade niçoise, tourte de blettes et beignets de fleurs de courgettes ainsi que diverses tartes aux fruits en dessert. Le service est très accueillant et chaleureux. Le Jardin d'Hélène est l'endroit idéal pour vos apéritifs dînatoires et pour passer un très bon moment.

L'HYDROPATHE

Centre-ville – 6, boulevard Victor Hugo
✆ 04 93 55 89 12

Voir page 13.

■ LE PASSE-PLAT

Port – 4 bis, quai Papacino ✆ 04 93 26 05 80
www.lepasseplat.com

Ouvert toute l'année. De 12h à 14h de 19h à 22h30. Fermé le samedi midi, le dimanche et le lundi midi. Carte : 19 € environ (plat).
Cette adresse affiche une cuisine traditionnelle résolument moderne sublimée par le Chef Anthony Coppet qui prépare ses plats au gré de ses envies et des saisons autour d'une carte éphémère créative et gourmande : foie gras et gambas en maki sauce miel et soja, tiramisu au cèpe et magret fumé, encornets aux cèpes et jambon de Serrano mousseline de panais, filet de daurade royale jus de langoustines artichauts et riz noir ou encore tiramisu framboise et mi-cuit au chocolat cœur spéculos chantilly nougat. Les assiettes sont inventives, généreuses et colorées. Une savoureuse adresse qui réveille les papilles.

■ RESTAURANT POSÉIDON

Centre Ville – 17, rue Gubernatis
✆ 04 93 85 69 04

Ouvert toute l'année. Du mardi au samedi le midi et le soir. Réservation recommandée. Menus de 35 € à 50 €. Formule : 26 € (entrée, plat ou plat, dessert). Plat 20 €. Accueil des groupes. Le restaurant Saison et sa cuisine nippone a vécu ; place à un nouveau concept autour du poisson et des fruits de mer. Dans un décor toujours minimaliste, marque de fabrique de Keisuke, aux murs blancs, on déguste des produits frais de saison (asperges violettes d'Albenga, sabayon d'orange, copeaux de parmesan) et la pêche du jour, cuisinée simplement : gamberonis de San Remo poêlés au citron du pays, salade sucrine, carpaccio de poisson du jour, légumes à la grecque en entrées, calamar à la plancha, sauce aïoli, poisson du jour à la plancha (du colin par exemple), cabillaud rôti, barigoule d'artichauts épineux en plats. La carte courte (4 entrées, 3 plats et 3 desserts) est une garantie de fraîcheur.

■ **L'ESSENCIEL RESTAURANT**
Centre Ville – 50, Victor Hugo
✆ 04 93 16 41 00
www.splendid-nice.com
restaurant@splendid-nice.com
Ouvert toute l'année. 7j/7. Ouvert tous les jours de 12h à 22h30 en semaine (carte restaurant + carte snack). En saison jusqu'à 23h. Réservation recommandée. Menus de 29 € à 39 € (entrée + plat + dessert). Entrée : 13 €, plat : 22 €, dessert : 9 €. Menu enfant : 12 €. Formule du midi : 22 € (menu du marché à l'ardoise : entrée + plat ou plat + dessert). Vin au verre. Plat du jour : 14 €. Accueil des groupes. 3 terrasses panoramiques.
Une adresse perchée sur les toits de Nice pour prendre un peu de hauteur... L'EssenCiel – vous l'avez compris – est un joli jeu de mot qui caractérise à merveille ce restaurant terrasse situé entre les huitième et dixième étages de l'Hôtel Splendid. Inutile de préciser que la vue est admirable à 360 degrés sur la mer, les montagnes et les monuments de la Ville. L'espace se divise en trois niveaux avec un *lounge bar*, un espace piscine et le restaurant. Le cadre est rénové et l'atmosphère se veut chic et urbaine. La carte met à l'honneur les produits bio et locaux, une cuisine bien-être et des suggestions originales et créatives. L'arrivée récente de Stéphane Furlan, Chef passionné et créatif, insuffle un nouvel élan au restaurant. On savoure un menu du marché à l'ardoise. La carte offre de belles saveurs : salade croquante gingembre et citronnelle végétarienne, poulet ou crevettes, miroir de saint-Jacques, éclats de noisettes, poireaux vinaigrette au balsamique blanc, filet de loup en croûte de marjolaine et zeste de citron, quinoa glacé au yuzu, épaule d'agneau confite fumée aux herbes de l'aire saint-Michel, écrasé de pommes de terre et légumes du jour. Concluez par un excellent tiramisu rhum ananas crème de coco. Renseignez-vous durant la saison (voir la page Facebook) car des soirées seront organisées *on the roof* !

■ **ROCK EAT..Mexicain**
Vieux Nice – 39, rue de la Préfecture
✆ 06 16 24 45 27
Ouvert toute l'année. Cocktail bar. Live Music DJ's. Restauration de 15h à 00h30. Carte : 16 € environ. Boisson à partir de 7 €. Voilà une adresse sympa à l'atmosphère conviviale où déguster un bon burger accompagné de frites maison ou des mets mexicains à l'image de ces copieuses *quesadillas* cuites à la poêle, grillées ou frites réalisées à partir de tortillas avec du fromage, du poulet, du bœuf et d'autres ingrédients. On se love également durant l'après-midi ou en soirée dans l'un des gros fauteuils en cuir installés sur la terrasse à moins que l'on opte pour la vaste salle intérieure à l'atmosphère rock pour prendre un verre entre amis sur fond sonore animé par des DJ's tendances.

■ **LE SAINT-PAUL (EX-MAISON DU SÉMINAIRE)**
Port – 29, boulevard Franck-Pilatte
✆ 04 93 89 39 57
www.lesaintpaul-hotel.com
Ouvert toute l'année. Tous les jours de 12h à 14h et de 19h30 à 22h. Réservation recommandée. Menus de 18 € à 27 €. Carte : 38 € environ. Menu enfant : 9 €. Formule du midi : 18 € (plat avec entrée ou dessert). Vin au verre. Plat du jour 16 €. Accueil des groupes. Jardin. Terrasse. Parking.

Avec un nouveau décor, une nouvelle équipe et un nouveau nom, cette bâtisse, toujours une maison de l'Église, dispose d'atouts multiples : 80 places de parking (très rares à Nice !), une vue dégagée et époustouflante, 7 salles de conférences sur 700 mètres carrés, un bar et un restaurant métamorphosés par une décoration contemporaine, alliance de cuir, de bois et d'aluminium brossé, ouverts sur une vaste terrasse surplombant la Méditerranée. Le chef de cuisine, Marc Tuzza, propose une carte qui change tous les trois mois et dont l'identité est méditerranéenne : capuccino d'artichaut, crème au lard paysan et baguettine d'artichaut cru, pavé d'ombrine grillé, socca, tomates confites et jus de pistou, poêlée de calamars, risetti à l'encre de seiche et coquillages, pavé de veau poêlé, chou vert façon capoun et panisses...

■ TEAM CAFÉ

Carré d'Or – 1, rue Maurice Jaubert
Angle Place Grimaldi-Zone Piétonne
✆ 04 89 74 55 77 – www.team-cafe.com
contact@team-cafe.com

Ouvert toute l'année. Carte : 18 € environ (plat). Menu enfant : 10 €. Plat du jour : 10,90 €.

Le Team Café est rapidement devenu LE lieu incontournable de Nice où se retrouver entre amis pour regarder un événement sportif ! Dans une ambiance conviviale et sportive, la carte affiche des suggestions simples entièrement préparées sur place avec des produits frais par le Chef Laurent Métier. Une carte plus épurée version *snacking* est également disponible tout au long de la journée, idéal pour manger sur le pouce tout en ayant le temps de regarder son match favori sur l'écran géant. Le Team Café peut également être privatisé pour un événement : anniversaire, conférence de presse des clubs de sports, signatures de joueurs, interviews sportifs... le tout dans un esprit fédérateur et convivial à l'image du monde sportif.

■ LES TÊTES BRÛLÉES

Le Port – 31, rue Arson ✆ 09 81 97 82 17
http://lestetesbrulees.fr

Ouvert toute l'année. Du lundi au vendredi de 7h à minuit ; le samedi de 8h à 16h. Fermé le dimanche. Service non-stop de 11h30 A 22h30. Réservation recommandée le midi. Vin au verre. Plat du jour : entre 8 € et 15,30 €. Carte entre 6 € et 18,50 €. Petit déjeuner français à 5 € et 5,70 €, anglais à 9,50 €. Happy hour tous les jours de 18h à 20h : 4 € le cocktail sans alcool, 5 € avec alcool. Tickets restaurant acceptés. Chèques non acceptés. Accueil des groupes (jusqu'à 80 personnes). Terrasse. Sandwichs sur place et à emporter. Assiettes de tapas.

Cette brasserie prône une carte avec des plats traditionnels servis tout au long de la journée. Les mets sont faits maison, élaborés à partir de produits frais : magret de canard entier, sauce au miel à part et gratin de Saint Nectaire, viandes savoureuses et tendres en sauce, filet de bar sauce vierge, grandes salades gourmandes... Côté sucré, succombez au tiramisu revisité façon «nougatella», à la tarte Tatin, à la mousse au chocolat ou encore au pain perdu au caramel beurre salé et boule de glace vanille. L'accueil est chaleureux et accueillant, et le service sympathique. Le grand plus de cet établissement est incontestablement son rapport qualité-prix sans pareil. A tester absolument !

■ LE VLT

Vieux Nice – 4 rue de la Tour
C/O Hôtel Villa la Tour
✆ 04 93 80 08 15

Ouvert toute l'année. Tous les jours sauf le mardi, midi et soir. Carte : 30 € environ. Terrasse.

Le VLT est le restaurant de l'Hôtel de charme La Villa La Tour – d'où le nom éponyme « VLT ». Une grande terrasse qui s'ouvre largement sur la rue piétonne en été et un cadre cosy réinventé pour l'hiver : le décor est planté. Côté culinaire, le Chef propose une carte axée sur des classiques de la gastronomie conçus uniquement à base de produits frais : entrecôte beurre maître d'hôtel pommes paille, tartines sur une tranche de pain de campagne, poulet rôti, fromages italiens et grandes salades, curry d'agneau et riz blanc de l'île Maurice, brandade de Morue et son dos de Cabillaud ou encore tagliatelles « Albese » fabriquées par le Chef lui-même. Sans oublier la brochette de bœuf et sa ratatouille, l'assiette anglaise, les gnocchis faits maison al arabiata ou al pesto. La carte des vins est bien étoffée avec de bonnes bouteilles issues d'appellations variées : Pays D'Oc, Bordeaux, Côte de Provence, Australie, Chili et Afrique du Sud. Les propriétaires sont originaires de l'île Maurice et Chimène, la maîtresse des lieux, vous fera goûter son rhum « arrangé » aux épices, aux agrumes, au miel de l'Ile Maurice... L'accueil est particulièrement soigné. Un rayon de soleil au cœur du vieux Nice.

Hébergement

■ **HÔTEL LE SEIZE ....3 étoiles**
Centre Ville – 16, rue Chauvain
✆ 04 93 80 76 11
www.hotelseize.fr
contact@hotelseize.fr
❄
Ouvert toute l'année. Accueil 24h/24. 34 chambres. Chambre double de 65 € à 169 € ; chambre triple de 89 € à 179 €. Petit déjeuner : 8 €. Parking public payant à proximité, avec tarif préférentiel pour les clients de l'hôtel.
Bel établissement situé au cœur de Nice à quelques pas de la Promenade du Paillon, l'Hôtel Le Seize est placé sous le thème des Artistes Niçois. Si la façade date du début du XXème siècle, la décoration intérieure est quant à elle résolument contemporaine avec des tonalités chaudes comme le beige et le marron clair. L'équipement est de qualité : excellente literie, accès WiFi gratuit dans tout l'hôtel, climatisation, télévision TNT… Possibilité de réserver directement en ligne à partir du site Internet et de bénéficier des nombreuses offres préférentielles *«early booking»*.

■ **HÔTEL MONSIGNY ....3 étoiles**
Malausséna – 17, avenue Malausséna
✆ 04 93 88 27 35
www.hotel-monsigny.com
monsigny.hotel@wanadoo.fr
Ouvert toute l'année. Accueil 24h/24. 44 chambres. Chambres de 90 € à 130 €. Ascenseur. Wifi gratuit. Restauration.
Entièrement rénové, l'Hôtel Monsigny dispose de 44 chambres climatisées et insonorisées avec salle de bain privative équipées de tout le confort nécessaire pour passer un excellent séjour : sèche-cheveux, W.C privé, douche, TV cablée... Toutes possèdent également un petit balcon. Idéalement situé en plein centre ville, à 250 mètres de la gare des trains et face au tramway, vous pourrez ici profiter des saveurs du marché local typiquement niçois qui se tient devant tous les matins. Info futée : l'Hôtel dispose aussi d'un parking privé.

■ **LE SAINT-PAUL (EX-MAISON DU SÉMINAIRE)**
Port – 29, boulevard Franck-Pilatte
✆ 04 93 89 39 57
www.lesaintpaul-hotel.com
Ouvert toute l'année. Accueil 24h/24. Chambre double de 55 € à 110 € la nuit, de 72 € à 130 € la nuit. Petit déjeuner buffet : 9 €. La différence de tarifs est liée à l'orientation de la chambre : vue mer ou jardin. Chambres avec lits doubles ou lits jumeaux au choix. Possibilité d'appartement avec supplément. Wifi. Restauration (parking privé gratuit de 80 places). Le Saint-Paul est un établissement atypique. Anciennement baptisé *La Maison du Séminaire*, il appartient en effet à l'évêché depuis plus de cent cinquante ans et abritait auparavant un collège d'enseignement religieux – un trésor caché sur l'un des plus beaux sites de la ville… Le bâtiment se dresse fièrement face à la mer au niveau du plongeoir de la Réserve. Le cadre est idéal et associe le calme du quartier et la proximité du cœur de Nice facilement accessible, même à pied : il suffit de traverser la rue pour prendre un bain de mer. Les chambres qui bénéficient de la vue sur la mer sont évidemment les plus charmantes. Et plus on grimpe dans les étages, plus la vue s'élargit. Le confort est assez sommaire pour l'instant mais il est compensé par de beaux volumes. Une rénovation intégrale, à l'instar du restaurant et du lobby, devrait commencer prochainement. On aime aussi le petit déjeuner au soleil sur la magnifique terrasse qui surplombe la Méditerranée où un buffet copieux est servi chaque matin. À noter que 7 salles de conférence équipées et modulables accueillent congrès, journées d'étude ou séminaires de 5 à 200 personnes : l'ouverture sur le patio de la Chapelle ou la vue sur la mer ajoutent au confort des séances de travail.

La vieille ville de Nice vue depuis le Château.

S'amuser – Sortir

■ À L'HEURE DU THÉ
Centre Ville – 10, rue Gubernatis
✆ 09 53 91 82 97 – aldt.nice@gmail.com

Ouvert de 10h à 18h30 du mardi au samedi. Ouvert le dimanche si réservation de brunch. Fermé le lundi et durant le mois d'août. Addition moyenne : 10 € pour déjeuner le midi (boisson + plat ou plat + dessert). Nous avons déniché un vrai boudoir anglais tenu par la ravissante Sabrina. Une décoration *so british* composée de meubles et d'objets chinés dans des brocantes et chez des anglophones vivant dans la région : tous ces objets ont leur petite histoire car cet univers rappelle à Sabrina son enfance passée aux côtés d'une voisine anglaise qui lui a appris la culture et l'art de la cuisine anglaise. Le lieu fait office de salon de thé mais propose aussi des *lunchs* le midi. On déguste aussi ici les thés de la marque Betjeman & Barton servis dans de la vraie porcelaine anglaise avec plus de 30 variétés différentes ainsi que des chocolats originaux aux parfums délicats comme noisette, caramel et cannelle. Le midi, la carte offre un tas de spécialités Outre-Manche comme le Victoria sponge cake, le Banoffee, les scones, le crumble, le carrot cake ou encore le cheese cake... Sans oublier des chicken pies, des burgers scones (création maison), des crumbles salés, des buns (boules de pâtes farcies à la viande hachée) et des pasties (chaussons fourrés). L'après midi se poursuit par le *Tea Time* avec 1 thé + scone + finger sandwiches salés. Le samedi et le dimanche, ne manquez pas le *brunch* sur réservation avec sa formule servie de midi à 15h composé d'une assiette sucrée + 1 boisson chaude + 1 assiette salée + 1 jus de fruit + 1 fromage blanc + 1 salade de fruits. Ambiance musicale pop anglaise et sixties. Une très belle adresse.

■ APOTHEKA
Vieux Nice – 2, rue de la Préfecture
✆ 04 93 76 18 01

Ouvert du lundi au samedi de 19h à 2h du matin. Vins au verre 5 €. Apéritifs (Ricard, Martini, Campari) 5 €. Bières en bouteille 8 €. Softs 4,50 €. Adresse tendance installée à l'entrée de la vieille ville, l'endroit ne manque pas de charme. Des soirées sont régulièrement organisées animées par des DJ's branchés, et la carte des cocktails est variée. Tous les ingrédients sont là pour passer une bonne soirée entre amis avec pour seul bémol, les prix... un peu élevés. Vestiaire obligatoire.

■ L'ARDOISE ROUGE
Centre ville – 9, rue Clément Roassal
✆ 04 89 92 03 38 / 06 31 22 61 69 / 06 58 73 77 00 – lardoiserouge@gmail.com

L'Ardoise Rouge se transforme en bar à vin le soir venu. Au programme : des grands crus déclinés en rouge, rosé et blanc ainsi que des vins de producteurs artisanaux choisis au coup de cœur de la part des maîtres des lieux. Pour accompagner ces vins d'exception, l'établissement propose des assiettes de tapas : charcuterie italienne, fromages affinés

rigoureusement sélectionnés, poivrons grillés à l'huile d'olive, tapenade d'olives vertes et noires, Saint-Marcellin rôti au four... le tout fait maison et élaboré à partir de produits frais. L'ambiance est cosy et le décor moderne.

■ COMPTOIR CENTRAL ÉLECTRIQUE
Petit Marais Niçois – 10, rue Bonaparte
✆ 04 93 14 09 62

Ouvert du lundi au samedi de 8h30 à 00h30. Brunch le dimanche 25 €. Dans une ambiance feutrée et cosy à souhait, le Comptoir Central Electrique (CCE) invite à toute heure de la journée à la détente autour d'un chocolat chaud ou d'un jus de fruit frais. Installé dans une ancienne boutique d'électricité, le CCE se décline aussi en restaurant avec midi et soir des plats gourmands, et un copieux brunch le dimanche (réservation fortement conseillée). L'accueil souriant et enjoué de l'équipe ajoute à la convivialité de ce lieu très lumineux !

■ AU GOÛT THÉ D'ANTAN
Valrose – 31, avenue Borriglione
✆ 06 09 61 00 59 – www.au-gout-the-d-antan.fr

Ouvert le lundi de 13h à 18h30, du mardi au vendredi de 09h à 18h30, le samedi 10h à 18h30. Terrasse. A emporter. Groupes acceptés. Pas de chèque. Au Goût Thé d'Antan vous accueille tout au long de la semaine dans une ambiance chaleureuse et conviviale et une décoration à l'ancienne et *girly*. Ici, dégustez de grands crus de thés, des déclinaisons de café (nature, café du mois, ou avec un sirop au choix) et autres boissons lactées et chocolatées, accompagnés de pâtisseries et gâteaux maison et gourmands comme chez grand-mère ! Le goût est au rendez-vous, le service accueillant et le lieu cosy très sympathique.

■ TEAM CAFÉ
Carré d'Or
1, rue Maurice Jaubert
Angle Place Grimaldi-Zone Piétonne
✆ 04 89 74 55 77
www.team-cafe.com
contact@team-cafe.com
Cocktails à partir de 9 €. Mojitos à partir de 10 €. Cocktails sans alcool à partir de 8 €. Softs à partir de 3,80 €. Service snacking non-stop de 9h30 à 00h30.
Le Team Café est un restaurant à l'ambiance chaleureuse et sportive qui se décline aussi en bar avec des cocktails avec ou sans alcool et qui propose un large choix de bières sélectionnées tout particulièrement à l'intention des connaisseurs. En cas de petits creux, on peut accompagner son verre d'une salade, de tapas ou d'un club sandwich. Une excellente adresse où regarder et partager entre amis vos événements sportifs favoris.

■ THE TUBE
Port de St Laurent du Var
SAINT-LAURENT-DU-VAR
✆ 04 93 31 88 62 – letube06@orange.fr
Ouvert du jeudi au dimanche soir à partir de 23h ainsi que les jours fériés. Snacking. Leur devise ? L'infini commence ici... à 23h ! The Tube est une nouvelle discothèque tendance qui a ouvert ses portes en juin 2014 sur le port de St Laurent du Var. Si de prime abord l'espace n'est pas très grand, vous serez rapidement conquis par son ambiance festive et conviviale, promesse de belles soirées, le tout dans une atmosphère détendue et sans prétention car ici, on vous accepte tels que vous êtes. La décoration est branchée et minimaliste : larges et confortables canapés blancs, grand comptoir, plafonnier et miroirs designs, petites tables noires, chaises en velours ou en plexis transparent... La carte affiche quant à elle des cocktails à des prix raisonnables. Alors êtes-vous prêt à faire la fête ?

Shopping Mode – Cadeaux

■ AUTO ECOLE DES LYCÉES
Centre Ville
18, avenue Maréchal Foch ✆ 04 89 03 60 34
www.auto-ecole-des-lycees-nice.fr
autoecoledeslycees06@gmail.com
Du lundi au vendredi de 10h à 12h et de 14h à 19h et le samedi matin de 10h à 12h
Permis auto et moto, AM (ancien BSR), conduite accompagnée, formation 125 cm3, inscription aux stages de récupération de point, formation au code avec suivi pédagogique (logiciels easytest et Web)... Cette auto-école vient d'ouvrir cette seconde enseigne en centre-ville et propose une formation sérieuse avec des moniteurs compétents et efficaces. Possibilité de souscrire aux permis moto et auto sous forme de forfait.

▸ Autre adresse : 43 Boulevard Tzarewitch 06000 Nice – Email : autoecoledeslycees06@gmail.com – Téléphone/Fax : 04 93 71 91 59

■ CLOPA CABANA
Vieux Nice – 4, rue Alexandre Mari
www.clopacabana.com
Ouvert du lundi au samedi de 10h à 19h et le dimanche de 14h à 18h. Proche du parking Coversy (1h gratuite). Café offert. Achat en ligne.
Clopa Cabana n'est pas une boutique de cigarettes électroniques comme les autres : ici, on vous prend en main pour vous proposer LE produit qui vous correspond vraiment. Prenez place dans le coin salon détente spécialement aménagé puis testez de manière hygiénique plus d'une centaine de saveurs (tabac, gourmand ou fruité) de cinq marques différentes dont Halo, la plus répandue, autour d'un café qui vous est offert. Choisissez également votre modèle de cigarette électronique parmi la gamme Joyetech (entre autres) dont toutes les particularités vous seront expliquées. Dans une ambiance conviviale et chaleureuse, vous bénéficiez de conseils personnalisés, d'un accueil sans pareil et vous repartirez avec des produits de qualité certifiés reconnus dans le monde de la vape, adaptés à votre consommation. Nouveau : ouverture d'une seconde boutique toute aussi charmante au n°29 avenue Borriglione.

▸ Autre adresse : 29 Avenue Borriglione 06100 Nice ouverte du mardi au samedi de 10h à 13h et de 15h à 19h

■ DARKROOM GALERIE
Centre ville
12, rue Maccarani ✆ 04 93 76 74 59
www.darkroomgalerie.fr
contact@darkroomgalerie.fr
Ouvert de 13h à 19h chaque mardi, mercredi et vendredi ; de 12h à 19h le samedi.
La photographie vous a toujours fasciné ou séduit ? Partez à la découverte de cet art qui épouse et suspend simultanément le cours du temps car « notre monde est un vaste magasin d'images » qui foisonne de talents. Ce temps de pose nécessaire doit permettre ainsi au visiteur de partir à la découverte de l'art photographique, de le faire réfléchir et s'interroger, de regarder de plus près pour entendre les rumeurs secrètes dégagées et laisser ses sens se réveiller. La photographie d'art est dévoilée à travers un parcours atypique, propice à l'émotion et l'interrogation du lecteur d'images qui devient acteur. Expositions, ateliers et conciergerie, un lieu de rencontre intimiste créé par Dominique Jaussein au cœur de Nice en plein « Carré d'art » à deux pas

du Théâtre de la Photographie et de l'Image. La DarkRoom Galerie souhaite ainsi promouvoir et défendre autant le travail d'artistes émergents ou confirmés que la diversité de l'écriture photographique en proposant une sélection de photographies d'art originales en éditions limitées.

DONATION FERRERO

Vieux Nice – Place Pierre Gautier

Ouvert du lundi au samedi de 10h à 18h. Fermé le mardi. Entrée libre.

Les locaux de cette ancienne centrale électrique qui abrita pendant de longues années le Forum de l'Architecture et de l'Urbanisme accueille désormais la Donation Ferrero, célèbre collectionneur et photographe d'art qui céda à la Ville près de 853 œuvres. Découvrez ainsi le travail des artistes qui ont participé à la légende de L'Ecole de Nice : César, Arman, Ben, Gilli, Malaval...

MAXI BAZAR

Plaine du Var

448, boulevard du Mercantour

✆ 04 22 13 17 72 – http://maxibazar.fr

serviceclient@maxibazar.fr

Ouvert tous les jours de 9h30 à 19h30. Le dimanche ouvert de 10h à 19h en non-stop.

Des vêtements de marques à prix cassés, des accessoires de mode branchés, des objets tendances pour meubler et décorer votre intérieur, du mobilier de jardin très *fashion*, du linge de maison, des produits de puériculture, des jeux et des jouets sans oublier tout un tas de petits gadgets insolites... vous trouverez tout à Maxi Bazar qui s'étend sur plus de 400 m^2 et dont la devise «Mini Prix – Maxi Choix» promet des achats sympas pour une addition raisonnable.

TAMARIS

Centre Ville

30, avenue Jean Médecin

Centre Commercial Nice Etoile N-1

✆ 04 92 17 38 17

Du lundi au samedi de 10h à 19h30

Cette superbe boutique lumineuse et bien agencée propose aux femmes soucieuses de leur look trois gammes de produits très différentes qui s'adaptent à toutes les personnalités. Vous trouverez ainsi un large choix de chaussures correspondant à votre style que vous soyez décontractée, tendance ou classique chic. Bottes, bottines, escarpins, mules, sabots, slippers, boots, ballerines ou sandales hautes ou basses, il y en a pour tous les goûts. La qualité des cuirs est également au rendez-vous de même que l'accueil très souriant. Une adresse pour être belle jusqu'au bout des pieds !

THE INVOICE SHOP

Centre Ville

10, avenue Notre-Dame ✆ 09 81 12 70 22

theinvoiceshop@gmail.com

Ouvert tous les jours sauf le dimanche de 10h à 19.

Invoice est une boutique au décor vintage qui s'adresse exclusivement à une clientèle masculine. Les messieurs trouveront ici des modèles originaux et tendances : chemises, jeans, chaussures... Les articles sont *trendy* et élégants, et l'équipe est souriante et dynamique avec des tas de bons conseils. Que demandez de plus ?

THE KASE

Centre Ville

24, avenue Jean Médecin

Centre Commercial Nice Etoile N-0

✆ 04 93 62 09 82 – www.thekase.com

Ouvert du lundi au samedi de 10h à 19h.

Envie de personnaliser la coque de votre téléphone portable ou de votre tablette ? Peu importe la marque de votre mobile, The Kaze habille un vaste éventail de mobiles sur le marché comme Sony, BlackBerry, Apple, Samsung, HTC et Nokia. En boutique ou directement à partir du site Internet, vous pouvez mettre à votre image votre support avec vos propres images via Facebook ou Instagram mais aussi avec les visuels des créateurs exclusifs de la marque et faire ainsi de votre mobile, un appareil unique et original ! Egalement, vente d'étuis et d'accessoires.

1789 CALA CÔTE D'AZUR

Centre commercial CAP 3000

SAINT-LAURENT-DU-VAR – www.1789cala.fr

Ouvert du lundi au samedi de 10h à 21h.

1789 Cala est une jeune marque azuréenne créée en 2010 par deux amis d'enfance originaires de Saint-Laurent-du-Var. Le concept ? Un vieux rêve fou de «dépoussiérer» l'espadrille traditionnelle française et de la remettre à la mode en version totalement «Made In France» : tout est ainsi fabriqué dans un atelier artisanal situé dans le Pays Basque. Pari réussi car la marque prend de l'ampleur et se développe auprès d'une clientèle chic et branchée. On retrouve des boutiques à Cannes et Juan les Pins, et tous les articles sont également en vente sur le site web. La collection «Classique» décline une espadrille traditionnelle en 37 couleurs parée du petit écusson aux couleurs de la France tandis que la gamme «Créateur» développe des modèles aux formes travaillées, des mocassins et même des spartiates. Des T-shirts, polos, shorts de bain, bermudas et accessoires (sacs et des serviettes de plage, casquette...) complètent aussi la collection.

La vieille ville de Nice.

Produits gourmands Vins

■ CAVE 26 DEGRÉS

Centre Ville
26 rue Maréchal Joffre
✆ 04 93 16 23 51
cave26degres@hotmail.com

Ouvert du lundi au samedi de 10h à 21h non-stop. Ouvert le dimanche matin. Fermé le dimanche après-midi. Petite restauration le midi avec une formule à 13,90 €. Afterwork et apéro à partir de 18h.

Une nouvelle cave à vin – épicerie fine vient d'ouvrir ses portes dans le quartier des musiciens. Les créateurs, Ludovic et Loïc, respectivement sommelier et maître d'hôtel, ont fait leurs armes dans de belles maisons gastronomiques de la région et ont associé leur savoir-faire dans cette cave. Ils partagent leurs connaissances avec passion et vous conseillent dans le choix de votre vin. Toutes les appellations sont présentées et l'esprit de la cave se distingue en deux points : une part importante de vins Bio (plus de 50 %) et des vins issus de vignerons indépendants. Les petits producteurs sont ici privilégiés et mis en avant. L'établissement propose aussi le midi une restauration légère. On grignote un plat froid accompagné d'une pâtisserie de chez « Canet ». Quelques tables seulement sur un petit bout de terrasse dans la rue ou à l'intérieur. Dès que l'heure de l'apéro arrive, les actifs du quartier abandonnent leur bureau et se retrouvent dans une ambiance bon enfant pour déguster des vins que Ludovic sélectionne chaque jour. Le principe est simple : on déguste au verre ou à la bouteille. Des dégustations régulières sont également organisées. Consultez la page Facebook pour le calendrier.

■ N'ICE NATURAL ICE

Zone piétonne
6, rue de France
✆ 04 93 85 10 81 / 06 26 94 35 25
www.nice-glacier.fr

Ouvert tous les jours de 10h à minuit. Glaces sans gluten. Self-service. Prix en fonction du poids. Terrasse.

Le glacier N'Ice Natural Ice a développé un concept innovant : le self-service. Ici, chacun compose sa glace à l'italienne en fonction de ses goûts et de ses envies. Commencez par prendre un cône ou un gobelet puis servez-vous directement aux machines mises à votre disposition avec autant de parfums que vous le souhaitez et terminez par les *toppings* et autres gourmandises (sauces, nappages, fruits...). Parce qu'il est important pour cet établissement d'allier santé et plaisir, les glaces sont garanties 100% sans gluten, sans conservateur et sans graisse hydrogénée. Des smoothies (uniquement à base de fruits frais), cafés frappés, milk-shakes et jus d'oranges pressées sont également à déguster sur place ou à emporter.

LA VERRIÈRE

Vieux Nice
2, rue Pairolière
✆ 04 93 54 43 13 / 06 63 59 32 14

Ouvert du mercredi au samedi de 10h à 19h, le dimanche de 12h à 18h. American Express. Salon de thé. Vente à emporter. Accessoires autour du thé.

La Verrière est un jardin d'Eden pour tous les amateurs de thé et de café. Dans ce lieu cosy et féminin se cachent en effet des trésors gustatifs incroyables avec plus de 200 grands jardins de thés naturels et aromatiques créés par Christine Dattner, auteure sur le thé pour la maîtresse des lieux. Toutes deux ont réussi à assembler des thés en parfait équilibre, uniques et gourmands. L'établissement propose aussi des grands crus de cafés sélectionnés avec soin. Chaque semaine, découvrez une nouvelle variété originaire du Brésil, d'Inde ou d'Éthiopie ainsi qu'un mélange raffiné et délicat du Brésil et du Costa Rica. Sans oublier deux autres cafés rares et d'exception, produits en quantité très limitée. Le tout peut être consommé sur place ou vendu au détail en grain ou moulu accompagné de pâtisseries maisons et biscuits alsaciens artisanaux. Des accessoires et ustensiles autour du thé sont également disponibles à la vente : théière, services en porcelaine, filtres, mugs, solitaires... Une boutique passionnante et charmante dont vous ne pourrez plus vous passer.

■ SL ÉPICERIE
Centre Ville
17, rue du Lycée ✆ 09 73 57 37 65
Ouvert du lundi au samedi de 8h30 à 13h et de 16h à 20h.
Tenue par Simon, cet élégante épicerie fine propose une belle sélection de produits raffinés, artisanaux, gourmands, colorés et souvent bio : fruits et légumes de saison, fruits secs, céréales, oeufs, confitures, fromages, vins, nuanciers d'épices, limonades et jus. Une belle adresse lumineuse où faire ses emplettes et dénicher des produits rares et savoureux. On apprécie également les conseils du maître des lieux qui sera également prêt à vous faire tester ses nouveautés !

Maison Déco – Jardin

■ ATELIER RAFAEL-PRESENTIELLE
Centre-ville
1, rue Valperga
✆ 06 76 48 99 83
boutique@presentielle.fr
Ouvert du lundi au samedi de 10h à 19h.
Ancien Jansonien et ancien élève de l'Ecole du Louvre et des ateliers de restauration des Musées Nationaux, Rafael s'occupe depuis 1992 de restaurer le patrimoine et les fresques de restaurants, boutiques, lieux publics, villas ou appartements. Il sublime également vos œuvres d'art en créant sur-mesure (selon vos goûts, vos attentes ou votre intérieur) des encadrements originaux avec une expertise fiable et professionnelle : découpe de passe-partout (+ de 250 coloris) ou de verre, châssis à clefs sur mesure... Amateurs ou collectionneurs, particuliers ou non, confiez vos chefs d'œuvre à ce passionné !

■ LE GRENIER DE MARIE
Plaine du Var
854, boulevard du Mercantour
✆ 06 68 81 97 88
legrenierdemarie@live.fr
Ouvert du lundi au vendredi de 14h à 19h. Le samedi de 9h à 12h et de 14h à 19h. Fermé le dimanche et les jours fériés. Parking gratuit.
Marielle et Rabia sont passionnées de brocantes, de marchés aux puces et d'antiquités. Elles font ainsi partager leur amour intense pour les objets insolites et rares dans cette nouvelle adresse niçoise pleine de charme où flotte un parfum d'antan et qui porte le nom de la grand-mère adorée de Marielle, «Marie». Les objets présentés ici sont chinés avec soin et attention : vieux téléphones, pichets en étain, carafes à fleurs style années 70, cuivres, meubles et luminaires anciens, coffres, machines à coudre, vaisselles, tableaux... Porteurs d'une âme et d'une histoire, chacun rappelle le bon vieux temps et le charme ancien d'une époque pourtant peu lointaine désormais révolue. Une belle adresse à l'ambiance familiale qui vous rappellera avec nostalgie vos après-midis chez votre grand-mère !

■ LES JULES
Centre Ville
1, rue Tonduti de l'Escarène
✆ 08 11 85 12 25 – www.lesjules.com
Sur demande selon besoins et disponibilités. 74 € le Jules pour 1 installation, 1 pose ou 1 réparation. 198 € le Jules pour une 1/2 journée. 396 € le Jules pour une journée. Devis possible en ligne.
Vous n'êtes pas bricoleur et avez besoin d'installer une ou plusieurs étagères ? Changer un interrupteur ou une ampoule ? Débarrasser une cave ? Installer un store ? Repeindre un pan de mur ? Refixer une poignée de porte ? Installer un évier ? Tondre une pelouse ? Confiez cette tâche à un Jules car même s'il ne remplacera pas un spécialiste, le Jules est un bricoleur professionnel polyvalent et généraliste qui propose aux particuliers et aux entreprises ce que les artisans ne peuvent ou ne veulent plus faire. Parfois Jules autodidactes, d'autres Jules ont reçu une formation initiale dans un corps de métiers de l'artisanat doublée d'une seconde en interne. Assurance, compétence, polyvalence et sympathie, les Jules sont des hommes à (presque) tout faire !

■ LAURIE LUMIÈRE
Centre Commercial Lingostière
Boulevard du Mercantour
✆ 04 93 29 88 29
www.laurie-lumiere.fr
Ouvert toute l'année 7j/7 de 9h30 à 19h30
Ces experts en éclairage présents partout en France vous aideront à faire les choix les plus adaptés à vos goûts et à votre intérieur. Formes et matériaux étonnants et originaux, le choix ne manque pas entre fil de fer, laiton, perles, papier japonais, soie, plexiglas... Les collections renouvelées chaque année donneront ainsi à votre intérieur une ambiance cosy lumineusement chaleureuse.

Retrouvez le sommaire en début de guide

Visites
Points d'intérêt

■ **FRIEND IN FRANCE**
Centre Ville
9, rue Gubernatis
✆ 06 99 16 22 33
info@friend-in-france.com
Ouvert tous jours sauf le dimanche de 9h30 à 19h. Possibilité de réserver via le site Internet. Transferts aéroports de Nice à partir de 30 €, Cannes ou Monaco à partir de 75 €, Saint-Tropez à partir de 300 €. Visites commentées Best of the Riviera Tour, Provençal Tour ou A Day in Italy : 90 €.
Friend in France propose de découvrir la région autour de trois thèmes : *Best of the Riviera*, *Provençal Tour* et *A day in Italy* en compagnie de guides passionnés et professionnels bilingues anglais. Peu importe l'option que vous choisirez – en groupe ou en tour privé -, ce sera l'occasion d'entendre des tas d'anecdotes historiques et culturelles sur les incontournables à voir et à visiter. La société organise également des transferts pour l'aéroport de Nice Côte d'Azur depuis Monaco et l'Italie jusqu'à Saint-Tropez.

■ **MUSÉE NATIONAL DU SPORT**
Plaine du Var
Boulevard des Jardiniers
Stade Allianz Riviera
✆ 06 16 81 00 82
www.museedusport.fr
contact@museedusport.fr
Du mardi au dimanche de 11h à 18h. Nocturne le jeudi jusqu'à 21h. Fermé le lundi. Plein tarif 1 expo : 5 €, 2 expos : 7 €. Gratuit -18 ans, personnes handicapées, titulaires Carte Culture et Pass Education, personnel de l'administration des sports. Possibilité de visite guidée.
Labellisé Musée de France depuis 2004, le Musée National du Sport a été créé en 1963 à la demande de Maurice Herzog. L'établissement a connu plusieurs phases successives : ouverture des premières galeries en 1988 au Parc des Princes (fermeture en 1997), ouverture d'un espace d'exposition provisoire dans le XIIIe arrondissement de Paris en 2008, déménagement en 2013 et implantation à Nice en juin 2014 dans le Stade Allianz Riviera. Sur plus de 5 800 m2, le site comprend des galeries permanentes, temporaires et d'actualité, un auditorium, un café des sports, une boutique et un espace immersif et interactif. Ses collections couvrent six cents ans d'histoire sportive et s'articulent autour de 45 000 objets, 250 000 brochures et périodiques, 18 000 ouvrages, 110 000 photographies et 1 000 films et bandes sonores. Il propose aux visiteurs un voyage autour de quatre grands défis : le défi sur soi qui conçoit le sport comme un dépassement de soi se pratiquant généralement seul (athlétisme, natation, cyclisme, gymnatisque, ski…), le défi d'homme à homme (le duel) ou comment le sport confronte deux adversaires dans un combat à l'issue duquel un seul sera vainqueur (boxe, judo, escrime, tennis…), le défi d'un collectif face à un autre qui regroupe tous les sports d'équipe (football, rugby, basketball, handball, volley-ball…), et le défi du sport au-delà des limites qui évoque les barrières naturelles, physiologiques, psychologiques, sociales ou technologiques.

Voyages – Transports

■ **THE TRAVEL HUT**
Centre Ville – 9, rue Gubernatis
✆ 06 21 38 55 04 – http://thetravelhut.net
teamsters@thetravelhut.net
Ouvert tous les jours de 9h à 19h. Service de bagagerie 1€/heure.
De passage à Nice ou simplement en fin de séjour dans la capitale azuréenne ? Vous êtes en possession de votre valise et souhaitez profitez néanmoins de votre journée sans être encombré ? The Travel Hut propose un service de bagagerie sécurisé et abordable pour votre plus grand confort. Cette société offre également aux visiteurs du monde un tas d'accessoires (masques et tubas, adaptateurs internationaux, oreillers confortables, cartes régionales...) ainsi que des idées de visites. Service de traduction également possible.

Manifestations – Événements

© DWP - Fotolia

AVENTURES SUR LA CÔTE

Gambetta 30, rue Frédéric-Passy
✆ 06 44 06 12 71 – www.chasse-tresor.fr
contact@chasse-tresor.fr

Toute l'année, chasses aux trésors ouvertes à tous. Organisations de chasses privées possibles). Chasse publique (chaque dimanche) : 15 € par personne, chasse privée : Jusqu'à 7 participants : 25 € par personne ; 8 participants et + : 20 € par personne.

Vous aimez les énigmes et vous amuser ? Participez à une chasse aux trésors dans les rues de Nice ! Ludique, étonnant et culturel, vous choisissez d'abord le nombre de participants et le nom de votre équipe constituée de 2 à 5 membres. Les organisateurs vous remettent ensuite un livret qui vous raconte l'histoire de Nice ainsi que celle du pirate Morgan le Noir, fil conducteur de votre chasse aux trésors. A vos marques ! Prêt ? Partez ! Vous découvrirez ainsi la ville sous un autre angle au travers de ses joyaux architecturaux et de ses personnages célèbres : artistes, écrivains, philosophes, explorateurs... Une idée récréative unique à partager entre amis ou en famille. A noter : des figurants costumés et des rafraîchissements sont offerts le long du parcours.

FOULÉES PANATHLON DU CAP

Panathlon Nice Côte d'Azur
12, avenue Félix-Faure
Grand Hôtel Aston ✆ 06 87 75 69 97
www.fouleesdupanathlonducap.org

Association loi 1901. Tarif : 13 €. Distance : 10 km. Difficulté : assez facile.

C'est l'un des événements majeurs du calendrier sportif niçois. Les Foulées Panathlon du Cap animeront les rues de la presqu'île Saint-Jean, en mars prochain à partir de 9h30. Nul besoin d'être un grand athlète pour y participer : hormis une montée de 1 km, le parcours est relativement accessible. Et n'oubliez pas que le plus important, c'est de participer ! Remise des dossards au Stade intercommunal de Saint-Jean-Cap-Ferrat. L'épreuve est ouverte aux coureurs licenciés et non-licenciés nés en 1998 et avant. Tout participant non licencié doit se munir d'un certificat médical mentionnant l'absence de contre-indication à la pratique de la course à pied en compétition.

NICE EN HUIT BOUCLES DÉCOUVERTES

Mairie
5, rue de l'Hôtel de Ville
✆ 04 97 13 20 00
www.nice.fr
environnement@ville-nice.fr

Tarif : gratuit. Distance : de 3 à 14 km. Durée : de 2 à 5h. Difficulté : de facile à moyenne.

Vous habitez Nice ou y êtes de passage ? La municipalité a conçu pour vous un livret ludique intitulé *Nice en 8 boucles découvertes*. L'idée : vous faire découvrir pas à pas le patrimoine paysager et bâti de la capitale azuréenne. De Gairaut à Rimiez, de Magnan à La Madeleine, du port au Mont-Boron ; tous les quartiers incontournables de la ville n'auront bientôt plus de secrets pour vous. Monuments, arbres remarquables et panoramas sont détaillés sur chacun des circuits : vous n'avez désormais plus qu'à choisir votre itinéraire selon vos centres d'inté-

10 bonnes raisons d'aimer Nice

- Une ville dynamique : 5e ville de France
- Une ville en mouvement : 1re métropole de France
- Une ville internationale : 2e aéroport de France
- Une ville attractive : 1re destination de congrès après Paris
- Une station balnéaire : 7,5 km de plages
- Une ville verte : 300 ha d'espaces verts sur les 7 192 ha de la commune
- Des conditions climatiques exceptionnelles toute l'année
- Proximité de la mer et de la montagne
- Un patrimoine culturel et historique pluriel
- Un calendrier de manifestations annuel riche et varié

rêts ! Livret disponible à la Maison de l'Environnement, dans les mairies annexes et bureaux d'accueil de l'office de tourisme. Document PDF également téléchargeable sur le site Internet de l'office de tourisme et des congrès de Nice (www.nicetourisme.com).

■ LES PARCOURS DÉCOUVERTES DU CENTRE DU PATRIMOINE À NICE

Centre du patrimoine de Nice
75, quai des États-Unis
✆ 04 92 00 41 90 / 04 92 00 41 94

Toute l'année, (accueil ouvert du mardi au samedi de 10h à 17h. Anglais, espagnol et italiens parlés. 5 € par personne. Groupes jusqu'à 20 personnes max). Tarif : plein tarif : 5 € ; tarif réduit : 2,50 € (étudiants, séniors de plus de 65 ans, chômeurs, personnes handicapées). Quelques visites gratuites. Durée : à partir de 1h. Difficulté : facile.

Si vous êtes plutôt livres d'histoire que terrains de sport, nous vous avons déniché l'activité qui pourrait peut-être vous convaincre de vous mettre à l'exercice... Toute l'année, le Centre du patrimoine de Nice met à disposition des curieux et des passionnés un vaste programme de parcours thématiques commentés autour de l'architecture, des monuments et des personnages qui ont marqué l'histoire de la cité. Ne vous attendez donc pas à un intense moment sportif, mais plutôt à une sortie culturelle active. Saviez-vous que 50 minutes de marche quotidienne constituaient un effort physique suffisant pour garder la forme ? Réservation obligatoire au Centre du patrimoine. Visites assurées à partir de 5 personnes. Annulation en cas d'intempéries ou de problèmes techniques. Pas de visites les jours fériés. Groupes : jusqu'à 20 personnes.

■ VISITE GUIDÉE DU VIEUX NICE

Office de Tourisme et des Congrès de Nice
5, promenade des Anglais
✆ 08 92 70 74 07

Tarif : 12 € par adulte et 6 € par enfant. Durée : 2h30 environ. Difficulté : facile. Rendez-vous : toute l'année (sauf janvier), le samedi à 9h30 devant l'office de tourisme et des congrès. Réservation obligatoire. Anglais parlé. Annulations de visite en cas d'intempéries ou si le nombre de participant est inférieur à 5.

De l'époque grecque à nos jours en passant par la Belle Époque et l'âge baroque, cette visite guidée dans le Vieux Nice s'annonce déjà comme un véritable voyage à travers le temps. Accompagné d'un guide conférencier agréé, apprêtez-vous à arpenter les rues et ruelles de la vieille ville, à vous arrêter ça et là pour en contempler ses églises, à vous laisser séduire par ses marchés colorés, et surtout à vous faire conter l'histoire de ce pittoresque quartier.

Fêtes

CARNAVAL ET BATAILLE DES FLEURS

Office de tourisme et des congrès
www.nicecarnaval.com

Chaque année, en février. Personnes déguisées : De 0 à 5 ans : gratuit en promenoir et en tribune sur les genoux des parents : 1 enfant/adulte. De 6 à 12 ans : tarif réduit en tribune et en promenoir. Forfait 2 spectacles (hors samedi) pour Corso Carnavalesque ou Carnavalesque Illuminé + Bataille de Fleurs). Corso Carnavalesque à partir de 20 € en tribune selon jour et horaire (place assise numérotée) 10 € en promenoir. Corso Illuminé à partir de 25 € en tribune, 10 € en promenoir. Bataille de Fleurs à partir de 25 € en tribune, 10 € en promenoir. Tarifs handicapés (titulaire d'une carte d'invalidité d'un taux supérieur ou égal à 80 % et son accompagnant.) en tribune ou à l'emplacement réservé aux fauteuils roulants. Infos et résa : resa.carnaval@otcnice.com.

Au Moyen Âge avant de jeûner pendant 40 jours selon la tradition catholique du Carême, les Niçois se régalaient d'une cuisine riche et copieuse. Cette période festive s'accompagnait d'animations variées : bals, mascarades, danses, farandoles, feux de joie... Il était de mise de se moquer de tout et de tous aux dépens de chacun caché derrière des masques et protégé par des déguisements jusqu'au Mardi-Gras. Depuis plus de 120 ans cette manifestation est devenue l'événement phare de la Côte d'Azur en hiver et l'un des plus grands Carnaval du monde. Les défilés carnavalesques, magnifiés par les décors de la place Masséna, se composent d'une vingtaine de chars élaborés selon un thème choisi. La manifestation ne se résume pas seulement à une bataille de confettis ou à un faciès rigolard et rubicond : il est l'histoire de Nice.

Chaque année au mois de février, la fièvre et la chaleur gagne le cœur des visiteurs et les rues de la ville pendant que défile la vingtaine de chars ! Au programme : confettis, costumes et parades géantes, colorées, musicales, diurnes, nocturnes, féeriques, animées, chantées ou dansées par des milliers de personnes déguisées et venues découvrir cette tradition niçoise depuis les quatre coins du monde. Chaque année, une thématique est mise à l'honneur. Le Roi est brûlé le dernier mardi de la manifestation lors d'une cérémonie sur la plage de la Promenade des Anglais, un rituel suivi d'un feu d'artifice grandiose. Le Carnaval de Nice, c'est aussi l'occasion d'assister à la célèbre Bataille des Fleurs où des jeunes femmes, vêtues des plus originales créations et disposées sur des chars décorés, lancent au public de superbes compositions florales ainsi que des brins de mimosas...

FÊTE DES MAIS

Cimiez – Jardins des Arènes de Cimiez
www.nicetourisme.com

Chaque année, en mai. Manifestation gratuite.

Au mois de mai, les Niçois se retrouvent tous les dimanches sous les oliviers du parc des arènes de Cimiez pour célébrer cette fête traditionnelle qui annonce l'arrivée des beaux jours. Au programme sont proposés des spectacles folkloriques et de variétés, des dégustations de spécialités niçoises, des attractions et des animations autour de divers charmants petits stands proposant des spécialités niçoises. On y vient en famille ou entre amis, passer la journée sur un coin d'herbe ou pratiquer tous les loisirs de plein air et pique-niquer en toute convivialité. De nombreuses activités pour les enfants sont également proposées.

LOU FESTIN DOU POUORT

Port Lympia – www.cote-azur.cci.fr

Chaque année, en septembre. Manifestation gratuite. Restauration. C'est l'événement festif et populaire important de la rentrée : spectacles de rues animés par des groupes musicaux et des artistes visuels, animations pour enfants, dégustations et découvertes gastronomiques au village des grands chefs, grandes parades déambulatoires terrestres et nautiques, groupes folkloriques costumés, chars décorés, feux d'artifices, bals dansants, navettes maritimes gratuites pour effectuer la traversée du Port... de quoi ravir petits et grands ! La manifestation, forte de son succès, accueille chaque année près de 30 000 personnes pour une soirée « caliente » sur les quais du Port de Nice.

LUNA PARK

Esplanade De Lattre de Tassigny
Palais des Expositions – www.azurpark.com

Chaque année en décembre. Ouvert tous les jours de 14h à 23h. Le samedi jusqu'à 1h. Le 24 décembre, fermeture à 20h. Coût moyen d'un manège avec la carte pass : 1,43 €. Baby Pass coût moyen du manège : 1 €. Pass valables tous les jours. Le tour de manège coûte entre 3 € et 4 € (adulte) ; 2 et 3 € (enfant) sans carte pass. Restauration.

Durant les fêtes de fin d'année, le Luna Park s'installe au Palais des Expositions et sur l'Esplanade De Lattre de Tassigny à Acropolis. Seul parc d'attraction couvert d'Europe, près de 25 manèges pour petits et grands attendent les amateurs de loopings et de sensations fortes. Parmi les plus célèbres : le carrousel 1900, le playball, le break dance, le révolution, le boomerang, the fun house, le glassorama... Pensez à la Carte Pass très avantageuse.

LE MARCHÉ DE NOËL

Centre-ville
Place Masséna

De décembre à janvier. Ouvert tous les jours. Entrée gratuite. Restauration. Chaque année à l'approche de Noël, plus d'une cinquantaine de commerçants s'installent dans leur chalet en bois sur la place Masséna sur plus de 3 000 m^2. Venir au marché de Noël, c'est se plonger dans une ambiance féerique et magique : animations, vitrines animées, ateliers créatifs, déambulations, fanfares, fresques humaines, marionnettes... Chaque hiver, une thématique est mise à l'honneur. A voir absolument !

Foires – Salons

NICEXPO

Esplanade De Lattre de Tassigny
Palais Acropolis – ✆ 04 92 00 20 80
www.nicexpo.org – contact@nicexpo.org

(chaque année en mars). Evénement très populaire, Nicexpo est la grande vitrine annuelle où s'exposent toutes sortes de produits et de services utiles à notre environnement et notre organistion de vie quotidienne. Première du calendrier des foires internationales, celle de Nice réunit 1 200 exposants et décline au total trois sites à visiter : le palais des expositions, le salon Bâtir au Palais des Congrès Acropolis et la section plein air située entre les deux bâtiments.

SALON DU MARIAGE

Palais des Congrès et Expositions – Acropolis
1, esplannade Kennedy – www.lunedemiel.com

Les 17 et 18 Janvier 2015 de 10h à 19h. Entrée plein tarif 8 € et tarif réduit 6 €.

Pour anticiper l'organisation du « plus beau jour de sa vie », le salon du mariage de Nice réunit chaque année durant deux jours les prestataires spécialisés de la région : animateurs, bijoutiers, traiteurs, restaurateurs, DJs, loueurs de vaisselle, loueurs de salles et de véhicules, fleuristes, décorateurs, photographes, coiffeurs, maquilleurs, voyagistes... Conseils avisés, expositions de produits, défilés de collections de costumes et de robes sont proposés autour de plusieurs dizaines de stands.

STUDYRAMA

Palais Acropolis – www.studyrama.com

Seul événement étudiant des Alpes-Maritimes dédié à l'enseignement supérieur dans sa globalité (public et privé), le Salon Studyrama des Etudes Supérieures de Nice est destiné à tous les futurs bacheliers ainsi qu'aux étudiants de niveau Bac + 1 à Bac + 5. Plus de 400 formations post-bac sont représentées par le biais des universités, BTS, écoles de commerce et d'ingénieurs, écoles de métiers, CFA (Centre de Formation d'Apprentis) et IUT. Cet événement qui dure deux jours réunit 170 exposants et renseigne 25.000 visiteurs.

Manifestations culturelles – Festivals

■ **UN FESTIVAL, C'EST TROP COURT**.........Cinéma
Association Héliotrope – 10 bis, rue Penchienatti
✆ 09 50 62 30 58 / 04 93 13 97 65
www.nicefilmfestival.com
Chaque année, en octobre. Organisé chaque année par l'Association Héliotrope depuis plus de dix ans, le Festival du Court-Métrage présente au public une sélection de près de 200 films choisis. Ce festival, qui accueille plus de 2400 spectateurs par an, confirme sa vocation de rendez-vous annuel de la jeune création dans le domaine du court-métrage et des œuvres numériques innovantes à la frontière de l'art vidéo, de l'animation expérimentale au web film en passant par le clip. L'occasion pour le public de rencontrer de nouveaux talents mais aussi de découvrir ce type de cinéma doublé de la perspective pour l'Association de promouvoir des artistes européens et les réalisateurs de la région issus d'écoles de cinéma françaises. On aime les tarifs intéressants et le programme, ébouriffant !

■ **FESTIVAL DU CLOÎTRE** ....Musique
Cloître du Monastère de Cimiez – place Jean-Paul II Cimiez ✆ 0800 950 850
http://concerts.hexagone.net
De juillet à août. Réservation par téléphone de 8h à 20h en semaine, de 9h à 12h le samedi. (appel gratuit depuis un poste fixe) Carte bancaire acceptée. Achats de billet à l'unité ou en pass. En cas de mauvaises conditions climatiques, les concerts auront lieu dans l'Auditorium du Conservatoire de Nice. Programmation : www.concerts.cimiez.com.
Chaque été, le cloître du monastère de Cimiez accueille en son sein le festival éponyme où la formation musicale supérieure dispensée à l'Académie internationale d'été de Nice par les plus grands solistes vient montrer ses talents. Dans ce site d'exception, vous découvrirez une programmation éclectique de choix avec les plus belles œuvres du répertoire musical (Stravinsky, Haydn, Mozart, Schubert, Debussy...). Ne manquez pas ce spectacle qui sera prétexte à vous évader le temps d'une soirée sur la colline historique de Cimiez, hors de l'effervescence de la ville. Le Festival de Cimiez se complète du Concours International Jacques Taddei avec les concerts des lauréats, les master classes publiques, les auditions des jeunes talents de l'Académie, les conférences...

■ **FÊTE DE LA MUSIQUE** ....Musique
Le 21 juin. La fête de la musique est célébrée à Nice comme partout le premier jour de l'été. Chanteurs et musiciens, professionnels ou non, associations, structures culturelles et troupes investissent le centre-ville et son cœur historique. La fête de la musique est un événement organisé par le ministère de la Culture et de la Communication qui permet au grand public de découvrir différents genres musicaux par le biais de concerts totalement gratuits qui animent les places, les quartiers et les commerces.

■ **NICE JAZZ FESTIVAL** ....Musique
Masséna – Jardins Albert Ier
www.nicejazzfestival.fr
Du 7 au 12 juillet 2015 (de 19h à minuit). À partir de 35 €. -10 ans : gratuit. Enfants de 10 à 16 ans, 15 €. Pass tarif préférentiel : 31 €. Tarif réduit : 25 €. 2 scènes. Depuis 1948. Entrée place Masséna (accès pour les personnes à mobilité réduite). Ouverture des portes : 18h30. Les premiers concerts débutent dès 19h pour se terminer à minuit.
Premier festival de jazz créé en France, le Nice Jazz Festival date de 1948. Organisé tout d'abord à l'Opéra de Nice en clôture du carnaval, il acquiert une notoriété internationale en 1974 alors qu'il s'organise dans les espaces champêtres de l'oliveraie et des arènes gallo-romaines de la colline de Cimiez. C'est dorénavant dans le cadre urbain des jardins Albert Ier en plein cœur de Nice que le festival prend ses quartiers. L'événement rassemble les amateurs de Jazz et autres rythmes entre la scène du Théâtre de Verdure et celle de la place Masséna. La trentaine d'artistes de renommée internationale porte la nouvelle configuration, plus accessible et plus ouverte, de ces soirées festives et musicales en plein air reprises en régie par la ville de Nice. Proximité et convivialité marquent davantage encore l'identité de ce grand événement niçois.

■ **PROM'PARTY** ....Musique
Promenade des Anglais ✆ 0892 707 407
www.nicetourisme.com/agenda
De juillet à août. C'est le rendez-vous de tous les styles de musique sur la Promenade des Anglais rendue aux piétons le temps d'une soirée entre le Théâtre de Verdure et l'Hôtel le Negresco. Septs scènes musicales se déplacent tel un carrousel de 21h30 à 23h30. L'accès à cet événement est libre, plusieurs dates sont programmées tous les ans, au mois de Juillet et au mois d'Août dont le 14 juillet et le 15 août, ces deux soirées se concluent par un feu d'artifice tiré en mer dans la baie des Anges et visible tout le long de la Promenade des Anglais.

© STÉPHANE SAVIGNARD
Fête de la musique

MANIFESTATIONS – ÉVÉNEMENTS

Manifestations sportives

■ COURSE CYCLISTE PARIS-NICE .... Cyclisme

www.letour.fr/paris-nice

En mars. Le Paris-Nice cycliste se déroule chaque année à la mi-mars. Les plus grands noms de l'histoire du cyclisme s'y sont illustrés : Bobet, Anquetil, Merckx, Poulidor ou Indurain. Tout au long du parcours de 1 155,5 kilomètres se succèdent des étapes de plaine et de moyenne montagne. La dernière étape de la course suit un parcours autour de Nice pour finir en beauté par une arrivée sur la Promenade des Anglais.

■ EUROPÉTANQUE

Cimiez – 5 ter, avenue Edith Cavell
✆ 06 03 35 51 26 / 06 16 10 07 76
www.rivierapetanqueshow.com

En juillet. Compétition internationale de pétanque qui réunit 500 triplettes, 1 500 joueurs, 12 nations (France, Tunisie, Canada, Etats-Unis, Italie, Espagne...) et plus de 30 000 spectateurs ! L'Europétanque c'est également un concours international féminin, un concours international jeune ainsi qu'un Trophée des personnalités dotés de lots importants.

■ IRONMAN

nice@ironman.com

Le 28 juin 2015. Le Triathlon International de Nice ou *Ironman* s'est largement imposé auprès des fédérations comme un championnat du monde longue distance. Chaque année, plus de 2 500 triathlètes originaires de plus de 50 nations participent à cette compétition. Les plus grands champions ont déjà été couronnés au cours des dernières éditions : Mark Allen, Mike Pigg, Yves Cordier, Rob Barel, Paula Newby Fraser et Isabelle Mouthon. En étant le 1er Challenge Européen des Clubs, l'Ironman de Nice est devenu l'épreuve incontournable du calendrier mondial.

■ MARATHON DES ALPES-MARITIMES ...Course à pied

✆ 04 93 26 19 12 – www.marathon06.com
info@marathon06.com

En novembre.

Le Marathon des Alpes-Maritimes est l'un des événements sportifs incontournables dans le programme d'entraînement ou de compétition des marathoniens. Les 42,195 km forment un parcours d'exception entre mer, soleil et palmiers. La course part sur la Promenade des Anglais et se termine sur le Boulevard de la Croisette à Cannes.

■ PROM'CLASSIC .... Course à pied

www.promclassic.com – mail@azur-sport.org

Le 15 janvier 2015.

Créée en 2000, cette course réunit chaque année plus de 5 000 coureurs sur le parcours de la célèbre Promenade des Anglais. A noter que les femmes sont autorisées à prendre le départ cinq minutes avant les hommes.

■ SEMI-MARATHON INTERNATIONAL DE NICE ... Course à pied

www.nicesemimarathon.com

23ème édition les 25 et 26 avril 2015. Le Semi-Marathon International de Nice est une course qualificative pour le Championnat de France. Au fil du temps, il s'affirme comme l'une des cinq plus importantes épreuves en France tant par le nombre des participants que par le niveau des performances réalisées. Les participants ont le choix entre quatre distances en fonction de leurs objectifs : 21 km, 10 km, 3 km «La Niçoise» et 2 km «Défi Running Collèges».

■ LA TRANSVÉSUBIENNE .... Cyclisme

LA COLMIANE
✆ 04 93 43 51 54 / 04 93 43 51 54
www.transvesubienne.com

En mai. Cette course est l'une des plus difficiles de la planète VTT : au cœur des Alpes-Maritimes, la Transvésubienne au départ de la Colmiane destination Nice via Le Brec-d'Utelle, est une course hors norme et mythique pour beaucoup de vttistes... Cet itinéraire, est incontestablement l'un des plus beaux de la Vésubie et son parcours permet une découverte globale de la vallée : mélézin au départ de la Colmiane, vastes alpages sur la crête du Caïre Gros, massif forestier du Tournairet et des Granges de la Brasque, adret méditerranéen au niveau de la baisse de Cangelard puis châtaigneraie séculaire en amont de Lantosque. La première partie de l'itinéraire, peu roulante, oblige à pousser son vélo à maintes reprises. Toutefois, le large panorama offert par le parcours en crête vaut à lui seul le déplacement. La course demande un bon niveau technique et une certaine endurance pour être effectuée avec plaisir et en toute sécurité pour parcourir les 86 km de pistes sur près de 3 300 m de dénivelé positif et 4 800 m de dénivelé négatif.

■ ASCENSION PÉDESTRE DE LA BONETTE Course à pied

SAINT-ETIENNE-DE-TINÉE ✆ 04 93 02 41 96

En juillet (se renseigner auprès de l'office de tourisme pour connaître la date exacte). Restauration. Réservée aux sportifs et athlètes marathoniens de haut niveau, cette course organisée par l'Association pour la Route de la Bonette se déroule chaque année pendant l'été. L'événement relèverait presque de l'exploit avec les 27 km à parcourir depuis le village de Saint-Etienne-de-Tinée jusqu'au col de la Bonette situé à 2 860 m d'altitude... Vous l'aurez compris, la tâche est ardue et le dénivelé important : 1 662 m à faire en plein soleil. Le record est détenu côté femme par Christel Robin (2010) avec un temps de 2 heures 13 et pour les hommes par Lorenzon Trincheri (2009) en 1 heure 58. Mais après l'effort, le réconfort : un déjeuner géant (payant) est organisé pour les coureurs et accompagnateurs. Pensez à réserver car le nombre de place est limité !

Restaurants

© iStockphoto.com - Kcline

Début de mois

APHRODITE DAVID FAURE
Centre-ville
10, boulevard Dubouchage ✆ 04 93 85 63 53
www.restaurant-aphrodite.com
reception@restaurant-aphrodite.com

Ouvert toute l'année. Du mardi au samedi le midi de 12h à 13h30 et le soir de 19h30 à 21h30. Réservation recommandée. Menus de 45 € à 103 € (hors boissons). Carte : 75 € environ (hors boisson). Menu enfant : 27 € (-12 ans). Formule déjeuner : 20 € (entrée + plat ou plat + dessert) et 29 € (amuses bouche + entrée + plat + dessert + miniardises). Menu végétarien : 47 €. Menu Alternative Food (autour des insectes) : 63 €. Menu Autour du Comté de Nice : 54 €. Label de la cuisine Nissarde. Accueil des groupes (jusqu'à 120 personnes). Terrasse. Vente à emporter. Tout est fait maison. Vin au verre à partir de 6 €.

Le Chef David Faure vous concocte sa version très personnelle du terroir : son foie gras et cèpes comme un opéra avec un sorbet balsamique blanc et des cèpes craquants entre deux terres, l'évanescence de chou-fleur truffé et farce de langoustine, l'oeuf poché aux truffes noires et ciboulette crème de morilles et morilles, ses noix de saint-Jacques poêlées aux truffes de Bourgogne et girolles, pommes purée au corail d'oursins et jus de volaille rôtie... Côté desserts, régalez-vous avec son incroyable Barbatruc composé de Barbapapa, fruits rouges et noirs au jus de mûres, feuilletage et crème vanille, rose, sorbet litchi ou encore le sorbet du jour à l'azote liquide préparé à votre table. Le Chef étoilé propose également un menu des plus insolites pour les aventuriers de la gastronomie : Alternative Food, autour des insectes. Une véritable alchimie culinaire par l'animateur de l'association Les Toques Brûlées ! Sans oublier son fameux menu « R... Evolution » : une expérience, un voyage en 11 actes vers des contrées gastronomiques inexplorées où tous les plaisirs sensoriels se conjuguent : goût, ouïe, vue et odorat. Il est servi pour l'ensemble des convives à dîner uniquement. Et comme David aime surprendre là où on ne l'attend pas... il lance aussi son nouveau menu « Autour du Comté de Nice » : amateurs de stockfish, de daube et de sardines farcies... à vos marques... prêt et feu sur les fourneaux. Il est important de préciser que les végétaliens, les végétariens, les sans gluten et tous les régimes et interdits alimentaires sont les bienvenus chez Aphrodite.

LE BISTROT GOURMAND
Vieux Nice
3, rue Desboutin
✆ 04 92 14 55 55
www.lebistrogourmand.fr
bistrotgourmand@live.fr

Maîtres cuisiniers. Ouvert toute l'année. Fermé le dimanche. De 12h à 14h et de 19h30 à 22h. Réservation recommandée. Menus de 35 € à 69 €. Carte : 60 € environ (entrée + plat + dessert). Formule : 23 € (entrée + plat ou plat + dessert). Vin au verre. American Express. Accueil des groupes (24 couverts maximum). Terrasse.

Voici une affaire qui perdure au fil des années ! Le Chef, David Vaqué et son épouse Laurence, au service, offrent un beau visage de la gastronomie. Dans la salle lumineuse à la décoration contemporaine et au mobilier coloré, l'art de la table est au diapason. David est toujours à l'affût de nouveaux produits à travailler. On adore cette cuisine à la fois bourgeoise et méditerranéenne. Les épicuriens

apprécient les suggestions du jour à l'ardoise comme le mystérieux « ange ou démon », le turbot braisé, le ris de veau poêlé asperges vertes poudre d'orange et jus perlé d'huile d'olive, le pavé de bar poêlé et sa compote de légumes niçois, le risotto à la truffe ou pour terminer le cake betterave pistache feuillantine pistache chocolat blanc. Le personnel est de haut niveau, tout est parfait. Il est presque indispensable de réserver votre table.

■ LE CHANTECLER
37, promenade des Anglais
Le Negresco
✆ 04 93 16 64 00
www.lenegresco.com
chantecler@lenegresco.com

Ouvert toute l'année. Ouvert du mardi au samedi pour le dîner. De 19h à 22h (dernier service à 22h). Réservation impérative. Menus de 105 € à 160 €. Carte : 150 € environ. Vin au verre. Chèques non acceptés. American Express, Diners Club. Accueil des groupes (20 personnes maximum dans une salle privée). Terrasse. Voiturier. Boutique.

Avec le chef Jean-Denis Rieubland, un des meilleurs ouvriers de France 2007 et 2 étoiles Michelin depuis cette année, Fabien Cocheteux, le nouveau chef pâtissier, Olivier Novelli, le directeur du restaurant, un des meilleurs ouvrier de France 2011, et Lionel Compan, le chef sommelier, le restaurant gastronomique de l'Hôtel Le Négresco est bien armé. Le chef peaufine les assiettes sur la fraîcheur, le produit et l'originalité : cube de foie gras de canard mi-cuit en fine gelée d'orange, sauce chocolat gingembre accompagné d'une brioche maison, turbot aux feuilles de cresson, citron caviar à l'huile vierge, oignons blancs des Cévennes grillés, sphère croustillante au parfum d'orange et de coriandre fraîche.

LES DEUX CANAILLES
Centre-ville
6, rue Chauvain
✆ 09 53 83 91 99
www.lesdeuxcanailles.com
restaurant@lesdeuxcanailles.com

Ouvert toute l'année. Du lundi au samedi le soir de 19h30 à 22h. Réservation recommandée. Menus de 49 € à 79 €. Carte : 60 € environ. Menu enfant : 15 €. Vin au verre. American Express. Accueil des groupes.

Laurent Inoue, le maître d'hôtel, évolue au milieu d'une petite salle de 25 couverts au décor simple et soigné. Tsumoru Takano, le chef japonais, élabore des plats brillants où le terroir régional s'impose : carpaccio de loup de mer et tenpuras d'oignon, foie gras poêlé du gers risotto au gorgonzola jus de viande au Madère, tourte de gibier sauce cacao et légumes pochés à la minute, salade de navets fins au gingembre confit, filets de rougets de Méditérranée en bouillabaisse façon "2 Canailles", poularde de Puylaurens cuite à basse température séléction de légumes de saison pochés à la minute, asperges du pays pochées minute sauce vin rouge à la moutarde, millefeuille de fraises du pays, glace au miel corse.

Le label « Cuisine nissarde »

La ville de Nice est l'une des rares de France – avec Lyon et ses bouchons – dont le nom est directement associé à un type de cuisine très codifié. Pour valoriser, préserver et promouvoir l'authentique cuisine nissarde, le label « Cuisine nissarde, le respect de la tradition » a été créé en 1998 par le Cercle de la Capelina d'Or avec l'Union Départementale des offices de tourisme et des syndicats d'initiative : chaque restaurateur adhérent à cette marque et respectant les recettes traditionnelles niçoises s'engage à promouvoir une sélection de plats régionaux et à proposer dans sa carte au moins trois des plats répertoriés et cuisinés dans le respect de la tradition. Mais ce n'est pas tout : cuisine familiale, de saison, élaborée sur place, respect des ingrédients et des produits locaux, hygiène des lieux, connaissance de l'histoire, qualité de l'accueil, autant de valeurs que l'établissement s'engage également à respecter ! Pour savoir qui bénéficie de ce label très prisé, le restaurateur arbore sur sa vitrine l'autocollant du visuel de la marque et affiche dans l'entrée de son établissement un panneau représentant une jeune Niçoise en costume traditionnel portant un panier rempli de produits du terroir. D'adresses familiales en tables gastronomiques, vous découvrirez des recettes traditionnelles de l'authentique cuisine niçoise : pissaladière, salade niçoise, raviolis, gnocchis, daube, stockfish, ratatouille, farcis niçois ou tourte de blettes. À noter que le macaron est valable durant trois ans.

- Liste des établissements répertoriés par quartiers :

Vieux Nice
Restaurant Acchiardo 38 rue Droite (04 93 85 51 16)
L'Escalinada 22 rue Pairolière (04 93 62 11 71)
A'Buteghinn'a 11 rue du Marché (04 93 92 28 22)
Lu Fran Calin 5 rue Francis Gallo (04 93 80 81 81)
La Table Alziari (04 93 80 34 03)
Le Gaglio 2 place Saint-François (04 93 85 42 13)
Le Marché 12-14 cours Saleya (04 93 85 77 15)
Le Safari 1 cours Saleya (04 93 80 18 44)

Centre-ville
Lou Bistrot Nissart 26 boulevard Risso (04 22 16 25 81)
La Cantine de Lulu 26 rue Alberti (04 93 62 15 33)
Lou Balico 20 avenue Saint-Jean-Baptiste (04 93 85 93 71)
La Maison de Marie 5 rue Masséna (04 93 82 15 93)
Restaurant Luc Salsedo 4 rue Maccarani (04 93 82 24 12)

Libération – Valrose
Brasserie de l'Union 1 rue Michelet (04 93 84 65 27)
Lou Pantail 107 Avenue Saint-Lambert (04 93 52 02 51)

Port – Petit Marais niçois
La Socca d'Or 45 rue Bonaparte (04 93 56 52 93)
Les Garnuches 13 rue Cassini (04 83 55 65 53)
D'Aqui d'Aia 12 Rue Cassini (04 83 45 46 48)

Rimiez – Gairaut
Auberge de l'Aire Saint-Michel chemin de Châteaurenard (04 93 84 42 07)
Les Palmiers 1 Avenue des Palmiers Henri Dunant (04 93 84 48 74)
L'Autobus 142 Vieux Chemin de Gairaut (04 93 84 49 88)
La Gaité Nallino 72 Avenue Cap-de-Croix (04 93 81 91 86)

Hors Nice
African Queen Port de Plaisance – 06310 Beaulieu-sur-Mer (04 93 01 10 85)
Le Jardin 7 Place Général Corniglion Molinier – 06450 Roquebillière (04 93 03 56 00)

■ FLAVEUR

Centre-ville – 25, rue Gubernatis
✆ 04 93 62 53 95 –www.flaveur.net
reservation@flaveur.net

Du mardi au vendredi de 12h à 14h. Du mardi au samedi de 19h30 à 22h. Réservation recommandée. Menu enfant : 20 €. Vin au verre. Formule midi : 38 € (entrée + plat du moment ou plat du moment + dessert). Plat du moment : 28 €. Menu plaisir en 5 étapes (midi) : 65 €. Menu Flaveur (midi et soir) : 50 €. Menu découverte (soir) : 80 €. Accueil des groupes (entre 20 et 30 personnes). 1 étoile Michelin. Réservation en ligne possible.

Les frères Mickaël et Gaël Tourteaux régalent les clients qui se bousculent pour savourer leurs créations dans cette ambiance design aux sièges zébrés et aux lampes en acier. Une histoire de famille qui se décline autour de plats et de menus associés à la Méditerranée et à l'exotisme : crabe royal de Norvège navet fane et poivre sancho sauce wafu pousse de coriandre et condiment pomelo/cedrat, saint-Jacques de Dieppe pakchoï et beurre noisette moelle et gomasio jus tranché au parmesan, selle d'agneau du Quercy laqué au tandoori écrasée de dattes fraîches et thym citron. On parcourt le monde en dégustant l'assiette. Une belle découverte.

JAN
Vieux Nice – 12, rue Lascaris
✆ 04 97 19 32 23 – www.restaurantjan.com
jh@restaurantjan.com

Ouvert toute l'année. Tenue chic. Carte : 35 € environ. Ouvert le mardi soir, du mercredi au vendredi midi et soir. Le samedi soir. Fermé dimanche et lundi. Né en Afrique du Sud, Jan Hendrik a ouvert les portes de son restaurant au nom éponyme où il fait découvrir une cuisine française contemporaine dotée d'une touche d'héritage sud-africain. Ici, élégance et chic se côtoient en toute grâce : de la façade extérieure bleu marine à la décoration intérieure qui laisse apparaître de beaux murs en pierres en passant par la vaisselle jusqu'au service effectué par un maître d'hôtel stylé, tout rime avec raffinement. Cette finesse se retrouve également dans les assiettes où les plats à la carte se retrouvent aussi dans le menu dégustation en six services. La carte est variée et originale : noix de saint-Jacques poêlées aux cèpes, pommes de terre violettes rôties, purée de châtaigne dorée au foin, homard accompagné d'un tartare d'algues sur un consommé de crustacés, socca servie avec de la mozzarella fumée ou raviolis faits maison servis avec une boule d'Epoisses (parmi d'autres). Quant aux desserts, vous aurez le choix entre un moelleux au caramel, une compotée de coing et gingembre, des fruits rouges frais ou un parfait au citron. Une belle adresse pour de nouvelles découvertes gastronomiques.

LE GRAND BALCON
Vieux Nice – 10, rue Saint François de Paule ✆ 04 93 62 60 74
www.legrandbalcon.net
legrandbalcon@wanadoo.fr

Ouvert toute l'année. 7/7 jour midi et soir. Réservation recommandée. Menus de 34 € à 65 € (le soir, le menu spécial truffe). Carte : 50 € environ. Formule du midi : 21 € (amuse-bouche + plat + dessert). Vin au verre. Terrasse. Voiturier.

Une belle adresse située à l'entrée du vieux Nice qui perdure depuis plus de onze ans. Ici le raffinement n'est pas un vain mot tant dans la gastronomie que dans la décoration ou dans le service. La décoration est axée sur le thème du baroque. En franchissant la porte, on entre dans l'espace Rembrandt avec plusieurs tableaux en hommage au célèbre maître. Puis en arrière-salle, la bibliothèque vous offre ses tendres secrets... idéal pour un repas en tête-à-tête. Côté cuisine, le Chef Jean-Luc Rossi propose une cuisine axée sur les produits de saison qu'il décline en suggestions au quotidien : la riquette aux copeaux de truffes noires, les spaghettis frais aux gambas. Cette *fusion food* inventive propose un tartare de king crab d'Alaska à l'ananas et à la mangue, un filet de daurade aux clémentines acidulées et son gâteau de courges, un filet de loup et sa fricassée de petits violets, des gambas grillées accompagnées d'une mousse d'aubergines aux tomates séchées ou encore un éventail de magret de canard sur son velouté de cèpes et foie gras. A noter : un menu dégustation autour de la truffe avec en autres : marbré de foie gras à la truffe, saint-Jacques aux truffes, risotto aux truffes, camembert au lait cru truffé. Petit plus : un service voiturier est à votre disposition. Très belle terrasse extérieure ouverte été comme hiver.

KEISUKE MATSUSHIMA
Centre-ville – 22 ter, rue de France
✆ 04 93 82 26 06
www.keisukematsushima.com
info@keisukematsushima.com

Ouvert toute l'année. Du lundi au samedi le soir de 19h30 à 21h30 ; du mardi au vendredi le midi de 12h à 13h30. Réservation recommandée. Carte : 70 € environ. Formule du midi : 28 € (entrée + plat ou plat + dessert). Vin au verre. Menus à partir de 44 €. American Express. Boutique.

La nature s'invite dans le restaurant de Keisuke Matsushima avec des touches de végétaux sur les tables et l'apport de branches d'olivier qui trônent au centre de la salle, œuvres de Julie Guittard, fleuriste voisine rue Dalpozzo. Les assiettes sont élaborées simplement pour mettre en avant l'essentiel : le produit et le goût. Découvrez le gaspacho de tomates sorbet poivrons rouges et gambas à la mayonnaise, le homard en salade courgettes trompettes et ses fleurs farcies jus de ratatouille et sauce pistou, le loup grillé au fenouil artichauts épineux aux coquillages et calamars... Quant aux desserts, succombez à la pêche jaune en tarte renversée meringue et glace à la pistache ou aux fraises des bois infusées à la rose et sorbet fromage blanc. Une découverte gustative étonnante dont on ne se lasse pas !

■ L'ÂNE ROUGE

Port
7, quai des Deux Emmanuel
Port Lympia
✆ 04 93 89 49 63
www.anerougenice.com
anerouge@free.fr

Maître Restaurateur. Ouvert toute l'année. De 12h à 14h et de 19h30 à 22h. Fermé le mercredi toute la journée et le jeudi midi. Réservation recommandée. Menus de 26 € à 62 €. Carte : 50 € environ. Menu enfant : 15 €. Formule du midi : 26 € (entrée, plat, dessert). Vin au verre.. American Express, Diners Club. Accueil des groupes. Terrasse. Vente à emporter. Animations. Parking du port en face, deux heures offertes.

L'Âne rouge est un établissement incontournable. Cela fait plus de dix ans que le chef Michel Devillers propose des produits frais préparés avec art pour le plus grand plaisir des clients. Le poisson est apporté le matin même par Gilbert, l'un des derniers pêcheurs à la palangre de Nice. L'été, le chef travaille les produits de la mer, et en arrière-saison ce sont ceux du terroir qui sont mis à l'honneur. Vous dégusterez en particulier la marmite du pêcheur servie en bouillabaisse avec la pêche locale, la salade de homard aux mangues et légumes croquants ou le pigeon rôti aux couleurs printanières de légumes. Autant de mets à découvrir en admirant la danse des homards ou des langoustes, réunis dans l'aquarium placé entre la cuisine et la salle. Pour être informé de tous les événements, connectez-vous sur www.facebook.com/LAneRouge.

■ L'AROMATE

Centre-ville
20-22, avenue Maréchal-Foch
✆ 04 93 62 98 24
www.laromate.fr
info@laromate.fr

Fermé début janvier. Ouvert du mardi au samedi le soir de 19h30 à 22h30. Menus de 60 € à 80 €. Vin au verre.

Mickaël Gracieux – un chef étoilé Michelin depuis 2009 - propose une cuisine créative et généreuse. Ses préparations rivalisent d'originalité : artichaut violet cuit au sautoir, tomates, tuile de parmesan Reggiano, jus de vinaigre de Barolo, tourteau dans une gelée d'étrilles au gingembre, crème acidulée, émulsion de fenouil, chipirons sur une grosse aubergine cuite en papillote, côtes de sucrine, tomates confites, fritto d'anchois, chorizo, pommes en feuillet, velouté chaud de caramel tendre… C'est beau et c'est bon. Le Chef privilégie les produits naturels et les présentations personnalisées : chaque assiette est une véritable œuvre d'art. Une belle carte des vins est également à découvrir avec une sélection au verre. Incontournable.

■ LUC SALSEDO

Centre-ville
14, rue Maccarani
✆ 04 93 82 24 12 / 06 61 80 19 73
www.restaurant-salsedo.com
contact@restaurant-salsedo.com

Ouvert toute l'année. Fermé le mercredi. Le soir de 18h30 à 22h30. Ouvert jusqu'à 23h en juillet et août. Réservation recommandée. Carte : 27 € environ (plat). Vin au verre. Menus 3 plats au choix : 45 €. Menu découverte 5 plats : 65 €. Cours de cuisine le samedi matin : 100 € par personne (petit déjeuner, préparation, dégustation). Plateau repas 30 €. Accueil des groupes. Vente à emporter. Boutique.

Luc Salsedo s'est imposé grâce à une cuisine simple mitonnée avec les produits du terroir, un menu-carte qui évolue tous les 10 jours et des suggestions à l'ardoise. Cette liberté créative permet de coller aux saisons et de découvrir les produits au bon moment : beignets de légumes du Sud sur un concassé de tomates épicées, beignets de cabillaud, suprême de volaille rôti au beurre d'origan pommes de terres et ail confit, filet de dorade à la plancha fenouil asperges et vinaigrette vierge ou le filet de bœuf rôti polenta crémeuse et sauce au vin rouge. N'oubliez pas de terminer votre dîner par l'incontournable pain perdu aux pommes caramélisées parfumées à la cannelle glace caramel sel de Guérande ou le cake moelleux au citrons du pays ananas confit et mousseux coco. Luc Salsedo a aussi imaginé de nouveaux services comme la mise en place de cours de cuisine à thème le samedi matin ou le plateau-repas pour les soirs où vous n'avez pas envie de cuisiner.

■ LES PÊCHEURS

Port – 18, quai des Docks
✆ 04 93 89 59 61
www.lespecheurs.com
lespecheurs@aliceadsl.fr

Fermé 5 semaines à partir du 2 janvier. Juillet et août : fermé le lundi et mardi midi. Septembre à juin : fermé le lundi et mardi. Ouvert de 12h15 à 14h et de 19h15 à 22h. Réservation recommandée. Menus de 29 € à 39 €. Carte : 50 € environ (entrée, plat, dessert). Vin au verre. American Express. Pas d'accès handicapés aux toilettes. Accueil des groupes. Terrasse. Vente à emporter. Parking.

Voici une adresse où l'on peut savourer des plats orientés vers la mer avec de petites touches exotiques liées aux origines familiales réunionnaise et vietnamienne des propriétaires, Yanis et Aurélie. La part belle est faite aux produits frais et de saison : foie gras maison aux graines de vanille en deux façons et sa trilogie de saveurs, homard canadien grillé au beurre d'ail et fleur de thym, bouillabaisse et bourride, filets de daurade et achards de légumes cuits dans sa feuille de bananier ou gambas au massalé, riz coco et purée de patate douce. Une jolie adresse qui nous réconcilie avec les produits de la mer que l'on peut déguster en admirant la vue sur le port et la colline du château.

■ ROLANCY'S RESTAURANT

Centre-ville
22, rue Alphonse-Karr
✆ 04 93 16 00 48
www.les-viviers-nice.fr
viviers.bretons@wanadoo.fr

Ouvert toute l'année. Fermeture annuelle non définie. Du lundi au samedi le soir de 19h30 à 22h ; du lundi au vendredi le midi de 12h à 14h. Réservation recommandée. Carte : 62 € environ (vin compris). Menu enfant : 12 €. Formule du midi : 32 € (entrée + plat + dessert, sauf jours fériés). Vin au verre. Menus : 47 € (entrée + plat + dessert), 65 € (turbot + entrée et dessert à la carte). American Express. Accueil des groupes (jusqu'à 60 personnes avec menus possibles). Vente à emporter.

Jacques Rolancy – Meilleur Ouvrier de France 1996 - a baptisé son restaurant en hommage à ses parents, tous les deux MOF dans la charcuterie. Dans cet établissement entièrement relooké, ce Chef propriétaire apporte son empreinte en cuisine avec des recettes contemporaines et inspirées de ses voyages : verrine de gibiers, tartare de daurade et huitre, salsa relevée, saint-Jacques poêlées ou en coque, toast et légumes en condiment, rognon de veau à la diable ou carré d'agneau rôti. On découvre sur la carte d'été les filets de rougets poêlés, blanc et vert de blettes, ou encore le turbot rôti à la moelle. En dessert, ce sera un soufflé petit punch ou au Grand Marnier, un moelleux au chocolat ou un ananas rôti croustillant coco et sorbet. Rolancy's imagine menus et plats autour d'un produit de saison, et développe un service de vente de vins haut de gamme au verre. Une adresse qui fait l'unanimité !

■ LA RÉSERVE

Port – 60, boulevard Franck Pilatte
✆ 04 97 08 14 80 / 06 08 95 10 54
www.lareservedenice.com

Maître Restaurateur. Ouvert toute l'année. Ouvert tous les jours en haute saison, fermé dimanche et lundi en basse saison. Tous les jours le midi de 12h15 à 14h et le soir de 19h15 à 22h. Réservation recommandée. Menus de 49 € à 75 €. Carte : 80 € environ. 35 €, formule canon de midi, entrée, plat, dessert. Vin au verre. American Express. Ascenseur permettant d'accéder au 1er étage et toilettes adaptées. Accueil des groupes. Terrasse. Voiturier. Parking.

Discrètement, mais sûrement, le chef Sébastien Mahuet impose sa cuisine, dans cette figure de proue à double étage, ancrée à l'entrée du port de Nice. Il mitonne une cuisine résolument méditerranéenne, moderne, légère et subtile, cannelloni « Riviera » à la ricotta, bouillon léger de parmesan noisettes grillées du Piémont, sabayon mousseux de girolles poêlées chantilly au persil et millefeuille croustillant de foie gras confit au sirop d'érable, la bouillabaisse de la Réserve calamars et gambas, poissons et soupe de roche, et des desserts exquis comme ce cromesqui au cœur coulant de chocolat Gianduja entremet au praliné marmelade de mandarine et soret d'orange sanguine, ou cette big apple, une pomme verte flambée au calvados sur un crumble cannelle espuma de granny smith et sa gelée et sorbet de pomme. En saison, il faut profiter de la terrasse sur le toit qui surplombe la mer ; on se croirait sur un bateau. Un moment privilégié pour boire une coupe de champagne en amoureux.

© ISTOCKPHOTO.COM – MANWOLSTE

Restaurant de plage à Nice

■ **TERRES DE TRUFFES**
Vieux Nice – 11, rue Saint François de Paule
✆ 04 93 62 07 68 – www.terresdetruffes.com
contact@terresdetruffes.com
Ouvert toute l'année. Du mardi au samedi le midi de 12h à 14h et le soir de 19h à 22h. Parking public voisin.Terrasse. Réservation recommandée. Menus de 24 € à 85 €. Formule du midi : 24 € (entrée du jour + Plat du jour ou Plat du jour + Dessert du jour). Vin au verre. American Express. Accueil des groupes (jusqu'à 35 personnes).
Tous les produits s'harmonisent ici autour de la truffe, ce met rare et raffiné : foies gras aux truffes, sauces à la truffe, huile d'olive aromatisée à l'arôme de truffe, marc de truffes... Vous l'aurez compris tout n'est qu'un hymne d'amour offert au diamant noir. La carte promet de belles surprises : brouillade, foie gras de canard mi-cuit au torchon avec mesclun et pain de campagne toasté, suprême de volaille au foie gras et polenta crémeuse et truffée, pomme de terre cuite en robe des champs, crème de truffes d'été, confit d'agneau, noix de saint-Jacques poêlées girolles, filet de bœuf Rossini... Même les desserts sont truffés la pomme tatin caramel au beurre et truffe, crème glacée vanillée ou le mi-cuit au chocolat et caramel ! Un endroit atypique à découvrir.

Milieu de mois

■ **LE 115**
Valrose – 48, avenue Alfred Borriglione
✆ 06 80 86 19 14
emmanuellisteve@yahoo.fr
Tram : arrêt Valrose Université.
Ouvert 7j/7 de 7h à 0h30 en continu. Service de 12h à 14h30 et de 18h30 à 22h30. Bar et restauration. Réservation possible. Accueil de groupes. Menu enfant : 7,90 €. Plat du jour : 9,50 €. Formules à 11,90 € (1 plat à 9,50 € ou plat du jour + 1 boisson + 1 café), 16 € (entrecôte en sauce ou escalope de veau + 1 boisson + 1 café). American Express. Terrasse. Vente à emporter. Retransmission de match de football. Bar. Wifi.
Tout proche de la faculté de Valrose, ce restaurant propose une cuisine traditionnelle de qualité. Viandes, poissons, salades généreuses, pâtes, burgers, laissez-vous tenter par des plats bien cuisinés accompagnés de frites maison ou optez pour les différentes tartines gourmandes (trio de fromages, jambon cru, tapenande…). Des recettes simples mais gourmandes. Côté desserts, redécouvrez tous vos classiques préférés – tarte tatin, moelleux au chocolat, café gourmand… Tout au long de la journée, vous pouvez également siroter une boisson en terrasse, en salle ou au bar. Une bonne adresse de l'avenue Borriglione.

■ **20 SUR VIN**
Centre-ville – 18 bis, rue Biscarra
✆ 04 93 92 93 20
Ouvert toute l'année. Du lundi au samedi de 12h à 14h30 et de 19h à 22h30. Carte : 25 € environ (le soir).

Cette adresse associe la convivialité d'un resto gourmet et le plaisir de la découverte oenologique. Les habitués instillent une ambiance épicurienne en terrasse comme sur les tables à l'entrée ou dans la salle à l'étage. Le chef décline une savoureuse cuisine de terroir : tartare traditionnel, magret de canard fermier frites maison, foie gras poêlé, tartare de tomates multicolores servi avec ses gambas et son petit velouté de concombre, côte de bœuf, risotto du jour... Côté sucré : craquant de Toblerone et poires rôties, fondant au chocolat ou encore café gourmand et ses verrines. La carte et les suggestions changent quotidiennement en fonction du marché tandis que côté vins, les étiquettes se renouvellent au rythme des coups de cœur réguliers. Les clients choisissent eux-mêmes leur bouteille à la cave parmi les 300 références également proposées à la vente à emporter.

■ **LE 3E RESTAURANT**
Promenade des Anglais
13, promenade des Anglais
Palais de la Méditerranée
✆ 04 92 14 76 00 / 04 92 14 77 19
www.nice.regency.hyatt.com

Ouvert toute l'année. De 12h30 à 15h30 et de 19h à 22h30. Tous les jours. Réservation recommandée. Prix moyen à la carte le midi 24 € et le soir environ 35 €. American Express. Accueil des groupes. Terrasse. Voiturier. Animations.
Franchissez le hall imposant de ce palace niçois et rejoignez le troisième étage pour découvrir un environnement plein de charme où la décoration est une alchimie entre des bois exotiques sombres, un mobilier contemporain et des couleurs chaudes. Aux beaux jours, vous profitez d'une vue panoramique sur la Baie des Anges et la Méditerranée. La carte offre une belle diversité de suggestions selon la saison : asperges vertes grillées, œuf mollet, salade de roquette et copeaux de parmesan, jus au romarin, daurade rôtie, traditionnelle ratatouille niçoise, panisse, jus perlé parfumé au thym, côte de veau poêlée, haricots verts et pommes grenailles au jus aillé, risotto d'asperges vertes, émulsion de parmesan, poêlée de gambas et asperges vertes ou encore tartare de tomates cœur de bœuf parfumé au basilic et au citron vert. Les tarifs restent très corrects, surtout le midi à travers les formules. Un lieu d'exception à Nice.

■ **LE 7ÈME SENS**
Centre-ville – 10, rue Tonduti de l'Escarène
✆ 04 93 13 82 68

Fermé du 21 juillet au 25 août, les 24 et 25 décembre, le 31 décembre et le 1er janvier. Fermé le dimanche toute la journée, le lundi soir et le mardi soir. Ouvert de 12h à 15h et de 19h à 22h. Réservation recommandée. Carte : 22 € environ. Plat du jour : 12 € (avec verre de vin ou café uniquement le midi sauf le samedi). Vin au verre. Menu à partir de 25 €. Accueil des groupes (sur réservation). Vente à emporter. Parking Marshall (payant) à proximité.
Le 7e Sens comble assurément celui du goût avec une cuisine exclusivement maison élaborée à partir de produits frais et locaux. On dégustera la Secca d'Entrevaux, le foie gras entier de canard maison, le saumon mariné à l'aneth et citron vert, les saint-Jacques au caramel d'oranges, le filet de bœuf bordelaise ou la daube de bœuf bourguignonne. En dessert, ce sera le moelleux au chocolat et glace chicorée, le café gourmand ou la crème brûlée à la vanille Bourbon. Tout cela fait le plaisir des gourmets attablés dans le cadre soigné de cet élégant bistrot qui dévoile une carte des vins dédiés aux petits producteurs chinés avec passion. Le Chef propose également un service traiteur où tous les plats de la carte sont disponibles et prépare aussi des plats à la demande pour répondre à toutes les occasions : dîners, anniversaires, réunions professionnelles...

■ **AGUA**
Port – 41, boulevard Stalingrad
www.restaurant-agua.fr
Ouvert du mardi au samedi midi et soir. Carte : 16 € environ. Formule du midi : 15,50 € (plat + dessert). Vin au verre. Terrasse.
Après plusieurs années passées entre les palaces de la Côte d'Azur, Monaco, Londres et Barcelone, le chef Alexis Fresca propose à toute heure une belle sélection de la pêche du jour : saint-Pierre, dorade, bonite, palamide, seiche, palourde, rouget... Dans cette adresse furieusement tendance, pas de carte mais des plats évoluant au gré des produits dénichés au quotidien : loup accompagné de fenouil au chorizo, poêlée de calamars au piment d'Espelette sur concentré de tomates fraîches et confit de poivrons, homard, chapon farci, poêlée de pistes du pays avec tomates olives et basilic, tajine de daurade, risotto de homard breton aux petits pois et girolle. Une adresse d'initiés qui n'a pas fini de faire parler d'elle.

■ **L'ARDOISE ROUGE** NOUVEAU
Centre ville
9, rue Clément Roassal
✆ 04 89 92 03 38
Voir page 18.

■ **L'ARK**
Promenade des Anglais
41-43, quai des Etats-Unis ✆ 04 93 80 48 04
contact@ark-concept.com
Ouvert du mardi au dimanche de 10h30 à 00h30. Restauration de 11h à 15h et de 19h à 22h30. Tapas de 18h à 23h. Bar. Vue panoramique. Ambiance musicale les jeudis, vendredis et samedis de 18h à 00h30.
L'Ark est un restaurant apéro bar offrant une très belle vue panoramique sur la Méditerranée. Ouvert midi et soir, cet établissement a su se démarquer de ses voisins par son concept et sa décoration design très épurée mais également par sa carte où la qualité prime sur la quantité des plats proposés. Véritable endroit de partage, l'Ark Concept est l'endroit idéal pour se retrouver entre amis afin de siroter vins, champagnes ou encore cocktails accompagnés de tapas revisités dans une ambiance musicale très tendance.

L'ASSIETTE BISTROT PÂTISSERIES NOUVEAU
Centre Ville
16, rue Foncet
Angle Pastorelli
✆ 04 93 91 30 65
Voir page 18.

AU RENDEZ-VOUS DES AMIS
Rimiez
176, avenue de Rimiez
Aire Saint Michel ✆ 04 93 84 49 66
Voir page 12.

■ LE BAR DES OISEAUX
Vieux Nice – 6, rue de l'Abbaye
✆ 04 93 80 21 93
Ouvert toute l'année. Ouvert de 11h30 à 14h30 et de 18h30 à 22h30. Réservation recommandée. Carte : 22 € environ. Menu 20 € le midi.
Repris par Armand Crespo – déjà aux commandes du Comptoir du Marché et du Bistrot d'Antoine – on dit adieu aux tonalités sombres et aux autres objets de déco typiquement niçois surchargeant les murs : l'endroit affiche désormais une ambiance contemporaine chic et épurée où les boiseries claires remplacent les imposantes tentures en velours. La carte propose quotidiennement des mets de saison revisités, écrits sur une grande ardoise dès l'entrée. Assis dans la salle, on regarde la brigade en cuisine préparer avec passion et dextérité les plats aux saveurs délicates. L'amabilité et le savoir-faire de l'équipe ajoutent à la qualité de ce nouveau lieu déjà incontournable de la vieille ville que l'on re (découvre) sans modération !

■ LE BARRACUDA
Centre Ville
2, rue Meyerbeer ✆ 04 93 88 12 10
www.barracuda-nice.com
barracuda@koudou-restaurant.com
Ouvert toute l'année tous les jours sauf le 24 décembre. Ouvert de 11h30 à 14h (dernier service à 14h) et de 17h30 à 23h (dernier service à 22h45). Menus de 29 € à 39 €. Carte : 30 € environ. Formule du midi : 17 € (plat du jour + verre de vin + café gourmand). American Express, Chèque Vacances, Chèque Restaurant. Accueil des groupes. Terrasse. Vente à emporter.
Les spécialités de la maison sont les poissons et les saveurs de Provence. Dans un cadre raffiné, vous pourrez déguster des mets concoctés avec des produits de saison tels le duo de filet sole et Saint-Jacques sauce champagne, le risotto aux fruits de mer et gambas, les tagliatelles fraîches au saumon fumé. Pour les amateurs de viande, le bœuf est bien représenté, notamment avec une très belle côte de bœuf grillée. Le rapport qualité/prix est tout à fait correct, également avec des salades et des pizzas généreuses. A noter un grand choix dans les desserts maison : tiramisu, mousse au chocolat, buffet de tartes, cheese cake, etc. Sans oublier le service très sympathique.

■ BISTRO SAINT-LOUIS
Centre-ville – 15, rue Tonduti de l'Escarène
✆ 04 93 62 93 36 – www.bistrosaintlouis.fr
contact@bistrosaintlouis.fr
Bus : arrêt Hôpital Saint-Roch.Tram : arrêt Garibaldi.
Ouvert toute l'année. Lundi et samedi de 19h à 22h, du mardi au vendredi de 12h à 14h et de 19h à 22h. Carte : 30 € environ. Formule du midi : 13,50 €. Menus 23 € (plats + dessert), 25 € (entrée + plat) et 31 € (entrée + plat + dessert). Wifi. Climatisation. Parking Marshall à 200 mètres (1 heure gratuite). Privatisation de la salle.
Le chroniqueur culinaire définit la Bistronomie comme un restaurant qui allie à la fois la convivialité et la décontraction d'un bistro et le côté gastronomique de sa cuisine. Ouvert depuis 2012, le Bistro Saint Louis prône un visage traditionnel le midi, avec le patron aux fourneaux qui se laisse guider par son expérience internationale et sa créativité afin de proposer un « marché du jour » et une formule café-vin. Le soir, l'établissement prend des allures de bistro chic dans une ambiance feutrée et jazzy avec pour seuls mots d'ordre le service et l'accueil. Le patron exprime alors librement ses origines franco-italiennes avec des créations originales pour ses menus et sa carte, en utilisant exclusivement des produits frais soigneusement sélectionnés et privilégiant les AOP et IGP.
A noter que chaque dernier mercredi du mois, une soirée live music diner est organisée.

BISTROT CHAUD-VIN
Centre Ville
6, rue Chauvain
✆ 04 93 16 81 26
Ouvert toute l'année. Du mardi au samedi de 12h à 14h30 et de 19h à 23h. Carte : 20 € environ. Formule le midi à 15 € (entrée + plat ou plat + dessert + café).
Ambiance chaleureuse et amicale, décoration cosy et élégante... Cette adresse vous assure de belles découvertes culinaires : saumon fumé bio accompagné de gaufrettes de citron, magret de canard servi avec poire au vin et pomme rôtie, risotto aux chipirons, bonite sauce au poivre, jarret de veau à la citronnelle, risotto aux girolles du pays... Les plats et les menus sont inscrits sur de grandes ardoises accrochées sur les murs, les produits sont frais et préparés maison, les vins de qualité, le service agréable et les prix doux. Que demander de plus ? Ce bistrot chic affiche un sans faute ! Hautement recommandé pour un déjeuner entre collègues, une soirée entre amis ou en famille.

LE BISTROT D'ANTOINE
Vieux-Nice
27, rue de la Préfecture
✆ 04 93 85 29 57
Voir page 12.

LE BISTROT DES VIVIERS
Centre-ville
22, rue Alphonse-Karr ✆ 04 93 16 00 48
www.les-viviers-nice.fr
viviers.bretons@wanadoo.fr
Ouvert toute l'année. Fermeture annuelle non définie. Fermé le dimanche. Ouvert de 12h à 14h (dernier service à 14h) et de 19h30 à 22h. Réservation recommandée. Carte : 45 € environ. Formule du midi : 18,50 € (entrée, plat ou plat, dessert, sauf dimanche et jours fériés). Formule spécial bistrot 32 €, entrée, plat, dessert, à dîner (sauf jours fériés). American Express. Accueil des groupes. Terrasse. Vente à emporter. Parking Le Louvre en face du restaurant.
Nous voici ici côté brasserie du Rolancy's car les deux restaurants mitoyens du Meilleur Ouvrier de France 1996 ont deux visages : le bistrot pour les gens pressés et le restaurant gastronomique. La formule du midi est imbattable ! C'est sans doute ce qui fait le succès de ce lieu pas comme les autres qui ne désemplit pas le midi. On aime la nouvelle salade niçoise revisitée, la salade de poulpes ou le foie

gras poêlé sur un lit de saumon mariné. Une carte « lyonnaise » de bistrot évolue en fonction des saisons ; elle est à découvrir avec ses suggestions joliment appelées cervelle de canut, un fromage blanc aux herbes. À noter une carte des vins bien fournie que l'on peut déguster au verre. Excellente adresse irréprochable où l'accueil est un véritable plaisir : cordialité, conseils avisés et sourires sont toujours au rendez-vous.

■ LE BISTROT DU PORT

Port – 28, quai Lunel ✆ 04 93 55 21 70
www.lebistrotduportdenice.fr
contact@lebistrotduportdenice.fr

Fermé mardi et mercredi toute la journée. Ouvert de 12h15 à 13h45 et de 19h30 à 22h. Réservation recommandée. Menu unique à 39 € (menu poissons tous les jours midi et soir). Formule du midi : 14,50 € (en semaine, entrée, plat, un quart de vin, café). Carte. Terrasse.

Disciple d'Auguste Escoffier au parcours riche de grandes tables, José Orsini règne ici sur une cuisine résolument dédiée aux saveurs niçoises et méditerranéennes. Il travaille avec soin et créativité des produits ultra frais quotidiennement déclinés à l'ardoise : tatin de potiron au foie gras, carpaccio de Saint-Jacques endives à la mandarine, papillote de morue fraiche aux moules, soupe de chataignes truffes rouget... A noter : bouillabaisse et langouste sur commande. Côté desserts : tartare d'ananas au caramel palmito maison, tourte chocolat noir et framboises, mille-feuille de poire rôti au vin de Bellet. Liqueur de mandarine et crème de limoncello maison accompagnent la fin des repas servis en terrasse face au port sous le store jaune soleil ou dans la salle claire dont les baies s'ouvrent largement. Il faut découvrir tous les talents de ce chef qui ne renie pas sa passion pour l'art culinaire aux accents du terroir.

■ BLUE BEACH

Promenade des Anglais
31, promenade des Anglais
Face au Negresco ✆ 04 93 87 10 36
www.bluebeach.fr
blue.beach@libertysurf.fr

Qualité Tourisme. Ouvert toute l'année. 7j/7 de 9h à 19h. Midi et soir jusqu'à 23h de fin mai à fin septembre. Organisation d'événements : repas de famille, d'anniversaire, d'affaires, de mariages ou de banquets. Carte : 22 € environ. Menu enfant : 11 €. Carte et suggestions à l'ardoise. Service de snack sur la plage toute la journée de 9h à 19h. Formule petit déjeuner : 7,50 € (boisson chaude + pain, beurre, confiture). Chèques non acceptés. American Express. Accueil des groupes (jusqu'à 300 personnes assises et 700 personnes débout). Plage 4 bouées. Transat à partir de 16 €/j. Parasol : 5 €.

Sur la Promenade des Anglais, entre le mythique palace niçois Le Negresco et l'imposant Palais de la Méditerranée, Sabine René, Johan et toute l'équipe du Blue Beach vous accueillent dans la bonne humeur. Cette plage élégante où prendre un bain de soleil toute l'année et profiter des sports nautiques en saison est également connue pour être une bonne table : légère et rafraîchissante, la cuisine inventive du Chef Stéphane Smargiassi s'inscrit dans le concept de «gastro-plage» où les spécialités méditerranéennes sont mises à l'honneur. Soles, daurades, loups ou rougets sont rôtis au four ou servis grillés, parfois aromatisés au safran ou à la fleur de thym tandis que le homard sort du vivier. La carte des vins propose des crus locaux à l'image de ceux du Domaine de Bellet. Et si on ne veut pas quitter son transat, un snack à petits prix est disponible le midi pour manger les pieds dans l'eau : une initiative qui ravit les enfants et tous les amateurs de *finger food*. La bonne ambiance participe à la détente.

■ LA BONNE HEURE

Carré d'or – 9, rue du Commandant Raffalli
✆ 04 93 53 17 35
labonneheure.resto@gmail.com

Ouvert du lundi au samedi, toute l'année le midi uniquement. Carte : 15 € environ. Plat du jour : 11 €. Suggestions : 14,50 €. Desserts : 4,50 €. Menus : 14 € (entrée + plat) et 18 € (entrée + plat + dessert). Accueil des groupes (jusqu'à 25 personnes, menu spécial sur commande tout est possible). Terrasse. Plat à emporter. Brunch. Animaux admis. WiFi.

« Aimer rire, boire, papoter et manger », voici la devise de ce charmant établissement qui propose une cuisine maison élaborée uniquement à partir de produits frais et des légumes du marché. Si les plats sont préparés par Bruno, les desserts (tartes de saison, fondants et mousse au chocolat, clafoutis, crumble, fraisiers...) sont réalisés chaque matin par Edith. Dans une ambiance conviviale et chaleureuse, les nombreux habitués côtoient les nouveaux venus autour d'une daube, d'un curry ou d'une généreuse assiette salade-repas italienne. En hiver, quelques plats lyonnais – la ville d'origine du patron – viennent agrémentés la carte du Sud ! De bons vins en pichet, thés et tisanes de qualité (Angélina) accompagnent les mets de ce petit restaurant ou l'on se sent comme à la maison.

■ **LE BOUCHON PROVENÇAL**
Vieux Nice – 2, rue Rossetti
✆ 04 93 80 70 63
lebouchonprovencal@gmail.com
Ouvert toute l'année. Fermé le mardi. De 11h30 à 14h30 (dernier service à 14h30) et de 19h à 22h30. Réservation recommandée. Carte : 37 € environ (entrée, plat, dessert). Formule du midi : 12 € (entrée + plat ou plat + dessert). Vin au verre. Menu à partir de 19 €. Chèque Restaurant. Accueil des groupes. Terrasse. Vente à emporter.
Cette adresse à l'esprit champêtre est une ode à la cuisine de nos grands-mères. Les petits plats du terroir sont cuisinés minute à partir de produits frais : souris d'agneau au thym et romarin, mijoté de veau à la provençale avec olives vertes, daube à la niçoise, bouillabaisse de rouget et de loup, dos de cabillaud au chorizo et purée... Une petite table sympa que l'on aime fréquenter autant en hiver qu'en été sur la petite terrasse fleurie.

■ **LE BOUDOIR**
Centre-ville – 10, rue Chauvain
✆ 04 93 87 55 54 / 06 77 52 02 08
www.leboudoirnice.fr
leboudoir.nice@gmail.com
Ouvert toute l'année. 1er juillet au 10 septembre ouvert tous les soirs de 18h30 à 22h30. Le reste de l'année ouvert du mercredi au samedi le midi de 11h30 à 14h30 et le soir de 18h30 à 22h30. Réservation recommandée. Carte : 35 € environ. Menu enfant : 10 €. Formule du midi : 14,80 € (entrée + plat ou plat + dessert). Vin au verre. Menu en 3 services truffe et foie gras : 37,50 €. Diners Club, Chèque Restaurant. Accueil des groupes. Vente à emporter.
Gérald Thomas – disciple du Chef Jacques Maximin – est aux commandes dans ce petit salon de 30 couverts au décor baroque avec cuisine ouverte. L'ardoise évolue régulièrement avec des produits de saison et une cuisine de marché : risotto aux truffes et foie gras, carpaccio saint-Jacques aux agrumes, filet de bœuf Rossini, pavé d'espadon aux graines de moutarde et estragon, dos de cabillaud parfum de citronnelle et crumble d'agrumes, tagliatta de bœuf aux cèpes persillées, copeaux de parmesan et gratin dauphinois... En dessert : framboises fraîches en sabayon, moelleux au chocolat cœur fondant Nutella ou carpaccio d'ananas mariné au limoncello, entre autres. Une belle adresse où les produits sont retravaillés et déclinés de manière originale.

■ **BRASSERIE LE GRIMALDI**
Carré d'Or – 1, place Grimaldi
✆ 04 93 87 98 13
Tram : arrêt Masséna
Ouvert du lundi au samedi de 8h à 22h30. Carte : 36 € environ. Formule du midi : 13,50 €. Vin au verre. Accueil des groupes (jusqu'à 12 personnes). Terrasse. Climatisation. Animaux acceptés.
L'ambiance conviviale et élégante de l'espace intérieur climatisé accompagne les repas aux saveurs traditionnelles : foie gras de canard maison, confiture de figue de Solliès-Pont, poêlées de calamars, filet de bœuf grillé béarnaise, magret de canard grillé au miel et poivre, saint-Marcellin pané et son mesclun... L'accueil est prévenant, les assiettes goûteuses et la pause rafraîchissante. Une brasserie comme on les aime.

■ **CAFFE BIANCO**
Centre Ville
9, rue Chauvain – Centre-ville
✆ 09 82 50 45 12
caffebianconice@gmail.com
Fermé le dimanche et jours fériés. Ouvert midi et soir de 12h à 14h et de 19h30 à 21h30. Formule du midi : 14 € (entrée + plat ou plat + dessert) ou 19 € (entrée + plat + dessert). Menu du marché : 29 € (entrée + plat + dessert, valable uniquement le soir). Tickets restaurants acceptés uniquement le midi.
Avec son cadre emprunté au style des bistrots parisiens, cette adresse gourmande et branchée affiche de grandes ardoises murales annonçant des plats raffinés. Dans l'espace tout en long de la salle élégante et feutrée, on s'attable pour déguster des mets savoureux et travaillés qui célèbrent les produits nobles en accord avec les saisons : gambas, saint-Jacques, foie gras... La cuisine créative fait écho au cadre chic de cet établissement discret à l'esprit de brasserie intime posée à deux pas de la place Masséna.

CAFFE DELL'ARTE
Vieux-Nice
6, cours Saleya ✆ 04 93 62 30 37
lamare.simon@gmail.com
Ouvert toute l'année. Ouvert tous les jours de 9h à 2h. Réservation recommandée. Menu unique à 19,90 €. Menu enfant : 8,90 €. Vin au verre. Formule midi 12 € plat, verre de vin et café. Chèque Restaurant. Accueil des groupes. Terrasse. Vente à emporter. Animations. Connexion Wifi. Parking.
L'une des seules terrasses du Cours, renouvelée pour l'été 2013, à garder un côté intimiste et chaleureux malgré sa taille. A l'étage, on aime le petit salon très cosy et l'originalité des toilettes – situés dans une vieille armoire ! Côté cuisine, le Caffé Dell'Arte propose de nombreuses variétés de salades, dont la « véritable » salade niçoise, de viandes de race avec la pièce du boucher de 300 gr avec frites ou aligot, la sole meunière entière ou la brochette de gambas et Saint Jacques grillées à la plancha. Goûtez également les pâtisseries maison – comme la panna cotta aux citrons de Menton. La très belle carte des vins a pris également du galon avec un panachage judicieux de plusieurs appellations notamment des vins corses. Et pour finir en beauté... les épicuriens apprécieront la sélection de digestifs de luxe !

CAFÉ DES CHINEURS NOUVEAU
Port
1 rue Cassini ✆ 04 93 89 09 62
Voir page 18.

■ **CARRÉ LLORCA**
Vieux Nice
3, rue de la Préfecture
✆ 04 93 92 95 86
www.carrellorca.com
contact@carrellorca.com
Ouvert du lundi au samedi. Pâtisseries de Jean Michel Llorca. Carte : 30 € environ (à 35). Entrées à partir de 9 €, plats dès 17€ et desserts maison dès 6,50 €. Parkings publics à proximité.

Dans une ambiance typiquement méditerranéenne, l'endroit est agencé avec des tables en bois d'olivier et leur patchwork de couleurs au sol. Vous dégusterez ici la cuisine du Chef étoilé Alain Llorca, à petits prix. La carte évolue régulièrement (tous les quinze jours à 3 semaines) et les suggestions (deux entrées et deux plats) changent tous les jours. On aime aussi les planches qui offrent de belles assiettes de charcuteries ibériques, de « pizetta à la mozzarella ». Découvrez également la carte des vins de Méditerranée ainsi qu'une belle sélection d'huiles d'olive.

■ C FACTORY

Port
Place Yves-Klein
✆ 04 93 80 58 58
c.factory@orange.fr

Fermé le lundi et le dimanche soir. Service en continu de 9h à minuit. Carte : 20 € environ. Menu enfant : 9 €. Chèque Restaurant. Terrasse. Climatisation. Accès wi-fi. Bar. Parking public du Mamac à proximité.

Posé sur le parvis du Théâtre National de Nice et du MAMAC, C Factory est une brasserie élégante au décor moderne. Autour du grand bar lumineux, les pauses gourmandes s'offrent à longueur de journée depuis une carte de plats créatifs et raffinés : chèvre frais cuit dans son chausson servi sur mesclun de chez nous, côte de veau braisée et son pêle-mêle de légumes crus et cuits, hamburger au foie gras, curry d'agneau, trio d'ananas en carpaccio caramélisé, glacé ou en tartelette... L'apéro tapas, l'ambiance tamisée en soirée et le service tardif après 22h ajoutent à l'attrait d'un lieu à l'esprit de loft new-yorkais contemporain.

CHARLOTTE

Centre-ville
30, rue Alberti
✆ 04 93 76 84 97

Ouvert du mardi au samedi le midi. Ouvert le soir sur réservation le vendredi et le samedi. Réservation recommandée. Carte : 15 € environ. Formule du midi 17 € (entrée/plat ou plat/dessert). Menu complet 22 € (entrée/plat/dessert). Café gourmand 7 €.

Les produits du marché dictent l'inspiration quotidienne de Charlotte qui œuvre dans son restaurant avec passion. Les plats frais et soignés se dégustent à l'heure du déjeuner dans le cadre cosy au mobilier en bois et aux murs blancs couverts de tableaux. Au choix : tarte fine aux courgettes, tartare de saumon à la buffala, carpaccio de saint-Jacques aux agrumes, gâteau renversé aux citrons de Menton... Si on ne dîne ici que sur réservation le vendredi et le samedi soir, l'heure du déjeuner révèle en revanche chaque jour les surprises de cette douce cuisine du marché illuminée par le sourire radieux de Charlotte !

■ LE CHAT GOURMAND

Vieux-Nice
1, ruelle de la Boucherie
✆ 09 82 30 98 18 / 06 20 22 20 20
www.lechatgourmand.com
tradifood@orange.fr

Fermé du 15 novembre au 15 décembre. Fermé le lundi. Ouvert de 12h à 14h et de 19h à 23h. Kir Royal offert en apéritif entre 18h et 19h. Menu Signature 30 €. Carte : 15 € environ. Vin au verre. Accueil des groupes (maximum 25 personnes). Terrasse. Vente à emporter. Soirée anniversaire. Location de salle.

Le chat est gourmand, nous aussi... ça tombe plutôt bien. Dans un décor de style provençal avec nappes colorées et boiseries apparentes, cette enseigne vous propose une cuisine familiale et de qualité réalisée exclusivement à partir de produits frais par le chef Stéphane Lambert : blanquette de veau à l'ancienne, filets de rougets safranés et velouté de petits pois menthe et huile citronnée, assiette niçoise découverte, daube de bœuf à la provençale, escalope de veau normande, émincé de volaille au citron et thym. En dessert, succombez au fondant au chocolat au piment d'Espelette. Le soir, l'ambiance est différente avec lumière tamisée, musique jazz et bougies sur les tables. Les plats peuvent être emportés : il est toutefois conseillé de passer votre commande avant 10h pour le repas du midi et avant 18h pour celui du soir.

■ CHAT NOIR CHAT BLANC

Vieux Nice
20, rue Barillerie
✆ 04 93 80 28 69
http://chatnoir-chatblanc.fr

Ouvert du lundi au vendredi le midi de 12h à 14h et de 19h à 22h30 ; le samedi soir de 19h à 22h30 ; le dimanche midi de 12h à 14h. Carte : 20 € environ. Plat du jour : 12 €. Menu : 28 €. Terrasse.

Pour les amateurs de bonne bouffe, Giorgio et Nico vous accueillent dans un cadre cosy où déguster une cuisine du marché fraîche et authentique. La carte change régulièrement, au gré des trouvailles des deux compères qui arpentent quotidiennement le marché Saleya situé à côté. Si la carte est réduite, le résultat est quant à lui sans appel : un délicat velouté de choux fleur et confitures d'oignons, un pavé de cabillaud fondant avec artichauts épineux et rattes poêlées, un goûteux coquelet rôti accompagné de polenta et de carottes confites... Des plats que vous prendrez plaisir à savourer dans la petite salle du restaurant ou sur la charmante terrasse installée dans cette rue tranquille de la vieille ville. De quoi passer un très bon moment !

LA CIVETTE DU COURS

Vieux Nice
1, cours Saleya
✆ 04 93 80 80 59

Ouvert toute l'année 7j/7 de 7h30 à 0h30 en hiver et jusqu'à 2h en été. Carte : 15 € environ. Plat du jour entre 11 € et 14 €. Formule petit déjeuner entre 5,50 € et 6,70 €. Chèques non acceptés. American Express, Chèque Vacances. Terrasse.

Mélange entre restaurant, brasserie et bar, cet établissement propose tout au long de l'année et toute la journée des petit-déjeuner (oeuf, bacon, viennoiseries, toasts chauds...), des en-cas mais également un éventail de plats savoureux : bruschettas, salades, pâtes et viandes (entrecôte, bavette, pavé de rumsteack, blanquette de veau, sauté de veau aux olives...) que l'on déguste confortablement attablé au soleil sur la belle terrasse située face aux étals du célèbre marché local niçois.

LA CLEF D'OR

NOUVEAU

Centre Ville
2, rue Chauvin
✆ 04 93 54 83 18

Voir page 20.

COLONIAL CAFÉ TERRASSE

1, promenade des Anglais
Le Méridien
✆ 04 97 03 40 36
www.lecolonialcafe.com
lecolonialcafe.nice@lemeridien.com

Ouvert toute l'année. De mars à septembre : ouvert de midi à 22h. D'octobre à février : ouvert de midi à 16h. Réservation recommandée. Carte : 50 € environ (entrée, plat, dessert). Menu enfant : 16 € (réservé aux -10 ans). Vin au verre. American Express, Diners Club, Chèque Vacances, Chèque Restaurant. Accueil des groupes. Voiturier. Parking couvert public sous l'hôtel, accès direct ascenseur. 23 € /24h par voiture.

Sauf sa cuisine, l'autre atout du Colonial Café est sa terrasse à la vue unique sur la Méditerranée et la Promenade des Anglais. L'ambiance est lumineuse et l'établissement propose depuis 2013 la cuisine innovante d'Eric Brujan qui met à l'honneur des produits locaux et de saison revisités façon cuisine du monde à l'instar des filets de rougets marinés façon ceviche sur un tartare de couteaux de mer lié au wasabi ou la pluma de porc ibérique juste snacké sauce BBQ et croquettes au chorizo. Vous trouverez également des plats BIO comme le carpaccio de bœuf Black Angus irlandais bio servi avec des artichauts poivrades confits. Si vous ne désirez pas passer à table, la terrasse vous fera également profiter d'un bar où savourer un cocktail coloré après vos heures de travail.

LE COMPTOIR DE L'IMAGINAIRE

NOUVEAU

Centre-ville
10, rue Biscarra
✆ 06 70 21 81 75

Voir page 20.

CÔTÉ MARAIS

Vieux Nice – 4, rue du Poncin
✆ 04 93 80 95 39

Ouvert tous les jours sauf le mercredi de 20h à minuit. Réservation recommandée. Entre 30 € et 50 € par personne. Espèces uniquement. CB et chèques non acceptés.

C'est en toute simplicité mais avec raffinement que la maîtresse des lieux met les petits plats dans les grands. Niché dans un recoin de la vieille ville, ce petit établissement qui compte seulement une trentaine de couverts propose une cuisine délicate des entrées aux desserts avec un service irréprochable dans un cadre chic et cosy avec serviettes et nappes en lin ! La carte des vins est très originale et affiche des prix raisonnables. Une très bonne adresse pour un diner romantique.

DÉLI BO

Port – 5, rue Bonaparte
✆ 04 93 56 33 04

Voir page 11.

L'EFFERVESCENCE

Vieux Nice
10, rue de la Loge
✆ 04 93 80 87 37 / 06 76 15 18 52
www.leffervescence-nice.com
leffervescencebar@gmail.com

Ouvert toute l'année. Ouvert du mardi au dimanche, de 19h à minuit. Assiettes gourmandes.

Situé dans un ravissant décor tamisé dans une petite ruelle du Vieux Nice, l'Effervescence est un lieu intimiste où l'on profite en toute confidentialité d'un repas soigné autour d'une belle sélection de champagne. Que vous soyez simple amateur ou vrai connaisseur, on vous propose ici de vous coincer la bulle ! Dans la belle salle voûtée, on savoure des assiettes gourmandes et savoureuses : verrines maison, foie gras maison que l'on accompagne d'un champagne parmi une sélection de 70 références pour un tête à tête glamour et réussi. A découvrir sans plus tarder.

ENTRE 2

Cimiez
64, avenue Cap de Croix ✆ 04 93 53 12 12
entre2@entre2resto.fr

Du 1er juin au 30 septembre, ouvert du lundi au samedi, midi et soir ; fermeture le dimanche. Du 1er octobre au 31 mai, ouvert tous les midis du lundi au dimanche ; ouverture le soir du mercredi au samedi. Réservation recommandée. Carte : 15 € environ. Formule du midi : 13 €. Vin au verre. En soirée uniquement à l'ardoise : formule entrée + plat + dessert 27 €. Pizza à la carte. Accueil des groupes (réservation groupes possibles). Terrasse.

Envie d'une pause gourmande ? Sur la belle terrasse en bois à l'abri du vent ou dans la salle lumineuse soigneusement décorée, savourez à l'Entre 2 une cuisine traditionnelle de qualité hors de l'effervescence du centre ville : tartare de bœuf, escalope de veau à la milanaise avec tagliatelles à la napolitaine, filets de sole façon meunière, penne au sérano et à la roquette, huile d'olives... Le midi, découvrez les salades, les assiettes XXL ou encore les poissons, viandes, pâtes et pizzas du chef. En soirée, l'ambiance se fait plus chic : seules les pizzas sont conservées à la carte tandis que l'ardoise propose quotidiennement des mets de saison savoureusement préparés. Le service est rapide et professionnel, les assiettes copieuses et bien dressées, les plats bons et accessibles. L'"Entre 2 organise aussi régulièrement des soirées festives corses avec animation musicales.

■ LES ÉPICURIENS

Centre-ville
6, place Wilson ✆ 04 93 80 85 00
Fermé en août. Ouvert du lundi au samedi de 12h à 14h et de 19h à 22h. Réservation recommandée. Menu bistrot 31 € midi et soir. Menu gourmet 38 € uniquement le soir. Carte : 35 € environ. Menu enfant : 14 €. Plat du jour : 15,50 € (le midi uniquement). Vin au verre. Plat du jour + entrée ou dessert du jour : 19,80 €. American Express, Chèque Restaurant. Accueil des groupes. Terrasse.
Ce bistrot chic niçois propose une cuisine raffinée et des assiettes généreuses composées de produits frais : mozzarella et jambon cru de Serrano, tartare acidulé au saumon frais et avocat, filets de rougets rôtis, risotto forestier aux champignons des bois et jus de viande, aïoli de cabillaud et son panier de légumes vapeur, tagliata de jeune veau cuite au wok, fricassée de saint-Jacques et gambas Black Tiger au lait de coco et carry Vintay sans oublier en dessert le tiramisu ou le moelleux chocolat noir cœur passion. Cuisine apparente, parquet blond, mobilier gris perle et tables chocolat donnent le ton contemporain de cette adresse posée sur la place Wilson qui offre une échappée tranquille et gourmande en plein cœur de Nice.

FRANCHIN

Zone piétonne
10, rue Massenet
✆ 04 93 87 15 74
http://franchin-nice.wix.com/franchin
Ouvert toute l'année. Du mardi au samedi le midi et le soir. Haute saison : le dimanche et le lundi le soir. Réservation recommandée. Vin au verre. Formule déjeuner 24 € Entrées à partir de 10 €. Plats à partir de 19 €.
Repris par Antoine Gandon, le fils de Marian Gandon – Chef du Majestic Barrière à Cannes – Franchin affiche une nouvelle déco et une atmosphère élégante de type bistrot. La carte évolue au fil des produits du marché et propose des mets délicieusement parfaits : crème de céleri servie chaude aux éclats de cassis escalope de foie gras de canard poêlée, saucisse fumée de Montbéliard et lentilles vertes du Puy cuisinées en cocotte, risotto Carnaroli crémeux et noix de coquille saint-Jacques champignons du moment, loup entier de la Méditerranée en croûte de gros sel gris à l'anis cuit dans une tuile Provençale sauce mauresque ou encore souris d'agneau semoule fine légumes et épices à couscous. Les desserts satisferont aussi les plus gourmands comme les choux-choux profiteroles Grand-Marnier et chocolat ou le Marie José fondant 100% choc. Une belle adresse à (re) découvrir savoureusement.

■ LES GARÇONS (RELAX, EAT, ENJOY) NOUVEAU

Vieux Nice
3, rue Centrale
✆ 04 93 80 87 90
Voir page 21.

■ CHEZ FREDDY

Vieux Nice – 22, cours Saleya
✆ 04 93 85 49 99 – www.chezfreddy.fr
chezfreddynice@neuf.fr
♿
Ouvert toute l'année. Tous les jours de 11h45 à 23h30. Service non-stop. Réservation recommandée. Menu 26,90 €. Menu enfant : 12,90 €. Plat du jour : 15,90 €. Moules et frites 1 kg 15,90 €. À emporter : bouillabaisse, plateaux de fruits de mer, paëlla, aïoli. American Express, Chèque Vacances, Chèque Restaurant. Accueil des groupes (jusqu'à 330 personnes et 300 supplémentaires au restaurant Campo di Fiori. Menus de groupes ou banquet possibles). Terrasse. Wifi gratuit.
Passionné de cuisine, ce niçois ouvre son premier restaurant en 1987 après plusieurs stages chez les « grands ». Rapidement, Freddy se spécialise ainsi dans l'aïoli et la paëlla, des recettes qu'il détient de sa famille. Depuis, son établissement éponyme est devenu une institution sur le cours Saleya. À la carte : six variantes d'aïoli (morue salée, trois poissons, crustacés, homard ou langouste, végétarien et la spéciale « Freddy »), sept sortes de paëllas directement servies sur la table dans les plats typiques, l'incontournable bouillabaisse déclinée de plusieurs façons, les spaghettis aux fruits de mer ainsi que des arrivages quotidiens de fruits de mer de l'île d'Oléron, des viandes, des salades et des pâtes. L'originalité des plats copieux, leur qualité gustative et leur présentation font la différence. Bon service, bonne ambiance musicale et bon accueil.

RESTAURANTS

■ LE FROG

Vieux Nice – 3, rue Milton Robbins
✆ 04 93 85 85 65 / 06 20 44 26 40
restaurantlefrog@orange.fr

Ouvert toute l'année. Tous les jours de 12h à 14h30 et de 18h30 à 23h30. Réservation recommandée. Menus de 17,90 € à 45 €. Carte : 33 € environ (entrée, plat et dessert). Menu enfant : 8 €. Formule du midi : 13 € (plat du jour, verre de vin + café et 15 € 1 entrée + 1 plat ou 1 plat ou 1 dessert choisi sur l'ardoise du jour). Vin au verre. Plat du jour 11,50 €. American Express, Chèque Restaurant. Accueil des groupes. Terrasse. Animations.

Nichée dans une ruelle du Vieux Nice tout à côté de l'Opéra, cette adresse réputée s'habille de couleurs fraîches et tendances avec des touches végétales et florales. À son image, la cuisine, colorée et joyeuse, révèle de beaux produits d'ici et d'ailleurs. Ici, la spécialité, on l'a compris, ce sont bien les cuisses de grenouille mais pas seulement : il y a aussi le tartare de canard, moutarde de tomates, les saint-jacques au champagne sur lit de polenta et pousse d'asperges, le wok végétarien, le sablé crème citron et framboises. Les pâtes et les risottos sont aussi mis à l'honneur. Petit plus : un service pro et enjoué, on adore !

■ LE FÉLIX FAURE

Centre ville – 12, avenue Félix Faure
✆ 04 93 62 25 53

Ouvert 7j/7 en continue de 11h30 à 1h30. Pizzas au feu de bois. Menu midi express : 17 € (plat du jour + dessert + vin). Menu de Nina : 15 € (plat + dessert + boisson). Terrasse.

Installé face à la Promenade du Paillon, le Félix Faure vous accueille tous les jours jusqu'à 1h30 non-stop sur sa belle terrasse ensoleillée ou dans sa vaste salle intérieure cossue et pleine de charme rythmée par l'ambiance des lumières tamisées. Côté cuisine, laissez-vous surprendre par le goût unique des pizzas cuites au feu de bois dont la maxi mesurant 1 m de long à partager. C'est sans oublier les viandes et les poissons à la cuisson maîtrisée ou encore les incontournables plateaux de fruits de mer. A côté de la pièce principale, une salle de dégustation a spécialement été aménagée pour recevoir les groupes, idéal pour fêter un anniversaire par exemple. La farandole de desserts proposée à table sur un plateau est à la fois un plaisir pour les yeux et les papilles : tarte aux fraises, moelleux au chocolat, tiramisu, tarte citron meringuée ou encore mille-feuilles fraise chantilly permettent de finir le repas sur une douce note sucrée. L'ambiance chaleureuse et le service affable sont également les points forts de cette adresse devenue une véritable institution à Nice.

■ LES GARNUCHES

Port – 13, rue Cassini
A l'angle de la rue Emmanuel-Philibert
✆ 04 83 55 65 53 – www.lesgarnuches.com

Fermé le dimanche et le lundi. Carte : 25 € environ. Menu enfant : 8 €. Plats de 8,60 € à 19,80 €. Desserts : 5,50 €. Verre de vin autour de 3 €. Coupe de champagne : 6,40 €. Terrasse. Salle climatisée. wi-fi gratuit. Dans ce restaurant proche du port de Nice flotte comme un grand vent de convivialité, inspiré par l'humour de Jacques Audiard, joyeusement célébré ici. Tous les instants gourmands s'invitent entre les murs en pierres brutes claires ou en lambris tête-de-nègre de ce café-restaurant-brasserie. Les assiettes composées (provençales ou andalouses) sont généreuses, les plats de poissons ou de viandes, les pâtes, le foie gras et les terrines maison (terrine de campagne aux noisettes, notamment) comblent tous les appétits. Blancs, rouges, rosés ou champagnes servis au verre ou en bouteille trouvent l'accord parfait avec une cuisine de goût, que l'on déguste aussi à l'heure de l'apéro, lovés dans les fauteuils de style ou sur les banquettes dans l'espace salon, où il fait bon se détendre entre amis. L'établissement a obtenu le label « Cuisine nissarde » cette année.

■ LE GLOSS

Centre-ville – 16, rue Delille
✆ 04 93 81 71 87 – www.le-gloss.fr

Ouvert de 12 à 14h30 et de 19h à 22h du lundi au vendredi. Carte : 24 € environ (pour entrée + plat + dessert). Menus du soir : 19 € (entrée + plat ou plat + dessert), 24 € (entrée + plat + dessert). Vin au verre : 3 €. Bouteilles de vin de 19 € à 29 €. Tickets restaurant acceptés. Accueil des groupes (jusqu'à 40 personnes, menus de groupe possibles). Climatisation. Anglais parlé. Wifi.

Agencé dans les tons gris, taupe et argenté, ce chaleureux restaurant situé à proximité du Théâtre national de Nice déploie un charme contemporain et lumineux. Chaises aux larges et confortables dossiers, tables carrées et bar aux tabourets hauts décorent les lieux intimes. À l'intérieur ou sur les quelques tables installées en terrasse, on y goûte une cuisine de tradition françaises aux touches créatives : assiettes d'antipasti, ravioles aux truffes, tartare de bœuf poêlé cœur de gorgonzola, gambas flambées au whisky ou encore magret en croûte de noix crème aux cèpes… Le repas se termine en beauté avec, pour les plus gourmands, le moelleux au chocolat cœur fondant chocolat blanc ou encore le délicieux tiramisu meringué aux framboises ! Un kir est offert le midi et un limoncello le soir.

HANGOÛT
Vieux Nice – 5, rue du Moulin
✆ 04 22 16 99 26 – hangout@sfr.fr

Ouvert toute l'année. Restaurant semi-gastronomique. Ouvert le lundi, le mercredi, le jeudi et le vendredi de 19h à 22h30 ; le samedi et dimanche de 12h à 14h et de 19h à 22h30. Fermé le mardi. Carte : 40 € environ (vin inclus). Formule midi (le week-end) : 20 € pour 2 plats, 25 € pour 3 plats et 30 € pour 4 plats. Pain maison. Entrée de 6 € à 17 €. Poissons de 14 € a 22 €. Viandes de 15 € a 25 €. Assiette de fromages affinés 8 €. Desserts de 6 € a 9 €. Chèques non acceptés. Accueil des groupes (jusqu'à 40 personnes. Réalisation de menus de groupes sur mesure). Terrasse.

Avec sa cuisine ouverte sur la salle à la décoration épurée, le chef japonais Takayuki Kamiya prépare sous vos yeux et à la minute des plats élaborés uniquement à base de produits frais de saison. Grâce à ses origines et à sa grande expérience, il revisite des plats traditionnels dont il maîtrise parfaitement la cuisson à base de viandes et de poissons auxquels il ajoute une touche d'originalité venue tout droit du Pays du Soleil Levant : filet de bœuf sauté sauce soja et oignons, magret de canard rôti au miso, poisson du jour (selon l'arrivage du marché) poêlé ou en risotto... Côté dessert, le Chef réalise lui-même ses glaces et sorbets, ou met à l'honneur une tarte de fruits de saison. Une version végétarienne de la carte est également disponible sur demande. Ancien sommelier et créateur de cocktails, Jean-Michel Baranger – son acolyte – vous concocte quant à lui un cocktail apéritif à base de champagne ainsi qu'un digestif ; il accordera également à merveille vos plats avec les plus beaux crus. Une belle adresse futée !

LE HUSSARD
Vieux Nice – 1-3, rue Saint François de Paule
✆ 04 93 81 93 81
www.lehussardrestaurant.com

Ouvert tous les jours de 12h à 14h30 et de 18h à 2h30. Réservation recommandée. Plat du jour : 12 €. Prix moyen à la carte le midi : 19 €. Prix moyen à la carte le soir : 25 €. Terrasse. Parking Saleya.

Dans un magnifique bâtiment niçois, Le Hussard est le cadre idéal pour un dîner en tête à tête, un repas entre amis ou un déjeuner d'affaire. Le hall élégant est à l'image du lieu. Dès les beaux jours, Le Hussard dévoile son atout charme : un immense toit terrasse fleuri et ombragé avec une vue magique sur le Cours Saleya. Côté cuisine, on se laisse séduire par une carte méditerranéenne subtile et parfumée : carpaccio de poulpes aux herbes huiles d'olive et citron vert, tortellinis maison au homard, sauce crustacés et roquette, cassolette de pétoncles aux févettes et tomates confites, gnochettis au jus infusé, l'ombrine rôtie crémeux de courgettes pommes de terre braisées sans oublier toutes sortes de pâtes et de risottos dont un aux gambas. Les desserts, créatifs et gourmands, remportent tous les suffrages avec une mention particulière pour le macaron au champagne pétillant, surprenant ! Dommage que le service soit parfois long et que le personnel manque souvent d'affabilité.

L'HYDROPATHE
NOUVEAU
Centre-ville
6, boulevard Victor Hugo
✆ 04 93 55 89 12

Voir page 13.

L'INIZIO
Nice Ouest
342, avenue Sainte-Marguerite
✆ 04 93 28 91 88 – www.restaurant-inizio.fr

Hiver : ouvert tous les midis. Fermé le lundi, mardi, mercredi et dimanche soir. Eté : ouvert midi et soir sauf le mercredi soir et le dimanche toute la journée. Fermeture plus tardive les soirs de match de l'OGC Nice, match de rugby et le samedi. Réservation recommandée. Plat du jour : 11 €. Menu complet : 21 € (entrée, plat, dessert). Menu banquet 35 €. Chèque Vacances, Chèque Restaurant. Plateau de fruits de mer à emporter ou à consommer sur place de novembre à janvier. Accueil des groupes (jusqu'à 200 personnes). Terrasse. Voiturier. Vente à emporter. Parking gratuit privé. Animaux acceptés. Climatisation. Organisation d'événement le vendredi et le samedi soir avec DJ jusqu'à 2h. Bar à partir du jeudi soir.

A proximité de l'autoroute et du stade Allianz Riviera, l'Inizio vous accueille chaleureusement dans un cadre moderne à l'ambiance agréable. Entre amis, en famille ou entre supporters, tout est réuni pour passer un moment d'exception dans la grande salle claire ou sur la belle terrasse à l'esprit *lounge*. Le Chef met en avant une cuisine authentique et avant-gardiste, faite maison et élaborée à partir de produits frais autour d'une carte qui change en fonction des saisons : foie gras mi-cuit du Sud-Ouest et chutney de figues, pavé de saumon à la crème de basilic, steak d'espadon en piperade, linguinis fraîches au pesto rosso, pancetta et mozzarella, filet mignon de porc au saint-marcellin et son jus provençal, brochette de volaille au lait de coco et citronnelle... sans oublier les pizzas au feu de bois ! Il est également possible de privatiser le restaurant pour tout type d'événement avec des menus élaborés sur mesure. L'Inizio, un véritable havre de paix ou cuisine et cadre se mêlent à la perfection.

■ IN VINO VERITÀ

Centre-ville – 2, rue de l'Hôtel de Ville
✆ 04 93 80 21 64 – www.invinoverita.com

Ouvert toute l'année. Ouvert tous les jours de la semaine. De 12h à 14h et de 19h à 22h30. Réservation recommandée. Carte : 35 € environ (entrée + plat + dessert). Menu enfant : 10 €. Plat du jour : 12 €. Vin au verre. Chèque Restaurant. Terrasse. Ce restaurant n'en finit pas de séduire ses convives. Le Chef mijote à la vue de tous des petits plats fabuleux où se mêlent les saveurs des régions du centre et du sud ouest de la France. Ses principales vedettes ? L'os à moelle rôti au four, le pavé de thon mi cuit aux légumes, la pata negra, le foie gras maison, le pavé d'Aubrac ou le pot au feu de la mer. Ce restaurant se décline également en bar à vins avec plus de 100 références dont une dizaine est disponible à la dégustation au verre. Un endroit chaleureux où il fait bon se faire plaisir.

■ KOUDOU LOUNGE

28, promenade des Anglais
✆ 04 93 87 33 74
www.koudou-restaurant.com

Ouvert toute l'année. De 12h à 14h30 et de 18h30 à 23h. Tous les jours sauf le 24 décembre. Réservation recommandée. Menus de 37 € à 59 €. Carte : 40 € environ. Menu enfant : 14 €. Formule du midi : 19 € (plat au choix + un verre de vin + un café gourmand). Vin au verre. Accueil des groupes. Terrasse. Vente à emporter. Parking public à 10m.

Posée sur la promenade des Anglais avec une terrasse ensoleillée et deux espaces intérieurs à l'ambiance coloniale, cette brasserie de la mer affiche une cuisine soignée qui s'accorde aux produits régionaux de saison et privilégie les produits de la pêche. Quelques spécialités : saumon fumé au bois d'olivier, foie gras fait maison au sauternes, belle côte de bœuf, loup sauvage de Méditerranée en croûte de sel (pour deux personnes), gambas sautées en persillade, frito-misto de la mer et sa sauce tartare, saint-jacques caramélisées à l'ananas… Et pour finir sur une touche de sucré : le baba au rhum gratiné au sabayon de champagne ou le fondant au chocolat Valrhona, un vrai délice...Le service est professionnel et courtois. Une belle maison qui perdure au fil des années.

■ L'ATELIER DU PORT

Port – 45, rue Bonaparte ✆ 09 83 03 88 44
atelierduport@gmail.com

Ouvert du lundi au samedi le midi et le soir. Réservation recommandée. Carte : 25 € environ. Terrasse.

Si la façade extérieure noire et blanche laisse présager un espace *lounge* et minimaliste, vous serez surpris dès l'entrée de voir des cageots de légumes frais, de champignons et d'herbes de Provence. Pas de doute, les mets préparés ici sont frais, issus du marché et cuisinés maison avec une ardoise qui laisse présager de succulentes découvertes culinaires. Sous l'œil attentif des clients, des créations simples et savoureuses prennent forme : poêlée de sanguins du pays, brie de Meaux, crème de Mascarpone truffée, brouillade d'œuf bio à la truffe noire, raviolis citron confits de Menton et gingembre ou encore risotto crémeux aux cèpes. Un endroit sain, propice à la dégustation et à la confidence.

■ LÉO'S

Port
8, place Guynemer ✆ 04 93 56 66 94
restaurant.leos.nice@gmail.com

Ouvert du mardi au dimanche de 9h à 15h et de 19h à 22h ; le lundi de 9h à 15h. Menu midi : 15 € (entrée + plat ou plat + dessert). Menu : 18 € (entrée + plat + dessert). Terrasse.

Le Leo's vous accueille dans une ambiance conviviale. Toujours attentifs et de bons conseils, vos hôtes vous guideront aussi bien pour le choix du vin que pour la composition de votre repas. La carte est raffinée et change en fonction des saisons. Les plats faits maison sont concoctés à base de produits frais du terroir et présentés avec originalité : tartare de bœuf au couteau cuisiné à l'huile de truffe et parmesan, filet de bœuf sauce au poivre garni de gratin dauphinois ou encore dos de cabillaud servi avec sa fondue de poireaux et purée à l'huile d'olive... Côté dessert, la crème brûlée au Carambar, le moelleux au chocolat et sa boule de glace pistache et crème anglaise ainsi que le tiramisu du moment (fruits rouge, italien, mangue...) ravissent tous les palais. Une bonne adresse à retenir !

■ L'ESSENCIEL RESTAURANT — NOUVEAU

Centre Ville
50, Victor Hugo ✆ 04 93 16 41 00

Voir page 22.

■ LE MAC MAHON

Centre-ville
50, boulevard Jean Jaurès ✆ 04 93 13 84 07
www.macmahon-restaurant.com
info@macmahon-restaurant.com

Ouvert toute l'année. Ouvert 7j/7 de 10h à 22h30. Réservation recommandée. Vin au verre. Formule tapas : 3 tapas au choix + 1 verre de vin 14,90 €. Tapas à partir de 4,50 €. Formule déjeuner 1 soupe ou 1 entrée + 1 plat du jour + 1 boisson (verre de vin, pression, eau minérale 33 cl) : 13,50 €. Accueil des groupes. Terrasse. Possibilité de réserver directement via le site.

Déco tendance, machine à trancher le jambon, cave à vin impressionnante et espace dégustation, le décor est cosy et contemporain. On sert ici une cuisine dans un esprit mi-bistro, mi-trattoria qui change et évolue au fil des saisons et du marché. On retrouve les inconditionnels comme les planches de charcuterie et de fromage mais également une belle carte à l'accent transalpin avec, par exemple, les artichauts épineux en salade et parmesan, la polenta aux févettes ou encore la basse côte de veau au citron. Côté vins, les grands classiques côtoient des vins d'auteurs pour le plus grand plaisir des amateurs. A déguster à toute heure sur le balcon-terrasse ou dans la belle salle intérieure.

LA MAISON DE MARIE

Centre-ville
5, rue Masséna
✆ 04 93 82 15 93
www.lamaisondemarie.com
info@lamaisondemarie.com

Maître Restaurateur. Ouvert toute l'année. Tous les jours le midi et le soir. Label cuisine niçoise. Réservation recommandée. Carte : 35 € environ. Formules de midi : 15,50 € et 19,50 € (menu complet). Jardin. Terrasse.

Au début de la zone piétonne, il est un endroit hors du temps. Une fois passé le porche aux murs rouges, foulez le sol pavé jusqu'au patio fleuri : bienvenue dans ce havre de paix, un incontournable de la cuisine méditerranéenne. Un excellent tartare de poisson en entrée, les fameux petits farcis niçois, la salade de pleurotes et artichauts, le croustillant de socca, le carpaccio et le roulé de lonzu aux figues et châtaignes, le filet de bœuf en portefeuille sauce truffée ou parillade de Marie. Goûtez aussi le carré d'agneau ou la marmite du pêcheur. Un Chef Pâtissier propose aussi de délicieuses créations sucrées. Une belle adresse à retenir avec son ambiance confidentielle et sa belle salle aux tables nappées, ou en terrasse lors des douces soirées d'été.

■ **LE MARLIN**
Le Port
13, quai des Deux Emmanuel
✆ 04 93 62 27 35
amandine_surinach@hotmail.com
♿

Fermeture annuelle en hiver : se renseigner auprès de l'établissement. Ouvert de 12h à 14h30 et de 19h à 22h30. Basse saison : fermé les mercredis et jeudis. Haute saison : fermé le mercredi uniquement. Réservation recommandée. Carte : 40 € environ. Menu enfant : 14 €. Vin au verre. Plat du jour : entre 12 € et 14 €. Menu midi et soir : 28 € (entrée + plat + dessert). Menus du dimanche : 29 € et 31 € (entrée + plat + dessert). American Express. Accueil des groupes (jusqu'à 40 personnes. Menus de groupes : entre 35 € et 40 € boissons incluses – possible à partir de 25 personnes). Terrasse. Vente de foie gras à emporter.

Une décoration lumineuse rehaussée de fleurs fraîches avec un bel aquarium et une délicieuse cuisine qui fait la part belle aux poissons... Le chef sait mitonner des plats savoureux et privilégie les produits frais en élaborant une carte qui change au fil des saisons : saint-Jacques braisées, millefeuille de loup servi avec des spaghettis de courgettes de Pays sauce au pistou et ses pommes grenaille, marmite du pêcheur comme une bouillabaisse, risotto carré mer façon paëlla, filet de bœuf Rossini comme un hamburger ou encore poêlée de champignons du marché, entre autres ! Côté vins, Provence et Bourgogne sont des régions bien représentées. En salle, Aude et Amandine – la mère et la fille – sont souriantes et courtoises ; leur accueil est chaleureux et trilingue (anglais, italien et espagnol). Les conditions sont idéales pour passer un excellent moment avec une superbe vue sur les bateaux.

■ **MELODYNICE**
Centre-ville
12, rue Dante ✆ 04 83 55 29 15
www.melodynice.com

Ouvert toute l'année. Du mardi au vendredi de 12h à 14h et de 19h à 22h. Fermeture : samedi midi, dimanche soir et lundi toute la journée. Réservation recommandée. Carte : 23 € environ. Possibilité de privatiser l'établissement pour vos événements privés. Menu 36 €. Menu gourmet 45 €.

Aux côtés des plus grands, Philippe Boissière et Sébastien Lauga ont appris à aimer et valoriser le patrimoine culinaire français. Ils subliment ainsi les produits de saison à travers une cuisine créative et soignée. L'aumônière de chèvre chaud au miel sur pain d'épice et confiture de figues, la salade de légumes croquants au vinaigre de framboise ou le marbré de foie gras de canard mettent agréablement en appétit tandis que la gigolette de volaille farcie aux légumes sauce crème et gratin Dauphinois, le pot au feu de poissons et petits légumes ou le filet de bar beurre blanc anisé riz sauvage finiront de vous convaincre. Les douceurs sont de véritables merveilles comme le soufflé au chocolat ou la mousseline croquante et fruits de saison. Une adresse à la fois contemporaine et intemporelle qui rappelle combien nous sommes attachés à l'art de vivre à la française.

■ **LA MERENDA**
Vieux Nice – 4, rue Raoul Bosio

Ouvert du lundi au vendredi midi et soir. Sans réservation. Carte : 30 € environ. Vin au verre. CB et chèques non acceptés.

La Merenda est une petite adresse nichée au cœur de la vieille ville. Si l'établissement ne possède toujours pas de téléphone (on ne peut donc pas réserver sauf en se rendant directement au restaurant pendant les horaires d'ouverture !) et que les tables sont suffisamment proches les unes des autres pour échanger avec ses voisins ses impressions du moment, les clients célèbrent ici la cuisine du marché qui fait la réputation de la maison tenue par Dominique Le Stanc, un ancien étoilé : sardines farcies, poutine du Pays, stockfish, tripes à la niçoise, pâtes au pistou, tarte aux poivrons, beignets de courgettes, queue de bœuf et polenta à l'orange, tête de veau gribiche, tourte aux blettes... C'est beau et bon dans l'assiette. Dans la salle – où le service s'effectue avec le sourire – dessins, affiches et photos constituent le style « Merendesque ». Une pause dans le temps à savourer avec bonheur même assis sur d'étroits tabourets !

■ **LE MESCLUN**
Nice Ouest
215, avenue de la Californie
✆ 04 93 83 81 21
www.le-mesclun-nice.fr
lemesclun06@live.fr
♿

Fermé le dimanche et 4 semaines à Noël. Ouvert de 12h à 14h et de 19h30 à 22h. Réservation recommandée. Menus de 38 € à 72 €. Carte : 34 € environ. Menu enfant : 16 €. Plat du jour : 15 €. Champagnes à partir de 60 €. American Express, Chèque Vacances, Chèque Restaurant. Accueil des groupes (20 personnes maximum). Terrasse.

Ce charmant restaurant affiche une décoration lumineuse. Le chef Ludovic Goux signe une cuisine fraîche, raffinée et actuelle : rémoulade de tourteau à la ciboulette et cumbava coulis de petits pois au piment d'Espelette suc de physali, nectar de tomates cœur de bœuf basilic et huile d'olives taggiasche vinaigre Tondo avec une mousse de mozzarella de lait de bufflonne, filet de turbot au beurre blanc à la truffe d'été et asperges vertes de Provence pois mange-tout, ris de veau braisés girolles et truffes d'été sur pousses d'épinards sautés à cru et asperges vertes de Provence sauce amaretto... Une carte de grands vins et un choix varié de desserts – soufflé chaud à la liqueur verte de l'Abbaye de Lérins – ponctuent les repas servis avec attention et prévenance. Une adresse vraiment futée.

LA MISE AU VERRE

Centre-ville – 17, rue Pastorelli
✆ 04 93 85 69 90
part.des.anges@wanadoo.fr

Ouvert tous les jours. Fermeture samedi midi et dimanche midi. Carte : 30 € environ. Vin au verre : entre 4 € et 7,50 €. Tickets restaurants acceptés le midi. American Express. Climatisation.

Machine à trancher Berkel avec dégustation de jambon, casiers à bouteilles, comptoir, grandes ardoises et mobilier en bois donnent le ton de ce bistrot convivial ouvert par Olivier Labarde à deux pas de son adresse première-née : La Part des Anges. On y goûte une cuisine du terroir (tartare de veau, joue de bœuf et carottes braisées, foie gras en duo, purée de pommes de terre à la truffe...) qu'on accompagne de vins soigneusement sélectionnés. Le grand bar central ouvre quant à lui les soirées par la pause apéritive tandis que les desserts gourmands – moelleux au chocolat, crème brûlée, baba et savarin – concluent les repas en douceur...

NEPTUNE PLAGE

Promenade des Anglais
✆ 04 93 87 16 60
www.neptuneplage.com

Fermeture annuelle 5 semaines entre le 20 décembre et fin janvier. Ouvert tous les jours de 9h à 20h. Ouvert le soir du 15 mai à fin septembre sur privatisation de l'établissement. Menu enfant : 13 €. Plats du jour à partir de 16 €. Cabine ou draps de bain : 5 €. Abonnement annuel (cabine + matelas + douche + parasol) : 800 € par personne, 1 400 € pour deux. Carte de 10 entrées valides 2 ans : 160 €, 20 entrées à 280 €, 40 à 400 €, 80 à 640 € (transat + vestiaire + douche + parasol). Tickets restaurant acceptés. Chèque Vacances. Tarifs plage : 20 € la journée (transat, parasol, vestiaire, douche), 12,50 € la demi-journée. 14 € la demi-journée à partir de 15h. Location de pédalos et de kayaks. Formules petits déjeuners : traditionnel à 9 €, continental à 13 € et nordique à 15 €.

Située en face du Negresco mais indépendante de l'hôtel, cette plage est élégante avec sa couleur bleu azur et ses plantes qui bordent le restaurant et l'allée pour rejoindre les transats. Elle offre des prestations qui en font un paradis familial : aires de jeux pour les enfants, baignade surveillée, location de bateaux à pédales et de kayaks individuels ou biplaces. On aime le ponton ouvragé à l'ancienne et son échelle pour descendre à l'eau (interdit de plonger ou de sauter). Les formules d'abonnement sont très intéressantes aussi bien pour une clientèle locale (carte à l'année entrée illimitée, le restaurant étant ouvert onze mois sur douze) que de passage (cartes de 10 à 80 entrées valables 2 ans à tarifs dégressifs). Une toiture démontable installée du 15 mai à fin septembre crée un espace ombragé permettant de déjeuner à la fraîche en été. Un choix de snacks faciles à grignoter est proposé aux irréductibles qui ne veulent pas quitter leur place sur les galets. On trouve aussi à la carte des plats traditionnels de viande et de poisson, de succulentes omelettes maison raffinées, des pâtes et un original bar à soupes pour garder la forme. Fruits frais, glaces et crêpes maison complètent l'offre pour les gourmands. Sans oublier les formules petits déjeuners pour faire le plein de vitamines dès le soleil levé. L'accueil, très convivial, et le service, attentif et souriant, finissent de fidéliser la clientèle.

NICE @RT BISTROT

Centre Ville – 16 bis, rue Dellile
✆ 04 93 91 57 98
www.facebook.com/NiceArtBistro

Maître Restaurateur. Ouvert toute l'année. Tous les jours sauf le mardi soir, le samedi midi et le dimanche toute la journée. Carte : 20 € environ. Menu du soir 29 € (dégustation de 3 entrées + plat). Menu «L'Impro du Chef» 35 € (1 entrée + 1 viande + 1 poisson + 1 dessert). Menu créations 28 € (entrée, plat, dessert).

Marc Laville propose une cuisine moderne aux saveurs du marché. Façade bleu marine et décoration contemporaine aux lignes épurées, les assiettes sont savoureuses créées au gré des envies du Chef : canette aux girolles et parmentier de pied de cochon, panaché de la mer aux épices douces, filet de canette rôtie et parmentier de canard confis, saint-Jaques riz vénéré poitrine fumé et asperge, riz de veau aux truffes et capoun niçois... Côté dessert, on se laisse tenter par le riz au lait crémeux à la mangue, le crumble fraise/basilic/citron vert/vanille, le cheese cake aux figues confites ou encore les nems au chocolat sauce caramel. Les plus gourmands et les gourmets ne manqueront pas de goûter le Mac Nice @rt au foie gras et truffes, un burger créatif et copieux qui mettra en émoi vos papilles. Une belle adresse, à tester de toute urgence !

OLIVE ET ARTICHAUT

Vieux Nice
6, rue Sainte-Réparate ✆ 04 89 14 97 51

Voir page 15.

PALOMA CANTINE

Port – 3, quai des Deux-Emmanuel
✆ 04 93 89 53 92
www.palomacantine.com

Ouvert toute l'année. Tous les jours en continue de 12h à 23h. Réservation recommandée. Carte : 32 € environ. Vin au verre. Entrée de 7,50 € à 13 €. Plats de 14,50 € à 21 €. Dessert de 7 € à 10 €. Accueil des groupes (menus de Groupes (renseignements : events@paloma-beach.com). Buffet dînatoire environ 40 €/ personne). Terrasse. Plateaux de fruits de mer à emporter. Bar à huîtres : formule apéro à 9,40 €.

Fortement attaché à sa Ville et à sa culture, Baptiste Vanini a restauré l'ancien Palais Jamaï à son image, à la fois moderne et très ancré dans la « nissarte attitude ». L'assiette réserve de belles surprises avec des poissons pêchés le jour même, justement assaisonnés et à la cuisson parfaitement maîtrisée. Des plats plus travaillés comme le parmentier d'effiloché de canard oignons confits aux fruits rouges ou encore les lasagnes aux légumes du marché et chèvre pesto menthe basilic sont un régal aussi bien pour les yeux que pour les papilles. Une adresse à découvrir, quelle que soit l'heure de la journée car la Paloma Cantine propose également une carte réduite pour les lève-tard ou les petites fringales de l'après-midi. Le bar à huîtres avec sa décoration intérieure rappelle une bodega : c'est l'endroit idéal pour déguster à l'heure de l'apéritif sur le port de Nice des assiettes de tapas accompagnées d'un verre de Macon ou de Muscadet. Le bonheur !

■ LE PANICE

Carré d'Or – 9, rue Masséna
✆ 04 93 91 16 86
www.restaurant-le-panice.fr
lepanice@gmail.com

Réservation en ligne possible. Soirée à thème une fois par mois en hiver. Carte : 20 € environ. Plat du jour : 8,90 €. Formule midi : 12,50 €. Ouvert tous les jours midi et soir. Accueil des groupes (jusqu'à 45 personnes). Terrasse.

Niché dans une petite rue perpendiculaire à la zone piétonne, ce restaurant cosy et calme vous permet de vous accorder un véritable moment de répit et de détente. Sur la terrasse joliment fleurie à l'ambiance zen ou dans la salle moderne agencée dans les tons verts, marrons et beiges, le temps s'arrêtera et vos papilles seront en émoi face à la carte originale et savoureuse : gambas flambées au Pastis, camembert en croûte de pain d'épice, terrine de foie gras maison, pavé de Loup Mauritus, poêlée de noix de saint-Jacques aux agrumes, piccatta de bœuf, magret de canard au confit de pétales de roses... des recettes innovantes et simplement délicieuses. Pour terminer, le Chef propose différentes tartes sucrées faites maison ou pour les plus gourmands, un dôme chocolat caramel. Un pur délice !

■ LE PAPAYOU

Vieux Nice – 35, rue de la Préfecture
✆ 0493801597 – www.lepapayou.fr
resto.papayou@wanadoo.fr

Ouvert de mars à fin octobre. Carte : 23 € environ. Boutique : chèque cadeau ateliers de cuisine, tabliers « ateliers du Papayou », couteaux thaï. Boutique. Ateliers de cuisine niçoise, marocaine et thaï (durée : 2h30). Tarifs : atelier du matin ou de l'après-midi 80 €, atelier du soir 50 €.

La façade jaune de cet établissement posé en angle au cœur de la vieille ville fait écho à sa cuisine joliment ensoleillée : des plats niçois réalisés dans les règles de l'art et de belles incursions en terres asiatiques rythment une carte où herbes, épices et saveurs parfumées appellent les pauses-repas gourmandes et goûteuses. Pissaladière, daube aux cèpes et plats thaïs comme le poulet au lait de coco et à la citronnelle ou le wok de bœuf aux petits légumes promettent ainsi des assiettes généreuses colorées et de beaux moments d'évasion. Faites aussi plaisir à vos amis en leur offrant un chèque-cadeau «atelier de cuisine», des tabliers «ateliers du Papayou», des couteaux thaï et autres woks. Une adresse surprenante !

■ LE PASSE-PLAT NOUVEAU

Port
4 bis, quai Papacino
✆ 04 93 26 05 80

Voir page 22.

LA PETITE SYRAH

Port
13, rue Cassini
✆ 04 93 31 17 45
www.lapetitesyrah.fr

Ouverture du restaurant le midi de 12h à 14h du mardi au samedi ; le soir de 19h30 à 22h le jeudi et le vendredi. Cave à vin ouverte de 10h à 20h du mardi au samedi. Carte : 15 € environ. Réservations appréciées.

Dans ce bistrot d'une vingtaine de places, on vous propose une réjouissante cuisine du marché et une belle sélection de vins autour de casiers qui regorgent de bons crus. Caviste et restaurant à la fois, cet établissement annonce un voyage sensible et de bon goût ! Les plats sont simples mais savoureux dégustés dans un cadre agréable. Voilà une belle adresse où l'on prend le temps de manger en toute convivialité une cuisine fraîche préparée à la demande.

■ AU PETIT GARI

Vieux Nice
2, place Garibaldi ✆ 04 93 26 89 09
www.restaurant-aupetitgari.com
aupetitgari@club-internet.fr

Ouvert toute l'année. Du lundi au samedi le midi de 12h à 14h et le soir de 19h à 22h. Réservation recommandée. Carte : 34 € environ. Menu enfant : 7 €. Plat du jour : 11,50 €. Vin au verre. Formule midi 14,50 €. Menu du jour à partir de 17 €. Chèques non acceptés. American Express, Chèque Restaurant. Accueil des groupes. Terrasse. Vente à emporter.

Marc Chevalier, autodidacte aux airs de George Clooney, vous offre le choix entre l'ancienne salle blottie sous les arcades de la place Garibaldi, réplique d'un bougnat à l'ancienne avec son décor suranné et son mobilier rustique, ou dans la salle à manger tendance aux airs de bistrot contemporain accessible par le boulevard Risso. Les plats canailles que mitonnaient sa grand-mère et sa tante Lulu sont toujours servis généreusement comme la côte de bœuf Angus grillée aux aiguilles de pin, idéal pour une personne à l'appétit gargantuesque sans oublier le magret de canard, l'os à moelle, les escargots de Bourgogne, l'entrecôte tendre marinée, grillée et tartinée de tapenade, les rillettes maison aux pistaches ou le bar en croute d'épices avec sa purée à l'huile de truffe blanche. S'il vous reste encore un peu de place pour les desserts maison, goûtez la coupe « Gary Cooper » ou les profiteroles fraîches.

■ LA PIERRE BISE

Vieux Nice
5, rue Barillerie ✆ 04 93 53 44 94
http://lapierrebise.fr

Ouvert tous les jours le soir. Carte : 35 € environ.

Unique à Nice : un restaurant de pierrades, très prisé des locaux ! Le personnel est professionnel et le service affable. La cuisine est de qualité et savoureuse : viandes, poissons, gambas ou saint-Jacques sont exquis. Sans oublier les belles entrées généreuses et gourmandes : rôti de chèvre frais pané au miel corse et noix, mille-feuilles de tomates de pays avec mozzarella di buffala brousse au basilic, mesclun et copeaux de parmesan ou encore salade de pays pignons tomates et sa vinaigrette à l'huile d'argan. Une adresse en toute simplicité.

PINXCHO

Petit marais niçois
7, rue Bonaparte
✆ 04 93 89 81 83
www.pinxcho.com
contact@pinxcho.com

Ouvert du lundi au samedi, midi et soir. Carte : 23 € environ. Formules midi à partir de 9,50 €.

Jenny, Stéphane et leur chef proposent une ardoise à la croisée des terroirs méditerranéens et des contrées lointaines qui change toutes les semaines : pluma blanche et sa polenta grillée, pissaladière de rougets dans une socca, pinguine aux palourdes, filet de daurade en croûte de sésame beurre blanc cardamone, risotto safrané et son homard... En dessert, vous aurez le choix entre une pastilla Toblerone et sa crème anglaise, la brioche perdue aux pommes caramélisées caramel de beurre salé ou la crème renversée à l'orange, entre autres. Le service est professionnel et convivial. Une adresse furieusement tendance à tester entres amis.

PLAGE BEAU RIVAGE

Promenade des Anglais
107, quai des Etats-Unis
✆ 04 92 00 46 80
www.plagenicebeaurivage.com
info@plagenicebeaurivage.com

Restaurant ouvert toute l'année de 12h à 16h et le soir de 19h à 22h30 de mi-mai à mi-septembre. Carré Lounge ouvert de 10h à 17h et de 9h à 0h de juin à septembre. Menu unique à 29,50 € (le menu du midi). Carte de saison : environ 45 € par personne. Menu enfant : 14,50 € (pour les moins de 12 ans). Formule du midi : 19,50 € (uniquement le midi du lundi au vendredi). Brunch du dimanche à 29 €. Chèques non acceptés. American Express. Plage ouverte de mi-avril à fin septembre de 10h à 19h. Transat 19 € la journée et 15 la demi-journée. Parasol : 4 €. Drap de bain : 5 €.

Au cœur de la ville, on peut déjeuner toute l'année sur la vaste plage Beau Rivage, face à la Grande Bleue. Cet intermède est un privilège unique de douceur où on se décontracte attablé en terrasse avec sa véranda couverte, ou dans la salle rénovée qui permet aussi de travailler (Wifi gratuit) dans un cadre élégant, lumineux et épuré. La plage se décline en deux ambiances : espace Zen et espace Tendance. Le Lounge classé parmi les plus branchés du littoral niçois propose des pauses gourmandes autour d'une carte courte et savoureuse, à base de produits frais et légumes du moment. On aime en entrée le tartare de thon mariné au citron vert et coriandre, puis les brochettes de gambas à la coriandre, riz épicé au curry, légumes du soleil, pour conclure par le tiramisu aux fruits rouges ou le carpaccio d'ananas confit à la badiane et son glacé mojito. On vient ici à toutes occasions, notamment pour des pauses apéritives musicales. Le Carré Zen est ouvert toute l'année de 9h à 17h et minuit en saison et propose un large choix de cocktails classiques ou originaux, ainsi qu'un nouvel espace bien-être avec diverses prestations de massages et de douches hydromassantes.

PUB CARLONE

Magnan – Quartier de la Fac de Lettres
61, boulevard Edouard Herriot
✆ 04 92 15 08 53
pubcarlone.nice@gmail.com

Ouvert du lundi au vendredi de 6h30 à 20h, le samedi de 8h à 12h. Service non-stop de 12h à 20h. Fermé 3 semaines en août et 15 jours à Noël. Plat du jour : 9,50 €. Formule midi : 12 € (plat du jour + dessert + café). Terrasse. Groupes jusqu'à 80 personnes (réservation de la salle le soir possible.) Pizzas à emporter jusqu'à 20h. Tickets restaurant acceptés. Réservation recommandée.

Repris il y a tout juste un an, le Pub Carlone connaît déjà un franc succès. C'est dans un cadre cosy récemment rénové aux murs gris en pierres que ce restaurant de quartier vous accueille en continue tout au long de la journée dans une ambiance chaleureuse, décontractée et très conviviale. La carte affiche des recettes traditionnelles et locales élaborées sur place uniquement à base de produits frais : daube niçoise, woks de bœuf, viandes et poissons le vendredi. Formé par une école de pizzaïolo, le Chef propose ainsi une variété étonnante de savoureuses pizzas. Le service est accueillant et sans reproche, les conseils judicieux. A tester.

■ RÉGENCE PLAGE

Promenade des Anglais
223, promenade des Anglais ✆ 04 97 07 03 09
www.radissonblu.fr/hotel-nice

Plage et restaurant ouverts de 9h à 18h du 4 avril au 15 octobre. Menu enfant : 12 € (avec un set de coloriage offert). Carte et suggestions du jour à l'ardoise à partir de 15 €. Service de petite restauration entre 16h et 19h & ouvert le soir jusqu'à 22h du 15 juin au 15 septembre. Vestiaires. Douches chaudes. Cabines pour handicapés. Lounge. Tarifs plage : transat parasol 21 € la journée. Drap de bain 4 €.

Face au Radisson Blu dont elle prolonge l'univers contemporain, cette plage privée n'est pas exclusivement réservée à la clientèle de l'hôtel. Allez-y pour découvrir les prestations du 4*, un service attentif mêlant sobriété et élégance. On se fait plaisir, les prix sont très raisonnables, et on est accueilli comme un client privilégié. Allongé sur un des 200 transats blancs alignés sur les galets à l'ombre d'un parasol, c'est la détente garantie, sans autre bruit que celui des flots bleus. Vous pouvez choisir d'y déjeuner, car le service est assuré sur la plage. Ou vous pouvez opter pour une table sur le vaste pont de bois abrité, pour apprécier les suggestions du jour, les salades ou les poissons grillés. Tous les plats sont préparés minute avec des produits frais. Entre 16h et 19h, une carte restreinte est disponible, avec des salades ou des pizzas maison. Pour siroter un verre entre amis, l'espace lounge est ouvert dès 19h. La décoration soignée et le confort sont une véritable invitation au farniente, c'est tellement agréable devant le panorama de la Baie des Anges... L'ambiance est si relaxante qu'on prend vite son aise dans cette vie de Régence.

■ LA ROTONDE

Promenade des Anglais
37, promenade des Anglais
Le Negresco ✆ 04 93 16 64 00
www.hotel-negresco-nice.com

♿

Ouvert toute l'année. Tous les jours de 7h à 22h (jusqu'à 23h30 en saison estivale). Service non-stop à partir de 12h. Réservation recommandée. Carte : 60 € environ. Plat du jour : 21 € (hors boisson). Vin au verre. Formule Bistro (plat du jour + café Negresco avec bouchées gourmandes hors boisson) : 25 €. Chèques non acceptés. American Express, Diners Club. Accueil des groupes. Terrasse. Voiturier. Boutique. Parking.

Dans un décor coloré de carrousel de fête foraine du XVIII° siècle, la célèbre Rotonde de l'Hôtel Negresco met en scène une cuisine raffinée et actuelle. Vous pourrez y déguster la salade niçoise du Negresco au thon mi-cuit, la crème de potimarron, cappuccino de châtaignes au vin de jura, les gambas rôties et encornets à la Provençale, le magret de canard rôti au miel ou le dos de biche rôti aux baies de genièvre, poignée de légumes oubliés et gnocchis au jus. En version brasserie, la carte décline des plats traditionnels savoureux et soignés. A la découverte du jour inspirée par les produits de saison s'ajoute la formule «bistro» composée d'un plat du jour et du café Negresco avec bouchées gourmandes concoctées par le chef pâtissier. Le service non-stop à partir de 12h permet des pauses gourmandes dans un décor festif aux tables cernées par les chevaux de bois ou sur la terrasse ensoleillée avec vue sur la mer.

■ RESTAURANT L'HORLOGE

Centre ville
12, avenue Félix Faure
Hôtel Aston La Scala
✆ 04 92 17 53 09
www.hotel-aston.com
reception@grandhotelaston.com

Ouvert toute l'année. Tous les jours de 12h à 14h30 et de 19h à 22h30. Réservation recommandée. Menu enfant : 12,50 €. Vin au verre. Prix moyen à la carte 30 € le midi et 40 € le soir. American Express, Diners Club, Chèque Restaurant. Accueil des groupes. Terrasse.

Le Chef propose une carte à consonance méditerranéenne qui évolue selon les saisons. La terrasse est sonorisée, couverte et chauffée en hiver tandis qu'à l'arrivée des beaux jours, on profite de la vue extraordinaire sur la Promenade du Paillon et le vieux Nice. A l'intérieur, l'espace se partage en plusieurs zones distinctes : une salle à l'entrée, vitrée et lumineuse ; une seconde plus intime et une troisième en mezzanine réservée aux événements privatifs. Le décor élégant et clair avec banquettes et fauteuils galbés donne à cet endroit un air de brasserie chic. L'équipe en salle assure un service impeccable et continu à toute heure de la journée aux clients de l'hôtel mais aussi à la clientèle extérieure. Un incontournable.

■ RUHL PLAGE

Promenade des Anglais ✆ 04 93 87 09 70
www.ruhl-plage.com
ruhlplage@hotmail.fr *Ouvert de début mars à mi novembre. Restaurant ouvert midi et soir, fermé le dimanche soir. Service snack froid après 16h30. Plage ouverte tous les jours de 9h à 20h. Organisons d'événements jusqu'à 300 personnes. Réservation recommandée. Carte : 20 € environ (plat). Breakfast servi jusqu'à 11h15 : 16 €. Tarifs plage : matelas 20 €, matelas + parasol 21 €, matelas + parasol + drap de bain 30 €. Possibilité d'abonnements. Piscine (entrée 6 €) à l'eau de mer et MNS pour les enfants. Chèques non acceptés. American Express. Terrasse. Chaque jeudi soir : soirée DJ avec carte de tapas. Langues parlées : Français, Anglais, Espagnol, Italien, Allemand, Russe, Arabe.*

Créé en 1920, c'est l'une des plus anciennes plages niçoises : l'établissement est une affaire de famille où les générations se succèdent. Aujourd'hui, c'est Marie-José Malacarne et son équipe qui insufflent ici un esprit serein et convivial où se retrouve une clientèle de fidèles. Accueil chaleureux et service impeccable sont au rendez-vous dans ce cadre prestigieux avec sa terrasse-solarium, ses cabines privées équipées de douches chaudes et sa piscine d'eau de mer destinée aux enfants surveillés par un maître-nageur. On sert le petit déjeuner, l'apéritif ou des rafraichissements dans le coin salon-lounge. Durant la saison estivale et dès le soir venu, cet espace laisse place à une ambiance musicale électro-ethnique où le volume monte peu à peu au fil de la soirée. Le restaurant sur la mer propose une cuisine raffinée de spécialités provençales avec notamment des plats élaborés à partir de poissons frais. Attablé dans ce cadre élégant et épuré, les sens titillés par l'air marin, on savoure ces moments de détente. Service discret et prévenant. La relève semble assurée dans la famille dont le destin est lié à cette belle adresse du littoral niçois.

■ **LE SAFARI**
Vieux Nice
1, cours Saleya ✆ 04 93 80 18 44
www.restaurantsafari.fr
sarl.safari@wanadoo.fr
Maître Restaurateur. Fermé le 24 décembre. Ouvert toute l'année 7j/7 de 12h à 23h. Service de 12h à 14h30 et de 19h à 23h. Carte simplifiée entre 14h30 et 19h. Réservation recommandée. Menu unique à 29 € (entrée + plat + dessert). Carte : 20 € environ. Vin au verre. American Express, Diners Club, Chèque Vacances, Chèque Restaurant. Accueil des groupes (sur réservation. Jusqu'à 40 personnes). Terrasse. Label Cuisine Nissarde.
Des jolies tables bien dressées, une ambiance chaleureuse, une situation privilégiée sur le cours Saleya, une belle terrasse ensoleillée et une cuisine du terroir... vous êtes au Safari, une adresse indémodable de la vieille ville depuis 1973 ! Les pâtes fraîches se déclinent chaque jour tandis que les poissons grillés, les calamars aux artichauts, le très typique *bagna cauda* – des crudités servies avec une sauce à l'anchois – et toutes les autres spécialités locales comme les petits farcis, les accras, les poivrons grillés, la salade niçoise ou les nombreuses les variations de pizzas au feu de bois vous régaleront. Côté vins, les références sont principalement issues du Sud servies par un personnel discret, rapide, efficace et sympathique.

■ **LE SAINT JOSEPH**
Saint Isidore
30, avenue Auguste-Vérola
✆ 04 93 29 99 00
www.servotel-nice.fr
Ouvert toute l'année. Tous les jours. Pensez à réserver le week-end, le restaurant ouvre selon la demande. Réservation recommandée. Menus de 33 € à 60 € (menu banquet). Carte : 23 € environ. Menu du marché : 25 €. Terrasse.
Le restaurant de l'Hôtel Servotel au décor contemporain et à l'ambiance *lounge* affiche un formidable rapport qualité-prix. La cuisine préparée par le Chef Jérôme Longueépée est tantôt traditionnelle tantôt inspirée des contrées lointaines et change au gré des saisons : parillada du pêcheur cuite sur plancha, salade de jeunes pousses, tartare de bœuf, tempura de légumes jus vert au wasabi, bouille de poissons, risotto de scampis limon et provola, wok de linguini et poulet aux légumes, pavé de thon mi-cuit rôti en croûte d'olive... Une adresse appréciée qui mérite que l'on s'éloigne du centre-ville.

■ **LE SAINT-PAUL (EX-MAISON DU SÉMINAIRE)** NOUVEAU
Port
29, boulevard Franck-Pilatte
✆ 04 93 89 39 57
Voir page 22.

■ **LE SÉJOUR CAFÉ**
Carré d'Or
11, rue Grimaldi
✆ 04 93 27 37 84
www.lesejourcafe.fr
le-sejour-nice@orange.fr
Fermé du 1er au 31 août. Ouvert midi et soir du mardi au samedi. Réservation recommandée. Carte : 35 € environ. Vin au verre. American Express. Terrasse. Restaurant de Qualité Collège Culinaire de France 2013.
Véritable havre de paix en plein cœur du centre-ville, cet établissement propose une cuisine de qualité élaborée avec des produits frais. Le Chef concocte sa carte en fonction des trouvailles du marché et de la pêche locale : risotto de saint-Jacques fraîches, tartare de saumon et citron confit, fricassée de rognons de veau, rougets barbets et pâtes aux algues, asperges vertes au naturel ou encore magret de canard de la ferme et velouté de cèpes. Les desserts sont quant à eux gourmands et généreux : optez pour le macaron praliné et noisettes ou pour le classique fondant au chocolat. Les assiettes sont superbement présentées, le service est agréable et chaleureux, et la salle intimiste et contemporaine. Très belle adresse.

■ **TEAM CAFÉ** NOUVEAU
Carré d'Or
1, rue Maurice Jaubert
Angle Place Grimaldi-Zone Piétonne
✆ 04 89 74 55 77
Voir page 23.

■ **TEMPLE BAR**
12, rue Halévy ✆ 04 93 87 80 60
templebar06000@hotmail.fr
Ouvert 7j/7 du 1 février au 15 novembre de 9h à 2h30. Service non-stop de 12h à 1h. Fermé du 15 novembre au 30 janvier inclus. Carte : 15 € environ. Vin au verre. Petit déjeuner à la française : 5,50 €. Formule entrée-plat ou plat-dessert : 16 €. Terrasse.

Le Temple Bar déploie son agréable terrasse et joue en salle sur un décor sobre entre murs blancs et chocolats. Bar et mobilier insufflent ainsi l'atmosphère d'une élégante brasserie où les chemins de tables courent sur les tables carrées. La présentation des assiettes généreuses donne le ton d'une cuisine appliquée pleine de saveurs dont les raviolis sauce daube maison sont l'illustration parfaite. A la carte : six escargots façon Bourgogne, médaillon de foie gras maison cuit au torchon avec son chutney de figues, soupe de poissons rouille et croûtons, salade niçoise, bruschettas, poêlées de gambas, filet de bœuf piémontais, escalope de veau à la crème ou le filet de saint-Pierre plancha artichauts de Pays et sauce vierge, le tout présenté dans un souci du détail, notamment dans la mise en assiette qui valorise même les hamburgers joliment garnis. Les desserts soignés et les coupes glacées sont la valeur ajoutée sucrée de cette adresse ouverte très tôt le matin.

LA TERRASSE DU PLAZA
Carré d'Or
12, avenue de Verdun
Hôtel Plaza
✆ 04 93 16 75 92
Voir page 16.

■ TERROIR DIVIN
Centre-ville
11, rue Delille
✆ 09 54 19 66 51
www.terroirdivin.com
contact@terroirdivin.com
Parking Marshall ou du Théâtre. Tramway : arrêt Cathédrale Vieille Ville.
Ouvert du mardi au samedi de 12h à 14h30 et de 18h à 23h. Réservation recommandée. Vin au verre. Formule Déjeuner : 16 € (entrée + plat ou plat + dessert). Menu du terroir : 29 € (entrée + plat + fromage + dessert). Soupe du moment : 8 €. Assiettes d'amuse-bouche 4,50 €. Chèque Vacances, Chèque Restaurant. Accueil des groupes (maximum 20 personnes). Terrasse.
Découvertes œnologiques et gastronomiques sont au programme de cette adresse déclinée en trois espaces distincts répartis sur deux niveaux. Au rez-de-chaussée dans l'espace bar à vins, les crus renouvelés régulièrement se dégustent au verre ou à la bouteille sur place ou chez vous, le tout accompagné de petits canapés. Dans la salle de restaurant attenante où la cuisine est ouverte, on peut admirer les cuissons de viandes sur une broche artisanale et l'évident plaisir des cuisiniers qui concoctent une carte alléchante composée de plats traditionnels du terroir : terrines maison, scampi au pistou et suprême d'agrumes, magrets du Périgord à la broche, travers de porc fermier confit ou parmentier de boudin noir. Au sous-sol, un espace détente accueille les clients pour la dégustation de digestifs où le sommelier initie les amateurs à l'art de l'œnologie lors de cours programmés en soirées.

■ LE TONO
Centre Ville
18, avenue Georges-Clemenceau
✆ 04 93 87 84 17
www.letono.fr
Fermé trois semaines en août. Du lundi au jeudi du service du midi à 23h. Le vendredi du service du midi à 00h30. Coupure entre 15h30 et 17h. Ouverture le samedi entre 18h et 23h. Fermeture le dimanche. Le vendredi de 12h à 0h30. Réservation recommandée. Carte : 19 € environ. Vin au verre. Chèques non acceptés. Chèque Restaurant.
Stéphane Guini est un chef talentueux et créatif. Sophie (son épouse) vous accueille à midi pour un déjeuner gourmand avec une cuisine de grand-mère revisitée autour d'élaborations originales : agnoletti à la truffe blanche crème aux cèpes foie gras et huile de truffe, gratin de poulet oignons et Maroilles ou souris d'agneau braisée. Pour terminer le repas, laissez-vous tenter par des desserts traditionnels comme la crème brûlée caramel beurre salé, le bocal de mousse au chocolat ou la panacotta au thé vert et coulis de gariguette. En fin d'après-midi, le Tono se transforme en bar à vins (avec des vins bio depuis peu) et l'ambiance musicale se fait entendre avec de vieux morceaux *jazzy*. Les vins sont servis au verre avec des assiettes de tapas à des tarifs raisonnables à partir de 2,90 €. Parmi les spécialités : le foie gras mi-cuit à la liqueur de pêche, la terrine de Roquefort aux figues, les différentes tapenades de poivrons ou aubergines, les assiettes de charcuterie...

accès direct à la plage	handicap malvoyant	plats cuisinés à emporter
bar	handicap mental	room service
blanchisserie	handicap moteur	salle de remise en forme
climatisation	jardin ou parc	salle de jeux / tv
discothèque	jeux	sanitaires modernes
distributeur d'argent	lave-linge / laverie	sports nautiques
eau potable	location de vélos	tennis
équitation	magasin d'alimentation	tir à l'arc
espace fumeurs	navette aéroport	toboggan aquatique
établissement non-fumeurs	pêche	ventilateur
fitness	piscine intérieure	vidange wc
golf miniature	piscine extérieure chauffée	voile
handicap malentendant	piscine extérieure	

L'UZINE RESTAURANT

Port
18, rue François Guizol
✆ 04 93 56 42 39

Ouvert du mardi au dimanche midi et soir. Lundi soir uniquement. Réservation conseillée. Prix moyen à la carte 30 € (plat). Groupes acceptés.

L'Uzine Restaurant propose une cuisine méditerranéenne dans un cadre atypique et convivial au cœur du port de Nice. Sur la grande terrasse, attablé autour d'une table ou lové dans un canapé pour prendre un apéro entre amis, ou dans la salle intérieure à la décoration industrielle et épurée, on déguste les spécialités du Chef dans une ambiance branchée et musicale souvent tendance : foie gras, burrata et bressaola, salade Caesar, escalope milanaise et ses pommes de terre grenailles, tortellini farcis à la ricotta sauce au spek, mousse au chocolat onctueuse... Une excellente adresse avec des prix parfois un peu élevés et un service efficace quoique un peu long.

VILLA GARIBALDI

Centre-ville
64, boulevard Risso
✆ 04 97 19 36 21
www.villa-garibaldi.com
contact@villa-garibaldi.com

Ouvert toute l'année. Du mardi au samedi de 12h à 14h et de 19h à 22h30. Réservation recommandée. Carte : 28 € environ (plat). Formule : 18 € (déjeuner). Vin au verre. Menu villa 35 € (mise en bouche + entrée + plat + fromage dégustation + dessert). American Express, Chèque Restaurant. Accueil des groupes (jusqu'à 150 personnes). Terrasse. Voiturier.

La Villa Garibaldi change sa carte et son équipe ! Avec comme point fort de cette adresse branchée son immense terrasse surplombant les jardins suspendus du Musée d'Art Moderne et d'Art Contemporain, le restaurant se décline sur trois étages reliés par un bel escalier avec cascade d'eau. Magique ! La carte livre une cuisine gourmande authentique et revisitée : piccata de veau au marsala et champignons avec tagliatelles à la crème de courgettes, filet de bœuf gratiné à l'ail doux et parmesan sauté de pommes de terre, dos de bacalao confit et son écrasé de pommes de terre à l'huile d'olive, suprême de turbot braisé au vin de Gavi et ses petites fèves, entre autres. En soirée, on prend un verre au bar lumineux long de 6 m situé au premier étage en dégustant des cocktails *mixologie* où les mets sont à la fois modernes et classiques : carpaccio de homards, fois gras à la purée de framboise, risotto aux girolles et copeaux d'artichauts, sole meunière, piccatta de veau et linguinis à la truffes ou filet de bœuf façon Rossini. Cet établissement redéfini façon *bistrot chic* est à (re) découvrir de toute urgence !

LE VINGT 4

24, rue Alphonse-Karr
Centre-ville
✆ 04 93 88 45 49
www.levingt4.fr
contact@levingt4.fr

Ouvert le matin dès 8h. Fermé dimanche et lundi soir. Ouvert à partir de 12h le samedi. Plat du jour : 10,50 €. Vin au verre. Menu : plat du jour + verre de vin à 13,20 €, plat du jour + dessert du jour à 14,70 €, plat du jour + dessert du jour + verre de vin à 17,40 €.

Murs blancs et briques claires, le décor lumineux et entièrement réaménagé du lieu est posé. Dès 8h, on y petit-déjeune autour de formules variées ; de midi à 15h la carte de saison dévoile des plats frais et légers (assiettes composées, salades, plat du jour) ; à partir de 18h la version bistrot gourmand, bar à vins et champagnes prend le relais en mode *afterwork* avec ardoises apéritives et carte du soir. La sélection de plus de 55 vins se décline par couleur et en fonction des saveurs. Des soirées musicales *live* sont organisées deux vendredis par mois. Petite terrasse cosy en saison.

VINI MUNDO

Nice Est
32, avenue de la République
✆ 04 93 56 34 13
Tram : arrêt Garibaldi

Ouvert toute l'année. Tous les jours midi et soir. Fermé mardi midi et dimanche. Vin au verre. Plats le midi : de 8 € à 13 €. Plats le soir de 11 € à 16 €. Vin au verre de 3 € à 6 €. Terrasse. Climatisation.

Dans un cadre de bar à vins contemporain et épuré, les suggestions à l'ardoise se déclinent quotidiennement et mettent à l'honneur les produits frais du marché : sauté de veau aux sauces variées, bœuf bourguignon, papillotes de saumon, tarte poires-frangipane, fondant au chocolat... Tout est fait maison. En soirée, les assiettes composées qui

© FOTO SAPIENS - FOTOLIA

déclinent un assortiment de plats variés en mini portions donnent une touche d'originalité. Côté cave, les amateurs de vins trouvent un vaste choix de crus classiques ou issus du terroir et s'adonnent au plaisir de la pause apéritive à partir de 18h autour d'assiettes de charcuterie ou de fromages dûment sélectionnés.

■ VINIVORE LE BISTROT
Le Port
10, rue Lascaris
✆ 04 93 14 68 09
www.vinivore.fr
contact@vinivore.fr
Ouvert toute l'année. Du mardi au samedi de 12h à 22h30. Formule du midi : 15 €. Entrées de 7 € à 16 €. Plats de 13 € à 16,50 €. Desserts de 5 € à 8 €. Plat du jour : 10 €. Chèque Restaurant. Terrasse. Climatisation. Accès WiFi.
Cette adresse au cadre intérieur cosy avec chaises bistrot, faux plafond et lumière indirecte possède une ambiance douce qui fait écho à la carte dont les mets soignés s'affichent sur une grande ardoise murale. Tous les deux mois, le Chef renouvelle son inspiration qui mêle quelques notes asiatiques aux saveurs essentiellement traditionnelles : foie gras de canard mi-cuit aux cinq épices, risotto de riz noir vénéré, noix de saint-Jacques grillées, zeste de cambawa et cébettes... Raffinement et respect des saveurs comblent les palais les plus gourmets dans une ambiance qui privilégie attention et convivialité.

■ LE VLT NOUVEAU
Vieux Nice – 4 rue de la Tour
C/O Hôtel Villa la Tour ✆ 04 93 80 08 15
Voir page 23.

■ ÉVASION
Cap 3000
SAINT-LAURENT-DU-VAR ✆ 04 92 27 06 50
www.restaurant-evasion.fr
info@restaurant-evasion.fr
Ouvert du lundi au samedi midi et soir, le dimanche midi. Carte : 30 € environ (plat + dessert + boisson). Formule petit déjeuner 6,50 €. Formules et plats du jour le midi. American Express. Accueil des groupes. Terrasse. Vin au verre.
Face à la mer, cet établissement au cadre moderne propose une cuisine traditionnelle aux accents méridionaux. La carte décline des entrées savoureuses (croustillant de chèvre sur salade mélangée, secca d'Entrevaux, jus de tomate pignons et olives, friture de calamars sauce tartare), des pâtes en sauce (farfalles aux boulettes de viande et saucisse pérugine à la tomate, fusilli au thon frais à la sicilienne), des viandes et des poissons fraîchement préparés et autres pizzas maison à la pâte fine et croustillante élaborées à partir de produits frais. Côté dessert, les classiques et autres suggestions nous permettent de finir le repas sur une agréable note sucrée. Le service est sympathique et le cadre des plus agréables.

RESTAURANTS

Fin de mois

■ LE 111

Centre ville – 1, rue Gioffredo ✆ 04 93 13 42 57
restaurantle111@gmail.com
Parking Marshall (payant).

Ouvert toute l'année. Ouvert du lundi au jeudi de 12h à 14h30 et du jeudi au samedi de 12h à 14h30 et de 19h à 22h30. Plat du jour : 11 €. Formule du midi : 13,90 € (plat du jour + café gourmand). Verre de vin entre 3 € et 6 €. Accueil des groupes (jusqu'à 80 personnes). Jardin. Terrasse. Vente à emporter. Climatisation. Accès wi-fi. Bar. Terrasse chauffée. Anglais parlé.

Cet établissement opte pour un design contemporain. Sur fond de pierres de tailles, de fauteuils en velours pourpre et beige et de parquet blond, on déguste ici une cuisine savoureuse et soignée qui rend hommage aux plats traditionnels aux accents méditerranéens et de saison. Ici, la qualité d'une cuisine maison et gourmande, et l'accueil bienveillant sont les maîtres mots.

■ ALIZÉ CAFÉ

Riquier – 7, boulevard Louis Delfino
✆ 04 93 31 55 69 – alize_cafe@orange.fr

Ouvert du lundi au samedi de 7h à 17h. Carte : 6 € environ. Formule petit-déjeuner : 3,50 €. Plat jour : 9,80 €, Formule plat du jour + café : 10,50 €, plat du jour + boisson : 11 €, plat du jour + dessert : 13 €, plat du jour + boisson + dessert : 14 €. Accueil des groupes (organisation de tous types d'événements. Possibilité de privatisation de l'établissement). Terrasse. Vente à emporter.

A la fois salad'bar, coffee-shop et salon de thé, cette adresse à la devanture vert anis s'active dès le petit déjeuner et à toute heure de la journée autour de salades, bagels, omelettes, hamburgers, sandwichs ainsi que des plats du jour soignés. L'accueil sympathique ajoute à la convivialité des lieux au cadre intérieur agencé dans des nuances d'orange pâle, gris, vert et blanc.

■ L'ARDOISE

Grosso – 31, boulevard François-Grosso
✆ 04 93 51 67 78

Ouvert du lundi au samedi le midi uniquement. Plat du jour : 9 €. Ouvert tous les jours à l'heure du déjeuner, ce restaurant aux tons chauds en dégradé d'orange et de bois caramel est tenu par Fabrice et David qui concoctent au quotidien une cuisine de belle qualité, recherchée et variée. Elaborée à partir des produits du marché, la carte change régulièrement. Les frites et les pâtes sont fraîches et le pain est fait maison. Le service est assuré non-stop. L'établissement ouvre en soirée le vendredi seulement autour de la carte habituelle ou lors de soirées thématiques avec menu spécial et animation.

■ AUTRE CHOSE

Port – 8, rue Bonaparte ✆ 04 93 14 49 01
autre.chose.bonaparte@gmail.com

Ouvert du lundi au mercredi le midi et du jeudi au samedi le soir uniquement. Plat du jour : 9,50 €. Formule midi : 14,90 € (plat + dessert + café). Vente à emporter.

Cette petite adresse intime à tout d'une grande. Posée sur la rue Bonaparte qui jouit d'une nouvelle jeunesse et d'un calme bien agréable, elle propose une pause déjeuner autour d'un plat du jour issu des produits frais qui inspirent la maîtresse des lieux ou d'une salade préparée à la minute. Convivialité et chaleur rythment chaque jour la dégustation d'une cuisine rapide de bon gôut dont on peut emporter les suggestions quotidiennes. Ouvert en soirée seulement en fin de semaine. A découvrir !

■ CAFÉ BORGHESE

Port – 9, rue Fodéré ✆ 04 92 04 83 83
www.cafeborghese.com
Derrière l'église Notre-Dame-du-Port

Formule petit déjeuner : 6 €. Plat du jour : 9 €. Carte (à midi) environ : 12 €. Carte (le soir) environ : 24 €.

Loin des sentiers battus, laissez-vous déjà surprendre par la déco avec, du mur aux plafonds, des fresques de style Pompéi. L'hiver, une cheminée baroque placée au cœur du restaurant diffuse une chaleur fort agréable tandis qu'on profite de la grande terrasse en été. Le Café Borghese a ses habitués et pour cause : l'accueil est sympathique. On y déguste des plats préparés à la minute : tartare de bœuf, suprême de poulet au chutney d'oignon sauce arabica ou crème mascarpone au cœur de Nutella. Vous pourrez profiter des happy hours de 17h à 20h et savourer des cocktails jusqu'à 21h. La maison propose un grand choix d'alcools et d'excellents whiskys. De quoi passer du bon temps. A noter les rendez-vous musicaux une fois par mois : jazz, rock, pop...

■ LE CAFÉ MARCHÉ
Vieux Nice
2, rue de la Barillerie ✆ 09 81 84 92 49
www.cafe-marche.fr
contact@cafe-marche.fr
Ouvert du lundi au vendredi de 10h à 16h et le dimanche de 10h à 17h pour le brunch. Brunch salé ou sucré 9,90 €. Brunch mixte 14,90 €. Terrasse. Vente à emporter.
A deux pas du cours Saleya, cette adresse de grand charme cultive l'art de la grignote gourmande qui débute dès le matin avec cafés, thés, cookies, cupcakes et autres délices sucrés. Le menu du jour à base de produits frais et le plat végétarien prennent le relais à midi tandis que l'apéro dînatoire du vendredi et du samedi annonce l'heure conviviale du brunch dominical servi de 10h à 17h. A la convivialité de cette adresse *girly* s'ajoute la découverte et la curiosité avec de nouveaux produits de la table aux saveurs innovantes et de jeunes marques tendances de boissons variées, d'eaux aromatisées, de thés organiques ou de barres sucrées...

LA CANTINE
Centre-ville – 7, rue Gioffredo
✆ 04 93 80 86 36
Parking Marshall à proximité (payant)
Ouvert du lundi au mercredi de 11h30 à 15h30 et du jeudi au samedi de 11h30 à 15h30 et de 18h30 à 23h30. Plat du jour : 8 €. Desserts : 5 €. Formule midi : 12,50 € (plat du jour + dessert + café). American Express. Wifi gratuit.
Ici, on mange bien et pas cher ! La déco est fraîche, simple et élégante dans les tons gris et blanc, le tout rehaussé de tableaux de peinture d'enfants et de verres multicolores pour donner un peu de peps à l'ensemble. Côté cuisine, La Cantine propose à l'ardoise une sélection variée de viandes (sauce au choix : échalote, poivre ou moutarde), de poissons, de pâtes, de pizzas, de burgers maison, de salades et de tartines. Pour finir, les desserts traditionnels sont faits maison : tiramisu, tatin et autres tartes variées. Une adresse bien sympa qu'on a envie de (re) découvrir !

■ CANTINE BAVASTRO NOUVEAU
Port
1 rue Bavastro
✆ 04 93 56 87 17
Voir page 20.

■ CAVE MARTA
Carré d'or
3, rue François-Ier ✆ 04 93 82 21 32
Ouvert du lundi au samedi de 6h à 19h. Service de 12h à 15h. Plat du jour : 11 €. Menu unique à 17,50 €. Terrasse.
Cette adresse familiale ouverte depuis 1945 fait la joie des habitués et des Niçois pur souche qui y viennent comme à la maison. Les travailleurs matinaux y ont leurs habitudes et la pause-déjeuner se fait dans l'ambiance des repas de cantine très prisés car la qualité, la quantité et les tarifs légers sont au rendez-vous. Le menu à 15 € propose de faire son choix dans la gamme variée d'entrées (crudités, jambon, terrine, oeuf mayonnaise...), de plats (viandes grillées, blanquette, poisson...), d'accompagnements (légumes, riz, gratin...) et de desserts eux aussi exclusivement maison : crème caramel, clafoutis, tartes aux fruits, compotes, salades de fruits frais, mousse au chocolat,

tarte au citron... Il règne ici l'esprit des bonnes tables de quartier à l'ancienne, authentiques et chaleureuses, dont les places sont chères car prises d'assaut par les connaisseurs. La déco des plus classiques, l'éclairage blanc et les conversations animées font finalement l'originalité d'un lieu qui privilégie le bien manger, les sourires et la convivialité qui voyage de table en table.

■ LE DEMODÉ
Vieux Nice
18, rue Benoît-Bunico
✆ 04 93 85 70 86
Ouvert du mardi au samedi le soir à partir de 19h30. Carte : 28 € environ.
C'est vrai que de l'extérieur ça ne paye pas mine... mais dès que l'on franchit le seuil, on comprend pourquoi : Le Démodé est une adresse bien futée. Marie-Jo vous invite dans son univers atypique : au milieu de vieux cadres, miroirs anciens et peintures contemporaines trône un magnifique bar en bois sculpté. Sur les tables, de belles nappes à fleurs – un peu démodées certes ! – donnent à l'ensemble une note de couleurs. Le décor est planté, passons à table... Marie-Jo est revenue de son marché. Son poissonnier, boucher et primeur lui ont confié leurs meilleurs produits. Avec, elle nous concocte entre trois et six plats du jour ! Parmi nos préférés : le magret de canard au miel, les petits farcis d'été, la brandade de morue. La cuisine est familiale et généreuse, et d'un excellent rapport qualité prix. Nous vous conseillons de réserver, surtout le samedi. Petit plus : un apéritif ou café offert à tous les lecteurs du Petit Futé sur présentation du guide.

COMPTOIR DU MARCHÉ
Vieux Nice
8, rue du Marché
✆ 04 93 13 45 01
Voir page 12.

■ LA CUISINE D'ANDRÉ
Gambetta
134, boulevard Gambetta
✆ 04 93 88 01 14
Ouvert du lundi au vendredi de 12h à 14h. Entre 14 et 15,50 € le plat à la carte. Plat du jour : 11,70 €.
Une cantine gourmande où André Margeot concocte des plats de tradition qui rendent hommage à la cuisine niçoise (daube niçoise et polenta), aux saveurs plus lointaines (moussaka, porc massalé, riz pilaf et légumes) ou aux classiques de la cuisine traditionnelle : omelette trois oeufs légumes du jour, magret de canard sauce agrumes ou figues (selon saison)... Pâtissier de formation, le Chef soigne particulièrement la carte des desserts (baba au rhum, meringues chantilly sauce chocolat, tarte fine aux pommes, glace vanille, clafoutis poires et framboises) et le café gourmand est un régal. On s'attable dans la salle chaleureuse avec banquettes murales, mobilier en bois et vue sur la cuisine, ou sur les quelques tables dressées à l'extérieur. André et Christine préservent une constante qualité et une vraie convivialité que les habitués apprécient fidèlement depuis des années.

■ AUX DEUX CHEFS
Libération
56, rue Dabray
✆ 04 93 52 56 50
sandubois@hotmail.fr
Ouvert du lundi au jeudi de 11h30 à 14h et du jeudi au samedi de 11h30 à 14h et de 19h à 22h. Plat du jour : 9,90 €. Menu Express (le midi) : 13,90 €. Menu plaisir (midi et soir) : 22 €. Menu découverte (soir) : 25 €. Menu enfant : 7 €. Chèques non acceptés. Accueil des groupes (réalisation de menus personnalisés).
Ce restaurant vous berce dans une ambiance chaleureuse et décontractée rappelant les célèbres « Bouchons Lyonnais ». Les deux Chefs proposent une cuisine généreuse, inventive et pleine de saveurs avec des plats originaux et surtout 100% faits maison : panier de crudités et son anchoïade, terrine de campagne, crème brûlée aux tomates cerises et parmesan, mix and grill (poulet, porc ou bœuf), tagliata de bœuf ou filet de rougets poêlées au pistou de tomates confites. Les desserts sont tout aussi gourmands : mousse très légère aux trois chocolats, soupe de fruits rouges glacée et son crumble émietté ou tarte aux fruits de saison. L'accueil est symathique et le service irréprochable. Une belle adresse à découvrir.

■ DISTILLERIES IDÉALES
Vieux Nice
24, rue de la Préfecture
✆ 04 93 62 10 66
www.lesdistilleriesideales.com
lesdistilleriesideales@hotmail.fr
Ouvert tous les jours de 9h à minuit. Happy Hour de 18h à 20h. WiFi.
Que ce soit pour boire une bière bien fraîche, grignoter une bonne assiette de charcuteries ou de fromages, ou tout simplement faire une pause café dans un endroit sympa... Les Distilleries Idéales valent le détour. C'est à la fois un salon et un comptoir de dégustation qui nous ramène quelques siècles en arrière. La décoration est tout d'abord magnifique : de style ancien, elle mêle de façon originale métal cuivré et boiseries. Les prix sont très raisonnables et l'ambiance fort agréable. Un vrai bistrot comme on les aime.

■ LA FOCCACIA
Centre-ville
6, rue Delille
✆ 04 93 82 28 07
www.la-focaccia.com
focaccia06@yahoo.fr
Ouvert du mardi au samedi le midi et le soir. Menu enfant : 9 €. Plat du jour : 10 €. Formule du midi : 14 €. Tickets restaurant acceptés. Chèques non acceptés. Terrasse.
Pizzas, foccacias, salades et quelques plats de pâtes, de viandes et de poissons aux saveurs méridionales sont concoctés ici avec soin et servis avec envie. Eric, Audrey et leur chef mettent du cœur à l'ouvrage et respectent les produits de saison autant que l'accord de bons vins pour rehausser une cuisine exclusivement maison. Le service tardif en soirée (et avec le sourire !) est également bien appréciable dans cette adresse proche du Théâtre de Nice auréolée du titre de Maître Restaurateur depuis janvier 2012.

■ **LE GAGLIO**
Vieux Nice
2, place Saint-François
✆ 04 93 85 42 13
www.restaurantgaglio.com
restaurantgaglio@live.fr

Maître Restaurateur. Ouvert toute l'année. Tous les jours de 8h à minuit. Service repas de midi à 14h30 et de 19 à 23h. Réservation recommandée. Carte : 21 € environ. Formule du midi : 14,50 € (entrée-plat ou plat-dessert). Vin au verre. 18,50 € le menu complet. Label cuisine niçoise. American Express, Chèque Vacances. Accueil des groupes. Terrasse.
Digne des plus grandes brasseries parisiennes, Le Gaglio a conservé le nom et la façade de la bijouterie séculaire où il s'est installé : les curieux pourront d'ailleurs admirer en vitrine l'argenterie du temps où l'endroit était encore une bijouterie. Chic et élégant, idéalement située à l'entrée de la place Saint-François, il fait face aux jardins de la Promenade du Paillon. Sa grande terrasse ensoleillée est le lieu propice dès les premières heures de la matinée à un petit déjeuner copieux. Sur deux étages, la belle salle dévoile des couleurs poudrées et des lustres à pampilles. La cuisine est de tradition méditerranéenne et révèle de beaux produits ainsi que des spécialités niçoises et corses : espadon braisé, planche de viandes marinées façon mixed grilled, papardelles aux gambas flambées au pastis, tagliata de bœuf riquette et parmesan, magret de canard au miel ou encore filet de saint-Pierre jus aux olives artichauts et févettes. À noter aussi les différentes assiettes de charcuterie ou de fromages corses, et les tapas niçois à déguster à l'apéro. Une belle adresse gourmande.

■ **LE GAMBETTA**
Libération
1, place Général-de-Gaulle
✆ 04 93 84 76 07
wcohen@hotmail.com
Ouvert tous les jours de 7h à 22h30. Service restauration de 12h à 14h30 et de 19h à 22h30. Carte : 25 € environ (vin compris – prix moyen plat seul : 18 €). Plat du jour : 9,85 €. Menu : 16 € (plat du jour + dessert + café – sauf le week-end et jour fériés.) Tickets restaurant. Chèques non acceptés. American Express, Chèque Vacances. Terrasse. Brasserie.
Idéalement placé, Le Gambetta domine la place du Général de Gaulle. Cette jolie brasserie à l'ambiance parisienne possède une terrasse spacieuse, idéale dès que le soleil darde ses rayons. Ce lieu est le rendez-vous parfait pour un café comme pour un repas. La carte est essentiellement axée sur les produits de la mer : loup ou dorade fraîche entière, la pasta de Leon ou encore divers plateaux de crustacés et de fruits de mer. Côté sucré, laissez-vous tenter par un dessert fait maison comme la tarte Tatin, le crumble aux fruits variés ou le royal en chocolat… L'accueil est très sympathique. Bon souvenir : les pâtes aux fruits de mer, simplement remarquables !

■ **GIUSEPPE & PÉPINO**
Garibaldi – 18, place Garibaldi
✆ 04 93 56 66 59
Ouvert tous les jours midi et soir. Service non-stop. Plat du jour entre 12 € et 15 €. Happy Hour de 18h à 20h en hiver et jusqu'à 21h en été : verre de vin 2 €, bière 4 €, cocktail du jour 6 €, jus de pommes préssées 3 €. Tapas : entre 3 € et 6 €. Formule complète (dont 6 tapas) : 20 €. Terrasse.
Si on ne peut méconnaître la vaste terrasse de cette brasserie-glacier idéalement déployée sur la jolie place Garibaldi, on ignore parfois ses espaces intérieurs modernes et colorés où les pauses gourmandes se font à toute heure de la journée. Carte snack avec tartines, clubs-sandwiches, salades et carte brasserie avec pâtes, risotti et viandes sont complétées par une carte de coupes glacées artisanales qui fait également la réputation de cette enseigne à l'accent transalpin. De 18h à 20h (ou 21h en été), l'option *Happy Hour* anime les lieux et les pauses apéritives conviviales dans le cadre typique nisso-ligure des arcades de Garibaldi. Nouveau : les tapas régalent désormais vos apéritifs.

■ **LE GRILL D'OR**
Centre-ville
29, rue Clément-Roassal
✆ 04 93 16 17 13
www.grilldor.fr
grilldor@free.fr
Tram : arrêt Libération

Ouvert du mardi au samedi de 12h à 14h30 et de 19h à 22h. Carte : 17 € environ. Menu enfant : 10 €. Pizzas au feu de bois de 9,90 € à 12 €. Menu déjeuner : 14,50 € (uniquement en semaine). Menu Adagio : duo (entrée + plat ou plat + dessert) à 17 €, trio (entrée + plat + dessert) à 22 €. Terrasse. Tous les plats sont à emporter.

Murs blancs, poutres apparentes et four à bois posent le décor familial et chaleureux de cette adresse du centre-ville où l'on goûte une cuisine traditionnelle aux connotations italiennes. Antipasti, salades, tartares, pâtes et lasagnes *al forno*, poissons, viandes ainsi que quelques spécialités au grill trouvent leur place au menu de cette bonne adresse. Sans oublier les succulentes pizzas cuites au feu de bois, le tout à déguster sur place ou à emporter. La belle gamme de desserts vous met en appétit midi et soir. Les prix légers, la carte qui évolue au fil des saisons et le service aimable ajoutent au plaisir des lieux.

■ **JAZZ CAFÉ**
Centre ville
64, avenue des Phocéens
✆ 04 97 08 05 87
jazz-cafe@orange.fr

Ouvert toute l'année. De 8h30 a 20h. Le mardi, vendredi et samedi soir hors saison : le soir de 20h30 à minuit et en saison (du 15 juin au 15 septembre) de 20h30 à minuit 7j/7. Menu jazz : 24,90 €. Menu enfant : 10 €. Formule : 18,90 €. Vin au verre. Chèques non acceptés. Chèque Vacances, Chèque Restaurant. Accueil pour les personnes handicapées sauf aux W.C. Accueil des groupes. Terrasse. Vente à emporter. Animations. Le samedi soir live music de 20h à minuit.

La terrasse – couverte en hiver – s'ouvre dès les premiers rayons de soleil venus. L'équipe est souriante et dynamique. Quelle que soit l'heure de la journée, on peut prendre un verre ou profiter de l'apéro en *happy hour* à partir de 18h. La cuisine rappelle celle d'une brasserie conçue à base de produits frais : salade niçoise, faux-filet frites, chicken burger… Quant aux desserts, ils sont appréciés comme le tiramisu ou le café gourmand. Ajouter à cela des soirées *live music* tous les samedis avec ambiance garantie. Un moment agréable à partager entre amis autour d'un mojito, par exemple.

■ **HÉLIOS CAFFÈ**
Centre-ville
22, rue Lepante
✆ 04 93 62 05 76
helioscaffe@hotmail.fr

Ouvert du lundi au vendredi de 8h à 20h, le samedi de 9h à 15h. Plat du jour : 12 €. Plats à partir de 9,50 €. Tickets restaurant acceptés. Terrasse.

L'Hélios Caffè, c'est une équipe dynamique et des prix attractifs. L'établissement est ouvert à partir de 8h pour profiter de ses différentes ambiances. La cuisine – ouverte sur la salle – est concoctée par les patrons qui proposent une vraie cuisine maison avec au programme : pizza, steak d'espadon à la sicilienne mariné et grillé à la plancha, escalope à la crème et champignons, tartare italien, omelettes, gambas flambées au Whisky ou au pastis, tiramisu maison, crème brulée, salade fruit frais de saison, tarte aux fruits, panna cota...

L'ÉCOLE DE NICE
Centre Ville
16, rue de la Buffa
✆ 04 93 81 39 30

Ouvert toute l'année. Fermé le lundi midi, samedi midi et le dimanche. Du lundi au samedi de 12h à 14h et de 19h30 à 22h. Réservation recommandée. Carte : 15 € environ. Vin au verre. Entrée, plat, dessert : 25 €. Menu déjeuner (uniquement le midi) : 18 €.

En hommage à l'art et à la culture niçoise, Keisuke Matsushima – le chef étoilé d'origine japonaise – nous dévoile son concept bistronomique où les plus beaux produits sont cuisinés avec justesse et précision : légumes frais à la niçoise, gaspacho de tomates et homard bleu à la Mayonnaise, caille farcie à la sarriette avec polenta crémeuse et jus de caille raisin au «Marc de Bellet», loup grillé au fenouil et sa vinaigrette de citron confit sans oublier le Nice burger Japonais fait de tartare de bœuf, sauce Teriyaki, wasabi et pommes frites. Pour terminer cette farandole gourmande, succombez au nougat glacé au miel de Provence et son coulis d'abricots à la lavande ou aux cannellonis d'ananas à la mousse de noix de coco meringue citron vert et sorbet ananas-basilic, entre autres. Une petite adresse gourmande et artistique qui rend un bel hommage à la capitale azuréenne.

■ LE HOMY'S
Libération
7, place Général de Gaulle
✆ 04 93 51 83 71
Tram : arrêt Libération
Ouvert 7j/7 en été de 10h à minuit. Fermé le dimanche soir, lundi et mardi soir en hiver. Carte : 25 € environ (plat + dessert + café). Plats du jour entre 12,50 € et 17,50 €. Petit déjeuner : 7 €. Terrasse.
Cette adresse de charme dévoile un intérieur *trendy* sur fond de cuir et de bois brun, et une terrasse aux couleurs acidulées qui fait écho aux étals voisins du marché de la Libération. A la carte, entre cuisine du terroir et quelques saveurs asiatiques, se glissent des plats niçois chers au cœur d'une clientèle de quartier attachée à la vie animée d'une place où il fait bon s'attabler dès le matin pour un petit déjeuner dans l'ambiance colorée du marché.

LE LODGE
Carré d'Or
14, rue Halévy
✆ 04 93 88 41 89 / 06 15 65 48 38
www.lelodgerestaurant.com
lelodge06@gmail.com
♿
Ouvert toute l'année. Ouvert tous les jours midi et soir, dimanche compris. Service non stop de 12h à 23h. Réservation recommandée. Menu unique à 21 €. Carte : 30 € environ (entrée, plat et dessert). Menu enfant : 9,50 €. Formule midi de 11 € à 13,90 €. American Express, Chèque Vacances, Chèque Restaurant. Toilettes pour handicapés. Accueil des groupes. Terrasse. Animations. Musiciens d'avril à octobre le vendredi soir.
Le Lodge étale sa large terrasse sur la rue piétonne Halévy à 50 m du célèbre casino Ruhl et de la Promenade des Anglais. Un cadre avenant, une salle extérieure s'ouvrant sur la rue piétonne et une belle carte aux tonalités à la fois françaises et méditerranéennes. Le choix est varié : magret de canard du Sud-Ouest, carré d'agneau, parillada de poissons… Les connaisseurs y viennent pour les maxisalades très généreuses. On se laisse également tenter par une profiterole ou un café gourmand pour clôturer le repas. Aux beaux jours, le soleil baigne les lieux. Tous les vendredis : soirée musicale de 19h à 23h. Le Lodge est assurément une excellente adresse où le rapport qualité/quantité/prix est inégalé dans le quartier.

■ AU MOULIN ENCHANTÉ
Riquier
1, rue Barbéris
✆ 04 93 55 33 14
www.aumoulinenchante.com
Ouvert du mardi au samedi midi et soir. Carte : 35 € environ (entrée, plat, dessert). Formules midi sauf week end et jours feriés : entrée plat ou plat dessert 14 €. Entrée plat dessert : 16 €. Plat du jour : 12 €. Accueil des groupes (de 8 à 25 personnes).
Décoration rustique et bistrot dans ce Moulin qui décline une cuisine traditonnelle et variée avec des suggestions sur ardoise. Tous les plats sont concoctés à base de produits frais en accord avec les saisons : ballotine de foie gras compotée de poire-cannelle, salade tiède de caille sirop d'érable, papillotte croustillante de chèvre noix et amandes, espadon à la plancha, risotto de saint-Jacques safranées… La tradition est repectée, l'accueil également.

■ PASTA BASTA
Vieux Nice
18, rue de la Préfecture
✆ 04 93 80 03 57
Ouvert tous les jours le midi de 12h à 14h et le soir de 19h à 23h. Carte : 15 € environ.
Envie de manger une bonne assiette de pâtes ? Rendez-vous chez Pasta Basta. C'est bon, copieux et accessible. Les pâtes accompagnées d'une sauce de votre choix, les bruschettas et les pizzas maison qui se déclinent sous toutes les coutures mettent tout le monde d'accord : c'est donc souvent complet. Le service est parfois un peu expéditif. Dommage, d'autant plus que cette adresse propose un excellent rapport qualité/prix.

■ PASTRY PLAISIRS
Centre Ville
11, rue Delille
✆ 04 93 87 92 32
www.pastryplaisirs.com
♿
Ouvert du lundi au jeudi de 12h à 15h, le vendredi de 12h à 15h et de 19h30 à 22h45, le samedi de 19h30 à 22h45. Salon de thé de 14h à 18h30 du lundi au samedi. Fermé 15 jours en hiver et 15 jours en été. Réservation recommandée. Carte : 35 € environ (pour entrée + plat + dessert). Plat du jour : 11,50 €. Vin au verre. Formule midi à 17 €. Tickets restaurant acceptés. Chèques non acceptés. Accueil des groupes (jusqu'à 25 personnes. Privatisation du restaurant possible en semaine). Terrasse. Boutique. Pâtisseries à emporter sur commande. Parking Marshal à proximité.
Restaurant, salon de thé, boutique pâtissière… cette adresse de charme a tout bon ! Derrière la façade gris perle, l'espace intérieur affiche des murs blancs habillés de cadres, un pan rouge framboise, des pierres apparentes et quelques lampes en suspension. A midi, en soirée, le week-end et tout au long de l'après-midi, on s'installe devant de jolis plats aux accents du sud et on se délecte de douceurs sucrées également proposées à la vente à emporter. Louis Dubois, Chef-pâtissier au parcours riche de belles tables haut de gamme (le Ritz à Paris avec Michel Roth et Eddie Benghanem pendant 2 ans puis Fauchon pendant 1 an, et Gagnaire à Londres pour Sketch pendant 6 mois en tant que second avant de passer Chef pâtisser pendant 1 an) régale ses convives de plats ou de desserts créatifs et savoureux qui évoluent au fil des semaines. Vins bio et thés importés de Londres accompagnent les repas ou les pauses gourmandes l'après-midi. La privatisation des lieux est possible du lundi au jeudi soir pour les groupes à partir de 8 personnes et en fin de semaine (minimum 20 personnes). Un choix de gâteaux d'anniversaire ou de mariage est disponible sur commande. Le plaisir est ici partout, et il s'emporte !

■ **AU PETIT GARI**
Port
2, place Garibaldi
✆ 04 93 26 89 09
www.aupetitgari.com
aupetitgari@club-internet.fr

Ouvert toute l'année. Ouvert du lundi au samedi de 12h à 14h et de 19h à 22h. Ouvert le dimanche en été. Service boissons en continu. Réservation recommandée. Entrées entre 5 et 9€, plats environ18€, desserts 7€. Menu enfant : 7 €. American Express, Chèque Restaurant. Accueil des groupes. Terrasse. Parking du Mamac.

Voilà un bistrot convivial et authentique, simple et sympathique avec une terrasse de 35 couverts posé sur la place Garibaldi. Au-delà de la brasserie, des cocktails et des alcools, la carte est abordable et propose les bons produits comme les œufs mayo, l'os à moelle, les poireaux ou artichauts vinaigrette, la crème de butternut, la potée de choux et son jarret de cochon, le foie de veaux aux différents vinaigres, un ragoût de queue de bœuf, des pieds de porc confits ou des rognons de veau. A l'apéritif, on pourra savourer des planchettes de charcuteries fines ou des fromages de qualité.

■ **POURQUOI PAS ?**
Port
9, rue François-Guisol
Angle avec la rue Bonaparte
✆ 07 70 48 48 46
pqpnice@orange.fr

Ouvert toute l'année. Ouvert tous les midis sauf mardi soir et mercredi toute la journée. De 12h à 13h45 et de 19h30 à 22h. Réservation recommandée. Carte : 30 € environ. Plat du jour : 9,80 €. Vin au verre.

On aime ce petit resto de quartier qui fidélise ses clients. Son secret ? Une cuisine maison généreuse et un accueil agréable. La décoration est contemporaine et la salle peut recevoir une quarantaine de couverts. Le plat du jour est souvent original et revisite régulièrement avec créativité les recettes traditionnelles. Les spécialités italiennes se déclinent aussi parfois au gré des saisons comme l'excellent osso bucco. Le chef concocte une cuisine à la fois soignée et généreuse : assiette niçoise, gratin de gnocchis frais, souris d'agneau rôtie, filet de loup à l'huile de citron, tartare de bœuf…

■ **LE RESTO D'HUGO**
Centre-ville
11 bis, avenue Baquis
✆ 04 93 55 71 18

Ouvert le midi du lundi au vendredi. Ouvert le soir et le week-end sur réservation. 11,90 €. Plats du jour : 12,50 €. Menu (plat du jour + dessert + café) : 17,50 €. Vin au verre 2,70 €, pichet 25cl 3,70 €.

Une trentaine de couverts sont gérés ici par Hugues Vauguier, le Chef, seul au commande de cette adresse qui ouvre sur réservation le soir et le week-end. Hugues reçoit et sert lui-même une clientèle de quartier qui se régale de plats raffinés qui varient chaque jour au gré de son inspiration et des produits de saison. Trois plats du jour dont un plat de poisson sont ainsi concoctés quotidiennement par le Chef qui cultive l'art de la convivialité et propose ses plats à emporter.

■ **LA STORIA**
Vieux Nice
3, cours Saleya
✆ 04 93 80 95 07
www.restaurantlastoria.com
contact@restaurantlastoria.com

Ouvert toute l'année. Fermé les 24 et 25 décembre. Label Cuisine nissarde. Tous les jours de 12h à 23h. Menu unique à 20 €. Carte : 25 € environ (entrée, plat, dessert). Menu enfant : 10 €. Formule déjeuner du lundi au vendredi 13,90 € (entrée, plat ou plat, dessert) 17,90 € (entrée, plat, dessert). Vin au verre. American Express, Chèque Restaurant. Accueil des groupes. Terrasse. Parking cours Saleya.

Voici une adresse idéale posée sur Cours Saleya pour découvrir les spécialités locales. D'inspiration méditerranéenne, la cuisine fait la part belle aux spécialités niçoises avec la salade niçoise, les petits farcis mais aussi corses avec la pizza Corsica (une des multiples pizzas du restaurant) ou italiennes, avec notamment les spaghettis « Ugo Tognazzi », la porchetta de lapin ou les gnocchi au pistou. De quoi contenter toute la famille. Côté vin, les appellations de la région sont à l'honneur avec des vins de Provence et de Corse, au verre et en bouteille. L'accueil est sympa et les prix sont tout doux.

■ LA TABLE DU MARCHÉ

Libération
24, boulevard Joseph-Garnier
✆ 04 93 78 43 77
www.alatabledumarche.com
Tram : arrêt Libération

Ouvert du lundi au mercredi et le samedi le midi, les jeudis et vendredis midi et soir. Plat du jour moins de 11 €. Entrées de 9,90 € à 12,90 €. Plats de 10,90 € à 19,90 €. Desserts entre 7 € et 9 €. Terrasse. Privatisation du restaurant à la demande.

On s'installe ici pour déguster des plats simples et savoureux issus des produits chinés au marché de la Libération qui dévoile ses étals à quelques pas de là et où le Chef fait son tour matinal avant de concocter une cuisine authentique qui revendique le respect des saveurs. La carte privilégie la qualité. Les assiettes sont légères et le goût des produits sublimé. La fidèle clientèle niçoise de quartier ne s'y est pas trompée et fréquente les lieux assidûment !

■ TELL UN ANGE

Borriglione
47, avenue Borriglione
✆ 04 93 96 01 51
www.tellunange.fr
marc.mouhet@hotmail.fr
Tramway : arrêt Borriglione

Ouvert du lundi au mercredi de 7h à 15h, les jeudis et vendredis de 7h à 17h et le samedi de 8h à 15h. Fermé le dimanche. Petit déjeuner : 5,50 €. Plat du jour : 11,50 €. Formule du midi (plat + dessert + café) : 16 €. Accueil des groupes (entre 14 et 25 personnes – 40 personnes maximum pour un cocktail. Du lundi au samedi soir). Terrasse. Tous les plats sont proposés à emporter sur commande. Boutique uniquement durant les périodes de fêtes.

Voilà une bien douce adresse posée dans le quartier agréablement animé de Borriglione. *Tell Un Ange* déploie une terrasse ensoleillée et invite à la détente entre ses murs clairs et sa déco intime. On savoure ici une cuisine soignée, exclusivement inspirée par les produits frais de saison. Pas de carte ni de menu mais des ardoises qui annoncent des salades variées, des assiettes gourmandes, des soupes goûteuses, un menu du jour et des desserts maison. Pour terminer cette petite pause épicurienne, on craque sur les confitures artisanales, les biscuits et autres produits gourmands qui s'affichent joliment dans l'espace boutique avoisinant le café-restaurant exclusivement ouvert pendant les périodes de fêtes.

■ LES TÊTES BRÛLÉES — NOUVEAU

Le Port
31, rue Arson
✆ 09 81 97 82 17

Voir page 23.

■ VALROSE CAFÉ

Valrose
112, avenue de Saint Lambert
✆ 04 93 44 16 60
www.valrosecafe.com
valrosecafe@free.fr
Tramway Valrose Université

Ouvert du lundi au samedi de 8h à 19h30. (plat du jour de l'ardoise et café gourmand : 13 €. Salade au choix café gourmand : 12 €). A la carte entre 7,20 € (sandwich) et 11 € (plat du jour.).

Branché, coloré et acidulé, la carte puise son inspiration dans les cuisines d'ici et d'ailleurs : wraps, sandwiches, salades, quiches, pâtes, bruschettas, brochettes, burgers maison mais également entrecôtes, tartares, carpaccios, pavés de saumon et desserts. Tout s'emporte ou se déguste sur place en toute convivialité dans un cadre plein de gaieté, ouvert dès l'heure du petit déjeuner.

AU VIEUX FOUR

Port
1, rue Emmanuel Philibert
✆ 04 93 89 00 89

Ouvert le lundi soir uniquement. Du mardi au samedi, le midi et le soir. Carte : 10 € environ. Vin au verre. Réservation conseillée en fin de semaine. Possibilité de pizzas à emporter.

Dans un chaleureux décor d'auberge rustique, l'ambiance est à la convivialité autour de savoureuses pizzas cuites au feu de bois. Entre les murs aux pierres apparentes, les longues étagères chargées de bouteilles de vin et le vieux four de briques niché derrière le bar, l'animation va bon train autour de plats simples et traditionnels dont l'escalope de veau vieux four avec son fromage gratiné et sa sauce à la crème fraîche. Côté desserts, on se régale avec la crème caramel royale garnie de chantilly et de glace à la vanille ou avec la tarte aux pommes flambée au cointreau. Le service est agréable et souriant dans une salle le plus souvent bondée en fin de semaine.

Cuisines régionales

■ **ACCHIARDO..Niçois**
Vieux Nice
38, rue Droite
✆ 04 93 85 51 16
Ouvert toute l'année. Fermé le 24 décembre après le service de midi et le 25 décembre. Fermé certains jours fériés. Du lundi au vendredi le midi et le soir. Carte : 17 € environ. Plat du jour à partir de 11 €. Label Cuisine Nissarde.
Depuis 1927, la famille Acchiardo partage sa passion de la cuisine et des produits locaux. Le décor, rustique et sans chichi, est à l'image de la cuisine. L'institution est d'ailleurs bien connue des Niçois pour son accueil convivial, sa cuisine nissarde et ses prix attractifs. On vient y déguster notamment les incontournables farcis niçois, la daube, les tripes à la niçoise, les gnocchis ou encore le stockfish. On y retrouve aussi certains plats à consonance italienne comme l'osso-bucco et le fameux tiramisu maison.

D'AQUI D'AIA ....Niçois
Le Port
12, rue Cassini
✆ 04 83 45 46 48 / 06 20 34 06 33
Ouvert le lundi de 12h à 15h et du mardi au samedi de 12h à 22h en continue. Ouvert les soirs de match le dimanche. Label Cuisine Nissarde. Carte : 24 € environ. Tickets restaurant acceptés. Plats du jour entre 11,50 € et 13,50 €. Accueil des groupes (jusqu'à 25 personnes. Menu de groupes réalisable sur mesure. Sur réservation uniquement, y compris pendant les jours de fermeture). Terrasse. Vente à emporter. Retransmission des matchs de l'OGC Nice. Organisation de soirées à thème. Animaux acceptés. Climatisation. Parking public à proximité.
Le D'Aqui D'Aia – *D'ici et D'ailleurs* en français – est un établissement où il fait bon vivre. La décoration est simple mais efficace. Les murs gris laissent apparaître les ardoises à suggestions et la décoration est aux couleurs locales : écharpes, maillots dédicacés et photos rappellent Nissa La Bella et son club légendaire. Dans les assiettes, la cuisine locale est également mise à l'honneur : testicules de moutons et son mesclun, poulpes à la niçoise, la daube et les gnocchis « à maman » ou encore les différents abats (tripes, foie de veau..) cuisinés le jeudi. D'autres plats tels que l'assiette du Berger composée d'un camembert cuit au four, de frites maison, de jambon cru et de salade fraîchement assaisonnée, les lasagnes, les pizzas ou le pavé de bœuf grillé trouvent également leur place sur la carte renouvelée en fonction des produits de saison dénichés au marché de la Libération. La viande provient de la Boucherie de la Tour située à quelques pas du lieu. Mais ici, ce qui ressort avant tout, c'est l'accueil chaleureux que nous réservent Sébastien en salle et sa maman qui opère derrière les fourneaux pour notre plus grand bonheur. Convivialité, générosité et simplicité sont les maîtres mots de cette affaire familiale. Véritable coup de cœur futé à tester les yeux fermés !

L'ATELIER .... Provence
Centre-ville
17, rue Gioffredo ✆ 04 93 85 50 74
contact@latelierrestaurant.fr
Ouvert du mardi au samedi 12h à 14h et de 19h30 à 22h30. Carte : 30 € environ. Formule du midi : 12 €. Menus à 18 € et 22 €. Wifi.
Moderne et chaleureux, l'espace intérieur de ce restaurant plein de charme allie pierres apparentes et mobilier en acajou face à la cuisine ouverte qui distille l'esprit «atelier». On y observe toutes les étapes d'élaboration des plats qui mettent à l'honneur les produits du marché. Si la rôtissoire et la plancha proposent de belles pièces de viandes et des poissons, la spécialité de la maison reste la socca revisitée ! Cette ambassadrice de la cuisine niçoise prend ici des saveurs nouvelles : au saumon fumé et au citron vert, à la mozzarella di buffala et au parmesan, à l'artichaut et au carpaccio, aux légumes grillés et à la straciatella, aux rougets, à la tapenade et à la riquette... Stéphane Chenneveau en cuisine et Thomas Lavant en salle – tous deux riches d'expériences dans de grandes maisons telles que chez Jacques Maximin, Alain Ducasse et Régis Marcon pour le Chef – prennent le parti de l'innovation et de la création dans cette adresse gourmande où tout est fait maison. Le brownie au chocolat blanc, la panna cotta à l'amande, le crémeux de chocolat noir et sa gelée de framboise offrent un savoureux final sucré aux repas que l'on prend le temps de savourer sur les quelques tables posées à l'extérieur. Dans ce coin préservé du centre-ville, même la socca trouve une autre vie !

■ **ATMOSPHÈRE CAFÉ .... Italien et pizzeria**
Vieux Nice
36, cours Saleya
✆ 04 93 80 52 50 / 06 99 24 94 10
www.cafe-atmosphere.com
contact@cafe-atmosphere.com
Ouvert toute l'année 7j/7 de 8h30 à 1h30. Menu à 22 € (entrée + plat + dessert). Accueil des groupes (menus possibles). Menus traduits en anglais, allemand et italien. Retransmission d'événements sportifs.
Fille et petite fille de restaurateur, Jennifer Joannides a repris et modernisé l'affaire familiale. Dans un décor contemporain où les têtes de bouddha et le bois exotique invitent à l'évasion, on découvre une cuisine à la croisée des terroirs italiens et niçois. La carte du Chef Luigi, originaire d'Italie, propose plus d'une dizaine de recettes de pâtes : raviolis à la crème d'asperges, basilic frais et pignons, spaghettis à la Vongole, penne au gorgonzola Galbani ou encore les succulentes linguini au homard entier. Les viandes et les poissons ne sont pas en reste avec l'escalope de veau milanaise ou saltimbocca, le fritto misto maison ou la parillada royale, la spécialité de la maison. On retrouve également de nombreuses sortes de pizzas cuites sur place ainsi qu'une belle carte de desserts dont de gourmandes

coupes glacées. Le service est agréable, très convivial et l'emplacement idéal pour une promenade digestive à la découverte du vieux-Nice et du Quai des Etats-Unis.

■ **A BUTEGHINNA ....Niçois**
Vieux Nice
11, rue du Marché ✆ 04 93 92 28 22
www.abuteghinna.fr
Ouvert toute l'année. Du lundi au samedi de 9h à 18h30. Label Cuisine Nissarde. Plats jusqu'à 15,90 €. Accueil des groupes (menus possibles).
A Buteghinna est l'endroit idéal pour déguster une cuisine simple et fraîche sur le pouce. A la carte, plus d'une dizaine de salades fraîches du marché : la niçoise, la complète, la bergerette, l'italienne, la fromagère, la grecque... mais aussi un large choix de spécialités locales. On retrouve le tian de courgettes, les panisses, les petits farcis, la poche de veau, la tourte de blette ou encore la pissaladière cuisinés dans le respect de la tradition niçoise. L'établissement détient d'ailleurs le précieux label Cuisine Nissarde. Du côté des desserts, les gourmands succomberont aux spécialités maison comme la tarte tatin caramel chantilly, la tarte au citron revisitée ou la pannacotta et son caramel au beurre salé. La maison propose aussi des crêpes sucrées, des galettes de sarrasin, des gaufres de Bruxelles et des glaces aux fruits bio. Un véritable paradis pour les gourmands !

■ **LE CAFÉ DES FLEURS...................... Provence**
Vieux Nice
5, cours Saleya ✆ 04 93 62 31 33
Ouvert 7j/7 de 6h à 2h. Service de 12h à 14h30 et de 19h à 23h (23h30 le week-end). Ouvert tous les jours le midi et le soir. Carte : 15 € environ. Vin au verre. Plat du jour entre 11,50 € et 13,50 €. Terrasse. Wifi gratuit.
Dans un cadre résolument tourné vers le contemporain, les couleurs sont provençales et les saveurs viennent d'Italie. Ici, les traditionnelles pâtes se déclinent avec pas moins de neuf sauces différentes ! Côté tarifs, le rapport qualité prix est tout à fait correct avec de belles salades, des viandes et poissons grillés. La carte des vins laisse la part belle aux Côtes-de-Provence et offre une large déclinaison de vin au verre. A noter : présence d'une belle terrasse ensoleillée. Le soir, l'ambiance se fait plus cosy et les tables joliment nappées et décorées vous invitent à prendre davantage votre temps et découvrir les saveurs plus élaborées de la carte. Une adresse incontournable.

■ **CAFÉ OPÉRA...Niçois**
Vieux Nice
1, rue de l'Opéra ✆ 04 93 62 58 55
Ouvert toute l'année. Ouvert de 8h à minuit. Service de midi à 14h30 et de 19h à 22h30. Réservation recommandée. Carte : 32 € environ (entrée, plat, dessert). Plat du jour : 10,50 € (à 16 € seulement en semaine). Chèques non acceptés. Chèque Restaurant. Accueil des groupes (jusqu'à 60 personnes). Parking public voisin. Terrasse couverte 40 places.
L'ancienne institution niçoise de la rue de l'Opéra, Lou Nissart, s'offre un coup de jeune depuis l'arrivée des frères Puliti. S'ils continuent de rendre un bel hommage aux spécialités culinaires de leur cité d'origine, c'est dans une déco contemporaine et épurée qu'ils accueillent leurs convives. Depuis la belle terrasse située en contrebas de la place Massena, l'on aperçoit la salle principale signée par l'architecte azuréen Frédéric-Paul Goux qui opte pour un décor industriel tout en conservant l'authenticité de la vieille pierre. A la carte figurent les grands classiques niçois : des rougets au stockfish en passant par les beignets maison sans oublier la daube, le filet de loup en baignade d'artichauts fevettes et tomates séchées ou encore les panisses, ici l'on déguste une cuisine authentique nissarte à prix doux. A noter le hamburger niçois au pain de boulanger et basilic.

■ **LA CAMBUSE...Niçois**
Vieux Nice
5, cours Saleya ✆ 04 93 80 82 40
www.restaurantlacambuse.com
l-ombretta@orange.fr
Ouvert 7j/7 de 12h à 23h15. Service restauration à partir de 11h30. Menu unique à 24,50 € (entrée + plat + dessert – midi et soir). Carte : 25 € environ. Vin au verre. Terrasse.
Ce petit restaurant dénote un peu avec les autres enseignes alentours. Ici, pas de grandes tablées ni même de mobilier extérieur en plastique mais des petites tables nappées, élégamment dressées dans un cadre chaleureux et raffiné. Dès les beaux jours, la belle terrasse ensoleillée est prise d'assaut. La carte met à l'honneur les spécialités niçoises élaborées sur place à partir de produits frais, locaux et de qualité. Une fois installés, dégustez entre autres les petits farcis niçois – un délice ! -, les tripes, l'assiette du Comté, les poulpes, les sardines farcies ou les plats provençaux comme les côtes d'agneau, l'aïoli, la daube ravioli ou encore les gambas grillées, le tout servi avec des accompagnements maison. Sans oublier, les différents plats de poissons sauvages selon l'arrivage du jour au port de Nice. L'animation du marché à quelques mètres accompagnera votre repas... Un vrai spectacle ! La carte des vins est exhaustive et propose au verre des vins de Provence, du Chardonnay et du Bordeaux.

■ **LA CANTINE DE LULU ....Niçois**
Centre-ville
26, rue Alberti ✆ 04 93 62 15 33
Ouvert du lundi au vendredi de 19h à 21h30. Menu à 24 €. Terrasse.
Cette excellente petite cantine pourrait être l'adresse de la petite grand-mère du quartier… A ce titre, tout ce qui figure à sa carte est élaboré sur place, à l'exception des glaces et des frites. La carte comprend une daube de joue de bœuf aux cèpes, du saumon en papillotes ou en carpaccio, de l'escalope à la viennoise ou à la crème, de l'onglet à l'échalote ou au beurre d'anchois, du stockfish, une bagna cauda, une omelette à la ratatouille, un crottin poêlé sur lit de mesclun, des gnocchis ou des merdas de can au gorgonzola ou au jus de daube, des beignets de fleur de courgettes ainsi qu'une pissaladière délicieuse. Autre succès de la maison : sa farandole d'entrées niçoises qui comprend sept à huit entrées, avec des beignets d'aubergine, de la ratatouille, de la terrine de foie de volaille et de la truccia – galette à base de blette avec du riz, des pignons et de la menthe sur lit de mesclun. Parmi les desserts, il faut citer la promenade des Anglais, un moelleux au chocolat avec morceaux d'orange confits et crème anglaise, la tourte de blettes, la crème caramel et la mousse au chocolat. L'accueil et l'ambiance sont agréables, de même que le cadre.

■ **LE CENAC** .... **Sud-Ouest**
Centre-ville
18 bis, rue Biscarra
✆ 04 93 92 46 93
www.lecenac.fr
lecenac@wanadoo.fr
Ouvert de 8h à minuit tous les jours sauf les mercredis et dimanches. A la carte compter entre 16 € et 28 €. Plat du jour : 11,20 €. Accueil des groupes (menus possibles). Organisation de tous types d'événements.
La réputation de la cantine des amoureux du Sud-Ouest n'est plus à faire ; d'autant qu'en mars 2010, il a obtenu le label tant convoité de Maître Restaurateur. Nul besoin de vous dire à quel point sa table est appréciée, tant par les fins gourmets que par les épicuriens qui veulent profiter de son emplacement exceptionnel et de sa belle terrasse ensoleillée. Les suggestions changent au gré des saisons, mais la carte met toujours à l'honneur les spécialités du Sud-Ouest : foie gras, évidemment, puis des confits et magrets maison, du cassoulet ainsi que le saucisson de canard farci au foie gras avec des pâtes au jus de truffe ! Si vous n'êtes pas trop cuisine du Sud-Ouest ? Pas de soucis ! Les spécialités du sud-est sont aussi au rendez-vous. Vous pouvez opter pour une omelette de poutine (selon saison) la porchetta de lapin, ou plus traditionnellement pour une côte de bœuf, ou la tête de veau… En ce qui concerne les douceurs, là encore, pas de déception possible avec le tiramisu, le riz au lait, le millefeuille aux fruits rouges...

■ **CRÊPERIE BRETONNE CORENTIN** ....**Crêperie**
Centre-ville
3, rue de Russie
✆ 04 93 16 02 98
Ouvert le mardi de 12h à 13h30. Chaque mercredi, jeudi et vendredi de 12h à 13h30 et de 19h à 22h15 et le samedi de 19h à 22h15. Réservation recommandée. Prix moyen à la carte : entre 15 € et 20 € par personne (une crêpe salée + une crêpe sucrée + une boisson). Cidre : à la bolée (2,90 €) ou au pichet.
Cette petite crêperie en séduira plus d'un. A l'intérieur, la décoration est dédiée à la région rennaise : objets traditionnels anciens, photos des ancêtres ainsi que le drapeau emblématique noir et blanc ! Les recettes salées à la farine de sarrasin sont originales et variées allant des plus classiques (œuf-fromage, œuf-jambon-fromage, beurre) aux plus inventives (lardons-champignons-crème-œuf, saumon fumé-crème, trois fromages) sans oublier la diététique composée de légumes et sa sauce au fromage blanc 0 %. Vous trouverez également une farandole de crêpes sucrées plus gourmandes les unes que les autres : caramel et beurre salé maison, confitures, chocolat-banane ou encore une variété de flambées et de spécialités mélangeant les saveurs et parfums. Le service est agréable et l'accueil sympathique avec un bon rapport qualité-prix.

■ **CHEZ DAVIA** .... **Provence**
Carré d'or
11 bis, rue Grimaldi
✆ 04 93 87 91 39
www.restaurant-davia-nice.fr
restaurantdavia@orange.fr
Ouvert le mardi de 19h à 22h et du mercredi au dimanche de 12h à 14h et de 19h à 22h. Menu enfant : 10 €. Formule midi : 15 €. Menus à 20 € et 26 €. Chèque Restaurant. Accueil des groupes. Terrasse. Anglais et italien parlés. Climatisation.
Depuis 1953, cet établissement familial régale les amateurs de cuisine Provençale. Servis par une équipe dynamique et sympathique, les plats faits maison sont élaborés à partir de produits frais en provenance de producteurs locaux. Le goût s'en ressent dans l'assiette avec les spécialités du restaurant : bouillabaisse, marmite de la mer, cabillaud frais à la niçoise ou encore coq au vin et faux filet au poivre... un régal ! Chez Davia accueille également des groupes de 10 à 15 personnes pour tous types d'événements sur réservation.

■ **L'ÉCURIE** ....**Niçois**
Vieux Nice
4, rue du Marché
✆ 04 93 62 32 62
www.restaurantnicois-lecurie.com
restaurant-lecurie@orange.fr
♿
Fermé de mi janvier à mi février. Ouvert du lundi au vendredi de 12h à 14h30 et de 18h30 à 22h30, le week-end de 12h à 22h30 en non-stop. De juillet à septembre, ouvert 7j/ 7 de 12h à 23h. Carte : 20 € environ. Menu enfant : 9 €. Plat du jour de 13 à 28 €. Vin au verre. Plat du jour : 13 € en semaine, 14 € le week-end. Menus à 22,50 € et 29 €. Chèques non acceptés. Chèque Restaurant. Accueil des groupes (jusqu'à 80 personnes). Terrasse. A emporter : pizzas.

Avec ses nappes à carreaux, ses cuivres et ses poutres en bois, L'Ecurie est le restaurant pittoresque et familiale par excellence. La carte très variée mettra tout le monde d'accord : spécialités niçoises, pizzas au feu de bois, pâtes fraîches maison, viandes et poissons, tiramisu, mousse au chocolat ou tartes au fruits rouges maison.

■ LA FOURCHINA D'AQUI .... Niçois
Riquier
53, rue Beaumont
✆ 04 93 31 71 73
www.lafourchinadaqui.com
lafourchinadaqui@gmail.com
Ouvert du mardi au jeudi de 7h à 14h30 et de 17h à 19h30, les vendredi et samedi de 7h à 14h30 et de 17h à 21h30, le dimanche de 7h à 14h30. Plat du jour : 9 €. Part de socca : 2,50 €. Stockfish : 18 €. Formule Pan Bagnat (à emporter) : 6 €. Service traiteur. Tickets restaurant acceptés. Terrasse. Vente à emporter.
Ce restaurant met à l'honneur la bonne cuisine nissarde, simple, familiale et généreuse comme on l'aime. Au menu, des plats authentiques réalisés uniquement à partir de produits frais de qualité : socca, pan bagnat, farcis, pissaladière, tarte tomate-ail-basilic, tourte de blette (sucrée et salée) ou stockfisch sont à déguster sur place ou à emporter. Le service est avenant, l'accueil sympathique et convivial avec un bon rapport qualité-prix. La Fourchina d'Aqui met également à votre disposition un service traiteur pour tous types d'événements. Adeptes de la cuisine locale, c'est un établissement à ne pas manquer.

■ LE GESÙ .... Niçois
Vieux Nice
1, place Jésus
✆ 04 93 62 26 46
Fermé de mi-décembre à mi-janvier. Ouvert du lundi au samedi de 12h à 14h et de 19h à 23h. Carte : 10 € environ. Plat du jour : 11 €. WiFi. Réservations à partir de mai. Terrasse de 45 places (couverte et chauffée en hiver).
Cet établissement emblématique est une véritable institution du vieux Nice. Depuis presque 20 ans, le Gesù vous propose des spécialités niçoises ainsi qu'un vaste choix de pizzas. Claudine et Gérard, les maîtres des lieux depuis l'ouverture en 1995, mettent tout leur savoir-faire et leur expérience pour vous satisfaire au plus haut point et vous offrir un excellent rapport qualité-prix. Cette année, vous découvrirez la nouvelle assiette du Gesù composée de spécialités nissardes, un plat complet pour une personne ou à partager en entrée. Fort de sa réputation et de son affluence, il vous faudra peut-être parfois prendre l'apéritif sur les marches de l'église voisine en attendant une table. C'est ça, la convivialité !

■ LE JARDIN D'HÉLÈNE .... NOUVEAU
Niçois
Riquier
15, rue de Orestis
✆ 04 93 89 17 94
Voir page 21.

L'AUTOBUS .... Niçois
Rimiez
142, avenue de Gairaut
✆ 04 93 84 49 88
Voir page 14.

L'ESCALINADA .... Niçois
Vieux Nice
22, rue Pairolière ✆ 04 93 62 11 71
www.escalinada.fr
Ouvert 7j/7 midi et soir. Carte : 28 € environ. Menu à 26 € (kir + pissaladière offerts). CB non acceptée. Accueil des groupes (jusqu'à 30 personnes sur réservation). Terrasse.
Envie de passer votre baptême culinaire en pays Niçois avec des plats maison au bon goût du terroir ? L'Escalinada est le restaurant idéal pour cela ! Vous serez accueilli sur la jolie terrasse ensoleillée aux beaux jours, dans la petite salle aux poutres apparentes à l'ambiance intimiste avec des tables en bois nappées sans oublier, quelques escaliers plus haut, dans une autre jolie salle spécialement conçue pour les groupes. Côté cuisine, vous découvrirez toutes les bonnes recettes locales de grand-mère réalisées et servies depuis plus d'un quart de siècle : panaché de beignets, salade niçoise, poivrons grillés à l'huile d'olive, salade de poulpes frais, daube à l'ancienne avec pâtes, gnocchis ou raviolis frais au choix, testicules de moun panés et mesclun, picatta de veau au Marsala, pâtes fraîches et gnocchis maison sous différentes sauces. En dessert, vous vous laisserez sûrement tenter par la charlotte à la framboise ou la tourte de blette sucrée.

■ LOU BALICO .... Provence
Centre-ville
20-22, avenue Saint-Jean-Baptiste
✆ 04 93 85 93 71
www.loubalico.com
info@loubalico.com
Ouvert tous les jours midi et soir. Carte : 17 € environ. Formule du midi : 12,50 € (uniquement le midi du lundi au vendredi hors jours fériés). Plat du jour 9,50 €. Menus à 27 € et 35 €. Terrasse.
Ce restaurant familial qui perture depuis trois générations met à l'honneur « LA » véritable cuisine niçoise. La carte est un véritable hymne culinaire : stockfish, daube de bœuf et raviolis maison, ratatouille niçoise, raviolis maison sauce daube ou cèpes, fleurs de courges farcies, gigot d'agneau et ses pâtes fraîches au pistou, petits farcis, beignets aux différentes saveurs – aubergines, fleurs de courgette, sardines, crevettes ! En dessert, laissez-vous surprendre par la célèbre tourte de blette version sucrée. Si la déco paraît un peu *kitch*, l'accueil est chaleureux et le service impeccable. 35 ans que ce restaurant comble nos papilles.

LOU BISTROT NISSART .... Niçois
Acropolis
26, boulevard de Risso
✆ 04 22 16 25 81
www.lou-bistrot-nissart.fr
gilles@lou-bistrot-nissart.fr
Ouvert de 9h à 23h non-stop. Fermé le mercredi soir et le dimanche. Service de 11h45 à 14h et de 18h45 à 22h30. Application mobile pour Androïd et iPhone. Plat du jour : 9,50 €. Formule du midi : 17 € (entrée + plat du jour ou plat du jour + dessert) et 21 € (entrée + plat du jour + dessert). Plat du jour : 9 €. Tickets restaurant acceptés. Accueil des groupes (jusqu'à 35 personnes. Possibilité de menus de groupes (entre 25 et 30 € par personne)). Terrasse. Retransmission de matchs de l'OGC Nice. Soirée avec un guitariste un vendredi par mois (sur réservation).
Lou Bistrot Nissart est incontestablement une référence en matière de cuisine locale. Entrez et admirez les photos d'époque de la ville, les affiches du Carnaval, les maillots et les drapeaux du Club si cher aux habitants. Au menu, des plats traditionnels nissarts maison cuisinés et réalisés à merveille. Ici, la conserve est bannie pour laisser place aux produits frais du marché. La pissaladière est simplement sublime tandis que la daube et ses gnocchis maison sont un régal ! Les plats du jour sont quant à eux généreux, copieux et variés. En dessert, la célèbre tourte de blette est mise à l'honneur et le gâteau aux poires et rhum permet de finir le repas sur une note sucrée des plus agréables. Labellisée «cuisine nissarte» en 2014, cette adresse est un véritable coup de cœur futé.

■ L'OVALE .... Sud-Ouest
Centre-ville
29, rue Pastorelli
✆ 04 93 80 31 65
www.lovale.fr
lovaleresto@hotmail.fr
Ouvert du lundi au samedi de 7h à 0h30 en continue, le dimanche de 19h à 23h. Service de 12h à 14h30 et de 19h à 22h30 en semaine et jusqu'à 23h le week-end. Carte : 20 € environ. Vin au verre. Menus à 16,90 € et 22,90 € (uniquement le soir). Le midi, uniquement à l'ardoise : 7 plats au choix entre 10,90 € et 18,90 €. Terrasse.
Nice ville de rugby. Elle le fut il y a plusieurs années. Le club n'était pas le plus grand du Sud-Est mais il a connu son heure de gloire avant de passer le flambeau à Toulon. A l'Ovale, pas de nostalgie mais une ambiance très rugbystique avec une cuisine de connivence. Une table joviale dans l'assiette et derrière le comptoir. Le soir, vous dégusterez des spécialités du Sud-Ouest : planche de charcuterie de l'Aveyron, terrine de magret de canard, pavé de bœuf et son médaillon de foie gras velouté, cassoulet, coq au vin des Corbières pour deux… Le midi, la carte met en avant une cuisine française traditionnelle élaborée à base des produits frais du marché. Quant aux desserts proposés, ils sont maison !

■ LU FRAN CALIN .... Niçois
Vieux Nice
5, rue Francis-Gallo ✆ 04 93 80 81 81
www.lufrancalin.fr
lufrancalin@gmail.com
Ouvert de 12h à 14h et de 19h30 à 22h45. Ouvert midi et soir du mardi au samedi. Fermé en novembre. Carte : 25 € environ (entrée, plat, dessert). Vin au verre. Accueil des groupes (jusqu'à 85 personnes). Terrasse.
Dans un coin préservé de la vieille ville, Lu Fran Calin met de la couleur dans nos repas. La carte fait écho à l'esprit

local de la décoration : entrées et plats niçois, pâtes aux sauces variées, tian de courgettes, viandes, daubes ou carpaccio. Côté sucré : tiramisu au cœur de noisette, panacotta, crumble niçois en dessert aux pommes, raisins et figues et charlotte crème de nutella et toblerone... Accueil de groupes et repas festifs s'organisent avec des menus spéciaux tandis que des cours de cuisine sont dispensés à la demande (hors période de mai à septembre). Toute la chaleur de l'Italie se retrouve dans l'accueil et l'esprit familal de ce lieu coup de cœur qui annonce : « aqui si mangia ben ». On confirme !

■ **L'UNION**..**Niçois**
Borriglione
1, rue Michelet
✆ 04 93 84 65 27
www.unionrestaurant.fr
unionrestaurant@free.fr
Arrêts de tram : Valrose ou Borriglione.
Ouvert toute l'année 7j/7 de 8h à minuit non-stop. Service restauration de 12h à 14h30 et de 19h30 à 22h. Certificat d'excellence Lauréat 2013. Labélisé Cuisine Nissarte. Formule du midi : 14,90 € (uniquement en semaine – plat du jour + café gourmand). Menu Niçois : 21 € (entrée + plat ou plat + dessert) et 26 € (entrée + plat + dessert). Menu Pitchoun : 9,50 €. Accueil des groupes (jusqu'à 100 personnes). Terrasse. Patio. Organisation d'événements. Service bar toute la journée.
Cette adresse propose et promeut avec passion les authentiques recettes niçoises depuis 1949. Au cœur du quartier commerçant de Borriglione, L'Union convient aux repas conviviaux qui célèbrent les saveurs locales. Entrez et découvrez avec émerveillement le très beau patio, la tonnelle et la grande terrasse nichés au cœur de l'établissement. Daube, raviolis maisons, farcis, beignets de légumes, salade niçoise, stockfish, pissaladière, aïoli et autres spécialités sont concoctés par Daniel Alvarez, le chef-propriétaire qui depuis 2007 met à l'honneur l'authenticité des plats du terroir dans cette adresse à l'âme résolument nissarte.

LE MAQUIS...................................**Corse**
Vieux Nice
7, rue de l'abbaye
✆ 04 93 01 27 05
Ouvert tous les jours de 12h à 14h et de 19h à 22h30. Menu à 22,50 €
Cette petite table aux accents corses dispose d'une jolie terrasse située en plein cœur d'une ruelle typique de la vieille ville. Cet établissement qui se décline en bar à vins, restaurant et pizzeria propose une cuisine généreuse à déguster seul, entre amis ou en amoureux. Les entrées sont inventives et goûteuses à l'image du chèvre tentation ou de la tarte fine du Maquis. La carte présente un large choix de pâtes et des plats copieux comme le risotto châtaignes et cèpes mais aussi de beaux poissons et des viandes à la cuisson juste et maîtrisée comme les côtelettes d'agneau en croûte de parmesan. On aime aussi la déco branchée et intimiste du lieu avec les casiers en bois dans lesquels sont arrangées les bouteilles de vins. Une bonne adresse très futée !

■ **LE MARCHÉ**...**Corse**
Vieux Nice
12-14, cours Saleya
✆ 04 93 85 77 15
Ouvert toute l'année. Ouvert non stop de 9h à 23h. Service en continu. Réservation recommandée. Carte : 25 € environ (entrée + plat + dessert). Menu enfant : 11 €. Vin au verre. American Express, Chèque Restaurant. Accueil des groupes. Terrasse. Vente à emporter. Parking public payant sous le Cours Saleya.
Le Marché propose des spécialités niçoises et corses : planche de charcuterie de l'île de Beauté, carpaccio de sardines aux herbes de Provence, petits farcis au beurre d'olive, parmentier de canard confit à la courge, daube de bœuf et gnocchis maison, pâtes fraîches maison ou foie de veau au vinaigre de framboise. Si vous êtes plutôt poisson, il faut goûter la cocotte de lotte aux artichauts. Côté prix, c'est très attrayant et la carte évolue tous les mois. Autre avantage : on peut manger à n'importe quelle heure.

Retrouvez le sommaire en début de guide

RESTAURANTS

■ LOU PANTAIL .... Niçois
Nice Nord
107, avenue Saint-Lambert ✆ 04 93 52 02 51
www.loupantail.com
4 parkings publics à proximité. Tramway : arrêts Borriglione ou Valrose.
Ouvert du lundi au samedi de 12h à 14h30 et de 19h à 23h30, le dimanche de 19h à 23h30. De 15 € à 40 €. Plat du jour : de 10,80 € à 14,80 €. Chèques non acceptés. Accueil des groupes (organisation de tout type d'événements. Gâteau préparé spécialement pour les anniversaires et ambiance musicale). Terrasse. Vente à emporter. Livraison gratuite sur Nice centre et Nice nord de tous les plats de la carte pendant les horaires d'ouverture du restaurant. Retransmission de match de football et événements sportifs en direct.
Encore une petite adresse comme on les aime au Petit Futé. Cette affaire familiale et niçoise qui dure depuis 1990 est devenue au fil du temps une véritable institution. Avec une décoration simple, rustique et originale, un accueil convivial et souriant, et un service irréprochable, cet endroit vous fera totalement changer d'air. Les amateurs de cuisine locale et italienne seront ici comblés. Vous trouverez à la carte de somptueuses salades composées, des pâtes fraîches en sauce – bolognaise, carbonara, daube... – ainsi que tout un panel de pizzas traditionnelles cuites au feu de bois sans oublier des grillades particulièrement savoureuses. Régulièrement, des cannellonis, petits farcis, pissaladières et autres spécialités sont concoctés sur place de manière artisanale par la grand-mère de cette famille attachée aux traditions culinaires nissardes. En patois, *Lou Pantail* signifie *le rêve*. Tout un programme !

■ LOU PISTOU .... Niçois
Vieux Nice
4, rue Raoul-Bosio
✆ 04 93 62 21 82
www.loupistou.fr
nicisa@gmail.com
Ouvert du lundi au vendredi le midi et le soir. Fermé les jours fériés. Carte : 34 € environ. Plat du jour entre 13 € et 21 €. Terrasse.
Une jolie adresse niçoise où vous dégusterez bon nombre de spécialités aux saveurs du Sud : osso-buco, blanquette de veau, ravioli niçois, cannelloni à la niçoise, daube... Des plats que l'on a plaisir à retrouver surtout lorsqu'ils sont bien préparés. Chaque mercredi et chaque vendredi, le poisson est à l'honneur. La cuisine est préparée à la commande ; les tartes et les profiteroles sont à demander en début de repas car préparés à la minute. Isabelle et Michel Vergnaud ont voulu créer un lieu orienté vers une cuisine savoureuse, un mariage habile de spécialités niçoises et de trouvailles qui n'en finissent pas de séduire les clients. Un conseil : laissez-vous surprendre !

■ CHEZ PIPO .... Niçois
Port
13, rue Bavastro
✆ 04 93 55 88 82
www.chezpipo.fr
contact@chezpipo.fr
Fermé du 17 novembre au 17 décembre. Fermé le dimanche midi et lundi toute la journée. Ouvert de 11h30 à 14h30 et de 17h30 à 22h. Sans réservation. Carte : 15 € environ. Terrasse.
De la farine de pois chiche, de l'eau, un peu de sel, de l'huile d'olive et une bonne dose de savoir-faire... Voilà la recette de la vraie socca niçoise. Vous êtes Chez Pipo dans le temple de la tradition des petits et grands mets niçois : la file d'attente qui se forme chaque soir devant ce petit restaurant en est la preuve ! Dans un décor rustique avec tables et bancs en bois où règne une bonne odeur du feu de bois, vous dégusterez des plats aux saveurs d'ici : toasts à la pâte d'olive, d'aubergines, anchoïade ou encore pissaladière. La reine de la soirée sera la socca, ni trop fine ni trop épaisse, croustillante et moelleuse à la fois. Tout simplement parfaite ! Et accompagnée d'un petit rosé fruité, c'est toute la Provence en bouche. En dessert, vous vous laisserez tenter par une autre spécialité régionale : la tourte de blettes sucrée.

■ RENÉ SOCCA .... Niçois
Vieux Nice
2, rue Miralhéti
✆ 04 93 92 05 73
Ouvert du mardi au dimanche de 9h à 21h non-stop (22h juillet et août). Cave. Bar à vins. Boisson obligatoire en terrasse. Accueil des groupes. Vente à emporter.
René Socca vous propose des spécialités culinaires locales : parts de socca, beignets de légumes, farcis niçois, morceaux de tourte de blettes, escalopes de viandes panées ou encore gratin de courgettes... Vous pouvez déguster ces produits en vous baladant ou confortablement installé en terrasse (consommation d'une boisson obligatoire). Le service est impeccable et le goût sans pareil. Sans aucun doute, c'est l'une des meilleures soccas de Nice pour un prix très raisonnable !

■ RESTAURANT-BAR DE LA BOURSE........ Niçois
Vieux Nice
13, rue Pairolières
✆ 04 93 62 38 39
Ouvert du mardi au samedi de 12h à 14h30. Formule : 14 €. Plat du jour : 8 €. Terrasse.
Cette cantine authentique de la vieille ville cultive l'art de nourrir son homme à prix légers depuis bien des années. Le cadre est minimal, le service correct et les saveurs niçoises immuables, simples et respectées. Après le kir en apéro, on goûte à la pissaladière et à la daube-raviolis en terminant par un dessert maison...

■ RESTAURANT SIMON .... Niçois
Rimiez
182, avenue Rimiez ✆ 04 93 84 40 61
www.restaurant-simon.com
info@restaurant-simon.com
Basse saison : ouvert du mardi au vendredi le midi ; le week-end le midi et le soir. Haute saison : du mardi au dimanche le midi et le soir. Menu unique à 35 €. Formule du midi : 20 € (plat + dessert + 1 verre de vin et 1 café). Prix moyen à la carte : entre 16 € à 25 €. Accueil des groupes (organisation de tout type d'évènements. Menus réalisables sur demande). Vente à emporter. Terrasse en plein air.
C'est une affaire de famille depuis trois générations dans laquelle se transmettent savoir-faire et passion. Au restaurant Simon, on est déjà à la campagne. Du haut des collines niçoises, la vue est panoramique. L'endroit est idéal pour savourer les raviolis maison, une salade

de homard tiède, la farandole de hors d'œuvres niçois, le risotto de noix de saint-Jacques, la daube avec ses raviolis maison, une charlotte aux framboises ou un mille-feuille aux fraises... les spécialités nisso-niçoises par excellence. A l'ardoise, les plats se renouvellent mais la carte ne bouge pas car les habitués reviennent pour manger ce qu'ils ont aimé. Une valeur sûre !

■ LE ROMARIN .... Niçois
Vieux Nice
2, place de la Halle-aux-Herbes
✆ 04 93 85 65 20
www.leromarin-nice.fr
contact@leromarin-nice.fr

Ouvert toute l'année. Ouvert tous les jours de 11h30 à 22h30. Fermeture annuelle de mi-novembre à mi-janvier. Carte : 22 € environ. Menu classique à 14,50 € et menu niçois à 18,50 €. Accueil des groupes. Terrasse.

Le Romarin est une vieille adresse niçoise qui date de 1860 ! Il a vu passé de nombreuses personnalités de la vie politique et du show biz. Il a été repris par Jean Philippe, professionnel de la restauration qui lui a insufflé une nouvelle jeunesse en le rénovant intégralement : une salle aux couleurs chaudes du Sud oscillant entre jaune et ocre... mais surtout une grande terrasse extérieure située sous le regard protecteur de Sainte-Réparate. Ici, la cuisine est généreuse et bon marché, et s'oriente très largement vers les spécialités niçoises : gnocchis aux blettes et épinards, daube provençale, tripes à la niçoise... L'été fait la part belle aux grandes salades avec également des connotations bistrot : viandes, pâtes et risottos, pizzas et poissons de la pêche du jour. On a même déniché des saveurs créoles comme la daurade entière grillée sauce chien !

■ CHEZ SIMON.................................... Niçois
Fabron
275, route de Saint Antoine de Ginestière
✆ 04 93 86 51 62
restaurantchezsimon.com
restaurant-chez-simon@wanadoo.fr

Fermé du 11 février au 4 mars inclus. Ouvert du mardi au dimanche le midi et le soir. Menu unique à 21 € (le midi du mardi au vendredi). Carte : 30 € environ. Accueil des groupes (organisation de tout type d'évènements). Terrasse.

Tout près de la cascade de Gairaut, au pied du Mont Chauve, l'une des plus anciennes maisons de l'aire Saint-Michel est aussi l'une des meilleures tables du coin. Dans le cadre cossu de la salle, ou en terrasse à l'ombre d'un lierre centenaire, apprêtez-vous à (re) découvrir la cuisine niçoise. L'ancienne pension familiale bien connue des niçois pour ses raviolis maison inégalés réinvente les grands classiques de la cuisine nissarde autour d'une cuisine du marché inventive et raffinée. Spécialités de salade d'artichauts copeaux de parmesan, poivrons marinés à l'huile d'olive, les capouns de Mamie Lulu, les petits farcis, beignets de fleur de courgettes et pissaladière qui côtoient les signatures du chef comme les pâtes fraîches à la crème d'oursin, les saint-Jacques plancha, le jarret de veau braisé au four, le risotto de homard ou encore le loup aux morilles. Du côté des desserts, on fond pour la tarte citron meringuée ou le mille-feuilles aux fraises.

LA SOCCA D'OR .... Niçois
Petit marais niçois
45, rue Bonaparte ✆ 04 93 56 52 93

Ouvert toute l'année. Ouvert de 10h30 à 14h (dernier service à 13h30) et de 18h à 22h (dernier service à 21h30). En été, fermé le dimanche. En hiver, le mardi soir, le mercredi et le dimanche. De 10h30 à 14h (dernier service à 13h30) et de 18h à 22h (dernier service à 21h30). Fermetures annuelles : deux semaines en septembre et deux semaines à Noël. Réservation recommandée. Vin au verre. Addition moyenne : entre 10 € et 12 €. Vente sur place et à emporter. Tickets restaurant acceptés. CB non acceptée. Accueil des groupes (jusqu'à 20 personnes). Terrasse. Label Cuisine Nissarde.

Ne cherchez plus : voici l'adresse incontournable pour déguster la vraie socca niçoise ! Dorée et croustillante, elle se déguste chaude, sortie du four. Et si cette galette de farine de pois chiches est la reine de cet établissement tenu par Valérie, Frédéric et Jean-Aimé, toutes les autres spécialités du coin se consomment sur place ou à emporter : pissaladière, pizza, pan bagnat (avec son pain maison), salades variées (dont la célèbre niçoise) ou encore tourtes de blettes partent comme des petits pains... On découvre aussi l'assiette de dégustation et le « pan panisse ». Quant aux desserts maison, ils évoluent au gré des saisons : baba au rhum traditionnel ou sablé à la crème de citron ravissent les plus gourmands. Côté vins, une belle place est faite aux produits de la région avec des Côtes-de-Provence, du Chardonnay corse et des vins du Pays du Var. L'accueil est simple, souriant et convivial. Le restaurant arbore fièrement le label « Cuisine Nissarde ».

RESTAURANTS

■ **LA TACA D'OLI** .... **Niçois**
Vieux Nice
35, rue Pairolière
✆ 04 93 80 70 93
latacadoli@gmail.com
Ouvert du mercredi au lundi de 12h à 14h et de 19h à 22h30. Menus à 20 € et 25 € (midi et soir). Plat du jour : entre 12 € et 14 €. Chèque déjeuner. Tickets restaurant. Chèque Vacances, Chèque Restaurant. Terrasse le soir.
La Taca d'oli (qui signifie en français *la tâche d'huile*) est l'un des chantres du terroir niçois autant ignoré des touristes qu'il est recommandé par les gens du coin. Les spécialités de poissons selon arrivage sont à l'honneur, notamment la païrol dé peï à la nissarda – filets de daurade, de rouget et de rascasse, de moules, de supions et de langoustines mijotés dans une sauce tomate relevée à point et parfumée au basilic – et une fondue de poissons à la niçoise composée de filets de daurade et de rouget crus que l'ont cuit sur table dans une soupe de poissons avec rouille et croûtons. Autre spécialité locale : la bagna cauda, une fondue de légumes composée d'un assortiments de crudités du pays selon la saison que l'on trempe dans une anchoïade chaude dans son caquelon. Côté menus, vous pourrez vous régaler d'une assiette de petits farcis niçois, d'une délicieuse daube de joue de bœuf garnie de gnocchis et d'un délicieux tiramisu à l'amaretto fait maison. Une bien belle adresse aux prix remarquables, le tout dans un cadre traditionnel et familial décoré de photos représentant différentes vues de Nice du début du XXe siècle.

■ **LA TAPENADE** .... **Niçois**
Vieux Nice
6, rue Sainte-Réparate ✆ 04 93 80 65 63
Fermé les 23 et 24 décembre. Ouvert tous les jours sauf le mercredi de 12h à 14h30 et de 19h à 22h30 de mi-octobre à mi-avril, et 7j/7 en continue de 12h à 22h30 en été. Carte : 27 € environ. Menu à 19,50 € (entrée + plat + dessert). Terrasse.
La carte permanente est dévouée à la cuisine niçoise. On retrouve donc la soupe de poissons, la sélection de pâtes sèches et fraîches dont les raviolis ricotta et niçois, sardines, loups (d'élevage), magret de canard au miel et vinaigre de framboise, entrecôtes et filets de bœuf rossino ou en sauce, et en desserts (maison), le tiramisu, la mousse au chocolat, la crème brûlée, les profiteroles et des glaces artisanales. Tout est élaboré à partir de produits frais. Un régal !

■ **LE TIRE-BOUCHON** .... **Sud-Ouest**
Vieux Nice
19, rue de la Préfecture
✆ 04 93 92 63 64
www.le-tire-bouchon.com
info@le-tire-bouchon.com
Ouvert toute l'année. Tous les jours de 19h à 22h30. Carte : 35 € environ (entrée, plat et dessert). Vin au verre. Menu 21,90 €. Chèques non acceptés. Chèque Vacances, Chèque Restaurant. Accueil des groupes (maximum 35 personnes). Terrasse.
Le Tire-Bouchon présente quelques spécialités bistronomiques : foie gras de canard maison et son chutney de mangue, cheeseburger maison, cassolette d'escargots à l'estragon, cassoulet maison, ravioles de langoustine et fleur de courgette, risotto aux morilles, espadon rôti au beurre d'orange anisé, carpaccio de bœuf ou encore saumon rôti à l'unilatérale et herbes fraîches, entre autres. En dessert, craquez pour le moelleux au chocolat noir au beurre demi sel, pour un sorbet maison ou pour la poire pochée au sirop caramel beurre salé... On souligne également la qualité des vins. Parmi les plus abordables : un Chardonnay de chez Louis Latour, un Chablis en bourgogne blanc ou un Gigondas en rouge qui sont des valeurs sûres. Côté ambiance, on est loin de la rusticité paysanne : l'éclairage et les drapés donnent un aspect très feutré, fort élégant et assez romantique.

■ **LA VILLA** .... **Provence**
Vieux Nice
14, rue de l'Abbaye ✆ 04 93 55 45 62
♿
Ouvert toute l'année. Tous les jours de 18h à 22h30. Carte : 26 € environ. Vin au verre. Menu à partir de 19,50 €. American Express, Diners Club, Chèque Restaurant. Accueil des groupes (jusqu'à 140 personnes). Jardin. Terrasse. Tout ce qui est sur la carte est en vente à l'emporter.
Dans cette ancienne abbaye, le cadre est ravissant et la cuisine raffinée. Cet établissement fait le pari d'allier qualité et quantité avec des spécialités corses et provençales. Les incontournables : magret aux figues, épaule d'agneau rôtie au feu de bois, lasagnes aux rougets et brocciu, assiette de charcuterie corses, risotto saint Jacques asperges, filet de bœuf Rossini, marmitte du pêcheur, linguine vongole fleurs de courgettes, sauté de veau aux olives et châtaignes. L'assiette de fromages de brebis avec compotée de figues ou de clémentines vous fera aimer à jamais l'Île de Beauté. Une belle sélection de vins corses dont le Patrimonio complète la découverte gustative. Petit plus : un patio à l'intérieur d'une cours, très agréable pour manger sous les étoiles à l'écart du bruit toute l'année.

■ **LA VOIX DE SON MAÎTRE** .... **Crêperie**
Carré d'or
3, place Grimaldi
✆ 04 93 82 28 47
Ouvert du lundi au samedi de 12h à 22h non-stop (22h30 le week-end, 23h en été). Formule : 12,50 € (plat + dessert). Terrasse.
A deux pas des rues piétonnes de Nice, cette créperie-musée dont le décor rend hommage à la musique mécanique, propose un vaste choix de délicieuses galettes salées et de crêpes bretonnes. Pour déguster ces assiettes gourmandes, on s'installe sur l'agréable terrasse posée sur la place Grimaldi au cœur du centre-ville ou dans la salle au décor étonnant. Entre disques 78 Tours qui datent du début du XXe siècle, vieux phonographes et affiches d'époques qui rendent hommages «aux années Piaf», l'ambiance de musée rend les lieux cosy et fait écho à l'accueil très convivial.

Retrouvez l'index en fin de guide

Spécialités

■ LA BARQUE BLEUE

Port
7, quai des Deux-Emmanuels
✆ 04 93 55 39 74
Tram : arrêt Garibaldi

Ouvert de 12h à 14h30 et de 19h à 23h30 en semaine, 12h à minuit le vendredi et de 14h30 à minuit le samedi. Carte : 20 € environ. Formule à 26 €. Chèque Restaurant. Terrasse. Climatisation.

Depuis 1982, cette barque solidement amarrée au port de Nice célèbre le poisson frais cuisiné sous toutes ses formes (grillé, en papillotes, en sauces...) par le Chef Sandro et ce, depuis plus de 30 ans. Quelques plats à consonance italienne complètent la carte de la mer avec notamment les célèbres pâtes «cuites minute» accompagnées de sauces au choix. On chavire de plaisir, attablé en terrasse avec vue imprenable sur le port, ses pointus et ses façades colorées ou dans la salle toute de bleue habillée, aux lourdes étagères de bois foncé garnies de produits d'épicerie.

BEL ŒIL

Port
12, rue Emmanuel Philipert
✆ 09 80 33 08 38
http://bel-oeil.com
contact@bel-oeil.com

Ouvert le soir. Réservation recommandée. Menu unique à 26 €. Boutique.

Jeanne et Christophe ont créé ici un nouveau concept d'art de vivre où simplicité et gourmandise se déclinent dans ce qu'ils appellent leur «cantine-objet». Dans cet ancien entrepôt industriel du port, entre les antiquaires et la très branchée Place du Pin, Bel Œil affiche un décor surprenant fait d'objets chinés et de mobilier design derrière une belle façade blanche un brin design. L'idée ? Créer la surprise, du décor à l'assiette en passant par la musique et le vin... Et c'est réussi ! Côté salon, on se love dans de larges canapés pour un *afterwork* cosy avant de passer à table où un menu unique (viande ou poisson) a été concocté avec soin par Jeanne avec le brin d'originalité qui fait la différence. Sans oublier l'incontournable *brunch* du dimanche, copieux et savoureux. Une belle découverte.

■ LE BISTRO DU FROMAGER

Vieux Nice
29, rue Benoît-Bunico
✆ 04 93 13 07 83

Ouvert du mardi au samedi de 19h30 à 22h30. Réservation recommandée. Buffet de fromages à volonté : 23 €. Terrasse.

Ici, on propose une cuisine de terroir innovante et raffinée autour du fromage. Dans l'ambiance décontractée et intimiste de la belle salle voûtée, on s'attable entre amis avec l'assurance de passer un moment agréable. Commençons par la cave qui offre une belle sélection de vins naturels parmi lesquels se trouvent de vraies merveilles. Vous choisirez ensuite les fromages pour accompagner votre bonne bouteille. Naturellement, les grands classiques que sont la tartiflette ou la fondue atteignent ici l'excellence mais l'on trouve également des propositions audacieuses selon l'humeur du Chef et les produits de saison comme la mini fondue de Saint-Félicien aux légumes croquants. Les desserts sont remarquables : gâteau au chocolat fondant beurre demi-sel, tarte au citron maison, faisselle fermière. Le rendez-vous incontournable des amateurs de fromage et autres épicuriens. Les réservations sont vivement conseillées.

■ LE CANON

NOUVEAU

Centre Ville
23, rue Meyerbeer
✆ 04 93 79 09 24

Voir page 19.

RESTAURANTS

© VALÉRY TRILLAUD

Farcis niçois

LE COIN QUOTIDIEN
Vieux Nice
3, rue Louis Gassin
✆ 04 93 62 94 32
Voir page 16.

■ L'ESCALE
Le Port
12, quai des Docks
✆ 04 93 89 52 36
Ouvert 7j/7 midi et soir. Menus à 20,50 € et 25 €. Menu enfant : 10,20 € (hors boisson).
Ce restaurant à l'ambiance chaleureuse et conviviale met en avant des plats savoureux et généreux. Spécialité incontestée de la maison, les moules déclinées de différentes façons (marinière, à la moutarde, créole, au roquefort...) et accompagnées de frites sont ici à volonté pour le bonheur des grands amateurs. Les assiettes de pâtes sont également extrêmement bien garnies (linguini ou raviolis sauce au choix, ou encore les rigatoni gratinés au four). Le goût et la qualité des produits ne manquent pas. Quand au service, il est sympathique.

■ FLORIDA BEACH
Promenade des Anglais
71, promenade des Anglais
✆ 04 93 44 72 86
nicevacances@yahoo.fr
Fermé le dimanche soir. Restaurant et plage ouverts d'avril à mi-novembre de 9h à minuit. Restauration tous les jours de 12h à 16h. Réservation recommandée. Plat du jour : entre 19 € et 22 € environ. Chèques non acceptés. American Express, Chèque Restaurant. Tarifs plage : relax surélevé 15 €, matelas avec têtière 12 €, parasol et drap de bain 5,50 €.
L'ambiance du Florida évolue au rythme du soleil. Zen et branchée, calme ou survoltée, on ne s'ennuie jamais sur cette plage tendance réservée à un public qui crée l'événement en phase avec le monde moderne. La décoration est exotique, les meubles élégants, le centre bien-être est protégé par des écrans de voilages avec des espaces détentes toujours pris d'assaut. L'après-midi, on monte le son d'un cran et l'ambiance devient plus festive aux accords de musiques funky et électro. La carte du restaurant met à l'honneur les produits frais et de saison avec des suggestions et des plats du jour élaborés au retour du marché tandis qu'on ne sert que du fait maison. Le patron s'est entouré d'une équipe dynamique pour relever le challenge de rassembler et faire de son coin de Floride une adresse incontournable dédiée à la fête en plein air. On salue aussi l'accueil formidable et souriant.

■ GALION PLAGE
Promenade des Anglais
3, promenade des Anglais
✆ 04 93 88 17 23
Ouvert tous les jours de 9h à 19h de décembre à octobre. Suggestions et plats du jour à partir de 19 € environ. Chèques non acceptés. American Express. Accueil des groupes. Tarifs plage : transat 18 €, parasol et drap de bain : 5 €.
Offrez-vous une pause détente entre deux séances shopping. Cette plage privée sort ses transats bleu et blanc dès les beaux jours pour des journées *cocooning* reposantes. Confortablement installé, on se désaltère de cocktails frais ou de verres de champagne. Au déjeuner, la carte inspirée par le style brasserie propose un large choix de grandes salades savoureuses et colorées, de belles pièces de viande, des poissons, des pâtes ou encore des omelettes variées. Il y en a pour tous les goûts. Service en terrasse ou sur les transats alignés sur la plage de galets face à la grande bleue. Equipe souriante et conviviale. Idéal pour profiter de ce lieu en famille.

■ LA GAULOISE
Libération
28, avenue Malaussena
✆ 04 93 62 07 90
Ouvert du mardi au dimanche de 9h à 22h. Fruis de mer de septembre à mai. Carte : 30 € environ.
Cet établissement de l'avenue Malausséna à classer parmi les Institutions Niçoises propose de beaux plateaux de fruits de mer et de coquillages. Plateau panaché maison ou plateau panaché royal, on se laisse tenter par les produits frais de grande qualité : huîtres, oursins, palourdes, clams, crevettes, tourteau et autres langoustes. Que ceux qui n'aiment pas les fruits de mer se rassurent : La Gauloise propose aussi une carte qui fait la part belle aux poissons, aux pâtes et bonnes viandes.

■ HI BEACH
Promenade des Anglais
47, promenade des Anglais
✆ 04 97 17 00 83
www.hi-beach.net
Ouvert de 8h à 21h d'avril au 21 juin et de 8h à minuit jusqu'au 31 août. Réservation recommandée. Carte fraîche 9 entrées, 9 plats, 9 desserts. Formule 35 €. Plats du jour et suggestions à l'ardoise. Carte snack de 15h à 18h. Possibilité de cours de yoga et de de Hi-Fit, massages tous les jours 10h-18h dans une cabane végétale ombragée. Transat parasol 22 € la journée, 16 € demi-journée à partir de 14h. Un brumisateur Évian offert. 2 cabanes « family-house » 69 €.
Dans l'esprit et la philosophie des créateurs du HI, la plage privée propose un concept innovant où chacun trouvera son rythme dans l'un des 3 espaces : « Hi-Play » consacré aux loisirs familiaux, « Hi-Energy » ambiance

Pissaladière

musicale et conviviale, « Hi-Relax » propice à la sieste calme et au farniente. Résolument contemporaine avec ses couleurs acidulées, la plage devient un lieu de rencontres et d'échanges. C'est Rémi Lemoine qui tient les fourneaux et développe de nouvelles saveurs basées sur les cartes élaborées par les grands Chefs étoilés au commencement de l'histoire HI (Keisuke Matsushima, Mauro Colagreco...). Dirigée par Sylvain Sarrazin depuis cinq ans, la plage obéit aux mêmes règles dynamiques que les adresses du groupe. On a l'assurance de passer de fabuleux moments en famille ou entre amis dans une atmosphère de détente et de bonheur où ressourcer son corps et son esprit.

■ RESTAURANT POSÉIDON NOUVEAU

Centre Ville
17, rue Gubernatis
✆ 04 93 85 69 04
Voir page 22.

■ LA ROSSETTISSERIE

Vieux Nice
3, rue Mascoïnat
✆ 04 93 76 18 80
www.larossettisserie.com/fr
larossettisserie@hotmail.fr
Ouvert du lundi au samedi 12h à 13h30 à 19h30 à 21h. Menus plateaux : 20 €, 27 € et 35 €. Accueil des groupes. Vente à emporter.
Le mobilier à la fois rustique, simple et de bon goût, est à l'image de cette cuisine, authentique et familiale. Il faut dire que la Rossettisserie ne manque pas d'âme et ce n'est qu'en passant la porte de cette ancienne boulangerie que vous vous imprégnerez de son atmosphère si particulière. Bœuf, agneau, veau ou porc, la cuisson des rôtis est parfaite, les assaisonnements divins et les accompagnements goûteux. Inutile de préciser que tout est fait maison. Vous êtes trop nombreux ? Alors pensez à réserver la salle du bas ou à emporter le rôti directement à la maison.

■ LE SPEAKEASY

Centre Ville
7, rue Lamartine
✆ 04 93 85 59 50
Ouvert du lundi au samedi de 12h à 14h30 et de 19h à 20h30. Plat du jour à 9,80 €. Menus à 14,99 € et 16,99 €.
Ce restaurant est végétarien et bio à 80 % car «certains produits non-bio possèdent de belles qualités pour être cuisinés et inversement, certains produits bio ne sont pas excellents» explique Jane, la maîtresse des lieux. Aussi, c'est en toute convivialité qu'elle vous accueille avec sourire et gentillesse dans son établissement. Une tourte aux légumes sans farine ni blé pour ceux qui ne veulent pas de gluten et un plat de céréales sont quasiment tous les jours sur la carte qui change régulièrement. Les plats sont copieux, sains et à prix raisonnables. Vous serez charmés par l'accueil. Une adresse à retenir.

■ STEAK HOUSE

Centre-ville
8, rue Maccarani ✆ 04 97 03 03 40
www.sirene-fr.com – info@sirene-fr.com
Dans l'enceinte de l'hôtel de la Petite Sirène
Fermeture en janvier. Ouvert tous les jours de 12h à 14h et de 18h30 à 22h. En été ouvert tous les jours sauf le samedi et dimanche midi. Plat du jour : 8,50 €. Parking public à proximité.
C'est dans le cadre clair et cosy d'un hôtel discret situé en centre-ville que ce steak house accueille dimanche compris les « carnivores », comblés ici par une cuisine vouée aux viandes de qualité supérieure (certaines venues d'Argentine). Les portions sont généreuses (180 gr à 250 gr pour le rumsteck) et les prix attractifs. Nous vous conseillons le tartare de bœuf (210 gr) ou le rumsteck qui se décline en version « Miss » ou « Mister » selon votre appétit... Le Cheeseburger maison servi avec des frites ravira les amateurs. Quant au T-Bone Steak, il est servi accompagné d'une salade et des pommes de terre au four. Salades, carpaccio et autres plats à la carte également. Une bonne adresse. N'hésitez pas à pousser la porte (l'entrée se fait par l'Hôtel) : vous ne serez certainement pas déçus !

■ LE TARTARE

Centre-ville
4, rue Valperga
✆ 04 93 62 20 13
Ouvert du lundi au samedi de 12h à 23h non-stop. Menu enfant : 8,50 €. Plat du jour de 9,90 à 14,50 € (maximum). Accueil des groupes. Terrasse.
Pavé ou côte de bœuf, bavette, tournedos Rossini, carpaccio, tartares et autres steaks ravissent ici tous les carnassiers ! Propriétaire d'une boucherie dans Nice, le maître des lieux a mené son savoir jusque dans les cuisines de cette belle adresse tranquille. Sur fond de pierres de taille et de parquet blond, la mezzanine domine un espace moderne et chaleureux où les sièges tressés noirs accueillent les amateurs de tartares aux sauces variées et de viandes qui fondent au palais. Le soin porté à la qualité des produits déteint sur les accompagnements variés (légumes de saison, frites et gratin dauphinois maison...). A noter : la carte propose également quelques poissons et salades...

■ LE VICTORIA

Vieux Nice
9, rue du Pont Vieux
✆ 04 93 92 99 08
www.restaurant-victoria.fr
victorianice06@gmail.com
Ouvert du mardi soir au dimanche de 12h à 14h30 et de 19h à minuit. WiFi disponible. Menu niçois 14,60 €. Menu découverte : 19,90 €. Menu prestige : 30,60 €. Chèque Vacances. Terrasse. Soirée spéciale Couscous tous les vendredis à partir d'octobre.
Le Victoria séduit par son cadre unique et romantique. A l'intérieur, prenez place sur les fauteuils d'époque très confortables ou sur les banquettes construites dans la pierre véritable qui orne les murs, rehaussées de coussins. La décoration est sobre mais parfaitement dans la thématique, la lumière légèrement tamisée donne le ton à une ambiance décontractée et chaleureuse. Au menu, des plats goûteux et faits maison : farcis niçois, daube niçoise et ses gnocchis, noix de saint-Jacques à la crème d'ail, entrecôte sauce béarnaise, grisouille de veau au chèvre chaud sur son coulis de tomates et basilic, steak tartare... Côté dessert, le chef vous suggère ses classiques : moelleux au chocolat, tiramisu ou encore tarte citron meringuée. L'accueil est sympathique et souriant. A découvrir.

Cuisines du monde

THE JUNGLE ART'S
Centre-ville
6, rue de Lépante
✆ 04 93 92 00 18
www.thejunglearts.fr
Ouvert de 12h à 14h et de 19h à 22h (22h30 le week-end). Fermé le samedi midi et le dimanche. 2 salles. Organisation d'évènements – anniversaire, speed dating – et festivités. Live DJ. Réservation recommandée. Carte : 14 € environ. Menu Jambo à 23 € et menu Kilimandjaro à 37 € (entrée + plat + dessert). Menu «anniversaire» : 30 € (cocktail + entrée + plat + dessert + vin). Animations.
The Jungle Arts est une véritable invitation au voyage. Le temps d'une soirée, laissez le dépaysement vous enivrer tant par la décoration des lieux que par l'originalité des plats : foie gras de canard et confiture d'échalotes à la grenadine, salade de rougets à la provençale, salade d'artichauts violets du pays aux copeaux de parmesan... Les curieux poursuivront sans doute par le pavé de kangourou, d'autruche ou encore de bison à la plancha accompagnés de leurs délicieuses garnitures – julienne de légumes caramélisée et pomme de terre grenailles sautées. Côté sucré, retrouvez les classiques : tiramisu ou tarte citron meringuée mais également des desserts revisités (crème brûlée à la pistache, tarte aux noix, caramel et beurre salé). Cette cuisine éclectique, inventive et savoureuse est parfaitement maîtrisée. L'accueil est très chaleureux : vous serez reçu comme le Roi de la jungle !

Cuisine du Maghreb

■ LA CASBAH .... Marocain
Centre-ville
3, rue du Docteur-Balestre
✆ 04 93 85 58 81
Ouvert du mardi au dimanche le midi de 12h à 14h ; du mardi au samedi le soir de 19h à 21h30. Carte : 25 € environ. Accueil des groupes (menus possibles).
Cette adresse à la devanture orientale et à la déco intérieure typique fait depuis de nombreuses années le bonheur des amateurs de cuisine du Maghreb. L'un des meilleurs couscous de Nice se déguste ici en versions variées : agneau, veau, méchoui, poulet, merguez semoule et légumes. La carte des vins affiche des crus orientaux tandis que côté sucré le choix de pâtisseries orientales comble les plus gourmands qui les savourent accompagnées d'un verre de thé à la menthe.

Cuisine d'Afrique

■ LE SOLEIL D'ASMARA .... Ethiopien
Centre-ville
4, rue Delille
✆ 04 93 76 84 18 / 07 60 60 06 11
www.le-soleil-dasmara.com
Ouvert du mardi au dimanche de 11h30 à 14h et de 19h à 22h30. Entrées entre 4,50 € et 5 €. Plats 9 €, spécialités autour de 14 €. Chèque Restaurant. Accueil des groupes (jusqu'à 50 personnes). Vente à emporter. Climatisation.
Toute l'authenticité des cuisines éthiopienne et érythréenne est célébrée dans ce restaurant récemment rénové au cadre authentique et chaleureux dont les objets de déco et les couleurs voyagent sur les hauts plateaux de l'Afrique de l'est. Les plats aux noms énigmatiques assurent l'évasion et déclinent des recettes épicées de viande hachée de bœuf ou d'agneau (minchet abish, beg alicha), des galettes accompagnées d'une sauce pimentée (quqtegna) sans oublier les plats végétariens à base de pois jaunes, de lentilles ou de pois cassés (shiro, ater alecha). Pour une immersion idéale dans cet ailleurs africain, ne manquez pas la traditionnelle cérémonie du café célébrée une fois par semaine.

Cuisine Amériques – Caraïbes

50'S HAPPY DINER .... Fast-food
Centre-ville
32, rue Tonduti-de-l'Escarene
✆ 04 92 00 10 20
www.50happydiner.com
Ouvert du lundi au samedi de 12h à 15h30 et de 19h à 22h30. Réservation recommandée. Carte : 15 € environ. Menu enfant : 8,95 €. Offre pour les étudiants : pour une commande de 8,95 €, réduction de 2 € sur un dessert au choix ou d'1 € sur une boisson au choix. Happy Diner Menu : 14,45 € (un burger + une boisson + un café). Boutique.
Rock'n'roll attitude, poses pin-up, stars inoubliables et premières publicités d'anthologie, le décor est planté. De la déco à la vaisselle en passant par la Cadillac rose bonbon, les meubles bleus ou le bar en damier, 50's Happy Diner retrace l'Amérique telle qu'on la rêve dans une ambiance

musicale assurée par le juke box. Ici, on déguste à la carte tous les incontournables US : burgers, bagels, hot-dogs, pizzas, barbecue ribs, entrecôte et autres fish'n'chips. En dessert, l'Amérique est aussi présente dans l'assiette avec ses milk shakes, brownies, muffins et cheese-cakes... Côté boisson, on trouve notamment l'incontournable Dr. Pepper et autres sodas. Précurseur à Nice, ce Dîner ne désemplit pas et l'idée séduit à coup sûr toute la famille surprise par l'extraordinaire voyage dans le temps que cette enseigne procure. Dépaysant !

■ HARD ROCK CAFÉ .... Américain

Centre-ville
5, promenade des Anglais
✆ 04 93 62 71 80
www.hardrocknice.com
Nice_SalesCoordinator@hardrock.com

Ouvert toute l'année. Restauration de 12h à 23h en semaine et jusqu'à minuit les vendredis et samedis. Réservation vivement recommandée. Accueil des groupes (menus possibles). Terrasse.

Le 138ᵉ Hard Rock Café (le second en France après Paris) a ouvert ses portes l'an dernier sur la Promenade des Anglais ! Décoration branchée où les guitares électriques et autres objets «memorabilias» rock'n'roll s'exposent sur les murs, l'ambiance est décontractée et très américaine. La salle de restaurant située à l'étage offre une vue imprenable sur la Méditerranée tandis que des écrans géants diffusent des clips musicaux laissant la possibilité de tenir une conversation. Côté assiette, les mets sont copieux comme l'incontournable hamburger – frites ou les salades de poulet, gargantuesques. Du côté des desserts, on goûte le brownie ou les autres douceurs affichées sur la carte. Le rez-de-chaussée accueille quant à lui un bar dont la carte affiche des cocktails incontournables (mojito, cosmopolitan...) et d'autres, plus originaux. Avant de partir, on fait bien sûr un petit tour dans le Rock Shop pour faire le plein de souvenirs emblématiques : T-shirts, pin's collectors ou verres exclusivement «Made in Nice». Bref, un endroit pop rock où passer un agréable moment, à condition d'aimer le Burger !

■ LA HAVANE

Centre-ville
32, rue de France
✆ 04 93 16 36 16
www.lahavanenice.com
lahavanenice@worldcafes.fr

Ouvert tous les jours de 10h à 2h30. Service restaurant de 19h à 23h. Orchestre salsa. Live Authentic. Latin music. Carte : 25 € environ. Happy hour : -30% de 10h à 21h. Accueil des groupes (menus de groupe possibles sur demande). Cours de salsa (Se renseigner sur place pour les jours et horaires des cours).

Poussez la porte de la Havane et laissez-vous transporter dans l'atmosphère tropicale de Cuba. Dans un décor chaleureux, accueillant et dépaysant, vous serez guidé par un orchestre authentique qui vous enivrera de ses rythmes chauds et endiablés. Quant à la cuisine, elle résulte simplement d'un assemblage de saveurs des Caraïbes et d'Amérique du Sud. A la carte, découvrez les plateaux tapas pour 2, 4, 6 ou 8 personnes, des salades exotiques, des plats en sauce de viandes ou de poissons, un gratin de pâtes au poulet et sauce tomate ou encore la Roca de la Havane (boeuf et aubergine). En dessert, l'excellent tiramisu au citron vert et rhum permet de terminer le repas sur une douce note sucrée. Que ce soit pour siroter un cocktail, dîner ou danser, la Havane est une véritable invitation au voyage.

■ KILILIE'S CAFE

Centre-ville
21, rue Delille
✆ 04 93 91 35 65
kililies@hotmail.fr

Ouvert tous les jours de 9h30 à 18h, les vendredis et samedis jusqu'à 20h. Brunch les samedis, dimanches et jours fériés de 10h30 à 15h : formule à 18 €. Réservation recommandée. Vin au verre. Menus burger : 10,80 € et 14,50 €. Formule brunch (à volonté -samedi et dimanche) : 21,50 € par personne. Chèque Restaurant. Terrasse. Vente à emporter. Boutique.

Kililie's Café propose une cuisine à l'accent *yankee* dans un décor coloré où les rappels d'outre-Atlantique sont légion (yellow cab...). Les nostalgiques des spécialités américaines trouvent ici leur bonheur avec la fameuse *Caesar chicken salad* et les traditionnels burgers ou wraps maison, T-bone de bœuf grillé à la plancha avec oignons frits, bagel ou *pecan crusted chicken*... Sans oublier les gourmandises, donuts, brownies, pancakes, cheesecakes et coulis de fruits rouges.

■ ROCK EAT .... NOUVEAU

Mexicain
Vieux Nice
39, rue de la Préfecture
✆ 06 16 24 45 27
Voir page 22.

■ TEXAS TRUCK

Plaine du Var
222, boulevard du Mercantour
✆ 04 92 29 17 08
www.texastruck.fr
texastruck06@hotmail.com

Ouvert du lundi au vendredi de 11h à 14h, les vendredis et samedis soirs à partir de 19h. Carte : 15 € environ. Hamburgers de 9,50 € à 11 € pour un simple, de 13,50 € à 15,50 € pour un double, de 19,50 € à 22,50 € pour un «king» et de 28,50 € à 32,50 € pour un King XXL. Plat du jour : entre 9,50 € et 11,50 €. Accueil des groupes. Terrasse. Animations.

Ambiance US et hommage aux années soixante dans ce resto-bus posé face au palais Nikaïa ! Niveau décoration et côté cuisine, que ce soit à l'intérieur ou en terrasse, le ton est à la fois rock et country. La carte américaine affiche un grand choix de burgers et de tapas – des galettes de maïs farcis – des nuggets de poulet, des BBQ ribs, des travers de porc marinés mais également des salades et des pavés de viandes originales telles que le bison ou le kangourou... Pour finir sur une bonne note, redécouvrez les célèbres pâtisseries américaines : tarte aux pommes, muffins (myrtille ou chocolat), donut's et brownies. L'accueil réjouissant ajoute au programme de soirées animées par des groupes *live* pour des heures festives thématisées rock, western ou country.

■ **WOODY'S DINER............................Américain**
Centre-ville
37 bis, rue d'Angleterre
✆ 04 93 88 50 75
www.woodys-diner.com
Ouvert toute l'année. Fermé dimanche et jours fériés. Carte : 20 € environ. Menu enfant : 9,90 € (kig burger ou kig nuggest ou classic hot dog + une boule de glace + un soda 25 cl). Hamburgers de 13,90 € à 14,90 € pour un simple, de 16,90 € à 17,90 € pour un double. Chèques non acceptés. Terrasse. Vente à emporter. Autre adresse : 23, bd Joseph Garnier (fermé le dimanche, le lundi soir et le mardi soir.).
Nostalgiques des années 50 *made in USA* et amateurs de cuisine tex-mex, cette adresse est la vôtre ! Entre les murs de petites briques apparentes, des vidéos de rencontres sportives et des clips musicaux assurent l'ambiance visuelle dans un décor atypique peuplé d'objets originaux qui célèbre l'Amérique des 50's. Le dépaysement est total. Côté menu, les plus classiques optent pour les salades et autres viandes grillées tandis que les fans de spécialités transatlantiques se régalent avec des hamburgers originaux concoctés dans un pain au sésame artisanal. Sans oublier les hot-dogs, les chicken combo, les tacos, les enchiladas de poulet ou encore les fajitas mixtes. L'heure du dessert appelle les milk-shakes, les coupes glacées, le brownie, le cheese cake et les donuts pour conclure des « repas-évasions » partagés en toute convivialité. Une très bonne adresse !

▸ **Autre adresse :** 23, boulevard Joseph-Garnier ✆ 04 93 84 89 27

Cuisine d'Asie

■ **ACHIANA ....Indien – Pakistanais**
Centre-ville
29, rue Assalit ✆ 04 93 85 57 18
achiana@orange.fr
Ouvert tous les jours midi et soir. Plat du jour 9,90 €. Possibilité d'organiser des soirées indiennes (repas, danses traditionnelles...).
Patricia et Aqeele accueillent depuis plus de huit ans les amateurs de cuisine indienne dans cette adresse du centre-ville. Achiana (nid d'oiseau) affiche nouvelle une carte complète qui marie qualité et quantité. Dans un décor délicieusement kitsch voué à Bollywood, on teste les saveurs indiennes et pakistanaises. Les amateurs de sucré optent pour une glace kulfi au safran ou un gâteau Halva à la semoule, amandes et pistaches.

▸ **Autres adresses :** 9, avenue du 11 Novembre à Antibes – Tél 04 93 34 09 57 • Port de Saint-Laurent du Var – Tél 04 93 31 92 93

■ **AMADA..Japonais**
Centre-ville
17, rue Tonduti-de-l'Escarene ✆ 04 93 62 00 81
Fermé deux semaines entre Noël et jour de l'an. Ouvert midi et soir du mardi au vendredi, le lundi et samedi le midi uniquement. Réservation recommandée. Vin au verre. Formule midi : 15 €. Formule soir : 29 €. Accueil des groupes (jusqu'à 12 personnes).
Dans un espace intime et épuré, l'accueil d'une gentillesse rare s'accorde au décor zen et à la finesse des plats de gastronomie japonaise. Ici, pas de plateau de sushis mais les classiques de la cuisine nippone orchestrés par le chef Masaaki Amada. Cinq entrées sont servies dans de jolis coffrets laqués et les plats sont tous très délicats : tempuras de légumes et de gambas, soupe miso, tonkatsu (croustillant de porc, de poulet ou de filets de rougets), saumon grillé façon Teryaki précèdent les douceurs sucrées telles que la crème au gingembre ou encore la glace au thé vert. Côté boissons, on opte pour les bières japonaises, les vins bio, le saké ou le genmai-cha thé vert au riz grillé servis dans une théière en fonte. Depuis des années, cette adresse discrète offre une belle régularité et la meilleure cuisine japonaise raffinée de la Côte d'Azur.

BANH MEÏ.............................Vietnamien
Vieux Nice
6, rue Rossetti
✆ 04 89 98 02 92
thihieu.nguyen@gmail.com
Ouvert du lundi au dimanche de 11h30 à 19h. 7 € salade Bobun. 5,50 € sandwich Banh mi. Formule Bobun + dessert + bubble-tea. Dessert 3 €. Sur place ou à emporter.
Ouvert depuis mai 2013 par la dynamique Thi-Hieu Nguyen, ce nouveau concept « sandwich vietnamien et bubble tea » séduira les amateurs de cuisine asiatique. Frais, sains et équilibrés, les *bobun* – sortes de salades à base de pâtes de riz et de viandes marinées – ainsi que les *banh mï* – de beaux sandwichs vietnamiens nés du mélange d'une baguette française et des mêmes ingrédients asiatiques – sont préparés à la demande. Mais ce petit restaurant vous surprendra surtout avec son bubble tea inédit : un thé glacé (thé noir, thé vert, lait glacé ou milk tea) aromatisé (ananas, banane, fraise, pomme verte, noix de coco, melon, mangue, taro, vanille ou pastèque) dans lequel des perles du goût de votre choix (mangue, tapioca, yaourt, lichi, passion ou fraise) éclateront dans votre bouche révélant tout leur arôme pour le plus grand bonheur de vos papilles ! A déguster sans modération sur la jolie terrasse ensoleillée.

■ **LE BANTHAI ....Thaïlandais**
Vieux Nice
29, rue droite
✆ 09 73 57 19 06
lebanthai@yahoo.fr
Ouvert de 11h à 15h et de 18h à 22h30. Fermé le mercredi. Carte : 16 € environ.
Stéphane Maros nous fait voyager au Pays du sourire en nous faisant découvrir une dizaine de plats thaïlandais incontournables et rigoureusement choisis comme par exemple le Tom Yum Kong (soupe aux épices et crevettes), le Som Tum (salade de papaye verte), le Tom Kha Kay (soupe de poulet au lait de coco), le Khao Pad (riz frits au wok), le Lab (poulet ou porc préparé avec des cébettes, de la coriandre et de la menthe) ou encore le Gaeng Daeng, une pâte de curry rouge doux et délicatement parfumé au lait de coco... Les saveurs et les senteurs se mêlent ici dans l'assiette puis dans la bouche, et tous les sens sont mis en éveil pour un voyage des plus divins. L'évasion pour l'autre bout du monde vous attend dans le vieux Nice ! Embarquement immédiat.

■ BHARATI .... Indien – Pakistanais

Centre-ville
49, rue Lamartine
✆ 04 93 54 61 03
www.bharati-nice.com

Ouvert tous les jours de 12h à 14h30 et de 18h30 à 23h, sauf lundi midi. Menu enfant : 10 €. Formule du midi : 13,50 €. Menu végétarien : 16 €. Formules à 17 € et 21 €. Vente à emporter. Livraison à domicile tous les soirs de 18h30 à 22h30 sauf lundi (+ week-end et vacances scolaires midi et soir).

Dans ce restaurant à la devanture colorée, on déguste une cuisine indienne à l'esprit familial dans la salle aux couleurs chaudes, au mobilier en bois et au nappage orangé. Des images de séries bollywoodiennes passent sur des écrans TV pendant que le service s'accomplit en toute convivialité. La cuisine maison vante les saveurs traditionnelles indiennes : beignets au thon et pommes de terre légèrement épicées, beignets de poulet à la farine de pois chiche, poulet ou mouton masala, curry d'agneau épicé ou avec crème et cajou... Côté desserts : flan coco, kulfi jaipur et halwa concluent les repas sur une originale note sucrée. Tous les plats sont proposés à emporter chaque soir (sauf le lundi) et peuvent également être livrés à domicile (à partir de 30 €).

■ BOLLYWOOD LOLLYWOOD .... Indien – Pakistanais

Centre-ville
5, avenue Jean-Médecin
6, passage Emile-Negrin
✆ 04 93 79 15 26 / 06 64 10 80 48
www.bollywoodlollywood.com
restaurant@BollywoodLollywood.com

Ouvert tous les jours midi et soir de 8h à 11h, de 12h à 14h30 et de 18h à 23h30. Menus de 15 € à 35 €. Plat du jour : 9 €. Petit déjeuner : 6,50 €. Terrasse.

L'entrée de cette adresse discrète nichée dans le centre de Nice est signalée par un stand où des affiches, des cartes postales et des vidéos rendent hommage au cinéma Bollywoodien. Dans la salle ou sur les quelques tables posées au calme à l'extérieur, on déguste une cuisine indo-pakistanaise qui décline grillades au tandoori, gambas malaï (lait de coco), chicken tikka massala (poulet au curry), naans (nature, fromage, viandes...) et légumes variés. Une adresse sympa pour profiter pleinement de ce voyage culinaire coloré, épicé et riche en goût.

■ CRAZY WOK

Centre-ville
4, rue Alsace-Lorraine
✆ 04 93 87 30 61
www.crazy-wok.com
kimphan@live.com

Ouvert du lundi au samedi de 12h à 14h et de 19h à 22h. Carte : 13 € environ. Wok box à emporter 10 €. Menus : 11 €, 18 € et 25 €. Réseau Gay Friendly. Vente à emporter.

Dans une ambiance zen et chic, la déco de ce restaurant asiatique lounge invite à la quiétude dans un voyage hors du tumulte de la ville : lumière tamisée, murs en pierres apparentes, bouddha, orchidées, murs rétroéclairés rehaussés de panneaux de bois décorés... Les salles sont spacieuses mais intimes, et si vous devez patienter pour qu'une table se libère, vous pourrez vous lover dans les sofas confortables installés dans l'entrée. Les hôtes affichent toujours le sourire et sont d'une gentillesse rare. Ils sauront orienter vos choix, nombreux tant la carte est variée. Ici, on cuisine les woks vietnamien, chinois, thaïlandais et japonais sous vos yeux pour le plus grand bonheur de tous vos sens. L'établissement propose également des fondues chinoises très savoureuses. Le service est efficace et quand vos assiettes arrivent, le spectacle continue : des plats gourmands et généreux, très originaux comme le poulet à l'ananas présenté dans un demi-ananas frais ! Petit plus : si vous êtes pressés, vous pouvez commander des Wok Box à emporter. Une adresse à découvrir absolument.

■ FLEUR DE JADE .... Vietnamien

Centre-ville
8 bis, rue d'Italie
✆ 04 93 88 34 01

Ouvert de 12h à 14h et de 19h à 22h45. Ouvert tous les jours le midi et le soir. Carte : 20 € environ. Formule déjeuner : 15 €. Menu du soir : 21 €. Climatisation.

Ce restaurant vietnamien avec son cadre à la décoration unique inspirée des paysages de campagnes asiatiques est ouvert tous les jours, y compris le dimanche. En entrant, on passe un petit pont au-dessus d'un sol transparent pour pénétrer dans une salle aux espaces variés, aux couleurs flamboyantes et à l'esprit cosy. Entre aquariums, tableaux et mobilier de confort, on déguste ici toute la palette des saveurs traditionnelles de la cuisine vietnamienne déclinée sur une carte généreuse et variée aux prix doux.

■ HAVELIE .... Indien – Pakistanais

Centre-ville
35, rue d'Angleterre
✆ 04 93 88 99 40 / 04 93 54 77 29
www.restaurant-havelie.fr
havelie@hotmail.fr

Ouvert 7j/7 de 12h à 14h et de 19h à 23h30. Buffet à volonté dimanche midi et soir : 19,50 €. Menus midi (tous les jours sauf week end et jours fériés) : 11,99 € et 14,99 € (menus végétariens ou non). Menu midi et soir : 25,50 €. Menu pour deux : 59,99 €. Terrasse. Vente à emporter. Service traiteur événementiel. Livraison à domicile de 12h à 14h et de 19h à 23h. Réduction de 10% de la note totale pour une commande à emporter. Apéritif offert. Viande Hallal.

L'invitation au voyage débute dès le pas de porte franchi, une volonté d'Anil Manchanda qui règne depuis plus de 20 ans sur l'art culinaire indien dans la capitale azuréenne. Le cadre coloré orné d'objets artisanaux se décline en rouge et orange sous une belle lumière tamisée. Natifs du Pendjab indien, le Chef et son second dévoilent les saveurs raffinées d'une cuisine qui extrait les arômes délicats de plus de 25 épices. Faussement réputées « relevées », les spécialités du nord de l'Inde célèbrent les grillades au tandoor, les biryanies (riz basmati mijoté aux épices), les thalis (plats végétariens), les nans (galettes indiennes cuites au tandoor) et des desserts typiques tel le kulfi, une glace au safran. Un thé Massala mêlant cannelle, girofle, cardamome et gingembre accompagne divinement les saveurs de plats que l'on peut également commander à emporter.

HOT POT .... Coréen

Centre-ville
6, rue Alsace-Lorraine
✆ 04 93 82 33 54
http://hotpotrestaurant.free.fr
hotpot.restaurant@free.fr
Tram : arrêt Jean Médecin

Ouvert tous les jours midi et soir. Réservation : de 10h30 à 14h30 et de 18h à 23h. Formule : 17 € (fondue + barbecue). Menus légers du midi de 6 € à 14 €. Menus soirs de 14 € à 22 €.

Vong Tran Viet – propriétaire et créatrice de cette enseigne – fait le bonheur des amateurs de saveurs asiatiques traditionnelles. Dans un cadre sobre et actuel, on découvre ainsi le teppanyaki japonais, des grillades sur teppan (plaque chauffante) où viandes, poissons, crustacés et légumes frais sont cuisinés devant vos yeux par un Chef habile qui fait virevolter les mets dans les assiettes des convives attablés autour de la plaque. Barbecue coréen, fondue chinoise au bouillon et plateaux de sushi ou maki complètent la découverte de plats asiatiques élaborés à partir de produits rigoureusement sélectionnés qui prônent fraîcheur et légèreté.

INDIAN LOUNGE .... Indien – Pakistanais

Vieux Nice
34, rue Droite ✆ 04 93 85 38 39
www.indianlounge-nice.fr
indian.lounge@wanadoo.fr

Ouvert tous les jours de 12h à 14h30 et de 18h30 à 22h30. Organisation de soirées à thèmes. Menu enfant : 9 €. Menus 10 €, 14,90 €, 20 € et 25 €. Buffet à volonté le soir du lundi au jeudi 18 €. Accueil des groupes (menu de groupes : 27,50 € par personne).

Une immersion au cœur de New Delhi, voilà l'invitation lancée par ce restaurant pourtant posé au cœur du vieux Nice ! Grands drapés de tissus colorés au plafond, statues de Ganesh, tableaux et images de Bollywood sur les écrans muraux, l'évasion est autant dans le décor qu'à la carte : pains nans, biryani, tandori, poulet, riz, poissons, gambas et légumes se parfument d'épices et de saveurs dépaysantes. En soirée, le voyage culinaire se fait également autour du buffet – du lundi au jeudi – et se poursuit dans l'espace lounge au sous-sol qui accueille tout événement avec menus adaptés pour les groupes. Des soirées animées avec chants et danses rythment régulièrement l'ambiance déjà chaleureuse cultivée en ces lieux au parfum d'ailleurs.

KAMOGAWA.................................. Japonais

Centre ville
18, rue de la Buffa
✆ 04 93 88 75 88
http://kamogawa.pagesperso-orange.fr

Ouvert tous les jours de 12h à 14h et de 19h à 22h. Menu du jour : 13 €. Menus déjeuner : 15 €, 20 € et 28 €. Menu dégustation : 70 €. Menus fondue : 39 € et 48 € par personne. Accueil des groupes. Salle indépendante privatisable pour 20 personnes.

Adresse incontournable et fiable pour les amateurs de cuisine nippone depuis déjà de nombreuses années, ce restaurant japonais du centre ville déploie un décor sobre en dégradés de bois miel et mobilier marron. On y déjeuner et on y dîne de plats traditionnels rigoureusement frais, des sushis, des makis et des sashimis servis sur des présentoirs originaux en forme de bateaux. Les nombreuses formules du midi rendent les lieux plus abordables et la salle Sakura offre la possibilité de réunir un groupe de 20 personnes en espace réservé.

LA LIBELLULE ROUGE

Port – 24, rue François-Guisol
✆ 04 92 04 02 99
www.libellulerouge.com

Ouvert tous les jours midi et soir, sauf le dimanche midi. Menu enfant : 10,50 €. Formules de 12 € à 16 €. Menus de 13 € à 25 €. Livraison à domicile gratuite de 18h à 22h à partir de 15 € par commande. Plats à emporter aux heures de service : – 10% (sauf sushi).

Deux espaces intérieurs colorés de rouge et une belle terrasse accueillent les amateurs de cuisine asiatique nouvelle sans MSG (Mono Sodium Glutamate). Salades composées, brochettes, beignets tempura, nems, raviolis vapeur, plats de viandes, de poissons et de poulet ainsi que quelques plats végétariens sont tous exclusivement concoctés maison à base de produits frais. Les formules variées proposées au bar à sushis, les desserts gourmands et une belle carte de vins, cocktails et liqueurs maison complètent une carte généreuse dont la plupart des plats est proposée à emporter aux heures de service midi et soir.

MADURA...................... Indien – Pakistanais

Centre-ville
8, rue de Belgique
✆ 04 93 53 27 26 / 06 69 50 51 24
nice.madura@gmail.com
Tramway : arrêt Gare Thiers.

Ouvert 7j/7 de 12h à 14h et de 19h à 23h. Formule du midi : 12 €. Menu végétarien 12 €, menu solo 18 €, menu couple 34 €. Accueil des groupes. Livraison à domicile gratuite (uniquement à la carte). Vente à emporter. Organisation de soirées. Traiteur à domicile.

Ce restaurant décline une carte riche et variée de spécialités indiennes. Il propose la livraison tous les jours à domicile midi et soir ainsi que la livraison de plateaux-repas à l'heure du déjeuner chez soi ou au bureau. Sur réservation, l'équipe organise également des soirées privées et peut fournir une prestation de traiteur à domicile pour toute occasion professionnelle ou festive.

MOTHER INDIA............. Indien – Pakistanais

Vieux Nice
5, rue Jules Gilly
✆ 04 93 62 67 44 / 06 98 14 25 35

Ouvert tous les jours de 18h30 à 23h30. Menus : 20 €, Madras Dish : 23 €. Plat du jour : 10 €. Tickets restaurants acceptés. Chèques non acceptés. Accueil des groupes (jusqu'à 40 personnes. Buffet à volonté possible – environ 30 € par personne tout compris – sur réservation uniquement). Vente à emporter. Climatisation.

Le Mother India est un restaurant indien situé en plein cœur du vieux Nice. Agencé dans des tons safran et orangés, cet établissement joliment décoré prône une ambiance détente inspirée du style bollywoodien. En cuisine, le Chef élabore une cuisine indienne raffinée de qualité et de tradition extrêmement bien réalisée : le chicken tikka massala – des brochettes de poulet marinées dans un mélange de yaourt, d'épices et de gingembre – est sans aucun doute l'un des meilleurs de la ville. Pour les plus friands, le Lamb Malabar (curry d'agneau très pimenté) est également un très bon choix. L'endroit est convivial et chaleureux, l'accueil est agréable et le service sans reproche. Le Mother India a réussi a ramené un petit bout d'Inde à Nice, dépaysement garanti !

■ NOORI'S........................ Indien – Pakistanais

Carré d'Or
1, place Grimaldi
✆ 04 93 88 80 87
www.nooris.com
nooris@hotmail.com

Ouvert tous les jours le midi de 12h à 14h30 et le soir de 19h à 23h. Formule du midi : 13 €. Menu de 13 € à 33 €. Terrasse. Vente à emporter. Salle à l'étage pour l'accueil de groupes jusqu'à 50 personnes. Traiteur à emporter sur commande.

Le Noori's ravit les amateurs de cuisine indienne dans un cadre sobre et relaxant. Sa grande terrasse et la salle privatisable à l'étage ajoutent à l'attrait d'un lieu dont les plats transitent par toutes les provinces de l'Inde. Des saveurs douces aux plus relevées, on fait son choix entre les traditionnels tandooris, les Borthons, les Birianies, les pains indiens et les pâtisseries maison. Le service traiteur « Jaipur » propose des plats et des menus épicés à la demande, à emporter ou livrés gratuitement à domicile.

■ PLANET SUSHI .... Japonais

Centre-ville
42, boulevard Jean Jaurès
✆ 04 97 08 08 08
www.planetsushi.fr
webmaster@planetsushi.fr

Service non-stop de 12h à 22h45. Sur place, à emporter et en livraison (secteur centre). Chèques non acceptés.

Le concept de « testaurant » a débarqué à Nice avec ce restaurant japonais à plateau tournant – le *kaiten* – où un festival de plats savoureux aux différentes couleurs et aux prix variés concoctés par des maîtres sushi circulent devant les clients. Le défi consiste à sélectionner directement sur le plateau central les spécialités qui vous tentent. Les moins aventuriers peuvent opter pour les plats à la carte avec service classique à table. Ces repas conviviaux, riches en découvertes, se prennent dans un décor *design* qui joue sur les transparences, le rose, le blanc et un mobilier résolument moderne. Côté desserts, ne manquez pas de goûter les sushi aux fraises ou ceux au Nutella !

▶ **Autre adresse :** 3, avenue Malausséna Tél 04 93 16 10 10 (en version restaurant, à emporter et livraison à domicile sur Nice Nord).

■ LE RAJA .... Indien – Pakistanais

Port
24, quai Lunel
✆ 04 93 89 57 36
www.leraja.fr

Ouvert pour le déjeuner du lundi au dimanche de 11h30 à 14h30 et le soir de 19h à 23h. Formule du midi 11 €. Salade du jour 10 €. Menu midi et soir 13,50 € (entrée + plat) ou 22 € (entrée + nan + plat + dessert + café). Livraison gratuite à domicile. Service traiteur. Location de la salle pour les mariages. Champagne offert pour la fête d'anniversaire. 100 places intérieur et extérieur. Chèques non acceptés.

Voici un établissement qui promet un dépaysement des plus agréables. On s'évade tout d'abord grâce à la décoration soignée et élégante où tout rappelle la culture indienne : murs colorés, peintures rétro-éclairées racontant des histoires mythologiques indiennes, photos de paysages ou de monuments grandioses, immenses portes sculptées en bois... Côté assiette, l'invitation au voyage continue : copieuses, elles présentent des mets raffinés, gourmands et variés permettant d'embrasser toute la richesse de la cuisine indienne du Kashmir en passant par le Punjab, le Sikkim, le Manipur, le Bihar sans oublier Delhi, Pondichéry, le Kerala ou le Rajasthan (entre autres). La viande et le poisson – d'excellente qualité – sont d'ailleurs cuits au four traditionnel indien (tandoor) tandis que les spécialités au curry sont tout aussi délicieuses. De plus, on vous accueille avec le sourire et on vous renseigne sur les plats avec gentillesse et professionnalisme. Une adresse à (re) découvrir absolument ! Info futée : Le Raja prépare des repas sur commande pour vos événements privés.

Pan bagnat

■ **SUSHI BAR....................................Japonais**
Vieux Nice – 8, rue du Collet ✆ 04 92 27 91 20
www.100sushi.fr – info@100sushi.fr
Ouvert toute l'année. 7j/7 de 12h à 22h. Vente à emporter. Livraison. Traiteur. Réservation recommandée. Carte : 10 € environ. Vente à emporter. Livraison.
Toutes les saveurs authentiques de la cuisine japonaise se retrouvent à la carte de cette adresse au décor moderne : soupe miso, sushis, makis, california rolls, brochettes yakitori de poulet ou de poisson accompagnées de riz au sésame sont concoctés chaque jour sur place. Les amateurs de saveurs asiatiques apprécient tout autant les plats spéciaux composés de thon mi-cuit et de coquilles saint-Jacques marinées ou les sashimis de langoustines, les makis au homard ou ceux à l'oursin préparés sur commande. Cet établissement joue la transparence en garantissant la fraîcheur des produits, en révélant la liste de ses fournisseurs et en proposant la visite de ses cuisines ! Les assortiments et les plats à emporter sont également préparés à la demande.

MA YUCCA ....Japonais
Centre-ville – 26, rue de la Buffa
✆ 04 93 88 39 84 – www.mayucca.fr
Fermé un mois en fin d'année. Ouvert le lundi et du mercredi au samedi de 12h à 14h (dernier service à 14h) et de 19h à 22h (dernier service à 22h). Réservation recommandée. 30 € pour le menu du soir. Carte : 30 € environ (entrée, plat, dessert). Menu enfant : 12 €. Midi : 1 plat 13 €, 1 plat, une entrée ou un dessert 18 €, entrée plat dessert 23 €. Vin au verre. Chèques non acceptés. Accueil des groupes. Animations.
Depuis son ouverture, ce restaurant connait un franc succès. Il faut dire qu'ici, tout concourt à passer un moment serein et gourmand. A commencer par l'accueil des 2 sœurs japonaises, Mayu et Yuca, formées dans les plus grandes maisons. Passionnées et désireuses de transmettre leur curiosité, ces deux perles ont fait le pari de faire découvrir le Japon sous un jour nouveau. Car loin des sushis et du poisson cru, la cuisine de Yuca est raffinée, diététique et gourmande. On trouve à cette table beaucoup de viandes et de poissons cuisinés, à l'image du filet de bœuf poêlé sauce oignons doux, du filet mignon de porc sauce tartare au tonkatsu ou encore du carpaccio de daurade marinée au kombu accompagné de mozzarella sauce ceviche au citron vert, du saumon poêlé sauce vierge au soja, du poulet frit sauce sésame purée de patates douces et légumes du marché ou du magret de canard sauce tériyaki. Mélange harmonieux des gastronomies, et pari réussi puisqu'il semble que le lieu soit déjà repéré par les cars de japonais en vacances (plutôt bon signe) et les locaux, qui dans le quartier, n'ont plus que ce nom à la bouche. Dépaysement garanti.

Cuisine d'Europe

■ **FJORD..Scandinave**
Port – 21, rue Guisol ✆ 04 93 26 20 20
www.fjord.fr – fjord@fjord.fr
Fermé du 15 au 30 août. Ouvert du mardi au samedi. Boutique ouverte de 9h30 à 19h15. Restaurant ouvert de 12h à 14h. Assiette du mois : 22 €. Formule Förrätter (tapas) : 5 €. Sur place & à emporter. American Express. Service traiteur : plateaux, canapés, buffets, assiettes individuelles. Boutique : caviars, saumons, foie gras, harengs...
Cette boutique-épicerie, traiteur et restaurant ouverte en 1983 par une Norvégienne et son mari niçois, est une référence pour les amateurs de produits scandinaves. Cet établissement propose notamment une grande variété de saumons de haute qualité (cuit, mariné, fumé…), du caviar, de l'anguille fumée, du hareng mariné et des œufs de poissons. Tous les midis, on déguste sur place l'assiette du mois ou on fait son choix parmi les nombreux plats à la carte. Sur commande, on se voit préparer à la demande des buffets scandinaves, des canapés variés, des plateaux et des assiettes individuelles qui répondent à tous les budgets.

■ **MA NOLANS IRISH PUBS............Britannique**
Port – 5, quai des Deux Emmanuel
✆ 04 92 27 07 88 – www.ma-nolans.com
info@ma-nolans.com
Ouvert toute l'année. De 10h à 2h du matin avec un service non stop jusqu'à 23h. Petit déjeuner à partir de 4,90 €. Snack à partir de 4,90 €. Salade à partir de 11,90 €. Sandwich à partir de 5,50 €. Burger à partir de 10,90 €. Plat du jour 9,90 €. Menu enfant 6 €. Concerts.
Le Ma Nolans du Port est un excellent endroit où boire un verre mais sachez que cette adresse réserve aussi de belles

© MAKSUD - FOTOLIA

surprises côté restaurant avec une carte variée : burgers, tourtes, salades, Fish'n'Chips, Sunday Roast... C'est bon, savoureux et copieux, et l'ambiance est à la fois très friendly et élégante avec du bois qui se mêle à l'acier et au cuir. Une adresse futée où vous pouvez aussi bien apprécier de la musique en live chaque vendredi, samedi et dimanche soirs, que suivre les plus grands événements sportifs de la semaine. Pour ceux qui aiment la compétition ou les jeux, vous êtes conviés au quiz tous les jeudi soirs à 20h.

■ **MA NOLAN'S IRISH PUBS .... Britannique**
Vieux Nice
2, rue Saint-François-de-Paule
✆ 04 93 80 23 87
www.ma-nolans.com
info@ma-nolans.com
Ouvert toute l'année. De 11h à 2h du matin avec un service non-stop jusqu'à 23h. Petit déjeuner à partir de 4,90 €. Snack à partir de 4,90 €. Salade à partir de 11,90 €. Sandwich à partir de 5,50 €. Burger à partir de 10,90 €. Plat du jour 9,90 €. Menu enfant 6 €. Concerts.
Pub irlandais à l'atmosphère chaleureuse qui réunit les communautés anglo-saxonnes et leurs amis, le Ma Nolan's propose aussi quelques spécialités gourmandes que les Anglais aiment grignoter : burgers, tourtes (au poulet ou au bœuf mariné dans la Guiness), l'incontournable Fish'n'Chips, le Sunday Roast ainsi que toute une série de salades à des prix abordables. Une adresse très sympa où vous pouvez suivre en permanence tous les plus grands matchs de rugby, football... ou bien assister à des concerts *live* tous les soirs de la semaine ; vous pouvez même participer au quiz tous les lundis à 20h pour essayer de remporter les bons Ma Nolan's allant jusqu'à 100 €.

► **Autre adresse :** 5 Quai des Deux Emmanuel 06300 Nice

LE TRANSSIBÉRIEN .... Russe
Grosso
1, rue Bottero
✆ 04 93 96 49 05 / 09 81 45 15 00
bizkonte@outlook.fr
Ouvert midi et soir (sur réservation). Fermé le dimanche et lundi. Réservation impérative. Formules du midi 15 €, 17 € et 18 €. Menus midi et soir : 35 € et 40 € avec apéritif, entrée, plat, dessert et boissons. 69 € avec caviar. American Express. Accueil des groupes (jusqu'à 100 personnes). Boutique. Le jeudi et samedi : soirée russe avec musique ambiance slave et grichka sur réservation.
Cet établissement est le seul en France à réunir à la fois la gastronomie, la culture et les rites slaves. Attablés dans les espaces qui reconstituent les wagons du célèbre train «*Le Transsibérien*», on voyage dans l'univers slave, ses saveurs et son folklore. A la carte : teftella (boeuf sauce aigre douce), borchtch rouge (potée ukrainienne à la betterave rouge), goloubtsi (choux farcis), pelmini sibériens (raviolis farçis à la viande), côtelettes pojarski, bœuf Strogonoff, caviar et en dessert la vatrouchka un gâteau au fromage blanc ou les blintchiki, des petites crêpes garnies. Des vodkas haut de gamme accompagnent ce dépaysement gustatif dans l'ambiance feutrée d'une musique folklorique. L'accueil chaleureux et les conseils prévenants se retrouvent également dans l'espace épicerie fine qui dévoile des produits, des plats et des boissons typiques. Un vaste choix d'objets d'artisanat local (matriochka, boîtes laquées Fedoskino...) est également exposé dont les célèbres soldats de plomb de collection. A noter : le bagna russe (sauna) ouvert tous les jours sauf le dimanche avec douche, billard, espace relaxation, dégustation de thé, pâtisserie ou menu.

Cuisine méditerranéenne

AL CAPONE
Centre-ville
41, avenue Georges Clemenceau
✆ 04 93 92 29 22
Voir page 11.

■ **ATMOSPHÈRE CAFÉ .... Italien et pizzeria**
Vieux Nice
36, cours Saleya ✆ 04 93 80 52 50
Voir page 72.

■ **ATELIER SAINT-ANTOINE**
Centre-ville
8, avenue Durante ✆ 06 72 63 96 00
kprovent.design@yahoo.fr

Café-restaurant ouvert du lundi au samedi de 7h à 19h en continu. Restauration de 12h à 16h. CB, tickets restaurant. Formule Petit Déjeuner (1 boisson chaude + 1 croissant + 1 jus d'orange) : entre 4 € et 5 €. Plat du jour : entre 12,90 et 14,90 €. Menu pâtes (+ dessert) : 14 €. Menu Salade (+ dessert) : 15 €. Menu carpaccio ou émincé de poulet (+ dessert) : 16 €. Chèques non acceptés. Terrasse.

Au fil du temps, ce petit bistrot Art Déco est devenu la cantine de nombreux habitués du quartier qui viennent dès les premières heures de la matinée pour un petit déjeuner copieux avec 3 formules au choix. On apprécie le décor arty tout en couleur de ce café-galerie qui expose en permanence les tableaux de Karine Tressens, une touche toute personnelle plus que bienvenue que l'on retrouve jusqu'à la vaisselle signée de cette artiste peintre également designer sur porcelaine. Le midi, la cuisine élaborée avec les produits frais du marché s'invite à votre table avec des plats colorés, généreux, originaux et sans prétention. Découvrez entre autres, les noix de saint-Jacques à la provençale, le tartare de bœuf, les rougets poêlés, les gambas flambées au Pastis ou encore l'émincé de poulet sauce champignons servi avec ses légumes frais. Les salades sont copieuses et savoureuses. Coté desserts, on a aimé le pudding de l'atelier mais également le café gourmand composé d'une petite crème brûlée, d'un mini fondant au chocolat, d'un biscuit, d'une madeleine et d'un expresso. Une adresse futée.

■ **ATTIMI ....Italien et pizzeria**
Place Masséna
10, place Masséna ✆ 04 93 62 00 22
www.attimi.fr – info@attimi.fr
Tram : arrêt Masséna

Ouvert tous les jours de 12h à 0h. Carte : 18 € environ (plat). De 15h à 18h, une boisson est offerte pour toute pizza, attimi ou salade consommée.

La devanture rouge framboise de cet établissement à l'accent italien attire les regards près de la fontaine de la place Masséna ! La convivialité de la terrasse trouve écho dans la salle principale aux arches en pierres apparentes, et aux tons rouge et gris perle. Des escaliers mènent à la salle du bas qui s'ouvre sur la rue Alexandre Mari. Dans la cuisine ouverte près de la vitrine, les produits italiens de première qualité composent les plats simples aux accents transalpins : pizzas, pâtes et salades variées révèlent les saveurs d'ingrédients de qualité chinés avec soin aux quatre coins de l'Italie. On apprécie le fromage fondant crescenza et l'utilisation de farines bio. L'Attimi, spécialité éponyme, fait l'originalité de la carte : sortie du four, cette double épaisseur de pâte fine fourrée de crescenza est recouverte d'ingrédients variés (tomates cerise, jambon cru, roquette, basilic...). Un régal rehaussé côté sucré par des desserts généreux et gourmands (tiramisu, pannacotta, mousse au chocolat...). Cette adresse à l'emplacement privilégié est ouverte tous les jours pour ravir nos palais en toute convivialité.

■ **L'AVENUE RESTAURANT**
Riquier
27 bis, rue Ribotti
✆ 04 89 97 10 67 / 06 09 25 81 42

Ouvert du lundi au vendredi le midi jusqu'en octobre (le soir sur réservation uniquement). Carte : 20 € environ. Plat du jour : 10 €. Chèque Restaurant. Accueil des groupes. Vente à emporter. Climatisation. Livraison à domicile. Parking. Piste de danse. Salon(s) privé(s). Séminaires. Soirées à thème.

Le Chef concocte des plats traditionnels à partir de produits frais et locaux en y ajoutant sa touche personnelle : gambas et saint-Jacques marinées et flambées au Cognac, spaghetti noirs à l'encre de seiche aux gambas et piment de Calabre ou filet de daurade royale à la plancha au gingembre et à la menthe... Des plats venus d'ailleurs complètent la carte tels que le couscous, le tajine et les pastillas. Les desserts sont eux aussi revisités : carpaccio de mangue et son sorbet de framboise bio, panna cotta à la senteur vanille bourbon et sa purée de mangue, baba au rhum 12 ans d'âge... Les gourmands en redemanderont ! Le rapport qualité-prix est tout à fait raisonnable et l'ambiance chaleureuse. Bonne adresse où le dépaysement culinaire est de taille.

■ **LA BAIE D'AMALFI............Italien et pizzeria**
Centre Ville
9, rue Gustave Deloye ✆ 04 93 80 01 21
www.baie-amalfi.com
info@baie-amalfi.com

Fermé 1 semaine en janvier et 3 semaines fin juin et début juillet. Fermé le dimanche soir et le lundi toute la journée en basse saison, le lundi toute la journée en haute saison. Ouvert de 12h à 14h15 et de 18h45 à 22h30. Ouvert jusqu'à 22h45 le week-end. Réservation recommandée. Menus de 17,50 € à 35,50 €. Carte : 35 € environ. Formule du midi : 10,50 € (à 14,50 €). Vin au verre. Chèque Restaurant. Accueil des groupes (plus ou moins 35 personnes). Terrasse. Vente à emporter.

Un petit coin napolitain que ce restaurant italien prisé de longue date par les niçois. À la carte, viandes, poissons, entrées et pâtes se déclinent en recettes aux accents transalpins : maccheroncini *pasticciati amalfitana* gratinés, saltimbocca de veau *alla romana*, rondo d'aubergines au parmesan, spaghettata du pêcheur *al cartoccio* (en papillote), daurade royale au pesto basilic et tomates colline, filet de bœuf contadina, croustillant de sfogliatella en profiteroles... Arrivage de poissons frais tous les jours. Le cadre est élégant : tableaux et objets de déco ravivent l'esprit des restaurants italiens entre le bar d'accueil, les salles sous arcade et les fresques qui rendent hommage aux paysages amalfitains. La carte des vins nous promène quant à elle du côté des AOP italiennes : Montepulciano d'Abruzzo rouge, Rosso di

Montalcino, Costa d'Amalfi Gran Furore DOC Marisa Cuomo ou Bardolino Santi rosé. Dans cette ambiance dédiée au sud de l'Italie, des repas de groupes peuvent être organisés à la demande. Dès les beaux jours, quelques tables au soleil prolongent le charme des lieux au grand air.

■ LE BARBECUE

Vieux Nice 3, rue du Four
✆ 04 93 53 02 59
fany.manu@hotmail.fr

Fermé deux semaines en février. Fermé le mardi. Ouvert de 11h45 à 14h15 et de 18h45 à 22h15. Carte : 22 € environ (entrée, plat, dessert). Menu enfant : 9,50 €. Vin au verre. Menus à 13,50, 16,50 € et 19,50 € (valables midi et soir). Plat du jour : entre 8,50 € et 10,50 €. Chèque Restaurant. Accueil des groupes (jusqu'à 40 personnes). Terrasse. Vente à emporter.

Blotti dans une petite rue discrète perpendiculaire à la rue Pairolière, ce restaurant familial est réputé pour sa cuisine portugaise à prix légers. Fanny veille sur la salle et Manu œuvre aux fourneaux. A la carte : accras de morue maison et soupe portugaise (caldo verde, à base de choux portugais et de pommes de terre), grillades, poulet grillé (churasco) au piripiri, travers de porc, brochette de bœuf et saucisse fumée, pavé de morue grillé au barbecue façon aïoli et la Caldeira, bouillabaisse portugaise (3 sortes de poissons, pommes de terre, tomates fraiches, poivrons, palourdes et gambas). L'établissement décline sa cuisine familiale vers des saveurs du Sud et de la Provence : découvrez notamment la morue à la niçoise, le magret de canard au miel et thym ou encore les gambas et palourdes à la provençale et les sardines grillées. Côté sucré : le pasteis de nata – petits gâteaux portugais – et la tarte cuite minute au miel et à la cannelle sont de vrais délices. L'accueil est chaleureux, le cadre rustique, la terrasse très agréable et les assiettes généreuses. Au cœur du vieux Nice, cette escapade dans le Sud de l'Europe met des couleurs dans vos pauses repas !

■ CAFÉ DE NICE

Centre-ville
1, rue Maurice Jaubert ✆ 04 89 14 82 03
n.ianniciello@gmail.com

Ouvert 7j/7 de 12h à 23h non-stop. Menus à 22 €, 32 € et 44 €. Plat du jour : 11 €. Formule midi : 13,50 € (entrée + plat ou plat + dessert). Tickets restaurant. Chèques non acceptés. American Express, Chèque Vacances.

Niché dans une rue perpendiculaire de la zone piétonne, le Café de Nice propose une cuisine fraîche et savoureuse. Découvrez une carte variée et des plats extrêmement bien réalisés. Pour commencer, optez par exemple pour la soupe de poissons ou la salade de chèvre croustillant puis choisissez notamment la pièce du boucher, morceau de bœuf sélectionné par le Chef, le magret de canard aux miel et sésame, ou encore les gnocchis au pistou, simplement exceptionnels... Côté sucré, moelleux au chocolat, coupes glacées, crème brûlée et autres desserts régaleront vos fins de repas. Le cadre est joliment décoré et la terrasse des plus agréables.

■ **CAMPO DI FIORI**
Vieux Nice
18/20, cours Saleya ✆ 04 93 62 16 32
www.campodifiori.fr
chezfreddynice@neuf.fr

Ouvert 7j/7 toute l'année. Service non-stop de 11h30 à minuit. Plats à emporter. Carte : 20 € environ (le plat). Vin au verre. Formule : 17,90 € (entrée + plat ou plat + dessert). Plat du jour : 15,90 €. American Express, Chèque Vacances, Chèque Restaurant. Accueil des groupes (jusqu'à 330 personnes et 300 supplémentaires au restaurant «Chez Freddy». Menus de groupes et banquets possibles). Chaises bébé. Terrasse (chauffée en hiver). WiFi gratuit.

L'emplacement privilégié sur le cours Saleya et à quelques pas de la mer donne des aspirations voyageuses à la carte de ce restaurant qui mixe des saveurs variées venues de toutes les contrées : sushis préparés minute, risottos, raviolis, gnocchis, pâtes, pizzas, viandes et poissons grillées, woks, salades diverses, fajitas ou encore des plats typiquement niçois et des desserts variés comme le tiramisu maison. Les amateurs de spécialités culinaires d'ici et d'ailleurs s'installent en terrasse (chauffée en hiver) plongée au cœur de l'animation du vieux Nice ou dans le cadre intérieur au décor chic et contemporain. Les repas de groupes se font dans les salons privés situés à l'étage ou en terrasse avec un choix de menus adaptés.

■ **LA CASA DI GIORGIO**
Libération
1, rue Flaminius Raiberti
✆ 09 53 47 59 85
www.lacasadigiorgio.com
contact@lacasadigiorgio.com

Ouvert du lundi au samedi de 5h45 à 15h30. Réservation recommandée. Plat du jour. Produits traiteur et d'épicerie fine à emporter (fromages, charcuterie...).

Une cuisine *all'italiana* est concoctée ici par Giorgio lui même, Chef épicurien à la bonne humeur communicative. Depuis la Cité de la place de la Libération où il tenait un stand de produits italiens des plus attractifs, il a traversé la rue pour ouvrir cette adresse gourmande où demeure une vitrine réfrigérée pour l'achat de produits italiens à emporter. Dans la salle aux tables couvertes de nappes à carreaux rouges et blancs, la convivialité à l'italienne est de mise. On déguste ici des plats aux saveurs transalpines et méditerranéennes ainsi qu'un choix de charcuteries et de fromages italiens qui attirent une foule de clients fidèles à l'heure du déjeuner dans l'ambiance animée des jours de marché.

■ **DAVISTO** .... **Italien et pizzeria**
Saint-Philippe
17, rue Saint-Philippe
✆ 04 92 10 85 70
www.davisto.net
davisto@orange.fr

Ouvert toute l'année. Ouvert de 12h à 14h30 et de 19h à 22h. Fermé samedi midi et lundi. Réservation recommandée. Plat du jour : 11 €. Menu : 29,50 € (entrée + plat + dessert midi et soir). Formules du midi : 11 € (pâtes + dessert) et 15 € (plat/dessert) et 18 €. Plats à emporter. Pâtes à emporter. Terrasse. Chiens acceptés.

Amateurs de pâtes fraîches maison, de cuisine italienne ou piémontaise se régalent ici d'un voyage en terre voisine sur une carte bilingue à l'accent chantant : salade de poulpes sur lit de purée de pommes de terre pressées, salade de veau à la romaine et sa salade de saison, côte d'agneau marinée aux herbes et ses pommes de terre au four... Sans oublier les plats aux véritables cèpes frais tels que les tagliatelles ou le fameux risotto et les poissons sauvages fraîchement pêchés arrivés tout droit d'Italie. Le Davisto suggère également sa carte gourmande (uniquement en saison) qui fait honneur à la truffe d'Alba : carpaccio de veau à la truffe, œuf à la truffe, entre autres. Les desserts maison – tiramisu, tarte citron, panna cotta… – et une belle carte de vins transalpins complètent l'évasion en terre italienne promise dans cette adresse qui cultive la convivialité des bonnes tables de quartier prisées par les habitués.

■ **DI PIÙ** .... **Italien et pizzeria**
Promenade des Anglais
85, quai des Etats-Unis
✆ 04 92 00 05 56
www.dipiu.fr
Ouvert tous les jours de 9h30 à 14h et de 18h30 à 23h. Climatisation. Pas de réservation possible. Plat du jour : 12 €. Vin au verre. Tickets restaurant. Chèques non acceptés. Chaises bébé. Terrasse.
Ce restaurant connait un véritable succès. La grande terrasse avec vue sur la mer est extrêmement sollicitée été comme hiver. A l'intérieur, les hauts murs laissent entrevoir une décoration au design moderne et épuré. Dans les assiettes, la carte est variée : foccacia, schiacciata, tronchetti, salades diverses, pâtes en sauce ou en gratin (rigatoni façon Di Più aux aubergines, fromage, tomate et jambon speck, petites pâtes au pistou, haricots verts et pommes de terre, lasagnes géantes…) mais également burgers maison, viandes (demi-poulet et sa purée maison, tagliata de bœuf sur son lit de roquette) et poissons (poêlée de calamars à la Catalane, blanc de loup aux artichauts). Côté sucré, il y en a pour tous les goûts : fruit frais et tartes de saison, coupes glacées, tiramisu aux fraises (en saison), crème caramel géante ou triple profiteroles. Pour sublimer le tout, les vins proposés accompagnent les mets à merveille.

■ **LA FAVOLA** .... **Italien et pizzeria**
Vieux Nice
13, cours Saleya
✆ 04 93 04 45 23
www.restaurant-pizzeria-favola.fr
info@boccaccio-nice.com
Ouvert tous les jours midi et soir de 12h à 14h30 et de 19h à 23h. Carte : 25 € environ. Plat du jour : 11,50 €. Chèque Restaurant. Chaises bébé. Terrasse. Climatisation.
Cette adresse fait la part belle à la cuisine de tradition italienne issue de produits de qualité et servie dans un décor branché et animé. La terrasse très prisée à l'entrée du cours Saleya et les espaces intérieurs sur deux niveaux offrent un cadre actuel et convivial où l'on savoure notamment un large choix d'*antipasti*, de pizzas cuites au feu de bois, de pâtes aux sauces variées, de risottos, de foccacias sans oublier le fameux tronchetto (pizza roulée et coupée en tranches). Les assiettes géantes et les desserts en portion XXL font la réputation des lieux où le service rapide et attentif ajoute aux plaisirs du palais dans l'ambiance animée du cours Saleya.

■ **GEPPETTO** .... **Italien et pizzeria**
Centre-ville
5, rue Gioffrédo
✆ 04 93 62 47 01
Ouvert du lundi au jeudi le midi ; le vendredi et le samedi le midi et le soir.
Ce restaurant italien propose des plats typiques dans un cadre chaleureux fait de murs en pierres apparentes et de mobilier en bois caramel. Pâtes et raviolis dominent une carte aux saveurs transalpines concoctée par le maître des lieux qui répond au surnom de Geppetto et dont la bonhommie ajoute au plaisir de la table. Il met du cœur dans ses plats qui changent régulièrement et n'hésite pas à venir saluer ses clients en salle.

■ **GIGI TAVOLA** .... **Italien et pizzeria**
Port
5, quai des Deux Emmanuel
✆ 04 93 31 72 65
events@paloma-beach.com
Ouvert 7j/7 de 11h30 à 15h et de 18h à 23h. Prix moyen à la carte : entre 17 € et 25 € par personne. Accueil des groupes (jusqu'à 100 personnes. Menus possibles sur demande). Terrasse.
Gigi Tavola – dont le nom évoque directement LE grand-père italien – se réparti en trois espaces distincts : la terrasse donnant sur le port, une salle dominée par un bar central et une deuxième agencée avec des voûtes et des briques réservée aux événements privés. La déco intérieure reflète l'ambiance rétro des *trattorias* des 60's avec ses tables et ses chaises en bois. Que dire de la cuisine : simple, abordable, généreuse et surtout familiale. Les plats gourmands sont préparés uniquement à base de produits frais soigneusement sélectionnés comme la viande du Piémont, entre autres. A table, vous opterez peut-être pour la pizza blanche à la crème de truffe, totalement irrésistible ou encore de belles viandes grillées : côte de bœuf, entrecôte, coquelet et tartare de bœuf avec plusieurs choix d'assaisonnement. Côté sucré, panna cota, tiramisu, salade de fruits et ricotta, pizette au Nutella, les gourmands sont servis ! Gigi Tavola, c'est un petit bout d'Italie tout droit installé à Nice.

■ **GOÛSTO**
Port
50, boulevard Stalingrad
✆ 04 92 04 92 81
www.legousto.fr
legousto@yahoo.fr
Ouvert le lundi de 9h à 15h, du mardi au samedi de 9h à 15h et de 19h à 22h. Carte : 16 € environ. Plat du jour : 12 €. Menu enfant : 8 €. Menu du soir : 29 €. Formule déjeuner : 16 € (plat du jour + dessert). Accueil des groupes (organisation d'anniversaires, mariages… Et possibilité de cuisine à domicile à partir de 10 personnes). Terrasse couverte.
Ce restaurant conjugue à merveille la cuisine française et péruvienne. La carte propose des plats typiques tels que Lomo saltado, seco de cordero, parihuela, arroz con mariscos… Avec un accueil chaleureux et une cuisine savoureuse, cet établissement créatif géré par la jeune Chef Eva et le très attentif Daniel entrera dans votre carnet d'adresses à coup sûr !

ITALIAN PUB .... **Italien et pizzeria**
Magnan
6, impasse Saint-Laurent
✆ 09 81 39 20 85
Voir page 13.

■ JEFF-UN
Libération
15, boulevard Auguste Raynaud
✆ 04 89 97 18 62
Ouvert le midi uniquement, du lundi au samedi de 11h30 à 14h. Plat du jour 9 €.
Jean-François Tétu est aux commandes de ce petit établissement de quartier où la bonne ambiance règne. La cuisine est simple mais gourmande, préparée avec le cœur. Ne manquez pas les grands incontournables de la cuisine française comme l'escalope de veau panée accompagnée de spaghettis ou les classiques moules marinières-frites. C'est sans oublier les mets plus originaux aux saveurs étonnantes à l'image du hamburger de magret de canard aux figues servis avec frites et salade ! La nourriture est fraîche et de saison, les assiettes copieuses et les prix doux. Une adresse idéale pour un déjeuner entre collègues ou entre amis.

■ L'ALTO RESTO
Riquier
21, rue Barla ✆ 04 83 39 35 57
Tram : arrêt Garibaldi
Ouvert du lundi au vendredi midi et soir et le samedi soir. Ouvert du mardi au samedi le midi et le soir. Menus de 10 € à 35 €. Tickets restaurant acceptés.
Adresse branchée et animée où il fait bon se régaler d'astucieuses formules de tapas délicats et variés avec dessert associé ! Les prix légers inspirent la dégustation gourmande de saveurs franco-italiennes et quelques fois asiatiques qui changent chaque jour au gré des produits du marché. Ce lieu rend ses lettres de noblesse aux tapas et redonne le goût de la décontraction et de la convivialité autour de vins transalpins ou sudistes tous servis avec le sourire. Nouveauté : l'établissement propose désormais plusieurs variétés de pizzas à consommer sur place ou à emporter et élaborées par le finaliste du concours du Meilleur Pizzaiolo de France.

■ LE LOCAL .... Italien et pizzeria
Port
4, rue de Rusca
✆ 04 93 14 08 29
Ouvert du lundi au samedi de 12h à 14h30 et de 19h à 22h30. Vente à emporter. Boutique.
Ce restaurant italien régale les amateurs de plats typiques entre risottos crémeux, pâtes fraîches, assiettes de fromages et de charcuterie ou *antipasti* variés. Dans ce quartier préservé situé près de l'église du port, la terrasse en trottoir offre des pauses-repas bien agréables. La salle toute en longueur, accueillante et chaleureuse, s'ouvre quant à elle sur une vitrine d'antipasti vendus en barquettes à emporter. Pour parfaire le voyage, des produits d'épicerie fine exclusivement transalpins s'affichent aux quatre coins : huiles d'olive, crèmes de balsamique, vins...

■ LA LOCANDA .... Italien et pizzeria
Saint-Philippe
16, avenue Robert Schuman
✆ 04 93 18 92 31
contact@lalocanda-nice.fr
Ouvert toute l'année. Du lundi au vendredi midi et soir. Le samedi soir uniquement. Carte : 20 € environ (plat). Accueil des groupes.
Le Chef Paolo Bonizzoni régale ses convives d'une cuisine fraîche, généreuse, familiale et savoureuse aux accents italiens : ricotta fraîche des Pouilles minestra de perugine de l'Umbria et sa crème caramel maison, poule au pot et cappelletti en bouillon, paglierina au four miel et pignons, fusilli aux tomates cerises copeaux de parmesan et basilic, tartare de bœuf et copeaux de parmesan accompagné d'orrechiette al ragu... Ici, tout est fait maison : pain, pâtes, antipasti, fromages ou encore charcuterie italienne. Une belle adresse dans un cadre charmant.

■ LA MILANESINA .... Italien et pizzeria
Centre-ville
2, rue Dalpozzo
✆ 06 01 10 11 25 / 04 22 16 64 10
lamilanesina.blogspot.com
laura.ceresoli@voila.fr
Ouvert 7j/7 midi et soir. Formule de 11,50 € à 17 €. Menus à 26 € et 32 €. Pâtisserie du jour maison à partir de 6 €. Apéro/dégustation 11 € avec cocktail, 8 € avec verre de vin, 6 € avec boisson sans alcool. Plat du jour de 10 € à 11,50 €. Terrasse. Vente à emporter.
La cuisine milanaise est célébrée avec brio dans cette adresse gourmande où les murs jaune d'or et les tableaux colorés donnent à l'élégance des espaces clairs et lumineux un air de fête. Un grand meuble à bouteilles est rempli de vins transalpins dont le célèbre lambrusco et spumante qui accompagnent les plats goûteux tels que les pâtes fraîches maison, les raviolis et les différents risotti. Le soir, les apéros-dégustation autour d'assiettes de charcuterie fine, de fromages italiens, de pain maison et de quelques spécialités typiques sont source de convivialité et de partage. Midi et soir, l'accent des plats et la chaleur de l'accueil signent ici des instants savoureusement épicuriens.

OLIVIERA
Vieux Nice
8 bis, rue du Collet ✆ 04 93 13 06 45
www.oliviera.com
nb@oliviera.com
Ouvert du mardi au samedi de 10h à 23h. Déjeuner servi de 12h30 à 14h. Dîner de 19h30 à 21h. Menus de 15 € à 30 €. Carte : 24 € environ. Terrasse.
Depuis plus de 15 ans, cette adresse de charme rend un bel hommage à l'huile d'olive. Derrière le comptoir en bois en forme de demi-cercle et les bidons d'huiles à l'ancienne aux noms inscrits à la craie sur des ardoises, le coin cuisine s'ouvre sur la salle. Installés sur les tables en bois, on savoure des plats maison aux saveurs provençales qui varient au gré des produits frais disponibles en saison. Les légumes de petits producteurs souvent récoltés sur les collines de Bellet sont privilégiés et leur grande qualité dévoile des saveurs parfois presque oubliées. Raviolis niçois, aubergines Oliviera (citron et chèvre frais), tagliatelles verde al pesto, fleurs de courgette farcie, tartares de Méditerranée, tiramisus... toutes les assiettes (y compris les sucrées) s'accompagnent de la dégustation d'une huile d'olive associée dont le maître des lieux nous livre tous les secrets avec une intense passion ! Une vingtaine de variétés sont proposées à la vente dont de nombreuses AOC. Elles ont trouvé ici un lieu et des gens qui les révèlent mieux que partout ailleurs et qui fait le bonheur des amateurs de vraies saveurs.

La version numérique de ce guide offerte !

Version numérique uniquement disponible depuis la boutique en ligne Petit Futé.

© Ariwasabi - Fotolia

1. Rendez-vous sur la boutique en ligne Petit Futé : http://boutique.petitfute.com/
2. Saisissez votre code de promotion à droite dans le carré **« La version numérique de votre guide offerte »** dans l'onglet **Code de promotion** et cliquez sur le bouton **OK**.

KJB3AWZE83E7

Le code ne peut être utilisé qu'une seule fois. Il faut respecter les caractères en majuscule du code.

3. Cliquez sur **« Continuer le paiement »** avec un montant global à 0€.
4. Si vous avez déjà un compte : connectez-vous avec le bouton **« S'identifier »** puis choisissez une adresse de facturation et cliquez sur **« Continuer »**.
5. Si vous n'avez pas de compte : cliquez sur le bouton **« S'inscrire »**, remplissez le formulaire d'inscription puis cliquez sur **« S'inscrire »** ensuite complétez votre adresse de facturation et cliquez sur **« Continuer »**.
6. Vérifier l'adresse de facturation
7. Ensuite, cliquez sur **« Continuer »** puis **« Pas d'information de paiement nécessaire »** puis **« Passer la commande »**.
8. Cliquez directement sur le lien **« Mes produits téléchargeables »**, ou cliquez tout en haut sur le lien **« Mon compte »** et cliquez plus bas sur le lien **« Mes produits téléchargeables »** dans la colonne gauche **« Mon compte »**, puis sélectionnez à droite votre format sous le titre.

ffre valable jusqu'au 31/12/2015 sous réserve de l'arrêt de commercialisation de certains titres en France métropolitaine et dans le monde et sous réserve que le nombre de téléchargements soit inférieur ou égal u nombre d'exemplaires de guides papier imprimés. Formats disponibles pour smartphones, tablettes, liseuses et ordinateurs PC ou MAC.

■ **O'MINHO .... Portugais**
Riquier
30, rue Théodore Gasiglia
✆ 04 89 97 13 26
restominho@gmail.com
Fermé le dimanche soir et lundi. Plat du jour : 9 €. Menu : 16 € (entrée + plat + dessert + 1/4 de vin). Chèques non acceptés. Terrasse. Vente à emporter.
Découvrez une cuisine portugaise généreuse et familiale. Ici, les plats maison traditionnels concoctés à base de produits frais sont mis à l'honneur : carne alentejana (sauté de porc aux palourdes et ses carrés de pommes de terre sautés), cochon de lait leitao assado, morue à la manière de ze du pipo (dos de morue frit des quatre côtés)... L'ambiance est chaleureuse et bon vivant. Une fois par mois, une chanteuse guitariste portugaise reprend le répertoire musical local sans oublier les soirées karaoké régulièrement organisées. Un bel établissement qui retrace l'ensemble de la cuisine et de la culture portugaise. A découvrir !

■ **PICCOLA ITALIA .... Italien et pizzeria**
Vieux Nice
4 bis, rue du Pont Vieux
✆ 04 93 80 26 80
www.restaurantpiccolaitalia.com
restaurantpiccolaitalia@gmail.com
Ouvert du mercredi au dimanche de 10h à 23h en continue, les lundi et mardi soirs de 17h à 23h. Menus : 10,50 €, 25 € et 30 €. Tickets restaurant acceptés. Chèque Vacances. Accueil des groupes (jusqu'à 150 personnes. Menusde 10 € pour les étudiants à 30 €). Terrasse. wi-fi. Trois salles de 50 couverts.
Nappes à carreaux rouges, lambris caramel, murs en pierres apparentes, photos en noir et blanc de monuments transalpins, le décor chaleureux est posé. Une « petite Italie » a pris ses quartiers ici pour révéler quelques tables à l'extérieur dans l'animation du Vieux Nice et une carte de spécialités toscanes. Pâtes variées, risotti, viandes, poissons et pizzas régalent les convives dans la salle principale où la vitrine réfrigérée dévoile les douceurs sucrées ou encore à l'étage pour plus d'intimité. Cet établissement, qui travaille énormément en partenariat avec l'office de tourisme de Nice et des compagnies touristiques internationales, met à l'honneur des menus niçois, spécialement concoctés pour les groupes pouvant atteindre 150 personnes. Le cadre familial de ce restaurant traversant qui s'ouvre sur deux rues donnant lieu à deux belles terrasses de quarante couverts chacune ainsi que la carte généreuse célèbrent en toute convivialité des repas *all'italiana. Grazie mille* !

■ **PIZZA DU MONT BORON .... Pizzas**
Port
4, boulevard Maeterlink
✆ 04 93 55 74 74
Ouvert du lundi au vendredi de 6h à 15h et de 18h à 23h, samedi et dimanche de 18h à 23h. Pizza entre 6 € et 11 € en livraison. A partir de 7 € sur place. Café : 1,40 €. Pain au chocolat : 1,10 €. Plats à la carte (sur place, en livraison ou à emporter – sauf entrecôte). Terrasse. Livraison sur les secteurs : Nice Est, Mont Boron, Col de Villefrance, Villefranche-sur-Mer, Beaulieu-sur-Mer, Saint-Jean-Cap-Ferrat.
La Pizza du Mont Boron mise avant tout sur la qualité. Ici, la pâte à pizzas est faite à la main, la sauce est élaborée avec de vraies tomates, et les garnitures sont, pour la plupart, des produits frais et locaux. Tout est préparé sur place au jour le jour de façon artisanale afin de conserver au mieux le goût des aliments. Les pizzas, déclinées en trois tailles (29,50 cm, 33 cm et 34,50 cm), se dégustent en livraison, à emporter et sur place. L'établissement propose également un service restauration midi et soir. A la carte se trouvent entrecôte, carpaccio, tartare, escalope milanaise ou à la crème, hamburger du chef (le tout accompagné de frites maison), lasagnes et pâtes en sauce. Côté dessert, le tiramisu du chef, la crème brûlée, la panna cotta ou encore les deux tartes différentes chaque semaine (pomme ou ananas et fraises, entre autres...) connaissent un franc succès. Le service est impeccable et le personnel très accueillant. Belle adresse.

■ **PORTOVENERE................. Italien et pizzeria**
Zone piétonne
12, rue Halévy
✆ 04 93 88 24 92
Tram : arrêt Masséna
Ouvert tous les jours de 12h à 15h et de 19h à 23h. Plat du jour. Formule midi : 13 €. Terrasse.
Cette petite table aux grandes saveurs étale sa terrasse au cœur des rues piétonnes du centre de Nice. On y déguste notamment des pâtes fraîches traditionnelles

et variées auxquelles on associe la sauce de son choix ou les suggestions du jour inscrites sur les ardoises. Les portions généreuses s'accompagnent de vins transalpins et la vitrine réfrigérée lance déjà des appels aux gourmands entre verrines glacées et desserts italiens. L'accueil prévenant et la terrasse animée finissent de combler les envies de convivialité.

STATU.CO
Centre Ville
12, rue Pastorelli
✆ 04 93 87 84 24
www.restaurant-statuco.fr
restaurant.statuco@gmail.com

Ouvert de 12h à 14h30 et de 19h à 22h30. Fermé le mercredi soir, le samedi midi et le dimanche toute la journée. Plat du jour 10 €. Entrée du jour 6 €. Formules à 13,50 €, 15,50 €, 17,50 € et 18,50 €. Menu niçois 29 €. Menu découverte 35 €. Accueil des groupes (menus possibles).

Statu.Co est un établissement qu'il faut absolument découvrir. Décoration moderne dans les tons rouges, marrons et beiges, mûrs en pierres et tableaux fleuris, ce restaurant a tout pour plaire. La cuisine est généreuse et magnifiquement réalisée : foie-gras mi-cuit maison aux fruits de saison pochés, cuisson lente de joue de bœuf et ses gnocchis maison (daube niçoise), burger artisanal au foie gras poêlé crème de cèpes mesclun et frites maison ou encore filet de Saint-Pierre rôti en croûte de tapenade herbes aromatiques et beurre blanc citronné. Des plats aussi appétissants que savoureux qui mettront tout le monde d'accord. Côté sucré, tiramisu, tarte renversée aux fruits du marché, moelleux au chocolat ou au caramel permettent de finir le repas en beauté. Ambiance convivale et chaleureuse, accueil parfait et cuisine exceptionnelle. Vraiment futé !

■ **LE TEMPS DES METS**
Petit Marais Niçois
35, rue Bonaparte
✆ 04 93 31 79 77
restau.letempsdesmets.nice@gmail.com

Ouvert du mardi au samedi midi et soir. Menu à 26 € : entrée + plat + dessert. Terrasse.

Ce bistro gastronomique met à l'honneur une cuisine inventive, variée et goûteuse. Les plats sont revisités à la manière du Chef Thomas Bourbiaux avec une harmonie incroyable dans le mélange des saveurs : salade de chèvre chaud rôti au figatellu et aux noix, velouté de potimarron croûtons, aux œufs de caille et huile de truffe, tartare de bœuf aux tomates confites, parmesan et basilic ou rognons de veau aux champignons lard fumé et jus à la moutarde violette... Côté dessert, ils sont tout aussi originaux et gourmands avec notamment le risotto vanillé à la banane, jus de passion et coco râpée ou les poires au vin d'orange. La carte est renouvelée régulièrement avec des recettes toujours bien conçues. La décoration de la salle nous plonge dans une ambiance romantique et le service est charmant.

LA TORCHE .... Italien et pizzeria

Libération
5, boulevard Auguste Raynaud
✆ 04 93 78 85 61

Ouvert tous les jours sauf le dimanche de 12h à 14h et de 19h à 22h30. 12,50 € (plat du jour + 1 verre de vin + 1 café gourmand). Pizzas à partir de 9 €. Plats cuisinés environ 14 €.

Eric a ravivé la flamme de La Torche en octobre 2013 pour notre plus grand plaisir ! La décoration très tendance (murs blancs, pierres apparentes, néon bleu électrique, plafond métallisé...) donne du peps à ce restaurant de quartier qui peut accueillir jusqu'à 60 convives. La salle du fond, dotée d'un écran plat géant, permet de suivre en direct les événements sportifs. Mais rassurez-vous, si vous faites partie de ceux qui préfèrent les sorties au resto plus tranquilles, vous pourrez aussi vous installer au calme dans la première salle où l'on regarde admirativement les cuisiniers concocter les plats grâce à l'espace de travail ouvert. La carte et les assiettes sont gourmandes : large variété de pizzas – des classiques aux plus originales – sans oublier des plats cuisinés de saison (entrecôte aux sanguins, magret de canard au miel, salade de chèvre chaud, daurade...) et des desserts gourmands (profiteroles, pavé au chocolat, mousse au Grand Marnier, glaces entre autres). La bonne humeur du patron et de son équipe ajoute à la bonne ambiance des lieux.

LE VESUVIO....................... Italien et pizzeria

Port– 26, quai Lunel ✆ 04 92 04 29 26
http://levesuvio.olympe.in
Parkings à proximité : Infernet et Quai de la douane.

Fermé du 1/10 au 25/10. Ouvert du mardi au dimanche de 9h à 15h et de 18h30 à 0h. Menu du midi en semaine 14,50 €. Menus soir et week-end 19 €.

Face au port de Nice, ce restaurant offre une vue sur ce quartier typique qui inspire une cuisine de la mer avec à la carte : chaud-froid de poulpes en salade, moules marinières, salade de fruits de mer au saumon, loup à la provençal en papillote, linguini aux poupes... Les produits frais du marché et l'accueil convivial accompagnent les repas concluent par de bons desserts maison : tiramisu à la fraise ou au Nutella selon les saisons, mousse au chocolat ou panacotta au carambar.

VIA LATINA .... Italien et pizzeria

Centre-ville
12, boulevard Jean-Jaurès ✆ 04 93 62 87 21
www.vialatina.fr
contact@vialatina.fr

Ouvert du mardi au samedi de 9h à 19h (service continue). Fermé les jours fériés. Carte : 15 € environ. Plat du jour : 12,50 €. Terrasse. Boutique. Traiteur.

Partagez un moment de *dolce vita* à la trattoria italiana de la Via Latina. La boutique propose un espace dégustation où les plus grands classiques de la fromagerie et de la charcuterie italienne sont représentés. Composez votre assiette parmi une gamme d'antipasti, de jambon, de fromage ou de l'incontournable focaccia. Les plus gourmands se laisseront tenter par un petit (ou un grand) tour en Italie avec une belle sélection des meilleurs produits. Pana Cotta ou Tiramisu ou encore Baba au Rhum ou Limoncello apporteront la touche finale pour une escale parfaitement réussie. Comme dans tout voyage, il est de rigueur de ramener un souvenir : passez par la boutique où vous succomberez à coup sûr aux produits gourmets qui mettent à l'honneur la plus pure tradition artisanale italienne.

Autre adresse : 54 boulevard Risso

LA VIGNA

Port – 1, quai des Deux-Emmanuels
✆ 04 93 80 00 24
www.restaurant-la-vigna.com
restaurantlavigna@orange.fr

Ouvert tous les jours sauf le jeudi de 12h à 14h30 et de 19h à 22h30. Carte : 18 € environ. Plat du jour : 12 €. Menus à 29 € et 36 € midi et soir. Terrasse.

Ouvert sur la douce vie portuaire de Nice, ce restaurant dispose d'une agréable terrasse proche des bateaux, située face à la colline du château. A l'intérieur, le cadre lumineux et élégant offre plusieurs espaces entre les murs en arcades. Sur les tables nappées et sous les luminaires en forme de gouttes, on s'attable pour déguster des plats traditionnels comme le foie gras de canard mi-cuit maison ou quelques autres mets inspirés par les produits de la mer tels que les ravioles de homard, les blinis de crabe à l'ananas et son saumon fumé, la poêlée de gambas et saint-Jacques aux agrumes, la marmite du pêcheur façon bouillabaisse ou encore l'aïoli et la soupe de poissons maison qui font la part belle aux saveurs locales et à la réputation des lieux.

■ **VILLA CORLEONE**............... **Italien et pizzeria**
Carré d'Or – 48, boulevard Victor-Hugo
✆ 04 93 76 78 23
www.la-villa-corleone-nice.fr
reserve@lavillacorleone.com
Ouvert du mardi au samedi de 10h30 à 14h30 et de 19h à 22h30. Ouvert le lundi en saison. Formule du midi : 16 €. Menu : 38 €. Accueil des groupes (repas de cérémonie ou d'anniversaire. Conférences, cocktails, repas d'affaires..). Terrasse. Anglais et italien parlés.
Reconnue comme l'une des plus saines, la cuisine sicilienne a trouvé son adresse à Nice au cœur du chic boulevard Victor-Hugo. Lasagne Corleone (millefeuille de pâtes fraîches aux aubergines et basilique gratiné au Pecorino), sardines façon Beccafico, antipasti à base de légumes frais cuisinés, confits et marinés à l'huile d'olive, tagliolini del Granaio (pâtes fines aux œufs flambées à la Grappa au romarin dans la meule de parmesan), souris d'agneau Sant Calogero (mijotée à l'aïl confit, aux figues fraiches et aux épices douces)... Cette cuisine du soleil s'accompagne de grands vins siciliens – Hugonis, Terra di Genestra, Re manfredi – et se déguste dans la salle claire qui s'offre à l'accueil de groupes.

VILLA D'ESTE............. **Italien et pizzeria**
Zone piétonne – 6, rue Masséna
✆ 04 93 82 47 77 – www.villadeste-nice.com
info@boccaccio-nice.com
Ouvert 7j/7 de12h à 14h30 et de 19h à 23h. Sans réservation. Carte : 24 € environ (pour un plat + un dessert). Vin au verre. Terrasse. Accueil de groupes.
Ce restaurant est une véritable institution. Fort de son succès, la Villa d'Este réunit tous les attraits d'une authentique *trattoria* italienne. Sur deux niveaux récemment décorés dans les tons gris et roses, cet établissement vous berce dans une ambiance chaleureuse, vivante et décontractée. La cuisine y est exceptionnelle avec un large choix d'antipastis, de pizzas, de foccacia, de schiarciata ou de tronchetto cuits au feu de bois sans oublier les poissons, les viandes grillées et les déclinaisons de pâtes ! Vos papilles se souviendront longtemps de ces saveurs ensoleillées. Les desserts sont généreux et gourmands : crème caramel géante, triple profiteroles, tiramisu revisité au Speculos, crème de marron ou fraise (selon la saison), mousse aux trois chocolats... Une adresse à (re) découvrir sans modération.

■ **VILLE DE SIENNE**............... **Italien et pizzeria**
Vieux Nice – 10, rue Saint-Vincent
✆ 04 93 80 12 45
Ouvert de 9h à 14h30 et de 18h30 à 23h. Service de 12h à 14h et de 18h30 à 23h. Fermé le mercredi midi et le dimanche. Carte : 15 € environ. Tickets restaurant acceptés. Entrée : de 11 € à 17 €, pizzas de 10,50 € à 14 €, pâtes de 13 € à 20 €. Chèques non acceptés. Chèque Vacances. Accueil des groupes (jusqu'à 35 personnes. Menus réalisables à la demande). Terrasse.
Repris il y a un peu plus d'un an, cet établissement existe pourtant depuis 35 ans. Le restaurant met à l'honneur la ville de Sienne tant par la décoration intérieure que dans les assiettes. Au mur se dressent des drapeaux des différents quartiers de la Cité ainsi qu'une grande fresque représentant la célèbre course de chevaux du nom de Palio de Sienne. Les amateurs de cuisine italienne dégustent en salle ou sur la terrasse les raviolis et pâtes maison en sauce (fiorentina, carbonara aux queues de crevettes et petites sèches, pistou, tomate-basilic, daube...) ou les gnocchis préparés à la minute devant leurs yeux. Les pizzas et les viandes – lapin rôti, magret de canard au miel... – sont cuites au véritable four au feu de bois donnant ainsi un goût d'exception aux plats, sublimés par un grand choix de vins italiens. Le tiramisu maison ou la panna cotta au caramel, chocolat ou fruits rouges permettent de finir le repas en beauté sur une agréable note sucrée.

VINO E CUCINA
Nice nord – 118, boulevard de Cessole
✆ 04 93 52 28 08
Voir page 16.

■ **LA VOGLIA**........................ **Italien et pizzeria**
Vieux Nice
2, rue Saint-François-de-Paule
✆ 04 93 80 99 16 – www.lavoglia.com
info@lavoglia.com
Ouvert tous les jours 12h à 14h30 et de 19h à 23h. Plat au jour : 13 € environ. Terrasse.
C'est l'une des tables du cours Saleya les plus fréquentées ! La terrasse ensoleillée près du marché aux fleurs attirent tant les touristes que les habitués. L'ambiance est rythmée, l'accueil très efficace, le cadre moderne, élégant et confortable. On s'installe dans les salles réparties sur deux niveaux pour déguster des plats à l'accent transalpin qui font la part belle aux pizzas au feu de bois, aux risottos, aux pâtes brillamment cuisinées et aux antipastis très variés disposés en buffet et servis à l'assiette. Fraîcheur et rigueur s'imposent y compris sur la carte des vins qui fait également le voyage en Italie. A noter : pas de réservation, on prend donc un peu patience pour se voir attribuer une table mais l'équipe fait de son mieux et toujours avec le sourire ! On apprécie et on y revient.

Cuisine du Proche et Moyen-Orient

■ **DI YAR**..**Libanais**
Vieux Nice
9, rue de la Préfecture
✆ 04 93 92 92 32
www.diyar.fr
Tram : arrêt Cathédrale Vieille Ville
Ouvert 7j/7 midi et soir. Service non stop jusqu'à mi-octobre. Vendredi et samedi service non-stop de 12h à 23h. Menus à 22 €, 25 € et 29 €.
La déco orientale et contemporaine, l'ardoise attractive et la terrasse au mobilier chocolat de cet établissement très prisé invitent à la dégustation de saveurs orientales dans l'ambiance chaleureuse du vieux Nice. La salle en longueur, le bar planté au bout et ses murs en arcades s'offrent aux repas tout en évasion entre mezze, assiettes de dégustation et spécialités du cru inscrits sur une carte riche et variée. Petit plus : le Chef adapte ses plats pour les enfants.

L'OLIVIER .... Libanais
Centre-ville
13, rue Biscarra
✆ 04 93 62 93 55
Voir page 14.

■ LES PINS D'ALEP .... Syrien
Port
40, boulevard Stalingrad
✆ 04 93 26 18 50
Fermé le mercredi et le dimanche. Service traiteur de 10h30 à 15h30 puis à partir de 18h30. Service restauration de 19h30 à 22h en semaine et jusqu'à 22h30 le week-end. Mezze chauds et froids à partir de 12 €. Mezze royal pour 3 personnes : 59 €. Vente à emporter. Boutique.
Spécialités syriennes, libanaises et arméniennes font ici le bonheur de repas aux saveurs voyageuses. Dans un cadre d'auberge familiale mêlée de musique orientale récemment rénové, le chef-propriétaire natif d'Alep concocte avec sourire et passion des spécialités goûteuses dans ce restaurant également boutique et traiteur. Mezze chauds et froids, feuilles de vigne, homos, caviar d'aubergines, purée de poivrons aux noix, crème de sésame, farcis arméniens, moussaka, chawarma de veau, chiche kebab s'accompagnent de desserts raffinés et parfumés (feuilles de brick, slabia, biscuits aux noix ou aux pistaches). Dans ce quartier du port, on embarque avec ravissement pour les plaisirs authentiques d'une cuisine découverte.

■ LE SAFRAN .... Iranien
Port
28, quai Lunel ✆ 04 93 81 71 53
www.restaurant-safran.com
contact@traiteur06.com
Ouvert du mardi au jeudi le midi, les vendredis et samedis midi et soir. Menus de 22 € à 38 €. Menu enfant : 12 € (moins de 11 ans). Tickets restaurant. Chèques non acceptés. Terrasse. Service traiteur : www.traiteur06.fr.
Seul restaurant iranien de Nice, cette adresse menée par Sonia célèbre la cuisine méditerranéenne avec le safran pour ambassadeur y compris dans les couleurs de l'espace intérieur. Poivre rose, coriandre, menthe, pistou et citron parfument les plats à l'esprit voyageur : salade méditerranéenne, quatre sortes d'assiettes composées, concassé d'aubergines grillées à l'ail et tomates grillées, coucou Sabzi, yaourt au concombre, feuilles de vigne maison, six sortes de brochettes dont celle de coquelets marinés au citron et au safran, cinq sortes de tagliatelles, sole façon safran, gnocchi au saumon sauce poivre vert et en dessert, glace iranienne à la pistache, safran et eau de rose... A noter : le service traiteur du Safran propose un large choix de formules (menu végétarien, bio, Kacher, hallal...) et assure la mise en place de buffets et cocktails à domicile ou à l'extérieur.

■ L'YBANE CAFÉ .... Libanais
Carré d'Or
1, rue de la Liberté ✆ 04 93 16 26 26
www.lybane.com
roy@lybane.com
Tram : arrêt Masséna
Ouvert du lundi au samedi de 10h à 23h non-stop. Ouvert jusqu'à 0h. Assiettes composées à partir de 10 € le midi et 20 € le soir. Terrasse. Accès WiFi gratuit. Livraison à domicile de 18h30 à 22h30 (Tél. 04 93 92 45 10). Organisation de soirées animées, musique en live avec chanteurs et DJ's tous les jeudis et vendredis soir.
L'élégance contemporaine de cet établissement fait ici écho au « carré d'or » niçois où L'Ybane ouvre sa terrasse toute la journée en été. Déjeuners animés dans l'ambiance d'un quartier commerçant et dîners à la lueur des bougies affichent les deux visages de grand charme d'un lieu où l'accueil prévenant et le service attentif comblent tous les clients. Les amateurs de spécialités méditerranéennes et de mezze savoureront les saveurs raffinées inscrites sur la carte que vous dégusterez également à l'occasion de tous repas de groupes et de soirées privées. Le cadre moderne de la salle voûtée, du grand bar et de l'espace préservé à l'arrière révèle à toute heure de la journée le plaisir des pauses gourmandes aux parfums d'Orient.

Cuisine de l'Océan Indien et du Pacifique

LE KALOUPILÉ .... Réunionnais
Port
6, place Guynemer
✆ 07 78 54 63 41
09 53 38 00 39
www.lekaloupl.eresto.net
lekaloupile@msn.com
Ouvert tous les jours de 10h à 15h et de 18h30 à 23h, sauf le lundi midi en juillet et août et le dimanche soir et lundi en hiver. Fermé 12 jours en novembre. Menu unique à 24,50 €. Entrées à partir de 7,30 €, poissons à partir de 15,50 €, viandes dès 14,50 € et desserts dès 6,80 €.
Samossas, bouchons, bonbons piments... c'est dans une ambiance réunionnaise décontractée, sur des airs de Sega et Maloya que l'on retrouve ici le goût de nos plus belles vacances. Et pour ceux qui n'ont jamais eu l'opportunité de découvrir la Réunion, comptez sur les maîtres des lieux pour vous en donner un bel avant-goût : massalé de thon, cari d'Espadon, cari de requin au combava, plats traditionnels malgaches ou bœuf Romazava – pimenté ou non -, il y en a pour tous les goûts. Du côté des desserts, le gâteau de patates douces, les bananes flambées du gouverneur ou la tarte tatin à la papaye remportent tous les suffrages. Totalement dépaysant.

■ LE BARACHOIS .... Réunionnais
Centre-ville
12, rue Amiral-de-Grasse
✆ 04 93 88 92 50
Tram : arrêt Gare Thiers
Ouvert du mardi au samedi de 12h à 13h30 et de 19h à 21h30. Réservation impérative. Carte : 20 € environ. Plats de 15 € à 18 €. CB et chèques non acceptés.
Réservation obligatoire dans ce petit restaurant au cadre sommaire qui se concentre sur les saveurs de la vraie cuisine réunionnaise. Carrys de crevettes, rougail, bouchons, poulet au coco massalés, bœuf romazava, achards de légumes et samoussas ponctuent la carte

aux parfums créoles et malgaches proposée par cet établissement installé de longue date dans cette rue discrète du quartier de la gare. Un service traiteur est proposé ainsi que la vente de produits typiques dans la partie boutique.

■ LA CAZE DES SAVEURS..................Mauricien

Riquier
3, rue Smolett
✆ 09 81 22 17 07
www.lacazedessaveurs-nice.com
pi.traiteur@gmail.com

Ouvert du mardi au samedi de 9h30 à 22h30 et dimanche de 9h30 à 15h. Cuisine non-stop de 11h à 22h. Brunch exotique à volonté chaque dimanche. Livraison à domicile du mardi au samedi de 18h30 à 22h30. Menu enfant : 6,90 €. Plat du jour : 8,90 €. Service traiteur. Chef à domicile. Prix unique des plats : 11,90 €. Chèques non acceptés. Chèque Vacances, Chèque Restaurant. Accueil des groupes (jusqu'à 18 personnes). Terrasse. Vente à emporter. Livraison dans un rayon de 7 km aux alentours. Service traiteur. Possibilité de commande de plateaux apéritifs. Doggy Bag.

Véritable spécialiste des plats mauriciens, la Caze des Saveurs propose une cuisine généreuse, familiale, copieuse et maison ! A la carte, découvrez des spécialités venues d'ailleurs à base de viandes (agneau, poulet, bœuf, veau – sauf porc), de poissons et de fruits de mer ainsi que d'autres recettes typiques : daube de veau, cari « orite » et aubergines, bol renversé au poulet, soupes de lentilles corail... La carte est renouvelée chaque semaine, le service est accueillant et dynamique, et les conseils de bon augure. L'établissement propose également un service livraison et traiteur pour tous types d'événements. Le voyage gustatif ne fait que commencer.

■ CUISINES DES ÎLES

Carras
32 ter, avenue Saint Augustin
✆ 04 89 08 07 18
✆ 06 23 09 36 86
www.cuisinesdesiles.com
cuisinesdesiles@gmx.fr

Ouvert du lundi au samedi de 11h à 14h40 et de 19h à 22h30. Livraison à domicile gratuite (commandes passées entre 10h et 11h et entre 18h et 19h30) : 17 € environ. Plat du jour : 8,50 € à emporter et en livraison, 10 € sur place. Formules (uniquement en livraison et à emporter) : 12,50 € et 17 €. Tickets restaurant acceptés. Accueil des groupes (jusqu'à 25 personnes). Vente à emporter. Service traiteur (sur commande).

Cuisines des Îles propose une carte entièrement orientée autour des spécialités réunionnaises et malgaches qui feront voyager vos papilles et mettront vos sens en ébullition. Succombez pour des plats maison élaborés à base de produits frais et de première qualité : cari de requin ou espadon (requin ou espadon, safran, tomates, ail, gingembre, oignon), rougail saucisses fumées (saucisses fumées, safran, ail, gingembre, tomates, oignon) ou cabri massalé (cabri mijoté avec du massalé, kaloupilé, gingembre, ail, oignons) pour les recettes typiques réunionnaises. Côté malgache, optez pour les crevettes au lait de coco (crevettes, tomates, curry, oignons, lait de coco), ravitoto (porc mijotée, feuilles de manioc, ail) ou romazava (bœuf, mélange de brèdes et de brèdes mafana). Le voyage gustatif continue jusqu'au dessert avec des douceurs fruitées et agréables : tarte coco-ananas, blanc coco créole maison ou gâteau de patate douce. Prêt pour cette évasion culinaire ?

■ **LE SAINT-GÉRAN** .... **Mauricien**
Centre-ville – 12, rue Paganini
✆ 04 93 88 15 41 – www.saintgeran.fr
Ouvert du mardi au dimanche de 12h à 14h et de 19h à 22h30. Fermé le mardi midi. Menus 11,70 €, 19,90 € et 26 €. Assiette végétarienne : 15 €.
Le Saint-Géran s'ouvre sur un décor rustique à l'esprit îlien. Le maître des lieux rend ici hommage au naufrage du vaisseau le Saint-Géran dans le célèbre roman *Paul et Virginie*, et nous offre à découvrir des saveurs épicées qui font chavirer les papilles. Métissage entre cuisine créole et cuisine indou, les plats de l'île Maurice révèlent des saveurs corsées : rougaï de poissons aux crevettes, achards de légumes, samoussas de poissons, cary de poulet, civet de poulpe ou encore requin à la sauce créole mauricienne. Tout un programme !

Rapide – À domicile

■ **LA FANTASIA**
Gambetta
17, rue Dabray
✆ 04 93 8734 26
Ouvert 7j/7 de 12h à 14h et de 18h à 5h. Fermé le lundi midi. Livraison gratuite dans tout Nice (minimum de commande de 10 € à 25 € selon les secteurs). Commande en ligne. Supplément de 2 € par produit après minuit. CB à partir de 15 €. Chèques non-acceptés. Menus burgers entre 5,40 € et 17,40 €. Pizzas 32cm et 40cm.
La Fantasia propose un large choix de snacks : pizzas, menus burger, sandwichs chauds et froids, salades, spécialités Tex-Mex, paninis, pâtes, couscous (royal, agneau, boulettes, merguez....) ou encore tajines (poulet ou agneau) sont à déguster sur place, à emporter ou livrés à domicile. Le goût est au rendez-vous et le service accueillant. Le plus futé : l'établissement est ouvert jusqu'à 5h du matin.

Sur place – À emporter

BAGEL HISTORY .... **Sur le pouce**
Centre-ville
27, avenue Notre-Dame ✆ 04 93 92 39 05
www.bagelhistory.com
contact@bagelhistory.com
Ouvert du lundi au samedi de 8h à 19h. Menu Bagel (bagel au choix + boisson + accompagnement + dessert) : 10,40 €. Menu salade : 11,40 €. Menu Hot-Dog new-yorkais : 8,20 €. Carte de fidélité. Accueil des groupes. Terrasse. Sur place et à emporter. Vente de produits US (boissons, friandises, cuisine) dans l'espace boutique.
Entre les murs de ce lieu unique entièrement dédié au célèbre petit pain rond et troué, un large choix de recettes est affiché sur la grande ardoise à l'entrée : bagel au fromage de chèvre, figues, miel et roquette, mozzarella et tomates fraîches ou au poulet, au saumon, au pastrami... Les pains sont tous servis dans de petits paniers. On passe sa commande à emporter ou on prend un plateau pour manger sur place, lové dans les fauteuils douillés posés devant les tables basses ou installé sur les longues tables en bois dans un second espace convivial dans un décor 70's typiquement new-yorkais. On craque aussi pour les salades composées et un choix de douceurs sucrées – cookies, muffins, pancakes, pop corn, cheesecake, donuts... – qui complètent l'éventail de saveurs *made in USA*. Quelques produits typiques américains sont également proposés dans le petit espace boutique (bonbons, sauces, chips...).

■ **BAGELSTEIN** **NOUVEAU**
10 Avenue Felix Faure
✆ 04 93 53 42 43
Voir page 19.

■ **CAFÉ MERCIER** .... **Sur le pouce**
Carré d'Or
17, rue de la Liberté ✆ 04 93 80 27 24
cafemercier@gmail.com
Ouvert du lundi au samedi de 9h à 19h. Carte : 15 € environ. Chèques non acceptés. Accueil des groupes. Vente à emporter.
Dès l'entrée, le grand comptoir où sont exposées les pâtisseries fines (tartes et autres petits gâteaux) annonce la couleur. Dans un cadre contemporain, Laurence, Eric et Jeff font rimer déjeuner avec qualité. La pause midi se transforme en parenthèse gustative avec de bons produits, bien travaillés et de première fraîcheur. Belles salades fraîches et gourmandes, sandwich copieux, quiches ou plat de jour (entre 12 € et 14 €) sont à déguster sur le pouce dans un décor de bon goût ou à emporter n'importe où. Occasionnellement, l'établissement propose également un After Work, un apéritif mix et tapas entre 18h30 et 23h30.

CHARLIE'S & CO .... **Saladerie**
Centre-ville
2, rue Lepante
✆ 04 22 16 43 90
charlie.rouzeau@gmail.com
Ouvert du lundi au vendredi de 7h à 18h30 et le samedi de 9h à 18h30. Formules entre 5,50 € et 8,50 €. Terrasse. Vente à emporter. Gâteaux d'anniversaire sur commande. Atelier décoration de gâteaux les mercredis et samedis (max 6 personnes) ou sur RDV : 20 € par personne.
Dans ce boudoir gourmand aux allures d'appartement bourgeois, on déguste sur le pouce les douceurs maison

de Charlie. Cakes, bagels, muffins ou encore donuts sont mis à l'honneur. Dès 7h, la terrasse s'emplit pour savourer un succulent mocca ou un café frappé accompagné d'un délicieux cookie. Le midi, c'est le bar à salades et à pâtes qui remporte tous les suffrages. La fin des cours marque – enfin – l'heure d'un goûter convivial et gourmand autour d'un fabuleux milk-shake. On l'aura compris, Charlie's & Co, c'est l'adresse incontournable du quartier ! A ne pas manquer !

■ **LES CHOIX D'ANNA .... Sandwicherie**
Port
22, rue Bonaparte ✆ 04 93 79 09 36
www.leschoixdanna.fr
Ouvert toute l'année. 7j/7 de 11h30 à 22h30. Pizzas, crêpes salées, salades à 6 €. Sandwichs à partir de 4 €. Formules à 6 € avec boisson. Chèque Restaurant. Vente à emporter. Livraison à domicile.
Ce kiosque dégustation comble les petites faims depuis plus de 10 ans : parts de pizza, sandwiches chauds ou froids, pâtes, salades composées, plats végétariens, crêpes sucrées et salées, steak haché-frites, bruschettas et piadina italienne sont proposés à prix légers. On les déguste sur place sur le coin terrasse, on les emporte partout ou on bénéficie de la livraison à domicile. La carte, plutôt riche, n'oublie pas les douceurs sucrées avec la tarte aux pommes, la panna cotta ou le fondant au chocolat.

■ **COLUMBUS CAFÉ .... Sandwicherie**
Centre-ville
24, rue Tonduti-de-l'Escarène
✆ 04 93 88 04 99
www.columbuscafe.com
Tram : arrêt Masséna
Ouvert du lundi au samedi de 7h30 à 19h. Formules à partir de 6,90 €. Muffin 2,50 € pièce. Chèque Restaurant.
Première chaîne française de coffee-shop en France, cette enseigne propose un grand choix de produits frais préparés chaque jour sur place : wraps, bagels, salades, sandwiches, panini, soupes et veloutés pour la partie salée et cookies, tartes, donuts, cheese-cakes, fromage blanc, fruits frais ainsi qu'une sélection variée de muffins faits maison côté sucré. On passe commande devant la vitrine, on choisit une boisson entre eau, soda, café ou chocolat (chaud, frappé, glacé), thé, smoothie, jus de fruit frais ou milk-shake et on emporte son repas à toute heure de la journée. La dégustation sur place se fait quant à elle face à la vitrine réfrigérée, dans les fauteuils près des tables basses ou sur les hauts tabourets devant la table-comptoir murale. La salle à l'arrière, plus en retrait, offre de confortables banquettes dans un cadre préservé. Ce lieu de snacking niçois propose de nombreuses formules à prix doux très appréciées par les étudiants, mais pas seulement.

▸ **Autre adresse :** FNAC Nice 44-46 avenue Jean Médecin 06000 Nice – Tél : 09 79 72 57 62

■ **C VERT .... Saladerie**
Carré d'or
12, rue Meyerbeer ✆ 04 93 88 25 95
www.cvert.fr
joffreymarsallon@hotmail.com
Basse saison : ouvert du lundi au samedi de 8h30 à 16h. Haute saison : du lundi au samedi de 8h30 à 18h ; le dimanche de 12h à 18h. Terrasse. Vente à emporter.
Déco lumineuse et acidulée pour ce bar à salades qui décline plus de 40 ingrédients frais et variés pour composer sa propre une salade. On sélectionne la base de son choix (mesclun, mâche, pousses d'épinards, roquette, quinoa bio...), on ajoute les ingrédients voulus (fromages, légumes, crudités, jambon, surimi, croûtons, anchois, olives...) et on assaisonne à son goût (huile d'olive, vinaigrette, sauce caesar, allégée...). Wraps, tartes salées et soupes maison complètent les envies de casse-croûte et les pauses fraîcheur dans un décor vert comme verdure !

■ **EL MERKADO .... Tapas**
Centre Ville
12, rue Saint-François-de-Paule
✆ 04 93 62 30 88
www.el-merkado.com
hello@el-merkado.com
Ouvert toute l'année de 10h30 à 1h30 tous les jours de la semaine. Jus de fruits au verre 3,50 €. Mocktails du Barman 5,50 €. Les planches du Merkado à partir de 7,90 €. Les tapas carnivores à partir de 3,90 €
Cette adresse aux saveurs multiples propose des tapas inspirés de recettes traditionnelles ainsi que des cocktails étonnants. Sur la terrasse ensoleillée ou à l'intérieur sur une chaise rétro, un canapé en cuir, des bancs en bois ou des fauteuils confortables, découvrez la carte variée et gourmande de cet établissement : planches de charcuterie et de fromages espagnols, tapas carnivores, «green» ou aux poissons, sandwichs, burgers et salades sans oublier quelques douceurs. On apprécie aussi la possibilité d'emprunter des jeux de société pour passer un agréable moment entre amis pendant que le DJ enchaîne des sets tendances. Si les assiettes sont copieuses, on peut toutefois détester le service très lent – voire inexistant – et la musique si forte qu'il est impossible de s'entendre parler. Vraiment dommage. On vous conseille aussi de vérifier le rendu de votre monnaie...

■ **KILILIE'S CAFE .... Saladerie**
Centre-ville
21, rue Delille
✆ 04 93 91 35 65
kililies@hotmail.fr
Fermé du 22 décembre au 4 janvier inclus. Ouvert 7j/7 de 11h30 à 15h30. Menus de 10,80 € à 14,50 €. Menu enfant : 9,90 €. Vin au verre. Brunch avec buffet à volonté les week ends et jours fériés : 21,50 €. Chèque Restaurant. Accueil des groupes. Terrasse. Vente à emporter.
Entre les murs taupes habillés de tableaux représentant New York, ses gratte-ciels et ses taxis, un petit coin de Manhattan a pris ses quartiers en centre-ville pour délecter les amateurs d'une cuisine américaine concoctée maison. A la carte : la Caesar salad, la Cobb salad, les traditionnels burgers comme le Kililie's frites et salade, le T-bone steak, la pièce du boucher grillée à la plancha frites et salade, les spare ribs, le pecan crusted chicken, le Fish and chips et des bagels garnis... Côté sucré, on opte pour les donuts, brownies, pancakes et autres cheese-cakes au coulis de fruits rouges. La coutume new yorkaise du brunch est également respectée les week ends et jours fériés avec un buffet à volonté accompagné de boisson chaude et jus de fruits frais.

■ **KIOSQUE CHEZ TINTIN** .... **Sandwicherie**
Libération
3, place Général-de-Gaulle
✆ 04 92 09 16 19
Tram : arrêt Libération
Ouvert du mardi au dimanche de 6h à 16h. 10 € environ pour un sandwich + boisson + dessert sur place. Terrasse. Vente à emporter.
Au cœur de ce quartier commerçant animé par le marché de la Libération, ce petit resto-snack étale sa terrasse sur la place du même nom tôt le matin. Pan bagnat confectionné dans les règles de l'art, pissaladières, pizzas, sandwichs, panini, salades et bruschettas sont ici préparés avec soin et exclusivement à base de produits frais. Cette affaire de famille communique une convivialité gourmande et bonne enfant que l'on emporte ou que l'on grignote sur place ces parts de choix ou ces petits plats soignés. Une adresse coup de cœur où les repas sur le pouce servis avec le sourire révèlent le respect de la pause gourmande et du client fidèle et comblé !

LOU BUS D'AQUI .... **NOUVEAU**
Food trucks
Centre Ville
4, boulevard Carabacel
✆ 06 59 79 58 76
Voir page 14.

■ **MEZZO DI PASTA** .... **Bar à pâtes**
Riquier
34, avenue de la République
✆ 0493895906 – www.mezzodipasta.fr
contact@mezzodipasta.com
Ouvert tous les jours de 11h à 21h30. Menu à partir de 8 €. Plats à partir de 5,20 €. Vente à emporter.
Mezzo di Pasta propose une dizaine de pâtes différentes – raviolis, campanelles, fusilis, gnocchis, tortelinis, macaronis... - à déguster avec une sauce à choisir parmi la dizaine proposés : pesto, bolognaise, trois fromages, napolitaine, carbonara... On choisit, on commande et on consomme sur place ou à emporter. A découvrir également : les différentes salades fraîches en été, les sandwichs chauds toastés italiens et un choix de soupes en hiver.

■ **VIA VERDE** .... **Saladerie**
50, boulevard Victor Hugo (angle rue Berlioz)
✆ 04 93 81 03 77
www.viaverde-concept.com
contact@viaverde-concept.com
Salad & mozzarella bar. Ouvert du lundi au vendredi 10h à 16h. Sur place, à emporter. Livraisons en vélo électrique (secteur Nice centre). Terrasse. wi-fi.
Depuis septembre 2012, Via Verde propose un concept original à Nice, celui d'un bar à salades et mozzarellas. Ici, vous composerez votre propre assiette aux consonances italiennes selon vos goûts et vos envies, toujours avec des produits frais soigneusement sélectionnés chez les producteurs locaux. Vous dégusterez aussi différents types de la véritable mozzarella di Buffala D.O.P (A.O.P en français) traditionnelle arrivant tout droit de Campana en Italie, des pâtes fraîches et une déclinaison de desserts maison. Sur place, à emporter ou chez vous, le drapeau vert, blanc et rouge accompagnera tous vos repas !

■ **VINH-LONG** .... **Traiteur asiatique**
Libération – 35, boulevard Joseph Garnier
✆ 04 93 84 72 15
Ouvert toute l'année du lundi au samedi de 9h30 à 13h30 et de 16h à 20h. Le dimanche de 9h30 à 13h. Plat à emporter. Plats cuisinés à partir de 15 €/kilo. Vaisselle. Épicerie asiatique.
De vrais cuisiniers élaborent ici des mets asiatiques basiques frais et savoureux : porc salé ou au caramel, canard ou porc laqué, poulet au curry ou aux amandes, bœuf aux champignons noirs, crevettes pékinoises ou au curry, riz cantonais, vermicelles ou nouilles sautés, pâtes de riz... Les spécialités sont délicieuses et servies à emporter dans des barquettes dont on présélectionne la taille selon sa faim et son budget. Vinh Long propose également des desserts faits maison comme les gâteaux aux haricots rouges, au soja ou aux feuilles de thé vert mais aussi tout un éventail de produits asiatiques comme des conserves, des nouilles ou soupes déshydratées, des baguettes chinoises, des bières, des sauces et des épices. Vous trouverez enfin pour vos réceptions un grand choix de vaisselle asiatique fine et d'objets de décoration. Un traiteur gourmand et gourmet.

■ **WOK STREET**
Gambetta
42, rue Châteauneuf ✆ 04 93 44 99 03
Ouvert du lundi au vendredi de 10h à 14h30 et de 18h à 22h30 ; le week-end et les jours fériés de 18h à 22h30. Menu midi Express : 7,90 €. Menu enfant : 5,90 €. Menu étudiant : 6,90 €.
Le concept est sympa. Manger rapidement ou se faire livrer n'est plus synonyme de malbouffe. Wok Street prépare minute des woks équilibrés avec des ingrédients frais et savoureux livrés dans toute la ville dans des boîtes carrées à l'image des séries américaines. Les clients ont le choix des ingrédients. La base (pâtes aux œufs, pâtes de riz, vermicelles transparents, riz blanc, shop suey) est complétée par une multitude d'ingrédients (poulet, bœuf, porc laqué, canard laqué ou crevettes) et une multitude de légumes en finissant par la sauce de votre choix. Un repas savoureux, équilibré et peu calorique en un minimum de temps. On a adoré !

▶ **Autre adresse :** Avenue de la République

Livraison à domicile

■ **100 % SUSHI** .... **Sushi**
Vieux Nice – 8, rue du Collet
✆ 04 92 27 91 20 – www.100sushi.fr
contact@100sushi.fr
Ouvert 7j/7 de 12h à 22h. Menu Duo : 29 €. Menu dégustation : 44 € (pour 2 personnes). Sushis à volonté : 15 € par personne tous les jours entre 12h et 15h. Terrasse. Vente à emporter. Livraison. Service traiteur.
Niché dans la rue du Collet, cet établissement à la décoration sobre mais élégante, vous propose une carte de sushis, makis, california rolls, yakitori, tartares, spring rolls et temaki dont la fabrication est 100 % maison. Installé à l'intérieur de la belle salle moderne épurée et agencée dans les tons noirs et bois, ou assis en terrasse,

vous dégusterez ces spécialités japonaises fraîches et savoureuses accompagnées de vins que le serveur se fera un plaisir de vous conseiller. Il est prudent de réserver si vous souhaitez avoir une table. Pour tous les amateurs, 100 % sushi deviendra vite une référence.

■ BROTHERS PIZZA .... Pizzas
Centre-ville – 5 bis, avenue Désambrois
✆ 04 93 53 23 54 – www.brotherspizza.fr
Ouvert du lundi au vendredu de 11h30 à 13h30 et de 18h30 à 22h, les week-ends et jours fériés de 18h30 à 22h. Pizzas de 6,50 € à 9,90 €. Formules midi : 5 € et 8 €. Sandwichs, salades. 2 boissons offertes pour 3 pizzas achetées (une bouteille de vin ou 2 canettes au choix). Tickets restaurants, chèques, espèces et CB (uniquement sur place). Livraison gratuite à domicile (minimum 7 € de commande).
Vous trouverez ici des saveurs inédites : testez la saint-Jacques, la Brothers Pizza (tomate, chèvre, mozzarella, confiture de figues, jambon cru...) ou encore la « London » (tomate, oignons rouges cuits caramélisés, brie, mozzarella, confiture de groseille, graines de sésame), un délice ! Sans oublier les plus classiques comme la tartiflette, la quatre saison, la calzone ou la reine. Le charme de toutes ces recettes tient au fait que ces pizzas sont toutes préparées avec le savoir-faire des plus grands pizzaiolos avec des produits maraîchers de première qualité rigoureusement sélectionnés. A noter : des burgers et des sandwichs à consommer uniquement le midi.

■ MAMBO PIZZA .... Pizzas
Libération – 22, avenue Raymond Comboul
✆ 04 93 53 92 04 – www.mambopizza.fr
info@mambopizza.fr
Ouvert tous les jours de 11h à 14h et de 18h à 22h30. Menu enfant : 6,50 €. Pizzas de 7,70 € à 1é,50 € pour une 33 cm et de 11 € à 19,20 € pour une 40 cm. Pizza personnalisée : 11 € pour une 33 cm et 16,50 € pour une 40 cm. Menus Sandwich : 7,10 €, bruschetta : 10,40 €, salade : 10,90 €. Menus pizza de 11,30 € à 13,30 €. Chèque Restaurant. Vente à emporter. Offres entreprises et étudiantes.
C'est la référence en matière de pizzas sur Nice. Vous pouvez choisir votre pâte, fine traditionnelle ou en pan pizza, autrement dit à l'américaine. Mambo pizza propose un choix impressionnant de recettes, des classiques reine ou marguerite aux plus originales comme l'indienne ou la flamiche. Vous pouvez aussi composer vous-même votre pizza en intégrant 6 ingrédients de votre choix (11 € pour la taille normale, 16,50 € pour la maxi). Mais Mambo ne s'arrête pas là ! Des menus variés avec sandwichs froids, bruschettas, salades composées et des hamburgers à toutes les sauces – texan, poulet, montagnard... – ou encore des formules pizzas très intéressantes. Optez pour la livraison gratuite ou bien mangez sur place durant les heures de repas. Une équipe sympa, dynamique et des tarifs très étudiés.

▶ Autres adresses : Nice Centre (tél) 04 93 16 16 32 • Nice Ouest (tél) 04 93 44 88 88

■ MISTER PIZZA .... Pizzas
Riquier – 2, rue Barla
✆ 04 93 26 21 26 – www.mister-pizza.com
Ouvert du lundi au samedi de 11h30 à 14h30 et de 18h à 23h ; le dimanche de 18h à 23h. Pizzas à partir de 7,30 €. Menus (uniquement disponibles le midi) Eco Pizza : 9 €, Eco Salade : 9 €, Solo : 11,50 €, Duo : 19,50 €.
Ce «Monsieur Pizza» méditerranéen est passé maître dans la livraison de pizzas chez vous ou à votre bureau. Marguerite, napolitaine, sicilienne, 4 saisons, neptune, reine, 4 fromages, orientale, montagnarde ainsi que des recettes beaucoup plus originales et atypiques... pas moins de 33 pizzas différentes – petit (30 cm) et grand format (40 cm) – se partagent la carte. Côté prix, cela varie entre 7,30 € à 21 €, selon la taille et la variété. Vous pourrez également composer vous-même votre pizza ou vous faire livrer des salades (de 3 € pour une salade verte simple à 6,50 €) et autres chicken wings. Petit plus : les points fidélités à cumuler pour se voir offrir la pizza de votre choix.

▶ Autre adresse : 274, avenue de la Californie (tél) 04 93 72 07 20.

© ISTOCKPHOTO.COM - WEBPHOTOGRAPHEER

LA NIÇOISE .... Pizzas
Nice Nord – 128, boulevard de Cessole
✆ 04 93 21 02 11
Ouvert du lundi au vendredi de 12h à 14h et de 18h à 22h, le week-end de 18h à 22h. Sur place et à emporter. Livraison gratuite midi et soir. 10 points = 1 pizza offerte. Tickets restaurant acceptés. Terrasse. Plat du jour (uniquement le midi) : 9,50 €. Menu enfant : 7 €.
Au fil du temps, la Niçoise a su fidéliser sa clientèle. A la base spécialisé dans la pizza, cet établissement propose aujourd'hui un large choix de plats sur le pouce à déguster sur place ou à emporter : plat du jour tous les midis, lasagnes maison et sa salade verte, pâtes en sauce, salades variées et généreuses, viandes gratinées au four ou croustinis – des tranches de pain grillé à l'huile d'olive avec des tomates fraîches, de la mozzarella et une garniture au choix (chèvre, aubergines, anchoix, jambon cru, saumon...) passées au four. Concernant les pizzas, la Niçoise propose bien sûr les classiques mais également des chaussons double étage, en pâte simple ou supplément pâte fourrée au cantal. Ici, le goût, l'accueil et la convivialité sont les maîtres mots.

■ **NOORI'S**
Carré d'Or
1, place Grimaldi
✆ 04 93 88 80 87
www.nooris.com
nooris@hotmail.com
Ouvert tous les jours de 12h à 14h30 et de 19h à 23h. Carte : 24 € environ. Formule déjeuner : 14 €. Plat du jour : 10,50 €. American Express. Accueil des groupes (jusqu'à 250 personnes). Climatisation. Piste de danse. Terrasse. Service traiteur.
Jaïpur est la partie traiteur du restaurant indien Le Nooris. En livraison à domicile, vous aurez à la carte ou en formules un très large choix de plats traditionnels indiens plus ou moins épicés. Les degrés de piment sont indiqués à côté de chaque plat pour que chacun puisse choisir ce qui lui convient le mieux. Parmi les incontournables : les tandooris (grillades), le poulet au curry, les crevettes shaslik, l'agneau pasanda (émincé d'agneau dans une sauce à base de vin rouge, crème, noix de coco et cannelle) et les nombreux pains indiens : farcis aux oignons, à la viande haché, à l'ail, au fromage ou encore aux flocons de noix. Les desserts sont également typiquement indiens, afin que votre voyage culinaire se termine sur une douce note sucrée.

■ **O'SUSHI** .... Sushi
Nice Etoile
30, avenue Jean-Médecin
Centre ville
✆ 04 93 82 92 45
www.osushi.fr
niceetoile@osushi.eu
Ouvert du lundi au samedi de 10h à 19h30. Menus de 7,90 € à 14,90 €. Plateaux de sushi de 4,90 € à 32,60 €. Sushi burger : 4,90 €.
Les boutiques-restaurants O'Sushi nombreuses sur la Côte d'Azur affichent toutes un cadre zen, convivial et épuré et déclinent un choix varié de sushis en plateaux également proposés à emporter ou en livraison à domicile. Les menus en formules (de 4,90 € pour les petites faims à 32,60 € pour ceux qui se la jouent collectif avec les Big Box), les plats japonais (brochettes de poulet, pavé de saumon teriyaki, poulet tamanegi), les salades variées et gourmandes (césar, nomad'salad saumon) et les différents accompagnements allient qualité et fraîcheur, maîtres mots de cette enseigne reconnue.

▶ **Autres adresses :** Nice Carras – 2265, avenue de la Californie – 06200 Nice – 04 93 011 011 - nice-carras@osushi.eu • Nice le Port : 2, boulevard Carnot – 06300 Nice – 04 93 013 013 - niceleport@osushi.fr

■ **PIZZA DU MONT BORON** .... Pizzas
Port
4, boulevard Maeterlink
✆ 04 93 55 74 74
Voir page 98.

PIZZA MATÉO PIZZA .... Pizzas
Gambetta
102, boulevard Gambetta
✆ 04 93 27 17 98
Ouvert 7j/7 de 18h à 22h30. Sur place et à emporter. Livraison gratuite. Pizza à partir de 7 €. Pizza géante dès 13 €. Menu burger : 8,50 €. Menu burger XXL : 10€. CB non acceptée. Terrasse.
Cet établissement dispose d'une terrasse ainsi que d'une salle joliement décorée aux couleurs de l'Italie. L'accueil est chaleureux et convivial, le service sans reproche. Les pizzas sont délicieuses, originales et existent en trois tailles – petite, moyenne et géante – pour satisfaire tous les appétits. Même réchauffées à la maison après livraison, elles gardent toutes leurs saveurs. Une bonne adresse à conserver dans son répertoire.

■ **SUSHI BAR** .... **Japonais**
Vieux Nice
8, rue du Collet
✆ 04 92 27 91 20
Voir page 90.

■ **SUSHI N'TEA**
Gambetta
17, boulevard Gambetta
✆ 04 93 44 03 68
www.sushintea.fr
Ouvert toute l'année. Ouvert 7 jours sur 7 de 11h à 14h30 et de 18h30 à 22h45. Livraison gratuite en 30 á 45 minutes sur tout Nice (montant minimum : 12 € le midi et 15 € le soir). Menu enfant : 9 €. Formule du midi : 12 € (7 jours sur 7). Menus classiques à partir de 13 €. Menus midi : 12 €. Menus SNT de 21,50 € à 60 €. Terrasse. Vente à emporter. Plus de 150 spécialités japonaises composent la carte de cette adresse qui propose la livraison gratuite de plateaux-menus ou de plats individuels au choix. L'établissement offre une large gamme de makis, sashimi et sushis classiques originaux et variés, brochettes de viande, de poulet et de poisson, salades, soupes, riz, verrines et makis sucrés à déguster sur place, au bureau ou à domicile. Le personnel est sympathique et accueillant, prêt à vous conseiller ou à vous conforter dans votre choix.

Escapades gourmandes autour de Nice

Castagniers

■ **CHEZ MICHEL**
1, place Saint-Michel – CASTAGNIERS
✆ 04 93 08 05 15 / 06 13 77 51 57
www.chezmichel.fr
Ouvert du mardi au samedi le midi et le soir ; le dimanche midi. Fermé le mardi soir et mercredi soir en hiver. Menus de 26,50 € à 29,50 € (midi et soir). Menu Nissart le dimanche. Menu enfant : 12,80 €. Plat du jour : 14,50 €. Suggestions du jour. Terrasse. Salle pour banquets, tous événements privés ou professionnels. Dans ce restaurant situé à deux pas de l'église, la cuisine du terroir s'exprime en famille et de génération en génération. C'est le grand-père qui créa l'auberge ; ardent défenseur de la cuisine niçoise, il œuvrait déjà pour la reconnaissance de cette gastronomie et ses spécificités. Le savoir-faire et les recettes sont transmis avec la belle bâtisse, sa salle au charme rustique, sa véranda couverte et sa terrasse qui s'étend sur la place. On savoure ici les plats à l'ancienne, spécialités de la maison : assortiments de beignets de légumes, petits farcis, ravioli, daube niçoise, pissaladière, capoùn (chou farci) en saison, gnocchis aux pommes de terre... tout est frais et authentique. Francis prépare à la minute le vrai pan bagnat de ses aïeux, à ne pas rater. Le service est chaleureux, les assiettes copieuses. Il faut malgré tout garder une place pour le café gourmand de Jeanine proposé avec une dizaine de délicieux mini-desserts maison : gâteau au yaourt, tarte, tiramisu, mousse au chocolat... et le reste ! Après déjeuner, on peut tenter une partie de boules pour digérer... Le soir, pizzas cuites au feu de bois sur place ou à emporter.

Hébergement

© Florian Villesèche - Fotolia

Hôtels

Nice possède environ 200 hôtels avec une capacité de près de 10 000 chambres du 5 étoiles luxe au 1 étoile classique en passant par les auberges de jeunesse, les résidences de tourisme ou encore les locations de vacances qui offrent une gamme de prestations très large.

Haut de gamme

■ **BEAU RIVAGE HÔTEL ....4 étoiles**
Vieux Nice – 24, rue Saint-François-de-Paule
✆ 04 92 47 82 82
www.hotelnicebeaurivage.com
info@nicebeaurivage.com

Ouvert toute l'année. 118 chambres. 1 junior suite aperçue sur mer de 500 € à 750 €, junior suite de 320 à 580 €. Petit déjeuner buffet : 20 €. Tarifs selon la saison : de 170 € à 380 € en catégorie « Classic », de 200 € à 420 € en chambres supérieures, de 220€ à 470 € en chambres bien-être. Séminaires. Réceptions et mariages. Connexion Internet. Wifi. Service de ménage. Restauration (plage Beau Rivage située sur la promenade des Anglais). Tv satellite. Ascenseur.

Le Beau Rivage Hôtel construit en 1860 fut le lieu de prédilection de certains artistes et intellectuels de l'époque comme Matisse, Fitzgerald, Nietzsche ou Theckhov. Situé à l'entrée du vieux Nice et à quelques pas de la mer où vous attend sa plage privée éponyme, le Beau Rivage Hôtel est un établissement résolument contemporain qui a su conserver son charme typiquement niçois avec notamment sa magnifique façade datant de la fin du XIXe siècle. Les chambres et junior suites sont modernes, spacieuses et lumineuses tandis que l'hôtel entier bébéficie d'un standing haut de gamme avec room service 24h/24, écrans plats, accès ADSL, WiFi dans les chambres et au bar… Le Beau Rivage Hôtel dispose aussi d'un espace séminaire avec une vue imprenable sur la mer, d'un bar ouvert 7j/7 spécialisé dans les whiskies étrangers haut de gamme d'exception ainsi que d'un patio interne sympa.

■ **BOSCOLO EXEDRA NICE ....5 étoiles**
Centre Ville
12, boulevard Victor-Hugo ✆ 04 97 03 89 89
nice.boscolohotels.com/fr
reservation@nice.boscolo.com

Ouvert toute l'année. Accueil 24h/24. 113 chambres de 170 € à 4 500 €. Quatre types de chambres : expérience, deluxe, junior suite, suite exécutive et suite présidentielle. Séminaires. Réceptions et mariages. Wifi gratuit. Restauration. Sauna.

Cet imposant immeuble de style Belle Époque est l'un des fleurons de l'hôtellerie de luxe de la Côte. Une fois la porte d'entrée passée, on est séduit par le hall tout de blanc vêtu avec sa verrière laissant largement passer les rayons du soleil. Les chambres et les suites sont à l'image de cette première impression : les tonalités claires et lumineuses du blanc et du crème dominent, agrémentées de quelques touches de doré. Un style contemporain qui allie donc élégance et modernité. Côté restauration, La Pescheria s'ouvre par sa terrasse sur le boulevard Victor-Hugo. Sans oublier le spa Deep Nature : 500 m² destinés à la relaxation avec sauna, bain turc, douches aromatiques, piscine… Un pur bonheur !

■ **CLARION GRAND HÔTEL ASTON NICE..........4 étoiles**
Centre Ville
12, avenue Félix Faure ✆ 04 92 17 53 00 / ✆ 04 92 17 53 64
www.grandhotelaston.com
reservation@grandhotelaston.com

Ouvert toute l'année. 150 chambres. De 120 € à 700 €. Wifi gratuit. Restauration (menus et à la carte. Ouvert 7j/7). 2 bars avec vues panoramiques. Piscine extérieure (accès offert).

Face à la promenade du Paillon, ce fleuron de l'hôtellerie niçoise a su se moderniser tout en restant un symbole de la Riviera. Les chambres spacieuses et confortables présentent un univers contemporain. Avec son emplacement privilégié en plein cœur de la capitale azuréenne

www.cote.azur.fr

Ce site intègre un moteur de réservations hôtelières avec paiement sécurisé en ligne. Plus de 500 hôtels sont actuellement accessibles via ce site. Pratique pour connaître toutes les disponibilités des hôtels et les tarifs promotionnels.

– parfait quand on veut découvrir Nice à pied, l'établissement convient également au tourisme d'affaire avec huit salons élégants et fonctionnels, et une salle de réception avec vue panoramique pouvant accueillir 200 invités. Vous apprécierez le panorama unique à 360° de l'Acqua Bar positionné sur le toit-terrasse de l'hôtel avec piscine en saison ainsi que l'ambiance festive et chic du Seven Blue Bar en hiver situé au 7e étage avec vue à 180°, haut lieu des soirées branchées niçoises chaque fin de semaine.

■ **HI HÔTEL ÉCO SPA & BEACH ....4 étoiles**
Gambetta
3, avenue des Fleurs ✆ 04 97 07 26 26
www.hi-hotel.net
hi@hi-hotel.net

Ouvert toute l'année. Accueil 24h/24 (langues parlées à l'accueil : anglais, italien). 38 chambres (100% non fumeur). De 229 € à 399 €. Petit déjeuner buffet : 21 €. Lit supplémentaire (entre 20 € et 40 €). Parking public : 24 €/24h. American Express, Diners Club. Animaux acceptés (avec supplément). Séminaires. Réceptions et mariages. Poste Internet. Connexion Internet gratuite. Wifi gratuit. Service de ménage. Restauration (cantine Bio, plat du jour à partir de 8 €, menu à 19 € et formule déjeuner à 16 €). Tv satellite. Hammam. Animations. Excursions.
Le Hi est un concept d'hôtel haut de gamme en rupture totale avec les codes traditionnels. Hi propose neuf concepts pour trente-huit chambres reposant chacun sur une organisation particulière de l'espace. A l'intérieur, tout a été conçu avec des technologies de pointe : commande de l'éclairage et des volets depuis la tête de lit, présence dans chaque chambre de téléphone mobile sans fil, accès Internet ADSL gratuit, écran plat et équipements WiFi. Outre le design des chambres, l'équipe du Hi met l'accent sur la communication et la convivialité : bars automatiques en étage, bar au cœur de l'hôtel, jardin intérieur, spa, hammam avec massages sur demande, terrasse sur le toit avec une petite piscine et *water beds* géants pour lézarder sans oublier le patio chauffé et couvert l'hiver ! Quoi de mieux pour profiter pleinement de son séjour dans la capitale niçoise ?

HÔTEL EXCELSIOR ....4 étoiles
Centre Ville
19, avenue Durante ✆ 04 93 88 18 05
www.excelsiornice.com
contact@excelsiornice.com

Châteaux & Hôtels Collection. Ouvert toute l'année. Accueil 24h/24. 42 chambres. Chambre double de 109 € à 369 €. Petit déjeuner buffet : 15 €. 5 catégories de chambres de la classique en passant par la suite ou la familiale. 2 chambres adaptées. Wifi gratuit. Tv satellite.
Cet établissement construit en 1898 d'architecture Belle Époque a été racheté par un groupe hôtelier et entièrement rénové en 2014. La rénovation a été confiée à l'atmosphériste Sandrine Alouf qui a décliné le concept de l'invitation au voyage. La thématique du voyage à travers la ville de Nice se situe à tous les étages : chaque niveau correspond à une étape, à un moyen de locomotion. Avion, train, voiture et bateau s'affichent ainsi à travers des objets de décoration dédiés. Le cadre est très raffiné et le confort moderne. L'équipement est ici sans faille : climatisation, accès WiFi, télévision écran plat, téléphone... Un jardin intérieur aménagé et fleuri où trônent un imposant palmier et un mimosa ainsi qu'une belle terrasse avec des tables en teck, propice aux bains de soleil, complètent la prestation. Un bar extérieur au cœur du jardin ouvre à la belle saison (entre avril et septembre) ; des soirées à thème et autres *after works* y sont d'ailleurs organisés. Un charmant « boutique hôtel » comme on les aime.

■ **HÔTEL MASSÉNA............................4 étoiles**
Centre Ville 58, rue Gioffredo
✆ 04 92 47 88 88
www.hotel-massena-nice.com
info@hotel-massena-nice.com

Ouvert toute l'année. Accueil 24h/24 (7j/7). 109 chambres (dont une suite). Chambre double de 199 € à 339 € ; suite 659 €. Petit déjeuner : 17 € (buffet). Séminaires. Wifi gratuit dans les chambres. Parking privé. Partenariat plage privée. Service pressing. Animaux acceptés (supplément de 15 €). Service voiturier.
Dans ce lieu d'excellence, tout est rigoureusement réfléchi pour vous offrir un séjour de rêve : accueil personnalisé, service voiturier, partenariat plage privée avec le Ruhl Plage... Son emplacement idéal en plein centre-ville et à deux pas de la place Masséna ou de la Promenade des Anglais en fait également une étape de choix. Le décor design de ce boutique-hôtel est constamment en mouvement : au fil des saisons, les œuvres se succèdent pour attirer sans cesse la curiosité des voyageurs. Les chambres sont spacieuses et décorées avec goût dans un style contemporain fidèle à l'esprit des lieux ; toutes offrent un confort luxueux. Un hôtel à forte identité qui a su traverser un siècle d'histoire sans prendre une ride.

HÔTEL NICE RIVIERA................4 étoiles
Centre Ville
45, rue Pastorelli ✆ 04 93 92 69 60
www.nr.com.fr info@nr.com.fr

Ouvert toute l'année. Accueil 24h/24. De 112 € à 359 €. Petit déjeuner buffet : 20 €. Bain bouillonnant, sauna.
Parfaitement intégré au paysage urbain niçois, cet édifice à l'architecture Art déco s'est refait une beauté. Toutes les chambres ainsi que les parties communes ont été repensées et réaménagées pour un décor plus contemporain et plus lumineux. Offrant une belle superficie de plus de 20 m2, les chambres aux tonalités claires sont équipées d'une literie de qualité. Du côté du hall, de la bibliothèque et du bar, le décor se fait plus minéral avec des tonalités dominantes de gris et de blanc. L'espace détente est quant à lui propice à la relaxation avec sa piscine intérieure, son jacuzzi et son sauna. Un nouveau spa Decléor est désormais ouvert 7j/7 de 10h à 20h : massages, gommages et soins du visage compléteront ainsi votre moment de détente. L'hôtel est équipé de l'accès Internet WiFi. Room-service en partenariat avec le restaurant italien La Baie d'Amalfi situé en face de l'hôtel.

HÔTEL SUISSE...............................4 étoiles
Port
15, quai Rauba Capéu ✆ 04 92 17 39 00
www.hotel-nice-suisse.com
hotel.suisse@hotels-ocre-azur.com

Ouvert toute l'année. 38 chambres. Petit déjeuner : 18 € (buffet). Tarif variable selon saison. Chambre Tradition (1 ou 2 personnes) avec vue mer et sans balcon : de 103 € à 315 €. Chambre Supérieure (1 ou 2 personnes) avec vue mer et avec balcon : de 119 € à 327 €. Wifi gratuit. Chauffage réversible. Accès plage privée. Animaux non acceptés.
La belle bâtisse de style italien impose sa façade ocre sur le quai Rauba Capéu non loin du Port de Nice. Les chambres affichent des lignes épurées dont le style résolument contemporain tranche admirablement avec l'authenticité des lieux. Tout en douceur, le jour se lève sur la Baie des Anges tandis que le spectacle s'admire depuis votre grand lit orienté vue mer ! Comme dans une bulle de douceur, on se love dans les draps immaculés pour profiter encore un peu des ces instants privilégiés. Grandiose.

■ LE MÉRIDIEN NICE...............................4 étoiles
Promenade des Anglais
1, promenade des Anglais ✆ 04 97 03 44 44
www.lemeridiennice.com
reservations.nice@lemeridien.com

Ouvert toute l'année. Accueil 24h/24 (langues parlées à l'accueil : anglais, espagnol, allemand, italien, français). 301 chambres (et 17 junior suites et suites, 100 % non fumeur). (Basse saison à partir de 160 € chambre double. Haute saison jusqu'à 350 €). Petit déjeuner buffet : 23 €. Lit supplémentaire : 50 € (3 personnes maximum dans une chambre). Parking fermé : 23 € (par jour). American Express, Diners Club. Animaux acceptés (petits chiens acceptés 18 €/j). Séminaires. Réceptions et mariages. Poste Internet. Connexion Internet payante. Wifi payant. Service de ménage. Restauration (le Colonial Café 04 97 03 40 36 et lecolonialcafe.nice@lemeridien.com – Prix moyen à la carte : entrée, plat, dessert 55 €. Terrasse au roof top avec piscine extérieure chauffée). Tv satellite. Hammam, sauna.
Le Méridien vous accueille dans un esprit résolument moderne et contemporain avec vue sur la Méditerranée. Les gourmands apprécieront la belle cuisine méditerranéenne avec au premier étage le restaurant *lounge* Le Colonial Café qui propose notamment des plateaux de fruits de mer et une carte snacking, et au second étage – sur le toit de l'hôtel – La Terrasse et son bar qui vous offriront de beaux moments de détente. Les amateurs de farniente apprécieront la piscine chauffée et le solarium situés également sur le toit de l'hôtel.

■ LE NEGRESCO...................................5 étoiles
Promenade des Anglais
37, promenade des Anglais ✆ 04 93 16 64 00
www.hotel-negresco-nice.com
info@lenegresco.com

Ouvert toute l'année. Accueil 24h/24. 96 chambres (et 21 suites). Chambre double de 245 € à 2 500 €. Petit déjeuner : 30 €. Lit supplémentaire : 85 €. Garage : 28 €. Membre de The Leading Hôtels of the World. Chèques non acceptés. American Express, Diners Club. Animaux acceptés. Séminaires. Réceptions et mariages. Poste Internet. Connexion Internet gratuite. Wifi gratuit. Service de ménage. Restauration (le Chantecler et la Rotonde). Vente. Tv satellite. Excursions.
Comment évoquer les palaces de la Côte d'Azur sans parler du Negresco ? Ouvert le 8 janvier 1913 sur la célèbre Baie des Anges et classé par les Monuments Historiques, il est aujourd'hui un véritable musée vivant. Avec le lifting général, le ravalement de la façade, la réfection du hall d'entrée, du salon royal, la restauration de la verrière Gustave Eiffel, la création d'un « executive floor » au 5e étage avec 9 suites et 6 chambres entièrement domotisées, l'embellissement des tables du restaurant gastronomique Chantecler et l'implantation d'une terrasse à La Rotonde, le prestigieux hôtel de Jeanne Augier à la façade immaculée a repris sa marche en avant et affiche une nouvelle jeunesse.

■ LE PALAIS DE LA MÉDITERRANÉE......5 étoiles
Promenade des Anglais
15, promenade des Anglais
✆ 04 93 27 12 34
nice.regency@hyatt.com

Ouvert toute l'année. Accueil 24h/24. 187 chambres (et 12 suites). Chambre double de 280 € à 2 200 €. Séminaires. Réceptions et mariages. Poste Internet. Connexion Internet. Wifi. Service de ménage. Restauration. Tv satellite. Hammam.
Etablissement mythique par excellence, temple des arts et du jeu des Années Folles, Le Palais de la Méditerranée offre dans un même lieu le meilleur d'hier et d'aujourd'hui. Le bâtiment compte 9 étages proposant une vue exceptionnelle sur la mer. Le 3e étage est le cœur de vie de l'hôtel où s'organisent le restaurant, le bar, cinq salles de séminaires, la piscine et le fitness. A partir du 4e étage, les chambres et suites possèdent pour la majorité un large balcon permettant de profiter d'une vue panoramique sur la Méditerranée, sur les collines de l'arrière-pays niçois ou encore sur les jardins du patio intérieur. Sur la terrasse panoramique aux abords de la piscine, les gourmets apprécieront les spécialités niçoises du restaurant lounge bar Le 3e.

■ LA PÉROUSE.......................................4 étoiles
Port
11, quai Rauba Capeu
✆ 04 93 62 34 63
www.hotel-la-perouse.com
lp@hotel-la-perouse.com

Ouvert toute l'année. 57 chambres. Chambre simple de 195 € à 335 € ; chambre double de 365 € à 610 € ; suite de 750 € à 1 600 €. Petit déjeuner buffet : 24 €. Séminaires. Wifi gratuit. Restauration. Bain bouillonnant, sauna. Toit avec terrasse panoramique.
Véritable trésor caché accrochée à flanc de colline, la Pérouse offre la plus belle vue sur la grande bleue. Discret et lumineux avec sa façade ocre typiquement niçoise, cet établissement est synonyme d'oasis de calme et de paix. Son allure de demeure privée insuffle le haut de gamme

sans ostentation dans un décor provençal, épuré et contemporain. Piscine nichée contre la roche, jacuzzi, solarium panoramique, sauna et salle de fitness abordent la détente après les repas aux saveurs méditerranéennes servis sur la terrasse du restaurant le Patio. A l'ombre des citronniers, on savoure une carte rythmée par les saisons. Avec vue sur la mer ou sur le jardin, l'atmosphère raffinée des chambres et des 4 suites résonne entre élégance et volupté, et fait écho à l'art de vivre azuréen.

■ QUALITY HÔTEL FLORE NICE PROMENADE ....3 étoiles

Carré d'Or
2, rue Maccarani
✆ 04 92 14 40 20
www.hoteldeflore-nice.fr
info@hoteldeflore-nice.fr

64 chambres. Petit déjeuner : 14 €. Chambre classique : à partir de 160 €, supérieure : à partir de 180 €, Junior Suite : à partir de 230 €.

Ce petit bijou en plein cœur de Nice est l'adresse idéale pour un séjour professionnel ou de loisirs, situé à proximité de tous les commerces et transports. Les chambres sont sobres et confortables. Les salles de bain en marbre offrent de grands volumes. L'hôtel est équipé de tout le confort nécessaire : air conditionné, WiFi, sèche cheveux, mini bar... Aux beaux jours, le petit déjeuner se prend sur la belle terrasse fleurie.

■ LE SPLENDID HÔTEL & SPA................4 étoiles

Centre Ville
50, boulevard Victor Hugo
✆ 04 93 16 41 00 / 04 93 16 41 57
www.splendid-nice.com
inf@splendid-nice.com

Eco-label. Ouvert toute l'année. Accueil 24h/24 (réservation en ligne – E-mail : info@splendid-nice.com). 128 chambres. Petit déjeuner buffet chaud : 19 €. Garage : 24 € pour 24 heures, 2 €/1h. Menu à 22 € et à 29 €, menu enfant à 12 €. American Express, Diners Club, Chèque Vacances. Langues parlées à l'accueil : français, anglais, italien, espagnol, russe, japonais, chinois, allemand. Animaux acceptés. Séminaires. Réceptions et mariages. Wifi payant. Service de ménage. Restauration. Vente (vente de produits spa, foie gras et confitures maison). Tv satellite. Hammam, bain bouillonnant. Animations.

Les chambres sont confortables et les prestations à la hauteur de la classification. Nombreuses sont d'ailleurs celles qui bénéficient d'une terrasse extérieure individuelle. Au 8e étage, le restaurant de l'hôtel « l'EssenCiel » est une invitation à l'évasion, idéal pour prendre son petit déjeuner dès les beaux jours. Il propose aussi des plats savoureux comme le croustillant de camembert aux effluves de truffes et mesclun aux amandes, l'enroulé de gambas géantes au risotto de crustacés et blettes à l'ail doux, et pour finir un nougat glacé aux pralines. La piscine extérieure se situe sur le toit de l'hôtel : elle permet toutes les flâneries à toute heure du jour. Quant au magnifique Spa Splendid by Décléor, il vous attend pour des moments de détente. Info futée : un parking privé existe sous l'hôtel, fort utile dans le quartier !

Confort

ANIS HÔTEL

Fabron
50, avenue de la Lanterne ✆ 04 93 18 29 00
www.hotel-anis.com
info@hotel-anis.com

Ouvert toute l'année. 42 chambres. Petit déjeuner inclus. Petit déjeuner et repas entré + plat + dessert hors boisson. Petit déjeuner : 10 €. Chambres (simples ou doubles) de 50 € à 130 € selon catégories ou saison. Chambres triple de 70 € à 150 € selon saison. Séminaires. Réceptions et mariages. Connexion Internet gratuite. Wifi gratuit. Restauration (ouvert de 12h à 14h et de 19h30 à 21h30. Fermé le dimanche et le lundi de novembre à avril). Tv satellite, Canal +. Parking ouvert et/ou garage inclus.

L'hôtel se niche dans un parc arboré à l'abri de l'agitation de la ville. Le hall d'accueil est élégant avec un *lounge-bar* décoré dans le style méditerranéen tandis que la piscine avec transats et solarium est idéale pour lézarder à la belle saison. Les chambres portent le nom de peintres impressionnistes. Elles sont dispersées dans deux bâtiments et présentent un design contemporain très zen. L'équipement est de qualité : TV avec accès aux chaînes internationales, salle de bains, climatisation, sèche-cheveux, téléphone direct et accès Internet. Le restaurant de l'Anis Hôtel joliment appelé *L'Amour dans le Four* offre quant à lui une cuisine raffinée dans la pure tradition culinaire niçoise : on déguste les mets dans une salle cosy en hiver et sur une belle terrasse extérieure ensoleillée donnant sur le jardin en l'été. Une très belle adresse.

■ ARMENONVILLE ....3 étoiles

Gambetta
20, avenue des Fleurs ✆ 04 93 96 86 00
www.hotel-armenonville.com
nice@hotel-armenonville.com

Ouvert toute l'année. 15 chambres (dont 4 suites et une accessible aux personnes à mobilité réduite). Chambre double de 116 € à 126 € ; chambre triple de 136 € à 156 € ; suite de 213 € à 89 €. Petit déjeuner : 12 € (continental). Parking. Wifi gratuit. Tv satellite. Coffre-fort dans les chambres. Piscine extérieure.

L'hôtel a changé de propriétaire cette année et il a été entièrement rénové : peintures, moquettes, façade, fenêtres... L'ensemble a été réinventé tout en conservant le charme de cette ancienne maison de maître du début du XXe siècle. Les chambres – dont une spécialement conçue et aménagée pour l'accès aux personnes à mobilité réduite – sont parfaitement équipées : WiFi, coffre-fort privé ou encore sèche-cheveux. Certaines d'entre elles s'ouvrent même sur une terrasse privée. La grande nouveauté est la piscine qui offre un véritable « plus » au beau jardin arboré dans lequel vous pourrez prendre votre petit déjeuner dès les beaux jours. Une véritable oasis de calme et de verdure en plein centre-ville. Parking privé, sécurisé et gratuit. Accueil et sens commercial sans faille de la part de Yamina, la nouvelle maîtresse des lieux.

■ **BEST WESTERN HÔTEL NEW YORK.....3 étoiles**
Centre Ville
44, avenue Marechal-Foch ✆ 04 93 85 14 31
www.hotel-newyork-nice.com
contact@hotel-newyork-nice.com

Ouvert toute l'année. 50 chambres. Basse saison : chambre double de 60 € à 100 €. Haute saison : chambre double de 80 € à 200 €. Petit déjeuner : 12 €. Séminaires. Réceptions et mariages. Wifi gratuit. Animal : 15 € par jour. Parking privé.
Le New York, hôtel de charme datant de 1850, dispose de chambres spacieuses – certaines avec balcon – pouvant accueillir de 1 à 4 personnes. Entièrement rénové en 2013, les couleurs chaudes du Midi contrastent avec les hauts plafonds ornés de moulures, le tout révélant le charme ancien du bâtiment. L'aménagement et la décoration des chambres ont intégralement été refaits : mobilier moderne, climatisation, double vitrage, TV avec écran plasma, chaînes satellites et WiFi. Le petit déjeuner « matin saveurs » est servi dans deux salles au premier étage qui disposent de belles et grandes portes-fenêtres laissant largement entrer la lumière. L'espace salon-bar-Internet est quant à lui à votre disposition pour votre détente ainsi que deux magnifiques salles de réunion situées au dernier étage que l'on peut louer pour des réunions professionnelles : lumineuses et équipées à la pointe de la technologie (60 et 120 m^2), elles peuvent accueillir entre 20 et 60 personnes. Lors de séminaires d'entreprise, l'Hôtel se charge également de tout organiser : restauration, buffets, cocktails dînatoires et/ou déjeunatoires ainsi que des réceptions (à partir de 15 personnes). Petit plus : un parking privé est situé à l'intérieur de l'hôtel.

■ **BOSCOLO B4 NICE PLAZA..................4 étoiles**
Carré d'Or – 12, avenue Verdun ✆ 04 93 16 75 75
reservation@plaza.boscolo.com

Ouvert toute l'année. Accueil 24h/24 (7j/7). 172 chambres. Demi-pension : 32 €. Petit déjeuner : 20 €. Tarif variable selon la saison et durée du séjour : chambre classique à partir de 132 €, chambre supérieure à partir de 165 €, chambre deluxe à partir de 220, suite à partir de 360 €. Gratuits pour les enfants jusqu'à l'âge de 12 ans dans la chambre des parents. Tickets restaurants. American Express, Diners Club, Chèque Vacances. Garde d'enfants. Animaux acceptés (petits animaux gratuits). Séminaires. Réceptions et mariages. Connexion Internet gratuite. Wifi gratuit. Service de ménage. Restauration (clientèle extérieure à l'hôtel acceptée). Tv satellite. Excursions (sur demande).
Le B4 Nice Plaza jouit d'une situation exceptionnelle au cœur de Nice dans le quartier renommé du Carré d'or. L'hôtel est idéal tant pour les séjours d'affaires que de loisirs. Les 172 chambres et suites bénéficient pour la grande majorité d'une vue imprenable sur la Baie des Anges et les jardins Albert Ier. Les espaces séminaires mettent à votre disposition près de 1 000 m^2 d'infrastructures pour vos réunions avec 8 salons équipés entièrement modulables dont la plupart profite de la lumière du jour. Les salons de sous-commissions – Galerie, Matisse, Mont Alban et Ségurane – évoquent les grands noms de la région et vous accueillent dans un cadre feutré. L'atout majeur de cet établissement reste incontestablement le restaurant « La Terrasse » : situé sur le toit, il offre un panorama époustouflant à 360° sur la mer, la ville et les jardins. Découvrez une cuisine fraîche et authentique à mi-chemin entre l'Italie et la Provence. Le Pergola Bar et son lounge en été ainsi que le Plaz'Art café en hiver proposent aussi des soirées animées tout au long de l'année.

■ **BEST WESTERN HÔTEL RIVIERA NICE 3 étoiles**
Centre Ville
27, avenue Thiers ✆ 04 93 82 49 49
www.hotel-riviera-nice.com

Ouvert toute l'année. Accueil 24h/24. 48 chambres. De 59 € à 260 €. Petit déjeuner : 12 €. Pour les enfants de 6 à 12 ans. Gratuité -6 ans. Lits bébés à disposition. Animaux acceptés (10 € par nuit et par animal). Séminaires. Wifi gratuit.
Le Best Western Hôtel Riviera est situé à deux pas de la gare des trains et du tramway. Résolument décoré dans un style contemporain, les chambres disposent d'un bon confort et sont décorées dans des tonalités chaudes avec des lignes épurées. L'hôtel convient aussi bien à une clientèle *business* ou de loisirs. Les familles avec enfants bénéficient en effet de conditions avantageuses : gratuité pour les enfants de moins de 6 ans et tarifs réduits jusqu'à 12 ans. Autre atout non négligeable : l'accueil et le professionnalisme de toute l'équipe. La direction a également mis en œuvre une formule originale appelée « All for You » : si vous réservez votre chambre directement sur le site web de l'établissement ou par téléphone, des prestations supplémentaires sont alors incluses dans le tarif.

■ **BOUTIQUE HÔTEL GOUNOD...............3 étoiles**
Quartier des musiciens
3, rue Gounod
✆ 04 93 16 42 00
www.gounod-nice.com
info@gounod-nice.com
Ouvert toute l'année. 43 chambres (9 suites). Chambre simple de 95 € à 160 € ; chambre double de 110 € à 160 € ; suite de 150 € à 260 €. Petit déjeuner : 11 € (petit déjeuner continental : 9 €). Parking : 18 €. Animaux acceptés sans supplément. Restauration. Spa. Fitness.
Ce bel hôtel se trouve au cœur du centre-ville près de la place Masséna et de la plage. Les chambres sont climatisées et équipées de la TV par satellite. Le bar est très agréable, l'accueil et le service sans reproche. L'établissement est très professionnel avec un excellent rapport qualité-prix. L'Hôtel Splendid (4 étoiles) situé juste à côté vous offre gratuitement l'accès à sa piscine et vous propose aussi d'autres prestations payantes : sauna, bain bouillonnant ou encore salle de fitness.

■ **GRAND HÔTEL LE FLORENCE ....3 étoiles**
Centre Ville
3, rue Paul Déroulède
✆ 04 93 88 46 87
www.hotel-florence-nice.com
contact@hotel-florence-nice.com

Eco-label. Ouvert toute l'année. Accueil 24h/24 (langues parlées à l'accueil : anglais, italien, espagnol, allemand, français). 52 chambres (100% non fumeur). Petit déjeuner buffet : 11 €. Gratuit -12 ans. Chambre simple (1 pers.) de 79 € à 190 €. Chambre double (2 pers.) de 85 € à 190 €. Chambre double avec terrasse (2 pers.) de 105 € à 220 €. Suite junior (2 pers. à 3 pers.) de 115 € à 235 €. Suite Junior Terasse (2 pers. à 3 pers.) de 135 € à 265 €. Diners Club. Animaux acceptés (de petites tailles). Séminaires. Réceptions et mariages. Poste Internet. Connexion Internet gratuite. Wifi gratuit. Service de ménage. Tv satellite. Excursions.

Un hôtel accueillant et moderne bien entretenu qui dispose de 52 chambres très confortables : climatisation, TV par satellite et accès WiFi. Certaines bénéficient également d'une petite terrasse. La décoration contemporaine est soignée et de bon goût. Depuis 2013, des ruches installées sur le toit de l'hôtel assurent une petite production de miel que vous pourrez notamment déguster au petit déjeuner.

■ HÔTEL BRICE
Centre Ville
44, avenue Marechal-Joffre
✆ 04 93 88 14 44
www.nice-hotel-brice.com
reservation@nice-hotel-brice.com

Ouvert toute l'année. 57 chambres (selon saison). Chambre simple de 50 € à 140 € ; chambre double de 60 € à 160 € ; chambre triple de 75 € à 190 €. Petit déjeuner : 14 €. Wifi gratuit. Sauna. TV 50 chaînes. Parking payant (sur demande). Animaux : 8 € par jour. Service sauna payant.

A peine a t-on franchi l'immense portail en fer forgé que nous voilà déjà immergé dans une oasis de calme et de sérénité en plein cœur de Nice à 200 m de la célèbre Promenade des Anglais. Ce vieil hôtel de charme dispose en effet d'un magnifique jardin luxuriant où vous pourrez vous détendre à l'ombre des arbres fruitiers, bercés par le doux bruit de la fontaine centrale. Les 58 chambres du Brice Hôtel disposent de tout le confort nécessaire : spacieuses et climatisées, elles sont équipées d'un coffre-fort et d'un mini-bar. Vous pourrez également profiter du sauna (payant) à l'intérieur de l'établissement. Belle salle de séminaire également mise à votre disposition.

■ HÔTEL BUSBY................................3 étoiles
Centre Ville
38, rue du Maréchal Joffre
✆ 04 93 88 19 41
www.busby-hotel.com
info@busby-hotel.com

Fermé du 15 novembre au 20 décembre. 80 chambres. Basse saison : chambre simple 80 € ; chambre double 130 €. Haute saison : chambre simple 100 € ; chambre double 150 €. Petit déjeuner inclus (american Breakfast : 7,50€). Les prix ne comprennent pas la taxe de séjour qui s'éleve à 0,90€ / jour et personne. American Express. Coffre fort à la réception. Tv satellite.

Situé au cœur du centre-ville, l'Hôtel Busby – datant de la Belle Époque – est un établissement qui a su conserver sa décoration d'origine. Les chambres climatisées et insonorisées sont bercées par la lumière du sud qui filtre à travers les vitraux. Un lieu agréable pour un séjour authentique sur les rives de la Baie des Anges.

■ HÔTEL CRILLON..............................3 étoiles
Centre Ville – 44, rue Pastorelli
✆ 04 93 85 43 59
www.crillon-hotel-nice.com
contact@hotelcrillon-nice.com

Ouvert toute l'année. Accueil 24h/24 (langues parlées à l'accueil : italien, anglais, espagnol, russe, allemand, serbe, hongrois, arabe, français). 43 chambres (100% non fumeur). Chambre double de 73 € à 230 €. Petit déjeuner inclus. Gratuit -2 ans. Enfant de 2 à 12 ans : 15 €. Adultes 20 €. 1 lit supplémentaire par chambre maximum. Wifi gratuit. Service de ménage. Tv satellite.

Cet hôtel offre un cadre contemporain et coloré. Les 43 chambres de l'établissement ont été entièrement repensées et réaménagées (décor, literie, mobilier…) ainsi que l'espace petit déjeuner, plus spacieux et plus lumineux. Equipé de tout le confort nécessaire pour un séjour agréable, le Crillon réserve aussi un accueil plus que sympathique à ses hôtes.

■ HÔTEL CRONSTADT..........................3 étoiles
3, rue Cronstadt ✆ 04 93 82 00 30
www.hotelcronstadt.com
reservation@hotelcronstadt.com

Ouvert toute l'année. Chambre simple 80 € ; chambre double 100 € ; chambre triple 130 €. 10 chambres. Petit déjeuner : 10 €. L'accueil ou les renseignements peuvent se faire à la réception, ouverte de 10h à 22 h. Petit déjeuner continental entre 8h30 et 10h. Animaux acceptés.

Un petit hôtel atypique situé en plein cœur de Nice. Il est merveilleusement placé à quelques encablures de la promenade des Anglais (au niveau de l'hôtel Negresco) ; la plage est accessible à pieds en quelques minutes. Il est totalement abrité du bruit de la ville car niché dans une cour fleurie, au sein d'un immeuble d'habitations. Les 10 chambres sont meublées dans un style classique quelque peu désuet mais l'harmonie règne et le tout est finalement charmant. On se sent comme dans un petit nid douillet. Les chambres disposent d'un beau volume et d'une hauteur sous plafond propre aux vieux bâtiments. Elles bénéficient de tout le confort moderne : climatisation, salle de bains… Ajouter à cela un accueil chaleureux de la propriétaire et vous êtes garantis de passer un agréable séjour.

■ HÔTEL DE LA FONTAINE...................3 étoiles
Centre Ville – 49, rue de France
✆ 04 93 88 30 38 – www.hotel-fontaine.com
hotel-fontaine@webstore.fr

Ouvert toute l'année. Accueil 24h/24. 29 chambres (non fumeur). Petit déjeuner : 12 € (buffet). Chambre simple à partir de 79 €. Chambre Double / Twin à partir de 92 €. Chambre Double / Twin avec vue sur le Patio à partir de 92 €. Chambre Triple à partir de 135 €. Animaux acceptés.

Situé entre le Negresco et la zone piétonne en plein cœur de Nice, ce petit hôtel offre un accueil chaleureux et un excellent rapport qualité/prix. Les 29 chambres, climatisées et insonorisées, ont été décorées avec goût : épurées, elles invitent au repos et au calme en particulier si vous choisissez celles donnant sur le charmant patio ombragé dans lequel vous pourrez prendre votre petit-déjeuner en été.

■ HÔTEL DE LA MER..............................2 étoiles
Place Masséna
4, place Masséna ✆ 04 93 92 09 10
www.hoteldelamernice.com
hotel.mer@wanadoo.fr

Ouvert toute l'année. Réception ouverte de 7h30 à 21h tous les jours. Réservation possible par internet. Chambre double de 69 € à 140 €. Petit déjeuner : 7 € (continental). Lit supplémentaire : 20 €. Wifi gratuit.

Cet hôtel de charme est un pied à terre idéal pour découvrir Nice. En plein cœur du centre historique, il offre tout le confort nécessaire pour un séjour agréable et serein. Le décor est simple mais propre et les chambres sont dotées d'équipements modernes : climatisation, WiFi... Certaines disposent d'un petit balcon et offrent une vue imprenable sur la célèbre Place Masséna. Les suites familiales sont spacieuses : on y loge facilement à 3 ou à 4, voire même à 5 personnes ! L'accueil est agréable et le charme italien de ce bâtiment du XIXe siècle ne gâche rien au plaisir. Un bon rapport qualité-prix.

■ HÔTEL DURANTE..............................3 étoiles
Centre Ville
16, avenue Durante ✆ 04 93 88 84 40

Ouvert toute l'année sauf du 4 janvier au 9 février. Accueil 24h/24. 28 chambres. Chambre simple de 85 € à 105 € ; chambre double de 99 € à 119 € ; chambre triple de 159 € à 179 € ; suite de 189 € à 209 €. Petit déjeuner buffet : 10 €. Parking (selon disponibilités). Les prix varient lors du Grand Prix de Monaco (contacter l'hôtel directement). Wifi. Tv satellite.

Ce charmant petit hôtel est situé dans une oasis de verdure en plein cœur de la ville et proche de toutes les commodités. Le jardin est aménagé avec soin et dès les beaux jours, il est agréable de prendre son petit déjeuner au beau milieu des orangers. Les clients peuvent cueillir les fruits frais selon la saison. Les chambres sont confortables et décorées dans le style purement provençal. Certaines disposent même d'une kitchenette disponible à partir de 3 jours de séjour. Une structure vraiment plaisante qui se distingue aussi par un accueil chaleureux et des conseils avisés pour votre séjour.

■ HÔTEL LES CIGALES..........................3 étoiles
La Buffa
16, rue Dalpozzo
✆ 04 97 03 10 70
www.hotel-lescigales.com
info@hotel-lescigales.com

Ouvert toute l'année. Accueil 24h/24 (langues parlées à l'accueil : anglais, italien, espagnol, français). 19 chambres (100% non fumeur). Chambre double de 67 € à 160 €. Petit déjeuner : 11 €. Garage : 20 € (sur réservation). Offres promotionnelles toute l'année : voir le site Internet. American Express. Animaux acceptés (15 €. Moins de 3 kg). Wifi gratuit. Service de ménage. Excursions.

A quelques pas de la Promenade des Anglais, derrière le Palais de la Méditerranée, cet établissement allie le charme d'un ancien hôtel particulier de style Belle Epoque et le confort moderne. Tapissées de couleurs provençales, les chambres sont climatisées, insonorisées et dotées d'un minibar ainsi que d'un coffre-fort individuel. Accueil et service de grande qualité.

■ HÔTEL LE SEIZE .... NOUVEAU
3 étoiles
Centre Ville
16, rue Chauvain
✆ 04 93 80 76 11
Voir page 24.

■ HÔTEL LOCARNO ....3 étoiles
Nice Ouest
4, avenue des Baumettes
✆ 04 93 96 28 00
www.hotel-locarno.com
hotel.locarno@wanadoo.fr

Ouvert toute l'année. Langues parlées : anglais, français, espagnol, allemand, polonais, russe, italien. Accueil 24h/24. 48 chambres. Chambre simple de 59 € à 142 € ; chambre double de 68 € à 159 € ; chambre triple de 82 € à 182 €. Petit déjeuner : 8 € (continental. 12 € petit déjeuner buffet). Lit supplémentaire : 14 € (lit bébé gratuit). Garage : 12 €. Tarifs des chambres augmentés lors de grands événements comme le Carnaval de Nice (se renseigner). American Express, Diners Club, Chèque Vacances. Réservation groupes : hotellocarno@aol.fr. Animaux acceptés (5 € / nuit). Poste Internet. Connexion Internet gratuite. Wifi gratuit. Service de ménage.

Situé à 80 m de la célèbre Promenade des Anglais (certaines chambres offrent d'ailleurs un aperçu mer) et à seulement 10 minutes en voiture du centre-ville, voici un bel établissement de 48 chambres parfaitement adapté au tourisme d'affaires et de loisirs. Les chambres sont équipées de double vitrage, d'un téléphone, d'une TV écran plat, de la climatisation et d'une salle de bains complète avec douche ou baignoire. Toutes sont d'un très bon volume pour la catégorie. Petit plus futé : l'Hôtel Locarno dispose d'un parking privé fermé en sous-sol accessible sur réservation. Une adresse avec un bon rapport qualité/prix, et un accueil professionnel et agréable.

■ HÔTEL MONSIGNY .... NOUVEAU
3 étoiles
Malausséna
17, avenue Malausséna
✆ 04 93 88 27 35
Voir page 24.

■ HÔTEL NICEA ....3 étoiles
Centre Ville
6, rue Miron
✆ 04 93 62 10 65
www.niceahotel.com
niceahotel@aol.com
38 chambres. Chambre simple de 59 € à 90 € ; chambre double de 69 € à 105 € ; chambre triple de 99 € à 130 €. Petit déjeuner : 8 €. Lit supplémentaire : 30 €. Parking. Animaux acceptés (8 €). Wifi gratuit.

Stratégiquement bien placé à 5 minutes de la gare des trains et du tramway, et à 15 minutes de la vieille ville à pied, l'Hôtel Nicéa vient d'être totalement rénové après trois ans de travaux. Les chambres sont joliment décorées, très feutrées dans des coloris tendances comme l'ocre et le chocolat. Elles offrent tout un grand confort : douche ou bain, W.C, téléphone, TV câblées, climatisation et housses de couettes moelleuses. Une terrasse solarium au dernier étage est à votre disposition pour prendre le petit déjeuner ou un rafraîchissement à toute heure. Accueil très sympathique.

HÔTEL VILLA VICTORINE ....2 étoiles

Nice Ouest
11, rue du Docteur-Émile-Roux
✆ 04 93 83 10 51
www.hotel-villa-victorine.com
info@hotel-villa-victorine.com

Logis. Ouvert toute l'année. 8 chambres. Chambre simple de 69 € à 109 € ; chambre double de 75 € à 129 €. Demi-pension (sur demande). Petit déjeuner buffet : 11 €. Parking public des Bosquets situé à 500 m. Wifi gratuit.

Ravissant hôtel de charme situé dans un quartier très résidentiel, la Villa Victorine est située proche de l'aéroport, de la plage et de la Promenade des Anglais (la plage est accessible à pied). Cette ravissante maison des années 1930 abrite des chambres mignonettes décorées avec goût. Le patron est passionné de jardinage et a aménagé la terrasse extérieure en une véritable oasis de fraîcheur où plantes et arbres fruitiers s'épanouissent au soleil. Les clients adorent y prendre le petit déjeuner ou flâner après la plage. Un petit nid douillet où l'on séjourne « comme à la maison ». Réservation fortement conseillée.

■ HÔTEL WINDSOR ....3 étoiles

Centre Ville
11, rue Dalpozzo
✆ 04 93 88 59 35
www.hotelwindsornice.com
contact@hotelwindsornice.com

Ouvert toute l'année. 57 chambres. Possibilité de demi-pension 34 €. Petit déjeuner-buffet : 13 €. Tarifs selon la saison. Chambres basiques de 82 € à 102€, chambres intimités de 97 € à 128 €, chambres créations de 117 € à 150 €, chambres séductions de 137 € à 170 €, chambres privilèges de 157 € à 190 €. Animaux acceptés (11 €).

Ici, l'art est omniprésent et les 54 chambres sont entièrement décorées par des artistes plasticiens comme Henri Olivier, Robert Barry, Joël Ducorroy, François Morelet, Jean Mas... Les tendances sont multiples : fresques, contemporain, posters ou encore noir et blanc en fonction de l'imagination de leur créateur. Les prestations sont de très grande qualité : sanitaires privés, TV satellite, minibar, coffre-fort, WiFi gratuit sur demande et climatisation. L'hôtel cache une petite oasis de verdure et de fraîcheur avec un jardin et une piscine extérieure. Côté détente, vous disposerez également d'un restaurant avec une carte de produits frais et d'un spa avec salle de fitness sans oublier plusieurs cabines de massages.

IBIS STYLES NICE CENTRE VIEUX-PORT ..3 étoiles

Port
8, rue Emmanuel Philibert
✆ 04 92 00 59 00
www.ibisstyleshotels.com
H6991@accor.com

Ouvert toute l'année. Groupe Accor. Accueil 24h/24 (langues parlées à l'accueil : français, anglais, allemand, italien, espagnol). 114 chambres (100 % non fumeur). Chambre double de 73 € à 173 €. Petit déjeuner inclus. Garage : 14 €. Chèques non acceptés. American Express, Diners Club. Réceptions et mariages. Poste Internet. Wifi gratuit. Service de ménage. Restauration (légère). Vente de produits. Excursions.

Idéalement situé à proximité du port et du vieux Nice, ce 3 étoiles affiche un emplacement idéal en plein cœur de ce quartier en mouvement. Il dispose d'un garage privé et de 113 chambres récemment rénovées dans un style contemporain et acidulé. Spacieuses et confortables, elles sont équipées de couettes et oreillers anti-stress, d'un mobilier modulable et d'une salle de bains lumineuse. Toutes bénéficient de connexions spéciales pour IPod, MP3... Elles jouissent d'un très beau volume, entre 25 m^2 et 30 m^2. On aime aussi le lobby de l'hôtel qui donne envie de se poser pour boire un verre au bar ou bouquiner tranquillement dans un sofa ; la direction de l'établissement met d'ailleurs en place des animations pour faire vivre le lieu. Un hôtel qui a du peps et qui fleure bon la bonne humeur avec sa déco ludique et conviviale. Un bon rapport qualité/prix pour cette adresse jeune et tendance.

■ LA PETITE SIRÈNE ....3 étoiles

Carré d'Or – 8, rue Maccarani
✆ 04 97 03 03 40
www.sirene-fr.com
info@sirene-fr.com

Fermé de novembre à février. Accueil 24h/24. 15 chambres. Chambre simple de 89 € à 98 € ; chambre double de 112 € à 150 € ; studio / appartement de 220 € à 250 € ; suite de 125 € à 140 €. Petit déjeuner : 11 €. Offres promotionnelles : voir le site Internet. Wifi. Restauration. Tv satellite.

Le nom de l'hôtel évoque l'un des personnages du célèbre conteur danois Hans Christian Andersen : l'aménagement intérieur et les couleurs tamisées de cet établissement font d'ailleurs renaître le charme de ses contes. Les chambres sont décorées avec goût et toutes sont bien équipées : téléphone, TV, minibar, climatisation, WiFi... Certaines bénéficient également d'une terrasse. Au dernier étage se trouve un loft avec ascenseur privatif, cuisine équipée et grande terrasse privée très agréable surtout en été. Au rez-de-chaussée, un bar à cocktails propose une carte complète et variée (plus de 80 sortes !) avec *happy hour* et un restaurant « steak house ». Situation géographique idéale en plein cœur de la ville. A noter : la présence d'un parking public en face de l'hôtel.

Retrouvez l'index en fin de guide

■ **LE PETIT PALAIS................................3 étoiles**
Cimiez – 17, avenue Emile Bieckert
✆ 04 93 62 19 11
www.petitpalaisnice.com
reservation@petitpalaisnice.com

Châteaux & Hôtels Collection. Ouvert toute l'année. Langues parlées à l'accueil : anglais, italien, espagnol, russe, bulgare, français. Accueil 24h/24. 25 chambres (100% non fumeur). De 110 € à 250 €. Petit déjeuner : 16 €. Parking privé et fermé – 10 € les 24 heures à réservation souhaitable. American Express, Diners Club. Animaux acceptés. Poste Internet. Connexion Internet gratuite. Wifi gratuit. Service de ménage. Tv satellite, Canal+. Excursions (sur demande).
L'environnement est charmant : ancien hôtel particulier de Sacha Guitry, il est aujourd'hui un lieu où règnent le calme et le raffinement avec une superbe vue sur les toits de la ville et sur la Baie des Anges. A dix minutes à pied du centre-ville, on bénéficie ici d'un silence rompu par les cigales ! Les 25 chambres singles et doubles – avec possibilité d'ajouter un lit – sont spacieuses et dotées d'un décor raffiné offrant tout le confort nécessaire. Quelques-unes bénéficient d'un jardin privatif et la vue sur la mer en plus. On apprécie la jolie piscine qui agrémente votre séjour. Bref, un lieu où règnent calme et raffinement, idéal pour la détente, la culture ou les affaires.

■ **LE SAINT-PAUL (EX-MAISON DU SÉMINAIRE)** NOUVEAU
Port
29, boulevard Franck-Pilatte
✆ 04 93 89 39 57
Voir page 24.

VILLA LA TOUR..........................3 étoiles
Vieux-Nice – 4, rue de la Tour
✆ 04 93 80 08 15
www.villa-la-tour.com
reservation@villa-la-tour.com

Ouvert toute l'année. Accueil 24h/24 (langues parlées à l'accueil : anglais, allemand, italien, français). 17 chambres (non fumeur). Petit déjeuner buffet : 12,50 €. 4 catégories de chambre : économique de 60 € à 76 € la nuit, tradition de 89 € à 162 €, privilège de 122 € à 183 € et Junior suite de 166 € à 225 €. American Express, Diners Club. Wifi gratuit. Service de ménage. Tv satellite.
Une véritable étape romantique située au cœur du vieux Nice ! Cette villa bâtie dans les murs d'un couvent du XVIIIe siècle a été rachetée par un couple d'hôteliers : Jérôme et Chimène arrivent tout droit de l'île Maurice où ils ont travaillé dans des hôtels de luxe. Ils mettent à présent leur expérience au profit de leur propre affaire. Ils ont totalement rénové ce petit bijou où chaque chambre se décline dorénavant sur le thème d'un artiste. Les chambres offrent une vue sur la vieille ville et certaines disposent d'un balcon. Équipement de standing : télévision, climatisation, coffre-fort, WiFi, sèche-cheveux... Beaucoup de charme donc, voire un vrai coup de cœur pour ce petit hôtel. Un restaurant ouvrira prochainement sur le thème de la *world food*. Une agréable terrasse pour profiter de la douceur du vieux Nice.

VILLA LES CYGNES...................3 étoiles
Nice Ouest
6, avenue Château de la Tour
✆ 04 97 03 23 35
www.villalescygnes.com
villalescygnes@yahoo.fr

Ouvert toute l'année. 6 chambres. De 70 € à 150 €. Petit déjeuner : 12 €. Wifi gratuit. Tv satellite.
Cette belle demeure des années 1920 située à quelques pas du Musée des Beaux-Arts Jules Chéret et non loin de la Promenade des Anglais décline luxe, calme et volupté. La villa se compose de trois niveaux : un joli jardin intérieur arboré pour les petits déjeuners ensoleillés et des chambres réparties sur deux étages dont certaines possèdent un très beau volume (jusqu'à 28 m2). Toutes sont décorées avec soin. Très lumineuses, elles disposent de très belles salles de bains. Le propriétaire insuffle à son hôtel une atmosphère sereine ; il aime aussi partager son amour de l'art et des belles choses. À découvrir sans plus tarder. Excellent rapport qualité/prix.

■ **VILLA VICTORIA.............................4 étoiles**
Centre Ville
33, boulevard Victor-Hugo
✆ 04 93 88 39 60
www.villa-victoria.com
contact@villa-victoria.com

Ouvert toute l'année sauf du 12 au 27 décembre. Accueil 24h/24. Parking : 18 € (5 places disponibles). Prix selon la catégorie et la saison. Chambres simples de 75 € à 190 €. Chambres doubles de 90 € à 190 €. Chambres triples de 105 € à 210 €. Petit déjeuner-buffet : 15 €. Animaux acceptés (de petites tailles). Service bagagerie.
La Villa Victoria est nichée dans un jardin botanique. Cet établissement rénové dans le style niçois possède 38 chambres bénéficiant de tout le confort digne d'un 4 étoiles : climatisation, insonorisation, téléphone direct, TV satellite et WiFi gratuit dans le hall et les chambres. L'hôtel offre des avantages considérables à l'instar d'un jardin privé qui permet une pause détente en plein centre-ville, également très agréable dès les premiers rayons de soleil.

Petits prix

HÔTEL ACANTHE.......................2 étoiles
Centre Ville
2, rue Chauvain
✆ 04 93 62 22 44
www.hotel-acanthe.com
hotel.acanthe.nice@wanadoo.fr
Ouvert toute l'année. Accueil 24h/24. 50 chambres (100 % non fumeur). Basse saison : chambre double à partir de 54 €. Haute saison : chambre double à partir de 99 €. Petit déjeuner : 5 € (en chambre 7 €). Lit supplémentaire : 10 €. Langues parlées à l'accueil : anglais, allemand, italien, espagnol, arabe, russe, croate. American Express, Diners Club. Wifi gratuit. Service de ménage.

L'Hôtel Acanthe est un établissement entièrement rénové, isolé thermiquement et phoniquement grâce à des doubles vitrages. Les chambres lumineuses sont petites mais équipées d'une nouvelle literie, d'une TV écran plat, de toilettes et d'un téléphone. Toutes disposent également d'une douche dans des salles de bains modernes équipées de sèche-cheveux. Certaines possèdent aussi un agréable balcon offrant une magnifique vue sur les jardins arborés de la très agréable Promenade du Paillon. Un très bon rapport qualité/prix avec un confort de bon niveau dans sa catégorie doublé d'un excellent accueil familial.

■ HÔTEL CARLYNA ....2 étoiles

Centre Ville
8, rue Sacha-Guitry
✆ 04 93 80 77 21
carlyna@int1.com

Ouvert toute l'année. 24 chambres. Petit déjeuner : 10 €. Lit supplémentaire : 10 €. Chambre simple à partir de 55 €, double à partir de 58 €. Animaux acceptés (5 €). Poste Internet.

Cet hôtel situé à quelques pas de la place Masséna possède des chambres bien équipées avec climatisation, téléphone, coffre-fort et mini-réfrigérateur. Son atout majeur réside dans ses grandes salles de bains avec toilettes séparées. Si l'hôtel affiche un bon rapport qualité/prix pour sa catégorie, l'établissement mériterait toutefois une petit rafraîchissement.

■ HÔTEL COMTÉ DE NICE....................2 étoiles

Centre Ville
29, rue de Dijon ✆ 04 93 88 94 56
www.hotelcomtedenice.com
info@hotelcomtedenice.com

Ouvert toute l'année. Accueil 24h/24 (langues parlées à l'accueil : allemand, anglais, italien, espagnol, français). 55 chambres et 12 appartements. 100% non fumeur. Chambre simple de 48 € à 61 € ; chambre double de 61 € à 76 € ; chambre triple de 75 € à 96 €. Pension complète. Demi-pension (17,50 € par repas / personne. Trois plats hors boisson). Petit déjeuner buffet : 7,50 €. Lit supplémentaire (de 12 € à 24 € selon la saison). Parking privé en sous-sol : 13,50 € par jour. Petite salle de réunions pour 40 personnes. American Express. Animaux acceptés. Wifi gratuit. Service de ménage. Tv satellite. Excursions.

Un hôtel agréable situé au calme près de l'avenue Malausséna où se tient quotidiennement un marché provençal et à proximité des commerces et des transports de la ville. Avec le tram, vous êtes dans le vieux Nice en 10 minutes. Tenu avec beaucoup de soin par Claudia et toute son équipe, deux types d'hébergements sont proposés : en chambre classique ou en studio équipé de kitchenette. Les chambres sont bien entretenues et décorées avec goût. Équipement de bon confort : lits parés de couettes blanches, TV satellite, téléphone et salle de bains complète. Quant aux appartements, ils béneficient aussi d'une kitchenette équipée avec réfrigerateur, plaques éléctriques et micro-ondes, d'un coin repas et de la climatisation. Tous donnent sur un patio intérieur très calme. A noter : une belle suite avec terrasse de 35 m^2 et jardin pouvant accueillir 2 à 4 personnes. Que dire de plus ? Un personnel avenant qui parle toutes les langues, une réception ouverte 24h/24 et un très bon rapport qualite-prix. Le petit plus ? Un accès WiFi gratuit dans le *lobby*. Des packages thématiques sont également proposés sur le site Internet toute l'année en fonction du calendrier des événements niçois (réservation directement en ligne).

■ HÔTEL DU CENTRE..........................2 étoiles

Centre Ville
2, rue de Suisse
✆ 04 93 88 83 85
www.nice-hotel-centre.com
info@nice-hotel-centre.com

Ouvert toute l'année. Chambre simple de 45 € à 84 € ; chambre double de 50 € à 84 €. Petit déjeuner : 8 €. Salle de bains et sanitaires partagés. Transfert aéroport : 19.50 € par personne (minimum 2 personnes). Parking disponible à moins de 50 m de l'hôtel (prix négocié).

Le gros atout de cet établissement est son emplacement : proche du tramway et à deux pas des commerces. Si les toilettes sont sur le palier et que les salles de bains n'existent pas à tous les étages, les chambres sont toutefois agréables : lumineuses et colorées, elles sont décorées avec soin et affichent de beaux volumes. Autre point fort : le Coffee Center – le restaurant de l'hôtel. Ouvert tous les jours de 8h à 22h30 (sauf le dimanche et le lundi soir), il propose une cuisine méditerranéenne à prix doux servie en salle ou en terrasse : carpaccio, antipasti, salades, escalope milanaise, espadon à la sicilienne, calamars grillés, spaghettis aux palourdes ou encore gnocchettis aux poulpes. Info futée : l'hôtel peut organiser des excursions dans la région (littoral et moyen-pays).

HÔTEL LIDO.............................. 1 étoile

Centre Ville
4, rue du Commandant Berretta
✆ 04 93 88 43 15
www.hotel-nice-lido.com
contact@hotel-nice-lido.com

Ouvert toute l'année. Accueil 24h/24 (le client doit donner son heure d'arrivée. Langues parlées à l'accueil : français, anglais). 8 chambres studios. Possibilité de louer au mois ou par nuit. Petit déjeuner : 5 €. Du 1er avril au 21 mai et du 4 octobre au 1 novembre : standard 560 € la semaine ou 85 € la nuit ; supérieure ou triple 700 € la semaine ou 110 € la nuit. Du 26 mai au 4 octobre : standard 700 € la semaine ou 110 € par nuit ; supérieure ou triple 875 € la semaine ou 140 € la nuit. Grand Prix F1 de Monaco : standard 170 € la nuit ; supérieure ou triple 200 € la nuit. American Express, Chèque Vacances. Wifi gratuit. Service de ménage. Tv satellite.

Le Lido est l'un des rares hôtels «1 étoile» sélectionné dans notre guide. Et pour cause ! Ce petit hôtel de seulement 8 chambres, impeccablement entretenues, au décor soigné et de bon goût, vous étonnera par de multiples aspects : son emplacement idéal derrière le célèbre Negresco et à quelques minutes de la Promenade des Anglais, son accueil sympathique et ses tarifs imbattables. Une adresse vraiment très fûtée.

■ HÔTEL H33 ....2 étoiles
Centre Ville – 33, rue Pastorelli
✆ 04 93 62 18 82
www.h33-hotel-nice.com
reservation@h33-hotel-nice.com
Ouvert toute l'année. 26 chambres. Petit déjeuner : 8 €. Parking 20 € / 24h. Chambre 1 personne de 45 € à 149 €. Deux personnes de 55 € à 249 €. Trois personnes de 85 € à 299 €. Animaux acceptés (10 € / jour / animal). Ascenseur.
L'Hôtel H33 prend place dans un bel immeuble aux lignes niçoises. Avec sa déco très contemporaine dans un style épuré, relevée deci-delà par des couleurs acidulées, rien n'a été laissé au hasard côté confort : double-vitrage, climatisation réversible, écran plat LCD, sèche-cheveux, coffre-fort et WiFi gratuit. Certaines chambres possèdent un petit balcon ou une mini-terrasse, idéal pour profiter de la fraîcheur des soirées estivales. Un excellent rapport qualité-prix pour cet établissement très bien situé et un accueil charmant.

■ HÔTEL LÉPANTE ....2 étoiles
Centre Ville – 6, rue de Lépante
✆ 04 93 62 20 55
www.hotellepante.com
reservation@hotellepante.com
Petit déjeuner : 8 €. Chambre standard à partir de 60 €. Chambre tradition à partir de 65 €. Chambre supérieure à partir de 70 €. Chambre triple à partir de 95 €. Les prix varient selon la saison et la durée du séjour. Animaux acceptés (10 € / jour / animal). Wifi gratuit. Mise à disposition d'un ordinateur à l'accueil. Parking 20 € / 24h.
Cet hôtel de charme fièrement installé dans un immeuble bourgeois classé Belle Epoque datant de 1915 offre une situation géographique intéressante à proximité de toutes les commodités : gare, plages, restaurants et commerces. Les chambres sont décorées avec raffinement et toutes possèdent la climatisation ainsi qu'une salle de bain ou une douche entièrement rénovée. L'hôtel dispose d'un atout majeur : une magnifique terrasse sur le toit, très agréable dès les beaux jours ! Ajoutez à cela une ambiance conviviale et familiale... et le tour est joué !

■ HÔTEL VILLA EDEN ....2 étoiles
Promenade des Anglais
99 bis, promenade des Anglais
✆ 04 93 86 53 70 / 04 93 97 67 97
www.hotel-villaeden.com
booking@hotel-villaeden.com
Ouvert toute l'année. 11 chambres. Petit déjeuner : 7 € (en chambre ou dans le jardin). Lit supplémentaire : 15 €. Parking. Tarifs selon la saison. Chambres 1 ou 2 personnes à partir de 58 €. Wifi gratuit.
Une charmante demeure qui appartenait à une Comtesse russe à la Belle Epoque. La Villa Eden a le privilège de se situer sur la prom' tout en étant un peu retranchée de la route et donc à l'abri du buit. Un petit jardin est aménagé à l'entrée où les clients peuvent prendre le petit déjeuner ou faire une pause au retour de la plage située en face. Les chambres ont été rénovées tout en conservant le style des maisons bourgeoises du début du XXe siècle. Quatre d'entre elles ont une vue directe sur la Baie des Anglais. Elles sont climatisées, équipées de douche, W.C, téléphone et TV. Autre avantage non négligeable : un petit parking est à la disposition des clients derrière l'hôtel. Une adresse idéale pour être logé face à la mer et pour un budget maîtrisé !

■ HÔTEL VILLA SAINT-HUBERT ....2 étoiles
Libération
26, rue Michel-Ange ✆ 04 93 84 66 51
www.villasainthubert.com
contact@villasainthubert.com
Ouvert toute l'année. Petit déjeuner : 7 € (continental). Lit supplémentaire : 10 €. Single à partir de 55 €. Double à partir de 65 €. Triple à partir de 90 €. Parking privé sous réserve de disponibilités : 7 € /jour. Animaux interdits.
Saint-Hubert – le plus célèbre des chasseurs – a donné son nom à cette vieille bâtisse typiquement niçoise qui était tout naturellement au début du siècle... un relais de chasseurs ! Toutes les chambres entièrement rénovées et très confortables – dont certaines s'ouvrent sur un jardin – sont équipées d'une douche, de toilettes privatives, d'un accès WiFi gratuit et d'un écran plat TNT. Ce petit hôtel de charme s'est déjà fait une belle clientèle d'habitués ravis de trouver le repos dans ce quartier tranquille également à proximité du centre-ville, à 5 minutes de la Place Masséna avec le tramway.

■ HÔTEL WILSON
Centre Ville
39, rue de l'Hôtel-des-Postes
✆ 04 93 85 47 79
www.hotel-wilson-nice.com
39hotelwilson@gmail.com
Ouvert toute l'année. Petit déjeuner : 6,50 €. Lit supplémentaire : 15,50 €. Single à partir de 34 €. Double à partir de 39 €. Twin à partir de 49 €.
Une propreté irréprochable et une décoration soignée donnent à cette petite adresse une atmosphère chaleureuse qui s'accorde à la bonne humeur du personnel. Ajoutez à cela une situation géographique centrale dans une rue commerçante perpendiculaire à l'avenue Jean Médecin : tout est là pour passer un excellente séjour !

■ NICE GARDEN HÔTEL ....2 étoiles
Carré d'Or
11, rue du Congrès ✆ 04 93 87 35 62
www.nicegardenhotel.com
Ouvert toute l'année. Chambre simple de 59 € à 75 € ; chambre double de 65 € à 135 €. Petit déjeuner : 9 €. Lit supplémentaire : 15 €. Wifi.
Il s'agit d'un petit hôtel de charme situé dans un immeuble bourgeois non loin du quartier des musiciens. Les chambres sont coquettes, lumineuses et bien équipées pour la catégorie. Elles possèdent toutes un style et une taille différents, de la petite « *single* » à la familiale pouvant recevoir jusqu'à trois personnes. L'originalité de cet établissement repose essentiellement sur le jardin luxuriant qu'on ne peut imaginer avant d'y entrer : une oasis de quiétude en plein cœur de la ville ! Les chambres de plain-pied s'ouvrent d'ailleurs sur ce beau jardin privé. Ajoutez la gentillesse de Marion et vous serez certain de passer un agréable séjour. Réservation conseillée.

Centrales de réservations

■ GÎTES DE FRANCE DES ALPES-MARITIMES
Promenade des Anglais
57, promenade des Anglais
✆ 04 92 15 21 30
Gîtes de France regroupe des hébergements meublés, des chambres d'hôtes ainsi que des campings. Des labellisations ou des certifications thématiques (gîtes de neige, gîtes de pêche, gîtes Panda, gîtes rando, gîtes vignobles, écogîtes ou encore gîte tourisme & handicap) qualifient l'offre de loisirs. Les Gîtes de France sont classés de 1 épi à 4 épis selon leur niveau de confort et se réservent pour une nuit ou plusieurs semaines en toutes saisons.

Auberges de jeunesse

■ AUBERGE DE JEUNESSE DU MONT-ALBAN
Mont-Boron
212, route forestière du Mont-Alban
✆ 04 93 26 93 80
www.nicetourisme.com
A partir de 21,30 € la nuitée en chambre partagée. Draps et couvertures fournis. Linge de toilette non fourni. Petit déjeuner inclus.
Depuis cette auberge de jeunesse située au cœur de plantations d'oliviers, de caroubiers, de chênes verts et de pins, on jouit d'un panorama superbe sur Nice, le port et la Baie des Anges. Le soir, la vue devient encore plus magique quand toutes les lumières du littoral scintillent. De nombreux circuits de promenades pédestres étendent leurs rameaux sur les pentes du Mont Boron. Une excellente adresse pour les petits budgets.

■ VILLA SAINT-EXUPÉRY BEACH...........2 étoiles
Centre Ville
6, rue Sacha Guitry
✆ 04 93 16 13 45 / 06 27 81 05 03
www.villahostels.com
beach@villahostels.com
Ouvert toute l'année. Langues parlées à l'accueil : anglais, français. Accueil 24h/24. 150 lits. Non fumeur. Prix indiqué par lit. Chambre double de 16 € à 50 €. Séminaires. Réceptions et mariages. Poste Internet. Connexion Internet gratuite. Wifi gratuit. Service de ménage. Restauration (vente de produits). Tv satellite, Canal +. Animations. Excursions.
La Villa Saint-Exupéry Beach est une auberge de jeunesse new-look qui propose des petits prix pour se loger le temps d'une nuitée ou plus. Idéalement située en plein cœur du centre ville, les principaux sites et attraits touristiques sont à seulement quelques minutes à pied. L'établissement offre à ses clients un accès totalement libre et gratuit à ses ordinateurs et au réseau WiFi. Sur place, un bar-restaurant se transforme en boîte de nuit avec *happy hours* tous les soirs pour terminer votre journée sur une note festive.

■ VILLA SAINT EXUPÉRY GARDENS.......2 étoiles
Chambrun
22, avenue Gravier
✆ 04 93 84 42 83 / 06 27 81 05 03
www.villahostels.com
gardens@villahostels.com
Ouvert toute l'année. Langues parlées à l'accueil : anglais, français. Accueil 24h/24. 250 lits.Tarif indiqué par lit. Chambre double de 16 € à 45 €. Petit déjeuner inclus. Parking (extérieur gratuit). Animaux autorisés sous réserve d'un préavis. Séminaires. Réceptions et mariages. Poste Internet. Connexion Internet gratuite. Wifi gratuit. Service de ménage. Restauration (pizzas et cuisine française le soir uniquement). Vente de produits. Animations. Excursions.
Cet ancien couvent de sœurs carmélites rénové niché au cœur d'un grand jardin a été transformé en auberge de jeunesse dont le centre de vie reste l'ancienne chapelle devenue restaurant, bar et cybercafé. On se retrouve ici dans une ambiance conviviale tout au long de la journée. Les chambres sont équipées modestement ; elles varient de la simple à la double en passant par la quadruple (avec WC et douche) jusqu'au dortoir pour les budgets les plus serrés. De nombreux services gratuits sont compris dans le prix de la chambre comme l'accès à Internet, le parking et la cuisine commune accessible 24h/24 où l'on peut se préparer à manger. C'est un merveilleux *melting-pot* où toutes les nationalités se croisent. On peut même y séjourner sur des périodes plus longues, uniquement d'octobre à avril. Le soir, on profite aussi de l'ambiance chaleureuse du *lounge bar* avec restaurant et de l'*happy hour* tous les soirs.

Chambres d'hôtes

LE CASTEL ENCHANTÉ
Nice Ouest
61, route Saint-Pierre-de-Feric
✆ 04 93 97 02 08
www.castel-enchante.com
contact@castel-enchante.com

Ouvert toute l'année. 4 chambres. Petit déjeuner inclus. Prix par nuit : 105 € pour 1 personne, 120 € (hiver) et 130 € (été) pour 2 personnes, 165 € (hiver) et 170 € (été) pour 3 personnes, 210 € pour 4 personnes. Animaux non acceptés. Wifi gratuit. Lit supplémentaire : 25 €. Séjour minimum de 2 nuits sauf aux périodes indiquées.
Imaginez une splendide demeure du XIXe siècle décorée avec goût et recouverte de bougainvilliers nichée sur les collines de Nice... Depuis qu'Alberto a posé ses valises dans ce petit paradis, il accueille avec beaucoup de plaisir et de convivialité ses hôtes venus du monde entier. L'immense terrasse située en face de la maison est une invitation à la détente ; le jardin regorge d'arbres fruitiers tandis que la piscine se niche près de la bâtisse. Les chambres sont quant à elles très spacieuses et aménagées avec soin. Une halte agréable quelle que soit la saison !

■ **LE DORTOIR**
Carré d'or
11, rue Paradis ✆ 04 93 88 93 63
www.ledortoir.net – contact@ledortoir.net
Tram : arrêt Masséna
3 chambres. Suite de 105 € à 205 €. Petit déjeuner inclus. Wifi.
Kalia, Massaï et Longani sont les noms des trois suites haut de gamme situées dans un immeuble bourgeois au cœur de Nice. Ce concept d'hébergement urbain et original propose un accueil individuel programmé sur rendez-vous. Ici, il n'y a ni hall de réception, ni *room service* mais une permanence téléphonique disponible 24h/24 ; l'accès à l'immeuble et aux suites se fait quant à lui par digicode. Le ménage est effectué quotidiennement et le petit déjeuner se prend sous forme de buffet. Les suites (28 m², 38 m² et 48 m²) sont parfaitement équipées et décorées avec soin dans un style raffiné et contemporain. Toutes disposent d'un espace salon et d'une large vue sur la ville et les sommets alentours depuis le quatrième étage de cet immeuble cerné des commerces les plus luxueux de la ville.

■ **LOU SOULEOU**
Vieux Nice
26, rue des ponchettes ✆ 06 49 95 76 25
http://lelousouleou.nice.free.fr
lou.souleou.nice@gmail.com
Chambre simple de 50 € à 70 € ; chambre double de 65 € à 130 €. Dortoir de 25 à 35 € par personne. Petit déjeuner inclus. Poste Internet. Wifi gratuit.
Idéalement située dans la vieille ville à proximité du célèbre marché aux fleurs Cours Saleya, vous pourrez prendre votre petit-déjeuner dans le salon ou sur le balcon qui offre une magnifique vue mer mais aussi assister tous les soirs à de merveilleux couchers de soleil. Les cinq chambres confortables à la décoration moderne possèdent des noms rêveurs (zen, swazi, azur, inti et nimis) invitant à l'évasion. Une bonne adresse.

■ **LE MAS DES OLIVIERS**
Nice ouest
350, chemin de Crémat
✆ 04 93 52 22 60
www.masdesoliviers-nice.com
contact@masdesoliviers-nice.com

4 chambres. Chambre double de 90 € à 130 € ; suite de 155 € à 215 €. Petit déjeuner inclus (buffet continental). Lit supplémentaire : 30 €. Chambre simple à la demande. Wifi gratuit. Parking gratuit. Accès salle de remise en forme, tennis voisin et cuisine d'été gratuits. Terrasse.
Confort moderne et cadre de plein air s'associent dans cet agréable mas perché sur la colline de Bellet. Posés au cœur d'un jardin vert et fleuri, la piscine, ses transats et la terrasse dallée offrent des espaces de détente calmes et sereins auxquels font écho la chambre double et les suites au confort moderne décorées avec grand soin. La salle à manger de 40 m² dévoile quant à elle un coin salon avec télévision ainsi qu'une grande table où sont servis les petits déjeuners toutefois dégustés en terrasse dès l'arrivée des beaux jours.

LA MOMA
Cimiez
5, avenue des Mousquetaires
www.moma-nice.com
2012@moma-nice.com

2 chambres. Chambre double Yves Klein 90 €, chambre double Matisse 100 €. Petit déjeuner inclus. Séminaires. Wifi. Vente.
Comme un clin d'œil au célèbre musée new-yorkais, la «MOMA» est la Maison Originale de Valerie Arboireau. Ici, chaque pièce est de la récup', du vintage ou une création personnelle. Ici, tout est à vendre : du coup, le décor est éphémère et change au gré des envies, des ventes et des créations de Valerie et Peter, les propriétaires (également artistes). De la cuisine aux chambres en passant par le salon – qui sert aussi d'atelier à Peter – tout est œuvre d'art, tout est création. Lieu de rencontres ouvert aux curieux ou aux artistes, cette maison Belle Epoque offre ses chambres d'amis au public. Vous pourrez également profiter du jardin pour un petit déjeuner à l'ombre d'un oranger.

■ LA PASTORELLE

Nice Ouest – 30, avenue des Bosquets
✆ 04 97 11 02 74 – www.lapastorelle.com
contact@lapastorelle.com

Gîtes de France. Ouvert toute l'année. 4 chambres. Chambre double de 96 € à 168 €. Petit déjeuner inclus. Tarif dégressif en fonction de la durée du séjour. Wifi.

Cette belle demeure des années 1950 complètement rénovée dans un style très contemporain surplombe la baie azuréenne et offre un magnifique panorama sur la Méditerranée. Les quatre chambres sont parfaitement équipées : de superficies différentes mais bénéficiant d'un excellent confort moderne, elles sont dotées d'un écran plat, d'une chaîne Hi-Fi et d'un lecteur vidéo avec 500 DVD à disposition. Une belle piscine avec sa terrasse en bois exotique et ses transats est idéale pour lézarder tranquillement aux beaux jours de même que les 2 000 m² de terrain arboré. Conseil futé : une voiture de location est nécessaire car la maison est un peu à l'écart du centre et de la plage.

Gîtes

■ GÎTES DE FRANCE ET DU TOURISME VERT DES ALPES-MARITIMES

Promenade des Anglais
455, promenade des Anglais – Immeuble Horizon ✆ 04 92 15 21 30

Ouvert toute l'année. Ouvert du lundi au vendredi de 9h à 17h. Les tarifs varient en fonction de la localisation du bien, de la surface et de la durée de location.

Les Gîtes de France proposent un vaste choix de locations à Nice et dans les communes alentours (Drap, Falicon, Saint-Agnès, Peillon, Coaraze...) avec plus de 140 propositions. Les formules vont de l'hébergement pour deux à cinq personnes avec un confort allant de 1 épi à plusieurs épis ainsi que des chambres d'hôtes pouvant accueillir jusqu'à huit personnes.

Locations

■ AJOUPA APPART'HÔTEL

Carré d'Or
4, rue Masséna – Accueil au 5e étage
✆ 04 93 82 10 05 – www.ajoupa.fr
ajoupa3@wanadoo.fr

Ouvert toute l'année. Accueil 24h/24. 39 chambres. Studio Double Standard de 62 € à 129 € par nuit. Studio Double Supérieur de 75 € à 149 € par nuit. Studio Suite Junior de 87 € à 169 € par nuit. Appartement Suite 2 pièces de 97 € à 199 € par nuit. Studios disponibles à partir de 14h. Prix hors foire : Studio Single Standard de 51 € à 94 € par nuit. Studio Single Supérieur de 57 € à 109 € par nuit. Wifi. Lave-vaisselle. Tv satellite.

Ajoupa propose des locations de studios et d'appartements. La situation géographique en plein centre ville et à deux pas de la Promenade du Paillon en fait un lieu de résidence idéal. Si la devanture n'est pas très visible depuis la rue à l'instar d'un hôtel, c'est que les logements sont dispersés dans un immeuble d'habitations. Les volumes généreux, le style résolument contemporain et le confort de qualité. Tous les appartements sont équipés de kitchenette, d'une salle de bains, d'un système de climatisation individuelle et d'un accès à Internet en haut débit. Draps et serviettes fournis. Les gérants sont à l'écoute des clients et ils sauront également vous conseiller dans vos vacances. Ajoupa ? Une solution adéquate pour un court ou un long séjour.

■ RIVIERA HOLIDAY HOMES
23, avenue Jean-Médecin
✆ 04 93 16 00 44 / 06 87 32 40 66
www.rivieraholidayhomes.com
helena@rivieraholidayhomes.com
Ouvert toute l'année. Location de villas et d'appartements à Nice, dans l'arrière-pays et à Villefranche-sur-Mer. Les tarifs sont consultables en ligne et varient selon le type de logement et la saison.
Riviera Holidays Homes est une agence de locations saisonnières née de la passion de deux associées : Lucienne et Helena. Cette structure à taille humaine propose depuis de nombreuses années des appartements meublés ou des villas indépendantes à la location. À elles deux, elles cumulent pas moins de vingt ans d'expérience et maîtrisent sept langues ! Les biens à louer sont de grande qualité : de beaux appartements, bien équipés, de centre-ville à Nice et Villefranche-sur-Mer, ou des villas avec piscine sur l'ensemble des Alpes-Maritimes. Vous effectuez votre recherche *via* Internet et pouvez réserver en ligne directement. Ensuite, l'agence gère à votre convenance votre transfert, le linge de maison est fourni (avec produits d'accueil comme à l'hôtel), les lits sont faits à votre arrivée et vos courses peuvent même être gérées. La location est possible à partir de 4 nuitées d'occupation, quel que soit le jour d'arrivée. Professionnalisme et bonne humeur en prime : vous pouvez louer tranquille, ici pas de problème !

■ AT HOME NICE CENTER ....Appartement
Vieux Nice
7, rue Jules Gilly ✆ 04 93 87 30 64
www.athome-hotel.com
info@vivreanice.eu
Compter en moyenne pour la location d'un appartement entre 60 € et 135 € la nuit en fonction du standing proposé. Possibilité de louer au mois à partir de 800€.
Spécialisée dans la location d'appartements de standing, combinez séjour et découverte de Nice en louant pour deux nuits, une semaine ou plusieurs mois, un appartement meublé et équipé, ou un loft. Sur le site Internet de la société, vous pouvez «visiter» en ligne les appartements ouverts à la location. Une fois la réservation validée, une équipe se charge également de l'accueil des clients directement depuis l'aéroport ou la gare des trains mais également de la réservation de voiture, des excursions ou de l'intendance (fourniture du linge de maison, ménage, entretien, service de conciergerie, location de téléphone portable...).

Autres hébergements

APARTHOTEL ADAGIO
Promenade des Anglais
179, promenade des Anglais
✆ 04 97 07 82 00 – www.adagio-city.com
Ouvert toute l'année. Accueil 24h / 24. Prix variable selon durée du séjour, de la période de réservation et de la situation de la chambre (vue mer ou vue ville). 80 appartements jusqu'à 6 personnes. Service petit déjeuner (payant). 7 chambres disponibles. Animaux acceptés (payant). Wifi gratuit dans l'hôtel et dans les chambres. Climatisation. Salle de séminaire. Laverie. Pressing. Parking privé.
Installé sur la célèbre Promenade des Anglais, l'établissement propose de nombreux appartements permettant d'accueillir jusqu'à six personnes. Certains bénéficient d'une terrasse privée avec vue directe sur la mer Méditerrannée tandis que d'autres offfrent une vue sur la ville. Agencés dans un esprit moderne et contemporain, les logements sont meublés et bénéficient d'une cuisine entièrement équipée ainsi que d'une connexion Internet gratuite. D'autres services en option sont également disponibles : petit déjeuner buffet, laverie, pressing ou parking privé.

▶ **Autre adresse :** Nice Magnan : 12, avenue de la Californie – 06000 Nice. Tel : 04 97 07 28 00. Nice Acropolis : 42, boulevard Risso – 06300 Nice. Tel : 04 92 27 82 00.

amuser – Sortir

© Baytch - Fotolia

– Cafés

■ LES 3 DIABLES .... Pub

Vieux Nice
2, cours Saleya
✆ 04 93 62 47 00
www.les3diables.com
contact@les3diables.com

Ouvert 7j/7 de 17h à 2h15. Boissons chaudes à partir de 1,40 €. Apéritif à partir de 2,10 €. Alcool à partir de 3,20 €. Cocktail sans alcool : 3 €. Jus de fruits : 2 €. Happy hours (de 17h à 21h tous les jours hors période de retransmission d'événements sportifs. En juillet et août de 17h à 19h). Soirées et diableries : karaoke, blind test, student parties. Terrasse. Animations. Concerts.

Quand les 3 Diables ouvrent les portes de leur royaume, un vent de chaleur vient encanailler le cours Saleya. Au rez-de-chaussée, sur la belle terrasse ou dans la petite salle située à l'étage, l'ambiance est rapidement festive et conviviale pour des soirées endiablées jusqu'au milieu de la nuit. Si la décoration est plutôt minimaliste avec ses murs de briques qui donnent à cet établissement un côté sombre et feutré, quelques verres suffisent à mettre le feu et détendre les convives, le tout sur un fond sonore bien rythmé. Les 3D organise chaque semaine plusieurs soirées thématiques comme le karaoké du mercredi ou celles réservées aux étudiants le jeudi avec tarifs spéciaux sur la carte. Une belle adresse où faire la fête !

LE 6

Vieux Nice
6, rue Raoul-Bosio
✆ 04 93 62 66 64
www.le6.fr
contact@le6.fr
Accès par le Tram, station Opéra Vieille ville

Ouvert toute l'année. Du mardi au samedi 22h à 5h. Soirée spéciales karaoké-live chaque mercredi. Soirée Erotic Harder Show chaque mois. DJ et artistes en live tous les soirs. Entrée gratuite, conso obligatoire. Animations. Concerts.

Lieu incontournable pour les oiseaux bariolés arc-en-ciel de nuit, Le 6 se démarque par ses DJ résidents aux répertoires larges (électro, house, disco et oriental) mais aussi par ses artistes de talent se produisant chaque soir. Sans oublier sa déco moderne avec ses néons qui créent une atmosphère clubbing très réussie et ses Erotic-Show sous la douche où des mecs – des gogos très sensuels – se frottent parfois pour se faire mousser. L'équipe est également au top et vous laissera des souvenirs inoubliables !

■ AKATHOR .... Pub

Vieux Nice
32, cours Saleya
✆ 04 93 62 49 90
www.akathor.com
info@akathor.com

Ouvert tous les jours de 17h30 à 2h30. Happy hours (de 17h30 à 21h). Concerts (à partir de 22h15). Brunch (sélection de tapas chauds et froids).

Idalement situé sur le cours Saleya, on apprécie l'Akathor pour son ambiance et sa sono musclée dont le punch ne vous laissera pas insensible. L'établissement organise très régulièrement des soirées thématiques (karaoké, salsa...) ou sportives. Et si vous avez un petit creux en milieu de soirée, demandez la carte des tapas (froids ou chauds) à partir de 3,80 € l'assiette (nachos, tortillas, wraps...). Un régal. De quoi passer une bonne soirée en perspective !

■ APOTHEKA — NOUVEAU

Vieux Nice
2, rue de la Préfecture
✆ 04 93 76 18 01
Voir page 25.

LE BAR BUTCH

Vieux Nice
1 & 2, rue Rossetti
✆ 06 60 86 08 56

Le Bar Bitch est ouvert 7j/7 de 14h à 00h30. L'espace 100 % bear et 100 % Beer ou «Le Bar Butch» est ouvert 7j/7 de 16h à 00h30 avec une grande sélection de bières de plusieurs pays. Terrasse. Animations. Concerts.

Cet établissement gay et gay-friendly réunit deux espaces en un : le Bar Bitch qui se définit comme un espace tendance et le Bar Butch, « 100% Bear et 100% Beer ». Ces deux bars branchés tenus par Jean-Pierre et Mika, deux figures incontournables de la nuit azuréenne, épaulés de Thibaud et Anthony, organisateurs de la célèbre soirée Rainbow Power, se font face et deviennent le passage obligé et incontournable de la rue Rossetti pour prendre un verre entre amis. Les soirées y sont également animées et l'ambiance très conviviale entre événements à thèmes, DJ's et apéros dînatoires.

Les toits-terrasses en fête

Quand les beaux jours reviennent, les plus belles terrasses d'hôtels et de restaurants de la capitale azuréenne se muent en de véritables lieux festifs et branchés : *live music*, cocktails détonants, ambiance chic et survoltée s'ajoutent à un panorama à couper le souffle pour des *afterworks* et des soirées *clubbing* à la fois furieusement tendances et insolites.

■ LE BAR'OC

Port
10, rue Bavastro ✆ 06 43 64 68 05
lebarocnice@gmail.com

Basse saison : ouvert du mardi au samedi à partir de 18h. Haute saison : tous les jours à partir de 18h. Terrasse. Animations. Concerts (à partir de 21h).

Ce bar-pub à la décoration design et à l'ambiance décalée offre ses murs de pierres brutes aux pauses apéritives dès 18h et aux soirées tardives animées par des DJ. Dans l'espace intérieur séduisant et branché avec ses fauteuils hauts ou sur la terrasse, la clientèle essentiellement composée de trentenaires et de quadragénaires se retrouve autour de délicieux cocktails pour apprécier l'ambiance festive et musicale. Même si les prix sont un peu élevés, le Bar'Oc reste un endroit que l'on recommande chaudement !

■ LE BIG BEN .... Pub

Centre Ville
9, rue Alberti
✆ 04 93 80 09 74

Ouvert du lundi au samedi de 17h30 à 2h30. Fermé le dimanche.

On adore l'ambiance très *british* de ce pub : calme feutré, accueil irréprochable, service impeccable, banquettes et fauteuils profonds, vaste choix de bières, de whiskies et cocktails variés que l'on déguste sur un fond musical *rock*, *pop*, *blues* ou *jazzy*. C'est le pub anglais idéal pour traiter des affaires ou pour goûter quelques instants de vraie détente entre *gentlemen* ou encore amis. Dans la famille des pubs anglais, c'est incontestablement le plus classe. Possibilité de déguster des encas pour calmer les petites fringales nocturnes.

LE BLAST .... Bar du monde

Vieux Nice
8, place Charles-Félix
✆ 04 93 80 00 50
www.blast-nice.com

Ouvert 7j/7 du petit déjeuner jusqu'à 2h30. Service non-stop. Burgers, sandwiches, bagels, assiette de tapas. Petit déjeuner. Terrasse. Animations. Concerts. Brunch. Terrasse chauffée en hiver. Happy hour de 8h30 à 12h30.

Cet *american bar* à la vaste terrasse affiche une ambiance West Coast cultivée par les associés et amis de longue date, Philippe, Lionel et Thierry. Ces trois niçois anciennement installés aux Etats-Unis font aujourd'hui partager les saveurs d'une carte *made in USA*. Le cadre branché et animé fait la réputation festive des lieux autant que le *happy hour* du matin de 8h30 à 12h30 (-20%) dont on profite dès le petit déjeuner avec des formules variées et de délicieux pancakes. Salades composées, pizzas, burgers, ribs, fajitas, bagels et sandwiches gourmets se dégustent sur les hauts tabourets de bar ou dans les fauteuils très convoités à l'heure de l'apéro où les assiettes de tapas accompagnent un large choix de bières, d'alcools et de cocktails. En terrasse, largement ouverte sur l'animation du cours Saleya comme à l'étage dans l'espace lounge plus cosy aux murs peints de visages américains légendaires, tout est là pour une immersion festive dans l'ambiance de L.A.

■ BLISS BAR .... Bar lounge

Vieux Nice
12, rue de l'Abbaye
✆ 04 93 16 82 38

Ouvert du mercredi au samedi de 20h à 2h30. DJ set à partir de 22h.

Le décor minimaliste de ce bar lounge et branché de la vieille ville niçoise offre un style très épuré avec son grand bar central et ses petits recoins colorés plus intimes... Une adresse très sympa fréquentée essentiellement par une clientèle d'habitués ou triée sur le volet où débuter votre soirée par un apéro accompagné d'une belle assiette de charcuterie et de fromages avant de danser sur les sets des différents DJ présents chaque soir. La programmation musicale est parfois pointue mais toujours de qualité. Seul bémol : l'endroit est petit et rapidement bondé à tel point qu'il est parfois difficile de se glisser jusqu'au comptoir.

■ BULL DOG POMPÉI .... Bar à whisky

Vieux Nice
16, rue de l'Abbaye
✆ 04 93 85 04 06

Ouvert tous les jours de 23h à 6h du matin. Service boissons alcoolisées jusqu'à 4h15. Cocktails à partir de 8 €

Connu des Niçois depuis 1984 sous le nom de « Pompeï », ce pub ne cesse d'attirer les foules. A la carte de cet incontournable de la nuit niçoise, on retiendra les quelques 50 cocktails, un bon accueil, une ambiance chaleureuse et de très bons concerts.

■ **CAFÉ BORGHESE**
Port
9, rue Fodéré
✆ 04 92 04 83 83
www.cafeborghese.com
Derrière l'église Notre-Dame-du-Port
Happy hours de 18h à 20h. Maxi cocktails (50 cl) 15 €. Restauration possible. Ouvert du lundi au vendredi de 8h à 0h30.
Un établissement qui séduit en été comme en hiver. L'accueil est fort agréable et la déco luxuriante avec ses fresques style Pompéi qui ornent le plafond. La cuisine de ce restaurant-bar propose des formules séduisantes et élaborées avec soin. La journée s'écoule, ponctuée de rendez-vous appétissants comme le *Tea Time* à partir de 15h ou les Happy Hours dès 17h. Une adresse à noter précieusement dans l'agenda des incontournables ! L'établissement se décline aussi en restaurant avec une quinzaine de pizzas à l'ardoise et des suggestions de salades et de viandes au gré des saisons.

■ **LES CAVES DU BUBBLES.** Musique – Spectacle
Carré d'Or
7, avenue de Suède
✆ 04 93 27 97 76 / 06 16 59 03 14
Ouvert du lundi au samedi de 19h à 2h. American Express. Wifi. Terrasse. Restauration. Bar. Cave à vins. Climatisation. Parking. Service non-stop. Salon de thé. Salon(s) privé(s).
Le « Bubbles » est à la fois une cave à vins, un bar à champagne et un restaurant avec terrasse. La décoration est moderne, design et épurée. L'accueil y est chaleureux et décontracté sans oublier l'ambiance, festive et rythmée par la sélection du DJ. En fin de journée en version apéro, découvrez les assiettes raffinées et copieuses que l'on accompagne d'une dégustation de vins. Retrouvez la programmation musicale et événementielle sur leur page Facebook. Un endroit à ne pas manquer, dans lequel vous passerez un excellent moment pour boire un verre ou pour dîner.

■ **COMPTOIR CENTRAL ÉLECTRIQUE** NOUVEAU
Petit Marais Niçois
10, rue Bonaparte
✆ 04 93 14 09 62
Voir page 25.

■ **DE KLOMP**................................ Bar à whisky
Vieux Nice
6, rue Mascoïnat ✆ 09 82 34 14 21
deklomp@live.fr
Ouvert toute l'année. Ouvert du lundi au samedi de 19h à 2h30 du matin. Le dimanche ouvert de 4h du matin à 7h30 et de 19h à 2h30. Concerts (dès 22h). Happy Hour 7j/7 de 18h à 21h. Live sports. Jeux vidéos.
Derrière sa devanture qui rappelle le Red District d'Amsterdam avec ses mannequins frivolement vêtues, le De Klomp affiche l'atmosphère d'un pub intimiste avec ses vitraux colorés, son bois de couleur chaude et son immense comptoir central où la bière à la pression qui coule à flots dicte une ambiance conviviale autour de la petite scène qui accueille des groupes live dès 22h. Ici, de très bons musiciens et d'excellents chanteurs locaux se produisent et régalent les mélomanes : jazz, soul, funk, pop, rock... Un écran géant et une TV retransmettent également les événements sportifs majeurs.

■ **LE DOMINO**
Petit Marais Niçois
20, rue Bonaparte ✆ 04 93 55 99 01
Ouvert du mardi au samedi de 18h30 à 00h30.
Cette salle voûtée au décor un brin baroque affiche une décoration contemporaine et originale avec des lustres à pampilles, des banquettes rouges et des miroirs dorés dans une ambiance musicale et conviviale. Accompagnés de quelques savoureux tapas, les cocktails se savourent ici entre amis sur des airs entraînants. L'établissement organise aussi de nombreuses soirées à thèmes. Une adresse que l'on fréquente tant pour son ambiance que pour son emplacement en plein cœur du petit marais niçois. Réservation vivement conseillée.

L'EFFERVESCENCE
Vieux Nice
10, rue de la Loge
✆ 04 93 80 87 37 / 06 76 15 18 52
www.leffervescence-nice.com
leffervescencebar@gmail.com
Ouvert toute l'année. Ouvert du mardi au samedi à partir de 19h jusqu'à minuit. Restauration.
Ce bar à champagne dînatoire idéal pour un moment de détente en amoureux ou un afterwork entre amis pétille de bonheur. Une nouvelle équipe vient d'insuffler un coup de jeunesse à ce lieu inédit avec notamment une déco plus claire. Dans l'ambiance confidentielle du comptoir, que vous soyez simple amateur ou vrai connaisseur, on vous propose chaque semaine de découvrir un éventail de champagnes et effervescents sélectionnés parmi 70 références. Vous aurez également la possibilité de déguster le vin au verre ou à la bouteille autour d'une assiette gourmande : foie gras maison, pata negra... Les desserts sont savoureux et originaux : normal, le chef est pâtissier de formation. À noter que la cave en sous-sol peut être privatisée pour un événement. N'hésitez pas à contacter Nathan pour plus d'information. Un endroit charmant et intime avec un fond musical parfait... À découvrir absolument !

■ **L'ESCALIER** .... Pub
Vieux Nice
10, rue Raoul-Bosio ✆ 04 93 92 64 39
www.pub-lescalier.com
Ouvert tous les jours de 22h à 5h du matin. Soirée karaoké le jeudi de 22h30 à 00h30. Selon les soirées, entrée payante (10 €). De 00h30 jusqu'à 5h, ambiance clubbing. Une coupe offerte aux filles entre 22h et minuit.
Temple des joueurs de billard, vous pourrez aussi danser entre les tables ou sur la petite piste située au fond, discuter autour d'un verre assis sur les confortables banquettes ou suivre un événement sportif sur l'écran géant. L'ambiance est conviviale et très sympathique. La carte affiche de nombreuses spécialités, notamment de nombreuses bières. Chaque jeudi, laissez-vous transporter par l'esprit festif des soirées karaoké. Un atout considérable : l'ouverture tardive de ce pub jusqu'à 5h du mat', idéal quand tous les autres bars sont fermés et que l'ambiance discothèque ne vous branche pas vraiment.

LE GHOST .... Pub
Vieux Nice
3, rue Barillerie ✆ 04 93 92 93 37
www.leghost-pub.com
leghostpub@gmail.com
Ouvert du mardi au samedi de 19h à 2h30.
Le Ghost House hante vos nuits ! Pub électro incontournable du vieux Nice, un DJ différent chaque soir conconcte une playlist qui vous fera danser sur des sons électro, house, funk. Un endroit plus que sympathique pour passer une excellente soirée entre amis autour d'une pinte de bière ou d'un cocktail. Détendez-vous dans les fauteuils en cuir ou isolez-vous dans la petite salle au fond du bar. Le staff charmant vous accueille dans cet établissement au climat feutré, cosy et décontracté qui organise un grand nombre de soirées à thème (blind test, soirée célibataires, soirées latinos...).

LE GLAM
Centre-ville
6, rue Eugène-Emmanuel
✆ 04 93 87 29 67
www.leglam.net
Ouvert du jeudi au dimanche de 22h à 2h30.
Cette enseigne est un véritable espace de fête où se mélange une clientèle gay et hétéro *friendly*. La déco est très chic, le mobilier baroque est nouveau et une scène de spectacle a trouvé sa place dans cet univers de la nuit. Des animations sont désormais sans cesse renouvelées avec des soirées *music live*, DJ électro ou disco, karaokés, défilés de mode ou encore *shows* transformistes très réussis.

GOSSIP BAR .... Pub
Port
7, rue Bonaparte
✆ 04 93 45 72 15
gossip.bar06@gmail.com
Ouvert du lundi au dimanche de 17h à 2h30. Ouvert 7j/7 Bar Restaurant Before Wine & Cocktails. Ouvert 7j/7 Restaurant jusqu'à minuit. Terrasse.
Idéalement situé dans le quartier du Petit Marais niçois tout proche de la place Garibaldi, ce lieu cosy et feutré est idéal pour un after work entre amis. Lovés dans les canapés, on échange – comme son nom l'indique – les derniers potins en sirotant un mojito, l'une de leur spécialité. Au fil des heures, les moments intimistes font place à des rythmes plus électriques : nous voilà parti pour une super soirée dans une ambiance gay friendly qu'on adore ! A noter que le Gossip est également ouvert en journée et propose une belle carte restauration à déguster en terrasse dès les beaux jours.

JAM
Carré d'Or
8-10, rue Commandant Raffalli
✆ 04 82 53 29 29
www.jam-bar-nice.com
Ouvert du lundi au dimanche de 15h à minuit. Application iTunes disponible compatible avec iPhone, iPod touch et iPad. Concerts (tous les jours. Programmation disponible sur le site Internet).
Ce nouvel espace scénique à la décoration cosy et feutrée est l'endroit idéal où prendre un verre et découvrir les talents artistiques de demain. Véritable bar à scènes ouvert à tous les formes d'expressions artistiques, la programmation est éclectique (humour, musique classique, cirque, musique, improvisations) et change tous les soirs suivant des thématiques différentes (spectacles visuels et/ou sonores, mini-concerts...). Venez avec votre instrument de musique, montez sur scène et faites votre *jam* – traduisez par « séance d'improvisation » ! Entre 17h et 20h, vous pourrez également vous attabler dans une ambiance acoustique et partager un apéritif stimulant avec au programme : slams et poésies, café littéraire, café philo… Le Jam accueille aussi en journée des artistes-peintres, des photographes et des écoles d'art. Chaque mois, un vernissage est organisé pour lancer une nouvelle exposition. Amateurs de nouveautés culturelles, voici donc votre nouvelle adresse ! On appréciera aussi l'accueil dynamique et souriant de l'équipe ainsi que la carte, variée et complète qui comblera les petites faims avec ses assiettes gourmandes, ses formules brunch, sa soupe du jour ou ses desserts.

KING'S PUB .... Bar à whisky
Vieux Nice
15, rue de la Préfecture
✆ 04 93 62 17 11
www.kings-nice.com
Ouvert tous les jours de 17h à 2h du matin en saison. A partir du mois de septembre, fermé le lundi soir. Les soirs de concert, l'entrée du pub est exceptionnellement payante (2€) : les bénéfices sont intégralement reversés aux groupes.
Situé près du Palais de justice, ce pub demeure fort sympathique pour prendre un verre au son du groupe live du moment, en salle ou sur l'agréable terrasse : le King's pub met notamment en lumière tous les mardis des groupes et des artistes niçois tous genres confondus en devenir. La bonne ambiance est aussi mise à l'honneur tous les autres soirs de la semaine : ici, tout le monde se lâche ! On danse, on chante ou on rit tandis que les soirs de matchs de football, l'atmosphère vaut également le détour. Les amateurs de whiskies apprécieront en outre la carte qui en propose plus de 20 variétés. Le très sympathique patron et sa dynamique équipe ajoutent à l'ambiance festive et amicale du lieu. Que demander de plus ?

LE KULT
Vieux Nice
14, rue Benoît Bunico
✆ 06 15 10 96 22 / 04 93 88 65 22
www.bar-discotheque-nice.com
contact@bar-discotheque-nice.com
Ouvert 7j/7. Du mardi au jeudi, ouvert de 21h à 2h30. Du vendredi au samedi, de 21h à 5h. Le dimanche, de 21h à 2h30. Chaque dimanche et chaque jeudi, Hard 5 €, bouteilles à partir de 55 €, bière 3 €. Mardi et mercredi, Hard 3 € et soft 2 €. Vendredi et samedi, bouteille à partir de 65 €. Bouteille offert pour tout anniversaire à + ou – 7 jours.
Le Kult est un bar branché à la décoration chic, sobre et branchée : banquettes en cuir, murs en pierres apparentes et lumière tamisée. L'ambiance est plutôt électrique et survoltée, tendance dancefloor avec parfois des soirées à thèmes ou des *lives* DJ. Espace fumeur disponible sur place. Côté conso, vous pourrez choisir parmi plus de 70 cocktails servis au verre, au litre ou en girafe de 3 litres... Une adresse «culte», sans aucun doute !

Première
radio régionale à Nice
Kiss fm
NICE
90.9
WWW.KISSFM.FR
Ecoutez aussi Kiss Fm en direct
sur votre smartphone et votre box

■ LE MASTER HOME.................................. Pub

Vieux Nice – 11, rue de la Préfecture
✆ 04 93 80 33 82 – http://masterhome-nice.fr

Ouvert tous les jours de 11h à 2h du matin. Ambiance club de 22h30 à 2h du matin. Happy Hours de 14h à 17h45.

A la fois brasserie, *afterwork* et *club*, le Master Home est l'endroit parfait où se retrouver entre amis pour partager un bon moment. La nouvelle équipe qui a pris possession des lieux a su conserver la réputation sulfureuse de cet incontournable de la vie niçoise, son ambiance conviviale et chaleureuse mais aussi son légendaire côté *clubbing* (dès 22h30). La grande nouveauté réside dans le fait que vous pouvez désormais découvrir en journée un large choix de thés issus du monde entier et également partager un moment de convivialité autours de jeux de société mis gratuitement à disposition l'après midi. Quand vient l'heure de l'apéro, sur un air de musique jouée par des groupes de talent, dégustez de nombreux vins d'auteurs et alcools de prestige sélectionnés avec soins que l'on accompagne d'assiettes de produits frais ou d'amuse-bouches offerts. Une belle adresse à re (découvrir) !

■ N'ICE CUBE

Vieux Nice – 1, rue de la Préfecture
beufa06@hotmail.fr

Clubbing de 22h à 2h30. Salle de billards. Happy Hours de 18h à 21h30. 2 € le cocktail sur boissons sélectionnées.

Le N'ice Cube est l'endroit idéal où passer une super soirée entre amis : ici, laissez vos escarpins au placard et venez comme vous êtes, avec le sourire. Une fois installé dans cet univers à la décoration moderne et branchée, les boissons, qui affichent des prix largement accessibles, s'enchaînent et se dégustent autour d'assiettes de tapas (bruschetta, charcuterie, friture) tandis que les fous rires éclatent. Dans une ambiance bon enfant, on se déhanche un peu plus tard dans la soirée à son rythme et selon son style sur les sets du DJ qui fait grimper la chaleur. Ambiance survoltée garantie ! A noter que sur place, on peut également jouer au billard dans une atmosphère à l'ambiance feutrée.

■ MA NOLANS IRISH PUBS.......................... Pub

Port – 5, quai des Deux Emmanuel
✆ 04 92 27 07 88 – www.ma-nolans.com
info@ma-nolans.com

Ouvert toute l'année. De 10h à 2h du matin avec un service non stop jusqu'à 23h. Petit déjeuner à partir de 4,90 €. Snack à partir de 4,90 €. Salade à partir de 11,90 €. Sandwich à partir de 5,50 €. Burger à partir de 10,90 €. Plat du jour 9,90 €. Menu enfant 6 €. Concerts.

Si la bonne réputation du Ma Nolans du vieux-Nice n'est plus à faire, découvrez également le pub éponyme situé sur les quais du port. Avec sa décoration élégante où se mêlent harmonieusement le bois, l'acier le cuir lui donnant une atmosphère conviviale, cette adresse est le lieu idéal où boire un verre entre amis et faire la fête. Il y a aussi bien des groupes en live chaque vendredi, samedi et dimanche soir que des retransmissions sportives de tous les plus grands matches de football, rugby, sports gaéliques... Vous pouvez même repartir avec un bon Ma Nolan's de 100 € en essayant le quiz tous les jeudi à 20h. La carte des boissons est variée et tout le monde trouvera son bonheur. On souligne également la belle terrasse qui offre à la fois une vue extraordinaire sur les pointus et les yachts amarrés mais aussi sur la colline du château.

▸ **Autre adresse :** 2 rue Saint-François-de-Paule 06300 Nice

■ MA NOLAN'S IRISH PUBS......................... Pub

Vieux Nice
2, rue Saint-François-de-Paule
✆ 04 93 80 23 87
www.ma-nolans.com
info@ma-nolans.com

Ouvert toute l'année. De 11h à 2h du matin. Petit déjeuner à partir de 4,90 €. Snack à partir de 4,90 €. Salade à partir de 11,90 €. Sandwich à partir de 5,50 €. Burger à partir de 10,90 €. Plat du jour 9,90 €. Menu enfant 6 €. Concerts.

Ma Nolan's est un pub irlandais à l'atmosphère joviale dont on apprécie la déco sobre du début du XXe siècle avec sa vaste salle et son bois omniprésent. C'est ici que se réunissent les communautés anglo-saxonnes et leurs amis afin d'écouter du son pop-rock et siroter un whisky, un cocktail ou une bonne bière irlandaise ! De 12h à 23h, une carte complète propose des entrées, plats et desserts : laissez- vous tenter par quelques spécialités que les Anglophones aiment grignoter comme les burgers, la tourte au poulet, champignons et petit pois, la tourte au bœuf mariné à la Guinness, l'entrecôte Irish Angus, tendre et goûteuse ou par quelques salades à prix abordables. Relevez le défi en essayant le quiz tous les lundis à 20h avec en premier prix un bon Ma Nolan's d'une valeur de 100 €. Vous pouvez aussi suivre dans ce pub tous les plus grands matchs de football, rugby, sports gaéliques et pleins d'autres encore. Enfin, pour ceux qui sont plus « musique », des groupes viennent chanter en *live* tous les soirs de la semaine à partir de 22h ou 23h.

Autre adresse : 5 Quai des Deux Emmanuel 06300 Nice

L'OXFORD PUB .... Bar à whisky

Vieux Nice
4, rue Mascoïnat ✆ 04 93 92 24 54

Ouvert tous les jours de 19h à 5h. Happy Hour de 19h à 23h.

C'est l'adresse de tous les amateurs de whiskies : vous trouverez ici pas moins de 50 références en la matière. Côté bières, la carte en propose plus de 70 tandis que vous aurez le choix entre plus de 150 cocktails. De nombreux concerts *live* viennent ponctuer l'ambiance chaque soir. Les soirs de matchs, possibilité de suivre les événements en direct sur les écrans géants. Difficile de trouver mieux !

PADDY'S PUB .... Bar à whisky

Vieux Nice
40, rue Droite
✆ 04 93 80 06 75

Basse saison : ouvert tous les jours de 16h à 2h30. Haute saison : tous les jours de 14h à 2h30. Concerts.

Direction l'Irlande au cœur de la vieille ville niçoise dans l'atmosphère typique de ce pub où la Guinness est reine ! Entre la clientèle issue des quatre coins du monde et l'équipe 100% langue anglaise, l'ambiance est ici aussi dépaysante que festive. Dans un décor authentique et chaleureux où la bière mousse à foison, le whisky se décline en versions irlandaise, écossaise et américaine. Un tintement de cloche annonce les *tips* (pourboires) et la fermeture des lieux qui s'attribue la devise : «*ici, il n'y a pas d'étrangers, seulement des amis qui ne se sont pas encore rencontrés.*» Une phrase qui résume bien l'atmosphère conviviale de cet incontournable du vieux-Nice.

PANDA BAR

Vieux Nice
1, rue du Moulin ✆ 04 93 80 77 61
ricardovegas@hotmail.fr

Ouvert du mardi au dimanche de 20h30 à 2h30.

Le collectif Panda Events est à l'origine de cet établissement à la décoration baroque et colorée situé au cœur du vieux Nice. La programmation musicale de ce lieu branché est à l'image de leur leitmotiv « We Love Music » : on écoute des sons hétéroclites et festifs mixés par différents DJ ou interprétés par des artistes en live, le tout en dansant ou en dégustant un cocktail. Retrouvez les événements et les soirées spéciales sur leur page Facebook.

LE PARADIS DU FRUIT.......... Bar à jus de fruit

Vieux Nice
6, place Garibaldi ✆ 04 93 07 19 85
http://www.leparadisdufruit.fr
e-mailgaribaldi@leparadisdufruit.fr

Ouvert tous les jours.

Restaurant, bar à fruits et glacier, on déguste ici une cuisine simple, fraîche et gourmande qui s'adapte à chaque heure de la journée : salades, soupes, tartines, pains toastés garnis, assiettes à composer soi-même, cocktails de fruits frais mixés, coupes de glaces... Ces plats sains et ses compositions originales sont servis dans un cadre lumineux et contemporain ou en terrasse dès les beaux jours. On apprécie notamment les saveurs intéressantes et étonnantes des cocktails. Seul bémol : le service – parfois un peu lent ou au contraire plutôt pressant – n'est pas toujours à la hauteur du lieu, dommage !

LE POOL BAR & LOUNGE – RADISSON BLU

Promenade des Anglais
223, promenade des Anglais
Radisson Blu Hôtel
✆ 04 97 17 71 77
www.radissonblu.com
info.nice@radissonblu.com

Ouverture du bar de 18h à 22h tous les jours. Cocktails : toute la journée. Tapas de 21h à 23h30.

Dans un décor sublime et intimiste avec vue imprenable sur la mer, le Pool Bar & Lounge du Radisson Blu Hotel est devenu l'un des endroits incontournables des nuits branchées niçoises où s'asseoir confortablement et siroter tranquillement votre cocktail maison. L'atmosphère est chic mais détendue et le service est à la hauteur du lieu : le personnel est aux petits soins et tout est fait pour que vous passiez une agréable soirée.

PULP FICTION SALOON .... Bar lounge

Port
7, rue Emmanuel Philibert
Angle rue Bonaparte
✆ 04 93 55 25 35
pulpfictionsaloon@rocketmail.com

De 8h à 00h30 du lundi au vendredi et de 17h à 00h30 le samedi. Tapas sur commande pour vos soirées à thèmes (anniversaires, enterrements de vie de jeune fille...).

Bar à vins, bar à cocktails et bar à whiskies, les lieux se déclinent plus tôt dans la journée en version salon de thé avec un choix de thés Damann, d'infusions bio et de chocolats chauds (classiques ou italiens) que l'on sirote accompagnés de viennoiseries. A l'heure de l'apéritif, les verres s'accompagnent d'assiettes de tapas dans un décor élégant, cossu et baroque. Des soirées à thèmes sont parfois animées par des DJ *live*. Une bonne adresse où se retrouver entre amis.

ROSALINA BAR

Vieux Nice
16, rue Lascaris
✆ 04 93 89 34 96

Ouvert du mardi au samedi de 18h à minuit ; le week-end de 11h à 16h.

Voici une adresse délicieusement poétique ! Dans cet ancien garage Renault réhabilité avec goût en un espace atypique, on se sent comme à la maison : une décoration bobo sans faute qui séduit une clientèle de trentenaires nombreuse et fidèle. Un brin romantique avec ses poutres apparentes et sa verrière, on y vient pour boire un verre, lovés dans les confortables fauteuils ou attablés avec ses amis. Les cocktails sont rafraîchissants ; on y grignote aussi des plateaux de fromages, de charcuterie ou des tapas. En journée, l'établissement se décline aussi en version restaurant avec une carte qui varie au fil des saisons et des assiettes gourmandes. Véritable coup de cœur de la rédaction pour cette adresse à (re) découvrir sans hésitation !

SHAPKO BAR................ Musique – Spectacle

Vieux Nice – 5, rue Rossetti
✆ 09 54 94 68 31 – www.shapko.com
dimitri@shapko.com

Ouvert de 16h à 00h30. Happy hours (tous les soirs de 16h à 21h30).

Un programme de concerts *live* à 21h30 rythme la plupart des soirées dans ce bar de la vieille ville lumineux et accueillant. Proche de la place Rossetti, il draine des passionnés de bons sons *jazzy* et de découvertes d'artistes locaux qui apprécient ces lieux clairs où chacun prend un verre et échange en toute convivialité. La proximité entre le public et la scène ajoute une touche de convivialité tandis que les chaises bistrot et les tables rondes habillent les différents espaces dont l'agréable mezzanine au parquet couleur miel.

LA SHOUNGA

Port – 12, place Guynemer
✆ 04 92 27 75 93
www.shounga.com
infoshounganice@gmail.com

Ouvert 7j/7 de 8h30 à 00h30. Cuisine ouverte non-stop. En hiver ouvert uniquement le jeudi, le vendredi et le samedi soir.

La Shounga offre un concept d'apéro *lounge* et bar à tapas. On aime s'y retrouver entre amis et se détendre autour d'un cocktail confortablement lové dans les fauteuils. On grignote aussi des assiettes gourmandes de charcuterie corse (le patron est originaire de l'île de beauté) ou des tapas accompagnés d'un bon verre de vin. Certains soirs, une soirée thématique est programmée (voyance, quizz..) pendant que jouent en *live* des groupes de musique.

LE SMARTIES.............................. Bar lounge

Centre-ville
10, rue Defly ✆ 04 93 62 30 75
http://nicesmarties.free.fr/
smartiesbar@numericable.fr

Bar électro-lounge. Ouvert tous les jours de 18h à 2h30. Fermé le lundi.

Aussitôt entré dans ce bar à l'allure originale et rétro-chic, vous serez transporté dans les seventies, du mobilier en passant par les projections psychédéliques, la boule à facettes et le papier peint ! Les propriétaires vous accueillent en début de soirée avec une formule lounge autour d'un verre ou d'une kémia. Des soirées à thèmes sont organisées tout au long de l'année. Musique électro et cocktails originaux, clientèle soignée, vous passerez à coup sûr une excellente soirée.

STARBUCKS

Centre ville
30, avenue Jean Médecin
Centre Commercial Nice Etoile niveau 0

Ouvert du lundi au samedi de 8h30 à 19h30. A emporter.

Le spécialiste du café connaît un franc succès dans la capitale azuréenne : boissons chaudes à base de café (cappuccino, mochaccino...) et gamme de chocolats chauds sont proposées sur place ou à emporter. (Re) découvrez les frappés avec ou sans café mais aussi les jus de fruits ou encore les différentes pâtisseries (cheese-cake, bones, muffins, cookies...) dans une ambiance moderne et contemporaine. Un pur plaisir !

TEAM CAFÉ .... NOUVEAU

Bar de supporters
Carré d'Or
1, rue Maurice Jaubert
Angle Place Grimaldi-Zone Piétonne
✆ 04 89 74 55 77

Voir page 26.

THE SNUG & CELLAR

Vieux Nice
22, rue Droite
✆ 04 93 80 43 22
www.snugandcellar.com

Ouvert du lundi au dimanche de 12h30 à minuit. Happy hours (tous les jours de 20h à 22h sur les pintes et cocktails). Animations. Concerts (live music).

Ce pub irlandais affiche une ambiance très joviale. Assis derrière l'une des grandes tables en bois située en terrasse ou à l'intérieur, vous pourrez goûter quelque soit l'heure l'une des spécialités anglaise ou irlandaise comme l'incontournable Ploughman's (fromage, jambon, crudités). Pour le midi, vous aurez notamment le choix entre deux menus : l'un de saison et l'autre version tapas. Et quand vient l'heure de l'apéro, laissez-vous tenter par les quelques antipasti affichés sur la carte. Côté boissons, vous pourrez siroter plus de 60 sortes de bières ainsi que plus de 80 whiskys. Les soirs de match, possibilité d'assister à la diffusion des rencontres tout en dégustant une bonne pinte. Dépaysement garanti !

▶ **Autre adresse :** 5 rue Rossetti Nice

VILLA GARIBALDI........................ Bar lounge

Centre-ville
64, boulevard Risso
✆ 04 97 19 36 21
www.villa-garibaldi.com
contact@villa-garibaldi.com

♿

Ouvert toute l'année. Du mardi au samedi de 12h à 14h et de 19h à 22h30. Terrasse. Restauration.

La Villa Garibaldi change sa carte et son équipe ! Avec comme point fort de cette adresse branchée son immense terrasse surplombant les jardins suspendus du Musée d'Art Moderne et d'Art Contemporain, le restaurant se décline sur trois étages reliés par un bel escalier avec cascade d'eau. Si la carte livre une cuisine gourmande authentique et revisitée, on s'installe en soirée au bar lumineux long de 6 m situé au premier étage en dégustant des cocktails *mixologie* où les mets sont à la fois modernes et classiques : carpaccio de homards, fois gras à la purée de framboise, risotto aux girolles et copeaux d'artichauts, sole meunière, piccatta de veau et linguinis à la truffes ou filet de bœuf façon Rossini. Cet établissement redéfini façon *bistrot chic* est à (re) découvrir de toute urgence !

WAYNE'S BAR.. Pub

Vieux Nice
15, rue de la Préfecture
✆ 04 93 13 46 99
www.waynes.fr
info@waynes.fr

Ouvert tous les jours de 12h à 2h30. Happy hours (de 14h à 19h45 sauf dimanche et jours fériés).

Ce pub affiche une très bonne ambiance et les deux salles sont souvent pleines à craquer. Ici, on parle anglais à tous les étages, hiver comme été. Dans la première pièce, vous pourrez déguster un bon burger tout en regardant une rencontre sportive sur l'écran de télévision tandis que dans celle du fond, vous serez attablés pour boire un verre tout en écoutant les groupes de musique live jouant du son pop-rock. Plus les heures passent et plus la température monte : résultat, tout le monde finit par danser sur les tables en fin de soirée dans une atmosphère survoltée !

Bars à vin

■ L'ARDOISE ROUGE .... NOUVEAU
Bar à vin
Centre ville
9, rue Clément Roassal
✆ 04 89 92 03 38
Voir page 25.

CAVE 35 .... Bar à vin
Centre-ville
35, rue de la Buffa
✆ 04 89 74 46 44 / 06 71 66 61 38
Ouvert toute l'année. Ouvert tous les jours y compris le dimanche de 18h à 0h30 côté bar et de 10h à 22h côté cave.
A la fois bar et cave à vins, cette adresse affiche deux espaces en un dans un vaste cadre authentique et tendance. Côté cave, les hauts casiers muraux dévoilent une large sélection de fines bulles aux prix variés et une bibliothèque de vins hauts de gamme. On y trouve également quelques accessoires et idées cadeaux liés à l'univers du vin. Côté bar, la découverte de millésimes, des meilleurs crus ou de champagnes s'accompagne d'assiettes de dégustation dans une ambiance des plus conviviales que l'on soit installé sur les hauts tabourets le long du grand comptoir ou dans les fauteuils confortables.

■ LA CAVE REMBRANDT .... Bar à vin
Riquier
54, boulevard Delfino
✆ 04 93 55 03 04
cave.rembrandt@wanadoo.fr
Ouvert du lundi au jeudi et samedi de 9h à 14h et de 17h à 19h30, le vendredi de 9h à 14h et de 17h à 22h. Réservation recommandée. Vin au verre. Entre 10 € et 30 € par personne. Vente à emporter. Livraisons possibles. Accueil de groupes.
Plus de 600 références vigneronnes s'invitent à la carte de cette adresse d'exception à la décoration chaleureuse entre chaises rouges et murs flanqués de casiers en bois clair du sol au plafond. L'espace cuisine ouvert ajoute à la convivialité du lieu où l'on déguste un choix de charcuteries basques de chez Oteiza, une sélection de fromages de grande qualité ainsi qu'une savoureuse cuisine maison concoctée à partir de produits frais accompagnée de bons crus à déguster le midi. L'accueil prévenant et les conseils avisés offerts avec bienveillance signent en beauté les repas et les apéros gourmets.

■ LA CAVE ROMAGNAN .... Bar à vin
Centre-ville
22, rue d'Angleterre
✆ 04 93 87 91 55
http://caveromagnan.free.fr
jazzchezmanu@gmail.com
Ouvert de 7h30 à 14h et de 16h à 21h. Fermé le dimanche. Concert de 19h à 22h. Entrée libre, participation au chapeau. Programmation et agenda des soirées disponibles sur le site Internet. Terrasse. Animations. Apéro Jazz le samedi de 19h à 21h.
Lieu de rencontres et d'échanges chaleureux, La Cave Romagnan propose des soirées animées autour de la dégustation de bons verres de vin et d'événements variés : expositions d'artistes locaux (dessins, peintures, photos...), conférences-débats, soirées slam ou encore soirées théâtre et philo. La bibliothèque auto-gérée permet une pause lecture (magazines de voyages, bandes-dessinées, roman, revues...) dans le cadre authentique de cet encdroit – l'une des plus vieilles caves de Nice – où culture et amour du vin invitent au partage.

■ CAVE WILSON .... Bar à vin
Centre-ville
16, rue Gubernatis
✆ 04 93 85 33 10
http://cave-wilson.com
antoine-cavewilson@hotmail.com
Ouvert le lundi de 16h à 23h, du mardi au vendredi de 10h à 14h et de 17h à 23h, le samedi de 12h à 23h, et le dimanche de 18h à 22h.
Dans l'ambiance agréable des débuts de soirée, la Cave Wilson est le lieu de rendez-vous idéal pour déguster un verre de bon vin autour d'une assiette gourmande tout en écoutant de la musique jazzy. Cette cave à vin séculaire se dédie à l'amour des bons crus avec des références sélectionnées parmi des producteurs français et étrangers. Si vous souhaitez enrichir votre cave d'une nouvelle bouteille, vous bénéficierez des conseils d'un expert sommelier. Des coffrets cadeaux sont également proposés et des soirées œnologiques sont régulièrement programmées. Les vendredis et samedis soirs : concerts de jazz, blues et bossa nova avec un service restauration. Pensez à réserver !

■ IN VINO VERITÀ .... Bar à vin
Centre-ville
2, rue de l'Hôtel de Ville
✆ 04 93 80 21 64
www.invinoverita.com
Ouvert toute l'année tous les jours. De 12h à 14h et de 19h à 22h30. Réservation recommandée. Carte : 35 € environ (entrée, plat, dessert). Vin au verre. Chèque Restaurant. Terrasse.
Ce restaurant où le chef mijote à la vue de tous des petits plats fabuleux où se mêlent les saveurs des régions du centre et du sud ouest de la France se décline également en bar à vins avec plus de 100 références dont une dizaine est disponible à la dégustation au verre. Faites confiance aux deux sommeliers Julien et Fabien pour que votre apéritif ou un accord mets et vins soient parfaits. Un endroit chaleureux où il fait bon se faire plaisir.

■ LE P'TIT BISTRO .... **Bar à vin**
Vieux Nice – 1, ruelle de la Halle aux Herbes
✆ 06 11 11 03 60 / 06 23 91 98 53
www.airdefete.co – airdefete@live.fr
Le lundi, mercredi, jeudi et vendredi le midi de 12h à 15h. En soirée sur réservation. Salades composées et crêpes à partir de 6 €. Dégustation et vente de vins. Location de salle. Dégustation. Achats. Vins inédits dans le département. Terrasse.
Spécialisé dans la location de salles depuis 1997 avec *Air de Fête*, ce lieu unique s'est diversifié en créant en son sein Le P'tit Bistrot, un bar à vins dans lequel vous découvrirez des crus directement sélectionnés chez les producteurs, propriétaires ou récolants des différentes régions : Bordeaux, Bourgogne, Beaujolais, Côtes de Provence ou Côtes du Rhône d'appellation biologique à déguster sur place accompagnés d'assiettes de charcuteries fines italiennes, de fromages ou encore de foie gras dans la petite salle intimiste ou sur la jolie terrasse agencée dans les tons rouge et noir. Possibilité d'acheter des bouteilles ou de privatiser la dégustation pour des soirées entre amis ou en famille : devis sur demande.

■ SAVEURS & ANTHOCYANES .... **Bar à vin**
Centre-ville
10, rue Gioffrédo
✆ 04 83 50 33 24
www.saveursetanthocyanes.com
info@saveursetanthocyanes.com
Fermé le samedi midi et le dimanche. Ouvert de 9h à 23h30 en semaine. Grand choix de vins au verre. Restauration sur place.
Le caviste Antoine Soave a créé ici un bistrot sans carte ni menu mais avec des suggestions du terroir proposées quotidiennement à l'ardoise et soigneusement préparées que l'on savoure assis autour d'une table, sur une banquette ou accoudé au bar : charcuterie tranchée françaises du Tarn de la ferme de Las Cases, d'Espagne ou d'Italie (selon arrivages), escargots, saucisson brioché lyonnais, rôti de veau d'Aubrac, côte de bœuf, confit de canard du Lot, plateau de fromages, mozzarella buffala, foie gras, andouillette... Des produits de choix qui s'accordent à la sélection des centaines de références de vins, champagnes et spiritueux présentés dans les casiers obliques. L'espace «cave à vins» se prête à la dégustation de verres au comptoir dans un cadre authentique paré de voûtes aux pierres apparentes et de tables nappées de blanc. Danc ce lieu chic et branché, véritable «chapelle du bon vivre», l'univers du vin se découvre et la passion pour l'œnologie se partage. Antoine, le maître des lieux, agit ici en véritable chef d'orchestre dans son antre pour une partition toujours de qualité.

Salons de thé

■ À L'HEURE DU THÉ .... **NOUVEAU**
Salon de thé
Centre Ville
10, rue Gubernatis
✆ 09 53 91 82 97
Voir page 25.

■ L'ALTRO COSE COSI .... **Salon de thé**
Cimiez
71, boulevard de Cimiez
Le Régina ✆ 04 93 55 49 85
www.laltrocosecosi.com
l-altrocosecosi@orange.fr
Ouvert du lundi au samedi de 9h à 19h. Agenda des soirées spéciales disponible sur le site Internet.
Situé au pied du palace niçois «Le Régina» construit en 1897, ce lieu met en éveil tous vos sens autour de plusieurs rendez-vous gourmands. Cette adresse de grand charme faisant à la fois office de salon de thé-restaurant-galerie et boutique propose de débuter la journée par un copieux petit déjeuner suivi d'un *lunch* à midi avec une carte élaborée à partir de produits frais locaux ou transalpins. L'après-midi, de délicieuses pâtisseries se marient à merveille avec un large choix de thés du monde. De temps à autre dans l'année, l'Altro Cose Cosi organise des concerts de jazz entre 18h45 et 21h45 autour d'un verre et d'assortiments de tapas. Un concept original au décor glamour et élégant dont les magnifiques compositions florales se retrouvent non loin dans la jolie boutique «Cose Cosi» située au n°53 avenue de la Reine Victoria (T. 04 93 81 19 48).

■ AQUARELLE.............................. **Salon de thé**
Libération
16 bis, avenue Alfred Borriglione
✆ 06 38 60 32 34
www.aquarelle-cafe.com
alice@aquarelle-cafe.com
Ouvert le lundi de 12h à 19h. Du mardi au samedi de 10h à 19h. Le dimanche de 14h à 19h. Sur place ou à emporter. Service traiteur.
Tous nos sens sont ici mis en éveil à commencer par notre regard déjà stimulé par la déco aux couleurs pop où le rose bonbon, le turquoise, l'orange et le rouge se mêlent et s'affichent sur les murs ou au niveau de la décoration donnant à ce salon de thé au style boudoir une atmosphère relaxante et tonifiante. Cette effervescence des couleurs et des textures se retrouve au niveau des gourmandises qui émerveilleront l'enfant qui sommeille en vous : pâtisseries et cupcakes peuvent être dégustés sur place (ou à emporter) et être accompagnés d'un thé du monde ou d'une infusion aux fruits. Laissez-vous tenter par un dynamite, un red velvet, un minty, un batman ou un pink panther parmi d'autres saveurs étonnantes dont certaines sans gluten ! Un bel endroit où partager un moment de détente, hors du tumulte de la ville. Et pour ceux qui souhaiteraient prolonger l'expérience à la maison, Aquarelle propose un service traiteur pour des événements privés, des anniversaires ou des mariages.

LES CAUSERIES DE BLANDINE.... **Salon de thé**
Vieux Nice
8, rue du Pont-Vieux
✆ 04 93 80 41 12
www.lescauseriesdeblandine.com
Arrêt de tram Cathédrale-Vieille Ville
Ouvert tous les jours de 11h à 19h. Salon de thé. Pause déjeuner. Épicerie fine. Idées cadeaux. Organisations d'ateliers et d'événements. Expositions temporaires. Plat du jour ou lasagnes végétariennes : 9,50 €. Formule déjeuner : 7,50 €.

Café gourmand : 6,50 €. Thé ou chocolat gourmand : 8,50 €. Thés grande boîte : 11,90 €, en vrac 7,50 € les 100 grammes. Pâtisseries maison : 3,90 €. Cookies : 2,90 €.
La boutique Les Causeries de Blandine vous ouvre les portes de son univers le temps d'une pause gourmande sucrée et/ou salée. En version salon de thé, la carte affiche des saveurs originales de la marque Løv Organic ainsi que des spécialités de cafés, des jus de fruits haut de gamme Kookabarra ou des boissons fraîches que l'on peut accompagner de pâtisseries maison ou de snacks. Cette adresse conviviale à l'ambiance chaleureuse fait également office d'épicerie fine où trouver des produits gourmands et de qualité : thés d'exception, confitures Florian, sirops, berlingots, huiles et vinaigres Fernando Pensato, miels… Sans oublier la multitude d'idées cadeaux : théières, tisanières, sabliers, tasses, bougies originales et colorées La Française et Point à la ligne, coffrets Kookabarra, bougies et miroirs d'artistes. Ce lieu de douceur, de partage et d'échanges organise également des expositions temporaires, des dédicaces de livres ainsi que divers ateliers et autres événements. Un véritable havre de paix irrésistible dont vous ne pourrez plus vous passer.

DÉLI BO .... **Salon de thé**
Port
5, rue Bonaparte
✆ 04 93 56 33 04
nice.delibo@gmail.com
Ouvert du lundi au samedi de 7h à 19h. Le dimanche de 10h à 17h.
Déli Bo est une adresse que l'on savoure aussi bien en version restaurant qu'en salon de thé. Le choix de pâtisseries créatives comble les plus gourmands : autour d'un thé de marque, d'un café ou d'un jus d'oranges fait maison, on s'accorde une pause épicurienne dans ce petit paradis au cadre doux et enchanteur, ou en terrasse au cœur d'un quartier paisible. L'accueil gracieux du personnel ajoute à la qualité de cette adresse coup de cœur qui allie charme et saveurs. Possibilité de commander des gâteaux personnalisés pour vos événements.

■ **EMILIE'S COOKIES & COFFEE SHOP** ... **Salon de thé**
Centre-ville
9, rue Alberti
✆ 04 93 13 89 58
www.emiliescookies.com
emilie@emiliescookies.com
Ouvert de du lundi au vendredi de 8h à 18h30. Le Samedi de 9h à 18h30. Cookies à partir de 1,80 €. Muffins à partir de 2,50 €. Brownie 3 €. Cheesecake 3,90 €. Cupcakes 3 €.
Avis aux gourmands : pour un délicieux moment de détente et découvrir de nouvelles saveurs « home made » tout droit venues des États-Unis, passez la porte de chez Emilie's Cookies & Coffee Shop. Ici, vous aurez l'embarras du choix entre la multitude de pâtisseries artisanales comme les muffins au Nutella et les Ultra-Violet aux myrtilles, les cookies parfumés au smartie's, au kinder, au Toblerone, M&M's ou au Daim sans oublier le maxi cookie pour dix personnes, gâteau idéal pour un anniversaire original ! Vous pourrez aussi accompagner vos douceurs avec les exquises boissons chocolatées au chamallows ou au Nutella chaud. Le midi, vous vous laisserez peut-être tenter par du salé comme les fameux bagels, les quiches ou les salades, le tout à consommer sur place ou à emporter. Une adresse très savoureuse.

▸ **Autres adresses :** 1, rue de la Préfecture. Ouvert du mardi au samedi de 9h à 18h30. Le dimanche ouvert de 10h à 18h30. • 9 rue Fodéré. Ouvert du mardi au samedi de 9h à 18h30. Le dimanche ouvert de 10h à 18h30.

■ **EMMA'S CUPCAKES** .... **Salon de thé**
Carré d'Or
11 bis, rue du Congrès
✆ 04 93 62 88 70
www.emmas-cupcakes.fr
Ouvert du lundi au samedi de 9h30 à 18h. Formule midi 9 € ou 10 €. Sandwich à partir de 5,50 € ; salades 8,50 € ; soupes 7 € ; tourte du jour 7,50 €, jus de fruits d'oranges pressées 5 €. Cupcakes 3,50 €. Sur place ou à emporter. Possibilité de passer commande pour un événement.
Ce salon de thé à la déco flashy invite à la gourmandise : cupcakes, cheesecakes, verrines, macarons, crêpes... des douceurs qui se déclinent sous toutes les formes et toutes les couleurs pour le plus grand plaisir de nos sens ! Côté boissons, un thé, un milk-shake, des jus de fruits frais, un café ou un chocolat aromatisé accompagneront cette farandole sucrée. Le midi, une petite restauration saine et gourmande à base de produits frais (salades, sandwichs sur mesure, quiches, soupes...) égaye les pauses déjeuner. Emma Cups Cakes réalise également de magnifiques et délicieuses compositions sur commande (72h avant pour les cupcakes et 10 jours à l'avance pour les anniversaires, Baby Showers, mariages...).

■ **AU GOÛT THÉ D'ANTAN** .... **NOUVEAU**
Salon de thé
Valrose
31, avenue Borriglione
✆ 06 09 61 00 59
Voir page 25.

S'AMUSER – SOTIR

■ **PINKOFFEE** .... **Salon de thé**
Carré d'Or – 2, rue Halévy ✆ 09 51 92 82 73
Ouvert toute l'année. Ouvert du lundi au dimanche de 8h à 19h. Sur place ou à emporter. Wifi gratuit. Terrasse.
Cette adresse très *girly* affiche des couleurs pops. Toutes les gourmandises *British* ou *Made in US* faites maison se déclinent ici sur les ardoises accrochées au-dessus de l'entrée : cookies, muffins, cheesecakes, pancakes ou brownies qui s'accompagnent de délicieuses boissons chaudes taille XL (macchiato, thé chai latte, Nutella chaud, chamallows...) ou froides (jus de fruits pressés, smoothies ou milk-shakes...). La version *snacking* du midi propose quant à elle quiches, focaccia, salades et bagels tandis que le *brunch* aux saveurs variées remporte également un franc succès bien mérité. Pour déguster le tout, on s'installe sur la petite terrasse située non loin de la Promenade des Anglais, sur les banquettes du rez-de-chaussée ou encore sur les moelleux sofas posés à l'étage face aux tables basses. On peut aussi prendre à emporter : tant mieux car l'établissement manque un peu d'espace et, victime de son succès, il est souvent difficile de trouver une table !

■ **LE SWEETIES** .... **Salon de thé**
Vieux Nice
16, rue Centrale
✆ 09 52 41 03 39
lesweeties@hotmail.fr
Du mardi au samedi de 10h à 18h. Le dimanche de 10h à 15h. Sur place ou à emporter. Livraison possible. CB et chèques non acceptés. Chèque Restaurant.
On propose dans ce coffee shop à l'ambiance conviviale du «fait maison». Vous trouverez en effet dans cet univers gourmand des douceurs aux inspirations américaines. Les créations sont délicieuses et originales : muffins aux chocolat, cookies et cupcakes aux formes classiques très colorées ou étonnantes comme ceux en forme d'animaux ou à l'image des Aiglons de Nice ! Latte macchiato, cappuccinos et chocolats chauds viennent accompagner la dégustation. A l'heure du déjeuner, vous profiterez également d'une petite restauration rapide mais saine composée de bagels, salades ou soupes. Accès Internet gratuit et illimité pour toute consommation.

Jeux

■ **LA BOULE NOIRE** .... **Billard**
Carré d'Or – 12, rue Halévy
✆ 04 93 50 62 46 – www.billard-boule-noire.fr
Ouvert tous les jours. Tarif : 10 € de l'heure et 12 € les vendredis soirs et week-end.
Dans une ambiance tamisée, la Boule Noire promet de beaux moments de détente. Ce club de billard ouvert à tous (adultes et enfants) organise également des tournois pour les amateurs ou les professionnels car l'établissement est affilié à la Fédération Française de Billard. La Boule Noire, c'est aussi un bar où siroter un verre entre amis ou en famille dans une ambiance détendue et conviviale. Vous pouvez trouver aussi sur place PMU et Française des Jeux.

■ **CASINO DU PALAIS DE LA MÉDITERRANÉE** ...... **Casino**
Promenade des Anglais
15, promenade des Anglais ✆ 04 92 14 68 00
www.casinomediterranee.com
resa-casinomediterranee@partouche.com
Ouvert tous les jours de 10h à 3h du matin (jusqu'à 4h le week-end, les veilles de jours fériés et en août). Restauration. Spectacles. Animations.
Situé face à la mer Méditerranée, ce casino ouvre dès le matin sa salle où sont installées environ 200 machines à sous. En ce qui concerne les jeux traditionnels, ils sont accessibles à partir de 20h : vous aurez le choix entre deux tables de roulette anglaise, quatre tables de Texas hold'em poker et trois tables de black-jack. Vous trouverez également sur place deux restaurants et pourrez régulièrement assister à des animations et des spectacles avec une programmation variée, disponible sur le site Internet de l'établissement.

■ **CASINO RUHL** .... **Casino**
Promenade des Anglais
1, promenade des Anglais
✆ 04 97 03 12 22 / 04 97 03 12 77
Les Machines à Sous : tous les jours de 9h à 4h. Roulette Anglaise Electronique : 11h. Roulette Anglaise et Cashgame : 15 €. Black Jack & Lucky Ladies, Roulette Française : 20 €. Tournois de Texas Hold'Em Poker (lundi, mardi, jeudi) : 20h30. Spectacles : programmation disponible sur Internet.
Mythique temple du divertissement et du jeu doté d'un cadre majestueux, on se laisse ici bercer par les mots magiques des croupiers et le claquement des cartes de Black Jack avant de jeter son dévolu sur l'une des 300 machines à sous constituant l'un des plus importants parcs de la Côte d'Azur. Si vous préférez les spectacles aux jeux, laissez-vous tenter en fin de semaine par la programmation du cabaret, digne des grands lieux parisiens.

Retrouvez le sommaire en début de guide

Clubs Discothèques

■ LES COULISSES CLUB

Centre-ville – 12, rue Chauvain
✆ 06 21 04 21 09

Ouvert le mardi de 22h à 4h. Du jeudi au samedi de 23h à 5h30. La déco de ce club est épurée mais sympa d'autant que le lieu n'est pas très grand. Les soirées sont chaudes et l'ambiance y est plus survoltée que jamais. De quoi passer une bonne soirée... enfin si vous parvenez à y entrer car, petit bémol tout de même, l'accueil du videur n'est pas toujours très chaleureux et lors des soirées spéciales, les réservations sont prioritaires à l'entrée jusqu'à 22h30.

■ LE FEELING

Centre Ville – 14, rue Pertinax
✆ 06 18 44 43 45
www.discotheque-lefeeling.com

Ouvert du jeudi au samedi de 20h30 à 5h. 50% pour ceux qui cliquent sur le bouton «j'aime» de leur page Facebook Le Feeling «Official Fans Page». 10 € et entrée découverte offerte de 19h30 a 20h pour toute nouvelle personne = discothèque buffet dancing karaoké.

Le Feeling est un restaurant et une discothèque à l'atmosphère conviviale et à la déco moderne revisitée : parquet en bois, canapés blanc, murs en pierres brutes apparentes, poufs argentés, piste de danse rétro-éclairée et déco aux tonalités noires et blanches. L'endroit organise de nombreux événements thématiques comme les karaokés ou les soirées célibataires, dance, disco ou bonbons sans oublier les soirées DJ's qui revisitent tous les sons des années 80 à nos jours. Chaque semaine, vous pourrez aussi découvrir l'actualité musicale se jouant sur le monde grâce au DJ Club. Bonne humeur et ambiance garantie ! Info futée : l'endroit peut être privatisé pour les anniversaires de vos ados, idéal quand vous voulez organiser une grosse fête sans déranger vos voisins.

■ HIGH, STUDIO 47 & SK'HIGH

Promenade des Anglais
45, promenade des Anglais ✆ 06 16 95 75 87
www.highclub.fr – info@highclub.fr

3 salles, fooding. Carré VIP. Fumoir. Ouvert du vendredi au dimanche soir de 23h45 à 6h. Voiturier. Restauration. Fumoir. Cet immense complexe dédié aux festivités nocturnes a déjà conquis des milliers de touristes et de locaux avec ses trois salles, ses trois ambiances et ses trois types de clientèles qui font le succès de ce lieu idéalement situé. Si les plus grands DJs investissent les platines de ce Club, certains DJ résidents très talentueux n'ont rien à leur envier ! Le High se compose d'une grande salle avec écran géant, d'un canon à CO2, d'un carré VIP et d'un fumoir qui ravira les amateurs de sets branchés tandis que les plus de 30 ans apprécieront l'ambiance plus raffinée du Studio 47 avec sa musique orientée années 80 ou plus généraliste. L'ambiance se fait en revanche plus déjantée au Sk'High, la salle gay *friendly* et lesbienne. En cas de fringales nocturnes, le coin *fooding* propose paninis, hot dog, barres chocolatées et sucreries. Enfin, la boutique du High vous permettra de repartir avec un souvenir (chemises ou T-shirts High Club mais aussi caleçons de la marque Pull-in ou sex-toys…).

■ L'ÉTOILE CLUB

Centre Ville – 8, passage Emile Négrin
✆ 06 24 48 61 11

Ouvert le jeudi, vendredi et samedi de 23h à 5h. Vestiaire 2 € par article. Ouvert le jeudi, vendredi et samedi. Vestiaire 2 € par article. Avec sa décoration minimaliste et son atmosphère chaleureuse, cet endroit est devenu *the place to be* pour les fêtards niçois. La salle n'est pas très grande mais l'ambiance est survoltée : c'est partie pour une soirée mémorable avec aux platines, les DJs azuréens les plus en vue du moment mais également des stars internationales à l'image de Nikki Bellucci ou encore David Vendetta. Attention : n'oubliez pas de prévoir une tenue vestimentaire chic et branchée, passage obligatoire pour entrer dans ce temple de la fête !

■ LE VOX CLUB

Vieux Nice – 11, rue Alexandre-Mari
✆ 06 60 32 82 21 – vox.night@gmail.com

Ouvert toute l'année. Du mardi au samedi de 23h à 5h du matin. Boisson alcoolisée à partir de 10 € le verre. Cocktail à partir de 12 €. Ouvert du mardi au samedi de 23h à 5h du matin. Chaque soir à partir de 23h, Le Vox Club constitue une belle occasion de faire la fête. La page Facebook de cet établissement à l'ambiance survoltée affiche une programmation riche, variée et complète. Les soirées thématiques se succèdent mais ne se ressemblent pas avec aux platines différents DJs. Autant d'occasions de se retrouver entre copines ou entre amis pour de bons moments en perspective.

■ LE CARRÉ – L'ANNEXE

Port de Plaisance – SAINT-LAURENT-DU-VAR
✆ 04 93 14 61 02 – www.lannexe.fr

Ouvert le vendredi et le samedi de 23h à 5h. Ouvert les veilles de jours fériés. Réservations entre 22h et 23h. Entrée : 18 €. Facilement repérable avec son grand faisceau blanc pointé vers les étoiles à la nuit tombée, le complexe Carré-Annexe est un temple entièrement dédié aux festivités nocturnes qui propose en un même lieu deux salles chacune dotée de sa propre ambiance mais aussi trois pistes de danse et une belle terrasse au bord de l'eau ouverte toute l'année (chauffée en hiver) ! Déhanchez-vous sur les plus grands tubes d'hier ou d'aujourd'hui au fil des heures dans ce lieu classé comme l'une des adresses références incontournables où faire la fête sur la Côte d'Azur.

■ THE TUBE

NOUVEAU

Port de St Laurent du Var
SAINT-LAURENT-DU-VAR
✆ 04 93 31 88 62

Voir page 26.

Spectacles

■ OPÉRA DE NICE
Vieux Nice
9, rue Raoul-Bosio
✆ 04 92 17 40 00 / 04 92 17 40 79

Selon la série : Opéras de 10 € à 100 € ; Concerts de 7 € à 40 € ; Ballets de 8 € à 40 €. Jeune public : toutes séries et tous spectacles 5 €. Carte d'étudiant obligatoire. Billetterie et réductions uniquement aux guichets. Les billets ne sont ni repris, ni échangés, ni remboursés, sauf en cas d'annulation du spectacle.

Devenu théâtre municipal en 1882 suite à un terrible incendie, l'Opéra de Nice est reconstruit selon les plans de François Aune, élève de Gustave Eiffel. Situé dans la vieille ville et face à la mer, il peut accueillir environ 1 100 spectateurs dans son décor à l'italienne paré d'or et de rouge. Il est doté d'un orchestre philharmonique, d'une compagnie de danse, d'un chœur professionnel et d'un cœur d'enfants. La saison artistique propose une programmation lyrique, symphonique et chorégraphique essentiellement tournée vers la découverte. Les œuvres rendent hommage au grand répertoire classique mais également aux créations contemporaines, aux opéras pour enfants et aux spectacles réalisés par de jeunes chorégraphes et créateurs.

Cabarets – Revues

■ CASINO RUHL
Promenade des Anglais
1, promenade des Anglais
✆ 04 97 03 12 22 / 04 97 03 12 77

Ouvert le vendredi et le samedi. A partir de 20h dîner-spectacle. A partir de 22h champagne-spectacle.

Tous les vendredis et samedis soir, le Cabaret du Casino Ruhl Lucien Barrière situé au tout début de la Promenade des Anglais face à la mer propose un show de type music-hall en version dîner-spectacle ou champagne-spectacle : 267 couverts sont dressés pour déguster un dîner gastronomique face à la scène où le spectacle joue de plumes, de costumes à paillettes, de musiques festives et de décors colorés pour des tableaux glamours dans la vague des grands spectacles classiques de cabarets parisiens.

■ CHEZ FANNY
Nice Ouest
407, route de Bellet
✆ 04 93 37 87 07
www.chez-fanny.fr
nicechezfanny@yahoo.fr

Consommation spectacle : 24 €. Dîner + spectacle : 55 €. Menu Dance Floor : 29 €. Possibilité d'organiser votre mariage, devis sur demande. Ouvert le vendredi et le samedi. Conso-spectacle-danse : 25 €.

Dîner gourmand et spectacle de cabaret rendent hommage aux revues parisiennes en cette adresse haute en couleurs vouée à la bonne chère, à la fête et aux rires. Les imitations des transformistes reprennent Mireille Mathieu, Nana Mouskouri, Chantal Goya ou encore Britney Spears et Tina Turner tandis que le charme et la légèreté des Fanny'Girls célèbrent le French Cancan et les tableaux glamour. Les soirées s'articulent en version dîner-spectacle-danse ou consommation-spectacle-danse au choix et se prolongent jusqu'au matin. Accueil de groupes avec menus spéciaux et location de la salle sont également proposés.

Cinémas

■ CINÉMA LES VARIÉTÉS
Centre-ville
5-7, boulevard Victor-Hugo
✆ 8 92 68 68 32

Nombre de salles : 7. Nombre de fauteuils : 1123. Distributeurs de glaces – confiseries – boissons.

■ CINÉMA MERCURY
Vieux Nice
16, place Garibaldi
✆ 08 92 68 81 06 / 04 93 55 37 81
www.mercury-cg06.fr

Tous les jours de 13h30 à 21h45.

Véritable institution niçoise posée sur la Place Garibaldi, ce cinéma patrimonial plutôt dédié aux films d'auteurs est l'un des plus anciens de la Ville. Ses salles diffusent plus d'une vingtaine de films par semaine depuis les sorties récentes aux œuvres de recherche en passant par des grands classiques. Versions originales, films en première vision et prolongation de programmation pour certains longs-métrages restés peu de temps à l'affiche font également partie des missions de ce lieu qui réunit les cinéphiles depuis plus de 40 années.

■ CINÉMA RIALTO
Centre-ville
4, rue Rivoli
✆ 0 892 68 00 41

Proche de l'Hôtel Negresco et de la Promenade des Anglais, ce cinéma qui a ouvert ses portes en 1924 dispose de salles climatisées et confortables. Labéllisé «Cinéma d'Art et d'Essai» depuis quelques années, il présente une programmation originale très variée : des longs-métrages en V.O. grand public, des films en exclusivité, des films d'art et d'essai ou encore en noir et blanc. Débats et rencontres sont également régulièrement proposés dans les lieux qui cultivent l'amour du 7e art.

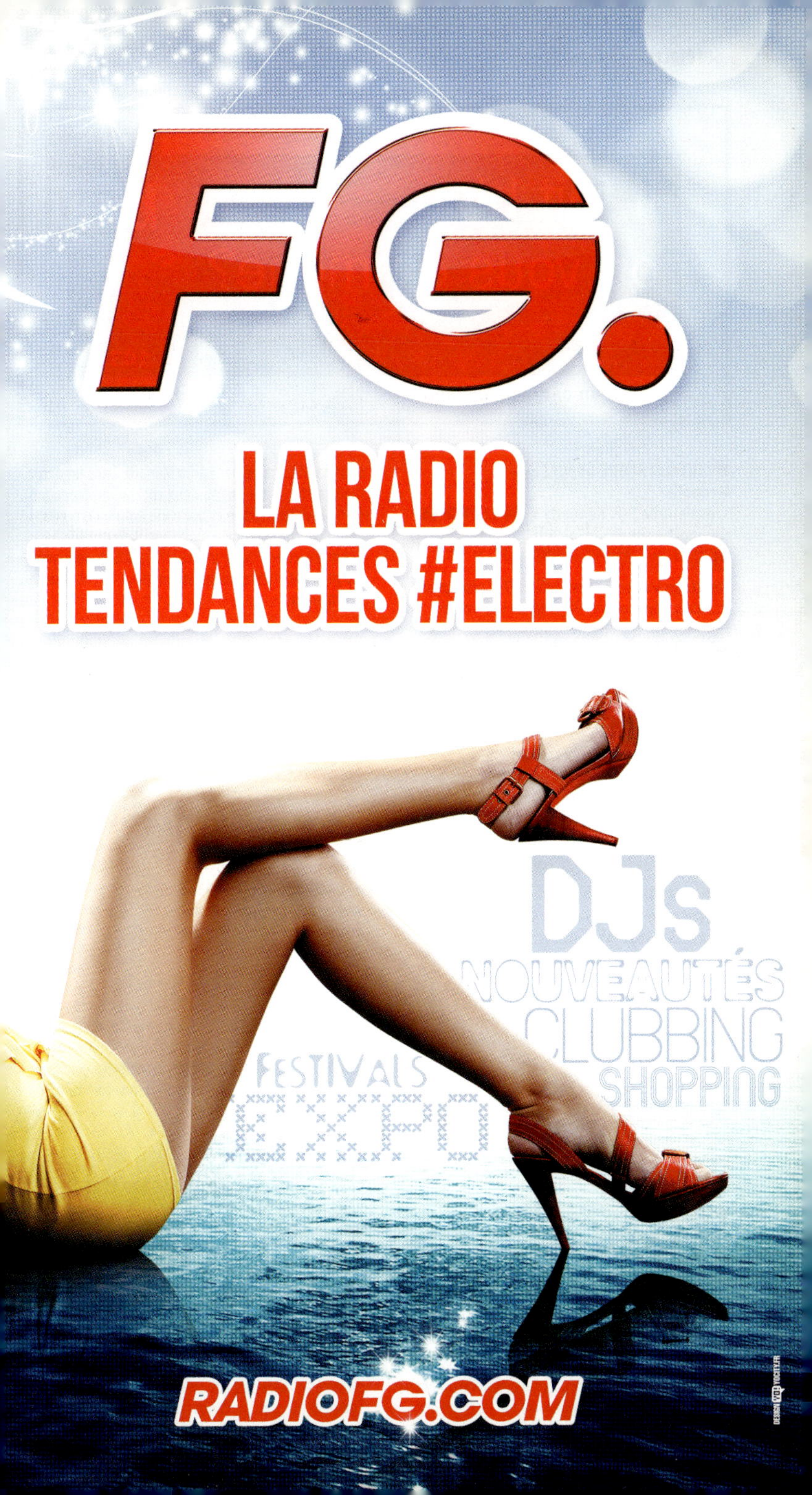

FG.
LA RADIO
TENDANCES #ELECTRO
DJs
NOUVEAUTÉS
CLUBBING
SHOPPING
FESTIVALS
EXPO
RADIOFG.COM

■ **CINÉMATHÈQUE DE NICE**
Acropolis
3, esplanade J.-F.-Kennedy ✆ 04 92 04 06 66
cinematheque@ville-nice.fr

Ouvert tous les jours. Entrée : 2 €. 1,50 € pour scolaires et étudiants. Abonnement : 18 € (pour 10 séances).
Pour assister à la projection d'un film à la Cinémathèque de Nice, il faut remplir un bulletin d'abonnement (1 €) : le programme mensuel vous sera ensuite envoyé a votre domicile. Les accros au patrimoine du 7e art sont comblés par la riche programmation qui propose entre 350 à 400 films par an projetés dans des conditions de confort maximal et souvent ponctués de rencontres et de débats. Films classiques, œuvres majeures du cinéma muet ou longs-métrages récents trop rapidement disparus des affiches sont rendus au regard des cinéphiles qui bénéficient également de conférences sur l'histoire, l'esthétique et les techniques du cinéma.

■ **PATHÉ CINÉMA**
Centre-ville
31, avenue Jean-Médecin
www.cinemasgaumontpathe.com

Autres adresses : 24 avenue Jean Médecin 06000 Nice • 604 Route de Grenoble 06200 Nice

Salles de concerts pop, rock, variété

■ **B SPOT**
Centre-ville
24, avenue Maréchal Foch ✆ 04 93 92 00 90
www.bspot.fr
info@bspot.fr
Ouverture du mardi au dimanche à 19h30 (sauf dimanche 19h Concert 21h30). Restauration. Accepte les réservations. Les visites sont bienvenues. Peut accueillir des groupes.
Performances artistiques et concerts accompagnent vos soirées entre amis dans ce lieu à la fois culturel, festif et gourmand parrainé par Radio Monaco. Dans un décor théâtral, on sirote un fabuleux cocktail accompagné d'une assiette ludique et goûteuse autour de produits nordiques, du sud ouest ou encore italiens. Une belle façon de découvrir des jeunes talents et artistes confirmés. Programmation disponible sur leur page Facebook ou le site Internet.

Salles polyvalentes – Fête – Maisons de la jeunesse

■ **PALAIS ACROPOLIS**
Acropolis
Esplanade Kennedy
✆ 04 93 92 83 00 / 04 93 92 82 55
www.nice-acropolis.com
dcom@nice-acropolis.com

Voir programmation sur le site Internet.
Créé en 1984, le Palais Acropolis fait partie du complexe Nice Acropolis qui accueille près de 3 000 manifestations et plus de 7 millions de personnes par an. Ce site polyvalent permet d'organiser congrès, assemblées générales, colloques, conventions, séminaires, réceptions, galas, concerts et autres spectacles.

■ **PALAIS NIKAIA**
Nice Ouest
163, route de Grenoble ✆ 04 92 29 31 29
www.nikaia.fr
info@nikaia.fr

Horaires et tarifs variables selon les manifestations. Concerts, conférences, rencontres, théâtre... Restauration. Snacks.
Inaugurée en avril 2001, cette salle de spectacle immense à l'équipement de pointe a été conçue pour produire toute l'année des spectacles allant des concerts classiques aux variétés et aux grandes disciplines sportives. Elle peut accueillir 6 250 personnes assises, et près de

9 000 personnes debout et assises en configuration "indoor". Grâce à la scène réversible, au rideaux occultant et aux portes coulissantes ouvrant sur le stade Charles Ehrmann, la configuration «outdoor» permet d'accueillir 52 000 personnes debout pour l'organisation de spectacles et de concerts en plein air. Le palais Nikaia dispose également d'une salle annexe destinée aux créations culturelles et aux événements de moindre capacité (pièces de théâtre, concerts, rencontres-débats...).

■ THÉÂTRE LINO VENTURA

L'Ariane
168, boulevard de l'Ariane
✆ 04 97 00 10 70

Cette salle de spectacle polyvalente se dédie plus particulièrement aux musiques actuelles en programmant les meilleurs artistes nationaux et internationaux qu'ils soient chanteurs ou musiciens. L'endroit accueille également des spectacles de danse et de théâtre ainsi que de nombreux événements associatifs ou créés en partenariat avec l'Education Nationale. Les billets sont disponibles via les réseaux de distribution classiques. Desservi par la ligne de bus n°16 et le noctambus n°1, deux parkings sécurisés et une buvette-snack sont à disposition sur place.

Théâtres

■ ESPACE MAGNAN

Magnan
31, rue Louis-de-Coppet
✆ 04 93 86 28 75
www.espacemagnan.com
courrier@espacemagnan.com

Accueil du public du lundi au vendredi de 9h à 22h, le samedi de 9h à 13h30 et le week-end selon spectacles. Tarifs selon programmation.

L'espace Magnan est un centre culturel niçois situé dans le quartier de Magnan. Proche du bord de mer, ce lieu abrite deux salles de spectacles à vocation pluridisciplinaire : théâtre, danse, musique, cinéma, humour, théâtre jeune public... La salle Jean Vigo offre 149 places dédiées aux spectacles plutôt classiques tandis que celle de La lampe Rouge est de type café-théâtre avec 32 places réservées aux petites formations pour des programmations plus intimistes (lecture, théâtre, récital, projection vidéo...). Une belle adresse où les découvertes, les initiations et les rencontres sont belles et vivantes.

■ THÉÂTRE ATHÉNA

Centre Ville
21, rue Alsace-Lorraine ✆ 04 93 93 24 83
www.theatre-athena.com
reservation@theatre-athena.com

Tarifs variables selon programmation. Agenda des rendez-vous disponible sur le site Internet.

Ce petit théâtre situé dans le quartier animé de la gare des trains est essentiellement dédié aux comédies et plus ponctuellement quelques représentations de théâtre d'auteur. Face à la scène de 35 m², les spectateurs sont confortablement installés sur les banquettes de velours rouge dans un cadre agréable entièrement climatisé. La troupe menée par Karine Battaglia met un point d'honneur à créer le contact avec le public en privilégiant les échanges après les spectacles. Parmi les comédiens principaux : Karine Battaglia, Patrick Speck et Alain Brunel.

■ THÉÂTRE DE LA CITÉ

Centre-ville
3, rue Paganini
✆ 04 93 16 82 69
www.theatredelacite.fr
infos@theatredelacite.fr
Tram : arrêt Jean Médecin

Ouvert toute l'année. À partir de 15 €. Étudiants, CE, enfants, groupe à partir de 10 personnes. Ateliers théâtre pendant l'été et toute l'année dès 6 ans. Tarifs disponibles sur le site Internet.

Ancien cinéma de quartier, ce théâtre est dirigé par la compagnie Miranda depuis octobre 2010. Ses 200 places se nichent dans une salle aux fauteuils de velours et aux tons pourpres et or. La programmation éclectique et originale s'adresse à tous les publics, enfants compris. Evénements, représentations et créations rendent hommage à tous les arts de la scène : théâtre, danse et musique. Ateliers et cours pour enfants et adultes mêlent étude de textes, interprétation, improvisation et jeu dramatique.

■ THÉÂTRE DE LA TRAVERSE

Port
2, rue François-Guisol
✆ 04 93 55 67 46
www.theatredelatraverse.com
contact@theatredelatraverse.com
Tram : arrêt Garibaldi

Entrée : 17 € (14 € pour les étudiants et les seniors). Accueil du public du lundi au vendredi de 10h à 19h sans interruption ; le samedi de 14h30 à 19h.

Cette petite salle intimiste et cosy de 46 places offre une grande proximité avec le public. Le programme éclectique accorde une grande place aux comédies contemporaines interprétées par sa propre compagnie ou par des troupes invitées. Avant et après chaque représentation, on se retrouve autour d'un café, d'un thé ou d'une boisson fraîche non alcoolisée à côté de la librairie attenante qui présente des ouvrages dédiés à l'art théâtral. Le dimanche après-midi, des cours d'art dramatique sont aussi dispensés pour petits et grands.

■ THÉÂTRE DE L'EAU VIVE

Cimiez
10, boulevard Carabacel
✆ 04 93 27 10 49
www.theatredeleauvive.fr
theatredeleauvive@gmail.com

Possiiblité de louer la salle : renseignements 06 63 45 17 27. Cours de théâtre le mercredi et le samedi. Tarifs disponibles sur le site Internet.

Lieu de création et d'accueil, le Théâtre de l'Eau Vive est situé au cœur de la ville et vous propose une programmation variée de spectacles pour enfants et adultes. L'atelier du théâtre quant à lui dispense des cours pour enfants, adolescents et adultes en ce lieu chaleureux dont les espaces peuvent également être privatisés pour tout type d'événements.

La promenade des anglais vue depuis le Château de Nice

THÉÂTRE DES OISEAUX

Vieux-Nice – 6, rue de l'Abbaye
✆ 04 93 80 21 93
www.theatredesoiseaux.com

Ouvert toute l'année. Ouvert les mercredis et jeudis à 20h30. Les vendredi et samedi à 21h. 50 places. Plein tarif : 17 €. Réduit : 14 €.

En 1999, Noëlle Perna crée cette salle de spectacle attenante au Bar des Oiseaux, un restaurant incontournable de la vieille ville. Cette petite salle magique de 50 places est un véritable petit Olympia du Sud consacré aux spectacles d'humour où les *one man shows* et les comédies se succèdent : fous rires et bonne ambiance assurés ! Vous pouvez aussi partager votre passion pour la scène dans l'un des ateliers théâtre organisés durant l'année (renseignements au 04 93 80 21 93).

THÉÂTRE DU BOCAL

Libération – 6, rue Prince-Maurice
✆ 04 92 15 17 34 – www.theatredubocal.com
Tram : arrêt Libération

Théâtre de 45 places créé en 2006. Tarif : Cours adultes de 170 € à 180 € / trimestre, de 460 € à 500 € / année, enfants : 130 € / trimestre ou 350 € / année. Cours d'essai offerts à chaque rentrée. Diverses pratiques pour adultes et enfants.

Nichée dans une rue très calme au cœur du quartier Libération, ce petit théâtre privé très facile d'accès dispose d'une salle de spectacle d'environ 45 places dans laquelle se jouent des pièces de théâtre, des spectacles d'humour mais aussi des pièces issues du répertoire classique. Des concerts sont également programmés tout au long de l'année et des cours de théâtre sont aussi dispensés en soirée ou le mercredi après-midi pour les enfants.

THÉÂTRE DU COURS

Vieux Nice – 5, rue de la Poissonnerie
✆ 04 93 80 12 67
www.theatre-du-cours.com
Tram : arrêt Opéra Cathédrale.

Programmation disponible sur le site Internet. Réservation on line.

Inauguré en 1988 par Henri Masini et cher aux Niçois, ce théâtre posé tout près du cours Saleya a été repris par Benoit Tessier et affiche une programmation de café-théâtre plutôt dédiée à la comédie. Des cours de théâtre pour adultes et enfants y sont également dispensés toute l'année. Le Théâtre du Cours a su fidéliser son public et asseoir sa renommée grâce au choix et à la qualité de ses spectacles.

THÉÂTRE DU PORT

Port – 5, place de l'Ile de Beauté
✆ 04 93 56 47 62 / 06 62 58 55 05
www.theatreduport.fr
baditakarine@gmail.com

50 places assises. Egalement cours de théâtre : lundi ou mardi de 19h30 à 22h30 (150 € par trismestre), cotisation annuelle 15 €. Spectacles jeune public : 7 € enfants et 9 € adultes. Cours particulier 50 €/1h30 sur rendez-vous.

La programmation de ce théâtre accorde une large place aux textes d'auteur et aux pièces de théâtre à destination du jeune public (notamment pendant les vacances scolaires). Installez-vous confortablement sur les gradins en béton ou les banquettes de velours rouge, et profitez de cette échappée culturelle pour passer un agréable moment ! Le Théâtre du Port organise aussi toute l'année des ateliers théâtre ouverts à tous : ceux pour les adultes sont coachés par Karine Badita, la directrice des lieux formée au Conservatoire National de Nice tandis que les ateliers éveil (à partir de 5 ans) sont animés par Leïla Paris issue de la Compagnie théâtrale La Main verte.

THÉÂTRE FRANCIS GAG

Vieux Nice – 4, rue Saint-Joseph
✆ 04 92 00 78 50
theatre.fgag@ville-nice.fr
Tram : arrêt Opéra Vieille Ville

Programmation disponible sur le site Internet

Inauguré en 1989, ce théâtre situé au cœur de la vieille ville porte le nom de Francis Gag en hommage au poète, écrivain, humaniste et historien local du même nom. Depuis plus de vingt ans, ce lieu cher aux Niçois accueille toutes sortes de spectacles : musique, théâtre, humour... Il s'attache à développer sa programmation dans tous les domaines des arts du spectacle et offre un tremplin aux jeunes talents niçois, accordant une place toute particulière aux créations en langue niçoise. Il dispose également d'un petit auditorium de 28 places et d'un espace de répétitions Rey Serrurier dédié aux compagnies professionnelles.

THÉÂTRE LA COMÉDIE DE NICE

Port – 12, rue Auguste-Gal ✆ 04 93 56 99 74
www.comediedenice.com
theatre@comediedenice.com

Prix des spectacles variables selon programmation. Se renseigner sur le site Internet. Étudiants, enfants, personnes à mobilité réduite.

Ouvert en 2010 par les frères Vadar qui dirigent à Paris la Comédie République, la Grande Comédie et le Célèbre Palace, les premières représentations et tour de chauffe sont régulièrement accueillis entre pièces de café-théâtre et *one man (woman) show* car le rire est essentiellement de mise dans cette belle salle de couleur pourpre.

THÉÂTRE NATIONAL DE NICE – TNN

Promenade des Arts
✆ 04 93 13 90 90 – www.tnn.fr
contact@theatredenice.org

Ouvert toute l'année. Sauf l'été. Salle Pierre Brasseur : plein tarif à partir de 12 €. Salle Michel Simon : plein tarif 24 €. Abonnement possible.

Le TNN abrite deux salles à l'italienne : la salle Michel Simon (320 places) et la salle Pierre Brasseur (1 000 places) ainsi qu'un amphithéâtre de 300 places et une salle de répétition. Premier centre dramatique de France depuis 2005, il accueille toutes formes de représentations théâtrales dont de nombreuses créations. Les compagnies régionales et les grandes affiches parisiennes comblent un programme riche de spectacles de haute qualité et d'acteurs de grand renom. Les soirs de représentation, le restaurant situé à l'étage propose une pause snacking chic à partir de 18h et une carte gourmande à savourer après le spectacle dans un cadre raffiné.

Coquin

■ **CLUB 54** .... **Club libertin**
Vieux Nice
54, rue des Ponchettes
✆ 04 93 62 10 22
www.club54nice.fr
Ouvert en cabaret-spectacle érotique, du dimanche au jeudi, de 22h à l'aube.Ouvert en club libertin à la clientèle mixte (trio) le vendredi et le samedi, à partir de 22h30. Tarifs : 60 € pour un solitaire ; 30 € pour un couple le vendredi, 40 € le samedi.
Depuis septembre 2014, ce lieu se partage en deux activités. Du dimanche au jeudi, c'est l'Angel's Club avec des spectacles et shows érotiques et ce sont les vendredis et les samedis, qu'il redevient le Club54. Dans cet agréable cadre dont l'élément principal de la déco est la pierre apparente des caves voûtées, sur trois niveaux, on découvre un bar très chaleureux, une piste de danse et bien sûr des salons câlins offrant un confort appréciable, des douches et une salle de bain. Côté musique, le volume est modulable alors on est tantôt dans le style lounge, tantôt dans le style discothèque. Si le mercredi la soirée est axée sur les gangs-bangs donc forte présence de messieurs seuls, le vendredi et le samedi le ratio est d'un célibataire pour un couple présent. Enfin sachez que c'est un vrai lieu libertin c'est-à-dire que la clientèle présente est réellement « pratiquante » et pour les messieurs, sachez que le ratio d'un homme seul pour un couple présent est respecté.

■ **LE CODE** .... **Club libertin**
Petit Marais Niçois
4, rue Jean-Pierre Papon
✆ 04 93 56 80 78
www.lecodesexclub.com
lecode.nice@yahoo.fr
Lundi, mardi, mercredi, jeudi, ouvert de 22h à 3h. Le vendredi et le samedi, de 22h à 5h. Le dimanche, de 14h à 19h et de 22h à 3h. Ouvert toute l'année. Du lundi au jeudi de 22h à 4h, le vendredi et samedi jusqu'à 7h et le dimanche de 14h à 19h puis de 22h à 4h. Entrée : 8 € et 4 € pour les majeurs -26 ans. Entrée gratuite pour les majeurs de moins de 32 ans le dimanche soir.
Cet établissement propose exclusiment à la clientèle masculine d'assouvir ses désirs coquins. Afin de favoriser les rencontres sont aménagées des pièces à sling, des pièces avec chaise gynéco, des chambres, des labyrinthes avec des recoins divers, des prisons et un hammam... pour des moments chauds et érotiques !

Sports et loisirs

Stades Complexes multisports

C.A.L GORBELLA

Nice Nord – 165, boulevard Gorbella
✆ 04 92 07 86 50

Carte pass (au trimestre) : enfants (-12 ans) 61 €, jeunes & séniors 92,50 €, adultes 118 €. Carte 1 activité : enfants 41 €, jeunes et séniors 59,50 €, adultes 74 €. Tennis et squatch (au trimestre) : jeunes et séniors 64,50 €, adultes 86 €. Séance à l'unité : 8 €. Location de terrain (non-adhérent) : 10,50 €/ heure terrain dur, 16,50 €/ heure en terre-battue. Ouvert 7 jours sur 7. Tous les jours sauf le 25/12, le 1/01 et le 1/05 de 8h30 à 21h30 (en semaine).

Avec ses deux salles sportives polyvalentes, 1 dojo, 1 salle de musculation, 1 théâtre de 90 places, 1 salle culturelle, 6 courts de tennis en terre battue et 3 courts en dur tous éclairés, 1 bar et 1 restaurant, la C.A.L Gorbella saura vous satisfaire ! L'établissement organise régulièrement des événements suivant le cours de l'actualité nationale : Téléthon, journée de la femme ou Fête de la musique, et participe aussi à des événements plus locaux comme Urban Attitude, la Fête du quartier de Nice Nord ou l'Open de tennis.

COMPLEXE JEAN BOUIN

Palais des Congrès et Expositions – Acropolis
Esplanade Maréchal-de-Lattre-de-Tassigny
✆ 04 97 13 49 54 / 04 97 13 49 57

Patinoire : ouvert mercredi, jeudi et vendredi en période scolaire, 7 jours sur 7 pendant les vacances (horaires variables). Tarifs : 3,60 € par adulte, 1,80 € par enfant et tarif réduit. Carte 10 entrées : 29 €. Piscine ouverte 7 jours sur 7 (horaires variables selon les jours et les saisons). Entrée : 3,60 € par adulte, tarif réduit : 1,80 €, gratuit pour les enfants de moins de 6 ans. Carte 10 entrées : 29 € (tarif réduit 14,50 €). Aquabike ou Aquagym : 6,70 €. Fitness du lundi au vendredi de 9h à 21h, le samedi de 9h à 17h. Tarif journée (avec piscine) : 10 €, 10 séances : 80 €. Abonnements annuels (toutes activités confondues) : 474 €, trimestriel (piscine + fitness) : 195 €, mensuel (fitness) : 94 €.

Grand complexe dédié aux sports et aux loisirs, l'endroit dispose d'une belle piscine olympique de 25 m. Les plages horaires d'ouverture sont variées et changent souvent ce qui permet aux nageurs de trouver facilement leur bonheur. Le complexe abrite notamment le Club Nice Olympic natation qui propose 5 disciplines en compétition : natation, natation synchronisée, plongeon, triathlon et water-polo féminin et masculin. L'espace forme vous accueillera aussi avec son panel d'activités : biking (vélo d'intérieur), cardio training (rameur, step, elyptique, tapis training, simulation de course, vélos), cours collectif de fitness (renforcement musculaire, cardio, stretching, senior...), UV, jacuzzi, sauna sans oublier l'immense patinoire où les plus doués pourront laisser s'exprimer leur créativité et toute leur grâce.

PARC DES SPORTS CHARLES EHRMANN

Nice Ouest
155, boulevard du Mercantour (ex route de Grenoble)
✆ 04 97 25 45 10
✆ 04 97 25 45 15

Communément appelé le Parc des sports de l'Ouest, le stade Charles Ehrmann est avant tout un stade d'athlétisme d'une capacité de plus de 10 000 places. Durant plusieurs années et jusqu'en 2002, il a abrité un grand meeting international d'athlétisme. Plateforme d'entraînement pour les clubs locaux d'athlétisme et de football, le complexe dispose d'une salle et abrite également le Centre Régional de Biologie et de Médecine du Sport, un espace santé où, sous la surveillance d'un médecin du sport et sur rendez-vous, vous pourrez passer divers tests d'efforts. Aujourd'hui le stade a aussi une vocation culturelle en accueillant, en complément du palais Nikaïa, les concerts de grandes stars internationales du monde de la musique telles que Madonna, U2, Céline Dion, les Rolling Stones...

STADE ALLIANZ-RIVIÉRA

Boulevard des Jardiniers
http://allianz-riviera.fr
contact@allianz-riviera.fr
Accès : autoroute Nice Saint-Isidore.

Le pilou, vrai sport niçois

A la fois jeu de volant et de jonglage, le pilou était notamment pratiqué dans les quartiers populaires et dans les cours de récréation des années 40 aux années 60. Immortalisé en 1955 par Alfred Hitchcock dans *La Main au Collet* avec Grace Kelly et Cary Grant, ce jeu revient en puissance dans les années 80. Il se joue par équipe de deux sur un terrain de 10 m sur 10 m tracé à la craie. Gratuit, ce jeu 100 % niçois se constitue d'une pièce trouée et d'un petit morceau de sac plastique utilisé comme aile que l'on passe à travers le trou de la pièce : le but est ensuite de faire tomber le volant dans le camp adverse uniquement avec les pieds, les genoux et la poitrine.

- Association Nissa Pilo www.andregiordan.com/nissa.pilou.html

La carte Nice PluS

Vous désirez que votre bambin participe à des activités ludiques et sportives les mercredis et pendant les vacances scolaires, mais le temps pour faire les démarches administratives vous manque ? La ville de Nice et la Caisse d'Allocations Familiales du département vous simplifient la vie avec la création de la carte Nice PluS. Grâce au dossier unique d'inscription et avec la tarification uniformisée, un seul dossier par an suffit. Une fois la carte en poche, il suffira de vous rendre dans le centre de loisirs de votre choix et votre inscription sera prise en compte. Nice PluS, c'est simple, rapide, facile et efficace !

Dossier à télécharger sur www.nice.fr

Exit le stade du Ray : le stade Allianz-Riviera avec son architecture arrondie conçue par Jean-Michel Wilmotte, son terrain de 131 x 73 m et ses 45 000 places est depuis le 22 septembre 2013 le nouveau lieu des rencontres sportives et culturelles de Nice ! Que vous soyez supporters de l'OGC Nice, adeptes de rugby, de tennis sur gazon ou de sports mécaniques, passionnés de l'histoire du sport, fans de concerts ou d'opéras… c'est dorénavant ici que ça se passe. L'endroit peut aussi être privatisé par des entreprises pour des incentives ou séminaires. Le Musée National du Sport a également ouvert ses portes dans l'enceinte du stade et expose au public une sélection d'œuvres portant sur la thématique du sport parmi les 100 000 items, objets ou documents dont les plus anciens remontent au XVIe siècle.

Associations Fédérations

ASBTP

Riquier
42, avenue Gallieni
✆ 04 93 80 62 83
www.asbtp.com
asbtp@asbtp.com

Bureaux ouvert du lundi au vendredi de 9h à 12h et de 14h à 19h.

L'Association Sportive du Bâtiment et des Travaux Publics a été créée en 1948. Elle dispose de 15 sections différentes qui fonctionnent en totale autonomie. Forte de plus de 200 membres, la section sport automobile est très dynamique et organise chaque année plusieurs courses. Tout club omnisport méditerranéen se doit d'avoir sa section «boules», chose faite au Clos de Jean Bouin. Gym tonic, abdos fessiers, stretching... le fitness vous met en forme tandis que les stades Gorbella et de l'Oli accueillent l'école de football, des poussins aux seniors. Le pôle des arts martiaux avec le judo, le karaté, le taekwondo et l'aïkido est en fort développement et se pratique principalement salle Galliéni et salle Saint-Roch. N'ayant pas de circuit, les sections karting et moto sont à la disposition des pilotes et amateurs locaux auxquels elles apportent leurs compétences et leurs moyens dans la gestion de leur saison. Dans les activités de pleine nature, spéléologie et canyoning sont dispensés sous forme de sorties tous les week-ends. A noter une section danse – classique, jazz, hip-hop, salsa, zumba, pop... – dont les cours sont donnés au 78 avenue du Pape Jean XXIII au gymnase Francis Girodan tous les soirs et le mercredi matin à partir de 9h.

■ **ASPTT**
Centre-ville
51, rue Gounod
✆ 04 97 00 19 19
www.nice.asptt.com
nice@asptt.com
L'ASPTT Nice est le premier club omnisports des Alpes-Maritimes. Il compte 3 000 adhérents répartis en 16 sections et présente 23 disciplines et activités différentes : aquaforme, athlétisme, baby-sport, canyoning, cardio-training, chasse sous-marine, football, golf, gym tonic, gymnastique rythmique et sportive, handball, judo, jujitsu, musculation, natation, randonnée, tennis, ski alpin et snowboard, voile et volley-ball. A noter que nombre de ces sections évoluent à haut niveau et qu'outre les séances d'entraînements vous pouvez profiter de divers stages sportifs.

■ **CAVIGAL OMNISPORT**
2, rue El-Nouzah
✆ 04 93 85 45 25 / 06 03 04 36 26 (Diego Noto – Président)
www.cavigal.fr – notodiego@hotmail.fr
Club omnisports, le Cavigal est né en 1943 de la fusion entre 3 clubs amateurs de Nice dont il a gardé les premières syllabes. Il compte environ 3 000 licenciés dans une douzaine de sections. La section basket affiche 400 licenciés répartis dans 26 équipes dont l'équipe phare joue en nationale féminine 1, parvenue en 1/4 de la coupe de France. La section softball présente une équipe championne de France 1A à maintes reprises. La section handball est actuellement constituée de 200 membres ; l'équipe senior évolue quant à elle en championnat de France N1. Parmi les autres disciplines, vous pourrez retrouver : l'athlétisme, le ski, le cyclisme, le football et la gymnastique.

Sports collectifs

■ **ENTENTE SAINT-SYLVESTRE NICE-NORD**
Football
Saint-Sylvestre
15 bis, avenue de la Clua
✆ 04 93 52 70 66
www.essnn.fr
essnn@wanadoo.fr
Sessions d'entraînements toute l'année. Se renseigner auprès de chaque entente pour connaître le planning, les stages et les rencontres sportives.
Vos jeunes garçons ont toujours rêvé de faire du football ? Les associations « ententes » de Nice proposent des cours et entraînements du ballon rond toute l'année. L'enseignement, donné par des professionnels et passionnés, repose sur trois valeurs fondamentales : union, respect et famille. Enfants et adultes affronteront d'autres clubs par le biais de tournois et de compétitions. Ils participeront également à des stages organisés régulièrement pendant les vacances scolaires. Vos enfants trouveront un équilibre de vie et de jeux.

▸ **Autres adresses :** Entente Saint-Roch Vieux Nice 70 bis boulevard Virgile Barel, Les Lauriers Roses Bat. 5, Esc. 2 06300 Nice, ✆ 04 93 56 21 21. E-mail : e.s.r.v.n@sfr.fr • Entente Sportive Conque Madeleine 133, avenue Saint-Marguerite Les Mésanges Bât. 1, esc. 2 chez M. REY Alain – 06200 Nice, ✆ 04 93 97 02 33 Email : conquemadeleine@yahoo.fr

■ **OGC NICE .... Football**
Siège du Club Parc des Sports Charles-Ehrmann
177, boulevard du Mercantour
Nice Ouest
✆ 04 93 71 93 52
www.ogcnice.com
contact@ogcnice.com
Achat des places : moyens de Paiement CB et Espèces. Renseignements au 04 93 84 05 43 et par email billetterie@ogcnice.com. Différents points de vente : e-billet, ticketnet et Francebillet. École de foot pour les pros, CFA2 et jeunes (U9 nationaux). ProShop. OGC Nice TV.
Demandez à de vrais Nissarts où ils passeront leur samedi soir ? Ils vous répondront pour la plupart : « je vais au stade ! ». L'OGC Nice a pris une place prépondérante dans la vie de ses habitants. Quelques années en 2nde division, l'Ogym est aujourd'hui une équipe incontournable. Au programme : des victoires, des défaites, des larmes mais aussi des joies et des rires... Chaque match est un vrai spectacle par le jeu mais également par l'ambiance : un voile noir et rouge se dresse sur le terrain, des chants qui retentissent à des kilomètres à la ronde, des échos renvoyés entre les gradins sans oublier le chant de « Nissa la Bella » à l'unisson au début de la rencontre. C'est ça l'âme de l'Aiglon ! Côté palmarès, le club a remporté 4 Championnats, 3 Coupes de France. Arrivé en quart de finale la prestigieuse Ligue des Champions, le club possède aussi 2 autres équipes évoluant respectivement en CFA2 et les jeunes en U9 nationaux.

Autre adresse : Billetterie Principale Allianz Riviera (Ouverture uniquement les jours de match à domicile) Rue du Sapin 06200 NICE Tel : 04 93 84 05 43 billetterie@ogcnice.com

Sports aériens

■ **NICE – CANNES HÉLICOPTÈRES ... Baptême de l'air**
Aéroport Nice-Côte Azur ✆ 04 93 21 34 32
www.nicehelicopteres.com
info@nicehelicopteres.com
Tarifs et devis sur demande. Vols privés. Vols à la carte. Vol panoramique. Baptêmes de l'air.
La compagnie Nice Hélicoptères ou Cannes Hélicoptères propose régulièrement des vols au départ de l'aéroport de Nice ou de celui de Cannes-Mandelieu. Envolez-vous vers Saint-Tropez, Monaco, Isola 2000 ou Auron mais aussi vers l'Italie, l'Espagne ou la Suisse. Cette société organise également des vols panoramiques d'une durée de 20, 30, 40 minutes ou plus selon votre budget, l'occasion de découvrir le littoral azuréen et l'arrière-pays sous un autre angle, vu d'en haut ! Possibilité d'effectuer également des baptêmes de l'air.

Autre adresse : Cannes hélicoptères – Aéroport de Cannes Mandelieu T. 04 93 90 42 04

Deltaplane

■ **AZUR PARAPENTE**
Nice Ouest
185 bis, avenue de Fabron
Responsable : Christian Vidal
✆ 06 80 13 59 15 / 09 50 72 19 54
www.azur-parapente.fr
christian@azur-parapente.fr
Baptême découverte depuis Roquebrune-Cap-Martin : dénivelé 700 m, de 15 à 20 minutes de vol : 85 €. Options : performance + 40 €, sensation + 25 €, reportage photo et vidéo sur carte mémoire + 30 €.
Envie de voler ? Christian vous emmènera dans les airs ! Sur le site de Roquebrune-Cap-Martin, vous rejoindrez en navette le point de décollage avant de vivre une expérience inoubliable. Le moniteur diplômé d'État répondra à toutes vos questions afin que vous puissiez apprécier pleinement votre baptême de l'air. Pour vivre une expérience encore plus exceptionnelle, une option est disponible pour vous permettre de faire pirouettes et acrobaties dans les airs... âmes sensibles s'abtenir ! Mais si vous n'aimez pas les sensations fortes, vous pouvez tout simplement acheter un saut et l'offrir en bon cadeau, valable pendant 180 jours calculé sur la période d'ouverture du site.

■ **FÉDÉRATION FRANÇAISE DE VOL LIBRE**
Centre-ville
44, rue de Suisse
✆ 04 97 03 82 82
http://federation.ffvl.fr
ffvl@ffvl.fr
Bureaux ouverts du lundi au vendredi de 8h à 12h30 et de 13h30 à 16h sauf le mardi après-midi et jeudi après-midi. Boutique en ligne.
Vous avez envie de vous envoyer en l'air ? Créée en 1974, la Fédération Française de Vol Libre regroupe diverses activités telles que le deltaplane, le parapente, le cerf-volant, le kite et même le boomerang ! De la découverte à la compétition, le site Internet dévoile ses meilleures informations : histoire, conseils, sécurité, idées de sorties... A noter que la Fédération rappelle que le speed riding n'est pas une discipline impliquant de voler haut mais plutôt d'être en mesure de s'adapter à tous types de reliefs grâce à la rapidité de la mini voile.

Sports individuels

■ **AZUR SPORT ORGANISATION**

Jogging – Course à pied

Nice Ouest

1, boulevard Maître Maurice Slama

✆ 04 93 26 19 12

www.azur-sport.org

mail@azur-sport.org

Envie de courir et de participer à des courses à pied sur la Côte d'Azur ? Préparez vos chaussures de running ! Azur Sport Organisation organise chaque année trois courses emblématiques à Nice : la Prom'Classic en janvier (10 km), le semi-marathon de Nice à la mi-avril (hommes 21,5 km ; femmes 10 km ; enfants 2 km) et le Marathon des Alpes-Maritimes de Nice à Cannes en novembre (42 km). En février 2014, une nouvelle course a fait son apparition : le Rock'n'roll Nice 10 miles du Carnaval allant de la Promenade des Anglais jusqu'à la place Masséna. A vos marques ? Prêts, partez !

■ **CLUB HIPPIQUE DE NICE** .... **Équitation**

Nice Ouest

8, boulevard des jardiniers

✆ 04 93 83 15 04

www.nicecheval.com

contact@nicecheval.com

Ouvert toute l'année. Lundi de 14h30 à 20h. Mardi de 14h30 à 20h. Mercredi de 8h30 à 12h et de 13h30 à 19h. Jeudi de 14h30 à 20h. Vendredi de 14h30 à 20h. Samedi de 8h30 à 12h et de 13h30 à 19h. Dimanche de 14h à 17h.

Les passionnés d'équitation trouveront entière satisfaction dans ce club situé sur le boulevard du Mercantour (ex roure de Grenoble). Avec une superficie de 10 ha, le club comprend neuf aires d'évolution et les écuries peuvent accueillir une centaine d'équidés. Vos enfants pratiqueront ici plusieurs disciplines : équithérapie, voltige, dressage, hunter, éthologie ou encore attelage... La structure accueille les groupes et organise des stages tout au long de l'année. Les propriétaires peuvent également laisser leur bête en pension.

■ **CLUB MARTEL ABÎME CLUB NIÇOIS**

Spéléologie

Centre-ville

14, avenue Mirabeau

✆ 04 93 62 59 99

www.clubmartel.com

info@clubmartel.com

Bureaux ouverts tous les derniers jeudis du mois (sauf juillet et août) entre 20h30/21h et 23h. Idem pour permanence téléphonique. Prêt de matériel. Initiation environ 1 fois par mois : 15 € plus carte assurance temporaire CAF si non membre CAF.

Vous vous sentez l'âme d'un explorateur ? Envie de découvrir les abîmes terrestres ? Rendez-vous chaque jeudi soir dans les locaux de l'association : vous rencontrez d'autres passionnés non professionnels de spéléo avec lesquels vous pourrez organiser une sortie pour le week-end suivant. Il n'y a donc pas de programme établi à l'avance. Le club est tourné vers l'exploration, la découverte et la visite autonome, et l'association organise régulièrement des initiations pour les curieux désireux de découvrir la discipline.

■ **LA COMPAGNIE DES FRANCS ARCHERS DE NICE** .... **Tir**

Nice Ouest

217, boulevard Jean Luciano

✆ 04 92 29 08 11

www.francsarchersnice.fr

secretaire.francsarchersnice@gmail.com

Ouvert tous les jours sauf le jeudi. Tarifs à l'année : adulte débutant : 257 €, adulte compétiteur : 287 €, jeunes : 283 €, poussin (de 6 à 10 ans) : 176 €.

Vous êtes un passionné de Robin des bois ? Vous aimez tirer avec un arc et des flèches ? Ce complexe est fait pour vous ! Ici, vous êtes au cœur du terrain d'entraînement des membres de La Compagnie des Francs Archers de Nice Côte d'Azur fondée en 1961. Vous disposerez de nombreuses cibles placées à différentes distances dans un cadre agréable de convivialité et de détente la découverte de ce sport olympique peu connu du grand public. Jeune ou moins jeune, particulier ou membre d'un groupe (C.E, établissements scolaires, clubs sportifs...), vous serez initiés par des entraîneurs diplômés d'État et connaîtrez les bienfaits et émotions de cette discipline. Vous aurez également l'occasion de tester l'Arctrap, l'adaptation du ball-trip au tir à l'arc A noter que la Compagnie participe à l'ensemble des concours organisés par la Ligue Côte d'Azur et italienne dans les diverses disciplines du tir à l'arc : tir FITA (2x70 m), tir fédéral (2x50 m), tir en salle (18 m) entre autres.

■ **FÉDÉRATION DÉPARTEMENTALE DES CHASSEURS DES ALPES-MARITIMES** ...... **Chasse**

Nice Ouest

38, avenue Saint-Augustin

✆ 04 93 83 82 39

www.fdc06.com

contact@fdc06.com

Application mobile disponible. Ouvert du lundi au jeudi de 10h30 à 12h30 et de 13h30 à 16h30 ; le vendredi de 10h30 à 12h30 et de 13h30 à 16h.

La Fédération Départementale des Chasseurs des Alpes-Maritimes est une association investie de missions de service public reconnue au titre de la protection de la nature. Elle possède deux types d'adhérents : les chasseurs qui sont titulaires d'une validation départementale ou nationale dans tout le 06 et les personnes titulaires d'un droit de chasse. La Fédération compte près de 8 200 chasseurs et 187 adhérents territoriaux. Outre ce rôle de représentation de la chasse et des chasseurs auprès de diverses institutions et partenaires, la FDCAM participe également au suivi de la faune sauvage et des habitats et assure dans le même temps bon nombre de missions de service public.

■ **GOLF COUNTRY CLUB DE NICE** .... Golf
698, route de Grenoble
✆ 04 93 29 82 00
www.golf-club-nice.com
sebastiao.golfdenice@yahoo.fr
Ouvert toute l'année de 8h à 18h. Parcours 9-trous : green fee 1 tour : 15 €, green fee journalier : 30 €, -15 ans : 20 €, carte 10 green fee valable 6 mois : 270 €, green fee lundi : 20 €. Parcours 9-trous compact : 1 tour, 15 € ; journalier : 30 € par adulte, 20 € par enfant (-16 ans). Green fee lundi : 15 €. Green fee mardi 1 acheté = 1 offert pour les femmes. Leçon individuelle : 1h 50 €, 45 min 40 €, 30 min 30 €, duo 1h 60 €. Leçon collective (3 à 6 personnes) : 1h 20 € / personne. Détail des autres prestations sur le site Internet. Practice : seau 45 balles, 1 jeton : 4,50 €, 7 jetons : 48 €, 20 jetons : 70 €. Tous les dimanches, compétition de gratuit à 11h30. Restauration. Boutique.
Le Golf Country Club vous accueille sur sa pelouse autour d'un parcours compact sur 9 trous qui vous mettra dans des situations de jeux variés grâce aux bunkers, obstacles d'eau et reliefs accessibles aux débutants et aux faibles handicaps. Le club dispose d'un practice de 200 m composé de 27 postes couverts, d'un bunker d'entraînement, d'une zone d'approche et d'un putting-green. Eclairé de 18h à 20h, il vous faudra cependant le réserver le soir : les balles seront alors illimitées (20 € la séance, 17 € pour les membres). Si vous avez un petit creux, le chef Julien Larmier se chargera avec plaisir le midi du lundi au vendredi, de vous concocter des plats à base de produits frais. Possibilité de privatiser la salle à partir de 55 €/personne.

■ **SKATEPARK** .... Skate
Gorbella
10, boulevard de Falicon
Ouvert du 1er octobre au 31 mars de 9h à 19h et du 1er avril au 30 septembre de 9h à 21h.
Ce skatepark s'étend sur 1 300 mètres carrés dont 1 150 de béton. Domaine de la glisse pour BMX, rollers et skates, le site se compose de plusieurs modules. Son accès est gratuit. Attention, le site n'est pas éclairé la nuit et ne possède pas de point d'eau, aussi prenez vos précautions ! Vous pourrez vous initier ici ou vous perfectionner avec la ligne de lanceurs courbes (largeur 16 m) reliée à un quart de bowl et une mini rampe en spine (largeur 6 m) sur la table de saut (largeur 11 m) avec curbs et barre de slide ou sur le lanceur mixte (courbes et plans inclinés) avec murets et barre de slide (largeur 12 m).

■ **NICE CÔTE D'AZUR ATHLÉTISME** .. Athlétisme
Nice Ouest
155, boulevard du Mercantour
Parc des sports Charles-Ehrmann
✆ 04 93 21 03 18
http://ncaa.athle.com
ncaa@free.fr
Ouverture du secrétariat : lundi, mardi, jeudi, vendredi de 15h30 à 19h, mercredi de 13h à 17h. Essai gratuit pour les nouveaux adhérents. Club professionnel et pour les jeunes.
Pour courir, sauter et/ou lancer, prenez la direction du parc des sports Charles-Ehrmann qui héberge le 1er club d'athlétisme de la région : le NCA. Avec plus de cinq cents adhérents et une vingtaine d'entraîneurs dans toutes les disciplines, ce club forme de grands athlètes mais permet aussi de procurer beaucoup de plaisirs aux amateurs, des plus jeunes jusqu'aux seniors ! D'autres sections spécialisées sont à noter : le « sport adapté » pour les personnes handicapées et « l'athlé-santé » pour une pratique plus douce des activités.

■ **NICE GYM** .... Gymnastique
Malausséna
32 bis, rue Clément Roassal
Gymnase Thérèse Roméo
✆ 04 93 16 10 34
nice_gym@yahoo.fr
Club certifié. Label senior et petite enfance. En partenariat avec le CG06 et la Ville de Nice. Ouvert le lundi de 17h30 à 19h30, mardi de 17h30 à 19h45, mercredi de 11h à 19h, jeudi et vendredi de 17h30 à 20h. Le samedi, ouvert pour les groupes.
Nice Gym est l'un des clubs emblématiques de la capitale azuréenne. Vous pratiquerez toutes sortes de gymnastique, de la gym d'entretien à la gym acrobatique en passant par la gym de compétition. Chacun d'entre vous trouvera la discipline qui lui convient. Les adolescents trouveront également leur compte avec des cours adaptés à tous les niveaux du débutant à l'ancien compétiteur. Des cours de hip-hop, acrobaties et trampoline sont également enseignés. Ayant reçu le label Petite Enfance et le label Sénior, Nice Gym prône la mixité sociale et l'accès au sport pour tous.

Randonnée pédestre

■ **CDJ RANDO 06**
Saint-Roch
50, boulevard Saint-Roch
Maison des Associations ✆ 06 12 71 72 89
www.cdjrando06.fr
bureau@cdjrando06.fr
Tram : arrêt Saint Roch.
Affilié à la Fédération Française de Montagne et d'Escalade (FFME). Cotisation annuelle : env 65 €. Un supplément tarifaire peut être demandé suivant les sorties. Mineurs non acceptés. Prêt de matériel. Activités hivernales et estivales. Entre 5 et 15 personnes par sortie.
Vous désirez pratiquer des activités de pleine nature ? Rejoignez le club CDJ Rando 06. Cette association, affiliée à la Fédération Française de Montagne et d'Escalade, propose des activités plein air pour tous les âges et tous les niveaux : randonnée pédestre, raquette à neige, ski de randonné, à la journée, pour un week-end ou un séjour, vous découvrirez les merveilleux recoins de la Côte d'Azur en été comme en hiver ! Organisées au départ de Nice, les activités sont à la fois ludiques, sportives et écologiques.

CLUB RANDO ALTI+
✆ 06 22 52 54 04 / 04 93 58 25 67
Cotisation annuelle : 18 €/pers. Mineurs autorisés exonérés de cotisation annuelle si accompagnés d'au moins un parent. Tarifs : adhérents : entre 13 € et 16 € / adulte pour une randonnée, entre 60 € et 75 € / adulte pour un abonnement 5 randos, non-adhérents : 22 € / adulte, 12 € / enfant pour une rando.
Créé en 2005 par Philippe Dejoux et Matthieu Whyte, Alti+ est un club de randonnée qui propose toute l'année des randonnées pédestres mais aussi des sorties en raquette en saison une fois par semaine. Conduit par des accompagnateurs en montagne professionnels, vous découvrirez des itinéraires de randonnées dans les Alpes-Maritimes, les départements voisins ainsi qu'au cœur de la Ligurie italienne. Les randonnées sont accessibles à tous dont les personnes à mobilité réduite dans le cadre de sorties « Joëlettes » qui ont lieu chaque trimestre. Aujourd'hui, le club compte près de 150 membres réguliers et à peu près le même nombre de marcheurs occasionnels.

NICE RANDONNÉE
Cimiez
29 ter, boulevard de Cimiez
Responsable : Pierre Bally
✆ 06 24 96 22 18
www.nicerandonnee.fr
pierre.bally@laposte.net
Possibilité de faire des randonnées toute l'année selon conditions météorologiques. Programme des sorties affiché sur le site Internet. Renseignement pour l'adhésion sur le site.
Vous êtes en pleine forme et recherchez une activité sympa à faire le dimanche ? Randonneur confirmé ou marcheur débutant, adhérent régulier ou occasionnel, vous aurez de grandes chances de trouver au sein de l'association Nice Randonnée une satisfaction et un cadre de vie qui correspond à vos attentes. Chaque dimanche, embarquez à bord du car de grand tourisme et rejoignez le point de départ de votre randonnée. Direction l'arrière-pays niçois, le Var ou l'Aveyron. Programme consultable gratuitement sur le site Internet. Un concept vraiment sympa : en plus de vous oxygéner le corps et l'esprit, vous aurez aussi l'occasion de faire de nouvelles rencontres et de partager des moments particuliers.

Cyclisme

BIKEVENT
33, rue Michel-Ange
✆ 06 14 35 21 68 / 06 73 27 07 73 / 06 22 73 09 38
http://bikevent.chez-alice.fr
Ouvert toute l'année. Possibilité de réservation en ligne pour des services exclusifs. Stages et raids différents niveaux organisés régulièrement : se renseigner via le site Internet.
Bikevent est une école de VTT très dynamique ! Les séances d'initiation ou de perfectionnement s'organisent en cours collectifs (petits groupes) et en leçons particulières autour de thèmes. A chaque fois, les exercices s'enchaînent de façon ludique et sportive en toute sécurité sous la responsabilité de moniteurs diplômés, détenteurs d'un Brevet d'Etat Jeunesse et Sports (BEJS). Les sorties s'organisent soit en randonnées soit en promenades sur circuits aménagés. Les enfants disposent d'un carnet de progression pour évaluer leur avancement afin qu'ils deviennent de vrais bikeurs ! Le club met également à disposition un parc de 36 VTT (casques, gants, sacs à dos, coupe-vents, eau et en-cas) et peut réunir sur demande jusqu'à 200 vélos.

HOLLAND BIKES
Centre-ville
2, rue Blacas ✆ 09 63 06 00 76
www.hollandbikes.com
nice@hollandbikes.com
Ouvert du mardi au samedi de 9h30 à 19h non stop. Location de vélos de ville demi-journée (7,50 €), la journée (15 €), la semaine (80 €). Location de vélos électriques : demi-journée 10 €, semaine 110 €. Tours guidés. Montages de vélos sur-mesure. Réparation. Achats & locations.
Envie de visiter Nice et ses alentours autrement ? Chez Holland Bikes Nice, vous pouvez louer des vélos hollandais authentiques (ville ou électrique) avec tout le confort qui font leur renommée. Empruntez les pistes cyclables de la Côte d'Azur et découvrez ainsi le littoral d'une manière sportive et amusante, en famille ou entre amis mais surtout en toute sécurité. Un guide assure en français ou en anglais la sortie et l'encadrement (durée 3 heures de 10h à 13h). Mais attention car si cette formule vous intéresse, pensez à réserver (28 €/pers. et 22 € -18 ans et étudiants) ! La boutique vend aussi des vélos (ville, électrique, randonnée) des marques Batavus, Gazelle, Koga, Sparta ainsi que des accessoires et équipements. Enfin sachez que si votre petite reine se porte mal, Holland Bikes assure aussi les réparations de votre vélo quelle que soit sa marque.

VIAVÉLO
Centre-ville
25, rue d'Italie
✆ 0651524985
http://viavelo.asso-web.com
atelier.viavelo@gmail.com
Ouvert les lundi et mercredi de 18h à 19h30, le jeudi de 9h à 12h et de 14h à 18h et le samedi de 10h30 à 13h. Adhésion : 20 € par an. Tarifs réduits pour les étudiants et chomeurs sur présentation d'un justificatif. Possibilité d'adhésion par simple courrier postal.
Viavélo est une association gérée intégralement par des bénévoles permettant aux adhérents passionnés de la petite reine de se retrouver dans cet atelier de la rue d'Italie pour échanger, entretenir ou trouver un moyen de recycler leur bicyclette, ou tout ce qui roule à la force des jambes.

Retrouvez l'index en fin de guide

De la simple crevaison au réglage de la transmission en passant par le dévoilage… les mystères de la mécanique sont accessibles à tous dans la bonne humeur et dans une ambiance des plus conviviales.

Escalade

ART BLOC SALLE D'ESCALADE

Saint-Isidore
23, avenue Vérola ✆ 04 93 29 84 51
www.art-bloc.com
contact@art-bloc.net

Du lundi au vendredi de 12h à 22h, samedi de 14h à 19h. Tarifs adultes : avant 13h : 6 € ; avant 17h : 8 € ; le soir : 9 €, enfants 6 €. Tarifs spéciaux pour étudiants. Formules 10 séances ou abonnement (au trimestre ou à l'année).

L'escalade c'est une véritable drogue, car une fois qu'on y goûte, on ne peut plus s'en passer. Mais avant d'aller affronter les parois rocheuses du comté, rien de mieux qu'un entraînement en salle extrêmement bien encadré. Art Bloc dispose de plusieurs murs, dont certains conviennent aux débutants et d'autres sont adaptés aux grimpeurs confirmés, qui affronteront de multiples difficultés selon leur niveau. Bon esprit et bonne ambiance dans cette salle où tous les moniteurs sont bien évidemment diplômés d'Etat.

GRIMP'AZUR

Nice Ouest
45, boulevard de la Madeleine
✆ 04 93 97 14 33 / 06 74 63 40 45
www.grimpazur.fr
grimpazur@gmail.com

Ouvert les lundis, mardis et jeudis de 18h30 à 21h. Couple à partir de 250 €. Nouveaux adhérents 170 €. Anciens adhérents : 140 €.

Grimp'Azur est avant tout un club d'escalade très convivial qui propose des cours et qui gère, en plein cœur de Nice, une belle salle de 300 m^2. Chaque adhérent dispose ensuite d'une clef qui lui permet de venir s'adonner à sa passion quand il le souhaite – de jour comme de nuit ! – en fonction de ses disponibilités. Les cours pour les enfants et ados sont dispensés le mercredi de 9h30 à 20h. Une section «élite» composée de jeunes de haut niveau s'organise le mardi et le jeudi soir. Enfin, des séances d'initiation pour tous sont mises en place le lundi soir. Bien évidemment, les moniteurs sont tous diplômés d'Etat.

Escrime

NICE KENDO CLUB

Borriglione – 28, avenue Borriglione
✆ 0658746240 / 0689565932
http://kendo.nice.free.fr
nicekendoclub@gmail.com

Président : Cédric Giordanengo. Ouvert le lundi, mardi, mercredi, jeudi et samedi (horaires : se renseigner par téléphone). Cotisation annuelle : 300 € par adulte, 200 € par enfant. Réduction de 50% à partir du second membre de la famille. Matériel prêté gratuitement toute l'année (mise à part la tenue). Possibilité de paiement en ligne. Entraînements dispensés par des professeurs diplômés.

Le Kendo à Nice ? C'est à Jean-Pierre Niay que ce club le doit. Le Président Fondateur de la Fédération Française de Kendo qui a cumulé les titres après une carrière brillante à Paris (Champion de France, Capitaine de l'équipe…) débarque sur la Côte d'Azur en 1974 et y implante cette discipline. Aujourd'hui, on pratique au club 3 formes d'escrimes japonaises : le Kendo, le laïdo et le Chambara. Si vous souhaitez vous initier à ces pratiques, vous pouvez vous inscrire au club tout au long de l'année. Vous vous présenterez en début d'entraînement et effectuerez des cours d'initiations. Le matériel vous sera alors fourni pour toute la saison : armures, shinais ou bokkens seront à votre disposition.

OGC NICE ESCRIME

Saint-Sylvestre
35, avenue du Ray
Stade du Ray – Salle Michel Sapet
✆ 04 93 84 49 10 / 06 62 48 49 10
www.ogcnicescrime.fr
escrime.ogcn@wanadoo.fr

Accueil ouverte du lundi au vendredi de 16h à 21h et le mercredi de 14h à 21h. Séance d'essai gratuite tout au long de la saison sportive. Pôle Animation, Compétition, Performance, Handisport.

Peu importe votre âge ou votre niveau, rejoignez ce club pour partager des sensations magiques et des moments uniques. Le club propose plusieurs pôles pour satisfaire tous les niveaux, les goûts et les envies de chacun : pôle animation, compétition, performance. Les personnes à mobilité réduite ne sont pas délaissées puisque une cession a été mise en place spécialement pour vous. Alors, enfilez votre uniforme et munissez-vous de votre épée ! A vous de jouer.

Pêche

A.B.P.P.N. LA MOUETTE

Port de Nice
Quai d'Entrecastreaux
✆ 04 93 89 99 18
lamouettenice@wanadoo.fr

Cette très jolie association, fondée en 1928, perpétue la tradition de la pêche à bord des célèbres «pointus», une embarcation de petit tonnage traditionnelle sur la Côte. Les propriétaires de ces bateaux se retrouvent régulièrement afin de faire des parties de pêche. Ces dernières se réalisent suivant trois techniques possibles : la pêche au coup (à la canne, au boulentin ou à la palangrotte), la pêche à la traine avec des leurres trainant derrière le pointu ou la pêche à la roue à des profondeurs variant de 150 à 300 m. Dans tous les cas, vous remonterez des poissons de roches, des bonites, des liches, des sarrans, des rascasses ou autres cardonnières. A noter également, la présence d'une école de pêche réservée aux 8/12 ans qui dispense des cours pratiques et théoriques.

■ FÉDÉRATION DES ALPES-MARITIMES POUR LA PÊCHE ET LA PROTECTION DU MILIEU AQUATIQUE

455, promenade des Anglais ✆ 04 93 72 06 04
www.peche-cote-azur.com
contact@peche-cote-azur.com

Ouvert du lundi au vendredi de 8h à 11h30 et de 13h à 16h.

Vous aimez la nature, les rivières, les lacs, les poissons ? Vous voulez en savoir plus sur la pêche de loisir en eau douce ? La Fédération des Alpes Maritimes pour la Pêche et la Protection du Milieu Aquatique est là pour vous renseigner et vous guider. Avant tout, pour pêcher il faut détenir une carte de pêche disponible dans les Associations, chez les dépositaires agréés ou téléchageable sur le site www.carte.depeche.fr. Des détaillants d'articles de pêche vous communiqueront ensuite les lieux de pêche et les conditions particulières de l'exercice de la pêche locale. En prenant cette carte, le pêcheur participe aux missions d'intérêt général des collectivités piscicoles en acquittant des cotisations permettant notamment aux bénévoles d'entretenir, de restaurer, de gérer les milieux aquatiques et de valoriser les populations de poissons. La Fédaration fait également office d'école de pêche pour vos enfants à partir de 8 ans.

Pétanque

Tu tires ou tu pointes ?

La pétanque est un élément de l'histoire de la Méditerranée et des traditions locales. Deux grands boulodromes – Gallaretto et Henri Bernard – sont à la disposition des amateurs de pétanque. Concernant les clubs, il en existe une dizaine un peu partout dans la ville : Les amis du Vallon des Fleurs (T. 04 93 52 36 81), L'Amicale Pessicart (T. 04 92 09 84 45), Les boulistes Carras Aéroport (Tél. 04 93 72 35 26), Cases Boules (Tél. 04 93 53 53 06), Club bouliste Olivetto (Tél. 04 93 53 22 77), Réveil Sportif Saint-Isidore (Tél. 04 93 29 88 51).

Sports de combat – Arts martiaux

■ ARIANE BOXING CLUB

L'Ariane – 151, boulevard de l'Ariane
Cour Albert Camus – Gymnase Maurice Faubert
✆ 06 12 59 18 87 / 06 68 43 00 08
http://arianeboxingclub.skyrock.com/

Boxe anglaise. Boxe éducation. Boxe féminine. Plus de 120 adhérents. Ouvert le lundi de 18h30 à 21h. Mercredi de 16h30 à 21h. Vendredi de 16h30 à 21h. Samedi de 10h à 12h.

Au sein de l'Ariane Boxing Club, vos enfants dès 8 ans découvriront la pratique de la boxe anglaise. Voulant aller plus loin qu'un simple apprentissage des règles de base de ce sport, le club vise également à développer la maîtrise de son corps et de son esprit tout en respectant son adversaire ainsi que les règles sociales. Ici, vous apprendrez les différentes techniques de la boxe anglaise mais aussi de la boxe de loisirs, éducative pour les plus petits mais également de la boxe féminine.

■ ÉCOLE D'ARTS MARTIAUX PATRICK DELARUE

Riquier
23/25, rue Soleau ✆ 04 93 26 47 45
www.club-patrick-delarue.fr
artsmartiaux.delarue@gmail.com

Ouvert ouverte du lundi au vendredi de 9h à 12h et de 17h à 20h, le samedi de 9h à 12h. Eté : de 10h à 12h et de 17h30 à 19h30. Essai gratuit. Cours pour babies, enfants, ados et adultes. Cours de Karate-do, Aikido, Taekwondo, Full Contact, Krav Maga, Baby Gym et Yoga.

Au sein de l'école d'arts martiaux Patrick Delarue située dans le quartier de Nice Riquier, retrouvez bon nombre de disciplines pour tous les âges et tous les goûts. Dans un dojo de 700 m^2, petits et grands peuvent s'essayer au karaté (babies, enfants, ados et adultes), aïkido (adultes), taekwondo (babies et enfants), krav maga (ados et adultes), full contact (ados et adultes), baby gym et yoga (adultes et ados). Petit plus : la salle est climatisée l'été et chauffée en hiver.

■ ÉCOLE QWAN KI DO NICE

Nice Ouest – Boulevard Napoléon III
Gymnase des Magnolias
✆ 06 16 48 27 60
www.qwankidonice.com

Cours adultes : à partir de 13 ans les lundi et jeudi de 20h à 22h. Cours enfants à partir de 5 ans le mercredi de 18h à 19h15 au 86 av. de la Lanterne (ou avenue Gattamua). Année sportive actuellement à 100€ avec le code QWAN. Mois de septembre offert aux nouveaux pratiquants..

Si vous ou votre progéniture avez envie d'essayer un sport de combat pas comme les autres, vous trouverez peut-être bonheur et sérénité au sein de ce club niçois. Le club Qwan Ki Do est une association régie par la loi 1901 qui se compose exclusivement de bénévoles expérimentés dans ce domaine. Le Qwan Ki Do est un art martial sino-vietnamien basé sur des pratiques traditionnelles. Il s'est aussi enrichi de plusieurs formes de compétitions sportives modernes telles que les combats duels à mains nues, les combats duels avec armes, les prestations techniques en solo ou en duo. Le club participe régulièrement à des compétitions au niveau national et international.

▸ **Autre adresse :** 86 av. de la Lanterne (ou av. Gattamua) 06200 Nice au Gymnase de l'école de la Lanterne

■ NICE AZUR BOXE

Palais des sports Jean-Bouin – Avenue Jean-Allègre – Salle Georges-Carpentier
✆ 04 93 81 54 68 – www.niceazurboxe.fr

Ouvert les lundi, mardi et vendredi de 18h à 20h, le mercredi de 16h à 20h et le jeudi de 17h à 21h. Fermé juillet et août.

Avec près de 240 licenciés, le Nice Azur Boxe compte parmi les plus grands clubs de boxe de la région. Il a pour vocation de développer la boxe éducative (filles et garçons à partir de 8 ans), une boxe amateurs et de loisirs (à partir de 13 ans) afin que tous les jeunes attirés par ce sport puissent découvrir les valeurs essentiels de cette discipline : respect, entraide, fair-play et loyauté. Encadrés par des entraîneurs diplômés d'Etat, les jeunes boxeurs effectuent régulièrement des démonstrations dans les quartiers niçois et dans les foyers d'insertion sociale de la cité.

NICE ÉLITE SPORT

Port – 21, boulevard Carnot
✆ 04 93 89 20 20 / 06 89 33 96 74
www.christophe-pinna.com

Club officiel de Christophe Pinna. Cours de karaté et bodykaraté. Formations, stages, organisation d'événements, déplacements... Babies, enfants, ados et adultes. Du lundi au samedi de 10h30 à 21h. Licence : 35 €.

Nice Elite Sport n'est pas un club de sport comme les autres : fondé par le célèbre Christophe Pinna, venez vous entraîner au côté de champions. Découvrez également les cours de karaté ou de body karaté enseignés par Christophe Pinna lui-même et d'autres karatékas de haut niveau. Initiez-vous aussi aux cours collectifs pour des moments de pure détente sportive et de convivialité.

Tennis

LAWN TENNIS CLUB – LTC

Piol – 5, avenue Suzanne-Lenglen
✆ 04 92 15 58 00
www.niceltc.com

Ouvert de 8h à 21h en été et de 8h à 20 en hiver. Cotisation annuelle toutes activités : 355 € pour les jeunes et 890 € pour les adultes. Ouvert tous les jours de 8h à 21h. Location terrain pour les non-adhérents : 15 € / heure pour un terrain en dur, 25 € / heure pour un terrain en terre-battue. Pro Shop sur place. Location ou achat de matériel.

Ce tennis-club est l'un des plus prestigieux de la Côte d'Azur. Créé en 1890, il a accueilli les meilleures raquettes de la planète et la haute aristocratie européenne en villégiature dans la région. A la Belle Epoque, l'Open du LTC a connu un franc succès : Yannick Noah puis Henri Leconte l'ont remporté respectivement en 1985 et 1988. Que ce soit pour un moment sportif ou de détente, vous bénéficierez d'installations parfaitement entretenues : 18 courts dont 13 en terre battue éclairés et 2 courts de padel en plein-air (mélange de tennis et de squash), une salle de fitness-musculation, un restaurant avec une sublime terrasse, une salle de jeux de cartes et de bridge... Concernant les cours, toutes les formules sont disponibles : leçons individuelles et collectives, tennis compétition ou loisirs, tennis-études, stages.

TENNIS CLUB DES COMBES FRANCIS GIORDAN

Nice Ouest
768, boulevard du Mercantour (ex route de Grenoble) – RD 6202
✆ 04 93 08 26 75 / 04 97 10 23 30
www.tennis-combes-giordan.com
Bus : lignes n°11, 33 et 59. Train des Pignes : arrêt Bellet.

Prix adaptables selon la prestation, le nombre de cours et l'âge. Basse saison : ouvert tous les jours de 9h à 19h. Haute saison : du mardi au vendredi de 8h à 21h ; le week-end de 8h à 20h. Carte couple et famille (parent + 1 enfant minimum). Tarifs réduits pour les jeunes et séniors. Magasin de sports. Piscine d'été. Lac d'agrément et palmeraie. Jeux de boules. Mur d'entraînement.

Magnifique club, le Tennis des Combes Francis Giordan est aussi beau que performant. Côté installations, vous ne serez pas déçu : 17 courts de tennis dont 6 en terre battue, tous éclairés et 11 durs dont deux éclairés, une salle de cardio-training, un bar-restaurant, une boutique de sports, une piscine d'été, un jeux de boules mais aussi un mur d'entraînement ainsi qu'un lac d'agrément avec palmeraie dans un parc de 5 ha ! De quoi satisfaire toutes vos envies sportives et de détente.

TENNIS CLUB GORBELLA

Gorbella
38, rue Paul Bounin
✆ 04 93 52 29 28
www.club.fft.fr/tc.gorbella
tc.gorbella@fft.fr
Tram : arrêt Gorbella.

Club en terre battue ouvert 7j/7 8h à 21h. Cotisations annuelle Adultes 300 €. Ecole de tennis : cours collectifs du mercredi et semaine 200€ et 220 € en fonction de l'année de naissance + 15 € de licence FFT.

Le Tennis Club de Nice ouvre ses portes pour une pratique de tennis en toute convivialité. Que vous soyez adhérent, simple vacancier ou joueur occasionnel, vous trouverez ici une ambiance conviviale et chaleureuse. Vous avez la possibilité de jouer en famille ou entre amis mais également de prendre des leçons particulières avec l'un des professeurs du club. Pronant un fort caractère familial, le TCG participe à des compétitions et organise de nombreuses animations durant l'année : sortie pour voir les matches de football de l'OGCNice, sortie aux Masters 1000 du MCCC ou encore goûter de Noël.

TENNIS SQUASH CLUB VAUBAN

Nice Est
18, avenue Maréchal-Vauban
✆ 04 93 26 09 78
http://tsvauban.free.fr
tennissquashvauban@orange.fr

Ouvert toute l'année. Du lundi au vendredi de 8h30 à 22h ; le week-end de 8h30 à 20h. 1h cours de tennis en individuel 32 €. Une demi-heure : 16 €. École de tennis adultes les lundis de 19h à 20h30, enfants les mercredis à 18h pour les + 15 ans et de 9h à 10h30 ou de 10h30 à 12h pour les - 11 ans. 7 courts de tennis. 4 salles de squash. Espace détente et restauration avec terrasse.

Sept terrains en greens sont à votre disposition pour des accès libres ou des séances d'entraînements. Plusieurs professeurs diplômés d'État vous proposent des leçons individuelles et collectives pour les adultes et les enfants, débutants ou confirmés. Le club travaille également avec des établissements scolaires pour le tennis étude en horaires aménagés et organise régulièrement des stages de perfectionnement pendant les vacances scolaires. Vous trouverez un club-house pour vous désaltérer ou prendre le repas du midi.

Sports nautiques

AIGLE NAUTIQUE

Port – 50, boulevard Franck Pillate
Bassin De La Tour Rouge ✆ 04 93 56 77 99
www.aiglenautique.org

8 Associations, 5 activités. Dès 7 ans. Apnée. Action Sportive Municipale. Kayak de mer. Plongée.

Créé en 1986, cette organisation regroupe pas moins de cinq associations. Leur but ? Mettre en commun leur matériel et leurs moyens afin de promouvoir les disciplines nautiques, les rendre accessibles au plus large public et proposer des activités d'éducation à l'environnement. Les conditions sont idéales et le cadre idyllique : en plus de pratiquer des activités nautiques sportives – voile, apnée, plongée, paddle ou kayak de mer (dès 7 ans), vous pourrez vous initier à l'éducation environnementale avec le Centre de Découverte du Monde Marin. Le Club organise et participe chaque année aux différentes manifestations nautiques de la ville.

CANYON CIANS .... Canyoning – Rafting

Daniel Crulli
3, place Général de Gaulle – Libération
✆ 06 87 56 49 41 – www.canyoncians.fr

Activités de canyoning, escalade, via ferrata, alpinisme autour de Nice et sa région. D'avril à octobre, en demi-journée ou à la journée. Initiation et perfectionnement au canyoning (du 1er avril au 30 octobre) : de 40 à 60 €. Escalade (toute l'année) : de 35 à 300 €. Via ferrata et parcours aventure (toute l'année) : de 40 à 60 €. Alpinisme (toute l'année) : de 280 à 550 €. Canyon. Randos.

Le club Canyon Cians vous propose de découvrir la région comme vous ne l'avez jamais vue ! Que vous soyez seul, entre amis, en famille, débutant ou confirmé, initiez-vous à la pratique du canyoning, de la via ferrata, de l'escalade ou à la randonnée aquatique au cœur des Alpes-Maritimes, destination idéale pour ces activités ! Les leçons, ludiques, sportives et adaptées en fonction de votre niveau sont données en toute sécurité par des moniteurs et guides diplômés d'Etat.

CLUB NAUTIQUE DE NICE .... Aviron

Port
50, boulevard Franck-Pilatte ✆ 04 93 89 39 78
www.cnnice.org

Ouvert toute l'année. La section aviron propose des titres découvertes valables une journée : pendant 2h, un moniteur DE vous fera découvrir la discipline sur un bateau découverte. Stage de 5 ou 10 séances au sein des sections voile et aviron pendant les heures d'ouverture au public (du mardi au dimanche, tous les jours de juin à septembre). Vestiaires, douches, salle de réunion, secrétariat disponibles au premier étage.

Le Club nautique est spécialisé dans la voile et l'aviron ; il propose aussi d'autres activités comme le motonautisme, le jet-ski et la natation. Vous pourrez effectuer des stages et prendre des cours d'initiation et/ou de perfectionnement encadrés par une équipe très sympathique de moniteurs tous diplômés d'État. Vous pouvez aussi louer du matériel et participer à des compétitions. Sur place, une salle de sport est également ouverte aux adhérents ainsi qu'une plage avec solarium. Le dernier étage accueille enfin un club-house avec bar et restaurant avec terrasse.

LES ESKIMOS À L'EAU

Plaine du Var – 860, boulevard du Mercantour
✆ 06 11 38 02 82
www.eskimosaleau.com

Kayak de mer (1 ou 2 places) : tour des îles de Lérins 35 € 1/2 journée. Nice Villefranche/Mer 60 € la journée. Stand up paddle : 40 € les 2 heures. Rivières Var & Roya : 40 €/pers. Verdon & Tinée 45 €/pers. Haute Vésubie et Haute Roya 50 €/pers. Prix de départ de toutes les activités 35 €. Durée entre 1h30 et 2h30. Encadrement assuré par des guides D.E. Les tarifs comprennent le prêt de combinaison, casque et gilet. Prévoir des chaussures fermées de type baskets. Possibilités de séminaires. Sorties à la demi-journée, à la journée ou sur plusieurs jours. Descente du Var en rafting pour les enfants à partir de 6 ans : 2h avec arrêts baignade, 25 €.

Cette équipe de passionnés vous propose depuis Nice des sorties à la demi-journée, à la journée ou sur plusieurs jours selon votre niveau et suivant les conditions météorologiques pour que vous puissiez vivre des sensations fortes en toute sécurité et ce, quelle que soit votre activité : rafting, canoë, kayak, stand up... Les combinaisons néoprène, gilets de sauvetage, casques, pagaies vous seront fournies sur place mais n'oubliez pas votre maillot de bain, vos chaussures de sports pour naviguer et un pull en laine. Les Eskimos à l'Eau participent aussi activement au nettoyage des rivières : à chaque descente, ils ramènent les déchets qui parfois jonchent les bords. Nouveautés 2014 : les descentes apéros, les descentes anniversaires pour les enfants de plus de 6 ans et les balades en kayak sur le lac de Castillon.

GLISSE ÉVASION

Promenade des Anglais – 29, promenade des Anglais – Face à l'hôtel Negresco
✆ 06 10 27 03 91 – www.glisse-evasion.com
contact@glisse-evasion.com

Ouvert tous les jours de 8h à 19h du 1er mai au 15 octobre. Parachute simple : 40 €, duo : 60 €, triple : 80 €. Flyfish 2 personnes : 30 €/personne. Wakeboard (dès 5 ans) : 1 tour 30 €, 10 tours 250 €. Stand up paddle : 1h 18 €, 30 minutes 10 €. Maximum 190 kg au total pour le parachute Duo et le Trio. Coffret cadeau classique duo 110 € (un tour de para duo + un tour de bouée 2 personnes). Classique trio 150 € (un tour de para trio + un tour de bouée pour 3 personnes).

Envie de sensations fortes ? Glisse Évasion propose plusieurs types d'activités nautiques encadrées par des moniteurs diplômés qui veillent à votre sécurité et à votre confort pendant les sorties : parachute ascensionnel, wakeboard, ski nautique, stand up paddle, flyfish, slydsit, bouées tractées et kayaks de mer. Glisse Evasion propose également des coffrets cadeaux à prix doux directement consultables, achetables et imprimables depuis le site Internet. Futé !

■ NIKAIA WATER SPORT

Quai des Etats-Unis
Entre les plages Beau Rivage et Opéra
✆ 06 09 16 02 16 / 06 19 58 18 82
yvan.nws@sfr.fr

Parachute ascensionnel (simple 60 €, double 80 €, triple : 100€). Flyfish (1 tour 10 minutes) 1 à 3 personnes : 30 € / pers et 4 à 6 personnes : 25 € / pers. Ski nautique 1 tour : 30 €, 10 tours 250 €. Wakeboard 1 tour 30 €, 10 tours 250 €. Engins tractés (10 minutes le tour) pour 1 à 2 personnes 30 € et 3 à 4 personnes 25 €. Kayak 1h 30 €. Stand up paddle 1 tour 15 €.

Pendant vos vacances ou durant vos jours de repos, découvrez en saison estivale tous les plaisirs des sports de glisse avec Nikaia Water Sport. Au programme : wakeboard, stand up paddle, parachute ascensionnel, flyfish, kayak de mer... de quoi profiter pleinement des plaisirs maritimes d'une façon ludique et sportive, toujours encadré par une équipe professionnelle. Côté tarifs, les prix sont très corrects avec des formules à l'heure ou selon le nombre de participants.

■ OLYMPIC NICE NATATION .... Piscine

Piol – 36, avenue Paul-Arène
✆ 04 93 44 14 42
www.olympicnice.com

Depuis 1989. Bureau ouvert du lundi au vendredi de 9h à 19h. Ecole de natation. Adultes, enfants (dès 4 ans) et adolescents. Pass'sport de l'eau et de compétition. Formation de champions nationaux et internationaux. Horaires et tarifs variables en fonction de l'année de naissance et du niveau. Pratique dans 4 piscines : Jean Bouin, le Piol, Jean Médecin, Saint-Agustin et Falicon. Loisir et compétition adulte et enfant.

L'Olympic Nice Natation est connu dans la capitale azuréenne. Il accueille tout au long de l'année petits et grands et vous entraîne, quel que soit votre niveau. Découvrez diverses disciplines : natation, natation synchronisée, waterpolo, triathlon ou encore plongeon. Vous serez accueilli dans les meilleures conditions et bénéficierez de cours de qualité enseignés par des professionnels. Vous trouverez un équilibre sportif au sein de ce club dans lequel vous vous sentirez comme un poisson dans l'eau. Outre la compétition, la natation de loisir est aussi ici mise en avant.

Plongée – Apnée

■ CENTRE INTERNATIONAL DE PLONGÉE – CIP

Gérant : Aurélien Mathieu
2, ruelle des Moulins
Le Port
✆ 04 93 55 59 50 / 06 09 52 55 57
www.cip-nice.com
info@cip-nice.com

Ouvert toute l'année. Basse saison (planning à consulter via le site) : sorties de 9h à 12h et de 14h à 17h (retour), haute saison, sorties 7 jours sur 7 de 9h à 12h et de 14h30 à 17h30 (retour). Baptêmes 45 €, version longue (40 minutes) 85 €. Pack découverte 125 €. Snorkelling 18 €. Exploration 33 €. Formation FFESSM et PADI, tarifs disponibles sur site Internet CIP. Sorties groupes 10 plongeurs min. Chèques vacances acceptés.

Le CIP Nice vous embarque à bord de son navire de 14 m de long homologué par la Marine Marchande, le « René-Madeleine », pour vous faire vivre l'expérience unique de la plongée. A son bord, vous vous équiperez sans problème grâce à la surface de son pont. Côté matériel, le club dispo de 45 équipements complet et 140 m³ de capacité de gonflage. Une fois en tenue, trois destinations s'offrent à vous : port et Cap de Nice, Baie de Villefranche et Cap Ferrat, Cap Ferrat Est et Cap Estel. Enfants et adultes, vous vous initierez à tous types de plongées encadrées par des moniteurs expérimentés. Le club propose également des plongées en groupes ou à thèmes ciblées autour de la photo ou de la biodiversité.

■ NICE DIVING

13, quai des deux Emmanuel
✆ 06 14 46 04 06
www.nicediving.com
nicediving@gmail.com

1 plongée 50 € selon si vous êtes équipé ou non. Forfait 3, 5 et 10 plongées respectivement à 95 €, 160 € et 300 € si équipé et 145 €, 240 € et 480 € sans équipement. Plongée de nuit 45 € ou 65 €, technique 65 € ou 80 €. Formation en cours collectif FFESSM niveau 1 à 315 €, niveau 2 à 495 ou 550 €, niveau 3 à 495 ou 550 €, plus cher en cours semi-privés et privés. Formation PADI possible. Également location de matériel.

Que vous soyez novice ou plongeur niveau 4, ou bien si vous préférez la plongée Nitrox, ce centre vous fera faire de magnifiques excursions sous-marines. Le club est aussi sérieux que les moniteurs sont rassurants. Il règne au Nice Diving une ambiance propre aux passionnés de la plongée : saine et naturelle.

■ LE POSÉIDON

Port
Quai Lunel
✆ 04 92 00 43 86
www.poseidon-nice.com
tlo@poseidon-nice.com

Ouvert de mai à octobre. Sortie plongée : départs 9h et 14h30, retours 12h et 17h30 tous les jours sauf dimanche après-midi. Horaires bureau : 9h à 19h 7j/7. Stages et initiations. Plongée dès 8 ans. Baptême plongée à partir de 45 € (équipement fourni), balade aquatique : 19 € (équipement fourni). Formations tous niveaux. Tarifs détaillés des autres activités sur le site Internet.

Rendez-vous sur le quai Lunel au port de Nice où le bateau *Poséidon III* largue les amarres pour une balade en mer. À son bord, l'équipe de cette école de plongée vous encadrera dans cette aventure : baptêmes découvertes, explorations, formations PADI CMAS CEDIP, balades aquatiques... Les plongées (dès 8 ans) s'effectuent dans une vingtaine de sites différents situés tout autour de la rade de Villefranche et du Cap de Nice. Réservation obligatoire.

Danse – Musique Activités artistiques

ATELIER GIORGIO

Riquier
12, rue Caïs de Pierlas
✆ 04 93 55 64 46
www.atelier-arts-graphiques.com
giorgio.putzolu@orange.fr

Ouvert les mardi et vendredi de 10h à 12h et de 14h30 à 16h30, le mercredi de 10h à 12h et de 18h30 à 20h30, les jeudi et samedi de 10h à 12h.

Giorgio Putzolu est un passionné des arts, du dessin, de la peinture et des beautés du monde. Pour partager cette flamme qui l'anime, il a créé son atelier dans lequel il accueille des enfants et des adultes (débutants ou confirmés) pour leur enseigner les techniques des arts du dessin et de la peinture (acrylique, aquarelle, huile). Les cours, personnalisés et limités à sept participants, sont dispensés toute la semaine. Durant l'été sont également organisés des stages (dès 13 ans) pour tous ceux qui souhaitent se perfectionner.

LA CIAMADA NISSARDA

Port
23, boulevard Carnot
✆ 04 92 09 84 16
ciamadanissarda@waanadoo.fr

Chant le lundi soir, danse le vendredi soir. Cotisation annuelle : 25 € par an.

Danses folkloriques, chants traditionnels et théâtre niçois, la Ciamada Nissarda (qui signifie Aubade Niçoise) présente des activités multiples. Constituée d'une centaine de membres, le groupe fait corps avec l'identité niçoise depuis sa fondation. Les représentations sont nombreuses et les membres travaillent toutes les disciplines avec vigueur. Quant aux costumes, rien n'est passé à la trappe : du costume de la bouquetière à celui du paysan traditionnel en passant par celui de Carnaval, cette association perpétue les traditions niçoises en France et dans le monde entier.

CEDAC

Cedac Terra Amata
23, boulevard Carnot
Port ✆ 04 93 89 29 48
www.cedac-nice.com
terra-amata@cedac-nice.com

Programme des activités disponibles sur place, dans chaque centre. Activités de septembre à juin.

Fondée en 1977, cette association culturelle est devenue un véritable groupement de diffusion et d'actions culturelles avec ces plus de 7 000 adhérents et 150 professionnels qualifiés. Répartis sur les 6 sites, ils sont tous fondés sur un même principe : offrir aux Niçois un accès simple, peu onéreux et convivial aux loisirs avec 300 activités artistiques, culturelles et sportives pour embellir le quotidien (arts de la scène, arts manuels, danse, gym, langues, musique, potager, relaxation, sports...). Il y en a pour tous les goûts, tous les âges et toutes les bourses. Et surtout, il y en a forcément un près de chez vous !

Autres adresses : cedac ARIANE – 19, chemin du Château-Saint-Pierre • cedac CIMIEZ – 49, avenue de la Marne • cedac FABRON – 235, avenue de la Lanterne • cedac LA COSTIERE – 178, chemin de la Costière • cedac SAINT-ANTOINE – 10-12, place Dominique-Fighièra • cedac SAINT-ROMAN-DE-BELLET – 661, route de Bellet

CONSERVATOIRE NATIONAL À RAYONNEMENT RÉGIONAL DE NICE – CNRR

Cimiez
127, avenue de Brancolar ✆ 04 97 13 50 00
www.crr-nice.org
info@conservatoire-nice.org

Ouvert du lundi au vendredi de 8h30 à 19h30 et le samedi de 8h30 à 17h. Auditorium. Droits d'inscription : 150 € pour le cycle 1, 270 € pour le cycle 2 et 430 € pour le cycle 3. Prêt d'un instrument possible (RDV auprès de Brigitte Barralis au 04 97 13 50 66)

Le Conservatoire National à Rayonnement Régional de Nice ou CNRR est une institution depuis quasiment 100 ans. Elle dispose de trois pôles : la musique, le théâtre et la danse. Créer en 1916, ce conservatoire azuréen a toujours formé des artistes célèbres : des pianistes (Gabriel Tacchino, Jacques Taddeï, Philippe Bianconi), des violonistes (Christian Ferras et Hervé Le Foch), des chanteurs (Gilbert Bécaud notamment). Le CNRR accueille 120 enseignants et plus de 1 000 élèves. Il présente un pôle d'excellence pour former des professionnels et constitue aussi un espace convivial où les amateurs pourront trouver un enrichissement personnel dans la pratique de leur activité artistique. Le conservatoire dispose également d'un auditorium de 724 places, le plus grand en France ! Chaque année, plus de 100 concerts et représentations y sont joués, dont la majorité sont gratuits.

ESPACE MAGNAN

Magnan
31, rue Louis-de-Coppet ✆ 04 93 86 28 75
www.espacemagnan.com
courrier@espacemagnan.com

Ouvert du lundi au vendredi de 9h à 22h ; le samedi de 9h à 13h30. Ouvert le week-end selon spectable. Adhésion : 15 € par an. Tarifs variables selon l'activité. Abonnements à la saison (septembre à juin) ou demi-saison (septembre à janvier ou février à juin). Certains cours payables à la leçon : 10 € par séance. Accueil de loisirs : 3 € / an. Carte spectacle annuelle : 10 € / an.

L'Espace Magnan est un énorme pôle socio-culturel ouvert à tous. Une équipe sympathique composée d'une cinquantaine d'animateurs transmet des techniques, des savoirs et du plaisir à pratiquer les arts du spectacle vivant (théâtre, danse, musique, cirque, lecture, etc.). Ils vous font aussi découvrir le septième art (programmation, animation, formation des publics) et diverses activités de sports, loisirs et culture. Au total près de 70 disciplines sont réparties sur 150 plages horaires pour tous les âges et tous les niveaux, de la découverte au perfectionnement, sous forme d'ateliers, cours individuels ou collectifs. L'Espace Magnan organise et accueille également une trentaine de spectacles et événements chaque année donnés par des compagnies professionnelles.

■ NICE YAMAHA MUSIC SCHOOL.........**Cours de musique**
Centre-ville
18, boulevard Jean Jaurès
✆ 04 93 87 16 59 / 06 82 15 63 37
www.yamaha-music-school-nice.fr
ecoleyamahanice@gmail.com
Horaires modulables sur rendez-vous Notre école vous accueille du lundi au samedi disponibles sur le site Internet. Abonnement annuel : 640 €, trimestriel : 214 €. Cours particuliers : 300 € pour 10 leçons. Frais d'inscription : 30 €. Enfants, ados et adultes. Cours de découverte offert.
L'un est prof de piano, l'autre de guitare... Johan et David sont à la tête de la Yamaha Music School de Nice. Dans des locaux entièrement rénovés, ils accueillent toute la semaine les apprentis virtuoses. Les cours, ludiques et adaptés au niveau de pratique, sont collectifs ou individuels selon de la demande des élèves. Les enfants sont pris à partir de 4 ans pour les cours de clavier et 7 ans pour les cours de guitare. Les horaires sont très variables, en fonction de la disponibilité de chacun. Un espace jeune et dynamique que les mélomanes apprécieront !

Ateliers – Cours de théâtre

■ LE CERCLE MOLIÈRE
La Madeleine
177, boulevard de la Madeleine
✆ 06 09 09 61 10
www.cerclemoliere.fr
contact@cerclemoliere.fr
Atelier ados (12/16 ans – le mercredi de 14h à 16h) : 30 € / mois + adhésion annuelle, adulte (le vendredi de 18h à 21h) : 45 € / mois + adhésion annuelle. Spectacle de fin d'année.
C'est l'une des compagnies les plus vieilles de France (plus de 90 ans d'existence !) qui doit sa longévité à son travail et sa rigueur pour honorer des textes classiques, modernes ou contemporains. Le Cercle Molière, c'est aussi des cours de théâtre pour adolescents (12-16 ans) tous les mercredis de 14h à 16h et pour adultes, tous les vendredis de 18h à 21h. Ces cours sont dispensés par des comédiens expérimentés qui vous feront travailler l'improvisation, l'interprétation ainsi que des exercices vocaux et corporels indispensables à la formation des comédiens. En fin d'année, un spectacle est organisé.

■ COMPAGNIE ALCANTARA
Nice Est
4, rue Edouard Scoffier
Salle Le Pation
✆ 04 93 01 02 35
www.compagnie-alcantara.com
compagniealcantara@yahoo.fr
Théâtre d'entreprise, théâtre événementiel et spectacles à domicile. Devis pour théâtre entreprise ou particulier sur demande. Ateliers adultes et adolescents.
Le leitmotiv de la Compagnie Alcantara est un travail précis sur la dramaturgie de femmes ou du tragique de la féminité. Depuis 2001, cette compagnie crée et présente des spectacles vivants qui abordent la grandeur, la dérision et la décadence de la figure féminine, traitées par des auteurs à l'humour acerbe, tranchant mais toujours juste et poignant. Des ateliers théâtre ont lieu chaque semaine pour les adultes et adolescents. Au programme, un réel travail technique (concentration, respiration, diction et voix), de l'improvisation verbale et corporelle, et un travail d'interprétation sur des textes classiques et contemporains. A la fin de l'année, vous verrez votre travail récompensé l'organisation d'un spectacle.

■ COMPAGNIE ARKADIA
Centre Ville
14, rue d'Alger
✆ 06 86 40 11 87 / 04 83 50 52 25
www.compagniearkadia.com
Tramway : arrêt Jean Médecin
Location de salle. Cours de théâtre sous la direction de Stéphane Eichenholc, comédien-metteur en scène ou Sophie Chiara, Michelle Poulet ou Emmanuelle Lorre. Adultes et enfants le lundi, le mardi, le mercredi et le vendredi. Cours de yoga le lundi par Corinne et cours de pilates le vendredi donnés Marianna Augie.
La compagnie Arkadia propose des cours de théâtre dans le centre ville de Nice. Venez-vous initier à cette discipline menée sous la direction du comédien-metteur en scène Stéphane Eichenholc. Cette formation artistique s'adresse à toutes les personnes désireuses d'un enseignement complet ou d'une préparation, qu'elle soit débutante ou expérimentée. Ici, toutes les techniques théâtrales sont abordées et le nombre de participants est limité. A chaque séance, vous assisterez à un travail plus approfondi sur le fonctionnement de la voix, l'expression corporelle, la technique d'improvisation, le jeu dramatique, l'étude des répertoires classiques et contemporains. La programmation débute en octobre pour se finaliser en juin avec la mise en scène d'un spectacle. Pour entrer dans cette école, il ne vous sera pas nécessaire de passer une audition. Il vous suffira simplement de prendre contact avec le responsable pédagogique de la formation.

■ THÉÂTRE DE LA CITÉ
Centre-ville
3, rue Paganini
✆ 04 93 16 82 69
Voir page 145.

■ **THÉÂTRE DE L'ALPHABET**
Centre Ville
16, rue Delille ✆ 06 60 89 10 04
www.theatrenice.com
compagnie.alphabet@live.fr
Enfants (mercredi de 13h45 à 14h45) : 12 € le cours, 35 € / mois, 75 € le trimestre, ados (dès 10 ans, mercredi de 17h à 19h) : 17 € le cours, 50 € / mois, 110 € le trimestre, adultes (mardi de 19h30 à 22h) : 20 € le cours, 55 € / mois, 130 € le trimestre.
Ici, le mot « expression théâtrale » prend véritablement tout son sens. Adultes, adolescents et enfants : les cours sont accessibles à tous. Vous travaillerez tout le long de l'année sur des textes connus issus du théâtre classique et contemporain mais l'improvisation a également une place très importante. En fin d'année, un spectacle est organisé pour vous permettre de valider vos acquis. Les cours sont interrompus pendant les vacances estivales. Par mail ou sur simple appel, n'hésitez pas à vous préinscrire pour la saison prochaine. L'équipe reste à votre entière écoute pour tout renseignement complémentaire.

■ **THÉÂTRE DE L'EAU VIVE**
Cimiez
10, boulevard Carabacel ✆ 04 93 27 10 49
Voir page 145.

■ **THÉÂTRE DU BOCAL**
Libération
6, rue Prince-Maurice
✆ 04 92 15 17 34
Voir page 147.

■ **THÉÂTRE DU COURS**
Vieux Nice
5, rue de la Poissonnerie
✆ 04 93 80 12 67
Voir page 147.

■ **THÉÂTRE DU PORT**
Port
5, place de l'Ile de Beauté
✆ 04 93 56 47 62
Voir page 147.

■ **THÉÂTRE LA SEMEUSE**
Vieux Nice
2, montée Auguste Kerl
Prolongement de la rue du Château
✆ 04 93 92 85 08
www.lasemeuse.asso.fr
theatre@lasemeuse.asso.fr
Entrée : 6 € (à 15 €). Cours de théâtre : éveil 150 €, enfants et adolescents 205 €, cours adulte 235 € (2 cours 420 €), commedia dell'Arte 235 € (2 cours 420 €), comédie Café Théâtre 235 €, marionnettes 250 €.
Situé en plein cœur du vieux Nice dans les locaux de l'association dont il dépend, ce théâtre est un lieu d'accueil, de formation, de diffusion et de rencontres artistiques. Les activités sportives, éducatives et culturelles s'articulent autour de l'épanouissement physique, culturel, artististique, philosophique. L'endroit voue un intérêt majeur à la perception du monde et aux échanges : la programmation originale est accessible à tous les publics.

Chorales – Cours de chant

■ **CHANT NICE**
Centre-ville
1, rue Saint-Siagre
✆ 06 58 12 21 74
www.chant-nice.fr
contact@chant-nice.fr
Cours de chant et stages par Antoine Charlot. Cours d'essai : 20 €. Séance : 40 €. Abonnements 15 séances : 175 €. Coaching vocal organisé pour les entreprises et organisations. Possibilités de déplacement sur l'ensemble du département des Alpes-Maritimes. Cours et stages organisés toute au long de l'année.
Vous désirez prendre des cours de chant ou souhaitez simplement partir à la découverte de votre voix ? Antoine Charlot vous donne cette chance grâce aux stages et cours de chant et de voix pour amateurs et professionnels. Enseignant de la voix et professeur de chant dans la capitale azuréenne, il base sa méthode sur la technique de souffle-voix de Serge Wilfart® qui consiste à reconstruire et harmoniser l'instrument émetteur de la voix, autrement dit notre corps, au travers l'énergie du souffle et de la voix. Et c'est bien connu : chanter est bon pour notre organisme ! Cela vous permet de libérer vos tensions et émotions perturbatrices ancrées dans votre corps, de retrouver un souffle calme, d'adoptez une respiration ventrale – gage de stabilité et force – mais aussi d'oser entrer en contact avec la puissance de sa voix. Le but ? Trouver une meilleure verticalité, dépasser certaines peurs et avoir une plus grande confiance en soi, mieux gérer le stress et retrouver force et énergie. L'école Chant Nice vous propose une démarche globale agissant dans les domaines psychologique, respiratoire et émotionnel.

■ **LES VOIX DE NICE**
Cimiez
34, corniche Frère-Marc ✆ 06 21 14 92 99
www.voixdenice.org
a.tosan@voixdenice.org
Répétitions tous les mardis de 18h30 à 20h (tous les choristes) et le jeudi soir de 18h30 à 20h en alternance (femmes, hommes).
Les Voix de Nice est l'une des plus anciennes chorales de la Ville. Composée de 150 choristes adultes, elle est dirigé par Albert Tosan. Chaque année, elle participe à de nombreux concerts au profit d'œuvres caritatives

et participe activement à plusieurs manifestations locales. Son répertoire se veut éclectique et va de la chanson française à la chanson contemporaine en passant par le Negro-spiritual, l'opéra et le chant liturgique sans oublier les chants du patrimoine niçois. Chaque année, le chœur voyage de Montréal à Prague en passant par Budapest, Salzbourg ou encore Cracovie portant loin les voix de Nice «la belle». Les répétitions se déroulent le soir, plusieurs fois par semaine.

Cours de danse

■ CENTRE DE DANSE L'ACADÉMIE

Cimiez
71, boulevard de Cimiez
Le Régina – Sous la direction de Elisabeth Sicart-Abécassis ✆ 04 93 53 14 10
www.danseacademie.fr
centrelacademie@free.fr

Disciplines multiples et pour tous âges : éveil à la danse pour les enfants à partir de 4 ans, jazz, hip-hop claquettes, ateliers de contemporain, danse classique. Cours d'entretien et de développement pour adultes : barre à terre, danse classique, jazz, gymnastique. Cours particuliers (horaires en accord avec le professeur en dehors des heures de leçons collectives), abonnements et cartes de 10 cours. Nouveau : cours de Gyrokinésis®.

Créée en 1990, enfants et adultes apprendront ici cette discipline avec sérieux et plaisir. L'équipe de professeurs, compétents et talentueux, vous permettra d'évoluer à grand pas et de vous épanouir, quel que soit votre âge, votre niveau et vos goûts. Les enfants dès 4 ans et les adolescents s'initieront au jazz, hip hop, claquettes, ateliers contemporains et bien sûr à la danse classique. Un spectacle est organisé chaque fin d'année scolaire qui mêle danse, musique, lumières, costumes et décors. Les adultes ne sont pas pour autant oubliés : choix de développement avec utilisation de barre au sol (ou barre à terre), danse jazz, classique, gymnastique... Nouveauté 2014 : des cours de Gyrokinésis®, une méthode unique d'exercices inventée par le danseur hongrois Julio Horvath dans les années 80.

▸ **Autre adresse :** Centre de danse l'Académie «Le Jardin Des Affinités»28, av. Henry Dunant – Nice – Tél : 04 93 84 37 92

■ LA COMPAGNIE DES ENFANTS DU SPECTACLE

Ginestière
7, chemin de la Madonette de Terron
✆ 04 93 82 55 99

Ouvert du lundi au vendredi de 16h30 à 19h et le mercredi de 15h30 à 18h30. Comédie musicale pour les 10-22 ans : audition uniquement sur RDV. Accueil téléphonique de 17h à 19h du mardi au vendredi, les mercredis et samedis de 14h à 18h30. Cours adultes et enfants. Stages à partir de 9 ans pendants les vacances scolaires. A partir de 130 € le trimestre (dès 4 ans). Studios climatisés.

Parrainée par Daniel Auteuil et Stéphane Freiss, la Compagnie des Enfants du Spectacle a fait du chemin depuis sa reprise de la comédie musicale *May Flower* en 1986. Ce centre se divise en deux unités bien particulières. D'un côté, découvrez le cursus « Formation spectacle comédie musicale », le seul en France ouvert à tous les passionnés de la scène. Après avoir passé une audition, les jeunes talents entre 10 et 22 ans seront formés au sein de l'école et seront initiés à des cours de scénographie, préparation casting... D'autres part, d'autres disciplines (danse orientale, jazz, hip-hop, théâtre, chant, claquettes, maquillage ou cinématographie...) sont accessibles à tous, qu'il s'agisse des enfants à partir de 4 ans, des adolescents et des adultes. Des stages de découvertes, d'initiations et de confirmations sont également organisés pendant les vacances. Avec une superficie de 350 m² et 3 studios climatisés, vous évoluerez incontestablement dans de bonnes conditions pour une progression pédagogique sans pareil. De quoi en ravir plus d'un !

■ DANSE PASSION

Cimiez – 23, rue Desambrois
✆ 04 93 92 05 06
www.dansepassion.fr

2 salles. Spectacle en fin d'année. Cours du lundi au samedi. Disciplines enseignées par des professeurs diplômés : classique, jazz, néoclassique, contemporain, remise en forme, cours de maintien (renforcement musculaire, stretching, barre à terre). Cours tous niveaux.

Après plus de 17 ans d'existence, l'école Danse Passion se tourne aujourd'hui vers les disciplines dont les seuls mots d'ordre sont rigueur, travail et respect sans pour autant oublier le plaisir de la danse et de son apprentissage. Au programme : jazz, contemporain, Matwork (néoclassique-pilates), classique ou encore barre à stretching et renforcement musculaire. En collaboration avec ses enseignants, l'école propose de vrais shows pour les spectacles de fin d'année : Jules Vernes, Carmen ou le Fantôme de l'Opéra créés pour émerveiller petits et grands tout en offrant la possibilité à ses apprentis de se produire sur les scènes prestigieuses de la région comme l'Opéra de Nice ou le Palais Acropolis. Une occasion unique pour les élèves et professeurs de côtoyer machinistes, ingénieurs sons et autres régisseurs de lumière. Les shows sont d'un niveau que beaucoup qualifie de « professionnel ». Les portes de cette école vous tendent les bras.

■ OFF JAZZ

Port – 16, rue Cassini
✆ 04 93 89 10 10 / 06 76 54 17 57
www.offjazz.com
info@offjazz.com

Etablissement habilité par le ministère de la Culture pour la formation au Diplôme d'Etat Agréé enseignement supérieur artistique, statut étudiant, Agréé formation continue. Ouvert du lundi au vendredi de 9h à 20h. Cours à l'unité. Cotisation annuelle (dépend de l'âge et du nombre de cours).

Off Jazz est une formation professionnelle pour obtenir le Diplôme d'Etat ce qui laisse présager de la qualité des cours délivrés par le centre. Le recrutement se fait uniquement sur concours. Mais en tant qu'amateur, vous pouvez également suivre quelques entraînements soit ponctuellement soit comme un cours traditionnel en vous abonnant au trimestre. 1 200 m² sur trois étages, l'endroit dispose aussi d'une cafétéria. Les disciplines proposées relève d'un bon niveau : classique, contemporain et claquettes !

Loisirs créatifs

■ L'ARRÊT CRÉATION

Centre-ville – 7, rue de Russie ✆ 04 93 88 73 23
www.larretcreationnice.fr
Ouvert du mardi au samedi de 10h à 13h et de 14h30 à 19h. Atelier (à partir 12 ans – fournitures comprises) : 16 € par personne. L'arrêt création, un joli jeu de mots pour cette boutique située à quelques mètres de Nice Etoile. Ce grand espace est un véritable petit paradis pour tous les passionnés de loisirs créatifs. Vous y trouverez tout le matériel nécessaire pour réaliser vos créations : scrapbooking, mosaïque, modelage, peinture, perles, collage, etc. Chantal, la maitresse des lieux propose également des ateliers pour ados et adultes pour vous apprendre différentes techniques de construction et réalisation.

■ LA DROGUERIE

Centre-ville
29, rue Hôtel des Postes
✆ 04 93 04 51 47
www.ladroguerie.com
Du lundi au samedi de 10h à 19h.
C'est le paradis des âmes créatives. Envie de tricoter, de coudre, de créer de petits bijoux ou de bricoler ? Vous trouverez dans ce temple de l'inventivité, tout ce dont vous aurez besoin : bobines de fil, pelotes de laine, boutons, perles, plumes et rubans de toutes les formes et de toutes les couleurs. En cas de doute sur la façon dont mener à bien votre projet, n'hésitez pas à solliciter les conseils professionnels et avertis de l'équipe. Sur place, vous trouverez également des livres pour réaliser des ouvrages de toutes sortes (sac et accessoires, cadeaux de naissance, confection de vêtements, patrons...).

Hobbies et autres loisirs

■ ASSOCIATION GÉNÉALOGIQUE DES ALPES MARITIMES – AGAM .... Généalogie

Archives départementales
boulevard du Mercantour (ex route de Grenoble)
Nice Ouest
www.agam-06.org
agam.06@gmail.com
Adhésion annuelle 20 € (individuel) ou 30 € (couple).
A l'origine, cette petite association fondée voici 40 ans regroupait des généalogistes amateurs des régions Provence Côte d'Azur et Corse. Aujourd'hui l'A.G.A.M. est une belle institution qui met tout en œuvre pour aider ses adhérents à faire leurs recherches. Pour cela, elle donne accès à tous les moyens modernes d'études, de classement et de communication actuels, en particulier l'informatique, les logiciels de généalogie, l'utilisation des bases de données sur Internet. L'A.G.A.M. permet à tous ses adhérents d'accéder gratuitement, non seulement à ses propres relevés, mais aussi à tous les relevés des autres associations. Bonnes recherches !

■ LASER GAME

Forum Lingostière
604, boulevard du Mercantour
✆ 04 92 29 19 00
www.lasergame-evolution.com
nice@lasergame-evolution.com
Réservation 5 pers minimum. Partie individuelle et mélangée le week-end. Ouvert du lundi au vendredi de 12h à 23h, le samedi de 11h à 23h et le dimanche de 11h à 19h. Période scolaire de 10h à 23h. 1 partie 20 minutes : 11 €. Tarifs dégressifs valables pour parties achetées simultanément (tous les jours 12h / 23h, le week-end : à partir de 19h.), 1ère partie 10 € et 2e partie 9 €, 3e partie 6 €. 2 salles de jeu d'environ 300 m². Soirée à thèmes 1 fois / mois (30 € / personne).
Envie de jouer au petit soldat grandeur nature ? Pénétrez dans l'univers déroutant de ce Laser Game où petits et grands - principalement les garçons ! – s'amusent. Muni d'un gilet lumineux et d'un pistolet laser, vous intègrerez une unité de combat pour une vingtaine de minutes puis partirez à l'aventure dans l'obscurité d'un labyrinthe aménagé en plusieurs niveaux. Votre mission, si vous l'acceptez, sera de toucher le plus possible d'adversaires à l'aide de votre pistolet laser. Sensations garanties !

■ MAGICA .... Magie

Vieux Nice
Impasse de la Tour
Théâtre Magica – Président : Gérald Mainart
✆ 04 83 50 38 32
✆ 06 16 45 96 82
www.magica06.com
contact@magica06.com
Débutants : cours du mercredi et samedi : 30 € de participation forfaitaire mensuelle. Confirmés : cours du samedi 30 € de participation forfaitaire trimestrielle et 10 € par leçon. Enfants débutants : mercredi de 16h à 17h, Le samedi : perfectionnement de 9h30 à 11h, cartes pour débutants de 11h à 12h, magie générale pour débutants de 12h15 à 13h15,.
Magica, c'est l'association des magiciens de la Côte d'Azur. Elle regroupe une centaine de passionnés à travers toute la région. Son objectif est de permettre à tous ces prestidigitateurs de se retrouver afin d'échanger et de partager leurs savoirs. Des spectacles sont régulièrement organisés et les membres participent à de grandes manifestations locales

comme la colombe d'or d'Antibes Juan les Pins. Magica, c'est aussi des ateliers pour travailler sur des thèmes (les boîtes, les cartes...) et une école pour enfants, ados et adultes.

■ **MAYANA** .... Astrologie
Centre-ville
11, passage Emile-Négrin
✆ 04 93 85 58 40
www.mayana.fr
contact@mayana.fr
Ouvert le lundi de 14h à 19h et du mardi au samedi de 10h à 19h. Consultations de voyances (20 € les 20 minutes, 30 € les 40 minutes). Achats de livres et matériels.
Nichée dans une discrète ruelle perpendiculaire au bas de l'avenue Jean-Médecin, l'endroit organise ici tous les trois mois environ le Festival de la Voyance. La boutique fait aussi office de centre de rencontres, de conférences, de stages et de journées découverte exclusivement dédiées au bien-être, au paramédical et à l'univers de l'ésoterisme. Plus de 400 événements y sont programmés tous les ans dans un esprit de grand convivialité, de partage et de découverte. Vous trouverez ici tout le matériel pour pratiquer l'astrologie et la tarologie : cartomancie, pendule, boule de cristal... Egalement boutique de déco, on chine ici des objets du monde entier.

■ **PRÉHISTOTIR**
Centre-ville
36, rue Lépante
✆ 04 93 62 97 60 / 06 03 19 54 80
www.prehistotir.com
prehistotir@gmail.com
Mélange de Préhistoire et de tir. Animations toute l'année. L'association peut se déplacer sur le lieu choisi sur simple demande.
Cette association niçoise atypique et originale a été créée en 2002 par des passionnés de préhistoire. Son but est de rendre les connaissances actuelles sur cette période accessibles au plus large public en organisant tout au long de l'année des animations à caractère pédagogiques, ludiques et pratiques. L'association se consacre essentiellement à sensibiliser les plus jeunes à l'environnement et ses richesses naturelles mais propose également des activités de tirs aux armes préhistoriques et au propulseur. Vos enfants auront ici la possibilité de fabriquer puis d'utiliser des armes de chasses de la Préhistoire et participeront peut-être aux manches européennes de tirs (sur demande).

Cours de cuisine

■ **CERCLE DE LA CAPELINA D'OR**
L'Arénas
163, boulevard René-Cassin
Lycée Paul Augier
✆ 04 93 07 61 14 / 06 62 08 61 14
Adhésion (valable un an) : 20 €. Démonstration de cuisine niçoise un vendredi par mois entre novembre et avril : 20 € par séance.
Ils aiment la vraie cuisine nissarte et ils nous le font savoir. Créé en 1972, ce Cercle s'est fixé comme but le maintien, la défense de la cuisine du Comté de Nice en œuvrant pour l'enseignement et la promotion des plats purement locaux. Pour cela, il organise chaque année vers mars-avril un concours élèves entre des écoles hôtelières et des centres de formation du 06. Les plats sont imposés par le Cercle et préparés au cours de l'année scolaire. Les candidats choisissent aussi un plat libre toujours à connotation niçoise. Pour les non professionnels, de village en village, un concours amateur leur est spécialement adressé. Le Cercle propose également une démonstration par mois (de novembre à avril) de cuisine niçoise faite par des restaurateurs de la ville et des membres de l'association bénévoles au Lycée Paul Augier et ouvert à tous. A la fin de la séance, vous aurez le plaisir de déguster les préparations. Le Cercle de la Capelina d'Or participe toute l'année à de nombreuses manifestations comme la Semaine du Goût.

■ **CUISINE SUR COURS**
Borriglione
75, avenue Borriglione
✆ 04 93 96 17 29
www.cuisinesurcours.com
contact@cuisinesurcours.com
Ouvert du lundi au samedi. Horaires des cours variables. Tarifs : de 20 € à 80 € selon prestations. Enfants dès 3 ans : cours entre 35 € et 40 €. Présence des parents obligatoire pour les enfants de 3 à 6 ans. Abonnements possibles.
Que ce soit pour vous amuser, pour découvrir des nouveautés ou épater vos amis, voici un cours de cuisine fait pour vous. Par petits groupes de 8 participants maximum, vous serez pris en main par une jeune femme dynamique et professionnelle sachant mettre les petits plats dans les grands. Dans une belle cuisine bien aménagée, vous apprendrez les rudiments de l'art culinaire, concoctant de bons plats originaux mais faciles à refaire une fois seul à la maison. Vous préparerez, avec des produits de qualité, frais et de saison, un menu complet (entrée + plat + dessert) ou plusieurs plats autour d'un thème ou d'un aliment. Dans une ambiance conviviale, autour d'une table, vous aurez le droit de déguster le fruit de votre travail ! Sur place, la boutique propose à la vente des tabliers mais aussi des chèques cadeaux adultes, enfants et invités ainsi que des abonnements cours de cuisine à prix attractifs.

■ **ÉCOLE NIÇOISE DE PIZZAIOLO**
Libération
1, boulevard Joseph Garnier
✆ 06 60 47 67 40
jeff224@hotmail.com
Horaires variables en fonction des cours. Cours particuliers : 80 € pour 1h30 et 160 € pour 3 heures. Formation de 35h à 40h : 1080 €. Commande de pizzas faites par les élèves de l'école possible www.pizzburgernice.com
Envie de cuisiner une bonne pizza ou d'apprendre le métier ? L'Ecole Niçoise de Pizzaiolo vous propose deux types de cursus enseignés par un Chef-Pizzaïolo issu d'une famille Sicilienne et Napolitaine. Il y a les cours particuliers pour toute personne désireuse de se perfectionner dans l'art de la pizza traditionnelle et artisanale mais aussi une formation pointue composée de cours de cuisine et de comptabilité afin d'apprendre toutes les ficelles du métier et de connaître les secrets des différentes étapes de fabrication de la pizza de A à Z.

LU FRAN CALIN

Vieux Nice
5, rue Francis-Gallo
✆ 04 93 80 81 81
www.lufrancalin.fr
lufrancalin@gmail.com

Ouvert du mardi au samedi de 12h à 14h et de 19h30 à 22h45. Horaires des cours et tarifs variables : se renseigner.

Issu de la prestigieuse école hôtelière de Nice et chef du restaurant Lu Fran Calin, Daniel Silvetti vous propose de découvrir la vraie cuisine niçoise. Le cours débute par un petit tour dans la vieille ville à la rencontre des ses artisans du goût (marché, huiliers, glacier...). Puis retour au restaurant pour des préparations de recettes (pissaladière, gnocchis, tian de courgette, farcis. . .) et des dégustations.

Modélisme

LOVE MODÉLISME

Riquier
8, boulevard Lech-Walesa
✆ 04 93 62 31 27
www.love-modelisme.com
contact@love-modelisme.com

Ouvert du mardi au samedi de 9h30 à 12h et de 14h à 19h. Modèles et accessoires.

Les petits garçons deviennent grands mais on les retrouve complètement émerveillés devant la vitrine de cette boutique qui affiche voitures, bateaux, avions, drones, chars, hélicoptères ou arsenal de pièces détachées en modèles réduits ! De quoi satisfaire les grands passionnés. Si vous avez un problème avec votre engin, confiez-le au magasin qui s'occupe aussi des réparations. Tout un univers pour créer, compléter et s'éclater. Vous bénéficierez également de conseils avisés qui vous guideront dans vos choix.

SUD PASSION MODÉLISME

Riquier
6, boulevard Riquier
✆ 04 93 26 71 62
www.modelisme-nice.com
info@modelisme-nice.com

Ouvert du mardi au samedi de 10h à 12h30 et de 14h30 à 19h. Paiement Paypal via le site internet accepté. Chèques non acceptés.

Cette boutique originale est tenue par trois vrais passionnés ! Ils vous aideront à faire le bon choix, trouver une astuce, le bon réglage ou solutionner n'importe quel problème. Spécialisé dans le maquettisme et les circuits électriques, vous trouverez dans ce magasin toutes sortes d'engins radio-commandés et de modèles réduits : voitures, avions, bateaux, voiliers, hélicoptères, drones et même sous-marins.

Shopping
Mode – Cadeaux

Animaux de compagnie

■ **AMBULANCES VÉTÉRINAIRES ASSISTANCE** ..... Santé – Vétérinaire
Cimiez
13, avenue Colombo
✆ 04 93 81 00 82 / 04 93 81 00 56

■ **FONDATION ASSISTANCE AUX ANIMAUX** .... Santé – Vétérinaire
Centre-ville
27, avenue Georges-Clemenceau
✆ 04 93 82 34 59
Ouvert du lundi au samedi de 9h à 13h et de 14h à 16h.
Ce centre s'engage à soigner votre animal de compagnie à moindre frais : ici, vous réduirez vos frais de vétérinaire d'environ 70% par rapport à une consultation classique pour des soins aussi divers que des radios, des opérations, des vaccinations et des tatouages, ou encore pour de simples consultations. Les soins sont délivrés par des vétérinaires bénévoles. Munissez-vous de votre carte d'identité.

■ **NEOQUARIUM** ....Animalerie
Centre-ville
18, rue Meyerber ✆ 04 93 55 89 86
www.neoquarium.com
contact@neoquarium.com
Du mardi au jeudi de 14h à 19h. Le vendredi et le samedi de 10h à 12h et de 14h à 19h. Dimanche matin 10h à 13h. Fermé le lundi.
L'aquarium fait ici une entrée remarquée dans le monde du design et de la décoration. Envie d'un petit coin d'eau dans votre jardin ou d'installer un petit bout d'Amazonie dans votre salon ? Confiez votre projet à l'équipe experte de Néoquarium. Qu'il s'agisse d'eau douce, d'eau marine, de création de mini-écosystèmes, de cascades intérieures ou extérieures, Néoquarium s'occupe de tout de l'installation jusqu'à l'entretien !

■ **LA NICHE DORÉE** ....Santé – Vétérinaire
La Madeleine
164, boulevard de la Madeleine
✆ 04 93 44 33 00
www.lanichedoree.com
Ouvert le lundi de 14h à 18h. Du mardi au vendredi de 9h à 18h. Le samedi de 9h à 12h. Livraison à domicile des produits à partir de 25 €.
Marre des éclaboussures de votre chien dans votre salle de bains au moment de lui donner son bain ou désespéré par ses poils qui bouchent vos canalisations ? Besoin de lui faire une coupe « rafraîchissante » avant l'été ? La Niche Dorée est l'endroit idéal qui prendra soin de votre compagnon à quatre pattes : coupe-ciseaux, tonte, épilation, station de lavage... Il sera chouchouté ! Vous trouverez également une série d'accessoires et de produits canins ou félins nécessaires à son bien-être et son hygiène : shampoings, parfums, laisses, colliers, jouets, brosses, alimentation.

■ **OCÉANIA AQUARIUM** ....Animalerie
Saint-Roch
8, rue Acchiardi de Saint-Léger
✆ 04 93 56 64 36
www.oceania-aquarium.com
oceania.aquarium@orange.fr
Du lundi au samedi de 9h à 12h et de 15h à 19h.
Depuis plus de 25 ans, Océania vous permet de reproduire un petit coin d'océan dans votre salon. Vous trouverez ici un vaste choix de poissons tropicaux, d'eau de mer et d'eau douce mais aussi des coraux, des aquariums, des plantes et autres accessoires de décoration pour ceux-ci. L'équipe est professionnelle et vous dispensera ses précieux conseils pour que votre aquarium et ses pensionnaires se portent au mieux. Mais attention, vous ne trouverez pas ici de poissons rares ou non protégés, et encore moins d'espèces mal adaptées à la vie en captivité car Océania veille au respect de l'environnement marin ! Le magasin propose également des viviers destinés aux professionnels, restaurateurs, poissonniers, grossistes réalisés sur mesure.

■ **S.O.S. VÉTÉRINAIRES** .... Santé – Vétérinaire
✆ 04 93 83 46 64
Ouvert 7j/7 et 24h/24.

Protection des animaux

■ **SOCIÉTÉ DE DÉFENCE DES ANIMAUX – SDA** ... Protection des animaux
Gambetta
38, bis rue Maréchal Joffre
www.sda-nice.com
Du lundi au vendredi de 10h à 12h00 et de 14h30 à 16h30.
Membre de la Confédération Nationale des SPA de France, la Société de Défense des Animaux (CDA) a été fondée en 1927. Association loi de 1901, sa mission est de défendre et de protéger les animaux. Les membres sont également engagés dans une campagne de stérilisation des chats errants afin d'éviter leur trop grande prolifération et la naissance de chatons qui deviendront des animaux malheureux. Vous pourrez ici adopter un chien ou un chat. Si vous disposez d'un peu de temps, n'hésitez pas à devenir bénévole : vous pourrez alors vous occuper des animaux recueillis et même en parrainez un.

▶ **Autre adresse :** Depuis le 1er septembre 1983, la SDA est également propriétaire du refuge de La Conca, à Tourette-Levens. Le refuge héberge une trentaine de chiens et une quaranntaine de chats à l'adoption. Venez les rencontrer tous les après-midi, du lundi au dimanche. Horaires d'ouverture en été de 14h à 17h30 et en hiver de 14h à 17h

Autos

■ ACCESS'AUTO
Port
42, rue Smolett
✆ 04 93 53 63 59
www.accessauto-ecommerce.com
Atelier et magasin. Equipements, installations, accessoires tous véhicules, tuning et rallyes classiques et modernes.CB et paiement PayPal acceptés. Possibilité de commander en ligne.
Max et Dominique mettent leur savoir-faire et leur expérience en commun pour vous proposer les nouveautés et l'introuvable pour votre véhicule. Au sein de leur boutique, vous trouverez une sélection d'autoradios, *bluetooth*, stations multimédia GPS, amplificateurs, caissons, connectique WiFi ou encore des accessoires auto-tuning… sans oublier une large gamme dédiée aux rallyes modernes et classiques. Passionnés, cette boutique est faite pour vous !

■ O'NEO .... Lavage
Centre Ville
Parking Masséna
Niveau -1
✆ 04 89 74 47 42
www.oneo-net.com
nice@oneo-net.com
Ouvert du lundi au samedi de 10h à 18h. Sans rendez-vous. 9,80 € le mètre.
Cette enseigne bien implantée dans l'hexagone propose un lavage sans eau avec des produits bio-dégradables. O'neo propose un service haut de gamme et de qualité avec un système de tarification particulier puisqu'il fonctionne au mètre. Cette société se situe à l'intérieur du parking, un espace futé où l'on dépose sa voiture… et hop, le tour est joué : on la récupère nettoyée, belle comme au premier jour.

■ PLAZA SERVICES
Centre Ville
12, avenue de Verdun
✆ 04 93 87 97 23
www.plaza-service.fr
Ouvert tous les jours. De 8h à minuit.
Plaza Services vous propose son expertise, ses compétences et son savoir-faire pour entretenir votre voiture ou votre deux-roues depuis 50 ans : lavage à la main, rénovation, lustrage, traitement chrome, entretien carrosserie rapide, personnalisation covering... autant de services dont vous pourrez bénéficier ici.

■ PRÉVENTION ROUTIÈRE Prévention routière
Centre Ville
9 bis, rue Massenet
✆ 04 93 87 46 31
www.preventionroutiere.asso.fr
Association loi 1901, la Prévention Routière a été créée en 1949 afin d'étudier, mettre en œuvre et encourager toutes les initiatives propres à réduire la fréquence et la gravité des accidents de la circulation routière. Reconnue d'utilité publique en 1955, elle conduit ses actions dans de multiples domaines : l'éducation routière des enfants et adolescents, la formation continue des conducteurs, la sensibilisation et l'information du grand public, des entreprises ou des infractionnistes. Les comités départementaux (et notamment celui de Nice) sont chaque année à l'origine de milliers d'actions.

■ RIVIERA STUNT RIDERS
Libération
15, boulevard Auguste-Raynaud
✆ 04 92 09 52 97
www.rivierastuntriders.com
steve@rivierastuntriders.com
Ouvert du lundi au vendredi de 9h à 12h et de 14h à 19h. Fermé le samedi, dimanche et les jours fériés. Vente, réparation, entretien.
Riviera Stunt Riders s'occupe de vos deux-roues. Envie d'acheter un nouveau scooter ? Vous trouverez ici les marques Kawasaki, Honda, Yamaha et Suzuki en neuf. Les professionnels, très sympathiques et compétents, se chargeront également des réparations et de l'entretien de vos engins, peu importe le type et la marque. Découvrez également une série d'accessoires et outils.

Auto-école

■ AUTO ECOLE DES LYCÉES NOUVEAU
Centre Ville
18, avenue Maréchal Foch
✆ 04 89 03 60 34
Voir page 26.

■ F1 AUTO ÉCOLE
Grosso
26, boulevard Grosso
✆ 04 93 44 52 21
Ouvert du lundi au samedi de 8h à 12h et de 14h à 20h. Juillet et août : 10h à 12h et de 16h à 20h.
Positionnée comme l'une des meilleures auto-écoles de Nice avec un taux de réussite de 93 % pour le code et de 66 % pour la conduite, les moniteurs sont disponibles et préparent correctement leurs élèves pour ne les présenter que quand ils sont prêts. Pour la conduite, environ cinq voitures sont à disposition ce qui permet de prendre 2 à 3 cours par semaine avec des séances de 2h uniquement. Côté moto, c'est un pro des circuits qui s'y colle et là aussi, le sérieux est de rigueur !

Casse auto – Pièces détachées

■ EUROP'CASS

Plaine du Var – 338, route de Grenoble
✆ 04 92 29 10 55 – www.europcasse-nice.fr
europcasse.nice@wanadoo.fr

Ouvert du lundi au vendredi de 8h à 12h et de 14h à 18h ; le samedi de 8h à 13h. Chèques non acceptés.

Créée en 1995, Europ'Casse est l'une des plus importantes casses de la région. Elle dispose de 6 000 m² de pièces détachées d'occasion pour automobiles et véhicules utilitaires. Cette entreprise d'avant garde – qui ne ressemble pas du tout à l'image du ferrailleur d'antan – présente uniquement des pièces déjà démontées, répertoriées (donc disponibles tout de suite) et propres ! Plus besoin de se mettre les mains dans le cambouis pour récupérer la pièce tant convoitée... Petit plus : chaque véhicule est démoli selon les règles de dépollution et de recyclage des déchets.

■ SNEGBA

Saint-Isidore
37, chemin des Serres ✆ 04 93 29 82 09
www.snegba-automobiles-nice.fr

Ouvert du lundi au vendredi à partir de 8h et jusqu´à 18h ; le samedi de 8h à 13h.

Besoin d'une pièce ou d'un accessoire auto ? En sa qualité de casse automobile, la Société Nouvelle Entreprise Générale Belle Automobile (SNEGBA) possède des centaines de pièces neuves et d'occasion pour tous types de véhicules de toutes marques. Des pièces de moteur, du pot d'échappement aux essieux en passant par l'alternateur, les jantes ou encore des pièces de carrosserie, vous trouverez sûrement et à petit prix ce dont vous avez besoin. Cette société niçoise s'occupe également des enlèvements d'épaves.

Concessionnaire – Agent – Mandataire

■ CAVALLARI

Plaine du Var
7, avenue Docteur Robini ✆ 04 93 04 34 34
www.cavallari.fr
cavallari@wanadoo.fr

Du lundi au vendredi de 8h à 19h. Le samedi de 9h à 18h

Le Groupe Cavallari distribue les marques Volvo, Saab, Opel, Kia, Honda, Ferrari et Maserati. Dans un petit garage monégasque, c'est en 1961 que cette entreprise a été créée par Gabriel Cavallari, un passionné d'automobile Ferrari et connaisseur en mécanique. Aujourd'hui, ce groupe représente 13 500 m² répartis en plusieurs établissements ouverts 6j/7 avec 80 collaborateurs qui seront heureux de vous accueillir.

▶ **Autres adresses :** 244 Route de Grenoble 06200 Nice • 5 Avenue Désambrois 06000 NICE • Concessionnaire (showroom) 5 Bd armée des Alpes06300 Nice

■ CITROËN CONCESSIONNAIRE

Acropolis – Esplanade de Lattre-de-Tassigny
Palais des Sports Jean-Bouin
✆ 04 93 13 67 57

Le pôle Citroën Côte d'Azur est implanté dans trois villes du littoral : Antibes, Cannes et Nice. Outre le catalogue des véhicules neufs, le groupe présente en permanence un parc doté de plus de 350 véhicules d'occasion.

▶ **Autre adresse :** Nice Arenas – 74, boulevard René-Cassin ✆ 04 93 72 66 07

■ FORD CONCESSIONNAIRE

Plaine du Var
36, boulevard Maître Maurice Slama
✆ 04 97 18 81 88 – www.ford-automotiv.com

Ouvert du lundi au samedi dès 10h

Tous les modèles de la gamme Ford – des utilitaires aux cabriolets en passant par les monospaces ou les pick-up – sont disponibles dans les agences. Le parc des occasions comporte plus de 150 véhicules : Ford Fusion, Ka, Focus, Fiesta, Transit, C-max, Mondéo toutes années confondues. Le plus difficile, c'est de faire un choix !

▶ **Autre adresse :** 5-9, boulevard de l'Armée des Alpes, 06300 Nice, ✆ 04 92 00 38 00

■ MERCEDES-BENZ CÔTE D'AZUR

Gambetta
83, boulevard Gambetta ✆ 04 93 97 70 70

Service commercial du lundi au vendredi de 8h30 à 12h30 et de 13h30 à 19h. Fermeture le samedi et le dimanche. SAV ouvert du lundi au vendredi de 7h à 19h. Fermeture le samedi et le dimanche.

Vous retrouverez toute la gamme de véhicules neufs ou d'occasions : berline, break, coupé, limousine, monospace, sportive et 4x4 sans oublier des véhicules utilitaires et des camions. En cas de problème technique ou de panne, contactez le service dépannage disponible partout en Europe au 0800 1 777 777 (fixe) ou 00 33 149 932 107 (portable).

■ PEUGEOT AZUR CONCESSIONNAIRE

Plaine du Var
63, route de Grenoble ✆ 04 93 727 727
www.peugeotazur.peugeot.fr

Ouvert du lundi au vendredi de 8h30 à 19h ; le samedi de 8h45 à 12h et de 14h à 19h.

Peugeot Azur c'est cinq points de vente dans tous les Alpes-Maritimes : Nice, Antibes, Cagnes-sur-Mer, Mougins et Grasse. C'est donc un grand réseau qui permet de présenter une offre importante en matière de véhicules neufs (près de 400), de démonstration (une dizaine) mais aussi d'occasions en stock (350 environ). Peugeot Azur propose également un atelier pour entretenir ou réparer votre véhicule et une boutique accessoires adaptés à votre auto (GPS, trousse de secours, USB box, barres de toit, etc.). Un vrai lion actif dans le département !

■ S3J BY SOLA AUTOMOBILES

Saint-Roch – 26, boulevard de Saint-Roch
✆ 04 92 04 00 04 / 04 92 27 78 78
www.solaautomobiles.com

Ouvert du lundi au vendredi de 9h à 12h et de 14h à 18h30 ; le samedi uniquement sur rendez-vous.

Tout d'abord concessionnaire d'automobiles italiennes, l'entreprise Sola s'est tout doucement diversifiée. Depuis 1997, Ludovic s'est spécialisé dans la voiturette sans permis distribuant les marques Bellier, Chatenet et JDM : ces dernières années, devenues très à la mode, les voitures sans permis allient désormais performance, fiabilité et design moderne.

■ **SMART NICE**
Plaine du Var
53, boulevard des Jardiniers
✆ 04 92 29 59 29
www.nice.smart-center.com
infos.nice@smart-france.com
Ouvert du lundi au vendredi de 8h30 à 19h ; le samedi de 10h à 12h et de 14h à 18h30.
Voilà plus de dix ans maintenant que cette petite voiture biplace est apparue sur les routes de l'hexagone. Aujourd'hui son attractivité (compact, économique, compétitive, stylée) n'est plus à prouver. Elle est d'ailleurs adoptée par de nombreux conducteurs et conductrices. A Nice, pour séduire ses acheteurs potentiels, les célèbres citadines Smart For Two sont «empilées» dans une grande tour de verre...

■ **TOYOTA ELLIPSE**
Plaine du Var
36, boulevard Maurice-Slama
✆ 04 93 72 45 45
www.toyota-ellipse.com
Ouvert du lundi au vendredi de 8h à 12h et de 14h à 18h.
Toyota propose une très large gamme de véhicules particuliers, utilitaires et d'occasions. Un magasin ainsi qu'un service après-vente (SAV) avec atelier pour les réparations ou l'entretien seront à votre disposition. On allie efficacité et professionnalisme.

Autres adresses : 20, boulevard de l'Armée-des-Alpes • 6, avenue Désambrois

Dépanneur

■ **DCAT – DÉPANNAGE CÔTE D'AZUR TRANSPORT**
Plaine du Var
370, route de Grenoble
✆ 04 93 29 87 87
Ouvert du lundi au vendredi de 8h à 12h et de 14h à 18h.
Dépannage-remorquage 24h/24 et 7j/7 : autos, motos, caravanes...

■ **NICE DÉPANNAGE**
✆ 04 97 00 03 33
www.nicedepannage.fr
Dépannage, remorquage, transport 24h/24 et 7j/7.
On arrive ici à vous redonner le sourire quand vous tombez en panne avec un personnel qualifié qui se met en quatre pour vous satisfaire. Les dépannages s'effectuent sur place 24h/24 sur tous types de véhicules. Si besoin le remorquage est réalisé (toutes distances) pour venir dans l'atelier de réparation. Toutes sortes de rapatriements sont possibles, utilitaires et camping cars. La société accepte toutes les prises en charge de compagnies d'assistance et d'assurances. Si nécessaire, l'équipe vous trouvera des solutions d'hébergement. A noter également une section de location de voitures et de camions.

Vélo

■ **NEWAY**
Saint-Isidore
23 bis, avenue Auguste-Vérola
✆ 04 92 29 10 03
www.neway-nice.com
info@neway-nice.com
Ouvert le lundi de 14h à 19h ; le mardi, le mercredi, le vendredi et le samedi de 9h30 à 12h30 et de 14h à 19h.
Plus d'une centaine de vélos sont exposés sur 400 m² ! Le personnel, professionnel et passionné, vous guidera dans votre choix en fonction de vos envies et de vos ambitions sportives. Quelque que soit votre niveau de pratique, des plus jeunes aux seniors, vous trouverez sans problème votre bonheur. Ce conceptstore vous propose de nombreux modèles de VTT aux vélos de route en passant par les pratiques récréatives. Côté textile et accessoire, le choix se fera parmi une vingtaine de marques de qualité. Un atelier de réparation et d'entretien est également à votre disposition.

■ **BICYCLE CORNER**
Vieux Nice – 3, rue Lascaris ✆ 04 89 00 40 51
www.bicyclecorner.fr
Ouvert du lundi au samedi dès 10h. Livraison ouverte dès 50 € d'achat. Cette boutique entièrement dédié aux passionnés du vélo urbain, fixie et single speed propose des pièces détachées (potence, guidon, selle, tige de selle, pédalier, contre-écrou, levier de frein, roue, pneu...) ainsi que des accessoires (antivol, pince-pantalon, sonnette, casque, gants, sacs...) mais également des vélos complet. Bicycle Corner monte également votre deux-roues à partir de vos pièces détachées. Un savoir-faire inégalité.

Moto – Scooter

DAFY MOTO

Nice Ouest
Quartier de la Glacière ✆ 04 93 89 55 67
www.nice.dafy-moto.fr
nice@dafy-moto.fr
Ouvert le lundi de 15h à 19h et du mardi au samedi de 9h30 à 12h et de 14h à 19h.
Vous trouverez tout ce dont vous avez besoin chez ce spécialiste de la moto : équipements, blousons, casques, gants et pièces mécaniques. La boutique fait également office de dépot-vente motos. A noter : la fontaine à eau et le distributeur de café à l'intérieur du magasin sont à votre disposition gratuitement.

EXPRESS MOTO NICE

Gorbella
58, boulevard Gorbella ✆ 04 93 52 22 52
www.expressmoto.com
motoexpress@free.fr
Ouvert lundi au vendredi de 9h à 12h et de 14h à 19h. Vente de motos, scooters et accessoires. Crédit gratuit en 3 ou 4 fois (condition en magasin).
Spécialiste du deux-roues depuis 1989 et maître artisan certifié, vous découvrirez chez Express Moto Nice un large panel d'accessoires, casques, bagageries, gants, vêtements et antivols de grandes marques pour motards hommes, femmes, enfants et ados. Distributeur officiel Kymco à Nice, vous trouverez également toute la gamme de scooters, motos, SSV et quads Kymco en neufs disponibles immédiatement ainsi que des occasions sélectionnées et révisées sans oublier les marques Honda, Vespa, Piaggio et Honda.

LEADER MOTO EQUIPEMENT

Riquer
54, boulevard de Riquier ✆ 04 92 04 07 07
www.leadermotoequipement.com
lme.leader.moto.equi@cegetel.net
Ventes d'accessoires, tenues vestimentaires et matières. Services + : devis gratuit, conseil personnalisé et garantie constructeur sur articles signalés en magasin.
Installé à Nice depuis 1991, toute l'équipe de Leader Moto Equipement saura vous orienter vers les produits les plus appropriés à vos envies. Retrouvez un large éventail d'articles d'équipements deux-roues adaptés à vos attentes qui vous permettent d'affronter les routes en toute sécurité : accessoires variés pour motos et scooters, tenues vestimentaires en cuir et textile pour hommes et femmes – casques, gants, bottes, blousons – ainsi qu'un rayon bagagerie, lubrifiants et pièces détachées.

TRIUMPH MOTO DESCHAMPS

Centre Ville
39, avenue Désambrois
✆ 04 92 17 68 00
motos-deschamps@wanadoo.fr
Ouvert du mardi au samedi de 8h30 à 12h et de 14h à 19h.
Jean-Luc Deschamps, un passionné de motos, a créé cette boutique il y a plus de 30 ans. La concession s'ouvre sur 1000 m² avec un immense espace entièrement dédié à l'univers de la moto. Vous pourrez découvrir toute la gamme de ce spécialiste de la marque Triumph en neuf et occasion. A noter : la présence également d'un atelier de réparation et d'entretien tenu par une équipe de techniciens qualifiés.

Bateaux

AUTO-ÉCOLE CARAVELLE .... Bateau-école

93, avenue Borriglione
✆ 04 93 84 74 07 / 06 07 49 93 80
www.autoecolecaravelle.com
autoecolecaravelle@wanadoo.fr
Ouvert du lundi au vendredi de 9h à 12h et de 14h à 19h ; le samedi de 9h à 12h.
L'auto-école Caravelle (et sa petite sœur, l'auto-école Valrose) ont été créées il y a plus de 30 ans. Idéales pour les étudiants, elles sont situées à proximité des facultés des Sciences et des Lettres. Elles dispensent des cours pratiques et théoriques pour les permis auto, moto, bateau, conduite accompagnée, BSR (formation de 5h) et formation 125 (formation de 7h). Son atout supplémentaire... la mer ! Elle forme aux permis hauturier et côtier. Des forfaits théoriques maritimes sont également mis en place.

Autre adresse : Auto-Ecole Valrose – 108, avenue Saint-Lambert ✆ 04 92 07 19 57

GHIRINGHELLI YACHT MARINE. Achat – Vente

Port – 8, quai des Docks ✆ 04 93 89 51 58
www.ghiringhelli.fr
ghiringehlli.jl@orange.fr
Ouvert du lundi au samedi de 8h30 à 12h et de 14h à 19h.

Installé sur le port depuis trois générations, Ghiringhelli-Nice Yacht Marine n'a plus à affirmer sa réputation dans le secteur de la plaisance dont le savoir-faire lui permet de proposer une gamme complète allant du magasin d'accastillage à l'atelier de réparation en passant par la vente de bateaux et le service après-vente. L'atelier, tenu par un personnel hautement qualifié, dispose d'un outillage aussi bien conventionnel que spécifique pour réparer les bateaux et les moteurs. L'aire de carénage permet de gruter des bateaux jusqu'à 20 tonnes.

Bijoux Horlogerie

5 OCTOBRE POUR DÉSERT
Carré d'Or
9, rue Alphonse Karr ✆ 04 93 16 17 60
contact@5octobre.com
Ouvert du lundi au samedi de 10h à 19h
Colliers, bagues, bracelets, sautoirs... Les bijoux originaux de style ethnique empreints de métissage exposés dans cette boutique chic et incontournable du Carré d'Or niçois s'articulent autour de collections et de parures tendances insolites créées dans des matériaux précieux et naturels soulignant le charme et la délicatesse de chaque pièce.

■ **ABYSSE**
Centre Ville
17, avenue Jean-Médecin
✆ 04 93 82 08 38
Ouvert le lundi de 14h à 19h. Du mardi au samedi, de 10h à 19h non stop.
Plongez dans les abysses de cette boutique très attractive qui propose un grand choix de bijoux fantaisie et des petits accessoires furieusement tendance de marques incontournables : Gas, Clio Blue, Gorgina, Les Interchangeables, Ose Bijoux, Un Jour Mon Prince, Hipanema... Difficile de ne pas trouver son bonheur d'autant plus que l'accueil est sympa et qu'il est possible se faire raisonnablement plaisir à partir de 20 €. Les hommes ne seront pas en reste avec la marque Plate de Palo qui propose des bracelets et des colliers au look très affirmé.

■ **ASTÉROÏDE B612**
Centre ville
15, avenue Notre-Dame
✆ 04 93 62 33 37
Entre ses murs bordeaux aux pierres brutes apparentes, cette petite boutique de charme à l'esprit vintage affiche depuis 20 ans des collections de bijoux, sacs, montres, chapeaux, bonnets et accessoires originaux et variés, la plupart signés de mains de créateurs. Ses objets fantaisie sont chinés avec passion.

■ **BARICHELLA**
Carré d'Or
14, avenue de Verdun
✆ 04 93 16 29 16
barichellabijou@free.fr
Du mardi au samedi de 10h à 12h30 et de 14h30 à 19h.
Installée depuis 1895, la Maison Barichella est une référence en matière de créations et de réparations de bijoux. Spécialisée dans la bijouterie, joaillerie et horlogerie, vous pourrez vous faire confectionner sur mesure de superbes parures. La boutique assure également la diffusion et la promotion de grandes marques telles que Boucheron, Dinh Van, Pomellato, Dodo et les montres Cartier.

■ **BLEU CACTUS**
Centre Ville
10-12, rue de France ✆ 04 93 82 58 23
bleucactus@wanadoo.fr
Basse saison : ouvert du lundi au samedi de 10h à 19h30. Haute saison : du lundi au samedi de 10h à 22h30.
On reste sans voix lorsque l'on passe devant cette vitrine qui expose des bijoux ravissants (bracelets, bagues, colliers, boucles d'oreilles...) en or, en argent ou en métal. Vous avez envie d'une pièce unique ? C'est aussi la bonne adresse. La responsable, charmante et souriante, saura vous guider dans votre recherche ou vous laissera très gentiment jeter un coup d'œil sans vous forcer à sortir votre porte-monnaie. Vous trouverez également des accessoires et des porte-clés exceptionnels. Une adresse qui ne manque pas de piquant !

■ **CLAIR OBSCUR**
Vieux Nice
9, rue Droite
✆ 04 93 80 44 27 / 06 16 65 96 84
www.pierres-bijoux.com
clairobscurbijoux@gmail.com
Ouvert du lundi au samedi de 10h à 13h et de 14h à 19h.
Marie-Ange Prainito travaille depuis Madagascar où elle expose dans les vitrines des plus grands hôtels malgaches ses gemmes qu'elle transforme en de superbes bijoux. Avec l'aide de sa maman restée à Nice, elles ouvrent ensemble une boutique où chaque pièce présentée telle un bijou d'exception est unique et entièrement faite à la main. Bagues, bracelets, boucles d'oreilles, colliers... chacune des créations met en avant une pierre à la couleur et à la qualité exceptionnelles : améthyste d'un violet profond, citrine d'un jaune intense, aigue-marine d'un bleu océan limpide, labradorite aux reflets mystérieux, rubis étincelant... La boutique propose aussi de beaux minéraux brutes ou roulés, des flèches de cristaux de roche ainsi que des jeux de solitaire en bois et pierres semi-précieuses. Tous les bijoux de la boutique sont en argent ou en or.

COLIBRI

Vieux Nice

8, rue de la Boucherie ✆ 04 93 85 19 32

Ouvert du lundi au samedi de 10h à 13h et de 14h à 19h.

Installée dans la rue passante et touristique de la Boucherie depuis 1992, Colibri se fait le spécialiste du bijou en argent et en ambre. Les vitrines exposent des modèles originaux à prix doux entièrement réalisés à la main. L'accueil est charmant et très professionnel. Info futée : service de réparation de bijoux et mise à votre taille de vos bagues en argent uniquement.

LES DÉLICES DE CANDICE

Vieux Nice

16, rue de la Préfecture

✆ 06 03 46 02 87

www.lesdelicesdecandice.com

Boutique ouverte tous les jours de 10h à 20h en été ; fermeture à 18h30 en hiver. Stand sur le marché artisanal du cours Saleya de mi-mai à mi-septembre tous les soirs (sauf lundi) de 18h à 00h30. Stand sur le marché artisanal de la place du palais de justice (journée) toute l'année, les 2es samedi du mois.

Candice est une créatrice de bijoux de talent ayant ouvert sa jolie boutique au cœur de la vieille ville niçoise. Bagues, bracelets, colliers et boucles d'oreilles sont ici réalisés à partir de pièces vintages chinées avec passion avec son compagnon qu'elle combine ensuite à des matériaux plus récents. Chaque pièce, originale ou proposée en série limitée, est ainsi confectionnée à partir de cabochons en verre, de fleurs des années soixante, de pierres semi-précieuses, de perles en pâte de verre, le tout assemblé sur des chaînes dorées à l'or fin 24 carats ensuite patinées. En été, retrouvez également tout cet univers poétique avec des collections uniques ou éphémères sur le marché nocturne du cours Saleya situé non loin, ou toute l'année sur le marché artisanal diurne de la place du Palais de Justice chaque deuxième samedi du mois. Possibilité de vente en ligne via le site Internet. Alors qu'attendez-vous pour vous faire plaisir ?

ÉLISABETH CONTAL CRÉATIONS

Carré d'Or – 16, rue de la Liberté

✆ 04 93 87 30 37

www.elizabethcontalcreation.com

ec@elizabethcontal.com

Ouvert du lundi au samedi de 10h à 19h. Possibilité de commander via le site Internet. Colliers et sautoirs à partir de 30 €. Bracelets à partir de 10 €. Bagues à partir de 100 €.

C'est une véritable passion pour les minéraux et les pierres semi-précieuses qui anime Elisabeth Contal : quartz rose, améthyste, ambre, turquoise, malachite, agathe mousse, pierre de lune… Toutes livrent volontiers leurs secrets à cette artiste qui sait les observer, ressentir leurs vibrations et les transformer en bijoux. Les modèles sont audacieux. Ils séduisent par leurs lignes et leurs couleurs fériques : colliers translucides, boucles d'oreilles aux circonvolutions savantes, délicats objets miniatures, bagues élégantes… Ces créations brillent par leur originalité et leur beauté mystérieuse. On retrouve également dans la boutique de magnifiques objets de décoration. A noter : on doit aussi à Elisabeth Contal la création de l'eau de parfum de Nice, Nicae. Info très futée : si les prix sont un peu élevés pour votre porte-monnaie, n'hésitez pas à profiter des périodes de soldes en été et en hiver avec de nombreux articles à -50 % !

COMME PAR MAGIE

Vieux Nice – 8, rue du Pont Vieux

Ouvert du mardi au samedi ed 10h à 19h. Fermé le lundi. Bracelet à partir de 12 €. Collier à partir de 30 €. Sac à partir de 110 €.

Cette ravissante petite boutique très féminine vous transportera «comme par magie» dans un univers féerique ! Pilgrim, Yolita, Sucre & Canelle, Zoe Bonbon, Kashmeer, La Scatola Rossa, Fuschiala ou encore Lollipops… Les bijoux fantaisie des créateurs se déclinent : ethniques (ornés de perles et de plumes), classiques (or ou argent) ou naturels (pierres semi-précieuses, cordes, cuirs…). Vous trouverez également des sacs et des pochettes pour accessoiriser vos tenues. On aime aussi la déco chic et soignée de cet endroit enchanteur (murs teintés de rose, meubles vintages et pierres apparentes) mais aussi le sourire de la patronne qui saura vous conseiller.

JEAN-FRANÇOIS BRANDIÈRE STYLISTE DE BIJOUX

Vieux Nice

8 bis, rue de la Boucherie

✆ 06 62 04 96 79

www.jfb-bijoux.com

info@jfb-bijoux.com

Vente en ligne. Ouvert tous les jours de 10h à 19h.

Jean-François Brandière est un créateur de bijoux au stylisme minéral. Lapis-lazuli, améthyste, corail, jaspe, quartz, ambre, citrine, onyx, péridot… les minéraux et leurs bienfaits n'ont aucun secret pour lui ! Dans sa petite boutique de la vieille ville dont le sol est inscrusté de belles agathes de toutes les couleurs, Jean-François crée et vend des colliers, des bracelets ou des boucles d'oreilles uniques, faits main. Vous trouverez aussi quelques pierres roulées ou brutes mais surtout des parures pour mariage d'une très grande délicatesse. Sur commande, vous pourrez également vous faire confectionner sur mesure votre propre bijou serti des minéraux vous correspondant le mieux et ce, selon votre caractère, vos émotions ou votre signe astrologique. Idéal pour un cadeau personnalisé aux vertus bienfaitrices !

NIRVANA

Vieux Nice

10, rue du Collet

✆ 04 93 62 65 88

www.boutiquenirvana.com

info@boutiquenirvana.com

Ouvert du lundi au samedi de 10h à 19h et le dimanche de 13h à 19h.

Depuis l'extérieur, les vapeurs d'encens aux senteurs exotiques et la musique apaisante vous transportent ailleurs, dans un voyage envoûtant. A l'intérieur, Nirvana est une véritable caverne d'Ali-Baba où les vitrines et les étagères exposent des objets ethniques venus d'Indonésie, de Thaïlande ou du Sri Lanka. Retrouvez une multitude de bijoux fantaisie branchés en argent et pierres semi-précieuses (bagues, bracelets, colliers…) sans oublier des lampes, des ciels de lit, des foulards très colorés et des vêtements d'été de style indien, le tout à des prix attractifs dans une ambiance chaleureuse.

■ PERRY DE LA ROSA

Carré d'Or – 1, rue Alphonse Karr
✆ 09 52 18 44 18
www.delarosa.fr
info@delarosa.fr

Pierre Yves Salou – plus connu sous son pseudo Perry – est un passionné pour tout ce qui tourne autour des roses d'où ce nom qui deviendra sa marque, Perry de la Rosa. Après avoir visité plusieurs pays dont il tire diverses influences, ses créations s'inspirent du style Renaissance et moyenâgeux. Travaillant conjointement avec Pascale dont les créations sont aussi bucoliques que romantiques, leurs collections composées de bracelets, bagues et colliers se destinent aussi bien aux femmes qu'aux hommes et se déclinent en deux lignes sublimissimes : De la Rosa et La Luna.

■ PÔLE SUD BIJOUX

Carré d'Or
22, rue de la Liberté ✆ 04 93 82 16 62
Ouvert du lundi au samedi de 10h à 19h.

Située derrière la zone piétonne, vous trouverez dans cette petite boutique à la décoration chic des bijoux et des accessoires (sacs, foulard, pochettes) des marques CSB, No Comment, Dasque, By Garance, Bronzeallure, Hypnochic, Raphy Création... Les fashionatas trouveront ici leur bonheur, assurément ! Les bijoux sont en argent, plaqué or jaune ou plaqué or rose ; d'autres affichent des styles plus ethniques à l'image de ceux en tissus et fibres naturelles. La boutique propose également des fragrances et des eaux de toilette signées Réminiscence aux odeurs envoûtantes comme Elixir, Musc ou Si Do. A noter la collection bijoux et accessoires très classe pour les hommes.

SAOYA

Nice Etoile
Avenue Jean Médecin
Niveau 1
✆ 04 93 13 83 92
nice@saoya.com
Tramway : arrêt Jean Médecin
Ouvert du lundi au samedi de 10h à 19h30.

Mesdames, cette petite boutique ne vous laissera pas indifférentes ! Découvrez des bijoux fabriqués de manière artisanale. L'artiste travaille depuis son atelier non loin de Toulon dans le Var. Les modèles sont pour la plupart inspirés de fleurs : roses, fleurs de cerisiers... Chaque bijou dégage une émotion particulière et une beauté singulière. Discrets, agréables à porter, vous vous démarquerez des autres. Les finitions sont sans pareil et le souci du détail est au cœur de ce travail minutieux. Découvrez des ensembles de bracelets, colliers, broches et boucles d'oreille. Osez franchir la porte... vous ne ressortirez pas sans rien !

■ VERRE TIGE

Vieux Nice
1, rue Alexandre-Mari
✆ 04 93 80 03 15
www.verretige.fr
info@verretige.fr
Ouvert du lundi au samedi de 10h à 19h.

Atelier et galerie dédiés au verre dans tous ses états, cette boutique à la devanture vert amande est spécialisée dans le verre et le cristal. Objets d'art, décoration, design, décoration de Noël et verroterie, complètent les collections de bijoux en verre et en cristal réalisés par un maître verrier. Bijoux fantaisie, de créateurs et artisanaux, cotoient des bijoux en verre de Murano avec inclusion de feuilles d'or ou d'argent dans le verre, des pièces uniques (avec perles de verre et de cristal filées ou soufflées) et des créations de Swarovski. Ces créations originales et variées s'offrent à toutes les bourses et répondent à tous les goûts.

■ VICTOR DIAMONDS

Carré d'Or
2, rue Longchamp ✆ 04 93 53 48 85
www.victor-diamonds.fr
Ouvert du lundi au samedi de 10h à 19h.

Dans cet univers qui allie avec charme création et séduction depuis plus de 30 ans, découvrez les collections exclusives de bijoux (parfois spécialement créées sur-mesure) de ce joaillier-designer entièrement réalisées sur place dans l'atelier. Bagues, diamants, colliers, sautoirs, boucles d'oreilles, pendentifs, bracelets rivalisent ainsi d'élégance et sont proposés à des prix très compétitifs.

■ LA VOIX DE L'ANGE

Centre-ville
20, avenue Maréchal-Foch
✆ 04 93 87 06 83
Ouvert du lundi au samedi de 10h à 19h.

Tous les bijoux de cette boutique sont rigoureusement sélectionnés à Milan, Paris et Marseille par la propriétaire des lieux. Très sympathique et souriante, celle-ci n'hésite pas à vous conseiller et à vous livrer les secrets des pierres semi-précieuses (pierres de lune, améthyste, turquoise...) qui composent en grande partie ses bijoux d'inspiration ethnique très colorés : bagues, pendentifs, boucles d'oreilles, bracelets... Vous trouverez aussi d'autres créations en argent et très tendances. La boutique propose enfin des accessoires pour égayer vos tenues de soirées ainsi que des pierres roulées.

■ YLOÉ

Vieux Nice
1, rue Benoît Bunico
✆ 04 93 88 15 65
www.bijoux-fantaisie-yloe.fr
Ouvert 7j/7 de 10h30 à 19h.

Sylvie le Gall crée des bijoux colorés à l'univers fantaisiste, délicat et élégant. Chaque pièce aux lignes voluptueuses est réalisée à partir de plusieurs matériaux : bois, perles, pierres semi-précieuses, polyester, ruban, plastique, nacre ou cuir se côtoient et se marient en toute beauté grâce à la dextérité et à l'œil esthétique de leur créatrice. Parmi les colliers, boucles d'oreilles, bracelets, sautoirs ou montres, le choix est vaste ! Sur le site Internet, retrouvez aussi toutes les collections : City, Best of Zen, Intemporelle, Open Style et Unik. Possibilité d'achat en ligne. La boutique propose également des écharpes et des pashminas aux couleurs chatoyantes ainsi que des pochettes et des sacs en cuir très tendance pour être belle et accessoirisée de A à Z.

▸ **Autre adresse :** 6 rue de la Bourgade, 06140 Tourrettes-sur-Loup

Bons plans

■ ESPACE LUXE

Port – 21-23, rue Foderé ✆ 04 93 89 03 83
infoscontact@espace-luxe.com

Ouvert du mardi au vendredi de 14h à 19h. Le samedi de 10h à 13h et de 14h à 19h.

Dans un style loft, ce dépôt-vente de 150 m² est une véritable mine d'or pour les amateurs de belles choses : fringues vintage griffées, prêt-à-porter et accessoires hommes et femmes, arts de la table, décoration d'intérieur avec du mobilier design ainsi qu'un espace entièrement dédié à l'art avec des exposions temporaires assez pointues. Le principe de ce concept store : réunir plusieurs univers complémentaires pour partager l'amour du beau, de l'objet rare et insolite.

■ LA CAVERNE DES PARTICULIERS

Riquier – 23, rue Scaliero ✆ 04 93 56 83 19
nice-arson@lacaverne.com

Du lundi au samedi de 9h30 à 12h30 et 14h30 à 19h. Fermé le dimanche.

Dans ce dépôt-vente de 800 m², retrouvez des trésors pour la maison : canapés, meubles de cuisine, lits, tables et chaises mais aussi de la vaisselle, des bibelots, des livres et des disques sans oublier tout ce qu'il faut en termes de TV, HiFi, vidéo et électroménager ! Déambulez dans les allées et fouillez : vous trouverez votre bonheur. Pour dénicher les bonnes affaires, venez régulièrement faire un tour. Les prix sont très intéressants et c'est aussi l'adresse rêvée pour vous débarrasser de vos meubles et autres objets.

▸ **Autre adresse :** 19 avenue Malausséna, impasse Malausséna, 06000 Nice. Du lundi au vendredi de 9h à 12h et 14h à 19h. Le samedi de 10h à 18h. Fermé le dimanche. Tél. 04 93 87 71 42 et e-mail : nice-malaussena@lacaverne.com

■ LES NAINS DE JARDIN

Port – 24, rue Arson ✆ 06 42 35 06 42

Ouvert du lundi au samedi de 9h30 à 18h30.

Dans ce dépôt-vente pour enfants, retrouvez des vêtements de marques comme IKKS, Baby Dior ou Burberry à petits prix. Vous trouverez également des accessoires de puériculture (poussettes, couffins, stérilisateurs...), des chaussures et des jouets. Dans cette boutique, le prix du neuf est divisé par deux ; tout est en excellent état. Vous pouvez vous aussi amener vos articles en dépôt et renouveler ainsi les stocks de cette boutique très futée !

Cadeaux

LA COUQUETO

Vieux Nice
8, rue Saint François de Paule ✆ 04 93 80 90 30

Ouvert tous les jours de 9h à 19h30. Affaire familiale de mère en fille depuis 1937, il règne ici une ambiance provençale authentique ! Tous les produits sont fabriqués en France : les tissus sont confectionnés par Valdrome (imprimés provençaux de qualité depuis 1946), le matelassage est fait sur mesure à la main (chaque raie du quadrillage est piquée individuellement) et les santons sont signés Lise Berger. Chaque pièce est donc unique garantissant beauté des matériaux et de la qualité de la fabrication. Une boutique sympa à retenir pour offrir un joli cadeau.

■ CREUTZ ET FILS

Centre Ville
19, rue Hôtel-des-Postes
✆ 04 93 85 35 13

Ouvert du mardi au samedi de 9h à 12h30 et de 15h à 19h. Véritable institution familiale, la maison Creutz et Fils est bien connue des Niçois. Depuis 1896, amateurs et collectionneurs fréquentent ce temple de la plume pour admirer les plus belles pièces, offrir un cadeau ou encore faire réparer leur stylo fétiche. Ce spécialiste – dont la réputation n'est plus à faire – offre également un grand choix de marques et de modèles, et propose aussi des agendas, des répertoires ou des calendriers.

MAXI BAZAR NOUVEAU
Plaine du Var
448, boulevard du Mercantour
✆ 04 22 13 17 72
Voir page 27.

Carteries

DÉZIRDÉZARTS
Vieux Nice
5, rue de la Préfecture ✆ 04 93 85 40 69
Ouvert tous les jours de 10h à 19h.
Peu importe l'occasion, cette minuscule boutique située à côté du Palais de Justice est l'endroit idéal où dénicher une carte pour souhaiter un anniversaire, un départ à la retraite, une naissance ou encore un baptême. Il y en a de toutes les couleurs, de toutes les formes et de toutes les tailles ! La boutique propose également tout un panel de marque-pages des plus originaux ainsi que des calendriers aux illustrations très artistiques. Les fans de voitures miniatures trouveront également leur bonheur avec la cinquantaine de modèles exposés.

Gadgets – Objets insolites

PYLONES
Centre-ville
3, avenue Jean Médecin
✆ 04 93 92 40 70
www.pylones.com
Ouvert du lundi au samedi de 10h à 19h30.
L'univers de cette marque aux couleurs acidulées est original et décalé. Depuis plus de 25 ans, le moindre ustensile du quotidien ou un simple objet déco est transformé ici en une œuvre d'art esthétique, parfois rigolote mais toujours utile : dessous de verre, horloge, pince à épiler, porte-savon, stylo, gourde, porte-éponge, cadre photo, brosse à dents ou dessous de plat affichent ainsi inventivité et couleurs flashy. Leur slogan « Pylone, la marque qui transforme un objet en cadeau » n'a donc rien de mensonger. Cette jolie boutique est l'endroit parfait où dénicher un accessoire étonnant et design.

RÊVE D'ANGE
Vieux Nice
4, rue Francis-Gallo
✆ 04 93 62 22 64
Ouvert du mercredi au samedi de 11h à 19h.
Bienvenue dans le royaume enchanté de la rue Gallo. Ici, on vend du rêve avec un concept qui s'articule autour des anges et des fées. Entrez dans ce pays féerique idéal pour une idée cadeau pour les petits et les grands (la magie n'a pas d'âge) : des figurines, des cartes postales, des objets de décoration… Il y en a pour toutes les bourses. Magique !

LES SAUVAGE
✆ 06 11 32 16 14
http://lessauvage.over-blog.com
infolessauvages@gmail.com
Gyslaine et Annick sont deux sœurs qu'une même passion anime : celle des cabas. A partir de canevas et de tissus vintages, ces sœurs Sauvage confectionnent des pièces uniques à la fois élégantes et pratiques. Une idée cadeau insolite et unique. Les joyeux cabas se déclinent ici sous toutes leurs coutures : cartes postales rococo, patchworks inattendus, imprimés fleuris…

WINTREBERT TRANSPARENCE
Vieux Nice
2, rue Jules Gilly
✆ 04 93 13 91 67
www.wintrebert.com
danielle@wintrebert.com
Ouvert du lundi au samedi de 10h30 à 12h30 et de 14h30 à 19h. Prix moyen d'un petit objet en Plexiglas 40 €. Prix moyen d'un gros objet en Plexiglas 1 600 €.
Thierry Wintrebert crée depuis plus de 30 ans des luminaires en Plexiglas ainsi que des objets de décoration insolites, artistiques et étonnants. Sa spécialité ? L'inclusion dans de jolies compositions de Plexiglas de divers objets du quotidien en bronze ou en laiton : poissons, coquillages, instruments de musique, tubes de peintures, montres à gousset, chaises, bateaux, cannettes… pour un effet des plus décoratifs. Parmi l'éventail de possibilités, on trouve notamment de nombreuses maquettes marines d'un réalisme à couper le souffle où tout est pensé jusque dans les moindres détails comme la présence de ces mouettes prises aux vents dans le ciel clair d'une mer agitée. Il y en a pour tous les goûts et tous les styles. Une idée cadeau sympa et originale, à retenir.

■ YANN OBJETS DE MARINE
Port – 38, rue Ségurane
✆ 04 89 14 85 21 / 06 11 92 88 65
www.la-palmeraie.com
Ouvert du mardi au samedi de 10h à 19h.
Plusieurs fois par an, ce passionné parcourt les mers jusqu'en Inde pour dénicher des objets insolites sur les navires arrivés en fin de parcours. Dans sa boutique du quartier des antiquaires, vous trouverez toutes sortes de trésors : lampe orientale de cabine, boussole, compas en cuivre fin XIXe siècle, meuble de cabine en acajou ou encore canne en vertèbres de requin... il y en a pour tous les budgets.

Objets d'art – Design – Reproductions

■ KARTELL
La Buffa – 21-23, rue de la Buffa
✆ 04 93 87 94 69 – halogene@sfr.fr
Ouvert du lundi au samedi. De 10h à 12h et de 14h à 19h.
Dans cette boutique du célèbre éditeur italien de design contemporain, vous trouverez plus de 500 références désignées par les plus grands : Philippe Starck, Ron Arad, Patricia Urquiola, Antonio Citterio, Marteen von Severen, Anna Castelli Ferrieri, Patrick Jouin... Cette marque a su démocratiser le design en travaillant sur des matières plastiques pour rendre le mobilier plus accessible. L'exemple le plus célèbre est le fauteuil de style Louis XVI en plastique polycarbonate transparent « Louis Ghost » revisité par Philippe Starck.

■ POPART
Vieux Nice
3, rue Saint-François-de-Paule
✆ 04 93 80 42 62 – www.popart.fr
Ouvert du lundi au samedi de 10h30 à 19h.
Cet atelier se voue au concept original et tendance des tableaux façon Andy Warhol : à partir de photos personnelles, l'équipe réalise des tableaux pop art, des objets, des vêtements (T-shirts, casquettes, sweats, chemises, caleçons) ou encore des stickers, des affiches et des cartes de visite. Bref, tous les supports sont imprimables à la demande. Le showroom présente une foule de produits déclinables et branchés.

Cadeaux du monde

■ ARBRE D'EAU
Vieux Nice
34, rue Pairolière ✆ 09 51 48 51 51
arbredeau@gmail.com
Ouvert tous les jours de 10h à 19h.
Ce magasin propose des plantes, des fontaines végétales, des huiles essentielles, des bijoux en argent, des colliers en pâte de verre, des tableaux à l'encre de Chine, des tongues naturelles, des sacs en soie, des luminaires ou des produits naturels dans une ambiance zen. Les produits sont faits avec des matériaux nobles comme le bois, la terre, les végétaux ou l'eau. A noter : une gamme bio fabriquée en France propose des cosmétiques hommes et femmes allant de l'huile pour le corps jusqu'aux soins du visage sans oublier les fragrances pour le bain et les savons bio.

■ MARIMEKKO
Centre-ville – 12, rue de France
✆ 04 83 50 25 81 – www.marimekko.com
premiereneigesas@gmail.com
Ouvert tous les jours sauf le dimanche. Tissu au mètre à partir de 36 €/m. Serviettes de toilettes à partir de 4,50 €.
Tout en coton bio, les produits *made in Finland* à découvrir entre les murs de cette boutique s'attachent à la mode, aux accessoires et au linge de maison. Des imprimés graphiques et flashy signent des tissus *designs* vendus au mètre et déclinés en robes, sacs, trousses, nappes, draps, coussins, parapluies, sacs, poufs, serviettes de toilette et tapis de bain. La disponibilité d'exemplaires peu nombreux dans chaque ligne assure l'exclusivité des modèles proposés.

■ MAYANA
Centre-ville
11, passage Emile-Négrin ✆ 04 93 85 58 40
www.mayana.fr – contact@mayana.fr
Ouvert le lundi de 14h à 19h et du mardi au samedi de 11h à 19h.
Mayana est un centre de rencontres, de conférences, de stages et de journées découvertes exclusivement dédié au bien-être, au paramédical et à l'univers de l'ésoterisme. Plus de 400 événements y sont programmés tous les ans dans un esprit de grand convivialité et de partage. Egalement boutique de déco, on chine ici des objets du monde entier, du mobilier, des bijoux, quelques vêtements et plus de 200 encens aux parfums variés sans oublier les statues d'animaux sculptés, des huiles essentielles, des infos sur le feng shui, des produits wicca ainsi que tout le matériel pour pratiquer l'astrologie (cartomancie, pendule, boule de cristal...).

Souvenirs

■ LE CHÂTELARD 1802
Vieux Nice – 2, rue du Pont Vieux
www.le-chatelard-1802.com
contact@le-chatelard-1802.com
Ouvert tous les jours de 10h à 19h.
L'histoire du Châtelard débute en 1802 avec la famille Montaud qui produit de l'huile essentielle à partir de la lavande sauvage qu'il vend notamment à l'industrie florissante des parfums de Grasse. A la fin des années 1990, l'entreprise définit sa propre gamme de produits en se basant sur son histoire, son expérience, son amour pour la lavande et sa parfaite connaissance de cette plante emblématique. Retrouvez la gamme complète de ses produits – sachets senteurs, parfums, savons et eaux de toilette – dans leur boutique où la couleur violette de cette plante aux multiples vertus s'affiche aussi sur les murs ! Des produits idéaux pour parfumer naturellement sa maison ou son linge mais aussi pour offrir.

Tabac – Cigarette électronique

■ **NAOHEO**
6, boulevard Joseph-Garnier ✆ 04 93 96 03 51
www.shopclop.fr
scsudnice@hotmail.fr
Ouvert du mardi au vendredi de 10h30 à 19h et le samedi de 10h à 19h.
Une équipe de « vapoteurs » vous reçoit chaleureusement et vous fait essayer plusieurs cigarettes électroniques fonctionnant à la vapeur d'eau avec des recharges fabriquées en France différemment dosées en nicotine selon votre consommation quotidienne, vos habitudes et vos goûts pour vous orienter vers un produit personnalisé qui vous correspond vraiment.

■ **CLOPA CABANA** NOUVEAU
Vieux Nice – 4, rue Alexandre Mari
Voir page 26.

Centre commercial Galerie marchande

■ **CENTRE COMMERCIAL NICE TNL**
Riquier – 15, boulevard Delfino
✆ 04 93 56 82 40 – www.nicetnl.com
ccnicetnl@wanadoo.fr
Ouvert du lundi au samedi de 8h30 à 22h. Parking sous-terrain. Gratuit 1 heure.
Retrouvez une galerie marchande composée de brasseries, bijoutiers, snacks, boutiques de prêt-à-porter et accessoires ouverte de 9h à 20h30 ainsi que tous les services associés à la marque Carrefour (spectacles, voyages, développement photos, services traiteurs et grande surface...). Des boutiques d'aménagements pour votre intérieur occupent également l'espace au premier étage.

■ **FORUM NICE LINGOSTIÈRE**
Plaine du Var – 590, route de Grenoble
✆ 04 93 18 62 79 – www.lingostiere.fr
Ouvert du lundi au samedi de 9h30 à 20h30.
Forum Nice Lingostière regroupe un Centre Commercial Carrefour avec une galerie marchande. Le complexe se compose aussi d'un multiplex Pathé et de nombreuses boutiques : cinémas, grands magasins, coiffeurs, jouets, cadeaux, mode, décoration, sport... Tout y est ! Des services sont également proposés : WiFi gratuit dans toute la galerie et possibilité de louer des véhicules utilitaires. Un autre bâtiment est quant à lui dédié au bricolage (Leroy Merlin).

■ **NICE ÉTOILE**
Centre Ville – 30, avenue Jean-Médecin
Centre Commercial ✆ 04 92 17 38 17
Parking souterrain payant. Rues commerçantes. Ouvert du lundi au samedi de 10h à 19h. Ouvertures exceptionnelles certains dimanches. Mode, décoration, multimédias, enfants, snacks, brasseries. Toilettes : 0.50€. Animations ponctuelles.
Ce Centre Commercial incontournable bâti sur 3 niveaux concentre plus de 100 boutiques (alimentation, banque, mode, bijoux, accessoires, bricolage, chaussures, jeux, livre, électronique, déco...) ainsi que des restaurants et des bars où faire une pause gourmande tout au long de la journée. Vous pouvez également vous offrir ou faire cadeau à un(e) ami(e) une carte mise en vente à la réception du Centre Commercial : vous la chargez du montant de votre choix (entre 15 € et 150 €) et pouvez ensuite l'utiliser dans toutes les boutiques et restaurants sur place.

■ **CAP 3000**
avenue Eugène Donadeï
SAINT-LAURENT-DU-VAR ✆ 04 93 31 10 35
www.cap3000.com – info@cap3000.com
Ouvert du lundi au samedi de 10h à 21h. Horaires Lafayette Gourmet 8h30 - 21h, halte jeux pour enfants 10h – 19h tous les mercredis, samedis et jours fériés ; tous les jours pendant les vacances scolaires. Ouvertures exceptionnelles certains dimanches et jours fériés. Espaces détente. Services de conciergerie. Taxis. Boîte aux lettres. Retrait DAB. Réception. Permanences bus Lignes d'Azur les mercredis 10h-12h et 13h-17h. Gratuit : parking, vestiaire, toilettes. American Express, Chèque Restaurant.
Cap 3000 est le plus grand centre commercial de la Côte d'Azur et le seul ouvert jusqu'à 21h. Toutes les grandes marques y sont représentées. Le public bénéficie d'infrastructures gratuites uniques : vaste parking, halte de jeux pour enfants, vestiaires et toilettes avec change-bébé et services à la personne. On propose aussi des services de conciergerie : prêt de poussettes, fauteuils roulants, parapluies, bracelets d'identification enfants, chauffe biberons, recharge de téléphones portables, réservation de taxis... On y trouve les Galeries Lafayette, un Lafayette Gourmet et plus de 150 boutiques et espaces spécialisés : Mode & Tendances (vêtements pour tous, maroquinerie, chaussures, accessoires, bijouterie, horlogerie), Santé & Bien-être (beauté, santé, salons de coiffure, audition, optique, solaire), Loisirs & Voyages, Maison (décoration, high-tech), 2 banques, 1 pressing, 1 cabinet médical (dentiste, gynécologue, podologue), Plaisirs du Palais (alimentation, cave à vins, épicerie fine et gourmandises) ainsi que plusieurs restaurants et salons de thé. Pour suivre l'actualité et les nombreux bons plans, vous pouvez télécharger l'appli iPhone gratuite « CAP 3000 ».

Commerce équitable

■ FALABRAC FABRIK

Vieux Nice – 3, rue Benoît-Bunico
✆ 04 93 54 41 23 / 06 62 67 83 76
http://falabrac.fabrik.free.fr
Ouvert du lundi au samedi de 10h à 20h. Café 1.40 €, Grande Assiette 9.50 €, Menu végétarien (Assiette, dessert, café/thé) 13 €, Menu carnivore (uniquement le samedi) 15 €, Café gourmant 5 €. Tickets restaurants acceptés.
Créé par un groupe d'amis soucieux de « consommer autrement », ce lieu multifonction est avant tout un endroit convivial qui promeut la production bio locale en proposant chaque semaine un panier bio en provenance direct des producteurs. La Fabrik, c'est également un café-cantine associatif aux couleurs acidulées dont la carte de saison met les produits bio à l'honneur. Tous les premiers vendredis du mois, l'endroit accueille une nouvelle exposition. Falabrac Fabrik a aussi sa boutique qui permet à ses membres artisans d'avoir un lieu fixe de diffusion, d'exposition et de vente afin de se faire connaître par d'autres moyens que les marchés. Vous l'aurez compris, il s'agit d'un lieu d'échanges où toutes les initiatives sont bonnes à prendre : débat, lecture, soutien scolaire ou friperie. L'imagination et la créativité sont les bienvenues dans cette « fabrik » entièrement conçue à partir de matériaux de récup' !

Coquin – Sexe

■ REBECCA RILS

Centre Ville – 5, rue Meyerbeer ✆ 04 93 87 39 62
Ouvert le lundi au samedi de 10h15 à 12h15 et de 14h30 à 19h.
Cette boutique présente toutes les matières pour habiller la femme et l'homme de façon sexy. Pour des tenues adaptées à des soirées à thèmes (infirmière, police, collégienne...), c'est la bonne adresse.

■ ROUGE BAISERS

14, rue Gioffredo ✆ 04 93 62 05 28
Ouvert du lundi au samedi. Sex-toys, gadgets, accessoires, revues, lingerie et DVD X à visionner sur place en cabine individuelle. Pour d'autres sensations, il y a une backroom…

■ SULFURIQUE

Vieux Nice
2, rue Sainte-Claire
✆ 04 93 54 57 39
Ouvert du lundi au samedi (fermé le mercredi).
C'est la boutique idéale pour les femmes aux formes voluptueuses. Vous trouverez un grand choix dans les grandes tailles qui fait le bonheur des femmes qui souhaitent rester sexy. L'homme a aussi ses rayons de dessous et de dessus agréables et faciles à porter. Parmi les autres produits proposés, il y a les chaussures, les accessoires de mode, les bijoux et un petit espace est réservé aux sex-toys nouvelle génération.

Fêtes – Animations

■ BOULEVARD DE LA FÊTE – FRANCE FESTIVITÉS

Centre Ville – 33, boulevard Raimbaldi
✆ 04 93 13 40 38 – www.bd2lafete.com
Ouvert du mardi au vendredi de 10h à 13h et de 14h à 19h. Le samedi de 10h30 à 12h30 et de 14h30 à 19h30. Fermé 3 semaines en août.
Ce magasin est une véritable caverne d'Ali Baba renfermant de nombreux accessoires et déguisements pour pimenter ou animer vos soirées entre amis ou en famille. Baptêmes, Halloween, anniversaire, mariage… vous aurez le choix entre costumes d'époques, chapeaux, perruques, maquillage, masques et accessoires de toutes sortes. Un artificier présent sur place pourra vous conseiller en matière

d'animation. La boutique loue également des structures gonflables et réalise la décoration de salles et lieux de réception sur demande (devis gratuit).

■ **DENIS DJ**
✆ 06 09 54 75 08
www.djdenisanimation.com
Denis est un animateur et Disc Jockey (DJ) passionné par son métier. Après de longues années d'expérience en radio, il a monté sa structure d'animation. Denis est aussi un organisateur de soirées depuis plus de 15 ans dans les endroits les plus tendances de la Riviera. Ses atouts ? Une réelle culture musicale allant de la lounge au jazz en passant par les sons électro clubbing, les années disco, la soul music, les rythmes latinos et salsa. Son crédo ? Etre à l'écoute de ses clients et adapter les prestations en fonction des besoins. Toutes ces qualités et ce professionnalisme le dressent aujourd'hui comme un des meilleurs de la région. Mariages, soirées privées, défilés de mode, anniversaire, séminaires, cocktail, bar mitzva... N'hésitez pas à le contacter pour obtenir un devis précis et ses conseils précieux pour une soirée réussie.

■ **FESTIVAL**
Centre Ville
11, rue du Lycée ✆ 04 93 85 33 33
www.festival-articles-fetes.fr
festival.frederic@laposte.net
Ouvert du lundi au samedi de 9h à 12h et de 14h à 19h avec ou sans rendez-vous.
Depuis près d'un siècle, Festival vous accompagne dans le choix de vos costumes. L'équipe est charmante et dispose, à l'écoute de vos attentes. La boutique propose des accessoires de fête comme des feux d'artifice ou des fanions, et se spécialise aussi dans la décoration murale et de table spécifique aux mariages, anniversaires et grands événements comme Halloween, le Carnaval de Nice ou encore les fêtes nationales ou de village. A noter que si vous louer un costume, vous pourrez bénéficier d'un service retouche et vous le faire livrer sous certaines conditions.

■ **FIESTA FOLIE'S**
Riquier – 17, avenue des Diables-Bleus
Résidence Horizons bleus (sous le porche)
www.fiesta-folies.com
fancy@club-internet.fr
Du mardi au samedi de 11h30 à 19h sans rendez-vous. Fermé le lundi, le dimanche toute la journée et deux semaines en août.
Cette société propose de la location-vente de costumes (13 000) et articles de fêtes sur tous les thèmes, pour tous les âges et de toutes les époques. Fiesta Folies propose également la location de costumes pour des soirées plus élégantes : compromis idéal si vous ne voulez pas casser votre tirelire ou investir dans un ensemble qui ne vous servira qu'une fois ! On y trouve aussi un espace consacré aux articles de fête en tous genres : décors de salles ou de tables, contenants dragées, nœuds, livres d'or et même des accessoires de mariage ou de baptêmes. Une adresse incontournable pour réussir votre soirée !

Galeries d'art

■ **ATELIER GALERIE SYLVIE T**
Centre Ville – 14, rue droite ✆ 04 93 62 59 15
www.sylvie-t.com
Ouvert tous les jours de 10h à 19h. Possibilité d'effectuer des stages et des ateliers pour enfants de 4 à 12 ans sur le thème de l'art et de l'architecture.
Sylvie est une artiste passionnée qui puise son inspiration dans les rues sinueuses et étroites du vieux Nice, dans les monuments majestueux et imposants de la Ville, dans ses endroits insolites et incontournables, dans ses couleurs tantôt douces tantôt plus intenses ou dans sa végétation si particulière. Enfant du Pays, elle propose ainsi dans son atelier galerie des dessins réalisés à l'aquarelle ou à l'encre de Chine sublimant la capitale azuréenne mais parfois aussi d'autres destinations.

■ **DARKROOM GALERIE** NOUVEAU
Centre ville
12, rue Maccarani
✆ 04 93 76 74 59
Voir page 26.

■ **ESPACE SOARDI**
Carabacel
9, avenue Désambrois ✆ 04 93 62 32 03
www.soardi.fr
info@soardi.fr
Ouvert du mardi au samedi de 10h à 12h30 et de 14h à 18h30. Parking client.
Héritiers d'un savoir-faire familial, Géraldine et Benoît Soardi veillent sur un espace de 200 m^2 dédiés aux amateurs d'art, de design et de photographies. Découvrez une sélection d'objets à la vente signés par les meilleurs designers et architectes ainsi que des expositions temporaires ambitieuses et des tirages limités de photos précieuses signées (Dali, Man Ray...). L'Espace Soardi met également son savoir-faire à votre disposition et vous conseille à chaque étape de la conception d'un encadrement : étude des besoins, sélection et personnalisation du cadre, montage de conservation et de protection préventive des œuvres, soclage en plexi, encadrement de miroirs sur mesure, restauration de tableaux et de cadres anciens. Service de livraison possible.

■ DONATION FERRERO NOUVEAU
Vieux Nice
Place Pierre Gautier
Voir page 27.

■ GALERIE ALTMANN
Port – 19, rue Emmanuel Philibert
✆ 06 08 76 17 53
www.altmann-antiquites.com
Ouvert tous les jours sauf le dimanche. Expertise trilingue. Restauration d'antiquités.
Spécialisée dans la restauration et l'exportation d'antiquités, la Galerie Altmann l'est également dans la vente, l'achat et l'expertise d'objets d'art. Sur 200 m2, on s'évade ainsi au travers d'un voyage artistique et esthétique ennivrant qui, de tableaux en mobiliers de qualité et d'antiquités rares en objets chinés, nous plonge dans un univers ancien, moderne ou plus contemporain.

■ GALERIE DE LA MARINE
Promenade des Anglais
59, quai des Etats-Unis ✆ 04 93 62 37 11
Ouvert du mercredi au dimanche de 10h à 18h. Gratuit.
La Galerie de la Marine expose les créations contemporaines d'artistes émergents sur la scène nationale et internationale. C'est en 1967 que cette ancienne halle aux poissons fut transformée en galerie d'art avec pour vocation exclusive la présentation d'expositions temporaires.

■ GALERIE DES PONCHETTES
Promenade des Anglais
77, quai des Etats-Unis ✆ 04 93 62 31 24
Ouvert du mardi au dimanche de 10h à 18h. Gratuit.
Cette galerie où Matisse présenta sa première exposition niçoise présente désormais des expositions temporaires dédiées à la création contemporaine. Chaque année des dizaines d'artistes plus ou moins célèbres sur la scène nationale ou internationale artistique présentent leurs dernières créations : sculptures, photos, mobiles, peintures, céramiques...

■ GALERIE EVA VAUTIER
Libération – 2, rue Vernier
✆ 09 80 84 96 73 / 06 07 25 14 08
www.eva-vautier.com
Du mercredi au samedi de 10h à 19h et sur rendez vous. Fille du célèbre artiste Ben, Eva Vautier a ouvert un bel espace d'exposition d'art contemporain au 2 rue Vernier, là même où son père tenait sa propre galerie «Espace à Débattre» il y a plusieurs années de cela. Six grandes expositions par an mettent en lumière le travail de jeunes artistes émergents ou plus confirmés issus du groupe Fluxus ou de la Figuration Libre. Performances, concerts, soirées vidéos, danse, débats ou lectures de poésie viennent régulièrement ponctuer ces événements. A noter la présence d'un coin lecture pour ceux qui souhaitent prendre le temps de découvrir des catalogues d'artistes et des vidéos.

■ GALERIE FERRERO
Carré d'Or
2, rue du Congrès
✆ 04 93 88 34 44
www.galerieferrero.com
contact@galerieferrero.com
Ouvert du lundi au samedi de 10h à 12h30 et de 14h30 à 18h30.
Pour les passionnés d'art contemporain, la Galerie Ferrero est un endroit incontournable. C'est en 1972 que Jean Ferrero, un photographe curieux de tout et du «pourquoi des choses», ouvre sa galerie à Nice. Il côtoie les grands artistes de l'époque – Picasso, Cocteau, Hartung – mais aussi ceux qui sont moins connus comme Arman, César, Klein, Ben... Accueillant les artistes de l'Ecole de Nice et du Nouveau Réalisme, cette galerie présente depuis Sosno, Venet, Graff, Alcouffe ou encore Bollí... Aujourd'hui tenu par Guillaume Aral et Emmanuelle Serigne, cet espace dispose également un lieu réservé aux expositions temporaires.

■ GALERIE MAUD BARRAL
Port
16, quai des Docks
✆ 04 93 07 84 25
www.galerie-maud-barral.com
contact@galerie-maud-barral.com
Ouvert le lundi, mardi, jeudi, vendredi et samedi de 10h30 à 12h30 et de 14h30 à 19h.
Installée dans un ancien hangar de 250 m², la galerie Maud Barral est un très bel espace d'exposition d'art contemporain. Peintures, sculptures et photographies côtoient ici dessins, estampes et éditions. Maud Barral sélectionne au gré de ses coups de cœur : sont exposés artistes locaux, français ou étrangers ainsi que jeunes talents et maîtres confirmés. Amateurs ou collectionneurs avertis, vous serez conquis !

Jeux et jouets

■ L'ATELIER DU JOUET
Vieux Nice – 7, rue Jules-Gilly ✆ 04 93 13 09 60
Ouvert le lundi, le mardi, le jeudi et le vendredi de 10h30 à 19h ; le dimanche de 10h30 à 18h.
Cet atelier semble avoir échappé au temps qui passe en exposant fièrement ses vieux jouets en bois. C'est instantanément magique de plonger dans ce monde de marionnettes et de petits trains, et de retrouver avec

joie, les jouets de notre enfance. Idéal pour les parents réfractaires aux consoles de jeux. Les enfants adhérent complètement à ce style et ouvrent des yeux émerveillés face à ces jouets bien éloignés des stocks des grandes enseignes. Idéal pour des cadeaux originaux.

LE COIN DES MÔMES
Vieux Nice – 8, rue du Pont Vieux
✆ 04 93 85 76 32 – www.lecoindesmomes.fr
lecoindesmomes06@gmail.com
Les jouets en bois règnent en maîtres dans cet espace dédié aux enfants. On y retrouve tout un tas de petits jouets anciens : toupies, sifflets, boîte à meuh.. Mais aussi de superbes puzzles, de belles peluches sans oublier la collection de sacs, trousses, tableaux sets de tables et pochettes « Quand je serai grand, je serai... » de la créatrice Isabelle Kessedjian. L'accueil est chaleureux et les conseils, avisés. L'adresse incontournable pour des cadeaux originaux à petit prix.

Autre adresse : 18, avenue Notre-Dame, 06000 Nice, ✆ 04 93 55 20 09

GAMES WORK SHOP
Centre-ville – 13, rue Lépante
✆ 04 93 92 52 22 – www.gamesworkshop.com
Ouvert le mardi et le vendredi de 13h à 19h ; le mercredi de 11h à 19h ; le jeudi de 14h à 19h ; le samedi de 10h à 19h.
Les ados mais aussi les adultes entrent spontanément dans ce magasin où l'accueil est sympa et les rayons très bien achalandés. Vous trouverez ici outre des jeux vidéos, de stratégie avec figurines à collectionner et à peindre. Dans la boutique, plusieurs thèmes sont représentés : médiéval, fantastique, futuriste... tout un univers à découvrir ou à compléter. Les produits sont également vendus en ligne sur le site Internet.

LA GRANDE RÉCRÉ
Centre Ville – Avenue Jean Medecin
Centre Commercial Nice Etoile N+2
✆ 04 93 92 39 60
Ouvert du lundi au samedi de 10h à 19h30.
Enseigne bien connue sur le plan national offrant un très large choix de jeux et de jouets pour les enfants de 0 à 14 ans, et au delà pour les adultes qui ont su garder leur âme d'enfant. Les tendances sont toujours mises en lumières et les grands classiques sont en bonne place dans les rayons. Les vendeurs savent rester discrets mais cependant à votre écoute si vous avez des questions. Un endroit rêvé pour passer des heures à flâner dans cet univers magique !

JOUÉCLUB CONTESSO
Centre Ville – 16, avenue Notre Dame
✆ 04 93 85 43 10
joueclub@aol.com
Ouvert du lundi au samedi de 9h30 à 19h.
Retrouvez toutes les grandes marques connues dans le monde du jeu et du jouet mais aussi des articles faisant partie des exclusivités de l'enseigne. Par ailleurs, le magasin se veut être le spécialiste des jeux de salons ainsi que des voitures de collection. Les rayons sont très souvent pris d'assault par les enfants et les familles. Vous serez assurés de repartir avec le jouet tant désiré !

JSST JEUX
Centre-ville – 8, rue d'Alger
✆ 04 89 08 02 65 – www.jsstjeux.fr
jsstjeux@yahoo.fr
Ouvert du mardi au samedi de 10h à 19h. En décembre, tous les jours de 10h à 19h sauf jours fériés.
C'est une bonne adresse pour les joueurs avec plus de 3 000 références de jeux de société, de rôle, d'ambiance et de cartes à collectionner. Incontournable pour les passionnées, la boutique offre une gamme de jeux large et variée pour les plus jeunes (à partir de 18 mois), les familles mais aussi pour les experts. Une salle de jeux de 75 m^2 peut également être réservée pour organiser des événements (tournois, anniversaire) ou simplement tester les différents jeux en location.

LA GRANDE RECRE
Centre commercial Nice Etoile
✆ 04 93 92 39 60
www.lagranderecre.fr

MICROMANIA
Riquier – 15, boulevard Louis-Delfino
Centre commercial TNL ✆ 04 93 55 49 03
Ouvert du lundi au samedi de 10h à 19h30. Ouvertures exceptionnelles certains dimanches et jours fériés.
Tous les accros de la manette passent au moins une fois par semaine chez Micromania pour se tenir informé des bonnes affaires. Neufs ou d'occasions, vous trouverez ici des consoles et un grand choix de jeux pour Play Station 4, PS Vita, PC, 3DS ainsi que pour la WiiU en HD. Dans cet établissement, les professionnels vous accueillent agréablement et vous conseillent si vous êtes hésitant ou non initié. Une adresse de référence.

Autre adresse : 35, avenue Jean-Médecin – 06000 Nice (centre-ville) – 04 93 88 23 20

Ô LUTIN
Centre-ville – 18, rue Barla
✆ 04 93 55 10 39 – www.olutin.fr
contact@olutin.fr
Du mardi au samedi de 10 à 12h et de 14h30 à 19h.
Peluches toutes tailles, marionnettes originales, jouets musicaux, traditionnels, en bois ou dernières tendances... les parents trouveront leur bonheur dans cette boutique réservée aux enfants, qu'ils soient petits ou grands ! On trouve également un vaste choix d'objets ludiques ou plus éducatifs parmi les collections des marques Vilac, Janod, Trousselier, Au Sycomore, Anim entre autres. Une belle adresse.

RÊVES D'ENFANT
Centre-ville – 4, rue Gioffredo
✆ 04 93 13 99 71 / 06 18 49 45 14
Ouvert le lundi, le mardi, le jeudi et le vendredi de 14h30 à 19h.
Ce collectionneur de jouets anciens recèle de trésors pour grands enfants : avions, bateaux, trains, robots, soldats de plomb, Meccano... vous trouverez votre bonheur à condition d'y mettre le prix. Tous les jouets en bois, en tôle, en métal, en plastique et même en papier mâché datent de 1880 à 1970 et sont présentés comme neufs dans leur boîte d'origine. C'est bien un rêve d'enfant, non ?

■ **TOUT POUR LES ÉCHECS**
Libération – 48, rue Clément-Roassal
✆ 09 51 56 84 44 / 06 70 03 75 06
www.toutpourlesechecs.com
Cours d'échecs à la Maison des Associations, rue Guigonis le mercredi pour les enfants (initiation à partir de 5/6 ans de 14h à 15h et perfectionnement de 15h à 16h30). Adultes : le vendredi de 10h à 12h. Cours particuliers au magasin, après 16h30.
Vous aimez les échecs ? Réflexion et stratégie vous passionnent ? Bienvenue dans cette boutique spécialisée dans le matériel pour les joueurs d'échecs. Vous trouverez ici des jeux d'échecs mais aussi des livres en français et en anglais, des pendules, des logiciels et des vidéos pour devenir un véritable professionnel. La boutique dispense également des cours pour les amateurs, les enfants ou les adultes. A noter : 2 % à 15 % de remise immédiate en permanence dès le premier article acheté et 5 % de remise immédiate sur tous les livres. Possibilité de vente en ligne.

■ **TOYSRUS**
Forum Lingostière ✆ 04 93 18 11 18

■ **LA GRANDE RECRE**
Avenue Henri Lantelme
SAINT-LAURENT-DU-VAR ✆ 04 92 12 91 38
www.lagranderecre.fr

Librairies

■ **FNAC**
Centre Ville – 44-46, avenue Jean-Médecin
✆ 0825 020 020 – www.fnac.com
nice@fnac.tm.fr
Ouvert du lundi au samedi de 10h à 19h30.
Ce géant de la distribution de biens technologiques, culturels et de loisirs est situé dans de splendides locaux. Vous y trouverez toutes les références en matière de nouvelles technologies (micro informatique, TV...) mais aussi livres et musique. Régulièrement, des séances de dédicaces, des conférences, des ateliers créatifs ou des expositions y sont organisés. Services Fnac : billetterie, voyages, cartes cadeaux et service après vente.

■ **LIBRAIRIE ACROPOLE**
Centre Ville – 10, avenue Félix-Faure
✆ 04 93 62 39 16
On aime l'atmosphère particulière de ces lieux qui ont un supplément d'âme. Cette librairie généraliste possède un important rayon dédié aux beaux livres d'art. A l'extérieur, on retrouve de vieilles cartes postales de Nice et dès l'entrée, une multitude d'ouvrages et de guides consacrés à la capitale azuréenne, à son histoire, sa culture ou sa gastronomie. N'hésitez pas à demander conseil auprès du maître des lieux : il saura se rendre disponible et vous trouver la pépite tant recherchée.

■ **LIBRAIRIE JEAN-JAURÈS**
Vieux Nice – 2, rue Centrale ✆ 04 93 85 61 27
www.librairiejeanjaures.com
Ouvert du lundi au samedi, de 9h à 19h.
Cette librairie indépendante est une référence en matière de littérature depuis plus de 145 ans. Un espace jeunesse dédié exclusivement aux éditions de l'Ecole des Loisirs se veut être un véritable lieu de rencontres et d'échanges pour les professionnels du livre et les enfants. N'hésitez pas à demander des renseignements, les conseils sont professionnels. Un lieu de charme et de culture que l'on a plaisir à fréquenter.

▸ **Autre adresse :** Boulevard Jean Jaurès 06000 Nice

■ **LIBRAIRIE MASSÉNA**
Centre Ville – 55, rue Gioffredo
✆ 04 93 80 90 16 – www.librairiemassena.com
Du 1er janvier au 30 juin : lundi au samedi de 10h à 19h. Du 1er juillet au 31 décembre : lundi au samedi de 10h à 19h30.
Installée depuis 1997, la Librairie Masséna est très complète. A vocation purement littéraire, elle propose un panel de 35 000 références allant des beaux livres photos aux livres d'art en passant par les livres de sciences humaines, les ouvrages pour la jeunesse et quelques bons romans choisis avec soin. Très régulièrement, des auteurs, illustrateurs et éditeurs sont invités à faires des animations, rencontres ou autres séances de dédicaces. Lieu d'échange et de création, la librairie possède une annexe : la Galerie Masséna. Agréée par la Réunion des Musée Nationaux (RMN), ce lieu est idéal pour quiconque souhaitant dénicher un joli petit article de papeterie (carte postale, carnet, crayon) mais aussi de beaux moulages et chalcographies réalisés dans les Ateliers du Louvre.

■ **LIBRAIRIE PRIVAT SORBONNE**
Centre Ville
37, rue de l'Hôtel-des-Postes ✆ 04 93 13 77 88
nice@privat.fr
Ouvert du lundi au samedi de 10h à 19h.
Cette librairie «Chapître» qui fait partie du réseau de librairies indépendantes Privat présente sur 900 m² près de 50 000 références en matière de littérature, livres scolaires et universitaires. On y trouve aussi un superbe choix de fournitures scolaires et de papeterie. Des rencontres avec les auteurs et autres animations sont régulièrement organisées.

■ **PAPETERIE RONTANI**
Vieux Nice
5, rue Alexandre Mari ✆ 04 93 62 33 43
Ouvert le lundi 14h30 à 19h. Du mardi au vendredi de 8h30 à 12h et de 14h30 à 19h. Le samedi de 8h30 à 12h et de 14h30 à 18h.
C'est l'une des plus vieilles papeteries de Nice. Depuis près de 100 ans, l'établissement est spécialisé dans le vente de fournitures scolaires et de matériel pour les beaux-Arts. Vous trouverez également un vaste choix de cartes, de plans de villes et de pays du monde entier ainsi que des guides de voyages (petit futé !) très détaillés pour planifier vos prochaines vacances en toute tranquillité. La Papeterie Rontani, c'est aussi de beaux livres sur l'Histoire de Nice, les traditions, l'architecture... Quant à l'atmosphère des lieux, il y règne un air d'antan avec de belles boiseries qui donnent à l'ensemble un caractère plus qu'authentique. N'hésitez pas à demander conseil, vous serez très bien orientés en fonction de votre budget et de ce que vous recherchez.

■ **QUARTIER LATIN**
Centre Ville – 30, avenue Saint-Jean-Baptiste
✆ 04 93 80 29 36 – www.quartier-latin.fr
Ouvert du lundi au samedi de 10h à 12h30 et de 14h à 19h.
La librairie offre une belle place à la littérature mais aussi aux manuels scolaires répondant rapidement et efficacement aux besoins du collégien, du lycéen et même de l'universitaire. Le lieu propose également un large choix de livres en langue étrangère (anglais, italien, allemand, espagnol et russe). Vous y trouverez aussi de beaux livres régionaux sur l'identité et l'Histoire de Nice et du pays niçois. Un bel espace culturel pour dénicher le livre introuvable ou pour le plaisir, tout simplement.

Spécialistes

■ **AU BROUILLON DE CULTURE** .... Livres anciens
Centre Ville
23, rue de l'Hôtel-des-Postes ✆ 04 93 80 48 56
brouillon_de_culture@yahoo.fr
Ouvert du lundi au samedi de 9h à 12h et de 14h30 à 19h.
Cette librairie-bouquinerie spécialisée dans l'achat et la vente de livres rares, anciens et modernes est l'un des plus grands magasins de livres d'occasion des Alpes-Maritimes. Les bibliophiles y trouveront de véritables petits trésors comme d'anciens vinyles, des cassettes et des éditions rares dont la plus ancienne date de 1492 ainsi qu'un grand choix de romans policiers ou de beaux livres contemporains. On aime l'accueil extraordinaire de la famille Seyrat et l'odeur inimitable du papier jauni par le temps mais aussi les petits prix pratiqués. Les passionnés auront du mal à quitter l'endroit.

■ **BD FUGUE CAFÉ** .... BD
Centre Ville
31, rue d'Angleterre ✆ 04 93 87 49 22
www.bdfugue.com
Ouvert du lundi au samedi de 10h à 19h.
Lorsqu'on aime la Bande Dessinée, cet endroit est incontournable. Des milliers de références sont disponibles dans tous les styles : des mangas aux traditionnels Lucky Luke ou Tintin en passant par les comics, les BD érotiques ou les para-BD ! Avis aux collectionneurs : vous trouverez également de nombreuses figurines Stars War, Obélix, Comics... ainsi que des tirages de luxe et de beaux objets.

■ **LIBRAIRIE-GALERIE MATARASSO** .... Livres anciens
Carré d'Or
2, rue Longchamp
✆ 06 70 77 87 27 – www.laure-matarasso.com
laure.matarasso@wanadoo.fr
Ouvert du mardi au samedi de 10h à 12h 30 et de 16h à 19h 30. Fermée le jeudi après-midi.
Depuis 1950, la librairie de Jacques Matarasso, spécialisée en livres anciens et modernes mais aussi dans la vente d'estampes originales, est un lieu de rencontres et d'échanges pour de nombreux artistes locaux. Jacques Matarasso et sa femme Madeleine furent d'ailleurs les premiers à défendre les artistes qui formèrent plus tard l'Ecole de Nice (Arman, Fahri, Venet...). Plus de 60 ans plus tard, cette librairie galerie, aujourd'hui aux mains de leur fille Laure, reste le rendez-vous des amateurs d'art et de vieux livres.

Mode Habillement

■ **ANNIE-FRAMBOISE**
Carré d'Or
1, rue Longchamp ✆ 04 93 87 98 97
annieframboise@live.fr
Ouvert du lundi au samedi de 9h30 à 19h. Tram : arrêt Masséna.
Implanté depuis 35 ans, Annie-Framboise est une institution pour les enfants mais également les femmes. Vous trouverez une soixantaine de grandes marques connues telles que Lili Gaufrette, Burbbery, Diesel, Jean-Paul Gaultier... mais aussi des marques plus branchées comme Finger in the nose, PP jeans ou encore Scotch and Soda. Des styles différents destinés à un public féminin de l'enfant à l'adulte. La boutique de chaussures juste en face fait partie du même magasin (ouverte de 10h à 13h et de 14h à 19h).

AU BONHEUR DES DAMES
Vieux Nice
1, rue du Pont-Vieux
✆ 04 93 01 91 58
Ouvert du lundi au samedi de 10h à 19h
Une boutique chic et sobre où s'affiche une mode féminine intemporelle multi-marques de créateurs tendances (Scarlett Roos, Idano, Suncoo, Andy & Lucy, Toupy, Laura Jo, Ky Création...) que l'on accompagne d'accessoires branchés. Nul doute que les femmes trouveront ici leur bonheur !

Autre adresse : Rue de la Préfecture 06300 Nice 04 93 79 66 70

CAPRICE VINTAGE
Vieux Nice
12, rue Droite ✆ 09 83 48 05 43
Ouvert du lundi au samedi de 10h à 19h
Dans une ambiance feutrée façon boudoir, les collections soulignent ici l'élégance et le chic des années 20 aux années 80 avec des vêtements de marque signés Chanel, Courrèges ou Yves-Saint-Laurent. Le mobilier offre également une vision du vintage insolite. Avis aux capricieuses : voici votre adresse pour être glamour en toutes circonstances.

FROUFROU
Centre-ville
7, rue du Lycée
✆ 04 97 08 39 26 / 06 33 33 14 14
mironedressing@orange.fr
Ouvert du mardi au samedi de 10h à 19h. Robes de mariées. Salon de coiffure et manucure.
Cette boutique installée dans un loft de 200 m² obéit à un concept un peu particulier : vous trouverez ici certainement la robe de mariée qu'il vous faut et sur-mesure. Montez un étage et découvrez un salon de coiffure et de manucure, histoire d'être belle de la tête aux pieds.

HIPPY MARKET
Centre-ville
46, avenue Jean Médecin
✆ 04 93 92 55 80
Ouvert toute l'année du lundi au vendredi de 10h à 19h et le samedi de 10h à 19h30.
Les fans de vintage authentique trouveront ici leur bonheur. Griffées ou non, les milliers de pièces de prêt-à-porter et accessoires présents dans cet espace entièrement dédié au style racontent chacun une histoire. On craque pour un sac cabas en lin, un chemisier en flanelle, une besace en cuir ou encore les célèbres chaussures Doc Martens et les légendaires jeans Levi's taille haute, typiques des années 1980 remis au goût du jour. On s'offre, à petit prix, la gypset attitude furieusement tendance. Un incontournable sur l'avenue Jean Médecin.

IMPACT & MAN BY IMPACT
Centre Ville
15, rue de Lépante
✆ 04 93 62 45 35
www.impactshop.fr
Ouvert du lundi au samedi de 10h à 19h
Une décoration entièrement repensée pour cette boutique branchée multi-marques dédiée à l'univers masculin qui présente des pièces tendances de style casual des créateurs Hut, Barbour, New Balance, Minimum, Suit, Reebok, Gsus, Fred Perry... ou plus sophistiquées signées Kenzo.

Autre adresse : 4 rue François Ier 06000 Nice 04 93 87 88 09

MICHAL NEGRIN
Vieille ville
17, rue de la Préfecture
✆ 04 93 80 10 75
www.michalnegrin.fr
Voici une des plus ravissantes boutiques de la capitale azuréenne. Un cocon « girly » à souhait, décoré à l'image de sa créatrice Michal Negrin. Son nom ne vous dit rien ? C'est une styliste réputée qui a ouvert son premier magasin dans le quartier branché de la mode à Tel Aviv. Fort de son succès, la marque se déploie partout dans le monde. On entre dans son univers magique dès la porte poussée et on découvre presque avec émerveillement les différentes collections de la marque : bijoux, mode, cadeaux, décoration intérieure. Les robes sont magnifiques, les parures également. A découvrir absolument.

PÔLES
Centre Ville
16, rue Maréchal Joffre
✆ 04 93 16 28 58
Ouvert du lundi au samedi de 10h à 19h
Les collections de Pôles mêlent avec élégance, sensualité, séduction et confort des pièces à la pointe de la mode confectionnées par des créateurs de talent : Theory, Mexicana, Swildens, Ter & Bantine... Pulls, cardigans et gilets sont ainsi tous réalisés en France ou au Portugal à partir de mélange de matières nobles comme la soie, le lin, le viscose, le coton, l'alpaga, le kid mohair ou le cachemire. Un esprit casual, sport chic ou urbain intemporel.

THE INVOICE SHOP NOUVEAU
Centre Ville
10, avenue Notre-Dame
✆ 09 81 12 70 22
Voir page 27.

1789 CALA CÔTE D'AZUR NOUVEAU
Centre commercial CAP 3000
SAINT-LAURENT-DU-VAR
Voir page 27.

Accessoires

ANTIC BOUTIK
Vieux Nice
19, rue de la Préfecture
✆ 04 93 62 66 10
www.anticboutik.com
info@anticboutik.com
Ouvert le lundi de 14h à 19h30 et du mardi au samedi de 11h à 19h30.
Antic Boutik est le rendez-vous incontournable des accros du shopping mode ! De nombreuses marques tendances

de vêtements pour homme et femme, d'accessoires et de chaussures vous feront craquer sans aucune hésitation. Sacs, écharpes et autres montres coordonnent à merveille vos tenues dénichées dans cette boutique à la décoration design. L'accueil est sympathique, la musique est agréable et les vendeurs charmants.

LA BOÎTE A MAILLOTS

Centre-ville
17, avenue Jean-Médecin
✆ 04 93 16 27 66
www.laboiteamaillots.com

Basse saison : ouvert du mardi au samedi de 9h30 à 13h et de 14h à 19h. Haute saison : du lundi au samedi de 9h30 à 13h et de 14h à 19h.

Hommes et femmes trouvent ici leur bonheur parmi des marques et des modèles divers : shorts et slips de bain d'un côté, maillots une et deux pièces de l'autre ! Sans oublier, une remarquable collection d'accessoires avec robes, paréos, T-shirts, polos... ainsi qu'un rayon lingerie exclusivement pour homme.

Autres adresses : 30, rue Commandant-André – Cannes • 60, rue Meynadier – Cannes

LA CHAPELLERIE

Chapeaux – Gants – Foulards

Vieux-Nice
36, cours Saleya
✆ 04 93 62 52 54
www.chapellerie.com
info@chapellerie.com
Tramway : arrêt Opéra Vieille Ville

Ouvert tous les jours de 9h30 à 18h30. Eté : fermeture à 23h tous les soirs, sauf le dimanche.

La Chapellerie propose un grand choix de chapeaux pour homme et femme. En souvenir des vacances ou tout simplement pour se faire plaisir, le chapeau est l'accessoire et cadeau idéal qui ne manque pas de style. Dans cette boutique, vous les trouverez sous toutes leurs formes : bérets, melons, casquettes, Stetson, Ganteb's, Bailey, sans oublier les éternels Borsalino. Une large gamme de gants et d'écharpes complèteront et se marieront avec la perfection à votre collection.

Autres adresses : 12, rue de France ✆ 04 93 81 61 37 • 56, rue Gioffredo ✆ 04 93 92 29 78

ELDORADO

Centre-ville
51, rue Pastorelli
✆ 04 93 85 47 05 / 06 52 80 34 72
www.eldoradonice.fr
eldoradonice@hotmail.fr

Ouvert du lundi au samedi de 9h30 à 12h et de 14h à 18h45.

Institution niçoise et incursion en territoire «country», Eldorado réunit depuis près d'un demi-siècle tout ce que l'Amérique compte de symboles vestimentaires : santiags, mocassins, chapeaux, vêtements de cuir du sud-est ou en peau, gilets lacés, bombardiers cabans, flight jackets, perfecto... Les marques les plus réputées pour hommes et pour femmes – Shott, Avirex, Harley Davidson, Redskins, ou encore Last Rebel, Go' West et Mexicana Old Gringo – s'affichent entre les murs de cette boutique made in USA aux portants et étagères chargés à souhait. Fouillés entre autres par les emblématiques stars Johnny Hallyday et Michael Jackson eux-mêmes, cette boutique est faite pour celles et ceux qui ont le cuir dans la peau !

GLOVE ME

Vieux Nice
5, rue du Marché
✆ 04 93 79 75 63
www.gloveme.it
nice@gloveme.it

Ouvert du lundi au samedi de 10h30 à 19h.

Dans cette très jolie boutique située dans le vieux Nice, hommes et femmes trouvent tous les accessoires nécessaires pour agrémenter leur tenue. Véritable maître gantier de génération en génération, Glove Me sélectionne uniquement des cuirs de grande qualité et propose une large gamme de gants, écharpes, ceintures et sacs conçus et fabriqués de manière traditionnelle à Milan en Italie. Certains modèles sont très originaux avec chacun, des styles et couleurs variés et nuancés. Que vous soyez branché, classique ou chic, Glove Me est l'adresse qu'il vous faut pour être au plus près des nouvelles tendances ! Ce magasin a tout pour plaire, jusqu'aux prix qui s'adaptent parfaitement à tous les budgets.

KALIKO

Vieux Nice
9, rue de la Boucherie
✆ 04 93 13 49 22
www.kalikoboutique.com
kaliko1et2@hotmail.fr
Tram : arrêt Cathédrale Vieille Ville

Basse saison : ouvert tous les jours de 10h à 19h. Haute saison : tous les jours de 9h30 à 20h.

En dédiant son enseigne à l'univers du bain pour hommes, femmes et enfants, Valérie Hamet a créé un petit coin de plage au cœur du vieux Nice. Parées de colliers de fleurs, vêtues de maillots de bain et de paréos, ses vendeuses prolongent l'été à longueur d'année dans cette adresse qui regorge de couleurs ! Serviettes et robes de plage, sacs, sandales, espadrilles, chapeaux, baskets, shorts, paréos, casquettes et bijoux complètent les collections de maillots et affichent les signatures les plus tendances : Banana Moon, Havaïanas, Bensimon, Crocs, Ipanema, Tommy Hilfiger, Grain de sable, Kalaïs, Elite, Pain de Sucre, Seafolly, Lise Charmel, Histoire de Plage... Ces marques séductrices ou sportives comblent tous les styles et toutes les silhouettes, d'autant qu'on est ici autorisées à dépareiller les tailles des maillots de bain et les formes des modèles. Une adresse unique on vous le dit ! Si la période des soldes s'annonce de mi-août à fin novembre, Kaliko dévoile ses nouvelles collections dès le mois de décembre. De quoi mettre du soleil en avant première dans nos hivers !

Retrouvez le sommaire en début de guide

MAISON BESTAGNO .. **Parapluies – Canes**
Vieux Nice
17, rue de la Préfecture
✆ 04 93 80 33 13
http://maisonbestagno.fr
Du mardi au vendredi de 9h30 à 12h et de 14h30 à 19h. Le lundi sur rendez-vous ou en cas de pluie. Fermé en août.
Vieille de plus de 164 ans et aux mains de la même famille depuis toujours, parapluies et cannes de collection cohabitent dans cette belle boutique – l'une des trois dernières en France à faire cette spécificité ! Tandis que le choix des cannes est large (pommeau en argent, en ivoire, cannes à système, cannes d'apparat...), les parapluies et les ombrelles constituent de véritables chefs-d'œuvre affichant tour à tour sur leur toile tableaux de maîtres (Monet, Manet...), paysages (Baie des Anges...), motifs modernes, anciens ou rigolos mais toujours élégants. Ces créations magnifiques et solides naissent du savoir-faire de Gino Bestagno, l'actuel maître des lieux aux commandes depuis plus 35 ans. La pièce maîtresse de la boutique (mais aussi la plus chère) est le parapluie « du berger » : d'une solidité à toutes épreuves, il est entièrement fait à la main avec des baleines tenues avec des joncs et une toile de coton traitée à l'ancienne.

Chaussures

■ **CONCEPT**
Garibaldi
56, avenue de la République
✆ 04 92 04 03 94
Tram : arrêt Garibaldi
Ouvert du lundi au samedi de 10h30 à 13h et de 14h à 19h.
Véritable institution de la chaussure fashion, cette boutique affiche une large gamme de produits branchés, originaux et variés. De la basket la plus originale aux nombreuses marques dans l'air du temps telles : Diesel, Adidas, Nike, Converse, Kenzo, Repetto, Paul Smith... Que des marques pour un super look, et être au top de la mode. L'accueil est convivial les vendeurs se mettent en quatre pour que vous trouviez chaussure à votre pied ! Bref, une adresse en or pour un concept shoes tendance.

■ **HYPE**
Zone piétonne
13, rue Masséna
✆ 04 93 88 34 02
www.hype-nice.fr
hype-nice@orange.fr
Ouvert du lundi au samedi.
Cette boutique tendance propose une large gamme de chaussures de marques diverses destinées aux hommes, aux femmes et aux enfants. Les étagères murales regorgent de centaines modèles confortables et colorés : baskets, bottes, bottines, chaussures bateau, derbies, espadrilles, tongs, sandales, spartiates, ballerines, compensées, mocassins, mules, sabots ou encore des chaussures de neige et temps froids. L'équipe dispense de bons conseils avec le sourire pour dénicher la chaussure la plus *Hype* !

■ **JEAN-CHARLES**
Zone piétonne
10, rue Masséna ✆ 04 93 88 02 70
www.jeancharlesboutique.com
contact@jeancharlesboutique.com
Ouvert du lundi au samedi de 10h à 13h et de 14h à 19h (19h30 en été).
Loin des grandes enseignes, cette boutique pour hommes et femmes propose un grand choix de chaussures et de vêtements qui conjugue qualité, luxe et originalité. Vous trouverez toutes les plus grandes marques : Dior, Prada, Gucci, Roberto Cavalli, Lanvin, Givenchy, Tom Ford... Des accessoires de maroquinerie vous sont aussi proposés : ceintures, sacs, portefeuilles... L'accueil et le conseil sont au rendez-vous. Les prix sont un peu élevés certes mais on paie ici la qualité et le haut de gamme.

▸ **Autre adresse :** 6, avenue de Verdun ✆ 04 93 88 40 24. Ouvert du lundi au samedi de 10h à 19h (19h30 en été).

■ **LUCIEN CHAUSSEUR**
Port
6, rue Bonaparte ✆ 04 93 55 52 14
Ouvert du lundi au samedi de 9h30 à 12h30 et de 14h30 à 19h30.
Ce temple dédié à la chaussure s'est offert une seconde jeunesse sous l'impulsion de Domenico Gigante, un styliste italien originaire de Vintimille qui a su moderniser cette échoppe vieille de trois générations sans la dénaturer. Si les collections en cuir hommes et femmes règnent en maître, on y trouve également des modèles plus classiques. Une touche italienne appréciée jusque dans les accessoires avec des sacs et foulards en provenance de Florence. A (re) découvrir.

■ **NÃO DO BRASIL**
35, rue Masséna – Zone piétonne
✆ 04 93 92 12 89
www.naodobrasil.com
nice@naodobrasil.com
Tramway : arrêt Massena
Entre 39 et 79 €. Hommes, femmes, enfants. Ouvert du lundi au samedi de 10h30 à 19h en continu hors saison. Juillet et août, ouvert 7j/7 de 10h à 23h.
Não Do Brazil propose des chaussures pas tout à fait comme les autres. Ici, les baskets sont entièrement fabriquées à la main au Brésil dans le plus grand respect des conditions de travail sur le modèle à la « française » et sont entièrement conçues avec des matériaux de récupération. Unie, classique ou multicolore, vous posséderez donc une paire quasi unique : les matériaux et les couleurs varient selon les « trouvailles ». Côté nouveautés, découvrez les récents modèles d'espadrilles, de ballerines et de chaussures montantes.

■ **SAN MARINA**
Zone piétonne
5, rue Masséna ✆ 04 93 16 19 85
www.sanmarina.fr
Ouvert du lundi au samedi de 10h à 19h30 et le dimanche de 11h à 19h30.
Les modèles sont ravissants et on ne se sait que choisir parmi les bottes, les baskets ou des modèles plus classiques.

Si vous n'arrivez pas à vous décider, vous repartirez sans doute avec plusieurs paires. Ce magasin propose des prix raisonnables et les vendeurs – très serviables – sauront vous conseiller. Des qualités de chaussures exceptionnelles et des articles variés. N'oublier pas le moment des soldes : les prix y sont très intéressants.

■ **TAMARIS** NOUVEAU
Centre Ville
30, avenue Jean Médecin
Centre Commercial Nice Etoile N-1
✆ 04 92 17 38 17
Voir page 27.

Cuir – Fourrure

■ **ATELIER CUIR – COUSU MAIN**
Vieux Nice
6, rue Saint-Gaëtan ✆ 04 93 80 79 98
Ouvert du lundi au samedi de 9h à 19h. Fabrication artisanale.
Situé dans une petite rue calme du vieux Nice, l'atelier cuir cousu main propose des articles fabriqués sur place avec des cuirs italiens de qualité. Entrez et laissez l'odeur du cuir vous enivrer : vous serez totalement ébloui par ce lieu particulier dans lequel vous trouverez différents modèles de chaussures mais également des sacs, des pochettes, des ceintures, des bracelets ou encore des portefeuilles.

Entretien – Réparation

■ **CORDONNERIE NEUCHÂTELOISE**
Centre Ville
5, rue Gubernatis ✆ 04 93 80 46 74
Ouvert du mardi au samedi de 10h à 19h
Cette grande maison perpétue la tradition d'un savoir-faire ancien transmis de père en fils depuis 1918. Si on a l'habitude de dire qu'on reconnaît une personne en regardant ses chaussures, pour conserver les vôtres en bon état, n'hésitez pas à venir dans cette jolie boutique où l'on aime l'amour du travail bien fait et de la chaussure : entretien, réparation, vente de chaussures de luxe... Les conseils dispensés par les gérants sont avisés et la clientèle composée d'habitués, fidèle.

Lingerie

■ **LE CARRÉ ROSE**
Borriglione
2, rue Vernier
✆ 04 93 16 14 28
Ouvert du mardi au samedi de 10h à 18h30.
Cette jolie boutique est bien utile pour se vêtir d'une lingerie sexy ou d'une tenue de soirée qui vous mettra bien en valeur. Quant au rayon chaussures, là aussi il y a le choix dans quasiment toutes les pointures.

■ **DARJEELING**
Zone piétonne – 6, rue Masséna
✆ 04 93 82 04 76 – www.darjeeling.fr
contactdarjeeling@chantelle.fr
Ouvert du lundi au samedi de 10h à 19h.
Pour les femmes qui apprécient les dessous confortables et sexy, on trouve des ensembles culotte-soutien-gorge mais également de nombreux modèles de maillots de bain et de lingerie de nuit. Les conseils des vendeuses nous guident pour trouver le modèle parfaitement adapté au style et à la morphologie de chacune.

■ **PRINCESSE TAM-TAM**
Centre-ville
Avenue Jean Medécin
Centre Commercial Nice Etoile Niveau 1
✆ 04 93 85 63 00
www.princessetamtam.com
Ouvert du lundi au vendredi de 10h à 19h30. Juillet et août : ouvert du lundi au samedi de 10h à 20h, le dimanche de 11h à 19h.
Présente dans plus de 40 pays, Princesse Tam-Tam Nice propose des collections de dessous originaux et tendances qui privilégient le confort des matières et le détail du look résolument féminin et sensuel. La palette des couleurs étonnantes offre un choix précieux et décline toutes les humeurs dans un large choix d'accessoires, de lingerie, de maillots de bains et autres modèles de *homewear* pour femmes.

▸ **Autre adresse :** Galeries Lafayette Massena – 6, avenue Jean Médecin – 04.93.13.39.46

■ **REBECCA RILS**
Centre Ville
5, rue Meyerbeer ✆ 04 93 87 39 62
Voir page 182.

■ **RENDEZ-VOUS UNDERWEAR**
Vieux Nice
6, rue Francis-Gallo
✆ 04 93 85 56 26
philippe@rdvunderwear.com
Ouvert du mardi au samedi de 11h à 19h et le dimanche et lundi de 14h à 19h.
Boutique de lingerie pour hommes avec des boxers, des strings, des jockstraps, des caleçons, des slips et des maillots de bains : Pull in, Armani, Calvin Klein, Dolce & Gabbana, Man Store, Olaf Benz, Hom, Galliano, XTG...

■ **ROUGE GORGE**
Zone piétonne
2, rue Masséna
✆ 04 93 88 79 51
www.rougegorge.com
Ouvert du lundi au samedi de 10h à 20h.
Cette boutique propose des modèles de lingerie ainsi que des bas et des collants, des maillots de bain et divers accessoires (*beachwears*, chaussettes, ballerines de maison ou encore des articles «plaisir»). Joliment présentés, ces dessous dévoilent des ensembles originaux et élégants, un choix très complet où toutes les femmes piochent les pièces adaptées à leur propre style. A noter également : les conseils souriants et avisés de l'équipe de vente.

Créateurs

■ **FASHION GALLERY**
Vieux Nice
5, rue du Saint-Suaire ✆ 04 93 80 33 73
Au bout du cours Saleya dans une impasse
Ouvert 7 jours sur 7 de 10h à 20h.
Les pièces de créateurs élèvent cette boutique au rang de *fashion* galerie ! Dans un cadre chic et baroque au fond d'une ruelle jouxtant le cours Saleya, ce haut lieu de la mode branchée et élégante dévoile des modèles originaux tous disponibles en un petit nombre d'exemplaires. Sous les lustres suspendus majestueux aux pampilles scintillantes, les portants affichent des matières vaporeuses, des coupes féminines et des collections de chaussures, de ceintures, de bijoux et d'accessoires originales et fortes en identité. Ici, le conseil et l'accueil sont à la hauteur de la qualité des vêtements exposés et le plaisir de la mode est soigneusement cultivé.

■ **PITTI**
Zone piétonne – 6, rue Masséna
✆ 04 93 87 91 93
www.pitti.fr
Ouvert du lundi au samedi de 10h à 19h.
Cette boutique chic de prêt-à-porter féminin propose un large choix de collections de Marccain et Liu Jo. Vous trouverez dans ce magasin des vêtements ainsi que des sous-vêtements de luxe. Les prix sont un peu élevés mais les modèles sont issus de grands couturiers aux définitions et aux styles parfaits. Une adresse incontournable pour les femmes qui aiment l'élégance.

Maroquinerie

■ **MAROQUINERIE CHABERT**
Centre-ville
6, rue Gioffredo
✆ 04 93 85 71 66
www.maroquineriechabert.com
contact@maroquineriechabert.com
Ouvert du lundi au vendredi de 9h15 à 12h15 et de 14h à 18h.
Créée dans les années 60, la Maison Chabert propose des boîtes à bijoux, des bracelets, des ceintures, des portefeuilles, des répertoires, des sac à dos, des trousses de toilette, des bananes… C'est un véritable travail d'artisan, du dessin du modèle au travail des peaux (cuir, reptiles…) car la maroquinerie est ici fabriquée à l'ancienne. La maison restaure également les articles.

■ **VIGNES**
Quartier des Antiquaires
13, rue Bavastro
✆ 04 93 89 16 70
www.vignes-creations.com/fr
contactweb@vignes-creations.com
Ouvert du lundi au vendredi de 10h à 12h et de 13h à 19h, le samedi matin de 10h à 12h30. Samedi après-midi sur rendez-vous uniquement. Possibilité de créations faites sur-mesure. Fait main, fabrication française.
Dans leur atelier-boutique du quartier des antiquaires, Anne et Bertrand Vignes proposent une gamme d'articles en cuirs exotiques (autruche, iguane, pithon, veau, lézard et croco) très élégants : maroquinerie, sacs, bijoux, housses pour iPad ou iPhone, et ceintures. Leur savoir-faire s'exerce particulièrement sur de splendides bracelets-montres sur mesure réalisés en peau. C'est après avoir parcouru le monde partageant la même passion du cuir que ce couple d'artisans sellier a décidé de s'installer sur la Côte d'Azur pour faire découvrir leurs créations. Les matières premières de grande qualité confèrent des textures souples et graphiques tandis que le style affiche une inspiration intemporelle avec des finitions méticuleusement soignées.

Optique

■ **JEAN-MARC TEISSEIRE**
Libération
4, boulevard Joseph-Garnier
✆ 04 93 84 84 39
www.teisseire-optique.com
nouvelleoptique-garnier@wanadoo.fr
Ouvert du lundi au samedi de 8h30 à 12h30 et de 14h à 19h30. Déplacement à domicile pour les personnes à mobilité réduite. Dépannage immédiat sans RDV. Garantie moyenne des produits : entre de 2 à 3 ans.
Cette enseigne de proximité, spécialiste des verres progressifs depuis 1986, cultive avec soin le conseil bienveillant et l'attention portée à ses clients. Le grand choix de lunettes exposé ici répond à tous les styles et à tous les budgets. La large et très appréciable gamme de lunettes destinés aux enfants ravit également les parents et marque un point de plus au profit de cet opticien dont la satisfaction des clients porte la réputation de cette adresse depuis de nombreuses années.

■ **OPTIQUE CHAMBON**
Centre-ville
28, rue de l'Hôtel-des-Postes
✆ 04 93 85 17 34
optiquechambon@libertysurf.fr
Ouvert du lundi au samedi de 9h30 à 12h30 et de 14h30 à 19h30. Parking privé gratuit.
Cette boutique d'optique offre des collections de luxe et des montures designs de grandes marques : Cartier, Bulgarie, Henry Jullien, Red Bull, Armani, Tom Ford, Gucci, Ray-ban, Channel... En plus des précieux conseils qu'on vous délivre, Optique Chambon est également spécialisé en Varilux Essilor. Deux atouts importants pour cet opticien : un service de gestion des mutuelles au tiers payant ainsi que la possibilité de commander des montures 100 % sur mesure faites main. Petit plus appréciable : un parking privé et gratuit pour la clientèle.

■ **OPTIQUE FRANQUIN**
Vieux Nice
5, rue de la Préfecture
Place du Palais de justice ✆ 04 93 80 54 04
www.optique-franquin.com
contact@optique-franquin.com
Ouvert du lundi au samedi de 9h à 12h30 et de 14h30 à 19h.

A l'entrée de la vieille ville, ce joli magasin affiche une charmante et originale devanture en bois. Un magnifique écrin pour un grand choix de montures tous styles dont de grandes marques : John Galliano, Chanel, Tomford, Vuarnet... En cas de questions concernant les verres, les lentilles, les montures de lunettes de vue ou de soleil, les conseils sont hautement professionnels et soigneusement adaptés aux besoins de chacun. Une écoute fort appréciable.

POUR VOS BEAUX YEUX
Vieux Nice
10, rue Alexandre Mari
✆ 04 93 01 69 25
nice@pourvosbeauxyeux.com
Du lundi au samedi de 10h à 19h.
Opticien et collectionneur passionné, Charles Mosa (plus de 30 ans de métier !) installe au sein d'une ancienne chemiserie niçoise un magasin d'optique 100 % vintage. Véritable cabinet de curiosité tout en bois, vous trouverez entre ces murs historiques d'authentiques lunettes vintage collector jamais portées auparavant à l'image des Ray Ban made in USA gravées B & L sur les verres destinées aux pilotes d'avion pour ne pas dénaturer leur vision des couleurs. Les plus vieilles montures proposées ici datent de 1890 et les plus récentes de 1990. Côté prix, il y en a pour tous les budgets. On adapte aussi vos verres correcteurs modernes sur des modèles anciens, y compris les verres progressifs. L'équipe d'opticiens diplômés est professionnelle : leurs conseils allient confort visuel et esthétisme, le tout pour vos beaux yeux évidemment.

Prêt-à-porter

■ **ABAKA**
Zone piétonne
6, rue de France
✆ 04 93 80 56 77
www.abakashop.com
abakashop@gmail.com
Ouvert le lundi de 14h à 19h30 et du mardi au samedi 10h à 12h30 et de 14h à 19h30. Vente en ligne.
Dédiée aux silhouettes urban chic, cette boutique est réservée à la mode masculine. Cette lumineuse et élégante enseigne regroupe ainsi des marques de prêt-à-porter telles que Bleu de Paname, Carhartt, Edwin, Norse Projects, Bérangère Claire, Nike, Pointer et propose également un large choix d'accessoires adaptés permettant de compléter toutes les tenues : casquettes, chapeaux, sacs, ceintures, chaussures et baskets.

■ **AGNÈS B. HOMME** .... Homme
Vieux Nice
7, rue Jules Gilly
✆ 04 97 08 13 68
http://europe.agnesb.com
Ouvert du lundi au samedi de 10h à 19h en hiver et du lundi au vendredi de 10h30 à 19h30, le samedi de 10h à 19h30 en été. Fermeture plus tardive en période de soldes.
Les hommes ont eux aussi leur boutique Agnès B. Messieurs, dans ce petit magasin très joliment agencé, vous trouverez votre bonheur parmi une sélection de pantalons, T-shirts classiques ou imprimés, chemises, cardigans, pulls ou encore costumes, manteaux, vestes et divers accessoires modernes toujours à la pointe de la mode.

■ **BÉBÉ INÉDIT** .... Enfant – Junior
Carré d'Or
5, rue Alphonse Karr
✆ 04 93 88 71 01
www.bebeinedit.fr
Ouvert du lundi au samedi de 10h à 19h
Depuis 2001, cette adresse inédite à l'ambiance douce et cosy propose une sélection d'articles originaux et variés pour l'enfant : layettes, bijoux, chaussures, peluches, linge de lit et accessoires. Famille et amis du futur bébé pourront préparer ici sa naissance mais également son baptême ou ses premières années. Les marques incontournables sont bien représencées : Tartine et Chocolat, Les Enfantines, Bébé Coeur, Numaé... A l'origine de ce concept, deux mamans désirant apporter un concept novateur autour du cadeau de naissance.

■ **CAPE COD** .... Femme
Carré d'Or
3, rue Alphonse Karr / 1, rue François 1er
✆ 04 93 82 20 05
Tram : arrêt Jean Médecin
Ouvert du lundi au samedi de 10h à 19h.
Cap sur le look dans cette élégante boutique. L'accueil personnalisé, les sourires et la complicité de Valérie et Barbara animent ce bel espace à l'esprit de loft new-yorkais. Murs de petites briques, dégradés de gris et matières nobles servent d'écrin aux collections de vêtements, accessoires et chaussures signées Paul & Joe, American Retro, Closed, Paul Smith, Quiet... De nouvelles marques chics et abordables complètent les gammes familières dont les bottes américaines Frye USA. Expertes en mode depuis plus de dix ans, Valérie et Barbara offrent du temps et des conseils à leurs clientes actives et branchées. Une approche de relooking, une parfaite connaissance des collections et leurs regards attentifs aident en confiance à définir son style pour chaque moment de la journée. Tailleur pour travailler, robe pour sortir, jean et chemise *trendy* s'associent savamment à une foule d'accessoires ciblés : sacs, ceintures, bijoux et foulards.

■ **CARLA B** .... Femme
Centre-ville
33, avenue Jean Médecin
✆ 04 93 87 60 11
Tram : arrêt Jean Médecin
♿
Ouvert toute l'année du lundi au samedi de 10h à 19h30. Vêtements femme. Chaussures. Accessoires.
Au cœur de Nice, Carla B propose les dernières tendances entièrement destinées à la femme : prêt-à-porter, tenues de soirées, chaussures et accessoires (foulards, ceintures...). Tout est réuni pour passer un bon moment shopping et être à la pointe de la mode. L'accueil est agréable et chaleureux, les conseils judicieux et promulgués avec soins. Les prix sont très abordables.

■ **CATIMINI** .... **Enfant – Junior**
Centre-ville
24, avenue Jean-Médecin
Centre Commercial de Nice Etoile
✆ 04 93 85 21 55
www.catimini.com
Tram : arrêt Jean Médecin
Ouvert du lundi au samedi de 10h à 19h30. Ouvert le dimanche à partir d'octobre.
Une marque de vêtements pour enfants, avec des collections irrésistibles aux couleurs toujours très éclatantes. Catimini est le spécialiste des petits en matière d'habillement pour les 0 à 16 ans. Ce magasin propose une panoplie d'habits, d'accessoires, de peluches dans des tons vraiment attrayants. Pour coordonner les tenues, vous trouverez des collants, des chaussettes, des casquettes, des ceintures... tous assortis aux thèmes de l'année. Du shopping à faire en famille à des prix déjà élevés ! Mais c'est si beau !

■ **BY COLETTE**
Centre-ville
31, avenue Jean-Médecin
✆ 04 93 88 74 62
Ouvert du lundi au vendredi de 10h à 19h15. Le samedi ouvert de 10h à 19h30.
Une boutique sympa et branchée, des vêtements, des gadgets, des accessoires, des chaussures et des objets de déco qui se remarquent... By Colette, c'est l'entente parfaite de trois espaces bien distincts consacrés au prêt-à-porter masculin et féminin mais aussi une surface entièrement dédiée à la décoration pour la maison et autres gadgets insolites, fun et à la mode (tirelire, Tuperware, coussins...), le tout dans un esprit contemporain très tendance.

■ **COP. COPINE** .... **Femme**
Vieux Nice
17, rue de la Préfecture ✆ 04 93 80 72 38
www.cop-copine.com
Ouvert les lundis, mardis et jeudis de 10h à 13h30 et de 14h30 à 19h. Les mercredis, vendredis et samedis de 10h à 19h et le dimanche de 10h à 13h30 et de 14h30 à 18h30.
Parmi ses 42 magasins en France, Cop. Copine a choisi la rue de la Préfecture dans la vieille ville pour poser ses bagages. La petite boutique, intimiste et cosy, vous accueille tous les jours pour vous présenter les nouvelles collections modernes et épurées de la marque. Mesdames, vous trouverez ici votre bonheur. A noter que des accessoires et des chaussures sont également présentés.

■ **CUSTO BARCELONA** .... **Femme**
Vieux Nice
23, rue de la Préfecture ✆ 04 93 13 91 47
www.custo.com
Ouvert tous les jours sauf le lundi de 10h à 19h.
Custo Barcelona a su trouver ses marques au cœur du Vieux Nice. Parée de grandes baies vitrées, la boutique fraîche, moderne et épurée propose pour la femme des modèles tendances et totalement ancrés dans l'air du temps. Coloris, motifs, coupes précises ou encore matières soigneusement sélectionnées, vous serez en parfaite harmonie avec vous-même. La marque a d'ailleurs reçu plusieurs distinctions pour la qualité de ses produits. Ici, les hôtesses vous livreront tous les conseils dont vous avez besoin, il suffit de demander ! Une boutique immanquable.

■ **DÉSERT**
Carré d'Or
9, rue Alphonse-Karr ✆ 04 93 16 17 60
Tram : arrêt Masséna
Ouvert du lundi au samedi de 10h15 à 19h. Pour la boutique de droite, ouvert de 10h15 à 13h et de 14h à 19h.
On propose ici une jolie gamme de vêtements multimarques : Isabel Marant, Marc by Marc Jacobs, Forte-Forte, Vanessa Bruno, Tsumori Chisato, Martin Margiela, Zucca, Lilith, Hache, Miller & Ribertaux, Mina Perhone, Barbara Lang ainsi que des chaussures Trippen et Alberto Fermani. De quoi être habillé de la tête aux pieds !

Autre adresse : 1, rue Alphonse-Karr – 04 93 16 17 10

■ **EKYOG**
Carré d'Or
12, rue Alphonse-Karr ✆ 04 93 91 27 18
www.ekyog.com
ekyog.nice@orange.fr
Tram : arrêt Masséna
Ouvert du lundi au samedi de 10h à 19h.
Cette enseigne bretonne parie sur les matières 100 % biologiques et équitables pour une mode féminine durable et solidaire qui comble toutes les âmes et tous les styles : soie pure, cotons d'Inde ou d'Afrique, textures issues de végétaux, laine angora... composent ainsi les matières nobles, douces et vaporeuses d'une collection qui n'abandonne rien à la tendance. Les vêtements *fashion* et glamour sont confortables et transformables à souhaits tandis que les détails joliment travaillés et les superpositions originales s'accordent à toutes les silhouettes. Les conseils avisés et prévenants de la responsable des lieux sont précieux, et la part des bénéfices reversée à des associations humanitaires finit de nous charmer.

■ **ESPACE HARROCH** ....**Homme – Femme**
Carré d'or
7, rue Paradis ✆ 04 93 82 50 23
www.espace-harroch.com
contact@espace-harroch.com
Ouvert du lundi au samedi de 10h à 19h.
Une boutique très classe sur plusieurs niveaux – hommes et femmes – pour être élégant en toute occasion. On retrouve des marques comme Balenciaga, Alaïa, Givenchy Cavanna... Un espace féminin et des accessoires habillés dans un véritable jardin intérieur.

■ **EXIT**
Centre-ville
11, avenue Notre-Dame ✆ 04 93 80 96 85
Tram : arrêt Jean Médecin
Ouvert du lundi au samedi de 10h à 13h et de 14h à 19h.
Autour de la table centrale au cœur d'une déco en noir en blanc, les portants de cette boutique multimarques pour femmes affichent la tendance chez Cop-copines, Sinéquanone, Eleven, Taboo, Sandwich, La Fée Maraboutée... Chaussures, ceintures, foulards, bijoux et maroquinerie complètent l'offre de cette boutique en angle dont l'espace est lumineux. Depuis la cabine derrière

le rideau fleuri, on est guidé par les précieux conseils de Marion qui œuvre avec le sourire dans les lieux depuis plus de 20 ans.

■ FASHION CAFÉ .... Homme – Femme

Centre-ville

9, avenue Thiers ✆ 04 93 82 21 40

Commande en ligne possible. Boutique de prêt-à-porter et salon de coiffure accolé ouvert du lundi au samedi de 9h30 à 19h30..

Fondé dans les années 1990, Fashion Café propose une collection de vêtements et divers accessoires pour toute la famille. Hommes, femmes et enfants trouveront ainsi leur bonheur parmi des nouveautés sans cesse renouvelées avec un bon rapport qualité/prix. Le magasin est moderne et tendance, le service agréable et l'accueil charmant. Pour les commandes *via* le site web, le paiement est sécurisé et la livraison rapide. Collé à la boutique, le salon de coiffure vous accueille également sur rendez-vous.

■ H&M

Centre-ville

54, avenue Jean-Médecin ✆ 04 92 47 87 50

Tram : arrêt Gare Thiers

Ouvert du lundi au samedi de 10h à 19h et le dimanche de 11h à 19h.

Présent dans 35 pays, H&M propose toute une gamme de vêtements pour hommes, femmes et enfants à des prix abordables. Le magasin de Nice comporte trois étages (enfants, femmes-hommes, sous-vêtements féminins et vêtements femmes). On trouve un grand choix de vêtements bio et des collections élaborées par des personnalités (Madonna, Kylie Minogue…). A noter, l'originalité de certains accessoires (bracelets en cuir, ceintures originales, sacs, chapeaux, casquettes). Il ne faut pas hésiter à fouiner, on trouve toujours quelque chose de sympa et de vraiment pas cher.

■ K&W .... Femme

Centre-ville

62, rue Gioffredo ✆ 04 93 76 75 46

Tram : arrêt Masséna. Parking Masséna

Ouvert du lundi au samedi de 9h à 19h sans interruption. Juillet et août de 9h30 à 19h30. Vêtements, accessoires, chaussures femme. CB à partir de 20 € d'achat. Chèques non acceptés.

K&W propose des vêtements tendance pour femmes ainsi que des collections d'accessoires originales : sous-vêtements, ceintures, foulards, sacs, besaces et autres bijoux à la mode. Découvrez également l'étage entièrement consacré aux chaussures (du 36 au 41). Cette boutique connue par une très bonne partie des Niçoises est extrêmement appréciée, notamment pour ses prix arbordables mais également pour ses nombreuses promotions proposées tout au long de l'année (hors période de soldes).

■ LES MISTINGUETTES

Vieux-Nice

12, rue du Pont Vieux ✆ 04 93 91 86 39

lesmistinguettes@orange.fr

Ouvert tous les jours sauf le dimanche de 11h à 19h.

Les collections espagnoles, anglaises et italiennes soigneusement sélectionnées par Rachel et Dorothée dans cette jolie boutique affichent un dress code rétro-chic. Dédiée aux créateurs de mode féminine, cette adresse expose des marques de vêtements résolument glamour et girly (Manoush, Fairly, Lollipops, Bonsui, Orion london, Diksi et Lady Lou prêt à porter…) dans un décor chaleureux teinté de rose à l'ambiance douce et romantique où on chine également parmi le choix d'accessoires variés qui complètent les silhouettes : sacs, bijoux et pochettes signés Petite Mendigote et Hanna Wallmark.

■ MY ABSOLUTE .... Homme – Femme

Centre-ville

44, rue de France

myabsolute@hotmail.fr

Ouvert du lundi au samedi de 10h à 19h.

C'est dans une ambiance moderne, dynamique et branchée au cadre totalement épuré que ce magasin vous accueille du lundi au samedi. Ici, vous trouverez tous vos indispensables de mode et prêt-à-porter masculin et féminin ainsi qu'une gamme d'accessoires tendances. La musique *lounge*, l'accueil souriant et les précieux conseils vous permettront de profiter pleinement de votre pause shopping.

■ PRISE DE VUE

Zone piétonne

7, rue de France

✆ 04 93 82 00 81

prisedevue@numericable.fr

Prix d'un maillot de bain selon marques à partir de 50 €. De février à septembre de 10h à 19h.

Banana Moon, Pain de Sucre, Kiwi Saint-Tropez, Livia, Freya, Huit, Gottexe… chaque ensemble est proposé avec ses accessoires pour compléter votre tenue estivale (*beachwear*, paréos, serviettes, foulards, tongs et sacs de plage). Femmes et enfants trouveront forcément leur bonheur dans cette petite boutique très bien fournie. A noter qu'il est possible de dépareiller les hauts des bas, idéal pour les silhouettes avec des formes. Les conseils des vendeuses très sympathiques ajoutent à la qualité du lieu. Les prix sont un peu élevés mais la qualité et la beauté des produits le valent bien ! Pour les budgets les plus serrés, profitez des promos en fin de saison à prix malins. Chic, mode ou fantaisie, vous serez chaque été la reine de la plage !

■ RICRY .... Homme

Centre-ville

48, avenue Jean Médecin

✆ 04 93 85 16 79

www.ricry.fr

sarlricry@wanadoo.fr

Maison familiale fondée en 1946. Spécialiste des costumes hommes. Ouvert du lundi au samedi de 9h à 12h et de 14h à 19h. Ensemble costume-chemise-cravate : 100 €.

Les hommes trouveront leur bonheur dans cette boutique qui leur est entièrement dédiée. Ricry propose depuis des années des costumes confortables à prix doux : chemises manches longues et courtes, vestes, pantalons ainsi qu'une gamme variée d'accessoires tels que des chaussures, cravates et ceintures. Dans un style totalement différent, le magasin dispose également d'un rayon plus moderne, branché et décontracté avec des jeans, pantacourts, T-shirts colorés, polos, pulls…

■ **SERGENT MAJOR .... Enfant – Junior**
Riquier
15, boulevard Général-Louis-Delfino
Centre Commercial Nice TNL
✆ 04 92 00 08 27
www.sergent-major.com
Ouvert du lundi au samedi de 9h à 20h30.
Cette boutique dédiée à l'univers des enfants propose layettes, vêtements (de 2 à 14 ans) aux finitions parfaites de très bonne qualité mais également des accessoires. Profitez de la carte fidélité dès votre premier achat, valable ensuite dans toutes les enseignes Sergent- Major à chaque passage en caisse.

Autres adresses : Centre Commercial Nice Etoile 30, avenue Jean-Médecin Tél. 04 93 80 01 35 • Centre Commercial Nice Lingostière – RN202 Tél. 04 92 29 13 27

■ **THE KOOPLES .... Homme – Femme**
Carré d'Or
11, rue Paradis ✆ 04 93 87 01 78
www.thekooples.com
Ouvert du lundi au samedi de 10h à 19h30 et le dimanche de 10h à 19h.
Dédiée à la mode pour hommes et femmes, cette marque chic et branchée décline ses campagnes de promotion en affichant des couples au look tendance.

Autre adresse : Galerie Lafayette – 6, avenue Jean Médecin – 04 93 92 37 07 (espace homme), 04 93 79 23 52 (espace femme)

■ **TYCHE VALÉRIE**
Le Port – 6, rue Arson
✆ 04 93 89 51 83 / 04 93 26 31 62
www.tyche-valerie.com
Tram : arrêt GaribaldiParking offert pour tout achat (parking du port)
Ouvert du lundi au samedi de 10h15 à 12h15 et de 14h15 à 18h15.
Cette élégante boutique met du soleil dans toutes les saisons. Spécialiste incontournable du maillot de bain pour femme depuis plus de 40 ans à Nice, cette adresse assure une fabrication 100 % française de ses modèles ainsi que de ses accessoires (paréo, chemise, pantalon, boléro). Les coupes sont tendances ou plus classiques. Les matières sont belles, les formes, les couleurs et les imprimés sobres ou fantaisistes sont des plus variés. Il y en a pour tous les goûts et toutes les silhouettes sont assurées de trouver leur bonheur. Petit plus : possibilité de se faire confectionner sur-mesure un maillot de bain spécifique médical adapté pour rester élégante et féminine y compris à la plage.

Tailleurs – Sur mesure

■ **HOMME 5**
Centre-ville – 5, rue Vernier
✆ 04 93 87 56 31
www.homme5.com
homme5ruevernier@gmail.com
Ouvert le lundi de 14h à 19h, du mardi au samedi de 10h à 12h30 et de 14h à 19h. Tailles du 36 au 70.
Dans cette caverne d'Ali Baba spécialiste du *relooking*, la gente masculine trouvera son bonheur. David – le patron et fondateur du magasin – met à l'œuvre son talent au service d'une clientèle de plus en plus exigeante. Vous dénicherez le costume qui vous convient, 100 % réalisé sur mesure en fonction de vos goûts et de votre budget grâce aux différentes marques de produits haut de gamme de grande qualité. L'efficacité, la rapidité, la confiance et la nouveauté sont les maîtres mots de cette boutique hors du commun.

Autre adresse : 28 avenue de la république – Beausoleil – 04 93 17 32 23

■ **RICRY**
Centre-ville
48, avenue Jean Médecin
✆ 04 93 85 16 79
Voir page 195.

© ANDRES RODRIGUEZ - FOTOLIA

Multimédia Image – Son

Image – Son

■ ARTA PHOTO

Centre Ville – 8, rue de France
✆ 04 93 87 14 46 – www.artaphoto.com
Ouvert du mardi au samedi de 9h30 à 12h30 et de 14h30 à 19h30.
Spécialiste des marques Leica, Nikon et Canon, c'est l'une des plus vieilles boutiques de Nice en la matière : que vous soyez simple amateur ou photographe professionnel, les conseils avisés de l'équipe d'Arta Photo éclaireront votre esprit quant au choix de votre futur appareil neuf ou d'occasion, toutes marques confondues, du numérique dernier cri au boîtier *vintage* quasi introuvable.

■ COUDERT

Centre ville – 14, Rue Tonduti de l'Escarène
✆ 04 93 80 96 10 – www.coudert.tv
Ouvert du lundi au samedi de 10h à 19h
Pour que le son et l'image restent synonyme de plaisir, vous trouverez chez ce spécialiste une sélection de produits (écrans plats, vidéoprojecteurs, enregistreurs, enceintes, amplis, platines disques, domotiques, cadres photos, télécommandes, meubles, casques d'écoute...) de grandes marques (Bose, Sonos, Loewe...). L'équipe, très professionnelle, personnalise vos projets et s'occupe aussi de la mise en place de votre matériel. Un savoir-faire inégalé.

■ IMAGES PHOTO

Centre-ville – 24, rue Hôtel des Postes
✆ 04 93 01 52 25
www.nice.images-photo.com
Fermé le lundi. Ouvert de 10h à 12h30 et de 13h30 à 19h.
Passionnés de photos et d'images, les plus grandes marques trouvent ici une place de choix : Canon, Nikon, Sony, Pentax, Panasonic, Olympus, Epson, Profoto, Elinchrom, Lastolite, Ilford, Fuji, Kodak... Appareils photos, accessoires, éclairages de studio ou consommables, vous trouverez ici votre bonheur en neuf ou version d'occasion ! Seul bémol : les vendeurs sont souvent très occupés (succès oblige), il faut donc s'armer de patience pour que l'on s'occupe de vous. Possibilité d'achat en ligne.

Informatique – Internet

■ ADMI COMPUTER

38, boulevard Joseph-Garnier ✆ 04 92 079 079
www.admistore.fr – info@admistore.fr
Ouvert du lundi au samedi de 9h30 à 12h et de 14h à 19h. Spécialiste de l'informatique. Vente, centre de réparation.
Besoin d'acheter un nouveau PC, une batterie, un chargeur ou un accessoire ? Votre ordinateur est en panne et vous ne savez pas à qui le confier ? L'entreprise Admi Computer sera peut-être votre solution. Spécialiste en informatique, ces professionnels qualifiés sont capables de répondre correctement à votre demande. Les techniciens répareront votre ordinateur, peu importe la marque. Vous trouverez également dans cette boutique au décor clair et épuré de nombreux accessoires : disques durs externes, lecteur DVD, câbles, claviers et souris… Sans oublier son stock en téléphonie mobile. Accueil très sympa.

■ LA CLINIQUE INFORMATIQUE

Centre Ville – 16, rue Foncet ✆ 04 93 13 89 81
www.lacliniqueinformatique.com
Ouvert du lundi au vendredi de 8h à 12h et de 14h à 18h30. Zone d'intervention PACA.
On soigne vos ordinateurs ! Et rien que pour eux, on a aménagé dans cette boutique une salle d'attente, une salle de consultations et un bloc opératoire pour des traitements actés. Particuliers ou professionnels, votre ordinateur vous lâche ? Ne cédez pas à la panique car à la Clinique de l'Informatique, on opère votre ordinateur en urgence. On s'occupera aussi de la maintenance, de votre messagerie professionnelle, de la sauvegarde et du stockage de données sécurisés ainsi que de la sécurité réseaux, sécurités anti-intrusions et sécurités antivirales ! Info très futée : le service des urgences est disponible 24h/24 et 7j/7.

■ INFOBIS

Port – 29, rue Arson ✆ 04 93 56 13 30
www.infobis.fr
Ouvert du lundi au samedi de 9h30 à 12h et de 14h30 à 19h. Service technique Tél. 04 93 56 38 37, 3 techniciens sont à votre service pour tout dépannage ou réparation, devis gratuit. Service commercial Tél. 04 93 56 13 30. 3 vendeurs en magasin pour répondre à vos demandes. Possibilité de paiement jusqu'à 10 fois sans frais et une extension de garantie jusqu'à 3 ans.
Vous êtes quelque peu novice en informatique et avez besoin d'un conseil, d'une réparation ou d'un dépannage ? N'attendez plus et faites appel à Infobis. En boutique, vous trouverez une sélection de PC et Mac neufs, des solutions d'impression, des cartouches d'encres, des Toners pour laser, des disques durs externes ou encore des CD et DVD vierges et connectiques. Vous pourrez également vous procurer des pièces informatiques neuves sous les conseils des vendeurs professionnels. Sans oublier la résolution de vos problèmes de dépannage et réparation : installations diverses, virus, formatages, soucis matériels… Infobis met également à votre disposition un système de dépannage à domicile sous forme de forfait dans le département ainsi qu'une carte privilège vous permettant d'obtenir des tarifs réduits sur certains produits.

■ EUROLOCATION INFORMATIQUE
16, rue Louis-Génari ✆ 04 92 04 26 00
www.eurolocation.fr
contact@eurolocation.fr
Ouvert du lundi au vendredi de 9h à 12h et de 14h à 18h. Tarifs des objets à la location disponible sur le site Internet.
Si vous ne voulez pas emporter avec vous tout votre arsenal informatique lors de votre voyage, louez directement sur place votre matériel informatique, vidéos et sons par le biais de cette agence spécialisée.

■ MCS – MCS APPLE PREMIUM RESELLER
Gambetta
7, rue Dante ✆ 04 93 97 77 77
nice@mcs.fr
Du lundi au samedi de 9h30 à 12h30 et de 14h30 à 18h30.
Les accros à la pomme ont trouvé leur paradis. MCS – Apple Premium Reseller est le sanctuaire des produits Apple, de l'Ipod au Mac Pro sans oublier l'incontournable Iphone. Les produits phares de la marque sont en démonstration permanente. Chez MCS, vous trouverez également une multitude d'accessoires, de logiciels et de fournitures de la marque Apple. Le personnel est hautement qualifié et saura vous orienter et répondre à vos questions, même les plus expertes.

Téléphonie

■ THE KASE NOUVEAU
Centre Ville
24, avenue Jean Médecin
Centre Commercial Nice Etoile N-0
✆ 04 93 62 09 82
Voir page 27.

Photo

■ JEAN-LOUIS MARTINETTI
Vieux Nice – 17, rue de la Préfecture
✆ 04 93 85 61 30
www.martinetti.fr
jlm@martinetti.fr
Marque pages 0,70 €. Poster 50 x 70 : 2,50 €, 40 x 60 : 2,50 €. 5 posters 10 €. Ouvert du mardi au samedi de 10h30 à 12h30 et de 15h à 19h.
Jean-Louis Martinetti est un photographe niçois de renom. Depuis plus de 30 ans, il immortalise le patrimoine, l'architecture et le paysage azuréen ainsi que l'arrière-pays niçois. Dans sa petite boutique de la vieille ville, vous trouverez également une déclinaison de ces photos sur cartes postales, cartes de vœux, posters ou « mark'pages ». Jean-Louis dispose aussi d'une photothèque importante à son actif avec des séries d'images incroyables comme celles du Grand Prix de F1 en Principauté de Monaco datant des années 1930 en noir et blanc, ou colorisées. Petit plus futé : possibilité de réaliser des encadrements sur mesure.

■ OLIVIA MAROCCO
✆ 06 70 95 38 55 – www.olivia-marocco.com
olivia@olivia-marocco.com
Devis sur demande.
Cette jeune et talentueuse photographe franco-anglaise se déplace sur toute la Côte d'Azur et bien au-delà pour réaliser tout type de reportages photographiques. Des photos de mode aux portraits plus intimistes de grossesses ou de couples en passant par des reportages dans l'événementiel, son objectif capte sans relâche la bonne prise, le bon angle et le plus petit détail pour immortaliser vos plus beaux instants. On aime sa touche sensible et artistique plus que bienvenue.

Musique

Disquaires

■ FNAC
Centre Ville – 44-46, avenue Jean-Médecin
✆ 0825 020 020
Voir page 186.

■ HIT IMPORT
Centre Ville – 11, rue Lépante
✆ 04 93 62 38 54 – www.hitimport.com
hitimport@wanadoo.fr
Ouvert du lundi au samedi de 10h à 19h.
Ouverte depuis plus de 20 ans, cette boutique jadis exclusivement dévolue au rock, au hard rock, au métal, au punk et à la new wave a élargi sa gamme au cours des années en intégrant l'électro, la techno, le reggae et le gothique. C'est le point de ralliement de tous les mélomanes passionnés avides de conseils et d'échanges. Hit s'efforce de présenter tout ce que les autres enseignes ne couvrent pas en musique rock au sens très large et déniche les valeurs montantes avant qu'elles ne soient connues en France.

■ SONIC IMPORT
Centre Ville – 15, avenue Maréchal-Foch
✆ 04 93 53 48 39 – www.sonic-import.com
contact@sonic-import.com
Ouvert du lundi au samedi de 10h à 12h et de 14h à 19h.

Une musique vous trotte dans la tête ? Vous recherchez un titre, un artiste, une nouveauté, une compilation, un classique ou une bande originale de film ? Vous trouverez sans aucun doute le son que vous désirez dans cette boutique très sympatique qui dispose de plus de 900 000 références ! Du CD au DVD en passant par les vinyles, les CD deux titres ou les vidéos, tous les formats sont disponibles. Sonic-Import, c'est également un cyber-disquaire très efficace dont le site Internet, facile d'accès, réunit l'un des plus vaste choix de musiques au monde pour toute commande en ligne.

Instruments – Matériel

■ GATTI MUSIQUE

Centre Ville
7, rue Hancy ✆ 04 93 62 00 04
www.gattimusique.fr
gattimusique@orange.fr
Ouvert du mardi au vendredi de 9h30 à 12h et de 14h30 à 19h ; le samedi de 10h à 12h et de 14h30 à 18h30.
Ouvert depuis 1870, ce magasin est une grande histoire de famille. C'est le fruit d'une passion entre des musiciens et une région, entre la tradition et les techniques nouvelles. Vous découvrirez un large choix d'instruments de musique : guitares, claviers, cuivres et sono avec un petit coup de cœur pour les percussions car le rayon cymbales et batteries - neuves ou d'occasion - est largement fourni. A noter également la qualité de l'écoute de l'équipe composée de spécialistes.

■ GUITAR MANIAC

Centre Ville
15, rue Lépante
✆ 04 93 80 57 17
www.guitarmaniac.com
guitarmaniac06@gmail.com
Ouvert du lundi au vendredi de 10h à 12h et de 14h à 19h.
Des célèbres Gibson au non moins recherchées Fender, Rich, Ibanez ou Jacskon, vous trouverez tout ce qu'il se fait de mieux, de plus cher, de plus design ou encore le meilleur rapport qualité prix en matière de guitares. En permanence, plus d'une quinzaine de marques sont présentées en magasin. Vous trouverez également un choix important d'amplis et accessoires de toutes sortes. Problème de mécanique, de micros, de réglage ? Aucun souci, un atelier spécialisé – lutherie et électronique – est également à votre disposition.

■ PIANO AZUR

Cessole
10, rue Clément-Ader
✆ 04 93 52 32 05 / 06 22 91 02 32
www.pianoazur.com
nice@pianoazur.com
Ouvert du lundi au vendredi de 8h à 12h et de 15h à 20h ; le samedi de 8h à 12h.
Depuis plus de 25 ans, Jean-Louis Sacco et Marie-Brigitte Duvernoy – deux passionnés de musique – sévissent sur tous les pianos de la région. Maître artisan, grand Prix des métiers d'art et Meilleurs Ouvriers de France... à eux deux, les distinctions n'en finissent pas. Les pianos Roccoco, Bechstein, Erard, Pleyel... n'ont aucun secret pour eux. C'est donc une petite entreprise artisanale qualifiée avec un atelier spécialisé en restauration de pianos anciens et modernes, pianofortes, pianos d'art et harmoniums. A noter également la possibilité de louer des pianos pour des expositions.

■ PIANOS GUGLIELMI & FILS

Centre-ville
8, rue Lépante
✆ 04 93 62 14 91
www.pianosguglielmi.com
Ouvert tous les jours de 10h à 19h.
Voilà plus d'un siècle que cette enseigne se met au service de la musique ! De générations en générations, les facteurs réparateurs des pianos de la Maison Guglielmi vous reçoivent dans la bonne humeur avec passion et grand professionnalisme dans leur boutique où les ateliers côtoient le hall d'exposition où sont exposées toutes les grandes marques du piano, du modèle d'étude au piano de concert.

■ PRIVILÈGE ACOUSTIQUE

Centre Ville
38, rue Gioffredo
✆ 04 93 80 80 37
privilegeacoustique@9business.fr
Ouvert le lundi de 15h à 19h ; le mardi et du jeudi au samedi de 11h à 12h et de 15h30 à 19h. Fermé le mercredi.
Enceintes, haut-parleurs, électroniques à tubes, à transistors et numériques, câbles et accessoires... Vous trouverez chez Privilège Acoustique tout le nécessaire indispensable neuf ou d'occasion pour transformer votre salon en salle de concert ! C'est une boutique incontournable pour les passionnés de son et les professionnels de musique. Les conseils sont judicieux et le rapport qualité prix intéressant.

SHOPPING – MODE – CADEAUX

Sports

■ **ENDURANCE SHOP**
Centre-ville – 3, rue Chauvain
✆ 09 67 18 73 61 – www.enduranceshop.com
Boutique ouverte le lundi de 14h à 19h. Du mardi au dimanche, de 10h à 19h. Service client ouvert de 9h à 18h du lundi au samedi.
Débutant, amateur ou confirmé, vous trouverez ici chaussures à votre pied ! La gentillesse et le professionnalisme des vendeurs ajoutent à la qualité du lieu car en plus d'être bien conseillé, votre foulée sera également analysée afin de mieux sélectionner votre paire de running et vous guider dans votre choix. La boutique propose aussi des textiles, des appareils électro, des accessoires, des montres chronos ainsi que des produits diététiques pour des sorties running complètes.

■ **SP'IN**
Plaine du Var
302, route de Grenoble ✆ 04 93 71 71 71
www.spin-france.com
contact@spin-france.com
Ouvert du lundi au samedi à partir de 9h et jusqu´à 20h. Non-stop. Snack Le Sportif Gourmand sur place. Parking gratuit. Articles de sport : neuf et dépôt vente.
SP'IN = **SP**ort Mal**IN** ! Sur près de 600 m², vous trouverez tout ce dont vous aurez besoin pour pratiquer votre activité sportive favorite : verticalité, ski, randonnée, rollers, slacklines, plongée sous-marine, kite surf... Les amateurs de canyoning et de Via Ferrata pourront aussi y louer le temps d'une journée (ou plus) leur équipement : le magasin ouvre spécialement à cet effet les dimanches et les jours fériés de 7h30 à 10h et de 18h à 20h. La boutique travaille également en étroite collaboration avec la cordonnerie Carlone : déposer vos chaussons d'escalade chez SP'IN pour les faire ressemeler par un pro et en attendant de les récupérer, on vous en prête une paire gratuitement. Si vous avez envie de faire du sport mais que n'avez pas forcément envie d'investir dans du neuf, si vous recherchez du matériel de haut niveau à moindre coût ou si vous posséder du matériel sportif en bon état mais que vous ne vous en servez plus, faites appel à l'équipe de chez SP'IN : sac de golf, pneus VTT, vélo, planche de surf... auront peut-être droit à une seconde vie. Très futé ! Se renseigner sur place pour conditions de reprise.

Enseignes généralistes

■ **CITY SPORT**
Plaine du Var – 272, boulevard du Mercantour
✆ 04 93 21 26 10 – www.citysport.fr
Ouvert du lundi au vendredi de 10h à 12h et de 14h à 19h ; le samedi de 10h à 19h.
City Sport, c'est plus de 25 magasins à travers toute la France. Vous y trouverez tous les vêtements et chaussures nécessaires pour vos pratiques sportives. A Nice, vous trouverez plusieurs boutiques mais celle du quartier de la Plaine vaut le détour car c'est une boutique « déstock » : sur 600 m² vous trouverez des articles de la collection de l'année précédente ou tout simplement des fins de séries de marques à prix canons !

▸ **Autres adresses :** 146, rue de France 06000 Nice. Du lundi au samedi de 10h à 12h30 et 14h à 19h. • 7 Bis rue Halévy 06000 Nice • Centre Commercial Nice-Etoile. Ouvert du lundi au samedi de 10h à 19h30.

■ **DÉCATHLON**
Zone Commerciale Lingostière
590, boulevard du Mercantour
✆ 04 93 18 10 11
Ouvert du lundi au samedi de 9h à 20h.
Cette enseigne multisports est largement connue du grand public. Vous y trouverez tout (vêtements et accessoires) pour toutes les disciplines : sports collectifs, de raquettes, de glisse en passant par le golf, la course à pied, l'équitation, la gym, le vélo, la randonnée... A noter : présence d'un service atelier pour le marquage des maillots, les réparations de raquettes, le vélo, les rollers, l'entretien des surfs et skis. Chaque année, vous pourrez aussi profiter des nombreuses affaires lors des événements spéciaux comme la bourse aux échanges ou les trocs.

Boutiques spécialisées

■ **ALTICOOP**
Valrose – 1-2-3-4, rue Caroline
✆ 04 93 98 58 53 – www.alticoop.com
Ouvert le mardi et le samedi de 10h à 19h ; le mercredi de 10h à 12h et de 14h à 19h ; le jeudi de 10h à 12h et de 14h à 20h ; le vendredi de 10h à 20h.
Voici la plus grande boutique spécialisée sur Nice en ce qui concerne les sports et activités de montagne. Vous y trouverez absolument tout : vêtements hommes-femmes, matériel d'escalade, pour le ski de randonnée, le trekking, les raquettes, les chaussures, les sacs à dos, le couchage, le matériel pour la glace (piolets et crampons), les divers accessoires (boussoles, altimètres...), les réchauds et autres nourritures lyophilisées. A noter : un espace littérature avec différentes cartes et topos sur les canyons, via ferrata et voies d'escalade. Une autre adresse située rue Parmentier est quant à elle entièrement dédiée à l'univers du vélo.

▸ **Autre adresse :** 9 rue Parmentier Alticoop Vélo : vente et réparations (toutes marques) de cycles et accessoires. Tél. 04 93 98 68 28 ou e-mail : alticoop-velo@sfr.fr

BODY LANGAGE

Centre Ville
8, boulevard Raimbaldi ✆ 09 51 59 95 99
www.bodylangage.fr
Ouvert le lundi de 15h à 19h ; du mardi au samedi de 10h à 12h et de 14h30 à 19h.
Tutus, chaussons, collants, guêtres, pointes, rythmiques, jupettes, cache-cœur... Vous avez besoin d'une tenue particulière ou vous souhaitez renouveler votre équipement pour assurer vos cours de danse jazz, classique, salsa, claquettes, hip-hop ou moderne ? Ce petit magasin est fait pour vous. Véritable caverne d'Ali Baba qui dispose d'une foule de choses, n'hésitez pas à demander conseil car ici on vous aidera avec beaucoup de gentillesse. La boutique vend aussi des sac de sport où ranger vos affaires. Et si vous êtes à la recherche d'une promo, faites un petit tour sur le site !

DELTA PECHE

Nice Ouest
272, avenue de la Californie
✆ 04 93 71 35 83
www.delta-peche.com
Ouvert du mardi au samedi de 9h à 12h et de 14h à 18h.
Delta Pêche est né en 1997 de la passion d'un pêcheur niçois. Cette enseigne devenue en quelques années l'un des leaders de la vente par correspondance d'articles de pêche propose environ 82 000 références en ligne. L'équipe est constituée de passionnés de la pêche qui mettent tout en œuvre pour que la passion demeure. Un soin particulier est accordé à vos demandes, à l'emballage et l'expédition des colis. Au magasin, vous trouverez toute la gamme distribuée par l'enseigne tandis que vous pouvez également y venir retirer vos colis commandés en ligne.

FIGHTER SHOP

Centre Ville
4 bis, rue Blacas
✆ 09 83 05 80 59
www.fightershop.fr
contact@fightershop.fr
Ouvert du lundi au samedi à partir de 10h30 et jusqu´à 19h30. Livraisons possibles sur le département des Alpes-Maritimes et Var.
Fightershop est la référence en matière d'équipement des sports de combat et arts martiaux. Débutants, amateurs ou confirmés, vous trouverez ici tout ce dont vous aurez besoin pour pratiquer karaté, judo, jiu-jitsu brésilien, taekwondo, kenpo, aïkido, kung fu, luteboxe (anglaise, française, thaïlandaise), muay thaï, kick boxing (Full Contact), free Ffight (mixed martial arts) et tous autres sports de combat (krav-maga, daijido, self-défense, shindokaï-kan, kali, wushu, capoeira, body combat…). La boutique propose ainsi au total plus de 2 000 produits de grandes marques (Bad Boy, Booster, Century, ChampBoxing, Compressport, Cusley, DanRho, Excellerator, Everlast, Fairtex, Fuji, Hayashi, Human Fight, Isba, Joya, Kaiso, Kano, King, Ko Fight, Kwon, Lady Fighter, Legion Octagon, Montana, Nike, Queen, Reyes, Sensei, Shock Doctor, Sigmax, Tapout, Top Ten, Twins, UFC, Venum, Wicked One, X Fight et Zamst). Il est possible d'essayer sur place tous les équipements tels que sacs de frappe, PAO, pattes d'ours, plastrons ou ceintures de protection. Si vous êtes professionnels et que vous possédez une salle de sports, un club ou un dojo, vous pouvez aussi vous faire livrer le matériel acheté directement dans votre salle.

PLANET JOGGING

Centre Ville
14, avenue Félix-Faure ✆ 04 93 13 80 42
www.planetjogging.com
Ouvert le lundi de 14h30 à 19h ; du mardi au samedi de 10h à 19h.
La boutique est spécialisée dans l'univers de la course, du marathon aux courses extrêmes en passant par la marche, le trial ou la piste : vous trouverez donc ici forcément chaussure à votre pied pour bien courir mais également un rayon textile, des accessoires ainsi que des produits de soin et de diététique.

QUAI 34

Libération
6, rue Prince-Maurice ✆ 04 93 98 61 20
www.quai34nice.com
quai34@wanadoo.fr
Ouvert du lundi au samedi de 10h à 19h15.
La planète surf à nom : Quai 34. Sur neige, sur terre ou sur mer, la glisse est le maître-mot de cette boutique qui fut l'une des premières à faire la promotion de la planche à voile ! Récemment rénovée pour votre plus grand bonheur, vous trouverez tout le nécessaire dernier cri (matériel, vêtements et accessoires) pour pratiquer toutes ces nouvelles disciplines au nom très cool : kitesurf, wakeboard, ski, snow, surf, windsurf, skate, SUP... sans oublier l'inconditionnelle planche à voile.

LE SAMOURAÏ

Port – 54, rue Arson
✆ 04 93 89 53 74
www.nice-samourai.com
info@nice-samourai.com

Ouvert le lundi de 14h à 19h ; du mardi au samedi de 10h à 19h. Profitez des nombreuses promos sur le site Internet. Chèques non acceptés.

Depuis plus d'une quarantaine d'années, cette boutique est devenue incontournable dans l'univers des arts martiaux, boxe et sports de combat. Que vous soyez débutant ou expert, vous trouverez votre équipement ou les fournitures dont vous avez besoin pour la pratique de votre discipline : aïkido, judo, karaté, taekwondo, kung-fu, boxe, tai-chi, kendo, yoga, sambo, ninjutsu, entre autres. Un large panel parmi les kimonos, armes, protections, ceintures, sacs de frappe, chaussures, textiles, DVD, livres... Vous avez également la possibilité d'effectuer vos achats sur la boutique en ligne.

SPORT'EV SUB-MARINE

Port – 4, rue Béal ✆ 04 93 89 84 63
www.sub-marine.com
subnice@wanadoo.fr

Ouvert du lundi au samedi de 8h à 19h. Chèques vacances acceptés.

Dans les plus grandes marques, combinaisons, palmes, masques, détenteurs, bouteilles... vous trouverez tout le matériel pour la plongée ou l'apnée mais aussi pour l'aquagym ou la chasse sous-marine. Les conseils sont avisés et professionnels. Un rayon location de matériel de sport de plein air (canyoning, spéléo, escalade, trek...) est également disponible. Possibilité d'achat en ligne avec expédition sous 48h et de nombreuses offres promotionnelles.

Vêtements – Chaussures

SPORT LEADER

Centre Ville
22-26, avenue Notre-Dame
✆ 04 93 13 88 07
www.sportleader-nice.com

Ouvert du lundi au samedi de 10h à 19h.

Nike, Adidas, Reebok, Puma, Sergio Tacchini, Quiksilver, Roxy, Oxbow, Rip Curl, Levis, Umbro, Lotto, Vans, Sun Valley, Billabong, Banana Moon, Converse, Le Coq Sportif, Airness, O'Neill, Eastpack et Tommy Hilfiger... du maillot de foot aux lignes surfwear en passant par les tenues de tennis ou de fitness, tout est très fun et chic ! Un très grand rayon chaussures existe aussi avec plus de 600 nouveautés par saison et thématiques (loisirs, running, foot...).

Boutiques de club

BOUTIQUE OFFICIELLE DE L'OGC NICE

Vieux Nice
4, place Masséna
✆ 04 93 13 47 72
www.ogcnice.com
contact@ogcnice.com

Ouvert du lundi au samedi de 10h à 12h et de 14h à 19h.

Cette boutique ravira les supporters de l'OGC Nice : spacieuse, moderne et aux couleurs des Aiglons (rouge et noir), vous trouverez ici maillots officiels, bagagerie pour accompagner l'équipe en déplacement et autres produits dérivés pour votre plus grand bonheur.

Produits gourmands – Vins

© Florian Villesèche - Fotolia

Le marché du cours Saleya

Le marché aux fleurs du cours Saleya dans le vieux Nice est classé parmi les plus beaux marchés de France. Il se tient en plein air tous les matins jusqu'à 13h environ sauf le lundi où les brocanteurs investissent les lieux. Bordés de restaurants et de terrasses de cafés, ce marché laisse une grande place aux petits producteurs descendus des collines environnantes pour vendre légumes, fruits, fromages, huiles d'olives, pâte d'olives, tapenades... A noter qu'en début de marché se concentrent les fleuristes dont les bouquets peuvent être expédiés dans le monde entier.

- **Marché aux fleurs, fruits, légumes et alimentaire :** tous les jours sauf le lundi de 6h à 13h30.
- **Marché aux fleurs :** les mardis, jeudis et vendredis de 6h à 17h30. Les mercredis et samedis de 6h à 18h30. Le dimanche de 6h à 13h30.

APÉRITIV
Port
4, rue Cassini ✆ 04 83 55 37 09
Voir page 11.

■ CHÂTEAU DE CRÉMAT
Nice Ouest
442, chemin de Crémat
✆ 04 92 15 12 15
Ouvert à l'année. Accueil de groupes (minimum 5 pers.) sur RDV uniquement. Durée moyenne de la visite (français et anglais) 60 minutes.
Antoine Mari, négociant en vin, fit construire en 1904 le Château de Crémat, une bâtisse de style moyenâgeux Néo-Toscan caractérisée par sa grande tour à mâchicoulis et ses ornements rococos. Son objectif : faire revivre le vignoble de Bellet en transformant les galeries souterraines creusées par les Romains plusieurs siècles auparavant où étaient entreposés l'huile et le vin en caves à vins. Différents propriétaires se succédèrent ensuite. Puis en 1941, Pierre Thomé, propriétaire du château et président du Syndicat des vignerons, obtient le label AOC pour les vins de Bellet et redonne ses lettres de noblesse à ce précieux breuvage. A partir de 2001, le néerlandais Cornelius Kamerbeek réalise de nombreux investissements sur le domaine et réhabilite le château qui retrouve sa notoriété d'antan ainsi que le vignoble qui retrouve sa superficie historique de 25 hectares. Aujourd'hui site d'exception, l'endroit est idéal pour y organiser une réception. Depuis les jardins, on peut jouir d'une vue imprenable sur la Méditerranée.

■ LA BOUTIQUE DE L'OURSIN BLEU
Quai de l'amiral Courbet
VILLEFRANCHE-SUR-MER
✆ 04 93 01 90 12
www.restaurant-oursin-bleu.com
oursinbleu@club-internet.fr
Ouvert 7j/7 aux horaires d'ouverture du restaurant.
A côté de l'incontournable restaurant gastronomique L'Oursin Bleu, une boutique éponyme gérée par la même équipe ravira gourmands et fin gourmets ! Amateurs de macarons et chocolats haut de gamme, découvrez les confiseries délicates comme l'ice barre vanille croquant caramel version gâteau ou encore le tiramisu basilic citron avec sa mousse légère de Mascarpone lemoncello... Pour soi ou pour offrir, raffinement et douceur sont au rendez-vous de cette belle adresse.

Bio

■ ARGANE BIO
Centre-ville
35, avenue Maréchal Foch ✆ 04 93 62 86 12
www.arganebio.cdiet.net
Ouvert du lundi au vendredi de 9h à 19h30, le samedi de 14h à 20h. Formule 9,80 € (crudités + quiche) et 12 € (crudités + plat). Carte de fidélité.
Argane Bio cumule les passions de la beauté, de la santé et de la diététique. Cette boutique de produits biologiques et naturels, alimentaires et cosmétiques, s'offre en version restaurant bio le midi et salon de thé l'après-midi. Derrière la vitrine réfrigérée s'affichent les petits plats maison : tartes salées et sucrées, crèmes, yaourts, salades, gratins ou plats du jour servis avec une petite salade fraîche faite de quelques graines germées et de crudités variées. On s'attable en toute convivialité à l'intérieur ou sur les tables dehors y compris pour une pause boisson accompagnée d'une douceur sucrée. Cette année, des plats végétaliens – sans aucune trace d'origine animale – s'ajoutent à la carte.

BIO CITY

Riquier – 6, rue Cassini
✆ 09 67 09 22 12
contact@bio-city.fr

Carte de fidélité. Supermarché 100% bio. Ouvert du lundi au samedi de 9h à 19h30. Fermé les dimanches et jours fériés. Possibilité de livraison à domicile à vélo sur Nice et sa périphérie.

Envie de bien manger et bio ? Le magasin Bio City – moderne, sympathique et de proximité – propose des produits exclusivement biologiques, sains et équilibrés pour être en forme : produits frais, épicerie, fruits et légumes contrôlés et certifiés par AB, boissons et vins sans oublier le pain cuit sur place, les viennoiseries, l'espace bébé, les cosmétiques et autres compléments alimentaires. Vous trouverez ici tout ce dont vous avez besoin. En boutique, l'équipe reste à votre écoute et à votre disposition pour vous aiguiller et répondre à vos questions, notamment sur la provenance des produits. Une naturopathe se rend également en magasin une fois par semaine afin de vous prodiguer de nombreux conseils et astuces : offert par le magasin, ce service est gratuit. Profitez-en !

BIOCOOP AZUR

Gérante : Mme Mezzanotti
59, boulevard Delfino – Riquier
✆ 04 93 56 69 42
www.biocoop.fr
biocoop.azur@orange.fr

Tickets restaurants. Ouvert du lundi au samedi de 9h à 19h30. Boutique de 250 m².

Ayant pour seul objectif commun le développement de l'agriculture biologique dans un esprit de coopération, de transparence et d'équité, Biocoop rassemble aujourd'hui près de 325 magasins. Considéré comme l'un des leaders de la distribution alimentaire biologique, l'enseigne se démarque notamment par ses produits issus du commerce équitable et par sa large gamme d'éco-produits et de cosmétiques. Véritable réseaux d'acteurs indépendants et militants engagés, les magasins ont rédigé une charte sur laquelle repose l'ensemble de leur activité dans le but d'affirmer leurs principes. Des produits surgelés à l'épicerie salée et sucrée, tout est bio, sain et équitable !

Autre adresse : 104, avenue Henri Dunant 06300 Nice – 04 97 07 19 11 - biocoop-nice@orange.fr

CÔTÉ BIO

Libération
8, avenue Malausséna ✆ 04 93 80 23 40
www.cotebio-nice.fr
cote-bio@yahoo.fr

Ouvert du lundi au samedi de 9h à 13h et de 14h30 à 19h30. Institut de beauté, alimentation diététique et bio, compléments alimentaires, cosmétiques.

Présent à Nice depuis 1980, Côté Bio vous propose un large choix de produits biologiques allant de l'alimentaire aux cosmétiques en passant par une gamme d'articles sans sucre, ni sel, ni gluten. Vous y trouverez aussi des compléments alimentaires, de la lecture, des produits diététiques ainsi qu'un institut de beauté où les soins sont pratiqués uniquement avec des cires et crèmes biologiques... La responsable de cet établissement est particulièrement charmante : elle saura vous guider dans vos achats et informer les moins expérimentés d'entre vous en répondant à toutes vos questions. N'hésitez plus à venir faire un tour dans cet univers relaxant très en vogue aujourd'hui car c'est une nouvelle façon de prendre soin de soi tout en respectant l'environnement.

O QUOTIDIEN

Riquier
2, rue Martin-Seytour ✆ 09 66 88 37 21

Ouvert du mardi au samedi de 10h à 19h30. Service de 12h à 14h. Plat du jour : environ 14 €.

Cette enseigne aligne des produits biologiques et de la paysannerie de terroir mais aussi quelques épices et ingrédients exotiques pour une cuisine saine et ethnique qui met de la bonne humeur et des vitamines dans votre cuisine domestique. O Quotidien, c'est aussi un restaurant bio avec des entrées et des plats du jour originaux et alléchants élaborés par le talentueux Alessandro qui sait choisir et respecter les produits. Quelques secrets de chefs en prime et vous repartez avec tout ce qu'il faut pour concocter à votre tour une cuisine ensoleillée, savoureuse, inventive, saine et écologiquement correcte. Bingo ! Quelques idées : tartare de bœuf à l'huile de truffe, soupe de lentilles, bœuf confit et carottes Vichy, risotto à la courge, gâteau chocolat noisettes, pomme au four, mini salade niçoise, velouté de poivron jaune, pâtes au pesto de courgettes, soupe de pois chiches à la Toscane, œuf à basse température sur haricot coco, orzotto (sorte de risotto) aux poireaux...

Beeum's le Croquant au Sésame créé à Nice !

Il était une fois à Nice, des restaurateurs lassés de servir leurs cafés avec les classiques accompagnements au chocolat qui fondent au soleil ainsi qu'au contact de la tasse de café... Jérôme et Ewa, propriétaires de la brasserie O'STAFF à Nice, commencent alors à élaborer dans la cuisine de leur établissement les premiers croquants sur la base d'une recette de grand-mère. Les clients de la brasserie sont les testeurs des différentes ébauches. Face au succès rencontré, ils se lancent dans une production à grande échelle : c'est ainsi que le Beeum's, testé et approuvé par les Niçois, s'exporte aujourd'hui au niveau européen. En récompense de ce succès, la ville de Nice a remis la médaille de la ville aux créateurs de ce délicieux petit biscuit gourmand. Beeum's est disponible en boîte présentoir de 1 kg soit environ 200 Beeum's. Ils sont croquants, sans O.G.M., sans gluten, riches en fer, calcium et magnésium. Côté goût, ils sont disponibles en version naturelle ou à la noix de coco, et maintenant à l'orange, à la cannelle, à la vanille et au miel ! On peut en commander directement sur le site (http://beeums.fr), en envoyant un email à contact@beeums.fr ou au 06 60 580 700.

■ **PARABIO**
Libération
44, boulevard Joseph Garnier
✆ 04 93 57 73 72
www.parabio.fr
parabio3@wanadoo.fr
Ouvert du mardi au samedi de 9h à 13h et de 15h à 19h. Supérette biologique. Compléments alimentaires, diététique, cosmétique, alimentation.
Parabio est LE spécialiste des produits sains, équilibrés et riches en nutriments essentiels issus de l'agriculture biologique. Implanté dans tout le bassin méditerranéen, vous trouverez ici un large rayon de compléments alimentaires, de produits diététiques sans sucre, sans sel et sans gluten, mais aussi de cosmétiques. Le magasin dispose également d'un coin alimentation – pâtes, céréales, produits frais et végétariens... – pour garder votre corps sain et plein de vitalité. Là, c'est sûr, vous allez aimer le bio !

Casher

■ **MEATZOUYAN**
Centre-ville – 5 bis, rue Dante
✆ 04 93 71 55 74 – www.meatzouyan.com
contact@meatzouyan.com
Boucherie casher.
Cette boucherie cacher prône la fraîcheur et la qualité de ses produits. Agencé dans les tons noirs et fuchsia, cet établissement vous accueille dans la bonne humeur et la convivialité. Vous emportez votre viande et votre charcuterie dans des sachets et barquettes sous vide afin de conserver au maximum les aliments. Vous pouvez également commander directement en ligne grâce au formulaire de contact téléchargeable.

Cafés – Thés – Tisanes

■ **BRÛLERIE DES CAFÉS INDIENS**
35, rue Pairolière ✆ 04 93 85 62 57
bernard.torre@wanadoo.fr
Ouvert du mardi au samedi de 9h à 12h30 et de 15h à 19h. Fermé le dimanche. Vente à partir de 100 grammes.
Un parfum de café mène dans ce coin de Nice les amateurs par le bout du nez ! On dévoile ici avec passion les arômes du petit noir depuis trois générations. On sert les tasses fumantes dans l'ambiance de marché, on mout les grains à la demande parmi la trentaine de variétés proposées et torréfiées soigneusement en respectant la tradition. Le maître des lieux crée des mélanges uniques aux goûts, notes et parfums variés, parfois même aromatisés (gingembre, cardamome, noisette, caramel, chocolat...). Les nombreux thés – également servis glacés en été – ainsi que les trois sortes de chocolats chauds (traditionnel, italien et tablettes fondues) inspirent aussi les pauses détente et dégustation dans un cadre authentique et convivial. L'établissement propose également une large gamme d'accessoires liée de près comme de loin à l'univers du café : machines à espresso, services de tasses, mugs mais également des capsules compatibles Nespresso à remplir avec les crus de son choix !

▸ **Autre adresse :** 2 bis, rue Sainte-Réparate – Tel : 04 03 85 62 57

■ **COFFEA**
Centre Ville
24, avenue Jean Médecin
Centre Commercial Nice Etoile niveau –1
✆ 04 93 80 66 35
www.coffea.fr
Dégustations sur place. Vente d'objets dérivés. Ouvert du lundi au samedi de 10h à 19h30.
Coffea propose un large panel de quarante cafés, thés (85 variétés) et chocolats provenant des quatre coins du globe. Entrez et laissez vos sens en éveil dans ce monde de saveurs qui s'ouvre à vous avec des cafés de premières récoltes ou un thé de premier arrivage. Vos yeux ne sauront plus où donner de la tête ; vous serez enivrés par des arômes fins, purs et délicats. Retrouvez facilement vos produits phares classés dans un répertoire en cinq univers et dégustez gratuitement sur place le thé ou le café du mois. Des mignardises telles que des pâtes de fruits, des nougats, des biscuits, des caramels ou encore des chocolats français pur beurre de cacao sont également à

savourer. L'établissement dispose aussi de capsules vides compatibles Nespresso à remplir avec le café de votre choix. Envie de faire un cadeau personnalisé ? Coffea vous propose de réaliser des compositions gourmandes 100 % sur mesure. Un régal !

Autre adresse : 9 Bis Place Clemenceau 06140 Vence Centre ville historique. Tél : 04.93.59.23.58

MALONGO

Centre-ville
39, avenue Jean médecin
✆ 04 93 85 95 01
www.malongo.com
medecin@malongo.com
Tram : arrêts Jean Médecin et Gare Thiers.

Vente de machines traditionnelles et à expresso, de capsules, de cafés et de thés en grains. Salon de thé. Ouvert de 9h à 19h du lundi au samedi.

Depuis 2006, la célèbre marque de café Malongo dispose d'un établissement consacré à la dégustation de cafés, thés et dérivés en plein cœur de l'avenue Jean Médecin. Immanquable, vous passerez forcément devant sa devanture claire et sa vitrine décorée avec les dernières machines à expresso design et contemporaines. Vous aurez l'occasion de siroter un grand cru sur place assis en terrasse et vous pourrez également acheter vos dosettes, votre café moulu (ou en grains) et vos machines. Une carte de jus de fruits, sodas, gourmandises, variantes de cafés – cappuccino, mochaccinno… – ainsi qu'une vingtaine de variétés de thés (dégustation sur place et vente au poids) est aussi proposée.

NESPRESSO

Place Masséna
1, place Masséna
✆ 0 800 55 52 53
www.nespresso.com

Ouvert du lundi au samedi de 10h à 19h. Boutique officielle. Vente de machines à expresso et capsules. Café offert sur place pour tout achat.

Blottie sous les arcades de la célèbre place Masséna, la boutique se compose de trois zones distinctes, élégantes et raffinées : l'espace initiation présente la gamme de machines à cafés Nespresso ; l'espace *shopping* est dédié aux différentes capsules de grands crus proposés par la marque ainsi qu'aux divers accessoires spécifiques (tasses, cuillères, gourmandises, filtres...). La zone dégustation permet quant à elle de siroter - gratuitement pour tout achat – votre expresso préféré ou de découvrir des éditions limitées dans un endroit chaleureux et cosy avec quelques ouvrages dédiés à l'art de vivre.

LE PALAIS DES THÉS

Zone piétonne
3, rue de la Liberté
✆ 04 93 81 56 16
www.palaisdesthes.com

Ouvert du lundi au samedi de 10h à 19h. Ouverture exceptionnelle le dimanche pendant les fêtes de Noël. Organisations de dégustations.

La boutique niçoise implantée au cœur des rues chics du centre-ville offre plus de 250 thés. Chaque jour, les amateurs ont ainsi l'occasion de découvrir deux d'entre eux – un le matin, l'autre l'après-midi – soigneusement sélectionnés et préparés, que vous apprecierez seul ou accompagné d'une gamme de friandises. Décoré de photos de plantations, l'espace d'accueil sobre et contemporain propose des thés joliment conditionnés, des objets-cadeaux, une sélection de théières en fonte ou en porcelaine, des boîtes japonaises traditionnelles et des coffrets découverte pour se familiariser avec l'univers du thé. Le second espace avec ses murs tapissés est dédié à la vente en vrac et aux découvertes sensorielles et gustatives de subtils parfums. Une belle adresse où découvrir, humer et déguster à toute heure.

LA ROUTE DU THÉ

Centre-ville
9 bis, rue de Rivoli
✆ 04 93 16 94 33
www.nos-the-cafe.fr

Ouvert du lundi au samedi de 15h à 19h. Ouverture le samedi matin de 10h30 à 12h30 deux fois par mois.. Achat de grands crus. Accessoires. Produits dérivés.

Avec près de 300 références de thés provenant des quatre coins du monde, La Route du thé à Nice satisfera tous les amateurs et vous embarquera pour un voyage autour du globe avec des variétés parfois rares. Relaxant, énergisant, ou à l'inverse sans théine, cette boutique est une véritable caverne d'Ali Baba. Découvrez également une large gamme d'accessoires – théières, tasses, boîtes et boules à thés, filtres, couvre-théières... ainsi qu'une sélection de confiseries variantes au fil des saisons. Un régal !

Retrouvez l'index en fin de guide

LE THÉ
Centre-ville
39, rue Pastorelli
✆ 04 93 80 45 79
www.boutique-lethe.com
Tram : arrêt Jean Médecin
Ouvert du mardi au samedi de 10h à 12h30 et de 15h à 19h. 150 variétés de thés. Achat à partir de 100 grammes. Objets de dégustation essentiellement japonais.
Réelle institution pour tous les véritables amateurs, cette boutique proche de l'avenue Jean-Médecin affiche une belle carte de grands crus de thés du monde entier. Assam, Darjeeling, Oolongs, thés chinois, népalais ou encore japonais côtoient les thés biologiques et les grands classiques. Tous de grande qualité, ces thés variés proposés à la vente sont mis en sachets à la demande à partir de 100 grammes, avec instructions précises sur le temps nécessaire d'infusion et sur la température idéale de l'eau. On chine également avec plaisir dans la belle gamme de vaisselle et d'accessoires de dégustation qui complètent l'immersion dans l'univers zen du thé à la japonaise.

LA VERRIÈRE NOUVEAU
Vieux Nice
2, rue Pairolière
✆ 04 93 54 43 13
Voir page 28.

Épiceries

LE CLOS DE LAURE
10, rue Verdi ✆ 09 53 47 10 20
www.leclosdelaure.com
leclosdelaure@gmail.com
Ouvert du mardi au samedi de 10h à 19h. Fabrique artisanale située à Drap.
Cette adresse gourmande plantée au cœur du quartier des musiciens ouvre ses vitrines sur des produits d'épicerie finie plus particulièrement dédiés aux saveurs locales et provençales. Confitures artisanales cuites au chaudron en cuivre, confits de fleurs, tapenades, chutney, poivronade, crémade d'olives, huile AOP d'Aix en Provence ou encore crème d'amande à la fleur d'oranger, à la rose de Grasse, pistache et chocolat... Sans oublier le produit phare de la maison, la Bagnetta à base de tomate, basilic, ail, poivre et piment qui a d'ailleurs reçu deux prix au Salon de la gastronomie de Monaco. Ces douceurs sucrées et salées s'offrent à la dégustation et se dévoilent dans un joli cadre lumineux et contemporain. Charme de l'adresse, chaleur de l'accueil et originalité des produits comblent ici tous les gourmets.

Autre adresse : 10 et 12, avenue du Général-de-Gaulle 06340 Drap, 04 93 91 36 53

ENVY BY MILLESIM
Port – 10, rue Fodéré
✆ 04 89 08 12 83
www.envybymillesim.fr
contact@envybymillesim.fr
Tickets restaurants acceptés. Formule déjeuner : 14 € (entrée + plat ou plat + dessert). American Express. Ouvert du lundi au mercredi de 9h à 19h et du jeudi au samedi de 9h à 22h30.
Une galerie d'art... de vivre. Voilà l'intitulé épicurien de cette élégante et gourmande enseigne qui réunit des produits d'épicerie fine, des champagnes, des bons crus, des spiritueux, des chocolats fins, du caviar, du café et du thé. Entre les murs habillés de tableaux contemporains, le décor design tel un *showroom* sert d'écrin à ces sélections rigoureuses de produits nobles et autres gammes d'objets dédiés à l'art de la table. L'ancien entrepôt à quant à lui été transformé en « café store » mêlant ainsi plusieurs styles artistiques avec tableaux et affiches de New York, ou de la baie d'Arcachon... A la carte, des tapas revisités ainsi que deux idées du jour – un plat terre et un autre mer – préparés sous vos yeux dans la cuisine ouverte. Sans oublier, les brunchs organisés tous les week-ends.

L'ÉPICURIEN
Nice Est – 30, rue Barla
✆ 04 93 26 46 67
www.l-epicurien.fr
c.gorgeret@l-epicurien.fr
Ouvert du mardi au samedi de 10h à 12h30 et de 15 h à 20h. Fermé le dimanche et lundi matin.
C'est la caverne d'Ali Baba version Épicure. On y trouve tout ce qui fait le bonheur du gourmet : foie gras, saumon fumé, caviar, chocolat, miel, terrines, moutardes, vinaigres, huiles, confitures... Les vins, champagnes et spiritueux sont magnifiquement bien présentés : sélectionnés avec soin, toutes les bourses trouveront leur bonheur. Possibilité de vente en ligne.

Autres adresses : 3, avenue Jeanne-Marlin 06300 Nice, 04 93 13 01 01 • 55, rue Gioffredo 06000 Nice, 04 93 76 15 37 • 7, avenue du Général-de-Gaulle 06240 Beausoleil, 04 93 18 99 32 • 9, place Georges-Clemenceau 06230 Saint-Jean-Cap-Ferrat, 04 93 55 64 33 • Rue du Château 06360 Èze, 04 93 13 01 01

GIROFLE & CANNELLE
Vieux Nice
4, rue Pairolière
✆ 04 93 54 43 13
Voir page 12.

■ MAISON BARALE

Vieux Nice
7, rue Sainte-Réparate
✆ 04 93 85 63 08
www.barale-raviolis.com

Conseil de préparation. Assurance du meilleur choix dans les matières premières. Viande de bœuf charolais d'origine française. Ouvert du mercredi au samedi de 8h à 13h et de 15h30 à 19h et le mardi et dimanche de 8h à 13h. CB non acceptée. Langues parlées : anglais et italien.

Connue de tous, la Maison Barale est devenue au fil du temps une adresse incontournable de la capitale azuréenne. Depuis quatre générations, cette famille niçoise de vermicelliers fabrique des pâtes fraîches et des ravioli de manière artisanale dans le respect de la pure tradition avec un savoir-faire sans égal. La Maison Barale propose du vendredi au dimanche (en plus des tagliatelles classiques, à l'encre de seiche ou épinards, pâtes aux œufs, ravioli niçois et ricotta et gnocchis), six ou sept nouvelles variétés de raviolis en édition limitée avec des farces remises au goût du jour : raviolis citron confit et gingembre, roquette/pistache, tomates séchées/coriandre, poivrons grillés/basilic... L'accueil est de qualité, et de précieux conseils sont livrés quant à la préparation et cuisson des produits. Le magasin dispose également d'un rayon épicerie fine et d'un rayon fromages avec de belles sélections. Un vrai plaisir !

■ LA MAISON DE L'OLIVE

Vieux Nice
18, rue Pairolière
✆ 04 93 80 01 61
www.olivesepices.com

Ouvert du lundi au samedi de 10h à 19h et le dimanche de 10h à 13h.

Deux espaces se côtoient dans cette maison fondée en 1988 : une épicerie provençale et une autre orientale. Les épices déclinent une palette de couleurs spectaculaires qui régalent le regard. Couleurs et senteurs se marient, herbes et épices s'allient en mélanges savamment créés pour parfumer tous les plats. Huiles d'olives, sels, poivres, divers condiments et la vente au détail d'olives préparées artisanalement complètent la gamme des saveurs.

▶ **Autre adresse :** Trésor du Sud – 24, rue Pairolière – 04 93 13 86 88

■ MAISON TOSELLO

Vieux Nice
6, rue Sainte-Réparate
✆ 04 92 00 07 79
www.maison-tosello.com
maisontosellonice@gmail.com

Ouvert du lundi au vendredi de 9h à 13h et de 15h30 à 19h, le dimanche de 8h30 à 13h. CB à partir de 15 € d'achat.

Depuis 1816, la Maison Tosello fabrique et prépare des pâtes fraîches de façon artisanale. Différentes variétés – une gamme classique et une version beaucoup plus «haute couture» aux couleurs locales – sont proposées : raviolis à la daube ou olives noires, agnoletti à la ricotta, au basilic, aux champignons forestiers, des cannelloni à la daube ou encore tortelloni chèvre/menthe, épinard/chèvre, lasagnes et gnocchi à la romaine. Découvrez également la véritable polenta niçoise et la secca de bœuf d'Entrevaux. L'accueil est agréable et le service de qualité. A découvrir.

■ PLAISIRS DES HALLES

Centre-ville
105, rue de France
✆ 04 93 84 99 01
www.plaisirsdeshalles.com
plaisirsdeshalles@orange.fr

Ouvert du lundi au samedi de 8h30 à 13h et de 15h30 à 19h30, le dimanche de 9h à 13h.

Magasins de fruits, de légumes et de produits gourmets, Plaisirs des Halles cultive un large choix de produits de qualité, un espace épicerie fine ainsi qu'une belle cave à vins. Retrouvez les saveurs et odeurs de votre enfance autour des fruits et légumes frais, des fruits secs, des herbes aromatiques, des produits laitiers, des pâtes italiennes, des sauces et des condiments, des confitures, des nougats, des miels et autres délices sucrés. L'établissement propose également des produits de luxe comme le caviar, le safran et les truffes. Si vous êtes invités à un dîner et que vous voulez étonner votre hôte, pensez à lui offrir un plateau ou un panier « plaisirs » : original, frais et sain !

▶ **Autre adresse :** 17 rue de la République, 06300 Nice, ✆ 04 93 56 92 80

■ SL ÉPICERIE

NOUVEAU

Centre Ville
17, rue du Lycée
✆ 09 73 57 37 65

Voir page 29.

■ VIA LATINA

Centre-ville
12, boulevard Jean-Jaurès
✆ 04 93 62 87 21
www.vialatina.fr
contact@vialatina.fr

Ouvert du mardi au samedi de 9h à 19h30, le dimanche de 9h à 13h. Fermeture à 19h en hiver. Service restauration de 12h à 15h. Formule du jour : 12,50 € (plat du jour + 1 verre de vin du jour + café). Formule rapide : 9,50 € (sandwich chaud + dessert + café). Tickets restaurants.

Les amateurs de produits gastronomiques de tradition italienne artisanale apprécient autant la variété des mets que la qualité de l'accueil attentif et chaleureux. On chine chez Via Latina parmi un vaste choix de produits typiques de la *trattoria italiana* tels l'aceto balsamico tradizionale di Modena ou celui di Reggio Emilia, les pâtes sèches de Giuseppe Cocco et de Rummo, les huiles de Toscane et de Ligure, les gressins aromatisés faits à la main et des produits de saison comme les ganses, les panettones et les colombes. On trouve également des glaces et du fromage ainsi que les meilleures pièces de charcuterie préparées par les maîtres affineurs de Parme. Un vrai régal ! Via Latina propose également un service restauration avec au menu des assiettes de charcuteries, des focaccias, des bruschettas et des pâtes fraîches et des raviolis importés directement d'Italie servis avec des sauces maison (bolognaise, quatre fromages, cèpes...). En dessert, l'établissement revisite le célèbre tiramisu au chocolat en été et au marron glacé en hiver.

■ **TARTINE**
Cimiez
118, avenue des Arènes-de-Cimiez
✆ 09 53 09 82 08

Fermé le lundi. Ouvert du mardi au vendredi de 7h45 à 12h45 et de 16h à 19h. Le samedi et le dimanche, de 8h à 13h.
Voici une jolie petite boutique : la devanture chocolat aux notes acidulées rose bonbon promet de belles découvertes tandis que l'intérieur nous rappelle ces boutiques d'antan. Chez Tartine, les gourmands et fins gourmets trouveront leur bonheur sans hésitation. Les baguettes et viennoiseries artisanales côtoient le pain et la farine bio mais aussi les pains spéciaux et toute une gamme de douceurs sucrées : gâteaux, macarons, chocolats Michel Cluizel, miels. Les amateurs de thés apprécieront aussi les saveurs des thés Dammann Frères, nature ou parfumés.

▶ **Autre adresse :** 54 boulevard Risso

Fromageries Crèmeries

■ **LA FERME FROMAGÈRE**
Centre-ville
27, rue de Lépante
✆ 04 93 62 52 34
lafermefromagere@yahoo.fr
Ouvert du mardi au samedi de 9h à 13h et de 16h à 19h30. Ouvert uniquement le matin en août. Restaurant en hiver d'octobre à mars les vendredis et samedis soir. Ticket moyen : 35 € par personne.
Cette petite boutique de fromages affinés où les amateurs font leurs emplettes dans la journée depuis plus de 20 ans se transforme en restaurant le soir venu, en hiver. On y déguste du fromage sous toutes ses formes : raclette, tartiflette, fondue, ou encore menu de fromages, le tout dans un joli cadre cosy et convivial orné de murs en pierre et de trois arches boisées, récemment rénové. Plus de cent-vingt spécialités fromagères sont à découvrir, accompagnées d'un bon verre de vin, parmi une sélection de 60 grands crus. Un rayon charcuterie est également à votre disposition.

■ **HALLES LÉPANTE**
Centre-ville
25, rue Lepante
✆ 04 93 80 22 69
www.halles-lepante.com
contact@halles-lepante.com
Ouvert du lundi au samedi de 6h à 19h30 et le dimanche de 8h à 13h. Crémerie, primeur et fruits. Depuis 10 ans. Boutique en ligne. Livraison gratuite sur Nice.
Entrez dans le magasin les Halles Lépante et découvrez une palette de produits frais : fromages, légumes, fruits… Depuis plus de dix ans, la qualité et la fraîcheur des produits sont ici irréprochables. Les goûts et les saveurs des produits sont respectés grâce à un travail en partenariat avec les meilleurs fournisseurs. Et parce que l'accueil est aussi essentiel pour vous satisfaire, vous serez reçu dans une ambiance conviviale et chaleureuse, de manière personnalisée. Vous avez la possibilité de vous faire livrer vos provisions chez vous, partout à Nice.

■ **LOU FROUMAÏ**
Vieux Nice
25, rue de la Préfecture
✆ 06 33 88 69 48 / 09 51 00 19 22
www.lefromage.fr
Ouvert du mardi au samedi de 8h à 13h et de 16h à 19h, le dimanche de 8h à 13h. Livraison dans toute l'Europe en 24h. Cartes cadeaux. Ventes privées.
Depuis plus de 25 ans, ce spécialiste de fromages fermiers déniche les produits phares des fermes les plus authentiques de France afin de les faire découvrir dans ses deux boutiques niçoises. Tous les fromages proposés proviennent directement des fermes ou coopératives fromagères et sont ensuite affinés sur place afin de garantir leur fraîcheur et leur qualité d'affinage optimale. Découvrez également d'autres produits de qualité irréprochable tels que des poulets fermiers, pata negra, foie gras du Périgord, jambon noir de Bigorre, saumon fumé, caviar biologique, confitures et miels, pâtes Italiennes Garofalo ou encore brie truffé. Cet établissement accueillant et chaleureux met également à votre disposition un rayon épicerie fine ou vous trouverez, entre autres, confitures, laits et huiles d'olive. Une caverne d'Ali Baba plus que gourmande !

▶ **Autre adresse :** Cité Docks Riviera – 11, rue Raiberti – 06100 Nice – 04 93 84 60 07

■ **LA PETITE FROMAGERIE**
Vieux Nice
6, rue du Collet
✆ 04 93 92 24 14
Ouvert du mardi au samedi de 8h30 à 18h45, le dimanche de 8h30 à 13h.

Située au cœur du vieux Nice, cette petite épicerie spécialisée vous propose une belle et large sélection de fromages frais tels que la tomme de Roquebilière ou encore du chèvre fermier et du gorgonzola. Vous trouverez également d'autres produits locaux qui raviront vos papilles : farine de pois chiche, jambon cru et cuit, sardines... Un vrai régal !

Fruits – Légumes

■ **FRUITS DÉFENDUS**
Centre-ville – 134 bis, boulevard Gambetta
✆ 04 93 82 25 67 – www.fruitsdefendus.com
contact@fruitsdefendus.com
Ouvert les lundi, mardi et du jeudi au samedi de 9h à 18h30 et le mercredi de 9h à 12h. Prises de commande possibles par téléphone avec livraison. Corbeille composée à partir de 30 € environ. Service livraison de Monaco à Saint-Raphaël.
Voici une idée de cadeau original et gourmand qui change des traditionnelles fleurs lorsque vous êtes invités. Dans cette boutique, on compose soi-même sa corbeille de fruits frais de saison agrémentées de confiseries, d'un bloc de foie gras, d'une terrine, d'une bouteille de vin ou de champagne, au choix et selon son budget. D'autres produits gourmets sont également proposés : chocolats, fruits confits, calissons, pâtes d'amande, spiritueux... Ce « panier gourmand en cadeau personnalisé » pleins de saveurs et de couleurs peut être livré de Monaco à Saint-Raphaël sur simple demande. Un présent à savourer en chœur !

■ **HALLES LÉPANTE**
Centre-ville – 25, rue Lepante ✆ 04 93 80 22 69
Voir page 210.

■ **ARAUCARIA PRIMEURS**
Nice Ouest
3, avenue de Carras
Les Halles de Carras
✆ 04 93 83 81 12
www.araucariaprimeurs.fr
Livraison les mardis et vendredis de 9h à 12h dans les secteurs Nice centre et Nice Ouest (commande au plus tard la vieille avant 18h). Livraison offerte dès 20 € d'achats.
Fort d'une expérience de plus de trente ans dans le domaine des fruits et légumes, Araucaria Primeurs propose plusieurs services pour faciliter l'achat de vos produits. Sur place, cinq personnes sont présentes pour vous conseiller, vous orienter et vous guider dans vos choix. La qualité étant une priorité pour cet établissement, les fruits et légumes frais sont choisis et manipulés avec le plus grand soin, de l'achat aux paysans varois et niçois (essentiellement) à la mise à disposition des clients. Sans oublier le rayon épicerie fine composé de tapenades, olives et huiles d'olives niçoises, œufs extra frais et autres fruits secs. En plus de la boutique, un service de vente en ligne avec livraison à domicile dans les secteurs centre et ouest de la ville est également mis à votre disposition du lundi au vendredi de 9h à midi.

Grandes surfaces

■ **CARREFOUR**
Riquier
15, Boulevard du Général Louis Delfino
Centre commercial Nice TNL
✆ 04 92 17 74 79
http://nicetnl.com/
Ouvert du lundi au samedi de 8h30 à 22h. Fermeture à 21h en hiver. Banque et assurance, distributeur, traiteur, don du sang, services collectivités, spectacles... Parking sous-terrain gratuit pendant 1h30.
Très pratique et à proximité du tramway, de nombreux services, prestations et boutiques sont présentes dans la galerie marchande : micro-informatique, habillement, maquillage et accessoires, brasserie et sandwicherie en continu, pharmacie, jeux vidéos, tirages photos ou immédiat avec borne numérique, entre autres. L'enseigne Carrefour dispose quant à elle de tout ce dont vous avez besoin dont un rayon biologique et une bijouterie interne. A noter : une heure et demie de stationnement dans le parking souterrain vous est offerte le temps de faire vos courses.

■ MONOPRIX NICE VICTOIRE
Centre-ville
42, avenue Jean Médecin
37, avenue Jean Médecin
✆ 04 92 47 72 62
www.monoprix.fr
Arrêt de tram : Jean Médecin.
Nombreux services : récupération de piles usagées, photos d'identités, bornes privilèges, développement photos. Accueil. Distributeur de cartes téléphonique. Billets RATP. Photocopies couleur et noir & blanc. Ouvert du lundi au samedi de 8h30 à 21h et le dimanche de 9h à 12h. Parking. American Express, chèques restaurants et tickets restaurants acceptés. S'Miles Monoprix.
Ce Monoprix offre une panoplie très complète de produits et services. Répartis sur trois niveaux, vous ferez vos courses alimentaires facilement. Le magasin dispose d'un rayon boulangerie/pâtisserie, d'un rayon boucherie et fromage ainsi que d'un étalage très fourni en fruits et légumes. Plus loin, le rayon cosmétique, hygiène et beauté est lui aussi à votre disposition. Vous trouverez toutes les grandes marques mais aussi les produits de la gamme Monoprix. Montez d'un étage et découvrez les collections de prêt-à-porter pour hommes, femmes et enfants. Le magasin – également équipé d'un appareil pour vos photos d'identité, d'un service de cordonnerie et d'esthéticiennes qualifiées – vous livre à domicile et vous prête même des poussettes courses. Côté budget, votre porte-monnaie risque d'en prendre un coup mais le côté pratique à proximité du tramway fait pencher la balance.

■ MONOP'
Centre-ville
7, avenue Thiers
✆ 04 92 00 47 70
www.monoprix.fr
Tram : arrêt gare Thiers. Face à la gare SNCF.
Arrêt de bus : gare Thiers.
Ouvert du lundi au samedi de 8h30 à minuit et le dimanche de 8h30 à 12h50. Supérette.
Que vous n'ayez pas le temps d'aller faire les courses en rentrant du travail, que vous n'ayez pas penser à acheter une collation avant de prendre le train, ou alors que vous ayez simplement oublié d'acheter quelque chose pour votre repas du soir ou le petit déjeuner du lendemain, n'ayez aucune d'inquiètude : le Monop' de la gare Thiers est ouvert jusqu'à minuit, pratique pour s'y procurer quelques bricoles. Vous trouverez ici entre autres : un rayon épicerie, des boissons et des produits d'entretien qui vous dépanneront sans aucun doute. Un veilleur se charge de surveiller l'établissement et de contrôler les alentours. Allez hop, au Monop' !

Marchés – Halles

MARCHÉ AUX FLEURS
Vieux-Nice – Cours Saleya
Ouvert du mardi au dimanche dès 6h30. Fermeture(s) hebdomadaire(s) : lundi, dimanche midi et après-midi de jours fériés.

Le marché aux fleurs à Nice

© ISTOCKPHOTO.COM – DENNISMICHAELPHOTO

Classé par le Conseil National des Arts Culinaires parmi les marchés d'exception en France, il est incontournable. Endroit idéal pour se frotter à l'authentique vie niçoise, les étals affichent leurs fleurs colorées et odorantes à l'abri du soleil sous les tentures rayées : mimosa, lys, impatiens, dahlias, anémone et plantes succulentes... bouquets ou plantes en pot, vous aurez l'embarras du choix !

■ MARCHÉ DE LA LIBÉRATION
Libération
Place du Général-de-Gaulle
Tous les jours sauf le lundi de 7h à 13h.
Depuis la place de la Libération, vous trouverez dans ce marché fruits et légumes, fleurs, très beaux et savoureux poissons ainsi que quelques produits de producteurs locaux : miel, fromages, huiles...

■ MARCHÉ AUX POISSONS
Vieux Nice – Place Saint-François-de-Paule
Ouvert tous les jours sauf le lundi jusqu'à 13h.
Les pêcheurs vendent à la criée bogues, loups, sardines, rougets et toutes les richesses de la mer.

Pains – Gâteaux Chocolats – Glaces

■ AMORINO

Zone piétonne
33, rue Masséna ✆ 04 93 88 06 11

Ouvert tous les jours de 12h à minuit (fermeture plus tardive en été). Vente en ligne. Terrasse. Tarifs : petit pot 3,50 € jusqu'à 9,50 € pour le pot grandissimo. 11,50 € le 1/2 litre, 22 € le litre.

Ce glacier italien au chaleureux décor en bois déploie sa terrasse au cœur du quartier piéton de Nice. Lait frais entier, œufs bio, produits de saison entrent dans la composition des glaces, crèmes glacées et sorbets de tradition fabriqués ici sans colorant ni arôme artificiel. Des plus classiques au plus originaux, les parfums à l'accent transalpin sont nombreux et variés : yaourt, caramel et beurre salé, amaretto, biscotti Spéculoos, stracciatella, tiramisu l'inimitable... Servis à la spatule, en pot ou en cornet, ces gourmandises se commandent au comptoir et se dégustent en baladant ou sur la terrasse couverte en hors saison. Tous les parfums sont également disponibles au litre ou au demi-litre à emporter dans une boîte isotherme. A la carte, boissons chaudes et fraîches, dix variétés de chocolats chauds à l'italienne sont aussi proposées ainsi que quelques douceurs originales telle que « la focaccina », petite brioche fourrée au parfum de glace désiré, des crêpes, des gaufres et autres chocolats. Pour cet hiver, la Maison prévoit de concocter des entremets, des gâteaux glacés de 6 à 8 parts ainsi que des macarons glacés déclinés en huit saveurs différentes.

■ ARLEQUIN GELATI

Libération
9, avenue Malausséna
✆ 04 93 04 69 88 / 06 61 02 76 66
www.arlequin-gelati.com
contact@arlequin-gelati.com

Eté : ouvert du mardi au dimanche de 11h à 00h. Hors saison (susceptible de modifications), ouvert du mardi au vendredi de 12h à 22h, le samedi et dimanche de 11h à 23h. Fermé du 11/10 à mi-mars. Ouverture exceptionnelle les 2 dernières semaines de Noël.

Cet artisan glacier d'origine milanaise élabore ses glaces et ses sorbets savoureux à partir d'ingrédients rigoureusement sélectionnés (lait des alpages, panna italienne...). Les parfums exclusivement du jour déclinent des saveurs classiques ou originales en fonction des saisons. La touche d'inspiration vogue parfois au-delà des frontières : persépolis, safran et eau de rose, gianduja du Piémont, pistache de Bronte en Sicile, caramel à la fleur de sel de Guérande, figue du barbarie, mangue, yaourt à la menthe fraîche ou encore le sorbet chocolat grand cru saint-Domingue 70% de cacao… Les vendeurs prennent le temps de conseiller les gourmands avant qu'ils ne dégustent leurs gobelets ou leurs cornets sur la terrasse ou sur les petits bancs posés à l'extérieur de la boutique. A noter : les glaces à emporter en bac thermique qui préserve le produit pendant 1h et la confection de gâteaux glacés à commander 48h à l'avance.

■ CANEL

Zone piétonne
21, rue de France ✆ 04 93 88 03 29
www.canel-confiserie.com
canelconfiseur@free.fr

Ouvert du lundi au samedi de 10h à 12h30 et de 14h à 19h. Vente en ligne. Chèques non acceptés.

Une véritable caverne aux trésors dédiée aux plus gourmands. Les étalages en vitrine rivalisent de couleurs et d'attrait en affichant quelques-unes des spécialités de la maison : fruits confits, dragées, calissons, pâtes d'amande, nougats, pâtes de fruits, caramels, chocolats, guimauves, truffes, marrons glacés... Rien ne manque à la longue liste des confiseries raffinées. Les bonbons à l'ancienne et les spécialités niçoises tels les petits galets ou bien les olives en chocolat accentuent la touche authentique de cette bonbonnière au choix unique.

■ LA CASA VINY

Riquier
46, rue Auguste Gal
✆ 04 92 04 27 71

Ouvert du lundi au samedi de 12h à 17h30 et de 18h à 22h30.

Des parfums de glaces italiennes authentiques se déclinent ici en douceur avec des prix raisonnables et un choix appréciable. Ouverte depuis le mois d'avril 2012 dans ce quartier situé derrière le port de Nice, cette adresse gourmande jouit déjà d'une belle renommée notamment pour sa glace au parfum de pistache et pour sa spécialité maison, la Iceburger : une boule de glace nichée dans un pain brioché tout chaud. Miam !

■ COMME AUTREFOIS

Centre-ville
47, rue Gioffredo ✆ 04 93 62 45 16
Tram : arrêt Masséna

Ouvert du lundi au vendredi de 6h30 à 20h ; le samedi de 6h30 à 19h30. Pour l'achat d'un sandwich ou d'une salade + un salé ou un sucré, une bouteille d'eau minérale offerte ou un soda 33 cl à 0,30 €. Tickets restaurant et chèques services acceptés.

Cette boulangerie-pâtisserie située en plein centre-ville confectionne une grande variété de pains à l'ancienne et au levain avec pour gage de qualité des produits et une cuisson soignés. On trouve également un choix de pâtisseries classiques tels que le mille-feuille ou encore les célèbres éclairs faits maison. A l'heure du déjeuner, des sandwichs variés sont proposés dont l'incontournable pan-bagnat niçois. Pour l'achat d'un sandwich ou d'une salade accompagné d'un produit salé ou sucré, bénéficiez d'une canette de soda à seulement 0,30 € ou optez pour une bouteille d'eau minérale offerte.

CREMA DI GELATO – GLACIER
5, rue de la Préfecture
✆ 04 93 54 10 32
www.cremadigelato.fr
info@cremadigelato.fr
Mignon glacé 3,50 € la pièce. Praline glacée 1,50 € la pièce. Gâteau cône 3,50 €. Ouvert 7j/7 de 11h à minuit en été, et jusqu'à 22h durant l'hiver.
Dans ce temple de la gourmandise glacée où tout est fabriqué artisanalement sur place uniquement à base de produits de qualité, les mignons servis dans de petits verres transparents permettent de transporter vos délices à la maison ou à la plage, située à quelques minutes à pied à peine de la boutique. Les pralines glacées sont un vrai régal et les gâteaux cône, une découverte inédite. À consommer sur place ou à emporter. Et comme le dit la devise de cette belle adresse : le bonheur se doit d'être partagé !

■ LES DÉLICES DE BORRIGLIONE
Borriglione
30, avenue Borriglione
✆ 04 93 84 55 02
Tram : arrêt Borriglione
Ouvert du mardi au samedi de 8h30 à 19h, le dimanche de 8h30 à 13h. Cours de pâtisserie : 65 € par personne (à partir de 10-12 ans) à partir de janvier 2015 (sous réserve). Tickets restaurants acceptés. Formule crêpe : 13 € (une galette + une crêpe sucrée + une bouteille de cidre 33cl). Menu enfant. Menus déjeuner et salades.
Cette pâtisserie-chocolaterie-salon de thé dévoile ses vitrines gourmandes dans un espace boutique des plus alléchants. La large gamme de douceurs est fabriquée sur place dans les deux laboratoires du chef pâtissier-chocolatier Jocelyn Ballat. Sucettes, chocolats, nougats et macarons déclinés en une douzaine de parfums selon la saison, et entremets fruités, charlottes, gâteaux, crêpes salées et sucrées ou encore guimauves et glaces se dégustent sur place ou à emporter. Des gâteaux sur mesure ainsi que des pièces montées sont également réalisés sur commande.

FENOCCHIO
Vieux Nice
2, place Rossetti
✆ 04 93 80 72 52
www.fenocchio.fr
Ouvert 7j/7 de 9h à minuit. Ouverture plus tard en été (juin, juillet et août) selon autorisations. Fermé de fin novembre à début février pendant le carnaval.
Le célèbre glacier niçois Fenocchio tient ici sa principale boutique depuis 1966. Plus d'une soixantaine de crèmes glacées et une quarantaine de sorbets y sont confectionnés dans la plus pure tradition artisanale. Dans la longue vitrine extérieure posée sur la place Rossetti, le large choix de parfums proposés révèle des saveurs classiques, originales ou insolites – cactus, tomate-basilic, tourte de blettes, riz au lait… – et privilégie les saveurs locales comme le thym, le romarin, la violette, la rose, la lavande, l'olive noire, le coquelicot ou le jasmin. Découvrez également chaque été des parfums de saison en édition limitée comme l'orange amère ou le mojito. Servies en pots ou en cornets, on emporte ces douceurs ou on les déguste sur les tables disposées sur la place vivante et animée.

▸ Autre adresse : Vieux Nice, 6, rue de la Poissonnerie, 04 93 62 88 80

■ LE FOURNIL BORRIGLIONE
Borriglione
20, avenue Alfred-Borriglione
✆ 04 93 84 96 33
boulangerieladelicieuse@yahoo.fr
Tram : arrêt Borriglione
Ouvert tous les jours de 6h30 à 20h. Boisson à 0,60 € pour l'achat d'un sandwich + dessert ou sandwich + salé.
Fils de boulanger et garant d'un savoir-faire artisanal, Jean-Marc Bordonnat a créé ce Fournil dont les repreneurs maintiennent la qualité et ont déplacé le pas de porte de quelques mètres sur le même trottoir. Ils continuent de combler tous les amateurs de bons pains, de la simple baguette aux pains les plus variés. Le goût et la qualité des viennoiseries, des tartes salées et des pâtisseries attirent depuis des années un grand nombre de Niçois connaisseurs qui viennent également chercher les spécialités locales : tourtes de blettes, galettes des rois, michettes niçoises, pissaladières... La queue devant l'enseigne et le long du trottoir est courante et prouve l'engouement pour les saveurs vraies !

GELATERIA AZZURO
Vieux Nice
1, rue Sainte-Réparate
✆ 04 93 13 92 24
Ouvert tous les jours en saison estivale de 10h30 à 00h30. Cornet maison 2 boules : 3,40 €. Milk Shake : 3,80 €
La Gelateria Azzuro propose des glaces élaborées sur place par la famille Veyrat installée à Nice depuis 1996. Plus qu'un simple produit gourmand, les glaces sont ici une véritable passion réalisées avec un savoir-faire qui se transmet de génération en génération depuis 1983 ! Les amateurs auront donc le choix entre des parfums classiques ou d'autres plus étonnants comme nougat figue, Bounty, Toblerone, fraise à la menthe fraîche... Pour ceux qui hésiteraient parmi tant d'originalité, quoi de mieux que pouvoir goûter ? Oui c'est possible ! Les cornets sont également fait maison. Une adresse très sympathique avec un accueil professionnel au top et un service affable. Voilà une halte gourmande bien agréable à faire dans la vieille ville.

■ JEAN-PATRICE PACI
Centre-ville
19, avenue Notre Dame
✆ 04 93 92 93 48
www.chocolaterie-paci.fr
confiseriepaci@aol.com
Du 1er juillet au 31 août, l'agence est ouverte tous les jours de 9h30 à 13h et de 14h30 à 20h. Du 1er septembre au 30 juin, du lundi au samedi de 10h à 13h et de 14h à 19h. Chèques non acceptés. American Express.
Le chocolatier Jean-Patrice Paci expose ses œuvres cacaotées dans le centre-ville de Nice. Formé à l'école des Beaux Arts, cet artisan-créateur décline des modèles originaux souvent inspirés par la vie quotidienne et l'actualité. Les *fashions* victimes craquent pour le sac à main ou l'escarpin à talon haut, les jeunes adoptent le téléphone portable ou l'iPad tandis que les gastronomes fondent

pour le camembert coulant, le saucisson plus vrai que nature, les cup-cakes, les croissants ou hamburgers, véritables trompe-l'œil car le tout est bien évidemment réalisé en chocolat 100 % pur beurre de cacao ! La boutique propose également 27 variétés de chocolats traditionnels. Absolument divin.

■ LAC PÂTISSIER-CHOCOLATIER

48, rue Gioffredo
✆ 04 93 82 57 78
www.patisseries-lac.com
labo.lac@orange.fr

Ouvert tous les jours de 9h45 à 19h15 sauf le dimanche.

Vous voici au royaume de la gourmandise haut de gamme ! Membre de la prestigieuse association Relais desserts international dont il est le responsable dans la région Sud, Pascal Lac est considéré comme l'un des meilleurs chocolatiers de France, toujours à la recherche de saveurs nouvelles. Ses boutiques niçoises sont de véritables joyaux où ses créations sont mises en valeur dans un décor raffiné et contemporain. « Les Pavés Masséna », des douceurs inspirées par le dallage bicolore de la place Masséna font partis des derniers nés de ses chocolats. Délices chocolatés et diverses pâtisseries dominent également les présentoirs aux côtés d'autres confiseries et gourmandises tels que calissons, pâtes de fruit, marrons glacés, guimauves et glaces. Possibilité pour tout événement de passer commande. Des gâteaux peuvent aussi être créés sur mesure.

► **Autres adresses :** Boutique Cap 3000 à Saint-Laurent-du-Var, 04 93 26 97 92 • Boutique rue Barla, 04 93 66 37 74 • Boutique vieux Nice, 04 93 53 60 69

■ L'ART GOURMAND

Vieux Nice
21, rue du Marché
✆ 04 93 62 51 79
Tram : arrêt Cathédrale Vieille Ville

Basse saison : ouvert tous les jours de 10h à 19h. Haute saison : tous les jours de 10h à 0h.

A deux pas de la place du Palais de Justice dans le Vieux-Nice, la devanture à l'ancienne de cette adresse gourmande affiche ses douceurs sucrées : des paniers de biscuits secs variés, de sablés, de navettes parfumées et un large choix de confiseries (chocolats, pâtes de fruits, calissons, pâtes d'amandes...). On s'installe à l'étage dans l'espace salon de thé pour boire et grignoter en toute convivialité tandis qu'aux beaux jours, on se laisse tenter par les glaces et les sorbets artisanaux aux parfums parfois très originaux (miel-lavande, banane-chocolat, rose, figue...).

■ MAISON AUER

Vieux Nice
7, rue Saint-François-de-Paule
✆ 04 93 85 77 98
www.maison-auer.com
contact@maison-auer.com

Ouvert du mardi au samedi de 9h à 13h30 et de 14h30 à 18h.

Depuis près de deux cents ans, cette maison au décor baroque trône à l'entrée du cours Saleya face à l'Opéra de Nice et ravie les amateurs de chocolat et autres confiseries comme les fruits confits, les orangettes, les marrons glacés ou les calissons. Toutes les gammes de produits dont les confitures aux saveurs variées (pêche, prune, orange amère, figue, clémentine) sont fabriquées dans la plus grande tradition artisanale transmise par les ancêtres confiseurs de la Maison Auer depuis 1820. Possibilité de commander en ligne via le site internet.

■ MULTARI

Centre-ville
8, boulevard Jean-Jaurès
✆ 04 93 62 10 39
www.multari.fr
contact@multari.fr

Ouvert tous les jours de 6h à 20h. Terrasse. A emporter.

Depuis 1987, une dizaine d'établissements Multari ont fleuri à Nice. L'enseigne propose des produits fabriqués dans la plus pure tradition boulangère : pains de traditions, pains spéciaux, viennoiseries sucrées et salées, entremets, pâtisseries variées, spécialités niçoises et corses, sans oublier la célèbre « Fendue », spécialité de la maison (petite baguette plate nature ou aux céréales, fendue au milieu). Ici, chaque pain possède une palette d'arômes et de saveurs dignes de grands crus. A découvrir également, les formules déjeuner – sandwichs, salades, plat du jour fraîchement préparé... – à déguster sur place ou à emporter.

► **Autres adresses :** 128, boulevard Gambetta Tél. 04 93 85 31 57 • 2, rue Alphonse-Karr Tél. 04 93 87 45 90 • 22, rue Gioffredo Tél. 04 93 80 00 31 • 26, boulevard Gambetta Tél. 04 93 88 06 26 • 52, avenue Cap-de-Croix Tél. 04 93 85 21 90 • 6-8, rue Spitaliéri Tél. 04 93 01 49 07

NEIGE AZUR

Vieux Nice
7, rue Raoul Bosio
✆ 09 50 81 76 24
www.neigeazur.fr

Ouvert tous les jours de 8h à 19h hors saison, du lundi au vendredi de 8h à 21h et le week-end de 8h à 23h en été. Fermeture annuelle en novembre. Terrasse. A emporter. Glaces et desserts glacés (tartes, gâteaux...) pour repas de groupes réalisés sur commande. Service Snack. Boissons chaudes et froides. Pâtisseries françaises et américaines. Formule à 7,50 € : 1 sandwich ou une crêpe salée + une boisson + un dessert.

Depuis plus de 50 ans, l'entreprise familiale de Patrick Bernardoni revendique son savoir-faire dans l'univers des desserts glacés. Depuis son laboratoire à Carros, cet artisan glacier local, le plus important de la région, fournit hôtels, restaurants, glaciers et pâtissiers en France et en Europe. Il régale désormais les particuliers azuréens avec sa boutique ouverte il y a un peu plus de deux ans située à l'entrée du vieux Nice. Dans un décor de salon de thé moderne et coloré, on se délecte de glaces et de sorbets exquis aux parfums variés. Les promeneurs repartent avec un cornet à savourer en déambulant. Gaufres, crêpes, donuts et cookies s'accompagnent aussi de boissons fraîches, d'un café ou d'un chocolat chaud. Côté salé, on commande un sandwich chaud, froid ou suèdois, un panini, un cheese-burger ou encore un croque-monsieur à déguster en terrasse. Les tartes et gâteaux glacés à commander font le bonheur des repas gourmands à la maison tant en famille qu'entre amis.

SENSATIONS
Port
17, boulevard Carnot ✆ 04 89 14 61 55
www.sensationsgourmandes.fr
boutique@sensationsgourmandes.fr
Ouvert le lundi, mardi, jeudi et vendredi de 7h30 à 18h30, le samedi de 7h à 15h. Terrasse de 10 places. Service «drive gourmand». Sur place. A emporter. Tickets restaurants acceptés. Pâtisseries maisons. Formules snacking (uniquement à emporter) : 6,50 €, 8,50 € ou 10,50 €.
Caverne d'Ali Baba pour les gourmands, vous trouverez des pains à l'ancienne, des viennoiseries ainsi qu'une gamme de délicieux gâteaux maison : macarons déclinés en six parfums, cheese-cakes acidulés, tartes au citron meringuée, cup-cakes (framboise, violette, marbré, agrumes...) et macarons XL à déguster sur place ou à emporter. Un service *snack* est également proposé avec salades fraîches, sandwiches et autres soupes. Sur place, le café est offert pour l'achat d'un sandwich et d'une boisson. Totalement innovant, Sensations est la première pâtisserie à Nice à mettre en place un service «Drive Gourmand». Le principe ? Faire ses achats en ligne et remplir un formulaire d'informations. Une fois sur place, un serveur vous apporte votre commande directement à votre véhicule. Sensationnel non ?

■ N'ICE NATURAL ICE NOUVEAU
Zone piétonne
6, rue de France
✆ 04 93 85 10 81
Voir page 28.

■ L'OISEAU D'OR
Centre-ville
20, rue de l'Hôtel-des-Postes
✆ 04 93 92 47 82
www.chocolatier-loiseaudor.com
contact@chocolatier-loiseaudor.com
Ouvert du mardi au samedi de 9h30 à 19h. Sur place et à emporter. Livraison sur Nice et alentours. Expéditions toutes destinations. Commande par téléphone avec paiement par CB.
Les artisans se succèdent à l'Oiseau d'Or avec la même passion du chocolat élaboré de manière artisanale. On trouve ici plus de quarante sortes de chocolats raffinés, des calissons, des nougats, des pâtes de fruits, des macarons déclinés en huit parfums et des marrons glacés fabriqués maison. « Les Grimaldines » sont l'une des spécialités de l'établissement à base d'un délicieux chocolat au lait parfumé au jus d'orange naturel. Pour l'organisation de toute réception, vous pouvez également passer commande pour de jolies compositions confectionnées à base de dragées.

■ PÂTISSERIE CANET
Gambetta
25, boulevard Gambetta
✆ 04 93 96 46 06
Ouvert du mardi au samedi de 8h à 19h30 ; le dimanche de 8h à 13h. Fermé le lundi. Gamme de mises en bouche et de pièces traiteur proposée pour l'organisation de buffets.
Entremets, mignardises, pièces montées, chocolats maison pur beurre de cacao, cakes (marbré au chocolat,

citron, fruits confits...), véritable craquelin à base d'amandes et fruits secs, ainsi qu'une une large gamme de macarons (lavande, coquelicot, marrons glacés...) et quelques grands classiques tels le Paris-Brest et le Saint-Honoré, s'affichent ici dans un décor moderne et épuré. Pour Christophe Canet, créateur de l'enseigne, les maîtres mots sont originalité et créativité y compris au rayon traiteur qui distingue les réceptions ou les repas festifs avec des créations originales et soignées.

PÂTISSERIE CAPPA SERAIN
Place Garibaldi
7 et 9, place Garibaldi
✆ 04 93 62 30 83
serainpatissier@free.fr

Ouvert du mardi au dimanche de 7h30 à 19h30. Salon de thé ouvert jusqu'à 18h en hiver et 19h en été. Service traiteur. Livraison possible.

Bienvenue dans l'antre de la gourmandise et du savoir-faire artisanal ! Cela fait maintenant plus de dix ans que Serge Serain, grand maître pâtissier-chocolatier, et son équipe vous régalent avec leurs nombreux délices maison réalisés à base de produits frais et de qualité. Vous y trouverez le midi une formule de restauration rapide proposant omelettes et tartes salées pour un excellent déjeuner équilibré. Sans oublier les desserts, de véritables petits bijoux à grignoter : orangettes, amandes au chocolat, truffes, délicieux macarons et autres petits fours sucrés. Une belle adresse où l'on s'arrête à n'importe quelle heure de la journée pour un thé ou café que l'on accompagnera d'un petit plaisir gourmand ! A noter que l'établissement propose également un service traiteur avec des compositions de buffet froid salé et sucré. Il n'y a pas de minimum de quantité pour passer une commande. Livraison possible.

▶ **Autre adresse :** Chocolaterie : 64, rue Arson – 04 93 55 00 56Tarterie : 32, avenue Borriglione – 04 92 10 09 65

■ **LE VANILLIER**
Quartier des Musiciens
7, avenue Auber
✆ 04 93 88 71 77
www.le-vanillier.com
levanillier@free.fr

Ouvert du mardi au samedi de 8h à 19h30, les jours fériés de 8h à 13h. Parking public Mozart à 50 m. Présent tous les matins sur le marché du Cours Saleya. Chèques non acceptés.

Ouverte en 1940, cette pâtisserie-chocolaterie posée au cœur du quartier des Musiciens est tenue par Gabriela et François Ducroux depuis 1993. En hommage à ce coin bourgeois de la ville de Nice, de nombreuses spécialités portent les noms de grands artistes du monde de la musique, le Chopin mêle chocolat et praliné, l'Armstrong sublime le chocolat noir... Cake au citron, macarons, amaretti, pâtes de fruits et chocolats maison complètent cette palette de douceurs dont la présentation soignée titille déjà les papilles côté vitrine ! Ne manquez pas de découvrir l'incontournable « Macaron de Nice » décliné à la violette, au citron, à la rose, à l'orange... sans gluten ni lactose.

■ **LE PÉCHÉ MIGNON**
Le Port – 41, rue Bonaparte ✆ 04 93 89 75 56
www.peche-mignon-nice.com
Ouvert du mardi au samedi de 7h30 à 12h30 et de 15h à 19h15. Le dimanche de 7h à 12h30. Tickets restaurants acceptés. Livraison sur Nice et dans le département (se renseigner).
Péché Mignon est un excellent traiteur, confiseur, chocolatier et pâtissier alliant qualité et quantité. Cet établissement propose avec talent un très grand choix de produits et d'incessantes créations depuis plus de quarante ans pour tout événement. Vous trouverez une vingtaine de parfums de glaces et de sorbets faits maison, des macarons aux parfums variés, des pièces montées pour différentes occasions, des chocolats maison pour Pâques ou n'importe quelle occasion ! Découvrez aussi une série de plats chauds pour les fêtes de Noël tels que les chapons farcis, du filet de bœuf en croûte ou encore la blanquette de lotte... Un rayon traiteur existe également pour vos cocktails, vos buffets et vos soirées entre amis : commandez des mini-sandwichs et pans bagnats, canapés ou farcis niçois... Ici, la présentation est raffinée et élégante. Tout est élaboré au jour le jour avec des produits soigneusement sélectionnés et d'une extrême fraîcheur. Ce Péché Mignon deviendra le vôtre !

■ **PÉCHÉS GOURMANDS**
Vieux Nice – 15, place Saint-François
✆ 04 93 62 94 66
www.peches-gourmands.fr
nice@peches-gourmands.fr
Livraison possible (possibilité d'achats en ligne sur le site Internet). Du 1er septembre au 30 juin ouvert 7j/7 de 9h30 à 13h et de 14h à 19h. Du 1er juillet au 31 août ouvert 7j/7 de 9h30 à 23h sans interruption.
Bienvenue dans ce palais réservé aux véritables gourmands ! Cette boutique à l'ancienne dédiée aux spécialités locales et provençales qui fait la part belle aux douceurs d'autrefois propose un vaste choix de confiseries variées : guimauves, calissons, pâte de fruits, berlingots, nougats... Les étalages colorés de confitures et de chocolats rendent hommage à la tradition gourmande d'antant. Avec sa fabrication à Six Fours dans le Var, vous trouverez aussi une trentaine de variétés et de déclinaisons de biscuits : navettes, sablés au beurre, croquants, rochers coco et célèbres macarons plus gourmands et savoureux les uns que les autres. On compose son propre panier en sélectionnant les produits de son choix pour retomber en enfance avec bonheur !

XOCOALT
Centre-ville – 10, rue Alberti
✆ 04 93 91 29 54 – www.xocoalt.fr
xo@xocoalt.fr
Ouvert du lundi au samedi de 10h à 19h. Boîtes et coffrets cadeaux. Choix à la pièce ou en sachets.
Parti à la rencontre des cultivateurs de cacaoyers au Mexique, Fabrice Zuppo est revenu dans sa ville natale pour ouvrir une chocolaterie de toute beauté. Dans cet espace épuré aux murs tapissés de citations gourmandes, cet artisan réalise toutes sortes de créations chocolatées raffinées : truffes, tablettes, pâte à tartiner, figurines originales, bouchées chocolatées aromatisées au thym, au miel, à la lavande, à la bergamote... Formé à la pâtisserie, il décline un choix de cakes et de gâteaux tout aussi cacaotés. Xocoalt signifie *chocolat* en maya, et ce n'est pas tout ce que l'on apprend au contact de ce grand passionné qui nous ouvre délicieusement au monde de la fève et de la cabosse. L'accueil est ici aussi doux que le parfum de chocolat qui embaume les lieux dès l'entrée. Une boutique à croquer !

Producteurs

■ **LOU CANICE**
Vieux Nice – 7 bis, rue Mascoïnat
✆ 04 93 85 41 62 – loucanice@free.fr
Ouvert du lundi au samedi de 10h à 19h30. Le dimanche de 10h à 13h et de 14h à 19h. Chèques non acceptés. American Express.
Cette boutique de charme met à l'honneur un choix varié de produits savoureux sucrés et salés. La farandole de petits biscuits, de friandises et de confiseries dévoilent olives en chocolat, galets de Nice, croquants aux noisettes et fruits confits... de quoi satisfaire les plus gourmands d'entre vous. Les étagères se parent quant à elles de produits

artisanaux aux saveurs locales : miels, confitures, huiles d'olive, vinaigres parfumés à la figue, à la violette ou à la framboise, caviars de légumes – tomate, aubergine et artichaut, tapenades d'olives noires et vertes, moutardes ou encore apéritifs... Le plaisir des yeux, le régal du palais et les conseils avisés, vous repartirez comblé de cet endroit unique !

■ FAMILLE MARY

Centre-ville
25, avenue Notre-Dame
✆ 04 93 01 77 29
www.famillemary.fr
mary@famillemary.fr

En été (début juin à fin août) : ouvert du mardi au vendredi de 10h à 13h30 et de 15h à 19h, le samedi de 10h à 13h30 et de 14h à 19h. En hiver : le lundi de 14h à 19h et du mardi au samedi de 10h à 19h (coupure de 13h30 à 14h le mardi).

Entre ruche et boutique gourmande, cette adresse du centre-ville décline un choix inattendu de miels de toutes textures, aux parfums multiples – acacia, eucalyptus, thym, caféier...- et de toutes provenances nationales ou internationales. L'enseigne fait la part belle à cette douceur sucrée depuis 1921. On y trouve aussi une déclinaison de produits biologiques, de cosmétiques, de confiseries au miel ainsi qu'un choix de gelée royale et de propolis.

■ NICOLAS ALZIARI

Vieux Nice
14, rue Saint-François-de-Paule
✆ 04 93 62 94 03 / 04 93 85 76 92
www.alziari.com.fr
moulin@alziari.com.fr

Ouvert du lundi au samedi de 8h30 à 12h30 et de 14h15 à 19h. Visite gratuite du moulin du lundi au vendredi de 9h à 12h et de 14h à 18h.

La famille Alziari tient cette boutique dédiée à l'huile d'olive niçoise depuis 1936. Dans ce petit espace de 50 m^2, le temps n'a pas d'emprise et les produits de tradition inspirent l'achat d'olives noires, vertes, natures ou parfumées en vrac servies à la louche sans oublier les tapenades et autres produits d'épicerie aux saveurs locales. La reine de la boutique reste l'huile d'olive : les bidons de formats variés au décor provençal bleu azur et jaune soleil sont la signature reconnue de longue date de cet établissement authentique et gourmand. Coffrets cadeaux, vins, spiritueux et objets pour la table en bois d'olivier ajoutent à l'attrait artisanal qui fleure bon les traditions niçoises.

▸ **Autre adresse :** Moulin Nicolas Alziari. 318, boulevard de la Madeleine, 04 93 44 45 12.

■ OLIVIERA

Vieux Nice
8 bis, rue du Collet ✆ 04 93 13 06 45
www.oliviera.com
nb@oliviera.com

Ouvert du mardi au samedi de 10h à 22h. Service restauration midi et soir. Pas de menu.

Voici un lieu et une cuisine dédiés à l'huile d'olive. Nadim Beyrouti, fervent adepte du terroir méditerranéen, lui rend un hommage admirable au travers de quelques classiques qui retrouvent ici leurs lettres de noblesse. Des lasagnes cuisinées avec une huile monovariétale de grossane, des raviolis niçois accompagnés d'une huile AOP Nice, des tagliatelles au pesto sublimées par une huile de picholine sans oublier le tartare méditerranéen rehaussé par une huile AOP Haute-Provence. Ici, la cuisine du chef est un pur bonheur et comme il le dit si bien, son but reste de faire découvrir ses huiles d'olive : une quinzaine sont proposées à la dégustation et à la vente, dont plusieurs AOP dont il connaît pour chacune les arbres qui ont porté les fruits et le moulin qui les a pressés ! Inutile de préciser que l'accueil et l'ambiance sont éminemment conviviaux. Une adresse tout bonnement réjouissante.

■ SYNDICAT INTERPROFESSIONNEL DE L'OLIVE DE NICE

Box 58 Min Fleurs 6
✆ 04 97 25 76 44
www.olivedenice-aop.com
aoc.olive@aocolivedenice.com

En 1995, 3 ans après les premières réflexions sur la création d'une AOC pour l'olive de Nice, le SION était créé. Composé d'un conseil d'administration de 12 membres représentant la profession oléicole (6 oléiculteurs, 3 transformateurs privés et 3 représentants de coopératives oléicoles), le syndicat est reconnu comme Organisme de défense et de gestion (OGD) par l'INAO. Sa mission consiste à encourager la démarche collective des AOP, faciliter l'adaptation aux nouvelles modalités d'agrément et de contrôle, promouvoir les trois produits oléicoles des deux AOP (olive et huile) ainsi que de défendre le nom et le terroir des appellations. Doté d'une animatrice de projets qui travaille en relation avec la technicienne oléicole de la chambre d'agriculture des Alpes-Maritimes, il est l'interlocuteur privilégié des oléiculteurs, mouliniers et confiseurs. Sur le site internet du Syndicat, vous trouverez maintes informations sur les producteurs, l'étiquetage, les concours organisés... et surtout vous pourrez télécharger une carte très bien conçue, « 06 route des oliviers », qui vous mènera de moulins en domaines.

Produits du monde

■ **ASIANA SUPERMARCHÉ** .... Asie

Riquier
56 boulevard Risso
✆ 04 93 26 42 07
www.asiana-supermarche.fr
email@asiana-supermarche.com

Ouvert de 9h30 à 13h et de 14h30 à 19h30. Fermé le dimanche après-midi et le lundi matin.

Envie d'étonner vos amis en leur préparant des spécialités culinaires tout droit venues de l'autre bout du monde ? Véritable spécialiste de la vente des produits exotiques à Nice, Asiana Supermarché fera voyager vos sens et vos invités : Japon, Chine, Corée, Vietnam, Thaïlande ou Inde, vous trouverez absolument tout ce dont vous avez besoin pour élaborer des plats issus de la gastronomie asiatique grâce à des produits de qualité. Les vendeurs, très accueillants et chaleureux, vous fourniront également des conseils pratiques et précieux.

■ **BONTA ITALIANE** .... Méditerranée

Centre-ville
46, boulevard Jean-Jaurès
✆ 04 93 92 07 49

Ouvert du mardi au samedi de 8h30 à 13h et de 15h30 à 19h30, le samedi de 8h30 à 12h30. Chèques non acceptés. American Express.

Charcuterie, traiteur, épicerie fine, cette *trattoria* mène l'Italie à notre table. On y déniche : pâtes fraîches de Ligurie et Piémont, huiles d'olive, jambon de Parme à l'os (18 mois de séchage), fromage (mozzarella, fromage aux truffes du Piémont, parmesan...), panettone, mortadelle et un grand choix de vins transalpins. Le rayon traiteur affiche des produits frais de belle gamme aux prix abordables. Aux produits gourmands de bon goût s'ajoutent l'accueil chaleureux et les conseils précieux offerts avec sourire et sympathie.

▸ **Autre adresse :** 10, avenue Malausséna ✆ 04 93 62 21 61

■ **LA CLÉ AUX PÂTES** .... Méditerranée

Vieux Nice
8 bis, rue de la Boucherie
✆ 04 93 85 65 86
niceapates06@orange.fr

Ouvert du mardi au samedi de 7h30 à 13h et de 15h à 19h, le dimanche de 7h30 à 12h45. CB non acceptée.

Dans cette charmante boutique de la vieille ville à la façade couleur miel, on trouve un grand choix de pâtes fraîches de fabrication artisanale. Outre les incontournables raviolis niçois, toutes les formes et tous les parfums savoureux se côtoient : ricotta et cèpes, saumon et crème fraîche, épinard et ricotta, gnocchis de pommes de terre, pâtes à l'encre de seiche... Les sauces maison – daube aux cèpes, bolognaise, napolitaine, trois fromages, cèpes ou encore basilic –, longuement mijotées sont également proposées à la vente dans cette adresse gourmande ouverte aussi le dimanche matin.

■ **GASTRONOMIE RUSSE** .... Europe

Gambetta
6, boulevard Gambetta
✆ 04 93 79 77 54

Ouvert tous les jours de 10h à 21h. Plats traiteur à emporter.

Cette adresse inattendue se dédie aux produits russes d'épicerie fine et propose la découverte de produits alimentaires venus de l'Europe de l'Est. A quelques pas de l'église russe, on trouve ici un choix de marques de vodkas, des poissons fumés, de la charcuterie et un rayon surgelé qui affiche un choix de plats cuisinés des plus typiques : zakuskis, pelmenis (raviolis russes), varienikis, zephyr, kvas, mors... et autres spécialités slaves. Gâteaux et bonbons russes complètent la déclinaison des saveurs salées autant que sucrées.

■ **MAISON AGNOLETTI** .... Méditerranée

Borriglione
5, rue Von Derwies
✆ 04 93 84 58 70
valeriedevenos@orange.fr

Ouvert du mardi au vendredi de 7h30 à 12h30 et de 16h30 à 19h, le samedi et dimanche de 7h30 à 12h30. Fabrication de pâtes fraîches depuis 1958.

La réputation de la Maison Agnoletti n'est plus à faire. Depuis 1958, cet établissement ravit ses clients avec ses nombreux produits fabriqués sur place avec le plus grand soin. Spécialisé dans l'élaboration de pâtes fraîches, la Maison Agnoletti propose bon nombre de variétés : gnocchis, panisses, cannellonis, lasagnes al forno, raviolis à la courge, à la niçoise, au canard et cèpes, au fromage, aux légumes, aux artichauts ou encore aux cèpes et veau ainsi que des plats typiquement niçois – tripes farcies à la niçoise, aux sardines ou aux choux, petits farcis, beignets d'aubergines ou de fleurs de courgettes, tian de courgettes ou de printemps, ratatouille, aubergine au parmesan et taboulé... C'est sans oublier les sauces maison (provençale, bolognaise, pistou...). Ici, la qualité est de rigueur et le service impeccable. A (re) découvrir sans modération.

■ **MAISON QUIRINO** .... Méditerranée

Le Port
10, rue Bavastro
✆ 04 93 89 71 07
www.maisonquirino.fr

Ouvert du mardi au samedi de 7h45 à 12h30 et de 16h à 19h30 ; le dimanche de 7h45 à 12h30. Fabrication de pâtes fraîches. Spécialités niçoises. Service traiteur (vendredis et samedis matins). Spécialités au fil de l'année.

La Maison Quirino perpétue la traditionnelle fabrication artisanale de pâtes fraîches depuis 1925. Des machines mécaniques italiennes fonctionnent à l'ancienne dans l'atelier de fabrication et dans la boutique principale où l'on achète raviolis, cappelettis, tagliatelles, cannelionis, raviolinis, panisses, gnocchis de pommes de terre, lasagnes al forno, agnolottis et des sauces maison (napolitaine, bolognaise, pistou..). Egalement traiteur de spécialités niçoises (farcis niçois, aïoli, ratatouille...), l'enseigne propose des spécialités typiquement italiennes (panettone, fromages, desserts). La maison Quirino perpétue enfin bon nombre de traditions culinaires niçoises dont la soupe de pois chiches cuisinée le 2 novembre et les plats spéciaux pour Noël, Pâques et les autres jours fériés.

Autre adresse : 209, avenue de la Californie – 06200 Nice – 04 93 71 55 70, ouvert du mardi au samedi de 7h45 à 12h30 et de 16h à 19h30, le dimanche de 7h45 à 12h30 - 4, boulevard Garnier – 06100 Nice – 04 89 03 72 43 - ouvert du mardi au dimanche de7h30 à 13h, le vendredi de 7h30 à 13h et de 16h à 19h.

■ **SI SNACK ITALIA....................... Méditerranée**
Garibaldi
43, avenue de la République
✆ 04 93 56 96 02
Tram : arrêt Garibaldi
Ouvert du lundi au samedi de 9h à 18h non-stop. Petite restauration sur place et épicerie de produits italiens.
L'Italie a pris ses quartiers entre les murs rouge-corail de cette petite adresse posée à deux pas de la place Garibaldi. On y déguste quelques plats simples aux saveurs italiennes concoctés avec soin par Sandro Valerio : assiettes dégustation préparées à la minute avec charcuterie, parmesan et légumes grillés, panini goûteux, minestrone, tiramisu maison... Karine assure l'accueil attentif et le service côté épicerie, où l'on choisit de ramener à la maison pâtes, risottos, vins, panettone... L'après-midi, les pauses se font chaleureuses et goûteuses autour d'un capuccino, d'un café ristretto ou d'un chocolat chaud.

Traiteurs

■ **LE JARDIN D'HÉLÈNE**
Riquier
15, rue de Orestis
✆ 04 93 89 17 94
www.lejardindhelene-nice.com
Ouvert du mardi au samedi de 9h à 14h et de 17h à 19h30, le dimanche de 9h à 13h. Traiteur pour réceptions et cocktails. Formules : pan bagnat + boisson à 6,50 €, salade + boisson à 7,50 €.

Au cœur du quartier de Riquier, Le Jardin d'Hélène propose des recettes traditionnelles niçoises : pissaladières, farcis aux 3 viandes, tartes aux blettes salées ou sucrées, picouns... Ici, tout est 100% fait maison et réalisé avec des produits frais de qualité dans la pure tradition. L'établissement régale les amateurs (particuliers ou professionnels) de spécialités locales pour toutes les occasions : baptêmes, mariages, réceptions, anniversaires... Alors n'hésitez pas !

LA FOURCHINA D'AQUI

Riquier – 53, rue Beaumont ✆ 04 93 31 71 73
www.lafourchinadaqui.com
lafourchinadaqui@gmail.com

Ouvert du mardi au jeudi de 7h à 14h30 et de 17h à 19h30, les vendredi et samedi de 7h à 14h30 et de17h à 21h30, le dimanche de 7h à 14h30. Service sur-mesure pour tout type d'évènements. Dégustation sur place et à emporter. Plaque de pissaladière (90 morceaux cocktail) : 30 €, plaque de tarte tomate-ail-basilic : 33 €, farcis : 26,90 € le kilo, socca : 2,50 € la part, mini Pan Bagnat : 2 € pièce, stockfisch : 18 €.

Attachée aux pures traditions locales, la Fourchina d'Aqui prône une cuisine simple, généreuse, savoureuse mais surtout locale. Pour tous vos événements, pensez à commander vos spécialités niçoises préférées : pissaladière, mini pan Bagnat, farcis, socca, tarte de blettes (salée ou sucrée), tarte tomate-ail-basilic ou encore stockfisch... sont concoctés avec des produits de qualité et de première fraîcheur et sont à venir chercher sur place. L'établissement propose également un service restauration sur place et à emporter. Si vous souhaitez de la qualité, un accueil remarquable et un bon rapport qualité-prix, c'est ici !

MUSCADE ET GINGEMBRE

52, rue des Potiers ✆ 06 81 34 43 99
www.muscade-et-gingembre.com
bs.services@live.fr

Ouvert 7j/7 toute l'année. Devis sur demande. Cours de cuisine.

Chef à domicile, traiteur organisateur de cocktails et de réceptions, cuisinier diplômé en restauration traditionnelle et gastronomique, Saïd Boukrouna vous offre son expérience et son savoir-faire. Les cocktails, les buffets et les repas des plus intimes aux plus festifs sont pris en charge de A à Z, chez vous, peu importe le nombre de personnes, l'événement et le lieu. L'équipe vous proposera un menu 100 % sur mesure et n'hésitera pas à venir en compagnie de ses serveurs, chefs de rangs ou encore décorateurs. Les préparations sont divines : foie gras en deux tomes, compotée d'oignons au porto et pain d'épices, dos de bar rôti, pesto de pistache, légumes du moment, filet de bœuf façon Rossini embeurrée de pomme de terre parfumée à la truffe blanche sauce aux morilles et gingembre, risotto noir à l'huile de noisette, légumes fanes glacées, langoustines saisies... Côté sucré, vous serez également conquis par le minestrone de fruits infusé à la citronnelle, le financier au thé vert Matcha ou le fondant au chocolat noir cœur chocolat blanc. Pour ceux qui préfèrent apprendre à concocter ces plats, le chef – qui a travaillé dans de grands restaurants parisiens tels que Lenôtre et Ladurée – propose des cours de cuisine chez les particuliers : adultes, enfants, débutants ou confirmés, chacun profite de ses conseils pour améliorer son tour de main.

LE PÉCHÉ MIGNON

Le Port – 41, rue Bonaparte ✆ 04 93 89 75 56

Voir page 218.

AUX PLAISIRS GOURMANDS Nice Nord

61, avenue Cyrille Besset
✆ 04 93 52 29 40
auxplaisirs.gourmands@sfr.fr

Ouvert le mardi, jeudi et vendredi de 8h à 13h et de 17h à 19h, le mercredi, samedi et dimanche de 8h à13h. Tickets restaurants acceptés. Portion plats chauds complets de 7 € à 9,50 €. Chèques non acceptés. Repas de groupe sur commande. Menus à la demande.

Chef-cuisinier trentenaire, talentueux et passionné, Thomas Coluccini a ouvert son enseigne traiteur en 2011 au cœur du quartier de Nice Nord. Ses « assiettes de restaurant proposées à emporter en barquettes » signent la définition gourmande de son travail soigné. Les plats chauds se déclinent selon les saisons, autour de produits frais minutieusement sélectionnés. Recettes locales et mets provençaux (ratatouille, farcis, poulpe et calamar à la niçoise, gratin de raviolis...) sont mitonnés sur place dans la cuisine ouverte sur l'espace boutique où il officie avec le sourire. Chaque jour de la semaine, on retrouve un plat chaud traditionnel (paëlla le mardi, aïoli le vendredi, daube de bœuf le samedi, couscous le dimanche...) et une déclinaison de 5 à 7 recettes variées. Entrées et desserts sont réalisés à la demande et toute commande de menu pour groupe est personnalisée et étudiée avec attention. Ici pas de menu type, en bon épicurien Thomas s'adapte aux goûts et aux attentes de chacun et privilégie l'échange et la rencontre.

Viandes et volailles

BOUCHERIE CHARCUTERIE TARRIOT

Boucherie

Nice Nord – 164, avenue Saint-Lambert
✆ 04 93 84 71 12
gerard.tarriot@wanadoo.fr

Ouvert du lundi au samedi de 7h30 à 13h et de 16h à 19h30. Tickets restaurants acceptés.

Cette boucherie-charcuterie est une référence depuis plus de 40 ans avec sa viande (charolais, agneau de Sisteron...), sa charcuterie italienne (Levoni) et sa volaille fermière d'excellente qualité. L'hygiène est irréprochable ; l'accueil chaleureux et professionnel. Le client est renseigné et guidé dans ses choix. On retrouve également un grand choix de plats cuisinés tels que de la paëlla, des gratins ou encore des plats de viandes. Sans oublier, la grande spécialité de la maison : la pissaladière, avec ou sans anchois ! Une véritable institution à découvrir sans plus attendre.

■ **BOUCHERIE PHILIPPE LETO** .... Boucherie
Cimiez – 64, avenue Cap-de-Croix
✆ 04 93 81 12 77
Ouvert du mardi au samedi de 6h à 13h et de 16h à 20h ; le dimanche de 6h à 13h. Tickets restaurants acceptés. CB non acceptée. Les amateurs exigeants trouvent ici une excellente viande haut de gamme. Dans cette boucherie-charcuterie, Philippe Leto propose du bœuf de Parthenay ainsi que de la volaille, de l'agneau, du veau, du porc et un choix de viandes fermières. L'établissement compte parmi les 25 boucheries de France à proposer des viandes limousines, la meilleure en terme de qualité à l'heure actuelle. L'accueil est très convivial et les conseils sont prodigués avec grands soins. Certaines commandes peuvent même être passées par téléphone.

■ **BOUCHERIE SAINT-FRANCOIS** .... Boucherie
Vieux Nice
11, place Saint-François ✆ 04 93 85 80 88
francis.viandes@wanadoo.fr
Tram : arrêt Cathédrale Vieille Ville
Ouvert du mardi au samedi de 6h30 à 12h30 et de 15h à 19h30 ; le dimanche de 6h30 à 12h30. Chèques acceptés (uniquement de la région). Qu'est-ce qui fait le succès de cette boucherie ? Car on peut parler de succès, voire même de triomphe ! Les files d'attente sont interminables et les gens se pressent dès l'ouverture des stores. Pourtant, ils s'affairent nos bouchers. Ils sont une trentaine pour préparer toutes les commandes. Il faut dire que les promotions ne manquent pas. Pour le reste, prenez votre mal en patience et attendez votre tour. Le choix est vaste : bœuf, veau, agneau, porc, volaille, abats mais aussi charcuterie (chipolatas, merguez, pérugines...) traditionnelle et artisanale fabriquée dans le laboratoire sur place.

■ **BOUCHERIE VERNIER** .... Boucherie
Libération
1, rue Vernier
✆ 04 93 88 34 93
boucherievernier@hotmail.fr
Tram : arrêt Libération et arrêt Thiers.
Ouvert du lundi au samedi de 6h30 à 13h et de 15h30 à 20h ; le dimanche de 7h à 13h. Tickets restaurants acceptés. Chèque Restaurant.
A quelques pas du marché de la Libération se trouve la boucherie Vernier. Le nouveau propriétaire Philippe – très sympathique et convivial –, vous propose un éventail de produits hors pair. Viandes de qualité, tendres et savoureuses : bœuf, veau, agneau, porc... tout est bon. C'est l'excellence et le must en ce qui concerne la viande. Mais ce n'est pas tout, d'autres produits vous sont proposés comme des savoureux pâtés, des plats préparés, de la charcuterie, des vins raffinés... tout y est appétissant, même les prix ! Une équipe de professionnels vous accueille avec le sourire et vous donnera avec plaisir différents conseils.

■ **CHARCUTERIE PONS** ....Charcuterie
Borriglione
36, rue Michel-Ange
✆ 04 93 84 68 05
www.charcuterie-pons.net
charcuterie.pons.contact@gmail.com
Ouvert le lundi, le mardi, le jeudi et le vendredi de 7h à 12h30 et de 16h à 19h ; le mercredi et le samedi de 7h à 13h.
Véritable institution pour les amateurs de charcuterie méditerranéenne, cette adresse est tenue par la famille Pons et propose un large choix de spécialités espagnoles (butifara catalane), maltaises ainsi que des recettes pieds-noirs. Longuanisse (merguez locale), merguez épicées, saucisses, pâté de tête, soubressade (la meilleure de Nice), pâtés, boudin noir... tous les produits sont fabriqués maison par messieurs Pons et Fils.

▶ **Autre adresse :** 24, rue Lépante T. 04 93 01 35 76

Vins – Alcools

Cave – Maison des vins

■ **AMOUR-VINUM**
27, rue de Châteauneuf ✆ 04 93 44 06 44
www.amour-vinum.com
Ouvert du lundi au samedi de 10h30 à 12h30 et de 13h30 à 19h30. Cave à Vins – Champagne – Spriritueux – Epicerie fine – Idées cadeaux.
Voici cinq magnifiques boutiques qui rendent hommage à ce précieux breuvage qu'est le vin : un décor très travaillé à l'image de la sélection des crus proposés qui a fait du rare et de l'inédit l'image de marque d'Amour-Vinum sans tomber dans le seul créneau de l'élitisme. La déco est fraîche et originale, le mobilier a été conçu par de grands noms du design et des tableaux d'artistes égaient les murs. Amis épicuriens, ces adresses vous sont dédiées : plus de 1 500 références en vins, champagnes et spiritueux toutes appellations confondues et à tous les prix. Également, vous trouverez des produits gourmands (foie gras, tapenade, confitures...) et des arts de la table... liés au vin, bien entendu ! Afin de vous initier à l'art du vin et de ses accords subtils, des cours de dégustation sont aussi organisés dans ces boutiques en présence d'un sommelier.

Autres adresses : 1, avenue Malausséna, 04 93 88 78 33 • 24, rue Alphonse-Karr, 04 92 10 20 20 • 27, rue Châteauneuf 06100 Nice • 4, rue Barla, 04 93 31 20 20 • 45, rue de l'Hôtel-des-Postes, 04 93 80 20

CAVAVIN

Centre-ville
4 bis, rue Meyerbeer ✆ 04 93 82 05 20
www.cavavin.fr
bernard.visac@wanadoo.fr

Ouvert du lundi au samedi de 10h à 12h30 et de 16h à 19h30. Idées cadeaux. Plus de 135 enseignes en France.

Pour tous les amateurs de vins, que vous soyez novices ou bons connaisseurs, Cavavin Nice propose une riche sélection de vins de propriété, d'alcools forts et de champagnes. Ici, le professionnalisme et la sympathie sont les maîtres-mots. Basée sur l'image de la marque nationale, Cavavin se nourrit de la conviction que le vin est un produit d'avenir pas comme les autres, souvent peu ou mal connu ; son extrême diversité et la hiérarchie des sensations qu'il dispense font de sa dégustation un exercice raffiné. Les cavistes Cavavin sont tous des passionnés, toujours à votre écoute pour vous conseiller et vous informer. La politique de la marque tend à combiner l'énergie d'entreprendre avec le plaisir de vendre ces produits.

CAVE 26 DEGRÉS

NOUVEAU

Centre Ville
26 rue Maréchal Joffre
✆ 04 93 16 23 51

Voir page 28.

CAVE BIANCHI

Vieux Nice
7, rue Raoul-Bosio
✆ 04 93 85 65 79
www.cave-bianchi.fr
cavebianchi@orange.fr

Ouvert du lundi au dimanche de 9h30 à 19h30. Nocturnes les vendredis et samedis jusqu'à 22h30. Soirées estivales Wine & Jazz. Possibilité de privatisation de l'établissement pour repas d'affaires ou groupes (maximum 12 personnes). Organisation d'anniversaires pour enfants avec dégustations de jus de raisins.

Dans cet établissement sous les voûtes de l'ancien couvent de l'ordre des Dominicains, les bouteilles prennent le temps de vieillir comme il se doit depuis 1860. Les Caves Bianchi proposent tous les grands crus français : Chardonnay, Pinot, Sauvignon, Cabernet, Merlot, Syrah, Sauternes, le Marc mais également des vins typiquement de notre région tels que Bandol, Château de l'Escarelle, Bellet et Entre Ciel Et Mer, des grands crus étrangers, des eaux-de-vie, des champagnes, des spiritueux et apéritifs et – plus surprenant – de l'huile d'olive artisanale ! Au fil des saisons, des dégustations de vins de toutes origines déclinées sous différentes formules sont organisées : cocktails, initiations œnologiques, anniversaires, événements privés dans ce cadre authentique d'un véritable musée du vin avec collections de bouteilles soigneusement mises en valeurs et objets anciens. A découvrir, sans modération.

LA CAVE DE LA TOUR

Vieux Nice
3, rue de la Tour ✆ 04 93 80 03 31
www.cavedelatour.com
info@cavedelatour.com

Ouvert du mardi au samedi de 8h à 15h et de 17h30 à 20, le dimanche de 8h à 13h. Livraison possible. Plat du jour : entre 12 € et 14 €. Entrée : entre 6 € et 9 €. American Express.

Tonneaux et chaises bistrot à l'extérieur, façade vermillon et grandes ardoises affichent l'esprit bar-cave à l'ancienne de cette adresse qui regorge de vins fins, champagnes et spiritueux depuis 1947. Tôt le matin, l'ambiance reflète l'art de vivre au cœur de la vieille ville tandis qu'à midi, le plat du jour aux saveurs locales (stockfisch, capouns farcis, daube et sa polenta…) et les quelques entrées proposées sont élaborés au gré des produits du marché. Les habitués épicuriens et œnophiles se retrouvent ainsi autour de crus issus du proche terroir : vins de Bellet, de Villars-sur-Var, de Saint-Jeannet, de Saint-Paul-de-Vence, de l'Abbaye de Lérins.

LES COMPAGNONS DE LA GRAPPE

Port
2, rue Catherine-Ségurane
✆ 04 93 55 69 24
http://lescompagnonsdelagrappe.com
info@lescompagnonsdelagrappe.com

Ouvert du mardi au samedi de 10h30 à 19h30. Ouvert le midi du mardi au samedi et le vendredi soir. Diners privés pour les groupes. Soirées thématiques régulières (whisky, jazz...).

Spécialiste en vins rares et millésimes anciens, cette cave à vin accueille également les épicuriens dans son espace restauration. La découverte des 4 000 références en vins et alcools rares issus de France et du monde entier se poursuit à table autour d'assiettes variées aux saveurs locales. On s'installe dans un décor de cave branchée et lumineuse avec sols clairs carrelés, lumières en suspension, murs de briques blondes, fauteuils en cuir chocolat, chaises bistrot et tables en bois. Entre l'espace salon cosy avec tables basses et les longues tables conviviales qui rappellent une salle à manger, tout contribue au plaisir de la dégustation.

CAVE NICOLAS

Centre-ville – 7, rue Maccarani
✆ 04 93 88 97 24
www.nicolas.com
votalora@laposte.net
Station de bus : place Grimaldi.

Ouvert le lundi de 13h à 20h et du mardi au samedi de 9h30 à 20h, le lundi de 15h à 20h et le dimanche (de juin à septembre et pendant les fêtes de fin d'année) de 9h30 à 13h. Chèques services. Livraison à domicile. Dégustation saisonnière. American Express.

Plus que n'importe quelle autre, cette boutique Nicolas abrite deux passionnés de bons crus, Valérie et Michel Otalora connaisseurs épicuriens qui communiquent avec un plaisir évident leur amour de la sommellerie. Bouteilles de marque, petits vignobles à découvrir, champagnes haut de gamme, spiritueux et apéritifs aux saveurs locales... tous les goûts et tous les budgets sont ici comblés par le choix et les conseils prodigués avec envie. L'établissement propose pour les amateurs des coffrets cadeaux et quelques accessoires dédiés à l'univers vinicole. Pour un dîner improvisé ou une invitation de dernière minute, quelques vins sont gardés au frais ainsi que des sachets de glaçons (nature ou aromatisés au citron vert). Des vasques sont également prêtées, en échange d'une caution. Histoire de garder tout au frais, sans frais !

Autre adresse : 23, avenue Jean Médecin – 04 93 88 53 71 ; 27, boulevard Gambetta – 04 93 84 03 95 ; 15, place Saint François – 04 93 76 12 01 ; 18, avenue Malausséna – 04 93 92 66 81 ; 14, boulevard de Cessole – 04 93 86 10 42 ; 40, boulevard Borriglione – 04 93 51 34 29

MACLAGAN'S

Centre-ville – 9, rue d'Italie
✆ 04 93 87 67 04 / 06 60 67 89 64
www.maclagans.com
francois.lagana@gmail.com

Ouvert du mardi au samedi de 10h à 12h15 et de 15h à 19h. Livraison offerte sur Nice à partir de 100 € d'achat. Formations et séminaires de groupes dédiés à l'univers du whisky. Organisation sur place à la boutique à partir de 10 personnes, à domicile ou en tout lieu de réception. Dégustation en terrasse.

Membre de la Scottish Malt Whisky Society d'Edimbourg, François Lagana transmet avec passion son savoir sur l'élixir écossais dans sa boutique au décor authentique, typiquement *scottish*. Derrière les boiseries de cette adresse au charme ancien, il présente une gamme exclusive de single malts (whiskies possédant des caractères aromatiques du terroir d'où il proviennent), single casks, grands crus régionaux ainsi qu'un grand choix de whiskies de négoce. Côté cadeaux, personnalisez vos coffrets en fonction de votre budget. Des commandes spéciales et la livraison sont également possibles sur demande. Des séances de formation et des conférences à thèmes sont aussi organisées dans la boutique ou à domicile. Elles réunissent également les amateurs en tout lieu de réception ouvert aux groupes pour parfaire leur savoir sur l'univers du whisky. A noter : depuis cette année, le Maclagan's propose des dégustations du breuvage écossais en terrasse.

MADEMOISELLE

Cimiez
10 bis, boulevard Edouard VII
✆ 06 16 85 18 41
mademoisellelivre@gmail.com

Livraison gratuite dès 6 bouteilles.

Mademoiselle habite Cimiez depuis son plus jeune âge. Passionnée par le vin, elle entreprend des études d'oenologie. Diplômée il y a une dizaine d'année d'un 3e cycle Connaissance et Commerce des vins en Bourgogne, elle revient à Nice et plus particulièrement à Cimiez où elle propose désormais une sélection de vins de qualité à prix doux. Selon la saison, Mademoiselle sélectionne aussi des crus spéciaux comme « les rosés pour l'été » du Domaine de la Bastide Blanche, du Domaine de la Croix, de la Cave Saint-Marc ou du Château Pas du Cerf à des prix toujours très attractifs !

LA PART DES ANGES

Centre-ville
17, rue Gubernatis
✆ 04 93 62 69 80
www.la-part-des-anges-nice.fr
part.des.anges@wanadoo.fr

Ouvert du lundi au samedi de 10h à 20h30. Nocturnes les vendredis et samedis jusqu'à minuit. Fermé les dimanches et jours fériés. Vin au verre à partir de 3,50 €. Flûte de champagne à 8,50 €. Sandwich à emporter : 5 €. Organisation de soirées à thèmes. Epicerie fine. Climatisation.

La boutique, notamment spécialisée dans les vins « naturels » et issus de l'agriculture biologique, en référence près de 300 ! Stupéfiant. Laissez-vous guider par le sympathique maître des lieux dont les conseils valent de l'or. Quelques tables sont également dressées à l'arrière afin que vous puissiez déguster votre vin accompagné d'une assiette de fromages de la Maison Bordier, de la Ferme Fromagère, de la charcuterie artisanale Alain Greises ou de la ferme Embrunaise dans une ambiance conviviale et très « bistro » en particulier le midi. Un rayon épicerie fine propose aussi des huiles d'olives, vinaigres, poivres et sels. La Part des Anges propose également des coupes de champagnes et des softs (eaux minérales, thés, sodas, jus de fruits, café…) pour satisfaire le plus grand nombre.

Cavistes

SAVEURS ET ANTHOCYANES

Centre-ville
10, rue Gioffredo
✆ 04 83 50 33 24
www.saveursetanthocyanes.com
info@saveursetanthocyanes.com
Tram : arrêt Garibaldi

Ouvert du lundi au samedi de 10h à 15h et de 17h à 00h. Terrasse. Climatisation. wi-fi gratuit. Tickets restaurants acceptés. Formule bistro : 15 € : plat du jour + dessert + café + eau plate ou gazeuse. Menus du soir : 25 € (amuses bouches + entrée + plat ou plat + dessert + eau plate ou gazeuse), 29 € (amuse- bouche + entrée + plat + dessert + eau plate ou gazeuse). American Express.

Cette cave chargée de casiers en bois regorge de plus de 5 000 bouteilles de vins, bières, apéritifs et liqueurs. Grands crus et vins de petits producteurs s'affichent à prix sages tandis que le coin bistrot/dégustation propose chaque midi une formule comprenant un plat du jour (viande ou poisson), un dessert maison, un café et une eau (plate ou gazeuse). Le soir, les assiettes de charcuterie, de fromages affinés, de foie gras de canard maison ou de terrine artisanale de foie de volaille et de planches de jambon cru se marient à merveille avec les différents vins. Cette dégustation s'accompagne de commentaires sur le producteur, le terroir et le cépage. A noter : sur table, les vins affichent les mêmes prix qu'en magasin.

■ **CAVE WILSON**
Centre-ville – 16, rue Gubernatis
✆ 04 93 85 33 10
http://cave-wilson.com
antoine-cavewilson@hotmail.com

Soirées jazz tous les vendredis et samedis de 20h30 à 0h30. Ouvert le lundi de 16h à 23h, du mardi au vendredi de 10h à 14h et de 17h à 23h, le dimanche de 18h à 22h. Amex acceptée. Pas de ticket restaurants.

Une cave à vin séculaire qui se dédie à l'amour des bons crus avec des références de producteurs français et étrangers. Toutes les régions sont ici représentées parmi une sélection d'artisans vignerons qui présentent des vins vinifiés de façon artisanale et biologique. Si vous souhaitez enrichir votre cave d'une nouvelle bouteille, vous bénéficierez des conseils d'un expert sommelier. Des coffrets cadeaux sont également proposés et des soirées œnologiques sont à venir très prochainement. Des plats issus de la cuisine du terroir sont à déguster sur place midi et soir : cassoulet aux manchons de canard, fois gras entier, tartinade aux légumes et pâté (entre 8 et 18 € par plat). Une formule Midi reste cependant à votre disposition pour 12 € comprenant au choix, une salade de chèvre chaud ou de saumon, un verre de vin et un café.

Domaines

■ **CHÂTEAU DE CRÉMAT**
Nice Ouest – 442, chemin de Crémat
✆ 04 92 15 12 15

Les visites guidées du domaine se font du lundi au vendredi sur rendez vous.

Propriété de Jarmila et Cornélis Kamerbeek depuis 2003, ce château qui domine les coteaux de Bellet avec une vue époustouflante sur la Méditerranée, a été bâti en 1906 par Antoine Mari, marchand de vins niçois. Après d'importants travaux de rénovation de l'édifice, agrandissement et modernisation des caves, réhabilitation du vignoble, le domaine est devenu un lieu très prisé pour les réceptions et événements festifs. Ici, les rosés, aux parfums de rose sauvage, sont issus d'un assemblage de braquet, cinsault et grenache. Ils peuvent être dégustés lors de visites guidées du domaine, des jardins, du cuvier et du chai à barriques, agrémentées de dégustation de vins, avec explication des cépages, des saveurs et de l'accord avec les plats.

■ **DOMAINE AUGIER**
Bellet – 680, route de Bellet
✆ 04 92 15 11 99

Ouvert le mardi et le jeudi de 16h30 à 19h. Ouvert de décembre à janvier et d'avril à mi-septembre.

Chez la famille Augier, la vigne est une tradition ancestrale. C'est le grand-père qui, au début du siècle dernier, a su transmettre la passion à ses descendants. A l'époque, c'est lui qui acheta la vigne d'un hectare que cultive aujourd'hui sa petite-fille, Elise Augier. La vinification est réalisée à la propriété depuis 1991 et chaque année sont produites environ 4 000 bouteilles primées, citées et converties en Vin de Pays des Alpes-Maritimes depuis près de trois années. Le blanc, avec sa robe jaune, dorée, est à découvrir. Le rosé est un vin d'été. Le rouge est particulièrement remarquable avec sa couleur rubis, intense et profonde.

■ **DOMAINE DE TOASC**
213, chemin de Crémat ✆ 04 92 15 14 14
www.domainedetoasc.com
contact@domainedetoasc.com

Ouvert du mardi au samedi de 14h30 à 17h30. Et sur rendez-vous. Visite du domaine, des caves, dégustation payante de 6 produits et accès boutique (1h30), durant les horaires d'ouverture de la boutique ou sur rendez-vous.

Idéalement situé sur les hauteurs de Nice sur le versant est de la plaine du Var à 10 minutes des rivages de la baie des Anges, le Domaine de Toasc est une propriété de 12 ha sur laquelle sont plantés 7 ha de vignes et 2 ha d'oliviers. Il participe à la renommée du Bellet, l'une des plus petites appellations d'origine contrôlée de France qui a obtenu son label il y a plus de 60 ans. Bernard Nicoletti, le vigneron du domaine, allie ingénieusement les techniques modernes aux méthodes ancestrales : vendanges manuelles, égrappage, élevage en barrique de chêne. De cette appellation Bellet sont issues les trois couleurs : un blanc soyeux et gras qui vieillit admirablement, un rosé soyeux et gouleyant né du cépage braquet et un rouge, assemblage de braquet et folle noire qui fait un excellent vin de garde. Le domaine produit également un vin de pays des Alpes-Maritimes qui convient, par sa fraîcheur, à la cuisine niçoise. A travers ses nouvelles installations, le Domaine de Toasc s'agrandit et s'ouvre aux événements privés et professionnels : la cave, les salons de réceptions et la boutique et organise des dégustations, la visite du site et des lieux de réception uniques et privilégiés. La boutique, ouverte du mardi au samedi de 14h30 à 17h30, propose des produits issus du domaine ainsi que les meilleures spécialités locales choisies dans notre région.

■ **DOMAINE DU FOGOLAR**
Nice Ouest – 370, chemin de Crémat
✆ 04 93 37 82 52 – www.vin-de-bellet.com
jeanetmichele.spizzo@sfr.fr

Ouvert du lundi au samedi de 8h à 12h et de 14h à 18h. Possibilité de location de salles. Visites guidées avec dégustation, 4 à 5 vins : 15 € par personne (moins de 8 personnes), 12 € (de 8 à 16 personnes), 10 € (au dessus de 16 visiteurs).

Jean Spizzo, petit-fils de vigneron, plante ses premières vignes en 1974 pour le plaisir et sa consommation personnelle. Ce tout petit vignoble de quelques hectares est situé sur une colline face à la plaine du Var. C'est le plus au sud du terroir. Ses vins sont réservés quasiment d'une année sur l'autre pour une clientèle fidèle, attirée par la fraîcheur et l'équilibre de ses produits. Habitué à recevoir des prix chaque année depuis très longtemps, le domaine a dernièrement obtenu des récompenses prestigieuses : Médaille d'Or au Concours des Grands Vins de Macon 2010 pour le rouge, Médaille d'Or en 2011 au Concours National des Vignerons Indépendants pour le rosé, et la même année la Médaille d'Or au Concours Général de Paris pour le blanc. Niveau tarif, découvrez la gamme à partir de 16 € en rosé et de 17 € pour le rouge, et de 16,50 € à 18,50 € pour le blanc. La cuvée 2013 marque quant à elle une page de l'histoire puisque les vins bénéficient de l'appellation biologique.

Beauté – Bien-être

Coiffeurs

ONE LOVE BARBERSHOP
Centre Ville
5, rue du Lycée
✆ 09 66 88 80 12
www.onelovebarbershop.com
Ouvert du mardi au samedi sur rendez-vous. Forfait coupe et brush femme à partir de 40 €. Couleur à partir de 32 €. Étudiant -15%. Coupe homme 25 €. Taille de barber 5 €+ contour au rasoir 15 €
L'ambiance à la fois conviviale et concentrée de ce salon ouvert à tous invite à faire une halte hors du temps entre mobilier vintage et branché, coupe-choux, tableaux anciens et lustres suspendus. Confiez votre tête ou votre barbe à l'équipe de One Love dont l'expertise n'a aucune limite ! Barbier, coiffeur, relookeur et coloriste, les conseils de Kévin (le patron), Ben ou Julien sont avisés et professionnels, et leurs talents multiples. Une adresse sympa et un service de qualité toujours au rendez-vous.

Salons de coiffure

■ **4MEN** .... **Homme**
République
5, avenue de la République
✆ 04 93 56 76 96
www.salon4men.fr
Ouvert du mardi au samedi de 9h30 à 18h30. Tonte de tête + shampoing : 12 €. Coupe + taille de barbe : 39 €. Rasage à l'ancienne (30 min) : 23 €. Epilation à partir de 5 €.
Salon de coiffure, rasage à l'ancienne, manucure, soins pour les pieds, le visage et le corps... Ici, le bien-être est exclusivement conjugué au masculin. Cette adresse a été créée par Mélanie Yernaux pour répondre aux attentes spécifiques des hommes en matière d'esthétique. Ecoute et conseils adaptés sont dispensés par une équipe expérimentée qui met un point d'honneur à accorder temps et attention aux clients qui trouvent également dans ce salon-institut des gammes de produits cosmétiques ciblés et des kits de soins complets. Une idée de pause-détente à s'accorder ou à offrir sous forme de chèque-cadeau.

■ **ABSALON** .... **Homme**
8, rue Meyerbeer
✆ 04 93 88 53 05
De 9h à 19h du mardi au samedi, fermé le dimanche et le lundi. Rasage à l'ancienne : 15 € et 25 € avec gommage. Gothy (boucs) : 20 €
Dans cet adorable petit salon à l'ambiance feutrée et au charme d'antan, les hommes sortent barbes taillées et sourires aux lèvres... Ils se sont abandonnés aux mains expertes d'Annick Laborde qui, d'un coup de ciseaux, maîtrise cheveux et barbes depuis plus de 20 ans, le tout dans une ambiance jazzy.

■ **ALIAS COIFFURE**
Centre Ville
11, rue Alberti
✆ 04 93 53 97 33
www.aliaspatrickmasset.com
patrickmasset06@gmail.com
Ouvert le lundi de 10h30 à 18h. Du mardi au samedi de 9h à 19h. Avec ou sans rendez-vous. Fermé le dimanche. Couleur : à partir de 33 €. Femmes : coupe relooking 75 €. Couleur inoa à partir de 36 €. Coupe entretien de 52 € à 61 €. Brushing de 28 € à 45 €. Hommes : coupe relooking 33 €. Coupe entretien 28 €.
Après avoir travaillé chez Dessange et Eric Zemmour, Greg s'est installé sous l'enseigne Patrick Masset dans ce salon au cadre chaleureux et design. L'équipe hautement qualifiée propose des coupes, des plus classiques aux plus tendances mais aussi des séances de relooking, des conseils de maquillage sans oublier le lissage, le défrisage et la pose d'extensions naturelles. La clientèle masculine bénéficie également de soins dernière génération pour couvrir les cheveux blancs. L'approche créative des coupes initiées par Greg rappelle son expérience auprès des VIP lors du Festival du Film de Cannes.

■ **CLÉMENTINE HAIRWORKSHOP**
Petit Marais Niçois
2, rue Bonaparte
✆ 04 97 19 16 44
Ouvert du mardi au samedi de 9h à 19h. Le lundi uniquement sur rendez-vous. Coupe (à partir de) : femme 43 €, homme 25 €. Lissage Brésilien à partir de 200 €. Onglerie : pose de gel à partir de 45 €. Beauté des mains 30 €.
Sa façade aux allures de paquebots s'impose en douceur à l'entrée de la rue Bonaparte : briques rouges, fauteuils designs et mobilier contemporain composent le décor du salon style loft new yorkais. Dans une ambiance élégante et conviviale, sa clientèle (hommes et femmes) vient y prendre du bon temps, s'offrir une nouvelle coupe et glaner quelques potins. Clémentine est une coiffeuse au carnet d'adresses bien rempli qui sait capter votre style qu'il soit tendance, structuré, sauvage ou glamour en un coup de ciseau.

■ **COIFFURE LES EMPEREURS**
Centre Ville
8, rue Spitaliéri
✆ 04 93 62 82 61
www.coiffure-lesempereurs-nice.com
dominique.rovelli1@wanadoo.fr
Ouvert du lundi au samedi non-stop de 9h à 19h. Épilation à partir de 10 €. Manucure à partir de 19 €. Beauté des

pieds à partir de 29 €. Pose de vernis semi permanent : 24 €. Coupe à partir de 19 €. Coiffure soirée et chignon à partir de 35 €. Lissage brésilien ou lissage japonais : prix sur devis. Soins Maria Galland : soin visage Découverte (45 minutes) à 49 €, soin visage homme (1h) : 49 €.
Cet espace glamour met à disposition coiffeurs visagistes, stylistes esthéticiennes et maquilleuses pour une mise en beauté éclair ou un relooking intense. Que vous soyez sportive, naturelle, raffinée, moderne, classique ou excentrique, ces professionnelles de la beauté vous prennent en main de la tête au pied pour sublimer votre potentiel séduction. Leurs armes ? Un bon coup de ciseau, des produits innovants ainsi qu'une touche de magie. Coupe, lissage, couleur, maquillage, ou pose de semi permanent... une fois la transformation réussie, il ne vous reste qu'à monter dans la mezzanine pour découvrir l'espace prêt-à-porter. Vous y choisirez des vêtements de marques françaises ou italiennes à des prix raisonnables pour parfaire votre style.

■ LE COMPTOIR DES BARBIERS .... Homme

Port
4, rue Cassini
✆ 04 93 54 27 89
www.comptoirdesbarbiers.com
comptoirdesbarbiers@hotmail.fr
Tram : arrêt Garibaldi
Ouvert du mardi au samedi de 9h à 12h30 et de 14h à 18h30. Ouvert vendredi et samedi non-stop. Salon de coiffure pour hommes. Soins du cuir chevelu. Barbier. Rasage à l'ancienne. Soins pour hommes. Siège massant. Shampooing, coupe 25 €. Rasage à l'ancienne 28 €.
Ce salon de coiffure et de beauté consacré uniquement aux hommes se dédie tout autant à l'esthétique qu'au bien-être. Outre les coupes de cheveux classiques ou branchées, l'équipe de professionnels attentifs propose des séances de rasage à l'ancienne, des soins adaptés du cuir chevelu, du visage et des mains pour des pauses détente qui allient paraître et bien-être au masculin.

■ LES DAYAKS

Centre ville
6, rue Diderot
✆ 04 93 53 62 67
http://les-dayaks.skyrock.com
brotons.valerie@neuf.fr
Ouvert du mardi 9h à 18h30 et du de samedi 9h 18h30.
Ce salon de coiffure niçois coiffe hommes, femmes et enfants. De la coupe classique ou tendance, de la coloration aux extensions, il vous suffira de soumettre vos désirs ou vos habitude à l'équipe de coiffeurs.

■ CONTRAST COIFFURE

Malausséna
8, rue Clément-Roassal
✆ 04 93 87 45 73
www.contrastcoiffure.fr
info@contrastcoiffure.fr
Ouvert le mardi, le jeudi et le samedi de 9h à 18h ; le mercredi de 9h à 13h ; le vendredi de 9h à 20h. Coupe (à partir de) : femme 40 €, homme 22 €. Couleur : à partir de 29 €. Chignon à partir de 49 € sur devis.
Pénétrez dans l'univers chaleureux, arty et contemporain de ce salon de coiffure branché où dominent le rouge, le gris, le blanc et le noir. Dans une ambiance conviviale, vous bénéficierez de conseils personnalisés. Envie de changer de tête ? Coupe transformation, couleur, mèches, défrisage... l'équipe créative se tient à l'écoute attentive des clients pour comprendre leurs attentes et révéler leur personnalité à travers une nouvelle coupe adaptée et facile à coiffer. Le salon propose également à sa clientèle des massages bien-être.

■ LA FASHIONNERIE DES JUNIORS .... Enfant

Centre Ville
2, rue Joseph-Bres
✆ 04 93 88 76 21 / 06 03 27 20 53
www.lafashionneriedesjuniors.com
lafashionneriedesjuniors@orange.fr
Tram : arrêt Place Masséna
Ouvert le mardi, le jeudi et le vendredi de 9h à 12h30 et de 14h à 18h30 ; le mercredi et le samedi de 9h à 18h30 ; le dimanche et les jours fériés de 9h à 13h. Fermé le lundi. Maquillage de fête : 10 €. Grimage 18 €. Beauté du pied : 15 €. Vente eaux de parfum. Coupe et shampoing à partir de 10 € de 0 à 1 ans (filles et garçons). De 1 à 2 ans 15 € (filles et garçons). De 2 ans à 21 ans : 25 € (fille) et 20 € (garçon).
Ce salon porte une attention exclusive aux enfants et adolescents. Avec douceur et talent, l'équipe porte à ses jeunes clients un soin tout particulier et répond avec attention aux envies classiques ou ultra-tendances : coupes méchées ou manga, style surfeur, street golfeur... Sur place, vous trouverez également une ligne de parfums, des produits de soins spécifiques ainsi qu'un choix d'accessoires pour les cheveux (barrettes, bandeaux, cerceaux...). Chaises hautes, magazines, jeux et écran TV avec programmes choisis font de ce petit lieu au grand cœur une adresse cadeau pour les petits.

FRÉDÉRIC MORÉNO COIFFURE
Gambetta
1, boulevard Gambetta ✆ 04 93 92 45 15
www.frederic-moreno.com
Ouvert le Mardi de 9h à 19h30. Du mercredi au samedi de 9h à 18h30. Avec ou sans RDV. Coupe (à partir de) : femme 35 €, homme 20 €. Shampoing + Soin + Séchage + LISS'CUT (exclusivité Frédéric Moréno) : 50 € sur cheveux raides, 70 € sur cheveux frisés.
Après avoir travaillé pour différents groupes, Frédéric Moréno se lance seul dans l'aventure et propose dans ses salons son style et son talent. Preuve de son succès, le nombre de salons se multiplie. Le style Moréno, c'est une technique très pointue et un conseil de grande qualité. Le dialogue est le maître mot comme le souligne Alex Massa, le gérant et coiffeur-créateur-styliste-visagiste du salon. A noter que ce salon est le premier en France à sculpter les cheveux avec des ciseaux chauffants, un outil révolutionnaire supprimant les fourches sans toucher la longueur de vos cheveux.

Autre adresse : 4 rue Spitallieri 06000 Nice

JEAN-LOUIS VALÈRE
Libération – 12, boulevard Joseph-Garnier
✆ 08 20 82 06 65 – www.jeanlouisvalere.com
Ouvert le lundi, le mardi, le vendredi et le samedi de 9h30 à 19h. Avec ou sans rendez-vous en nocturne le jeudi.
Cette adresse fut la première créée en 1988 par les Niçois Valérie et Jean-Louis Foissy. Le groupe Jean-Louis Valère affiche désormais un concept à la déco rouge, blanche et grise inspiré du Japon avant-gardiste et une philosophie dédiée à la création artistique. La prise en charge personnalisée et l'écoute sont la signature du groupe. Chaque salon affiche un concept : les Hair & Beauty proposent en plus des coupes et des soins pour cheveux, des prestations pose d'ongles (ongles américains, nails art, manucure...) et des soins du corps (épilation, soins du visage et du corps) tandis que les salons Hair Style affichent un concept exclusif pour des coiffures tendances réalisées avec des produits de qualité, des formules claires et sans surprise.

Autres adresses : Hair & Beauty : 10 av. Notre-Dame 06000 Nice et 100 av. Notre-Dame 06000 Nice • Hair Style : 7 rue Barla Nice 06300 Nice ; 12 boulevard Joseph Garnier 06000 Nice et 412 av. du Général Leclerc à Saint-Laurent-du-Var.

KENNEDY COIFFURE
Nice Ouest – 63, avenue Sainte-Marguerite
✆ 04 93 21 02 89 – www.kennedycoiffure.fr
Ouvert mardi et mercredi de 9h a 11h30 et de 14h a 18h30. Ouvert le jeudi de 9h à 18h30. Le vendredi et le samedi de 9h a 18h. Avec ou sans rendez-vous.
Les bacs de ce salon sont équipés de mini-cabines qui font comme un pont au dessus du visage : on se laisse encercler et bercer par un jeu de lumières changeantes et de musique zen associés à un massage du cuir chevelu aux huiles essentielles et un massage shiatsu pour l'ensemble du corps actionné par le fauteuil qui s'élève à l'horizontal. Ce quart d'heure de cocooning bien appréciable est compris dans le tarif du shampoing traitant et du soin. Essayez donc cette expérience chroma-thérapeutique et détente durant le shampoing : détente et bien-être garantis !

Autre adresse : 256, avenue de la Californie 06200 Nice, Tél 04 93 21 05 04

L'OISEAU BLEU
17, rue Gubernatis
✆ 04 93 85 51 63 / 06 22 14 04 49
www.coiffeur-loiseau-bleu.com
Sur rendez-vous. Ouvert du mardi au vendredi 9h à 18h. Nocturne le vendredi jusqu'à 20h avec ou sans rendez-vous. Samedi de 8h30 à 18h. Coloration 100 % végétale avec shampooing de plantes ayurvédique avec une base lavante naturelle : à partir de 58 €. Soin ayurvédique brushing : 55 €. Soin ayurvédique, coupe, brushing : 75 €. Soin de détoxination, coupe, brushing : 55 €. Drapping (connaître sa saison et ses couleurs qui nous mettent tant en valeur) : 45 €. Cours d'auto maquillage 35 €. Coupe (à partir de) : femme 38 €, homme 21 €. Couleur : à partir de 58 €. Soin lunaire, brushing 40 €. Mèches et balayage : cheveux court 50 €, cheveux mi-long 75 €, cheveux long 90 €. Moins 20 ans : – 20 %.
La beauté au naturel ? Voilà une expression qui prend ici tout son sens ! Le salon est à la fois zen et chic avec ses teintes chaudes et relaxantes, et son mobilier épuré au design blanc. Vos cheveux sont abîmés ou fourchus ? Ils manquent de brillance ou de couleur ? Confiez-les aux mains expertes de L'Oiseau Bleu. L'équipe de Nathalie vous conseillera entre coupes, couleurs végétales, soins millénaires ayurvédiques ou amérindiens, détoxication à l'argile ou colorations sans ammoniaque et paraphénylamine. Tous les produits et soins proposés sont naturels, bio et d'origine végétale pour un meilleur respect du cheveu et de l'environnement. On aime aussi les nocturnes « pleine lune » pour redonner du peps à nos cheveux ainsi que le total relooking comprenant une coupe + une couleur transformation + un forfait complet en gestion de votre image (cours d'automaquillage, drapping…). Que vous soyez un homme ou une femme, révélez votre beauté. Révélez-vous !

LA MAISON DU RASAGE...............Homme
Centre Ville – 24, rue de France
✆ 04 93 88 20 73
www.lamaisondurasage.fr
lamaisondurasage@neuf.fr
Du mardi au samedi de 10h à 12h30 et de 14h à 19h.
On reçoit ici les hommes soucieux de leur rasage dans un lieu unique dédié à l'univers du rasage masculin. Conseils personnalisés accompagnés d'une large gamme de produits sont proposés pour répondre aux besoins spécifiques de chaque client. Rasoirs électrique, mécanique, blaireaux, savons à barbe, produits de soin, sabres, tondeuses pour cheveux, barbes ou moustaches... On vous apporte tous les éléments pour maîtriser ce geste quotidien souvent vécu comme une obligation et le transformer en un moment de soin, de plaisir et de détente.

NATHALIE CALDERINI COIFFURE ET SPA ...Spa
4, rue Auguste-Gal
Riquier ✆ 04 93 56 28 28
www.nathaliecalderini.com
Ouvert du lundi au samedi sur rendez-vous.
Sacrée Meilleur Ouvrier de France en 2004, Nathalie Caldérini règne sur un espace de 300 m^2 entièrement

dédié au bien-être et à la beauté. Spécialisée en coiffure de scène et de fête (cérémonie, mariage, cocktail...), son équipe de coiffeurs et maquilleurs est régulièrement sollicitée par une clientèle VIP parfois issue du milieu artistique pour des interventions au salon, sur sites, dans les hôtels ou à domicile. Doté de dix postes de coiffage, de trois cabines d'esthétique, d'une cabine de maquillage et d'une cabine privée, ce lieu dispense également des soins capillaires personnalisés, des soins esthétiques, des massages ayurvédiques aux huiles tièdes et de la balnéothérapie dans l'espace SPA. A la gamme de soins riches et naturels utilisés dans le salon, Nathalie a ajouté sa propre ligne de produits bio pour les cheveux et pour la peau disponibles en ligne sur son site web. Dommage que l'accueil soit peu agréable et l'attente parfois longue !

■ **OPIUM COIFFURE**
Centre Ville
11, rue de l'Hôtel des Postes
✆ 04 93 13 85 85 / 06 37 39 69 20
Ouvert du lundi au vendredi de 9h à 18h. Le mercredi de 10h à 18h. Nocturne un mardi sur 3. Avec et sans rendez-vous.
Dans son écrin épuré, cette professionnelle de la beauté s'attache à vous prodiguer les meilleurs soins dans une atmosphère relaxante. Avec ou sans rendez-vous, faites-vous chouchouter de la tête aux pieds : extension et rehaussement de cils, beauté des mains et des pieds, massages, soin du visage, épilation, maquillage permanent… Christine saura également prendre soin de votre chevelure dont elle révèlera la beauté et la vôtre selon vos goûts et votre morphologie.

PASCAL ROLLAND
Centre Ville
28, rue Lepante ✆ 04 93 54 50 35
Voir page 15.

■ **SACKMONNE COIFFURE**
Centre Ville
3, rue Chauvain ✆ 04 93 62 21 33
Ouvert du mardi au samedi de 9h à 19h. Shampoing coupe brushing à partir de 42 €.
Ici, vous êtes chouchoutés. Les fauteuils des bacs à shampoing vous massent le dos tandis que vous êtes en position quasi allongée pour un véritable moment de détente. Le salon intègre aussi un centre d'esthétique avec deux cabines de soins au sous-sol : soins du visage, du corps, beauté des mains, des pieds et épilation. Un espace bien agréable pour se faire belle – ou beau – de la tête aux pieds.

■ **SAG BY DIDIER**
Carré d'Or – 21, rue Alphonse Karr
✆ 04 93 62 22 28
Ouvert du lundi au mercredi de 10h à 18h30, le jeudi sur RDV de 14h à 18h, le vendredi et le samedi de 9h30 à 18h30. Nocturne le vendredi sur RDV. Coupe (à partir de) : femme 40 €, homme 10 €, enfant 13 €.
Le style oriental, cosy et chaleureux de ce salon de coiffure affiche une élégante convivialité. Dans ce cadre lumineux et branché, Didier prodigue des conseils personnalisés et traite au cas par cas les souhaits et les envies des clientes qui bénéficient d'une approche attentive de relooking.

■ **UNIK**
Centre ville – 13, rue Alberti
✆ 04 93 62 03 22 – www.coiffeur-unik06.fr
Ouvert du mardi au samedi de 9h30 à 19h. Ouvert aux hommes, femmes et enfants.
Un salon totalement original et un accueil sympa, on manie ici avec dextérité la tondeuse et les ciseaux. Avec ou sans rendez-vous, on vous prodigue des conseils personnalisés dans un cadre élégant. La clientèle est plutôt très *fashion* et l'ambiance sonore est des plus tendances.

Coiffeurs à domicile

■ **COIFFURE CAROLINE**
Se déplace à domicile ✆ 06 66 21 74 39
www.coiffurecaroline.com
Forfait ou à la carte. Selon la distance : un léger supplément sera appliqué. Du lundi au vendredi de 9h à 18h et samedi de 9h à 12h. Prestations pour les femmes uniquement.
Vos horaires ne vous permettent pas de vous rendre en salon ? Marre de tourner en voiture pendant des heures dans Nice pour vous rendre chez votre coiffeur ? Faites appel à Caroline : elle se déplace chez vous et réalise les mêmes prestations qu'en salon de coiffure. Ponctuelle et très professionnelle, confiez-lui votre tête : que ce soit pour une coupe, des mèches, des extensions... elle saura adapter votre coupe à votre look.

■ **C. SANDRINE**
Se déplace à domicile ✆ 06 10 84 74 03
Toutes prestations de coiffure, y compris pour jours de fête. Disponible tous les jours du lundi au samedi inclus. 7j/7 de 9h à 21h..
Forte d'une riche expérience en salons de coiffure, C. Sandrine propose désormais ses services à domicile et se déplace sur Nice et ses environs. Coupe, brushing, couleur, mèches ou coiffures de fête, hommes, femmes et enfants bénéficient de prestations personnalisées avec un équipement qui assure chez soi le même confort qu'en salon : serviette, tablier, bac pour shampoing ajustable sur chaise ou fauteuil et large gamme de produits de soin. Passionnée par son métier, C. Sandrine prodigue aussi des conseils avisés et privilégie le lien de confiance avec sa clientèle.

Cosmétiques Produits de beauté

■ **BAZAR BIO**
Centre Ville
4, place Wilson
✆ 09 73 62 13 03
www.bazar-bio.fr
Boutique en ligne. Animations au show-room.
Véritable référence de la cosmétique naturelle et du maquillage bio, vous trouverez dans cet e-shop des produits phares et avant-gardistes adaptés à votre peau et aux types de soins que vous recherchez : déodorants, vernis, crèmes, démaquillants, soins anti-âges, schampoings, éponges... le tout à base d'huiles essentielles, de cires végétales, d'extraits naturels et de plantes. Du beau, du bon et du bio ! Petit plus très futé : les animations du show-room.

■ **BÉRÉNICE ET ÉGLANTINE**
Vieux Nice
35, rue Pairolière
www.berenice-eglantine.com
Ouvert du mardi au samedi de 10h à 13h et de 15h à 19h. Possibilité de commander via le site Internet.
Cette boutique est consacrée aux produits cosmétiques 100 % naturels et bio. Le packaging souvent ludique associe le beau au bon. On trouve ainsi des crèmes de jour, des gels douche, du vrai savon de Marseille sans oublier les produits Nominoë et ceux du Dr. Hauschka. Pour des idées cadeaux originales, pensez à offrir les guirlandes de savons !

■ **COMPAGNIE DE PROVENCE**
Vieux Nice
7, rue Saint-François de Paule
✆ 04 93 80 97 22
www.compagniedeprovence.com
boutiquenice@compagniedeprovence.com
Ouvert du lundi au samedi de 10h à 19h. Le dimanche, ouvert de 10h à 13h et de 14h à 19h.
Cette enseigne de charme et de renom dévoile un cadre lumineux habillé de blanc, de pierres anciennes et de bois clair. Une mise en scène très *cocooning* pour dévoiler les créations de la maison : savons parfumés, lotions pour le corps, eaux de toilette, parfums d'intérieur et bougies aux senteurs délicates. Ces gammes de produits conçues dans le respect d'un savoir-faire traditionnel à base d'ingrédients naturels et subtilement parfumées s'affichent ainsi dans cet espace à vivre au style sobre et graphique.

Retrouvez le sommaire en début de guide

■ LOU PANTAÏ

Vieux Nice
8, rue de la Poissonnerie ✆ 04 93 62 12 25
lou.pantai.nice@gmail.com
Lundi au samedi de 9h à 20h en été. En basse saison de 11h à 18h du lundi au samedi. Stand au marché du cours Saleya (au bout du cours Saleya côté château) 8h à 13h du mardi au dimanche.
Lou Pantaï – qui signifie en niçois « le songe » – invite à la flânerie : à l'extérieur de la boutique, notre regard est déjà attiré par la multitude de petits paniers colorés dans lesquels on trouve des sels goûteux provenant des quatre coins du monde ainsi que des savonnettes délicieusement parfumées aux formes classiques mais aussi à l'allure étonnante comme celles en forme de légumes, de fleurs ou d'agrumes ! A l'intérieur, la décoration aux tons pastel nous plonge au cœur de la Provence et invite à la rêverie tandis que l'on découvre sur les étagères de nombreuses huiles d'olive, des liqueurs et spiritueux typiques de la région, des épices de Provence ainsi que tout un choix de tisanes et d'ustensiles (salière, poivrière, gratte-ail...).

■ LUSH

Carré d'Or
23, rue Masséna ✆ 09 60 10 58 10
www.lush.fr
lush-nice@hotmail.fr
Ouvert le lundi de 12h à 19h ; du mardi au vendredi de 10h30 à 19h ; le samedi de 10h30 à 19h30.
Cette boutique posée au cœur des rues piétonnes célèbre les produits cosmétiques naturels. Le projet de Mark Constantine – le leader du groupe d'origine anglaise – refuse toute expérimentation animale. Les produits d'origine naturelle et végétale sont présentés de manière originale, la plupart sans emballage ; on les emporte dans des foulards rétro utilisés en guise de papier cadeau. On trouve une gamme de cosmétiques inédite et innovante : les ballistics, les barres de massages et les shampoings solides. Côté accueil, l'équipe très chaleureuse dispense avec enthousiasme tous les renseignements concernant la marque et ses produits.

■ SABON

Centre-ville
30, avenue Jean Médecin
Nice Etoile N-0
✆ 09 67 25 46 09
www.sabon.fr
info@sabonfrance.com
Du lundi au samedi de 10h à 19h30.
Temple dédié à la beauté, vous trouverez ici des produits cosmétiques pour le corps, le visage, le bain et même la maison ! La décoration en bois, les couleurs claires affichées sur les murs ainsi que la fontaine en pierre de Jérusalem installée au centre de la boutique pour tester gommages et autres crèmes de beauté donnent à la boutique une ambiance chic où se conjuguent sérénité et élégance. Les savons, élaborés à partir d'une antique recette australienne, sont la spécificité de la maison : le mot *sabon* n'est-il pas la traduction sémitique de *savon* ? D'ailleurs, ils se vendent frais et à la coupe pour notre plus grand bonheur. Les senteurs de chaque produit sont délicates et les textures douces. On apprécie aussi les conseils personnalisés des vendeuses. Alors qu'attendez-vous pour vous sentir belle ?

■ SÉPHORA

Centre Ville
8, avenue Jean-Médecin
✆ 04 93 62 75 10
Ouvert du lundi au samedi de 10h à 19h30.
C'est un incontournable en matière de beauté, des soins haut de gamme en passant par le maquillage, les parfums, les produits de bain et le matériel de beauté (trousse, pince, lime et miroir). La boutique est emplie des effluves des parfums. On est éblouit par le choix qui se décline version homme et femme avec plus de 500 références... De quoi trouver la fragance qui vous correspond ! Côté accueil, les vendeuses sont agréables et serviables.

▸ **Autre adresse :** Centre Commercial Carrefour TNL 15, boulevard Général-Louis-Delfino Tél. 04 92 00 25 60.

Parfumerie

■ BOUTIQUE FRAGONARD

Vieux Nice
11, cours Saleya ✆ 04 93 80 33 71
www.fragonard.com
fragonard@fragonard.com
Ouvert tous les jours de 10h à 19h.
La boutique Fragonard avec ses couleurs dorées affiche un cadre sobre et élégant avec sa lumière douce et ses voûtes en pierres apparentes. L'enseigne présente avec style et raffinement ses produits de la gammes parfumées (parfums, eaux de parfum et eaux de toilette), ses secrets de beauté (laits corporels, soins pour la peau, gels douche...) ainsi que ses collections textiles (draps, torchons, foulards, écharpes, sacs à voyages, coussins...) et maison (vaisselles, chemins de table, nappes, sets de table, diffuseurs de senteurs, bougies parfumées, vide-poches...). Chaque année, une fleur ou une senteur est mise à l'honneur sur l'ensemble des produits.

■ MOLINARD

Vieux Nice – 20, rue Saint-François-de-Paule
✆ 04 93 62 90 50 – www.molinard.com
anicoud@molinard.fr

Ouvert tous les jours de 10h à 18h (fermé entre 13h et 14h ainsi que les dimanches d'octobre à mars inclus sauf vacances scolaires). Décembre de 10h à 18h30, 7j/7. Avril à septembre de 10h à 19h, 7j/7.

Fondé en 1849 et entreprise familiale depuis cinq générations, Molinard crée des parfums vendus dans d'élégants flacons en cristal de Baccarat. En 1891, la reine Victoria y achète ses eaux de Cologne. Le succès se confirme en 1921 avec l'inimitable fragrance Habanita dont le succès ne s'est jamais démenti ! Au début des années 1930, Lalique et Viard signent de splendides flacons. Dans la boutique nichée au cœur de la vieille ville niçoise, vous trouverez toute une gamme de parfums, eaux de toilettes et eaux de Cologne mais également des produits cosmétiques et d'autres spécialement pour la maison aux effluves douces, envoûtantes et délicates. Des conseillères très compétentes vous orientent selon vos besoins et vos goûts. Ne manquez pas de visiter et découvrir cette boutique-atelier avec ses produits vrais et intemporels sans oublier le petit musée et l'atelier où créer son propre parfum. Une adresse sympa et idéale pour faire des cadeaux ou se faire plaisir ! Info très futée : sur présentation de ce guide, réduction de 10 % sur les parfums.

Autre adresse : 60, boulevard Victor Hugo 06130 Grasse T. 04 93 36 01 62. Ouvert tous les jours de 09h30 à 13h et de 14h à 18h30. Les dimanches d'octobre à mars inclus sauf vacances scolaires. Juillet et Août de 9h30 à 19h00 7j/7. Attention dernière visite 1h avant fermeture.

■ SÉPHORA

Centre Ville
8, avenue Jean-Médecin ✆ 04 93 62 75 10

Voir page 233.

Piercings Tatouages

■ ANGEL TATTOO

Nice Ouest
20, avenue de la Californie ✆ 04 93 86 93 00
www.angeltattoo.fr

Ouvert du lundi au samedi de 10h à 19h. Chèques non acceptés.

Une envie de piercing ou de tatouage ? Vous êtes déjà adepte et vous en redemandez, ou la curiosité vous pousse à vous lancer ? Autant s'adresser à de vrais professionnels ! Vous trouverez ici accueil de qualité, sérieux du travail et conditions hygiéniques. Vous rencontrerez Laetitia, Ryan, Jérémy et Angie, des personnalités et styles différents unis par la même passion du métier. Ils réaliseront le motif que vous souhaitez ou vous proposeront également leurs dessins made in Angel Tattoo, des créations complètement originales. Les tarifs sont définis en fonction du travail demandé. Un établissement sur deux adresses à tester en toute quiétude.

Autre adresse : 94, boulevard de Cessole 06100 Nice. T. 04 93 57 32 41

■ ATELIER AUCUN REGRET

Centre Ville
2, rue Niepce ✆ 06 09 30 48 09
contact@aucunregret.com

Tatouages, piercings. Sur RDV.

Ces tatoueurs – membres du collectif «Aucun Regret» – vous accompagnent dans votre projet de tatouage. Leur univers est vaste et leur talent sans limite. Découvrez leurs réalisations sur leur page Facebook. Vous n'aurez sans aucun doute aucun regret de confier votre corps à ces experts.

■ LE CHAT PERCÉ

Centre Ville
12, rue Alberti ✆ 04 93 96 74 32
www.lechatperce.com

Ouvert le lundi et le samedi de 14h à 19h ; du mardi au vendredi de 12h à 19h. Piercing (sans rendez-vous) à partir de 45 €. Tatouage (sur rendez-vous) à partir de 70 €.

Les fans ont déjà repéré cette enseigne totalement dédiée et adaptée aux actes de body piercing, tatouages et vente de bijoux de piercing. Bruno est installé à Nice depuis 2004 après avoir débuté dans l'univers du piercing et du body art en 1990 à Paris. Les conditions d'hygiène des actes sont aux normes hospitalières. L'ambiance est détendue et l'équipe est là pour répondre aux questions, et parfois aux inquiétudes. Des conseils et soins sont donnés en magasin. Un travail hyper sérieux et des équipements au top du top. Ce qui marche fort : l'implant micro dermique. A l'étage, une présentation des bijoux or, diamant, fantaisie ou tribal pour toutes les parties du corps et à tous les prix.

■ LE RYTHME DANS LA PEAU ET ZOO

Vieux Nice
3, rue du Pontin ✆ 04 93 62 39 20

Le lundi de 12h30 à 19h. Du mardi au samedi de 11h à 19h. Tarifs piercing à partir de 20 €. Le prix de départ d'un petit tatouage est de 80 € ensuite les prix varient selon la complexité et la taille du motif. Grandes pièces, séance après-midi : 250 €.

Pour ceux qui ont décidé de franchir le pas et les autres qui sont déjà d'ardents convaincus, le monde du Rythme dans la Peau et Zoo vous ouvre ses portes. Au programme :

tatouage artistique (création) et piercing, le tout servi dans les règles les plus strictes de l'hygiène car c'est un point essentiel sur lesquel ces artistes ne transigent pas. Ici, tout est fait parfaitement et si encore vous n'étiez pas rassurés, allez-y : la sympathie des artistes du body art saura vous mettre en confiance.

Soins de beauté

■ L'ATELIER DU SOURCIL

Centre Ville
26, rue Meyerbeer ✆ 04 86 80 88 88

Ouvert sur rendez-vous du mardi au vendredi de 10h à 18h30. Samedi de 10h à 18h. Fermé le dimanche et le lundi. Restructuration 30 €. Épilation entretien mensuel 20 €. Teinture cils 25 €. Teinture sourcils 15 €. Restructuration + teinture 40 €. Autres tarifs sur demande. Animaux non admis.

Restructuration, épilation manuelle ou définitive, maquillage semi-permanent, teinture, extensions de cils et techniques Rehaucils®... Joss et son équipe subliment depuis 2006 votre regard dans un décor intime à l'atmosphère qui rappelle tantôt celle d'un boudoir tantôt celle d'un atelier mais toujours dans une ambiance conviviale qui fait que l'on s'y sent comme chez soi. Que vous soyez une femme ou un homme, laissez-vous chouchoutez par ces mains expertes qui vous permettront de découvrir une nouvelle expression de vous-même en rendant à votre visage son équilibre.

■ ATHÉNA

Riquier – boulevard Pierre Sola
✆ 04 93 31 91 35 / 06 81 19 70 41
Tram : arrêt Jean Médecin

Ouvert du lundi au mercredi, le vendredi et le samedi de 10h à 19h. À partir de 29 €. À partir de 7 €. Manucure à partir de 9 €.

Ce petit institut discret à l'accueil non-stop vous ouvre ses portes pour tous les soins en dermographie, pose d'ongles et épilation. Pieds, mains ou visage... vous serez ici chouchouté pour votre plus grand bonheur ! Les prix sont très compétitifs, et la gentillesse et le professionnalisme de la patronne ajoutent à la qualité des lieux... Alors qu'attendez-vous pour prendre soin de vous ?

■ ÉLÉGANCE GROUPE INTERNATIONAL

Centre Ville
47, rue Hôtel des Postes ✆ 04 93 88 37 37
www.elegance-fr.net
contact@elegance-fr.net

Sur RDV. Du lundi au samedi de 9h30 à 17h30.

Vous souhaitez prendre soin de vous ? Vous faire dorloter sans pour autant exploser votre budget ? Elégance est une école d'esthétique et de spa connue au plan national depuis plus de 40 ans. Depuis quelques années, un atelier pratique de formation est ouvert au grand public dont l'atout principal est de mettre les élèves en situation tout en étant évalués par des professeurs. Le cadre est agréable et les espaces aménagés avec goût. Les soins sont de bons niveaux et les tarifs imbattables ! Nous vous conseillons aussi les forfaits à la journée : détente au hammam avec un gommage sous affusion ; cérémonie du thé et modelage du jour Head Spa + soin visage spécifique ; manucure ou beauté des pieds + vernis longue durée. Tous les autres soins proposés bénéficient de tarifs vraiment très en dessous du marché. Attention : réservation obligatoire. Prenez-vous y bien à l'avance, le planning est bien chargé, succès oblige !

Amincissement

■ ATHÉNIA BEAUTÉ

Port
11, quai des Deux-Emmanuel
✆ 04 97 08 10 75 – www.athenia.fr
athenia.beaute@free.fr

Ouvert du lundi au vendredi de 9h à 20h sans interruption.

Si vous êtes décidé à vous modeler une silhouette svelte et ferme, c'est dans ce centre de beauté très professionnel qu'il faut vous rendre. Bilan minceur, cure personnalisée, résultat chiffré, suivi sur une année, régénération cutanée, programme post-liposuccion et postnatal... voici tous les services minceurs proposés par Athénia. Et ce n'est pas tout, vous viendrez aussi pour les soins du visage et du corps, pour les épilations, la manucurie et la dermopigmentation. Quelle que soit votre exigence beauté, Athénia saura répondre à vos attentes.

■ DIET CULT

Centre Ville
5, rue Gioffredo ✆ 04 93 82 05 68
www.diet-cult.com – contact@diet-cult.com

Suivi et conseils gratuits à tout moment de la journée.

Voici toute une gamme de produits sélectionnés pour perdre du poids. Dans le cadre d'un régime ou d'une activité sportive vous bénéficierez de conseils avisés et personnalisés. Il est possible d'acheter en ligne des protéines et des compléments nutritionnels pour la prise de muscle et la perte de poids (bruleurs de graisse, protéines 95 de chez Protech, poudre hautement dosée en protéines pour une prise de masse sèche ou perte de poids, protéines 100 % Whey...). Une adresse à retenir pour en finir une bonne fois pour toute avec la surcharge pondérale.

■ **INSTITUT MOZART**
Centre Ville
17, avenue Auber ✆ 04 93 87 67 87
www.institut-beaute-soins.com
contact@institut-beaute-soins.com
Ouvert du lundi au vendredi de 9h à 19h ; le samedi de 9h à 17h. Pour hommes et femmes.
Cet institut est le spécialiste dans le traitement de la cellulite en mettant la haute technologie au service de votre peau d'orange. Bilan : différents programmes et soins garantissent le succès pour tous et une stabilisation à long terme. Centre agréable avec un accueil adorable, cet institut très complet propose également des soins du visage, du corps, des mains, maquillage et bronzage.

■ **JIOIE ENDERMOSPA LPG**
Port
4, rue Catherine Ségurane ✆ 04 93 07 01 17
www.jioie.com
jioie@orange.fr
Ouvert de 9h à 19h du mardi au vendredi, ouvert de 9h à 13h le samedi.
Jioie affiche une expertise pointue dans le domaine de l'endermologie. Unique centre endermospa LPG sur Nice, il dispense toutes les techniques minceur et anti-âge indolores 100 % naturelles. Cellu M6, Huber Motion Lab et espace d'activité physique s'adressent à la clientèle féminine comme à la clientèle masculine, le tout encadré par une équipe d'experts qui définit un programme de soins après évaluation personnalisée.

■ **NICE TREATMENTS**
Place Masséna
1, place Masséna
✆ 04 93 92 70 91
www.nice-treatments.com
info@nice-treatments.com
Ouvert du lundi au vendredi de 9h à 19h. Tarifs selon durée du traitement.
Ce centre de médecine esthétique non invasive propose notamment des soins doux de remodelage du corps et des séances de blanchiment des dents bien que le dermolissage à l'aide de la radiofréquence reste l'une des prestations phares de l'enseigne. Après un diagnostic complet de la peau, l'équipe d'experts assure des séances de 30 min de remodelage et de lissage du corps et du visage, adaptées à toutes les peaux. Cette microdermabrasion permet une exfoliation cutanée douce et un lifting de la peau parfaitement indolores.

Bronzage UV

■ **UV CENTER**
Centre Ville
14, rue Gubernatis
✆ 04 93 54 51 08
www.uvcenter.fr
info@uvcenter.fr
Des lunettes solaires de protection vous sont fournies sur place. Lundi de 11h à 20h, du Mardi au Samedi de 9h à 20h et le Dimanche de 16h à 19h.
Ce centre de bronzage est équipé de solariums dernière génération Ergoline. Allongé, assis ou debout, peu importe la saison, vous pourrez cultiver votre bronzage, préparer votre peau avant les premières plages de l'été et entretenir vos couleurs toute l'année dans ce centre à l'accueil chaleureux. Sans rendez-vous, les séances affichent des prix doux et vous pourrez même souscrire des abonnements vous permettant de profiter de tarifs très avantageux.

Épilation

■ **ESPACE ÉPILATION**
Centre Ville
20, rue de l'Hôtel-des-Postes
✆ 04 93 54 67 04
www.espace-epilation.com
Ouvert du lundi au samedi de 10h à 19h. Soin du corps à partir de 7 € par mois. Prestations détaillées sur le site Internet.
Un espace lumineux et élégant bercé par une musique d'ambiance propice à la relaxation, une équipe de professionnelles à votre écoute, une gamme de produits de qualité, un vaste choix de soins – corps, visage, épilation, manucure, beauté des pieds, UV... et des prix doux. Attention, victime de son succès, n'hésitez pas à prévoir vos rendez-vous épilations car le planning est souvent plein.

Instituts de beauté généralistes

■ **15 INSTITUT**
Centre Ville
15, rue Maréchal Joffre
✆ 04 93 87 15 26
Bus : arrêt Longchamp
Ouvert en continu du mardi au samedi de 9h à 18h. Beauté des mains et des pieds. Epilations. Soins visages et corps.
Des professionnelles compétentes et qualifiées prendront soin de vous et vous chouchouteront pour un moment de pur détente et de bien-être qui vous sortira de votre stress quotidien. Massage californien, suédois, ayurvédique... chaque femme trouvera la prestation qui lui convient pour des prix abordables !

■ **AROMA INSTITUT**
Centre Ville
18, rue Lamartine
✆ 04 93 62 95 56
www.aroma-institut.com
Tram : arrêt Jean Médecin
Ouvert du mardi au samedi de 9h à 19h.
Centre de beauté et de bien-être ambiance Spa, on prodigue ici des soins de toutes sortes pour votre bien-être : spa, UV, soins du visage, manucure, épilations, soins du corps et maquillage et dermographie pour un maquillage semi-permanent vous sont ainsi proposés par des esthéticiennes attentionnées et très professionnelles. Ambiance zen,

musiques relaxantes… On aime les chèques-cadeaux à s'offrir ou pour gâter nos amies.

ART ET BEAUTÉ INSTITUT

Quartier des musiciens
63, rue Rossini
✆ 09 52 10 12 82
www.abinstitut.fr
contact@abinstitut.fr

Cabinet UV. Blanchiment des dents. Coiffure homme à partir de 19 € et femmes à partir de 18 €. Soins visage ou corps à partir de 45 €. Teinture visage à partir de 15 €. Maquillage à partir de 25 €. Maquillage permanent à partir de 70 €. Beauté mains ou pieds à partir de 10 €. Epilation à partir de 10 €.

Découvrez un espace entièrement dédié au bien-être, à la coiffure et à la beauté. Ici, bon nombre de prestations pour hommes, femmes et enfants sont proposées : coiffure mixte, massage, maquillage simple, permanent ou mariée, pose d'ongles, gel ou vernis, blanchiment dentaire, tatouage artistique, épilation, solarium, beauté des mains ou des pieds… C'est dans cet espace coiffure et esthétique de 110 m^2 que l'équipe du salon met tout en œuvre pour vous donner entière satisfaction. Fort de leur expérience, vous serez chouchouté.

COIFFURE LES EMPEREURS

Centre Ville
8, rue Spitaliéri
✆ 04 93 62 82 61

Voir page 228.

COSMÉDICA INSTITUT

Centre-ville
19 bis, boulevard Victor-Hugo
✆ 04 93 81 13 06
www.cosmedica-institut.com
contact@cosmedica-institut.com
Tram : arrêt Jean Médecin

Ouvert du lundi au samedi de 9h à 19h.

Cet institut bourgeois tenu par Marithé Bottau développe un concept unique et innovant qui associe à la fois bien-être et nouvelles technologies pour sublimer toute la gamme des soins de beauté : soins du visage, microdermabrasion, anti-âge, amincissement, dépilation permanente, maquillage permanent… Cette adresse mêle médical et cosmétique et associe science et esthétique dans une approche efficace et indolore de soins dispensés dans un cadre lumineux et contemporain.

INSTITUT VOLUPTÉ

Zone piétonne
2, rue Maurice-Jaubert ✆ 04 93 88 70 55
www.institut-volupte.com
contact@Institut-volupte.com

Ouvert du lundi au samedi de 9h à 19h. Epilation à la lumière pulsée. Extension de cils. Maquillage.

C'est un lieu atypique et unique à la décoration moderne design qui s'agence autour d'un grand bar. Un salon ouvert favorable aux conversations et qui privilégie la qualité des prestations et les produits innovants. Autres services proposés : l'extension de cils, le maquillage, la cire tiède à usage unique et une gamme complète de soins du visage, du corps, des ongles, des pieds et des mains ainsi que des soins amincissants.

INTEMPORELLE

Cimiez – 1, avenue Régina
Le Régina – Roberte Bouthiaux
✆ 06 60 87 60 76
www.amincissement-bienetre-nice.fr
intemporelle06@hotmail.fr

Ouvert toute l'année de 10h30 à 19h. Le samedi sur rendez-vous uniquement. -20% -25 ans et étudiants. Vente de produits cosmétiques de la mer morte (ligne femme et homme) et des parfums de maison de luxe Millefiori Milano. Soin visage Debussy 1h45 90 €. Soin corps Debussy 1h45 80 €. Cure Debussy à partir de 300 € 5 séances. Beauté des mains à partir de 20 €. Beauté des pieds à partir de 30 €. Vernis semi-permanent by OPI à partir de 30 €. Espace fitness 1 séance 20 €. Shiatsu 1h 60 €.

Artisan du bien-être, Roberte Bouthiaux souffle un vent de beauté et de sérénité dans son petit salon aux tons clairs et à l'ambiance zen situé au pied du célèbre palace niçois Le Régina. Elle prodigue ici des soins sublimateurs pour le corps et le visage (Debussy), des soins amincissants et raffermissants, des forfaits bien-être mais également des soins anti-stress, éclat visage, shiatsu, soins aux huiles essentielles bio... Côté beauté, vous pourrez également chouchouter vos pieds ou vos mains – des prestations ouvertes aux hommes et aux femmes – ainsi que votre silhouette avec l'espace fitness Plate Pro. L'accueil est doux et les conseils avisés. Une excellente adresse où se détendre et prendre soin de soi !

L'APPART 22
Carré d'Or – 22, rue Masséna
✆ 09 80 53 83 55 – www.lappart22.fr
contact@lappart22.fr
Tarifs disponibles sur le site Internet. Du mardi au samedi de 10h30 à 19h. Possibilité à partir de 9h et au-delà de 19h sur rendez-vous.
Jessica est maquilleuse professionnelle et spécialiste de la beauté du regard ; Letizia est esthéticienne *skin therapist*, spécialiste de la peau. Elles sont sœurs, passionnées, professionnelles et formées auprès des plus grandes marques. Régulièrement présentes dans l'univers de la mode, leur salon, cosy et chaleureux, offre un coin maquillage et beauté du regard ainsi qu'un espace soins de beauté. L'Appart 22 organise aussi régulièrement des événements *make up party* ou *manucure party*... Vous pourrez aussi privatiser les lieux pour vous et vos copines ! Idéal pour un anniversaire ou un enterrement de vie de jeune fille, le tout accompagné de gourmandises dans une atmosphère *friendly* et conviviale.

■ **LINDA COLLINS INSTITUT**
Centre ville – 9, avenue Auber
✆ 04 93 88 32 01
www.lindacollins.fr
info@lindacollins.fr
Ouvert du lundi au samedi de 9h à 18h30.
Forte d'une expérience de longue date dans l'esthétique et le bien-être et de formations suivies aux USA, Linda Collins accueille les hommes et les femmes dans son institut posé au cœur du quartier des musiciens à Nice. Dans ce lieu zen et chic, elle propose une large gamme de prestations : beauté des cils, des mains et des pieds, pedispa, soins du visage et pour le corps, épilation, dermopigmentation, massages... tous les soins s'effectuent avec des produits de dernière génération, organiques et naturels.

■ **L'INSTANT SPA**
Centre Ville – 23, rue Maréchal Joffre
✆ 04 93 92 51 08
www.instant-spa-nice.com
Ouvert le lundi de 12h à 19h et du mardi au samedi de 10h à 19h non-stop. Offres du mois régulières avec forfait soin au tarif étudié. Carte VIP avec accès privilégié et forfait. Soins du corps à partir de 35 €. Soins du visage à partir de 49 €. Séances UV à partir de 4 €. Epilation hommes et femmes.
On vous propose ici des soins pour hommes et femmes allant des soins corporels aux soins des ongles en passant par les soins du visage. Sans oublier les techniques d'épilation les plus modernes ! Pour les plus soucieux de leur bronzage, des cabinets d'UV sont également à votre disposition pour conserver un teint hâlé toute l'année. Et si vous recherchez des promos ou des réductions, faites un tour sur le site Internet sur lequel vous trouverez aussi des bons cadeaux à offrir.

■ **MAISON DE BEAUTÉ CARITA**
Carré d'Or
2, rue Paradis ✆ 04 93 87 47 30
www.maisondebeautecarita.fr
nice@maisondebeautecarita.fr
Le lundi de 10h à 19h. Du mardi au samedi de 9h à 19h. Beauté du visage, du corps, du cheveu, coiffure.
On dispense des prestations haut de gamme dans un environnement raffiné, des soins uniques avec une réelle volonté de perfection. On vous propose un soin qui traite en profondeur le cuir chevelu associé à un massage drainant stimulant la circulation pour un moment de détente et de relaxation absolue conclue par l'application du duo shampoing-masque adapté à votre type de cheveu. L'institut dispose de 5 salons privés – comprenant chacun une cabine de douche – où tous les soins coiffure et esthétique (corps, visage, pieds, mains, épilations...) sont pratiqués. Pour les jeunes mariées, vous aurez l'occasion de faire des essais coiffure et maquillage.

■ **MANSON BY CLAIRE**
Centre Ville
1, rue Raspail ✆ 04 93 88 27 40
www.manson-bar-a-cils.com
info@manson-bar-a-cils.com
Du mardi au samedi de 9h à 18h non-stop. Formule cils after work du mardi au vendredi de 18h à 22h sur rdv uniquement. Extension des cils 70 €. Réhaussement des cils : 60 €. Epilation des sourcils : 10 €. Beauté des mains : 20 €.
Spécialiste de la pose de cils, cet institut spécialisé dans les soins esthétiques et de beauté est situé en plein cœur de Nice. Naturel, spectaculaire, XXL ou frange de cils épaissie... décidez du regard dont vous rêvez ! Que ce soit pour une extension ou un réhaussement de vos cils, tous les soins sont réalisés sur mesure et prodigués par des professionnels expérimentés qui utilisent des produits aux marques de renom.

■ **O'CAPRICES D'ÉMILIE**
Centre Ville
9, bis rue Lépante ✆ 06 25 12 68 36
www.lebazardemilie.fr
Nail art, Maquillage permanent, Extension de cils et Création de bijoux.
Mode et beauté se déclinent chez Emilie dans un cadre cosy et girly à souhait ! L'institut d'esthétique de cette jeune active propose les soins pour les ongles, la beauté des mains et des pieds, le dermo-tatouage et les soins du visage. Un lieu original animé par l'enthousiasme et le professionnalisme d'Emilie.

■ **SO GLAM**
Centre Ville
15, rue Tondutti de l'Escarène
✆ 04 22 09 54 33
www.institut-soglam-nice.fr
soglam06@gmail.com
Ouvert du lundi au samedi de 9h à 19h. Carte de fidélité. Bons cadeaux. Forfaits. Carte de fidélité. Bons cadeau. Masculin et féminin. Lèvre ou menton 6 €. Sourcils 8 €. Bras complet 19 €. Jambes complètes 23 €. ambes complètes + fessier 28 €.
Dans cet institut bio, une esthéticienne qualifiée dispense tous les soins de beauté et de bien-être : soins visage et corps, séances d'épilation, pose de maquillage longue durée, gels de couleurs et extension d'ongles bio sculpture gel... Des produits 100 % naturels sont utilisés et des protocoles spécifiques sont assurés notamment pour les modelages aux huiles essentielles chaudes, sucrées ou épicées selon les goûts.

Maquillage

■ ÉCOLE FAM
15-17, rue de la Liberté
✆ 04 89 92 68 09
✆ 06 83 37 56 61
www.ecole-fam.fr
nice@ecole-fam.fr
Etablissement d'enseignement supérieur privé enregistré auprès du rectorat de Nice.
Le cycle de formation dure 1, 2 ou 3 ans et prépare aux métiers de maquilleur et de conseiller en image (relooking). L'école est accessible avec un niveau BAC et un entretien de motivation, et est en relation avec les grands noms de la mode de la cosmétique et du luxe. Les stages fort utiles se déroulent dans des théâtres, pendant les grandes manifestations (festival de Cannes…), sur des plateaux de tournage et pendant les défilés de mode après les cours le week-end et pendant les vacances scolaires.

Beauté des pieds et des mains

■ LE BAR À ONGLES
Centre Ville
30, avenue Jean Médecin
Centre Commercial Nice Étoile N+1
✆ 04 97 08 32 70
www.nicetoile.com
Du lundi au samedi de 10h à 19h30.
Le lieu, inspiré du concept de « nail » bar new-yorkais, allie plaisir et détente. Vous serez accueilli sans rendez-vous. Ce concept dynamique et novateur possède plusieurs postes de manucure et un de pédicure. Beauté des mains, beauté des pieds, soins réparateurs profonds, pose et remplissage d'ongles, pose de vernis (semi-permanent ou OPI)… chacun trouvera la formule qui lui convient. Ici, vous serez pris entre de bonnes mains !

■ NAILS BY EVE
Centre ville
28, rue Lepante
✆ 04 93 54 50 35
Ouvert du mardi au samedi de 9h30 à 19h30. Embellissement des mains « spa » 25 €. Pose de gel 43 €, avec french manucure 51 € ; vernis semi-permanent 30 €.
Une nouvelle adresse à découvrir pour avoir de belles mains joliment manucurées. Installée au cœur du salon de coiffure Pascal Rolland, Eve a crée au sous-sol du salon un petit nid douillet pour se faire chouchouter. On choisit la méthode pose de gel pour être tranquille longtemps ou le vernis semi-permanent. Eve dispose d'un très grand choix de couleurs et de dessins qui viennent embellir vos mains. Les pieds ne sont pas en reste avec la pose de gel (40 €) ; une méthode géniale pour garder une superbe « french » durant tout l'été, ou presque. Retrouvez toute l'actualité via la page Facebook – nails byeve. A noter une remise de 20% au delà du 10ème soin.

■ LE BAR À ONGLES DU VIEUX NICE
Vieux Nice
5, rue du Collet
✆ 07 81 10 66 87
Vernis semi-permanent (mains ou pieds) : 30 €. Extension d'un ongle en gel : 5 €. Déco strass ongle 1 €. Forfaits vernis semi-permanent mains + pieds, sans dépose : 50 €, avec dépose 55 €. Ouvert de 10h à 19h avec ou sans rendez-vous.
Vous voulez vous sentir belle jusqu'au bout des ongles ? Confiez vos mains à l'équipe du Bar à Ongles du Vieux Nice ! Cette adresse futée vous accueille dans un tout petit espace très convivial à la déco tendance et design. Vous pourrez notamment choisir la pose en 30 minutes à peine d'un vernis semi-permanent pour des ongles impeccables durant trois semaines. En plus, on vous accueille avec le sourire et grand professionnalisme. Que demander de plus ?

■ FEET SPA
36, rue Verdi
Quartier des musiciens
✆ 07 61 01 27 80
www.feetspa.fr
contact@feetspa.fr
Méthode unique dont l'efficacité est assurée sur une longue durée, Feet'Spa propose un gainage avec french manucure sur les ongles naturels qui allie gel et résine, une exclusivité de la marque Beauty Nails. On s'installe sur un fauteuil massant en profitant du jacuzzi pour les pieds, des soins ongulaires, d'un gommage, d'un modelage et de la pose d'un vernis. Les soins pour les mains ne sont pas oubliés avec un spa spécifique et des soins adaptés.

Détente – Forme

MAMAN BULLE
Quartier Libération
12, rue Edouard Dalmas
✆ 04 93 41 98 16
www.maman-bulle.fr
contact@maman-bulle.fr
Tramway Borriglione
Ouvert du lundi au vendredi de 9h30 à12h30 et de 14h à 18h. Cours du lundi au vendredi de 10h à 19h30 et le samedi matin selon planning.
Maman Bulle est un espace unique dédié à toutes les futures et jeunes mamans pour leur faciliter la vie et leur faire du bien. L'établissement propose des loisirs, des soins et des prestations ciblés autour du bien-être, de la remise en forme et de la beauté : activités futures mamans (yoga prénatal, gym douce pour femme enceinte, sophrologie relaxation), jeunes mamans (gym Pilates, yoga, sophrologie relaxation) et maman-bébé (cours de massage bébé, portage bébé, yoga maman-enfant), massage bien-être adapté aux femmes enceintes, soins esthétiques, consultations ostéopathiques et psychologiques, le tout accessible en formules multi-activités ou en séance à l'unité. Une équipe de professionnels diplômés et expérimentés vous prodiguera leurs conseils. A noter que les papas, les enfants, les amis ou les familles sont également les bienvenus !

Clubs de gym – Remise en forme

■ **BE FIT**
Riquier
7, rue Barla ✆ 04 92 04 85 46
www.befit.fr
contact@befitnice.fr
Ouvert le lundi, le mercredi et le vendredi de 9h à 21h ; le mardi et le jeudi de 8h30 à 14h et de 17h à 21h ; le samedi de 9h30 à 14h.
Cette grande salle fait le tour des activités corporelles : body-pum (musculation), body-balance (programme de yoga, taï-chi et de pilates), body-step (pour sculpter cuisses et fessiers), body-attack (programme cardiovasculaire intense qui permet de brûler jusqu'à 1.00 kcal en 1h), body-combat (combinaison entre les arts martiaux et le fitness pour se défouler sans adversaire) et body-jam (sur le dance floor se pratiquent la salsa, le hip-hop et la dance). L'embarras du choix pour la culture du corps dans une ambiance sympa et conviviale.

■ **BE PILATES**
Centre Ville
14, avenue Félix-Faure ✆ 06 09 72 33 75
www.bepilates.fr
Cours privé : l'unité 65 €. Duo : l'unité 52 €. Collectif : l'unité 28 €. Wall unit : l'unité 36 €
Instructrice certifiée de l'école Romana's Pilates de New York, Aurélie Bidart – également danseuse professionnelle – vous accueille pour un coaching individuel ou collectif. Au programme : renforcement musculaire, tonus physique et musculaire, affinement de votre silhouette... grâce des des exercices physiques basés sur la force, le contrôle et la souplesse.

■ **ESPACE WELLNESS**
Centre Ville
11, rue Maccarani ✆ 04 97 03 14 14
www.espace-wellness.fr
espacewellness@club-internet.fr
Ouvert du lundi au vendredi de 9h à 21h ; le samedi de 9h à 18h. Espace Wellness – Aquagym + de 110 cours Fitness par semaine – Coaching – Musculation – Cardio-training – Spinning – Yoga.
Cet espace propose plus d'une centaine de cours. Accueilli par des conseillers sportifs Diplômés d'Etat, on est orienté dans les activités qui nous conviennent le mieux entre body-attack, bodystep, bodypump, aérobic, self-défense, abdos-fessiers, freestyle danse... On profite également de cours d'acquagym et de stages de danse régulièrement programmés. Le coin détente Spa avec Jacuzzi et sauna permet quant à lui de se relaxer après l'effort. Sans oublier du coaching, de la musculation, du cardio-training, du spinning et des cours de yoga.

■ **FITLANE**
Carré d'Or – 7, rue Halévy
✆ 04 92 00 02 04 – www.fitlane.com
info@fitlane.com
Dans ce temple dédié au sport et au bien-être, vous pourrez prendre soin de votre corps (11 000 m² de surface) que vous ayez envie de perdre du poids, de vous raffermir ou de garder la forme. Choisissez votre ou vos activité(s) parmi la très longue liste : musculation, cardio training, sauna, yoga, squash, zumba, Power plate... De nombreuses installations sont à votre disposition et les conseils des spécialistes vous permettront d'aller à votre rythme et de bien effectuer vos mouvements.

▶ **Autre adresse :** 448 Route de Grenoble 06000 Nice T. 04 93 17 58 73

■ MOVING EXPRESS

Centre-ville – 7/9, boulevard Auguste Raynaud
✆ 04 92 07 18 53
www.movingexpress-nice.fr

♿

Ouvert j/7 de 6h à 23h. Accueil par un coach Diplômé d'Etat.

Cette salle de sport réunit des sportifs amateurs et confirmés. Sa convivialité et la proximité des profs avec les membres ajoutent à la qualité du lieu. Ici, tout le monde se connaît et il n'y a pas de chichi. Les fans de musculation s'entraîneront auprès de la vingtaine de machines guidées : les uns pédaleront dans la partie cardio (vélos, elliptiques, rameurs, tapis roulants) et les autres préféreront suivre le rythme des cours collectifs accessibles pour tous les niveaux. Le club propose également des cours de salsa ou de zumba donnés par des professionnels (coût supplémentaire). Des distributeurs de boissons énergétiques, des barres céréalières, de cafés et sodas sont installés dans l'enceinte de l'établissement.

■ TROPIC GYM

Centre Ville – 6, rue de France
✆ 04 93 87 42 75 – www.tropicgymnice.com
tropicgym@hotmail.fr

Ouvert du lundi au vendredi de 8h à 21h30 ; le samedi de 10h à 14h. Tarifs préférentiels pour étudiants, couples et touristes. Carnet de 10 séances.

Cette petite salle conviviale dispose de tout le nécessaire pour remettre votre corps au top de sa forme ou entretenir vos galbes musclés. Poussez, tirez, tractez, fermez, contractez... le tout supervisé par un coach professionnel avec un plan d'entraînement personnalisé élaboré autour de séances exclusivement individuelles de musculation, bodybuilding, fitness et cardio-training. On commence souvent par une semaine de mise en route suivie par 3 semaines de circuit training et quand le but est atteint, on entretient ses acquis avec des séances de musculation. Pour finaliser son projet bien-être, on peut bénéficier d'un suivi diététique et de produits vendus au bar diététique.

■ VITACLUB

Cessole
76, boulevard de Cessole
✆ 04 93 52 93 96
www.salle-de-sports-nice.com

Lundi au vendredi de 9h30 à 13h et de 14h30 à 19h30. Samedi de 10h à 12h30 et de 15h à 17h30.

Vous désirez vous entraîner dans un cadre chaleureux et au sein d'une ambiance décontractée ? Choisissez Vita Club ! Différents espaces – affinement, raffermissement et endurance – vous accueillent afin d'améliorer votre condition physique et modeler votre silhouette. Et puisque votre bien-être passe avant tout, l'établissement a choisi de proposer des prix attractifs sans engagement. Vous n'aborderez plus le sport de la même manière.

■ FIT NICE COACHING

Centre-ville – 1, rue Delille
✆ 04 93 85 79 72 – www.fit-nice.fr
contact@fit-nice.com

Horaires : lundi, mercredi et vendredi de 8h à 20h30. Mardi et jeudi de 8h à 14h et de 17h à 20h30. Samedi de 8h30 à 13h30.

Dédiée aux sportifs avérés ou occasionnels, cette salle de remise en forme de 200 m² est équipée des dernières machines de Haute Technologie. Que ce soit à la séance ou au carnet, un groupe de coachs sportifs diplômés supervisent avec attention des programmes personnalisés de fitness, de stretching, de Power Plate et de Pilates.

Coaching

■ PEACH UP

Centre Ville
39, rue Gioffredo
✆ 04 93 54 23 44
www.peachupnice.com
info@peachup.fr

Ouvert tous les jours sauf le dimanche. Lundi de 10h30 à 20h. Mardi de 9h à 15h et de 17h à 20h. Mercredi fermé. Jeudi de 9h à 15h et de 17h à 20h. Vendredi de 9h à 19h. Samedi de 9h30 à 12h.

Ce centre de forme nouvelle génération fait appel aux dernières avancées de la technologie et au meilleur du savoir-faire en coaching. Les programmes de (re) mise en forme, les séances de bien-être, les protocoles anti-âge et les programmes d'amincissement s'accordent individuellement aux besoins de chacun en tenant compte à la fois de la notion de temps, de plaisir et d'efficacité. Une équipe d'experts soigne l'accompagnement constant et l'écoute est attentive pour assurer la performance des programmes ultra-personnalisés.

Hammam

■ DEEP NATURE SPA

Centre Ville
10-12, boulevard Victor-Hugo
Deep Nature Hôtel Exedra
✆ 04 93 80 40 27
www.deepnature.fr
resanice@deepnature.fr

Ouvert tous les jours de 9h à 21h ; tous les jours. Soins de 10h à 20h. Accès au spa : 50 €. Massage initiatique : 55 €. Massage relaxant : 95 €. Soin algo-performant : 120 €. Massage sportif : 125 €. Balade en duo : 300 €.

Situé au cœur même de l'Hôtel Exedra, le Deep Nature Spa est splendide avec sa décoration sous-marine bleue et blanche, soignée et luxueuse sur environ 500 m². Dans ces lieux où règne la quiétude -récompensés en 2013 par le Prix du meilleur soin au Trophée du spa - vous pourrez vous détendre dans l'exceptionnelle piscine à jets, le sauna ou le hammam, utiliser des douches multisensorielles ou encore la salle de fitness sans oublier la tisanerie et la salle de repos. Tous les soins – massages, enveloppements, soins visages et autres classiques – sont personnalisables sur demande.

petit futé
Plus de 1500 livres numériques au catalogue avec
+ de bons plans, adresses géolocalisées photos, cartes, avis des lecteurs...
CRETE 2013-2014 (avec cartes, photos + avis des lecteurs)
petit futé
Crète
www.petitfute.com
Faites voyager votre tablette numérique !
© iStockphoto.com/Adam Radosavljevic

■ **ESPACE HI BODY**
Gambetta
3, avenue des Fleurs
✆ 04 97 07 26 26
www.hi-hotel.net
hi@hi-hotel.net
Dans l'enceinte du Hi hôtel
Ouvert tous les jours de 10h à 23h.
Hôtel ultra design au concept innovant, le Hi s'engage dans le bien-être avec un engagement fort sur les valeurs écologiques. Dans son Espace Hi-Body, tous les cosmétiques sont issus de la gamme REN, des produits bio alliant techniques de soins et respect de la peau. Au programme : hammam et massages suédois, californien, chinois, shiatsu, thaï, ayurvédique et réflexologie allant de 30 à 90 min. Bain contemporain tout en résine, le véritable hammam d'inspiration mauresque comprend deux zones de chaleur et deux salles adjacentes, l'une de relaxation musicale sur des sofas, l'autre de massages et de soins. Diffusion d'huiles essentielles. Infusions et thé vert bio à disposition.

■ **HAMMAM NYRVANA**
Nice Ouest
7, avenue de Fabron
Résidence Les Grands Cèdres
✆ 04 92 10 96 35
www.nyrvana.fr
nyrvana@orange.fr
Ouvert du lundi au samedi de 10h à 19h. Sur rdv uniquement. Modelage ancestral aux huiles naturelles parfumées à partir de 45 €. Modelage oriental : Modelage du corps, du visage, et du cuir chevelu au beurre de Karité : 75 €. Modelage aux pierres volcaniques au beurre de Karité et aux huiles parfumées : 95 €. Hammam traditionnel + gommage et espace de repos : 40 €.
Ce très beau hammam aux tons colorés promet des heures de détente associant soin et bien-être. Ici, les soins doux pour le corps optimisent les bienfaits de la chaleur humide du hammam. La palette de soins décline massages californiens, gommages, modelage ancestral aux huiles naturelles parfumées (jasmin, fleur d'oranger, musc blanc), modelage aux pierres volcaniques au beurre de karité et aux huiles parfumées et des soins esthétiques. Chaque séance de hammam peut être suivie de soin du visage, soins des mains à l'orientale, soins des pieds ou enveloppement au rassoul... L'après soin s'effectue dans la salle de détente autour d'une tasse de thé.

■ **INSTITUT SPA PATRICIA LAURENS**
Gambetta
93, boulevard Gambetta
✆ 04 93 37 95 95
www.institut-spa-nice.com
contact@patricia-laurens.fr
Soins visage à partir de 42 €. Soins corps à partir de 45 €. Soins spas à partir de 65 €. ½ jambes + aisselles + maillot : 27 € Tarifs préférentiels pour les abonnées. Du mardi au samedi de 10h à 19h. Soins spa. Idées cadeaux.
Envie ou besoin d'évasion pour vous sortir de votre quotidien ? Allez faire un tour au sein de l'Institut Spa Patricia Laurens pour un pur moment de détente et de bien-être. Ces professionnels sont ici à votre écoute pour répondre aux besoins de votre corps. Dans cet espace dédié à la beauté, vous serez chouchouté : des soins personnalisés pour le visage et le corps seront concoctés spécialement pour vous. Vous trouverez également une gamme de produits de beauté venue des quatre coins du globe. Chaque semaine, des soins performants à des prix attractifs sont proposés.

SPA SPLENDID
Centre-ville
50, boulevard Victor-Hugo
✆ 04 93 16 41 00
Voir page 15.

Massage – Relaxation

■ **MASS'OASIS**
Vieux Nice
3, rue de l'Opéra
✆ 06 32 23 41 58
www.massoasis.net
Massages Shiatsu ou Ayurvédique : 1h 65 €. Réflexologie plantaire 45 minutes 50 €. Hammam 20 minutes 10 €/ personne. Sur rendez-vous uniquement. Ouvert du lundi au samedi de 10h30 à 19h30.
Détendez-vous dans ce spa urbain asiatique qui propose des massages bien-être et des techniques de relaxation qui vous permettront de vous libérer de vos tensions et de votre stress. Grâce aux mains expertes de l'équipe de Mass'Oasis, retrouvez votre équilibre énergétique et votre harmonie intérieure. Vous pourrez aussi profiter d'un hammam privé tandis qu'un espace détente est à votre disposition pour vous décontracter en buvant un thé sélectionné pour ses qualités relaxantes. Loin du stress de la vie quotidienne, évadez-vous !

■ **RINASCITA NICE CENTRE AYURVEDIQUE**
Saint-Philippe
8, avenue Shakespeare
Résidence Emeraude ✆ 04 93 71 24 42
www.rinascitanice.com
info@rinascitanice.com
Centre ouvert du lundi au samedi de 9h à 20h.
Installé au cœur de Nice à l'étage d'un immeuble bourgeois posé au calme, ce centre ayurvédique intime est dédié au bien-être psychophysique. Adèle Steffanoni et son équipe proposent des traitements personnalisés issus de la tradition indienne pour se libérer du stress et se ressourcer. Diagnostic et conseils ciblés permettent la mise en place d'un programme adapté à chacun pour retrouver un état de satisfaction physique, mentale et spirituelle. Choix variés de massages aux huiles thérapeutiques, massage à quatre mains, réflexologie plantaire, reiki, sophrologie, yoga et méditation sont proposés ainsi que les techniques de purification du Panchakarma, une thérapie qui élimine les toxines gorgées dans les tissus de l'organisme.

BERTRAND PONCET MASSAGES

3, avenue des Fleurs
Espace HI body Hôtel HI
LE CANNET
✆ 06 62 21 11 44
www.massageadomicile.com
bertrand@massageadomicile.com

Massages de bien-être sur rendez-vous 7j/7 à domicile ou en entreprise.

Envie de lâcher prise sur le quotidien et de vous détendre ? Confiez votre corps et votre esprit à l'équipe Bertrand Poncet Massages pour un moment de ressourcement des plus divins. Chaque masseur/masseuse se déplace à votre domicile, dans votre hôtel et dans votre entreprise avec sa table de massage portable, ses serviettes/draps de massage en flanelle, ses huiles essentielles 100 % biologiques et des musiques d'accompagnement invitant à la quiétude et au mieux-être. Vous choisirez le massage bien-être qui vous convient le mieux : suédois, deep tissue, californien, réflexologie plantaire, thaï, chinois, shiatsu, sur chaise...). Que vous choisissiez un massage d'inspiration occidentale ou orientale, vous profiterez à coup sûr d'un excellent moment de détente de 60 ou de 90 minutes. Bertrand Poncet propose également des ateliers de gestion du stress passant par des cours de yoga, de qi gong, de méditation et de sophrologie, des cours de sport personnalisé, du Pilates mais aussi les principaux soins esthétiques (manucure, pédicure, soins du visage, coiffure et maquillage). Autant de prestations de services de grande qualité afin que vous vous sentiez bien dans votre corps et dans votre esprit. Une équipe de professionnels passionnés à votre écoute 7j/7 depuis 2001.

Spa

NATHALIE CALDERINI COIFFURE ET SPA

4, rue Auguste-Gal
Riquier
✆ 04 93 56 28 28

Voir page 230.

Yoga – Disciplines asiatiques

ASSOCIATION MANDAWA

Riquier
18, rue Scoffier
✆ 06 03 64 11 49
http://associationmandawa.free.fr
associationmandawa@free.fr

Deux cours d'essais offerts. De 12h30 à 13h40 au 4 rue Masséna (salle Art Yoga Studio). Matin et soir au 18 rue Edouard Scoffier. Le mercredi et vendredi matin à Monaco, l'Escorial 31 av Hector Otto. Détail des horaires et des enseignants disponible sur le site Internet.

Cette association enseigne et fait connaître le hatha yoga traditionnel qui comporte les *asanas* (exercices physiques), le *pranayama* (régulation de la respiration), la relaxation, la concentration et la méditation. Plusieurs professeurs assurent les cours selon les enseignements de Shri Manesh, Babacar Khane, T.K.V. Desikachar ou André Van Lysebeth. L'association organise également des stages et rencontres où chacun peut profiter d'un temps plus long pour partager connaissance et amitié, et organise ou participe à des actions humanitaires.

ASSOCIATION YOGA INTÉGRAL

Libération
10, boulevard Joseph Garnier
✆ 04 93 79 64 09 / 06 61 35 68 57 / 06 70 76 34 90
www.yoga-integral.fr
mahesvara@wanadoo.fr

Cours d'Ennéagramme le mardi soir à 19h. Cours d'Ayurveda (médecine yogi, indienne) le 1er et le 3e vendredi du mois, le soir de 18h à 20h. Cous de Yoga Détente tous les mardis de 19h à 20h15. Cours yoga tous niveaux lundi, mardi et jeudi à partir de 18h30. Cours d'essai offert.

Postures, respiration, relaxation, méditation... Cette association dispense des cours d'ayurveda, de tantra et d'ennéagramme qui vous permettront de (re) trouver vitalité, équilibre et bien-être mais aussi de mieux gérer votre stress car le yoga intégral combine des méthodes traditionnelles qui développent tous les aspects de l'être. Des ateliers, des stages, des cours, des conférences et des journées portes ouvertes sont régulièrement organisés. Qu'attendez-vous pour être heureux ?

MY YOGA WITH LAMA

Centre-ville
24, rue Delille ✆ 06 30 23 83 00
www.myyogawithlama.com
lamashaat@yahoo.ca

Mercredi de 19h45 à 21h15. Samedi, yoga pour maman et enfant de 11h30 à 12h30.

Pour retrouver une harmonie parfaite entre le corps et l'esprit mais aussi pour partager un moment privilégié avec votre enfant notamment, initiez-vous au yoga with Lama ! Au programme : jeux de yoga, acrobaties partenaires de pratique, yoga partenaire de vol et danse yoga. Chaque séance permet aux deux partenaires de renforcer la tonicité du corps, de le rendre souple et sain, et d'augmenter concentration, estime de soi, confiance en soi et attention. Petit plus futé : les cours se dispensent en anglais, idéal pour éveiller votre enfant à cette langue tout en s'amusant !

Maison – Déco – Jardin

Florian Villeseche - Fotolia

Arts de la table

MILLEFLEURS
Vieux Nice – 1, descente du Marché
Ouvert du lundi au samedi de 10h à 19h30.
Toiles cirées branchées, nappes fleuries, torchons à pois, coussins de chaises... cette boutique rappelle combien il est agréable de recevoir autour d'une table joliment dressée. La devanture aux allures typiquement provençale ne vous autorise pas à soupçonner les origines danoises de la maîtresse des lieux. Amoureuse de la Provence où elle a posé ses valises il y a plus d'une dizaine d'année, cette chaleureuse commerçante vous fera découvrir l'originalité et la qualité de la porcelaine danoise : coquetiers, bols, tasses, coupelles, petites cuillères... dans des coloris tendres et des motifs à croquer pour une collection toute en douceur qui vous donnera l'envie de recevoir.

TOC
Vieux Nice
3-5, place Saint-François
✆ 04 93 85 84 10
www.toc.fr
Ouvert du lundi au samedi de 10h à 19h sans interruption.
TOC – pour Trouble Obsessionnel Culinaire – est un concept store branché dédié aux plaisirs de cuisiner. Cette enseigne tendance, septième boutique du nom a avoir ouvert ses portes dans l'Hexagone, est une mine d'or pour les professionnels, les amateurs ou les débutants dans l'art de cuisiner : matériel de pro, ustensiles incontournables et toutes sortes de trucs et astuces dévoilés par ces experts du goût. Les enfants ont aussi leur espace dédié avec un rayon pâtisserie et scrapcooking à croquer !

Antiquaires

LE VILLAGE DES ANTIQUAIRES
Port – 2, rue Antoine Gautier
http://nice-antic.com
Ouvert tous les jours de 10h à 18h sauf le dimanche.
Le quartier des antiquaires a vu le jour en 1967 et depuis, l'endroit est toujours aussi vivant. Dans cet espace réparti sur deux niveaux, près d'une vingtaine d'antiquaires réunis autour d'un patio et d'un jardin intérieur inattendu exposent à la vente mobiliers, peintures, sculptures et objets de décoration. C'est sans compter sur la présence d'autres boutiques installées autour qui monte à une centaine le nombre total des antiquaires présents dans ce quartier. Toutes les antiquités présentées sont d'une grande qualité et proposées par des professionnels spécialisés.

LE GRENIER DE MARIE NOUVEAU
Plaine du Var
854, boulevard du Mercantour
✆ 06 68 81 97 88
Voir page 29.

Artisans – Travaux

L'ATELIER DU PONTIN .... **Menuisier**
Vieux Nice – 3, rue du Pontin
✆ 04 93 62 55 44 / 06 62 02 55 44
Ouvert le mardi et du jeudi au samedi de 7h à 14h. Ouvert tous les jours sauf le mercredi et le dimanche.
C'est la dernière menuiserie du vieux Nice et une adresse très futée à utiliser sans réserve. Hervé Trotta, chantourneur et menuisier, sait répondre avec beaucoup de professionnalisme à votre demande : portes, fenêtres, créations de meubles... ce professionnel sait s'adapter aux configurations des bâtiments anciens. Il connaît Nice comme sa poche et reste à votre écoute pour réaliser les travaux en tenant compte des délais et de vos souhaits. Un artisan très pro.

Artisanats d'art

L'ART DU MEUBLE PEINT
Vieux Nice – 25, rue Pairolière
✆ 04 93 85 82 29

Uniquement sur rendez-vous.

Curieux artiste qu'André Marzuc, on dirait qu'il passe toute sa vie dans son petit atelier. Il rénove des buffets, des armoires anciennes, il les décore de couleurs vives avec des motifs extrêmement élaborés, il en fait des œuvres d'art à la parure éclatante. Il ne travaille que sur commande et prend son temps. Sa modestie naturelle le dissuadera sans doute de vous dire qu'il est également un fresquiste de talent. Rien ne vous empêche de lui confier la décoration de votre salon. L'artiste propose également un travail de céramique à partir de motifs personnels. Un univers baroque qui se décline pour des décorations de tables de jardin ou d'intérieur, patio, fontaines, salle de bains...

L'ATELIER DE RELIURE
Vieux-Nice – 20, rue de la Préfecture
✆ 04 93 62 40 49.

Ouvert du mardi au samedi de 15h à 19h. Et sur rendez-vous.

Depuis des décennies, la famille Balloni règne sur cet atelier dans la grande tradition des artistes italiens. On y fait tout ce qui concerne l'habillage des livres : reliure, restauration de livres anciens, réalisation de livres d'or. Dans l'atelier flotte la bonne odeur du cuir pleine peau, de la colle et du papier. La réputation des Balloni s'étend à l'Europe entière : ils travaillent pour des cours royales et des bibliophiles prestigieux. Le Livre d'or de la maison est impressionnant par l'identité des signataires et la qualité des appréciations. Et même si les délais sont un peu longs (succès oblige), un livre relié ici est garanti habillé pour la vie !

L'ATELIER DES CIGALES
Vieux-Nice – 13, rue du Collet
✆ 04 93 85 70 62
atelierdescigales@gmail.com

Ouvert du mercredi au dimanche à partir de 10h et jusqu´à 19h. Ouvert de Pâques à fin octobre tous les jours.

L'atelier des Cigales, c'est plein d'idées sympas pour faire vos cadeaux : des poteries, des bougies, des paniers et une collection de joyeuses petites cigales pour décorer votre salon. On trouve également de la vannerie provençale, de l'artisanat et de l'authentique poterie de Provence. Adeline, propriétaire depuis plus de 15 ans de la boutique, s'est spécialisée au fil du temps dans l'artisanat local. Toutes les pièces comportent la signature des artistes et les tampons de fabrication.

ATELIER RAFAEL-PRESENTIELLE NOUVEAU
Centre-ville
1, rue Valperga
✆ 06 76 48 99 83

Voir page 29.

ESPACE SOARDI
Carabacel
9, avenue Désambrois ✆ 04 93 62 32 03

Voir page 183.

Bricolage – Jardinage

BUS FRÈRES
Petit Marais Niçois – 33, rue Bonaparte
✆ 04 93 89 71 05

Ouvert du mardi au vendredi de 8h30 à 12h et de 14h à 19h ; le samedi de 8h30 à 12h et de 14h à 18h.

Cette quincaillerie-droguerie à l'ancienne vous épatera par la quantité d'articles dont elle dispose ! Vous bénéficierez aussi des conseils avisés du vendeur. Jardinage, bricolage, peinture... Même si les prix restent un peu plus chers que dans la grande distribution, on connaît ici les produits et on sait en parler. Une adresse à retenir en cas d'extrême urgence ou tout simplement pour une réparation quelconque !

COSTAMAGNA
Carabacel – 7, boulevard Carabacel
✆ 04 93 62 05 51 – www.costamagna.com
carabacel@costamagna.com

Ouvert du lundi au samedi de 9h à 12h30 et de 14h à 18h30.

Pour toutes les personnes qui font des travaux de rénovation, qui aiment jardiner ou celles qui ont simplement envie de donner un nouveau souffle sur la décoration de leur intérieur, Costamagna propose une gamme complète de matériaux ainsi que des produits innovants et performants réservés aux bricoleurs. La boutique est belle et lumineuse. Les objets sont bien agencés et sélectionnés avec soins. Le premier étage est entièrement consacré aux salles de bains.

Autre adresse : 120 route de Turin 06300 Nice. Tél. 04 97 08 87 87. E-mail : st-roch@costamagna.com Ouvert de 7h15 à 12h et de 13h30 à 17 du lundi au vendredi. Le samedi de 8h à 11h30

DROGUERIE DANINO CRISTALOR

Vieux Nice
7, rue Alexandre-Mari ✆ 04 93 85 69 18
www.droguerie-danino-cristalor.com
contact@droguerie-danino-cristalor.com
Du lundi au samedi de 9h à 12h10 et de 14h à 18h45. En continue le samedi et les périodes de fêtes de 9h à 18h45
Née il y a une centaine d'année, cette droguerie est avant tout une grande histoire de famille : au fil du temps, le commerce s'est développé pour être aujourd'hui un lieu emblématique du vieux Nice. Sur 550 m², la famille Danino propose entre 12 000 et 14 000 produits pour la maison, du simple dépannage de produits ménagers à la peinture en passant par la vaisselle et le bricolage. Au-delà des produits du quotidien que certains viennent chercher de toute urgence, cette adresse est une véritable caverne d'Ali Baba pour les curieux à la recherche d'objets ou d'ustensiles hors du commun comme le batticarne pour attendrir la viande, le hachoir à viande à moulinette....

PETRUCCIOLI

Plaine du Var
528, boulevard du Mercantour
✆ 04 93 29 88 82
www.jardineriepetruccioli.com
petruccioli@wanadoo.fr
Ouvert du lundi au samedi de 8h à 12h et de 14h à 18h30.
Vous trouverez tout ce qu'il vous faut pour concevoir, aménager, égayer et soigner l'intérieur et l'extérieur de votre maison. Des outils, des produits pour le jardin, des aliments pour animaux... Vous avez l'impression de vous balader dans un véritable jardin exotique : fleurs, arbres, aromates, agrumes, cactées toutes catégories confondues et de dimensions différentes sont ici exposés. Pour les passionnés de nature, venez découvrir cette jardinerie-pépinière pleine de senteurs et d'arômes.

LEROY MERLIN

Plaine du Var
642, boulevard du Mercantour
✆ 04 92 29 81 20
www.leroymerlin.fr
contact.site.internet@leroymerlin.fr
Ouvert du lundi au samedi de 8h à 20h30. Pour les matériaux ouvert de 7h à 20h30.
Quelque soit votre projet, c'est l'enseigne idéale pour les aménagements de la maison, le jardinage et la décoration. Des peintures, des papiers peints, des rideaux, des parquets... Bref tout ce que l'on peut espérer pour refaire son intérieur, du sol au plafond. Un petit tour chez Leroy Merlin et vous repartirez avec plus d'une idée pour redécorer votre petit nid douillet. Les vendeurs sont qualifiés... le tout est d'en trouver un disponible !

LES JULES NOUVEAU

Centre Ville
1, Rue Tonduti de l'Escarène
✆ 08 11 85 12 25
Voir page 29.

PIBER

Centre Ville
1-3, rue Valperga
✆ 04 93 85 14 59
www.piber-quincaillerie.com
De septembre à juin, ouvert du lundi au vendredi de 8h15 à 12h30 et de 14h à 19h. Le samedi de 9h à 12h. Juillet : du lundi au vendredi de 8h15 à 12h30 et de 14h à 19h. Août : du lundi au vendredi de 10h à 12h et de 14h à 19h. Fermé du 15 au 31 août.
Cette quincaillerie décorative a été fondée au début du XXe siècle. Ce magasin sort du lot en concevant des décors entièrement personnalisés (sanitaires, poignées de portes, appliques murales...). On vous accueille avec grand plaisir et on vous conseille dans vos choix. De nombreuses références sont à votre disposition pour la conception et la décoration de votre intérieur. La maison *Piber* pourra vous réaliser sur mesure des pièces uniques pour votre plus grande satisfaction ainsi que des accessoires originaux comme des miroirs, des meubles, des malles vintages ou des fauteuils en cuir.

SAINT MACLOU

L'Ariane
53, boulevard de l'Ariane
✆ 04 93 56 82 26
www.saint-maclou.com
Ouvert du lundi au samedi de 9h30 à 12h et de 14h à 19h.
Un choix énorme pour la décoration de vos sols : moquette, parquet, carrelage, sol stratifié... ainsi que des tapis de Turquie, d'Iran ou de Chine vendus avec certificats d'origine. Sans oublier les papiers peints, les tissus, la peinture et les lambris pour habiller vos murs. Saint-Maclou met différents services à votre disposition comme la pose des sols (garantie cinq ans), le crédit personnalisé, la livraison, des devis fiables... Et encore bien d'autres avantages ! Une adresse que l'on vous recommande pour tous vos projets de rénovation, d'aménagement ou de construction.

Salle de bains Cuisines – Sanitaires

■ CUISIBOUTIQUE

Libération – 3, boulevard Auguste-Raynaud
✆ 04 93 98 31 38 – www.cuisiboutique.fr
contact@cuisiboutique.fr

Ouvert le lundi, le mardi et du jeudi au samedi de 9h à 12h et de 14h à 19h. Fermé le mercredi.

Dans le très agréable quartier de la Libération se trouve une boutique entièrement dédiée à la cuisine avec une autre approche du choix et de l'installation. Depuis plus de quinze ans, ces professionnels véritables menuisiers-ébénistes depuis 1976 proposent leur savoir-faire. Des marques de grande qualité, un travail irréprochable... la maison n'en finit pas de séduire les clients !

■ KITCHEN BAZAAR

Carré d'Or – 20, rue de la Liberté
✆ 04 93 82 01 02
www.kitchenbazaar.fr
information@kitchenbazaar.fr

Ouvert du lundi au samedi de 10h à 13h et de 14h à 19h.

Kitchen Bazaar propose une large gamme d'ustensiles, étagères, meubles en inox aux allures très design, de la passoire à l'électroménager ou au rangement. Vous trouverez également des barbecues... Côté prix, ça varie selon l'objet mais il y en a pour tous les budgets. Une boutique où l'on vient pour choisir une belle cuisine hyper moderne ou pour trouver une idée originale de cadeau !

Décoration

ANÉSIDORA

Centre Ville – 11, rue Maréchal-Joffre
✆ 04 93 80 05 29 – www.anesidora-deco.fr
eboero@anesidora-deco.fr

Ouvert le lundi de 14h à 19h. Du mardi au samedi de 10h à 12h30 et de 14h à 19h.

Emmanuelle a crée ce lieu féerique et propose le résultat de ses recherches en matière d'objets design de déco. Il faut dire que son passé dans la communication, la pub et la déco lui servent à dénicher des perles rares : petit mobilier, lampes, textile, senteurs, horloges, céramiques, linge de table, de lit, boîtes, petits bijoux ainsi que des coussins par dizaine, tous plus originaux les uns que les autres. Cet univers poétique vintage ou décalé qui se renouvelle régulièrement saura vous séduire. Egalement, prestation de déco d'intérieur et aménagement d'espaces.

■ BAOBAB

Vieux Nice – 10, rue du Marché
✆ 04 93 80 28 80
baobab06@orange.fr

Ouvert du lundi au samedi de 10h à 13h et de 14h30 à 19h. Le dimanche, de 11h à 18h.

Dans cet univers ethnique contemporain à la fois zen et coloré terriblement tendance, vous trouverez tapis tressés et chaises assorties de différents coloris, paniers africains, cadres en métal vieillis et autres petits mobiliers d'appoint. Melting pot décoratif si l'en est, vous trouverez de quoi vous confectionner un intérieur à la fois singulier et branché. Baobab, c'est aussi une multitude de petites babioles à offrir, une ligne de bain épurée ou encore un côté prêt-à-porter à l'image de la boutique, *casual* et original.

■ CABANE

Vieux Nice – 15, rue de la Préfecture
✆ 04 93 79 29 88

Ouvert toute l'année de 10h à 19h. Cabane est un concept-store au charme indéniable où se mêlent harmonieusement de beaux objets, utiles et insolites pour faire de votre *home sweet home* un lieu à part. Petits mobiliers sobres et élégants, vêtements sélectionnés dans des matières nobles agréables à porter, bougies aux multiples senteurs, ligne de bain épurée et douce, paréos chic ou couverture danoise complètent ces collections intemporelles et séduisantes. Dommage qu'elles soient hors de prix...

■ CARRÉ BLANC .... Linge de maison

Carré d'Or – 17, rue de la Liberté
✆ 04 93 87 87 91
nice-liberte@mail.carreblanc.com

Ouvert du lundi au samedi de 10h à 19h.

Une des meilleurs enseignes en ce qui concerne le linge de maison. Carré Blanc propose une magnifique gamme de serviettes, peignoirs, housses de couette, gants, nappes... Des produits de qualités pour la satisfaction des grands et des petits. L'épaisseur du linge d'intérieur est exceptionnelle ce qui nous donne l'envie irrésistible de se lover dans l'un de ces somptueux peignoirs ! Pour personnaliser votre linge de maison, vous pourrez vous faire broder sur n'importe quelle pièce vos initiales ou toutes autres inscriptions.

LA CASE DE COUSIN PAUL ...... Luminaires
Vieux Nice
8, rue du Pont Vieux ✆ 09 50 27 06 55
www.lacasedecousinpaul.com
contact@lacasedecousinpaul.com
Ouvert le lundi de 14h à 19h. Du mardi au samedi de 10h30 à 19h. Le dimanche de 11h à 19h. Guirlandes électriques : 20 ampoules (1,40 m), 35 ampoules (2,40 m), 50 ampoules (3,50 m). Luminaires : boule XS (25 cm de diamètre), S (31 cm de diamètre), M (36 cm de diamètre), L (41 cm de diamètre). Suspension : 6 couleurs disponibles. Chèques cadeaux possibles à partir de 22 €. Boule 0,70 € pièce (7 cm de diamètre) déclinées 50 coloris.
Ce *concept-store* joue avec vos envies de décoration : avec plus de 50 couleurs de boules différentes fabriquées à la main en Thaïlande, créez votre propre guirlande électrique et choisissez le style de luminaire que vous voulez. La taille des boules varie entre 7 cm et 41 cm de diamètre pour les luminaires à suspendre ou à poser au sol (avec ou sans trépied). Les compositions n'ont de limites que celles de votre imagination : vos idées lumineuses deviendront ici des créations uniques. Petit plus : pour les luminaires suspendus, vous pouvez également assortir la couleur du câble aux tonalités des boules. Une idée véritablement lumineuse ! On adore.

GALERIE MALAUSSÉNA
Malausséna
17, avenue Malausséna
✆ 04 93 87 58 01
Ouvert du lundi au samedi de 9h à 19h.
Cet immense espace, riche en idées pour la maison, propose un grand choix de meubles et d'éléments de décoration à des prix raisonnables. Que votre intérieur soit branché ou authentique, il y en a pour tous les goûts. Les arrivages sont réguliers ce qui ne gâche pas le plaisir de redécouvrir sans cesse les lieux. L'accueil est agréable et les conseils avisés. A tester sans plus attendre.

HALOGÈNE TECHNIQUE .... Luminaires
Port
15, rue François-Guisol ✆ 04 93 16 02 82
halogene_espace@hotmail.com
Ouvert du lundi au samedi de 9h à 12h et de 14h à 19h.
Halogène est une boutique dédiée aux meubles et aux luminaires ultra design. Cet espace créatif de 300 m^2 diffuse les créations contemporaines sous toutes leurs formes et porte la nouveauté, la recherche et les nouveaux matériaux avec passion. Les marques Arco, Bd Barcelona, Campeggi, Casamania, Coro, Desalto, Driade, Emeco, Extremis, Glas, Serralunga et bien d'autres tiennent ici leur sanctuaire.

INTÉRIEUR & EXTÉRIEUR CONCEPT Architecte et décorateur d'intérieur
Port
18, rue Passeroni ✆ 09 82 45 46 55
www.interieur-exterieur.fr
info@interieur-exterieur.fr
Ce showroom rivalise d'inventivité pour faire de votre *home sweet home* un endroit bien à part. De la conception d'espaces au mobilier design de jeunes créateurs en passant par les objets insolites et craquants, chaque pièce dégage une émotion. On a particulièrement aimé la partie végétale du lieu qui propose des plantes plus étonnantes les unes que les autres comme la sculpture en lianes torsadées... Coup de cœur assuré !

JEANCEL LUMINAIRES .... Luminaires
Riquier
30, boulevard Delfino
✆ 04 92 04 41 70
www.jeancel-luminaire.com
nice@jeancel.fr
Ouvert du mardi au samedi de 10h à 13h et de 14h à 19h.
Crée en 1972, Jeancel Luminaires distribue les collections des plus grandes marques européennes (Artemide, Foscarini, Grossmann, Martinelli Luce, Patrick Crespin, Créations Val de Loire, Masca, Drimmer...) et fabrique également sa propre collection. Ce showroom offre une séléction allant du classique au design ou de l'éthnique au contemporain. Laissez-vous guider par les conseils avisés de l'équipe très professionnelle qui saura vous orienter vers le modèle – intérieur ou extérieur – le plus approprié à vos besoins.

LAURIE LUMIÈRE .... NOUVEAU
Luminaires
Centre Commercial Lingostière
Boulevard du Mercantour
✆ 04 93 29 88 29
Voir page 29.

SERRA LUMINAIRE .... Luminaires
Centre ville
2, rue Gubernatis
✆ 04 93 80 40 61
www.serraeclairage.com
info@serraeclairage.com
Ouvert du lundi au samedi de 9h à 12h et de 14h30 à 19h.
Professionnels ou particuliers ? Ce temple du design luminaire vous apportera des solutions pour sublimer vos intérieurs et vos extérieurs. Décoratifs et techniques, ces luminaires associent performance technologique et design. La boutique dispose d'un large choix : Foscarini, Flos, Modular, cristal Baccarat, Luceplan, Ingo Morer... Vous l'aurez compris, il y en a pour tous les goûts ! L'équipe est professionnelle : on vous donne toutes les infos sur les différents types de luminaires, de la fibre optique en passant par les technologies led mais aussi sur la gestion de la lumière. Brillant et lumineux !

Autre adresse : 4 rue Désiré Niel 06300 NIce

STÉPHANIE MARIN DESIGN
Nice nord
32, avenue Henry-Dunant, impasse Laurenti
Loft : 22/27 Rue de la buffa
✆ 04 93 52 89 26
www.smarin.net
contact@smarin.net
Ouvert du lundi au vendredi de 9h à 17h.
Tout le monde connaît le célèbre coussin «galet» de Stéphanie Marin ! Aujourd'hui, elle nous éblouie avec de nouvelles créations comme le « mobile shadows », idéal pour séparer une pièce ou pour accrocher devant une fenêtre afin de donner à une pièce une atmosphère zen tout en gardant un côté ludique. Ses œuvres s'articulent

autour de la nature. Un large choix d'objet déco et de textiles, plus beaux les uns que les autres. Dans son atelier niçois, elle allie un savoir-faire artisanal et une inventivité qui donnent naissance à une fabrication haut de gamme avec des produits de qualité. A découvrir absolument.

■ ATMOSPHÈRE SUD SHOWROOM
71, avenue des Baumettes
VILLENEUVE-LOUBET ✆ 04 93 20 93 20
www.atmospheresud.com
info@atmospheresud.com
Ouvert du lundi au jeudi de 9h à 13h et de 14h à 18h. Jusqu'à 17h le vendredi.
Atmosphère Sud est une agence événementielle qui propose un service d'organisation et de coordination d'événements sur la Côte d'Azur, en France et à l'étranger. Créée en mai 2000 par Daniel Dakiche, ancien DJ professionnel, l'enseigne a ouvert un immense show-room où une équipe de professionnels passionnés est à votre écoute. Professionnel ou particulier, vous organisez une soirée privée et vous êtes à la recherche d'une déco raffinée qui surprendra vos convives ? Vous trouverez forcément votre bonheur avec les bougies coniques en résines, les pots en céramique, les torches, les statues, les grands vases, les objets XXL, les guirlandes lumineuses LED qui changent de couleur sans oublier les « rosies love », des fleurs flottantes à mettre dans la piscine ! Le choix est donc vaste et il y en a pour tous les goûts. Petit plus futé : pour tout événement que vous souhaitez organiser, n'hésitez pas à demander leur expertise en matière de savoir-faire.

Électroménager

■ UBALDI
Nice Ouest – 272 bis, avenue de la Californie
✆ 0 825 333 333 015
www.ubaldi.com
service-client@ubaldi.com
Ouvert du mardi au samedi de 10h à 19h.
L'enseigne est devenue nationale avec des livraisons partout dans l'Hexagone via le site internet. La centrale assure la distribution de plus de 15 000 références à prix imbattables au travers de ses points de vente de Cannes à Monaco. Rien à redire sur le service après-vente : quand l'appareil ne fonctionne pas et qu'il est encore sous garantie, Ubaldi assure comme il faut. Un magasin de produits de second choix à prix *discount* existe dans la Plaine du Var : il s'agit de produits neufs déballés mais avec un défaut d'aspect ou des modèles d'exposition à prix cassés.

▸ **Autre adresse :** 205 boulevard du Mercantour 06200 Nice

■ DEM ELÉCTROMÉNAGER
Centre Ville
25, rue Clément-Roassal
✆ 04 93 87 32 57
dem.service@wanadoo.fr
Ouvert du lundi au samedi de 9h à 12h et de 14h à 19h.
On trouve ici tous les articles et ustensiles de cuisine à l'allure design avec de grandes marques : Magimix et Kenwood ou Lagostina et Le Creset. Robot, moulin électrique, cafetière... il y a de tout, y compris la vente de pièces détachées ce qui est très appréciable quand l'un de vos appareils ménagers tombe en panne... L'accueil est charmant et très professionnel.

Fleurs – Plantes

■ BONSAÏ CENTER .... Bonsaï
Gambetta – 88, boulevard Gambetta
✆ 04 93 88 05 72 – www.parlonsbonsai.com
Ouvert du lundi au samedi de 10h à 19h30.
En 1988, Michel Franco, grand voyageur, a ouvert cette boutique dédiée aux bonsaïs. Ces voyages lui ont donné la passion de l'Asie. Bonsaïs, orchidées, plantes exotiques, bouddhas et plantes de Madagascar constituent l'univers du lieu. Les bonsaïs viennent de Chine et du Japon mais aussi de la Thaïlande et du Vietnam. La durée de vie du bonsaï est infinie tout comme la sagesse orientale. Si la peinture ouvre les yeux sur la lumière, le bonsaï ouvre les yeux sur la nature ! L'espace présente également de superbes orchidées. A découvrir.

DÉCO VÉGÉTALE .... **Fleuriste**
Centre Ville
8-10, rue Alberti
✆ 04 89 14 18 36 / 06 18 01 12 94
www.deco-vegetale.com
contact@deco-vegetale.com
Boutique de la rue Alberti ouverte du lundi au samedi de 15h à 19h et sur rendez-vous. Cours Saleya marché aux fleurs du jeudi au dimanche inclus de 9h à 13h30.
Tableaux, murs végétaux et plantes stabilisées, ce procédé innovant et naturel qui consiste à remplacer la sève par de l'eau glucosée donne un résultat vraiment bluffant. Et quand la technique laisse la place à l'imagination, toutes les créations sont possibles. Professionnels ou particuliers, offrez-vous une création végétale sur mesure. Comptez une trentaine d'euros pour un tableau premier prix (voilà une idée cadeau sympa qui changera du traditionnel bouquet de fleurs...). Les tableaux et les murs végétaux ont une durée de vie de 10 ans contre 20 ans en moyenne pour les plantes stabilisées. Coup de cœur assuré !

FLEURAISON .... **Fleuriste**
Centre Ville
30, rue Paul-Déroulède
✆ 04 93 87 24 39
www.fleuraison.fr
Ouvert du lundi au samedi de 9h à 20h.
Une magnifique boutique qui propose des compositions florales originales et tendances. Les fleurs et plantes sont joliment présentées dans cet espace qui ressemble d'avantage à une galerie d'art qu'à un fleuriste classique. Vous trouverez une sélection originale de bouquets (roses, orchidées… pour ne citer qu'elles) qui évolue au gré des saisons. Une adresse à ne pas manquer si vous avez un cadeau sympa à offrir ou pour vous faire plaisir tout simplement ! Accueil très agréable.

LES FLEURISTES
Centre-ville
13, rue de Rivoli ✆ 04 93 82 43 40
www.lesfleuristes.fr
rivoli@lesfleuristes.fr
Horaires variables selon saison et jours fériés.
Les plus belles fleurs de France et d'Europe se déclinent ici entre les mains des Fleuristes en bouquets gracieux et compositions élégantes qui varient en fonction des saisons. Les créations sont originales, colorées, raffinées et esthétiques.

Autre adresse : 10 boulevard Materlinck 06100 Nice

FORÊT DE JADE .... **Fleuriste**
Carré d'Or – 10, rue Maccarani
✆ 04 93 55 21 73
Ouvert du mardi au samedi de 10h à 19h.
Passez la porte de cette fleuriste atypique et pénétrez dans un univers végétal complètement féerique. Plus que des plantes, les végétaux rares et originaux sont présentés ici comme de véritables objets de décoration. Les tarifs ne sont pas forcément à portée de toutes les bourses mais qu'importe, on aime y déambuler à la recherche d'une idée nouvelle. Les petits objets de déco provenant d'Inde ou de Madagascar sont autant d'idées cadeau. Une véritable invitation au voyage.

LE HANGAR DU MARCHÉ .... **Fleuriste**
Centre-ville – 22, rue de la Buffa
✆ 04 93 62 68 95
lehangardumarche@orange.fr
Ouvert du lundi au samedi de 9h à 20h.
Petit coin de verdure au cœur de la ville, cette boutique est une invitation au bien-être et au dépaysement. De jolies plantes en pot sont agencées sur de vieilles commodes tandis que les étagères en bois et en métal mettent en

avant tout un éventail d'articles de décoration pour votre intérieur : bougies parfumées, pots et vases pour vos plantes, épices et saveurs du monde… On y déniche aussi des sacs de style ethniques colorés et des horloges en bois. On apprécie la gentillesse du maître des lieux qui saura vous conseiller sur les plantes avec passion.

HYDRODISCOUNT

Petit marais niçois – 2, rue Bonaparte
✆ 04 93 56 14 66
www.hydrodiscount.com
Par téléphone du lundi au vendredi de 10h à 18h et le samedi et 14h à 18h. Ouvert le lundi de 14h à 19h, du mardi au samedi de 11h à 13h et de 15h à 19h.
Spécialiste de la culture bio et hydroponique, cet établissement est une référence en la matière ! La boutique propose tous les matériaux adéquats pour votre culture en intérieur : gamme de kit HPS équipés d'une lampe à sodium, nécessaire pour le bouturage, fertilisants, testeurs, boosters ainsi qu'un vaste choix d'engrais bio et de nombreux accessoires. Vous pouvez aussi acheter votre matériel à des tarifs réduits sur le site Internet.

Autre adresse : 4 allée des luthiers ZI secteur D 06700 Saint-Laurent-du-Var

JARDILAND .... Pépiniériste

Plaine du Var – 742, boulevard du Mercantour
✆ 04 93 29 87 78
www.jardiland.com
Ouvert du lundi au samedi de 8h30 à 12h30 et de 14h à 19h ; le dimanche de 10h à 13h et de 14h à 19h.
Jardiland est un magasin incontournable qui réunit une pépinière, une jardinerie, une animalerie et de la décoration. La pépinière vous prodigue les conseils nécessaires sur les plantes et arbres d'ornement, les arbustes, les plantes vertes et toutes autres variétés d'espèces différentes. Au rayon animalerie, vous saurez tout sur les secrets de votre animal de compagnie et vous bénéficierez des meilleurs conseils en ce qui concerne son alimentation et son quotidien. Dans l'espace réservé à la déco, vous trouverez un large choix de bougies et de poteries ainsi que des objets pour votre intérieur, ou votre jardin et votre terrasse.

JARDINERIE & GRAINETERIE FIOL .... Fleuriste

Vieux Nice
10-12, rue Alexandre Mari
✆ 04 93 85 75 62 / 06 32 93 79 24
www.jardinerie-nice.com
fiol@wanadoo.fr
Ouvert du mardi au jeudi de 8h à 12h30 et de 14h à 18h30. Le vendredi et le samedi de 8h à 18h30 non stop.
Cette graineterie ouverte depuis 1935 et tenue par la famille Fiol depuis 1973 est aujourd'hui spécialisée dans la vente de graines, de plantes, de poteries et d'outillages de jardin. Jardinerie du terroir ouverte sur près de 250 m², l'atmosphère des lieux vous plonge immédiatement dans le charme et l'authenticité des commerces d'antan. L'équipe est professionnelle et saura vous prodiguer d'excellents conseils pour entretenir vos espaces verts. A noter que vous pouvez aussi trouver sur place des produits d'entretien pour piscines.

JULIE GUITTARD FLEURISTE .... Fleuriste

Centre Ville – 5, rue Dalpozzo
✆ 04 97 08 33 12
jguittard.fleuriste@gmail.com
Particuliers et professionnels se pressent dans son écrin végétal pour sublimer leur quotidien. Il faut dire que Julie Guittard ne manque pas de talent. Dans son espace intimiste au décor de charme, elle remet au goût du jour les fleurs oubliées. Plus que des bouquets, elle transforme pivoines, fleurs de choux, hortensias... en de véritables œuvres d'art. Du simple petit bouquet champêtre au décor fleuri d'un événement, Julie Guittard saura trouver le style qui vous correspond.

MARTIN FLEURS .... Fleuriste

Centre-ville
28, rue Hôtel-des-Postes ✆ 04 93 62 08 00
www.martin-fleurs.fr
Ouvert du lundi au samedi toute l'année de 8h30 à19h30. Livraisons possibles avec supplément.
Créée à la fin du XIXᵉ siècle par les époux Martin, l'enseigne (depuis reprise) est devenue une véritable référence niçoise. En artistes de l'éphémère sensibles aux modes et aux tendances, les fleuristes passionnés qui travaillent ici s'attachent à livrer selon les goûts de chacun des compositions qui peuvent être tantôt minimalistes, tantôt opulentes, champêtres ou structurées. Un service vous garantit chaque semaine une ambiance fleurie, chez vous ou sur votre lieu de travail.

AU NOM DE LA ROSE .... Jardinerie

Centre Ville
43, rue de l'Hôtel des Postes ✆ 04 93 79 21 55
ww.aunomdelarose.com
Du mardi au samedi de 9h30 à 12h30 et de 15h à 19h. Fermé le dimanche et le lundi. Horaires variables en hiver.
La devanture du magasin avec son parterre de pétales de roses invite à passer la porte de cette jolie boutique où seule la rose est mise à l'honneur. Déclinée en bouquets classiques, raffinés, champêtres ou saisonniers, certaines compositions peuvent également mêler la rose à une autre fleur (pivoine, renoncule, freesias...) ou à un feuillage original pour le plus grand bonheur de nos sens. La boutique vend aussi sa propre gamme de fragrances déclinées en quatre références de Parfums de Maison mais également des gourmandises (sirop de rose, pétales cristallisés...) et ses propres cosmétiques (eau de rose...), le tout à base de rose bien entendu !

LA ROSERAIE .... Fleuriste

Nice Ouest
48, avenue de la Californie ✆ 04 93 37 04 25
http://laroseraielenval.free.fr
Du lundi au samedi de 8h45 à 19h45 non-stop et le dimanche de 8h45 à 12h30.
Un magasin qui propose depuis plus de 25 ans une sélection de fleurs de grande qualité avec une dominante en ce qui concerne les orchidées. La boutique proposent de ravissantes compositions et un accueil très agréable. La particularité géographique de l'établissement ? Il est situé en face de la maternité de Lenval, bien pratique pour adresser des félicitations à la jeune maman et souhaiter la bienvenue à bébé !

■ **SHOPPING FLOR............................ Fleuriste**
Libération
10, boulevard Joseph-Garnier
✆ 04 93 84 75 53 / 06 20 45 33 88
www.shoppingflor.com
Ouvert du lundi au samedi de 8h à 19h30. Le dimanche de 8h à 13h. Livraison possible (avec Interflora partout dans le monde 7j/7). Possibilité de commande en ligne. Service aux entreprises (abonnement). Langues parlées : français, anglais, espagnol. Catalogue en téléchargement sur le site Internet. Devis gratuit. Carte de fidélité. Service sur-mesure. Tous types d'événements.
Cet artisan fleuriste et décorateur réalise de superbes compositions et propose une grande variété de fleurs naturelles et intemporelles. Les vitrines changent régulièrement selon la saison ou les événements, et invitent à la poésie avec une très jolie présentation, toujours soignée, où les fleurs fraîches aux délicates effluves côtoient celles, artificielles, aux couleurs éclatantes. L'intérieur de la boutique est tout aussi charmant : on hésite entre des bouquets, des plantes ou des compositions florales. Sur place, vous pouvez également commander des réalisations spéciales pour tous les événements de la vie comme les mariages, la Fête des mères ou encore la Saint-Valentin. L'accueil toujours affable de toute l'équipe ajoute à l'ambiance professionnelle des lieux. Pour offrir ou se faire plaisir, voici une adresse ouverte à tous les budgets, du plus petit au plus grand, que l'on recommande vivement.

Meubles Ameublement

■ **BASIKA**
Saint-Roch
9, rue Fornéro-Menei
✆ 04 93 55 50 80
www.basika.fr
basika@basika.fr
Ouvert du lundi au samedi de 10h à 12h et de 14h à 19h.
Tous les styles sont ici réunis avec un large choix de meubles allant du plus classique au plus contemporain. Basika est le hard discount de l'ameublement avec des prix très compétitifs. Vous trouverez tout pour aménager votre intérieur de façon harmonieuse avec de nombreux produits originaux, esthétiques et de qualité. Vous repartirez de cette boutique avec des tas d'idées pour (re) aménager votre intérieur.

▸ **Autre adresse :** 9, avenue Auguste-Vérola ✆ 04 93 29 85 14. Ouvert du lundi au samedi de 10h à 19h.

■ **LE GRENIER NIÇOIS – LA FARFOULLETTE**
L'Ariane
8, chemin de la Lauvette
✆ 04 93 54 36 74
www.farfouillette-brocante-nice.fr
farfouillette06@gmail.com
Du lundi au samedi de 9h à 12h et de 14h à 18h. Le samedi de 10h à 12h et de 14h à18h30.
Depuis 1979, la famille Bailet vous accueille dans cet espace brocante atypique de 380 m^2. Vous cherchez un meuble, un objet déco ou des pièces insolites ou vous souhaitez vous débarrasser d'un vieil objet ? N'hésitez pas et demandez conseil à l'équipe de La Farfouillette car leur professionnalisme et leur amabilité ajoutent à la qualité des lieux. Prenez le temps de déambuler dans les allées de ce vieux hangar transformé... car ici, vous trouverez votre bonheur, à tous les coups ! A noter que si vous désirez vendre un bien, les estimations sont gratuites et réalisées sur place ou sur photo, et que pour tout achat, les livraisons sont assurées sur tout le département.

■ **ÉTOFFES ET CANAPÉS**
Centre Ville
8, rue Paul-Déroulède ✆ 04 92 07 07 60
www.etoffesetcanapes.com
contact@etoffesetcanapes.com
Ouvert du lundi au samedi de 10h à 19h.
Dans cette boutique située à proximité de l'avenue Jean-Médecin, vous pourrez habiller votre *home sweet home* de A à Z. Pénétrez dans l'ambiance tendance et chaleureuse de ce temple dédié à la maison où Corinne Chaix et son équipe, en vrais professionnels, vous conseilleront selon vos besoins et vos envies. Vous découvrirez un large choix de meubles, canapés, tapis, luminaires et objets de décoration de qualité pour tous les goûts. Un atelier confection réalisera aussi sur mesure vos rideaux, couvre-lits, stores et voilages.

■ **HABITAT**
Centre Ville
38, avenue Jean-Médecin
Centre Commercial Nice Etoile N0 et N-1
✆ 0 826 107 207
www.habitat.fr
Ouvert du lundi au samedi de 10h à 19h30. Fermé le dimanche.
Sur deux étages, Habitat propose des accessoires et des meubles au style très design mais aussi des produits tous aussi beaux les uns que les autres. L'agencement de la boutique est très agréable et installe une ambiance chic. Des objets pour la salle de bains, la cuisine, le salon, la salle à manger ainsi que des chaises, des tables, des meubles de salle de bains ou pour la cuisine, des fauteuils et des canapés... vous trouverez à coup sûr votre bonheur. Les vendeurs se tiennent à votre disposition. Une belle adresse qui fait la différence à des prix un peu élevés !

■ **LOFT INTERIOR DESIGNERS**
La Buffa – 23- 25- 27, rue de la Buffa
✆ 04 93 16 09 09
Ouvert en semaine dès 10h.
Ce *showroom* propose des solutions d'aménagement personnalisées ainsi qu'une vaste collection de meubles contemporains réalisés par de grands designers comme Cassina, Philippe Starck, Ron Arad, B&B Italia... Un architecte d'intérieur peut également vous accompagner dans la création de votre projet jusqu'à sa réalisation afin de vous aider à agencer votre habitation selon vos goûts et dans un esprit branché très contemporain. Des idées sur mesure adaptées à vos envies.

■ **MEUBLES FUSCIELLI**
Vieux Nice
18, rue de la Préfecture ✆ 04 93 62 34 30
www.meubles-fuscielli.com
Ouvert du mardi au samedi de 9h à 12h et 14h à 19h.
Catherine Camozzi crée l'enseigne en 1941 dans une belle bâtisse datant XIVe. Douze ans plus tard, l'affaire devient familiale quand sa fille Alexandrine s'investit à ses côtés. En 1970, la boutique s'agrandit quand Jean-Louis Fuscielli découvre sous les fondations du magasin « les souterrains du vieux Nice » : les meubles s'exposent désormais au rez-de-chaussée mais aussi au sous-sol, sous de magnifiques voûtes. De nos jours, Laurent Fuscielli est à la tête de l'entreprise accompagné de Stéphane Ker qui vous donne de précieux conseils, notamment dans l'aménagement et la décoration de votre intérieur. A chaque génération les collections et les lignes de meubles ont été et continuent d'être contemporaines et tendances. N'hésitez pas à franchir les portes de la boutique : vous trouverez des conseils personnalisés, un accueil charmant ainsi qu'un choix très vaste parmi (entre autres) les marques Dunlopillo, Félix Monge, Simmons, Little Green ou Marais International qui se côtoient ici en toute élégance.

■ **SALONS CENTER**
Plaine du Var
Boulevard du Mercantour
Zone commerciale Lingostière ✆ 04 93 72 89 12
Ouvert du lundi au samedi de 10h à 12h et de 14h à 19h.
Du dessin à la fabrication, Salons Center vous apporte la qualité des meilleurs cuirs et tissus ainsi qu'un service après-vente dédié. Le showroom est facile d'accès et offre une vitrine des produits les plus nobles qui font la réputation de cette enseigne depuis 1981. Salons d'angle ou convertibles, design contemporain ou plus classique, laissez-vous guider par ces professionnels qui sauront à coup sûr mettre en valeur votre intérieur.

■ **NATURA DESIGN**
Centre Ville
4, rue du Congrès ✆ 04 93 76 13 32
www.naturadesign.fr
contact@naturadesign.fr
Ouvert le lundi de 14h30 à 19h ; du mardi au samedi de 10h à 13h et de 14h30 à 19h.
On craque pour cette boutique contemporaine entièrement dédiée aux meubles et objets réalisés à partir de matériaux recyclés. Peu importe votre style, vous trouverez ici de quoi apporter une touche personnelle et écolo à votre intérieur : lampes en papier, véritables bougies en cire végétale, petit mobilier en bois flotté... Le choix est vaste et la sélection futée.

Literie

■ **LE BON LITIER**
Centre ville
7, avenue Notre-Dame
✆ 04 93 85 12 98
www.lebonlitier.com
Ouvert le lundi de 14h à 19h ; du mardi au samedi de 9h à 12h et de 14h à 19h.
Le bon litier propose une sélection des meilleurs produits avec un excellent rapport qualité prix. Il ne suffit pas d'un bon lit pour bien dormir, il vous faut surtout un bon matelas. Dans ce magasin, vous trouverez toute une gamme de literies de marques différentes (Lattoflex, Treca, Dunlopillo...) adaptées à tous les dos ! Un espace décoration vous permettra aussi de trouver du linge de maison, des plaids, des oreillers ou des draps de bains mais également des lits, des meubles-lits ou des canapés convertibles... Une adresse à retenir pour des nuits tranquilles.

Meubles pour enfants

■ **ÉMILIE & COMPAGNIE**
Carré d'Or
26, rue de la Liberté
✆ 04 42 92 69 63
www.emilieetcompagnie.com
Lundi, 14h à 19h. Du mardi au samedi de 10h à 19h.
Wouter, sa femme Marjolein et leur petite fille Emilie proposent dans cette boutique des objets équitables pour la plupart éco-citoyens venus des Pays-Bas, de Suède, du Danemark, d'Angleterre, de France ou des États-Unis. Dans cet univers élégant et original, les enfants de 0 à 12 ans ont trouvé leur paradis : meubles colorés et design, linges de lit, vêtements, décoration originale des marques Aden & Anaïs, Baby's only, Dwell Studio, Koeka, Bopita, Lifetime, Esthex, Room Seven, Ferm living, Linna Morata, Petit Pan, Anne Claire Petit, Pakhuis Oost, Kidsonroof, Miho unexpected things, Handed by, Cotton baby, Little Tulip, Wishbone bike, Kiddimoto, Little company, Lillifee, Kukkia, les Gambettes, Mathy by Bols, entre autres. Petit plus futé : vous attendez un enfant ou votre bambin fête bientôt son anniversaire ? Déposez aussi votre liste chez Emilie & Compagnie où vos amis auront plaisir à découvrir les collections du moment. A noter que vous pouvez également acheter en ligne via le site Internet.

Meubles du monde

■ **FUTON AZUR**
La Buffa – 34, rue de la Buffa
✆ 04 93 820 830 – www.futonazur.com
Ouvert du mardi au samedi de 10h à 12h30 et de 15h à 18h.
Futon Azur est la référence pour trouver un véritable futon. Le futon est aujourd'hui l'un des meilleurs couchages, c'est pour cela que les Français l'adoptent de plus en plus. Ici bien dormir rime avec style. Dans cette boutique vous trouverez aussi d'autres articles comme des objets de décoration, des meubles, des cloisons japonaises, des tatamis, des canapés, des luminaires, des paravents… Pour créer une ambiance zen dans votre chambre, salon ou autres pièces de la maison, cette adresse saura vous combler. Ce magasin propose un éventail de choix qui permet de satisfaire toutes les envies et tous les styles, tout en respectant les budgets.

■ **MAISONS DU MONDE**
Centre Ville
30, avenue Jean-Médecin
Centre Commercial Nice-Etoile N+1
✆ 04 93 13 02 12
www.maisonsdumonde.com
Ouvert du lundi au samedi de 10h à 19h30.
Ce magasin est une invitation au voyage. Maison du Monde propose du mobilier et des objets inspirés de pays lointains que vous découvrirez au travers de collections riches d'idées nouvelles. Vous arpenterez les rayons en passant d'un style à un autre : meubles coloniaux, marocains, baroques, chinois, indiens ainsi que des accessoires de décoration classés par thèmes qui vous permettront d'infinies associations avec vos meubles. Les matières, les couleurs, le caractère et la diversité des objets donnent à cette boutique un esprit de liberté. Un mélange de styles différents pour créer un intérieur qui ne ressemble à aucun autre. A découvrir de toute urgence !

Travaux Gros œuvre

■ **CIFFRÉO BONA**
Malausséna
2, rue Diderot ✆ 04 93 13 63 63
www.ciffreobona.fr
info@ciffreobona.fr
Magasin brico déco du lundi au samedi de 8h à 19h. Showroom le lundi de 14h à 18h. Du mardi au vendredi 9h à 12h et de 14h à 18h. Le samedi de 10h à 12h30 et de 14h à 18h30.
Que vous soyez professionnel, que vous ayez l'âme d'un bricoleur ou que vous soyez novice, c'est une adresse pour ceux qui envisagent de se lancer dans la rénovation de leur intérieur. Les vendeurs sauront vous guider. Chaque boutique organise régulièrement des promos. Vous trouverez ici tout ce qui concerne le gros œuvre, les travaux publics, les charpentes, la menuiserie, l'outillage, l'isolation, les cuisines, le carrelage, la menuiserie ou la découpe du bois…

Autres adresses : 116-130 bd Pasteur 06000 Nice. Tél. 04 93 13 63 24. Email : cb.nicepasteurpeinture@ciffreobona.fr. Du lundi au vendredi de 7h30 à 12h et de 13h30 à 17h30 • 5 av. Robert Malaval RN620206200 Nice. Tél. 04 92 29 25 55. E-mail : cb.nicelaplaine@ciffreobona.fr. Du lundi au vendredi de 7h15 à 12h et de 13h15 à 17h. Le samedi de 8h à 12h. • 96 bd Virgile Barel 06300 Nice. Tél. 04 92 00 37 10. E-mail : cb.nicesaintroch@ciffreobona.fr. Du lundi au samedi de 9h à 12h et de 14h à 18h30Showroom : Le lundi de 14h à 18h. Du mardi au samedi de 9h à 12h et de 14h à 18h

Pense futé – Services

Administrations Service public

■ **ATMO PACA**
Promenade des Anglais
333, promenade des Anglais
✆ 04 93 18 88 00
www.atmopaca.org
Ouvert du lundi au vendredi de 9h15 à 12h et de 14h à 17h.
Ça ne sent pas bon ? Vous désirez déclarer une nuisance olfactive qui vous incommode depuis des jours ou des semaines ? Adressez-vous à cette agence un peu particulière qui surveille la qualité de l'air que l'on respire. Sa mission ? Mesurer, étudier les phénomènes de pollution, prévoir les pics de pollution et nous informer ! C'est un outil des plus fiables et des plus sérieux. Leur site Internet est très bien conçu : on vous explique notamment la pollution sous toutes ses facettes et comment lutter contre ses effets néfastes sur l'habitat ou la santé...

■ **CAISSE D'ALLOCATIONS FAMILIALES – CAF**
Valrose
69, avenue Borriglione
✆ 0 820 250 610
www.nice.caf.fr
Ouvert du lundi au vendredi de 8h à 15h30.

▸ **Autre adresse :** 22 avenue saint-Augustin 06200 Nice

■ **CENTRE COMMUNAL D'ACTION SOCIALE – CCAS**
Vieux Nice
4, place Pierre-Gauthier
✆ 04 93 13 51 00
courrier@ccas-nice.fr
Le CCAS gère un grand nombre de services au profit des seniors (les services à domicile, les hébergements adaptés, des services d'animation) mais aussi des structures d'accueil, lieux de restauration, de soins ou renseignements sur le RSA. Ses missions : mener une action de prévention et de développement social, instruire les dossiers de demandes d'aides sociales, procéder à une analyse des besoins sociaux de la commune. Autant de réponses et de solutions aux situations les plus diverses.

▸ **Autres adresses :** 20 rue Fontaine de la Ville 06300 Nice • 52 avenue Denis Séméria 06300 Nice

Allo mairies : 3906

Numéro d'appel qui centralise toutes les demandes adressées à l'administration, l'équipe du 3906 est à l'écoute pour répondre à vos questions du lundi au vendredi de 8h à 20h et le samedi de 9h à 12h. Votre appel peut déclencher l'intervention des services techniques afin de résoudre un problème en matière de collecte des déchets, propreté, voirie, éclairage ou assainissement. Le service vuos renseigne aussi sur les horaires d'ouverture des équipements sportifs, sur l'éducation, les affaires sociales, la petite enfance... De quoi simplifier vos démarches. Attention, le 3906 est un numéro surtaxé.

■ **CONSEIL GÉNÉRAL 06**
Plaine du Var
Route de Grenoble
Cadam
✆ 04 97 18 60 00
www.cg06.fr
cg06@cg06.fr
Cette administration gère énormément de domaines (aides à la personne et aux associations, amélioration du cadre de vie, transports, soutien aux manifestations sportives et aux loisirs...) et subventionne beaucoup de projets. Sur le site, vous pourrez notamment faire des recherches sur les archives numérisées ou encore connaître les marchés publics.

■ **EDF-GDF**
Centre Ville
23, avenue Notre Dame
✆ 0 810 333 754
www.edf.com

■ **FORCE RAPIDE ACTION PROPRETÉ – FRAP**
✆ 0 800 060 640
7j/7. 24h/24. Appel gratuit.
Créé en 2008 et intégré à la Direction de la Propreté, il est composé d'environ 30 personnes réparties en 3 équipes d'intervention rapide. Le standard traite les appels de 8h à 20h tous les jours de la semaine mais également le samedi. Les équipes sont mobilisables en moins de 20 minutes pour des interventions dans les 2h. La FRAP intervient pour la gestion des petits déchets (papiers gras, chewing-gums, ticket de bus), celle des déjections canines, des tags et graffitis, de l'affichage sauvage et des dépôts sauvages. La structure est en lien avec le service de protection du cadre de vie.

■ **FOURRIÈRE**
Plaine du Var
61 route de Grenoble
MIN zone nord-ouest
✆ 04 93 89 18 08
http://info-fourriere.fr/nice
contact@info-fourriere.fr
Coût : 119 € le 1er jour (procès verbal 35 €). Frais d'expertise à partir du 3ème jour de garde : 61 €.
Attention aux axes rouges quand vous vous garez : c'est l'enlèvement assuré si vous osez y laisser votre voiture

même quelques minutes ! Gare aussi aux stationnements en double voire triple file car vous risquez de ne plus retrouver votre véhicule lorsque vous revenez. Pour le récupérer, munissez-vous de votre carte grise, de l'assurance, de votre permis de conduire et rendez-vous à la fourrière. Gardez le sourire et votre bonne humeur, tout va bien : après tout, vous allez récupérer votre véhicule !

HÔTEL DE VILLE

Vieux Nice
5, rue de l'Hôtel-de-Ville
✆ 04 97 13 20 00

Ouvert du lundi au jeudi de 8h30 à 17h et le vendredi de 8h30 à 15h45.

Vous trouverez à l'hôtel de ville tous les renseignements concernant votre quotidien et notamment votre état-civil : déclaration des naissances, reconnaissance d'un enfant, pacs, élaboration d'un dossier de mariage, déclaration de décès, délivrance d'actes divers (naissances, filiation...). A noter que toutes ces démarches peuvent aussi se réaliser près de chez vous dans les mairies annexes.

Autre adresse : l'Arianne (T. 04 92 00 59 70), Le Ray (T. 04 92 07 85 60), Magnan (T. 04 97 13 46 00), Pasteur/Bon Voyage (T. 04 92 47 61 40), Le Port (T. 04 97 13 22 50), Saint-Augustin (T. 04 93 18 52 00), Saint-Roch (T. 04 97 08 21 90), Trois Collines (T. 04 92 15 45 10) et Caucade (T. 04 93 18 51 70).

OBJETS TROUVÉS

Gambetta
42, rue Dabray
✆ 04 97 13 44 10

Du lundi au jeudi de 8h30 à 17h et le vendredi de 8h30 à 15h45. Fermé les samedis, dimanches et jours fériés.

POLICE MUNICIPALE

Centre Ville
4, rue Gabriel-Fauré
✆ 04 93 53 53 53

La police municipale patrouille sur le terrain 24h/24h et assure sa mission de sécurité des personnes et des biens. Sur la Promenade des Anglais par exemple ne soyez pas surpris de voir ces hommes en bleu sur leur drôle de véhicule à 2 roues, un segway. Plusieurs postes sont implantés dans différents quartiers de la ville : Mairie principale (04 97 13 24 09) – Boulevard de la Madeleine (04 93 86 37 17) – Rue Trachel (04 93 88 27 37) – Place Saëtonne (04 93 82 01 40) – Saint-Roch (04 92 00 35 25) – Cours Saleya (04 92 14 49 30)

Que faire en cas de vol de vos papiers ?

Il faut effectuer une déclaration immédiate de vol dans les 48h auprès de la Police Nationale ou de la Gendarmerie puis remettre à votre compagnie d'assurance le dépôt de plainte en lettre recommandée avec accusé de réception. En cas de vols de chéquiers ou cartes bancaires, il faut prévenir immédiatement votre organisme bancaire afin qu'une opposition soit faite sur vos comptes.

Carte bleue Tél. 08 36 69 08 80. Visa inter Tél. 08 00 90 82 81 ou Tél. 08 00 90 20 33. American Express Tél. 08 00 90 86 00. Eurocard Tél. 08 00 90 13 87. Chéquiers Tél. 08 36 68 32 08.

PRÉFECTURE DES ALPES-MARITIMES

Plaine du Var
147, route de Grenoble
✆ 04 93 72 20 00

Ouvert du lundi au vendredi de 9h à 14h30.

Vous n'aurez pas souvent affaire aux services de la préfecture sauf si vous êtes étranger ou si vous possédez un véhicule. Le guichet des permis de conduire est ouvert de 9h à 12h, celui des cartes grises de 9h à 13h. Une permanence téléphonique du bureau de la circulation est assurée du lundi au vendredi (permis de conduire T. 04 93 72 25 87) sauf le mercredi de 15h à 16h. Cartes grises au tél. 04 93 72 25 59 de 9h à 10h. Le guichet des urgences pour passeports (urgences professionnelles, médicales, humanitaires) est ouvert le lundi, mardi et mercredi de 9h à 12h. A noter que certains formulaires sont disponibles en ligne.

TRÉSOR PUBLIC

Valrose
22, rue Joseph Cadei
✆ 04 92 09 45 00

Ouvert du lundi au vendredi de 10h à 19h. Possibilité de rendez-vous.

Autres adresses : 16 avenue Thiers 06000 Nice. Tél. 04 97 03 31 50 • 455 Promenade des Anglais 06200 Nice. Tél. 04 92 29 31 71 • Avenue Durante 06000 Nice. Tél. 04 93 16 62 00

Quoi faire de votre encombrant ?

- **Appelez le n° Vert** du service des encombrants de la Ville : 0800 77 20 12
- **Appelez le n° de la Métropole NCA** : 0800 500 040
- **Se rendre dans l'une des déchetteries de Nice :** *Nice-Nord* (bd Jean-Behra du lundi au samedi de 8h30 à 12h et de 14h30 à 18h. Le dimanche de 8h à 12h. 04 93 44 09 76) ; *Nice Ouest* (av. Sainte-Marguerite du lundi au samedi de 8h30 à 12h et de 14h30 à 18h. Le dimanche de 8h à 12h) ; *Nice Est* (bd Jean-Baptiste-Vérany du lundi au samedi de 8h30 à 12h et de 14h30 à 18h. Le dimanche de 8h à 12h).

Banques Assurances

■ CRÉDIT MUTUEL
Libération
28, boulevard Joseph Garnier
✆ 0820 094 019 012 – www.hsbc.fr
0790500@creditmutuel.fr

Autres adresses : 17 rue Alexandre Mari 06300 Nice • 19 rue Pastorelli 06000 Nice • 21 rue de la Buffa 06100 Nice • 254 avenue de la Californie 06000 Nice • 29 avenue Jean Médecin 06000 Nice • 35 rue Barbéris 06300 Nice • 69 boulevard Gorbella 06000 Nice

Célibataires

■ ON VA SORTIR
nice.onvasortir.com
De Nice à Cannes, ce site Internet propose quotidiennement la possiblité de rencontrer de nouveaux amis autour de nombreuses activités. Sports et loisirs sont largement représentés autour de randonnées, cours de salsa, théâtre, footing, vernissage... Créez votre profil, adhérez à OVS, spécifiez vos centres d'intérêts, tchatez avec les personnes qui vous ressemblent et retrouvez-vous dans la vraie vie.
Une manière simple de faire de belles rencontres amicales ou amoureuses...

Culture

■ ARCHIVES DÉPARTEMENTALES DES ALPES-MARITIMES
Plaine du Var
Route de Grenoble
Bât. Grand Capelet ✆ 04 97 18 61 71
www.cg06.fr – dad@cg06.fr
Accessibles sur RDV.
Ce bureau est une mine d'or pour les passionnés de généalogie et d'histoire. Les archives des Alpes-Maritimes rassemblent le patrimoine documentaire écrit, iconographique et oral du département. Elles sont constituées à l'origine des archives d'administrations de l'Ancien Régime et d'établissements ecclésiastiques dont le plus ancien document date de 1022. Elles sont complétées régulièrement de nombreuses archives privées : écrits, imprimés, iconographiques, sonores et audiovisuels. Info futée : il est désormais possible de consulter une partie des documents archivés sans vous déplacer grâce à une campagne de numérisation en ligne active.

■ BIBLIOTHÈQUES DE NICE – RÉSEAU BMVR
Centre Ville
2, place Yves-Klein
✆ 04 97 13 48 00 / 04 97 13 48 90
BMVR Louis Nuécra : Mardi et mercredi de 10h à 19h. Jeudi et vendredi de 14h à 19h. Samedi de 10h à 18h. Dimanche de 14h à 18h.
La bliothèque Louis Nucéra baptisée en hommage à l'écrivain niçois tragiquement disparu en août 2000 propose dans ses 10 600 m^2 une sélection de plus de 200 000 documents en accès libre (livres, périodiques, cassettes, CD, CDrom, DVD, partitions) est la plus

Retrouvez le sommaire en début de guide

importante de la ville. Différents espaces attendent les visiteurs : la bibliothèque jeunesse, l'espace actualités (environ 150 quotidiens disponibles), l'espace exposition, la vidéothèque, l'espace multimédia, l'espace musique et l'auditorium. Les 11 bibliothèques de quartier ont également donné naissance à un réseau de proximité qui n'a cessé de se développer et de se moderniser au fil des années. Chacune propose des animations gratuites destinées aux adultes et aux enfants, et organise des expositions.

Autres adresses : bibliothèque de Caucade 32 bd du Souvenir Français 06200 Nice. Tél. 04 93 72 87 20 (mardi, jeudi, vendredi de 13h30 à 18h. Le mercredi de 10h à 12h et de 13h30 à 18h. Le samedi de 10h à 12h et de 13h à 16h) • Bibliothèque de Cimiez Cedac 49 av. de la Marne 06100 Nice. Tél. 04 93 53 89 68 (lundi, mardi, jeudi, vendredi de 13h30 à 18h. Le mercredi de 10h à 12h et de 13h30 à 18h). • Bibliothèque De Maeyer 5 rue De Maeyer 06000 Nice. Tél. 04 93 89 09 46. (mardi de 13h30 à 18h. Lemercredi de 10h à 12h et de 13h30 à 18h. Le samedi de 10h à 12h et de 13h à 16h). • Bibliothèque Fontaine du Temple 2 place Fontaine du Temple Entrée jardin. Tél. 04 92 07 85 77 (mardi, jeudi, vendredi de 13h30 à 18h. Le mercredi de 10h à 12h et de 13h30 à 18h. Le samedi de 10h à 12h et de 13h à 16h) • Bibliothèque Ilot Rey Serruriers 4 rue Saint-Joseph. Tél. 04 92 00 78 56 (lundi, mardi, jeudi, vendredi de 13h30 à 18h) • Bibliothèque l'Ariane 20 ch. du Château Saint-Pierre 06300 Nice. Tél. 04 97 13 49 60 (lundi, mardi, jeudi, vendredi de 13h30 à 18h. Mercredi de 10h à 18h) • bibliothèque les Moulins-Alain-Lefeuvre 29 bd Paul Montel 06200 Nice. T. 04 92 29 61 00 (mardi, jeudi, vendredi de 13h30 à 18h. Le mercredi de 10h à 12h et de 13h30 à 18h. Le samedi de 10h à 12h et de 13h à 16h) • Bibliothèque Magnan Espace Magnan 31 rue Louis-de-Coppet. Tél. 04 93 96 51 99 (lundi, mardi, jeudi, vendredi de 13h30 à 18h. Le mercredi de 10h à 12h et de 13h30 à 18h) • Bibliothèque Saint-Roch 14 rue Acchiardi de Saint-Léger 06300 Nice. Tél. 04 97 12 12 83 (mardi, jeudi, vendredi de 13h30 à 18h. Le mercredi de 10h à 12h et de 13h30 à 18h. Le samedi de 10h à 12h et de 13h à 16h) • Bibliothèque Terra-Amata 1 corniche André-de-Joly. Tél. 04 97 12 13 07 (lundi, mardi, jeudi, vendredi de 13h30 à 18h. Le mercredi de 10h à 12h et de 13h30 à 18h) • Bibliothèque Thiole Villa Thiole 32 avenue Malausséna. Tél. 04 97 13 20 30 (mardi, jeudi, vendredi de 13h30 à 18h. Le mercredi de 10h à 12h et de 13h30 à 18h. Le samedi de 10h à 12h et de 13h à 16h)

■ CENTRE UNIVERSITAIRE MÉDITERRANÉEN (CUM)

Promenade des Anglais
65, promenade des Anglais
✆ 04 97 13 46 10

Planning et programme des activités disponibles sur le site Internet.

Situé sur la Promenade des Anglais, ce splendide palais est voué au culte de l'esprit ! Il s'agit du C.U.M. (le Centre universitaire méditerranéen), une institution unique en son genre qui se veut être un organisme d'enseignement supérieur, un institut de recherches scientifiques et un lieu de rencontres des esprits éminents du monde mais bel et bien ouvert à tous les publics. Ce centre propose toutes sortes d'animations – colloques, conférences, concerts, débats... sur différents thèmes et principalement sur la Méditerranée.

■ COMITÉ DES TRADITIONS NIÇOISES

Riquier
2 ter, rue Pierra Blancon ✆ 04 93 52 22 10
sampiero@numericable.fr

Véritable institution, garante des us et coutumes locales, le Comité des Traditions niçoises assure le maintien des fêtes traditionnelles du Comté de Nice : Festin des Cougourdons, Procession du Vœu, San Bertoumieù, Santa Reparada ou encore hommage à Catherine Ségurane. Chaque année, il décerne un prix de littérature. Dans le but de promouvoir la langue niçoise et d'exalter les différents aspects du Comté de Nice, il organise également une grande compétition poétique pour attribuer un prix de poésie en langue niçoise et un prix en langue française sur des sujets concernant Nice ou son Comté.

Droit

■ MAISON DE LA JUSTICE ET DU DROIT DE L'ARIANE

L'Ariane – 156 bis, boulevard de l'Ariane
✆ 04 97 00 03 90

La Maison de la Justice et du Droit de l'Ariane est un lieu d'expression de la justice de proximité, ouvert à tous les citoyens en quête d'informations ou de conseils sur leurs droits et leurs obligations : des permanences sont organisées sur tous les sujets de la vie quotidienne et assurées par une équipe de professionnels du droit. Les entretiens sont confidentiels et gratuits. Contrairement à d'autres Maisons de Justice et du Droit celle de l'Ariane n'assure pas de médiation pénale ni de permanence de délégué du Procureur de la République.

Emploi Formation

■ ADECCO .... Intérim

Port
16, rue Barla
Immeuble le Renaissance
Adecco Généraliste
✆ 04 93 82 12 00
www.adecco.fr

Horaires variables selon les agences.

Si vous voulez effectuer quelques missions d'Intérim ou trouver un emploi en Contrat à Durée Déterminée (CDD) ou Contrat à Durée Indéterminée (CDI), Adecco se révèlera être un intermédiaire très efficace dans divers secteurs d'activités : hôtellerie et restauration, industrie et vente, tertiaire, banque, tourisme et aéroport, BTP, électricité et second œuvre, transports ou médical. Se renseigner auprès de chaque agence pour connaître les offres d'emploi disponibles par secteur ou se connecter sur le site Internet pour avoir accès à l'ensemble des offres disponibles.

Autres adresses : Adecco BTP 40 boulevard Joseph Garnier 06000 Nice. Tél. 04 93 72 33 33 • Adecco médical 2 place Jean Moulin 06300 Nice. Tél. 04 92 47 72 30 • Adecco tertiaire département industrie 455 promenade des Anglais Immeuble Nice Plaza 06000 Nice. Tél. 04 92 47 72 12 • Adecco Transports Parc d'Activités Logistiques Saint-Isidore Box 9 06284 Nice. Tél. 04 92 29 54 80

■ ADIA .... Intérim

Port
16, rue Barla
✆ 04 93 82 12 00
www.adia.fr

Autre adresse : 68 boulevard René Cassin 06300 Nice. Tél. 04 93 72 33 33

■ AGENCE POUR L'EMPLOI DES CADRES – APEC

Recherche d'emploi

Centre Ville
22, avenue Notre-Dame
✆ 04 92 17 63 53
www.apec.fr

Ouvert le lundi, le mardi, le jeudi et le vendredi de 9h à 12h et de 14h à 17h ; le mercredi de 9h à 12h. Réception du public sur rendez-vous.

Vous êtes «cadre» à la recherche d'un emploi ? Direction l'APEC, une agence spécialisée qui sera un véritable aout dans votre recherche d'emploi. L'APEC accompagne les entreprises dans leurs recrutements de cadres uniquement et conseille ces derniers dans la gestion de leur évolution professionnelle. Aujourd'hui 45 000 entreprises et 700 000 cadres utilisent les services de cette agence via leur site, leader de l'emploi cadre en France. C'est un outil de qualité, véritable baromètre du secteur professionnel.

■ ASSOCIATION POUR LA FORMATION PROFESSIONNELLE DES ADULTES – AFPA ....

Organisme de formation

Bon Voyage
244, route de Turin
✆ 04 93 27 63 00
www.afpa.fr

L'AFPA est le premier organisme en France d'intérêt général dans le domaine de la formation professionnelle des adultes. C'est une association loi 1901 qui existe depuis 60 ans et qui intervient dans quatre domaines : la formation des adultes, le conseil aux organisations, aux territoires et aux personnes, l'accompagnement des mutations économiques et des transitions professionnelles, et l'ingénierie. L'association forme à plus de 300 métiers dans le BTP, l'industrie, le tertiaire administratif et le tertiaire service. Les formations sont validées par des titres professionnels délivrés par le Ministère de l'Emploi inscrits au Répertoire national des certifications professionnelles.

■ CENTRE D'INFORMATION ET DE RECRUTEMENT DES FORCES ARMÉES – CIRFA....

Recherche d'emploi

Port
1 bis, rue Catherine-Segurane
✆ 04 93 62 78 73
www.recrutement.air.defense.gouv.fr
cirfa@recrutement.air.defense.gouv.fr

Ouvert du lundi au vendredi de 8h30 à 12h et de 13h30 à 17h30. Possibilité de RDV dès 8h sur demande.

■ MANPOWER .... Intérim

Centre Ville
18, avenue Thiers
✆ 04 92 09 71 00
www.manpower.fr
direct.training@manpower.fr

Autres adresses : 4, place Wilson 06000 Nice, Tél. 04 93 62 71 40 • Avenue Emmanuel Pontremoli 06000 Nice, Tél. 04 93 82 90 00

■ PÔLE EMPLOI NICE

Gambetta
10, rue Oscar II
✆ 3949
www.pole-emploi.fr

Se renseigner auprès de chaque agence pour connaître les horaires d'ouverture et les pôles de recherche.

Autres adresses : 1 rue Fodéré Prolongée 06300 Nice • 10 avenue Shakespeare 06000 Nice • 90 rue Barbéris 06300 Nice • 98 avenue Saint-Lambert 06100 Nice • Bât E1 Za La Plaine bd Maître Maurice Slama06200 Nice • Vla A4, avenue Emmanuel Pontrémoli 06200 Nice

Enseignement

■ RECTORAT ACADÉMIE DE NICE

Rimiez
53, avenue Cap-de-Croix ✆ 04 93 53 70 70
www2.ac-nice.fr
dec@ac-nice.fr
Ouvert lundi, mardi, jeudi et vendredi de 13h30 à 17h. Le mercredi, de 9h à 11h30 et de 13h30 à 17h.

Enseignement supérieur

■ ÉCOLE SUPÉRIEURE DE RÉALISATION AUDIOVISUELLE – ESRA

Port – 9, quai des Deux-Emmanuel
✆ 04 92 00 00 92 – www.esra.edu
nice@esra.edu
sur le port
Il s'agit d'une école spécialisée dans les métiers de l'image et du son, la plus importante école privée du genre en France. Le groupe ESRA comprend l'école de cinéma et audiovisuel (ESRA), l'école du son (ISTS), l'école d'animation 3D (SUP'INFOGRAPH). La formation est réalisée sur 3 ans, l'école proposant une 4e année de formation optionnelle à New York. SUP'INFOGRAPH forme chaque année des modeleurs, des animateurs et des techniciens d'effets spéciaux, de lumière, de texture et de rendu ainsi que des chefs de projets.

■ EDHEC BUSINESS SCHOOL

Promenade des Anglais
393, promenade des Anglais
✆ 04 93 18 99 66
www.edhec.com
contact@edhec.edu
L'EDHEC (Ecole de Hautes Etudes Commerciales) est une «Business School». Ouvert en 1991, le campus de Nice est devenu le fer de lance de l'internationalisation du Groupe EDHEC implanté depuis dans plusieurs sites en France mais également en Europe. Le groupe propose ainsi un éventail de formations initiales destinées à couvrir l'ensemble des besoins des entreprises nationales et internationales : EDHEC Grande école, masters of science, cycle supérieur de management, MBA, ESPEME, PHD in finance...

■ IPAG

Cimiez
4, boulevard Carabacel ✆ 04 93 13 39 00
www.ipag.fr
Ouvert du lundi au vendredi de 8h30 à 20h.
L'Ipag est une Ecole Supérieure de Commerce qui possède deux campus, l'un à Nice, l'autre à Paris. Elle prépare en 5 ans, sans prépa, un diplôme reconnu par le Ministère de l'Education Nationale. La formation est généraliste pendant les 3 premières années pour apprendre les techniques de base du commerce et de la gestion puis l'étudiant fait un choix en 4e et 5e années parmi 12 spécialisations : marketing (e-marketing, tourisme, évènementiel...), communication, négociation commerciale, commerce international, contrôle de gestion et audit, finance des marchés, banque-assurance, logistique, ressources humaines, reprise et création d'entreprises...

■ SUSTAINABLE DESIGN SCHOOL

Plaine du Var
1 - 3, boulevard Maurice Slama
Éco-Campus Plaine du Var – Premium Nice Méridia
www.the-sds.com
Futurs bacheliers, vous êtes créatifs et curieux avec un œil ouvert sur le monde voulant devenir un acteur du design en innovation durable ? Sustainable Design school fondée par Maurille Larivière, Patrick le Quément, et Marc Van Peteghem, designers et architecte naval est faite pour vous ! La formation délibre un diplôme niveau Master en Design et est accessible après Bac (toutes séries), après MANAA, BTS-DEUG-DUT, Licence, Master 1 ou 2 (quel que soit le secteur de votre première formation).

■ UNIVERSITÉ DE NICE SOPHIA-ANTIPOLIS

Valrose
28, avenue Valrose
✆ 04 92 07 60 60
webmaster@unice.fr
L'Université de Nice Sophia Antipolis, située dans plusieurs secteurs de la ville, regroupe différentes composantes : des UFR (Unités de formation et de recherche en Médecine, Lettres, Arts et Sciences Humaines, Droit sciences politiques économiques et de gestion, Sciences techniques des activités physiques et sportives (STAPS), odontologie, sciences, espaces et cultures), des Instituts (Institut d'administration des entreprises, Institut universitaire de technologie (IUT) et Institut universitaire des langues), et des Ecoles internes (Polytechnique universitaire, école de formation des maîtres).

Demande de dérogation de secteur scolaire

Pour une demande de dérogation de secteur scolaire de « Nice à Nice », vous trouverez les imprimés dans les mairies annexes et les écoles : faites signer la demande à l'école correspondant au secteur de votre domicile puis déposez la demande dans l'école de votre choix. La réponse arrivera directement chez vous. Pour toute demande hors commune, veuillez téléphoner au 04 97 13 29 49.

Filières professionnelles

■ ÉCOLE DU JOURNALISME ET DE COMMUNICATION NOUVELLES

Riquier – 69, rue de Roquebillière
Espace Carrare ✆ 04 97 08 28 28
www.ecoledujournalisme.com
ecole@ecoledujournalisme.com

Cette école propose une formation en trois ans au métier de journaliste. L'école Nouvelle est reconnue par l'Etat (statut étudiant, bourses...) depuis 2005, l'admission d'entrée se fait sur dossier. L'école développe une pédagogie active et efficace, avec des stages en entreprise le plus tôt possible (la 2e année) ! Les étudiants pratiquent chaque jour leur métier auprès de professionnels. Ils doivent impérativement posséder un ordinateur portable avec WiFi pour se connecter sur les réseaux Internet et Intranet.

■ ÉCOLE HÔTELIÈRE ET DE TOURISME PAUL AUGIER

L'Arénas
163, boulevard René Cassin
✆ 04 93 72 77 77
www.lycee-paul-augier.com
0060034e@ac-nice.fr

Formation professionelle en hôtellerie et tourisme.

Depuis 1914, cet établissement situé au cœur du quartier d'affaires de l'Arénas accueille environ 1 200 élèves, étudiants, apprentis ou stagiaires. En 1993, l'Ecole hôtelière prend le nom de « Paul Augier » en hommage à l'ancien homme politique et propriétaire de l'hôtel Negresco à Nice. Il propose des enseignements technologiques (BAC) et professionnels (BEP et BAC Pro) de pointe avec 3 000 m^2 de cuisine répartis en 19 ateliers dotés d'un matériel haut de gamme permettant aux élèves de se familiariser avec toutes les technologies actuellement utilisées dans les milieux professionnels. Il prépare à différentes formations des métiers de la restauration et de l'hôtellerie – cuisinier, maître d'hôtel, chef de rang... avec des mentions complémentaires telles que : sommelier, accueil-réception, traiteur. Au fil des années, la filière du tourisme s'est installée au sein de l'école ce qui permet de proposer l'ensemble des formations de ce secteur.

■ ESCCOM ACADÉMIE CULINAIRE

Saint-Philippe
32, avenue Estienne-d'Orves
✆ 04 93 96 68 58
SEPS-SARL@wanadoo.fr

Cette école forme les futurs professionnels aux BEP et BAC PRO Restauration Options Salle ou Cuisine et au BTS Art Culinaire. Mettant en avant la formation en alternance, elle offre à tout public motivé la possibilité les bases de ce métier en constante évolution et créateur d'emploi. L'école est conçue tel un restaurant adapté à l'enseignement : une salle de restaurant et un bar à la décoration chic et originale, un comptoir restauration-rapide dite de « Luxe », une cuisine d'application gastronomique équipée d'outils de production de haute technologie, un laboratoire de pâtisserie...

Cours de langues

NISSART PER TOUGIOU

Nice Est – 14, avenue du Trident
✆ 06 76 47 02 02 / 04 93 26 91 14
www.nissart-per-tougiou.com
nissart.per.tougiou@wanadoo.fr

Cours de Niçois : le mardi de 19h à 20h, le jeudi de 18h à 19h30. Chorale une fois tous les 15 jours, le mardi de 18h à 19h30. Danse les 1er et 3ème samedis du mois : débutants de 9h à 10h30, confirmés de 10h30 à 12h. Organisations de soirées à thèmes, conférence, spectacles et événements. Cotisation annuelle : 30 €.

Envie d'apprendre le nissart ? C'est en 1997 qu'une poignée de jeunes gens de la cité attachés à leurs racines se sont retrouvés pour créer cette association. Leur but : faire partager leur amour pour cette langue régionale. Des cours sont donnés pour tous les niveaux tout au long de l'année. Des conférences sur l'Histoire du Comté de Nice, des spectacles, soirées et divers événements sont aussi régulièrement organisés ainsi que des sorties conviviales où bonne cuisine et chants sont de la partie. Une chorale vous accueille également tous les quinze jours, et des cours de danse sont également proposés.

■ WALL STREET INSTITUTE

Centre Ville – 20, rue de France
✆ 04 92 47 70 50
www.wallstreetinstitute.fr

Préparation au TOEIC et BULATS.

L'anglais représente aujourd'hui la langue incontournable dans tous les secteurs d'activités. Il s'avère aujourd'hui impossible d'échapper à la fameuse question « Parlez-vous anglais ? » Et quand la réponse est négative… il est grand temps d'investir dans une bonne formation ! Wall Street Institute l'a bien compris avec 420 centres dans 23 pays ! La méthode est conçue pour des actifs (ou des étudiants) qui disposent de peu de temps libre et qui sont très exigeants sur les résultats. Quand vous franchissez les portes de Wall Street Institute, la première approche est de tester votre niveau. En fonction des résultats, on vous propose un module adapté à vos besoins. La méthode allie souplesse et convivialité : la personne travaille aux horaires qui lui conviennent. La méthode réunit séquence individuelle multimédia avec cd-rom personnalisé et cours en groupes (max. 4 élèves) avec un formateur diplômé et de langue maternelle anglaise, *of course*… La conversation se fait alors en petits comités. A cela s'ajoute la convivialité avec des jeux de société, des sorties en pub, des soirées dansantes… Alors si la langue de Shakespeare vous échappe encore, filez sans tarder au Wall Street Institute ! 97 % de réussite garantie et une progression deux fois plus rapide qu'une méthode classique !

Autre adresse : 148 avenue Guynemer Cap Var bt D2 Saint Laurent du Var T. 04 97 12 01 12

Services aux étudiants

CENTRE D'INFORMATION ET D'ORIENTATION – CIO

Parc Impérial
2, avenue Paul Arène ✆ 04 93 88 84 10

Se renseigner auprès de chaque centre pour connaître les horaires d'ouvertures.

Ce centre est un service proposé par le Ministère de l'Education Nationale géré par l'Académie de Nice. Il a pour vocation de vous apporter toutes les informations nécessaires concernant les orientations et formations. Il accueille tout public en priorité des jeunes scolarisés et leur famille. Les conseils sont individuels, réalisés après observations et analyses, en fonction des évolutions du marché du travail. Vous pouvez également y consulter un fonds documentaire sur les enseignements et les professions.

Autres adresses : 4 rue Boyer 06300 Nice (Port) Tél. 04 97 08 80 50 • 51 rue Maréchal Joffre 06000 Nice (Centre Ville) T. 04 93 88 84 10 • 66-68 route de Grenoble 06200 Nice (Plaine du Var) Tél. 04 93 21 16 00

CENTRE RÉGIONAL DES OEUVRES UNIVERSITAIRES ET SCOLAIRES – CROUS

Gambetta
18, avenue des Fleurs
✆ 04 92 15 50 50
www.crous-nice.fr
crous.nice@wanadoo.fr

Ouvert du lundi au vendredi de 9h à 16h30.

Le CROUS remplit une mission de service public à destination des étudiants. Son objectif est de donner à tous les étudiants les mêmes chances d'accès et de réussite dans l'enseignement supérieur en accompagnant leur vie quotidienne en agissant principalement sur 3 pôles : le social (les bourses d'études), la restauration et le logement. Concernant le resto U, le prix d'un ticket repas est tenu le plus bas possible avec une bonne qualité de produits. Côté logement, vu la pénurie d'appartements le CROUS donne priorité aux élèves boursiers. Le parc locatif est constitué de 7 résidences à Nice et de 2 à Sophia Antipolis. Tout étudiant pouvant attester de son inscription dans une formation d'enseignement supérieur agréée par la sécurité sociale étudiante (université, grandes écoles, IUT, classes préparatoires et Sections de Techniciens Supérieurs intégrées dans les lycées) peut bénéficier des services du CROUS.

CENTRE RÉGIONAL D'INFORMATION JEUNESSE – CRIJ

Centre Ville
19, rue Gioffredo
✆ 04 93 80 93 93
crij.cote.dazur@wanadoo.fr

Du lundi au vendredi de 10h à 19h.

Vous êtes jeunes et vous recherchez un organisme de formation, un centre de loisirs, un établissement scolaire ? Toutes ces infos se trouvent au CRIJ ou au Bureau information jeunesse (BIJ) qui se trouve près de chez vous. Cet organisme a pour vocation à regrouper les informations concernant les jeunes et la vie étudiante : concours, jobs d'été, voyager pratique, préparer un séjour à l'étranger, formations inter-culturelles... Aujourd'hui il existe 27 BIJ et 24 PIJ répartis sur le Var et les Alpes-Maritimes. Vous trouverez toutes les informations sur ces structures (contacts, services et événements) en consultant le site.

MEP

Centre Ville
42, rue Maréchal Joffre ✆ 04 26 317 929
www.mep.fr

Ouvert du lundi au vendredi de 10h à 16h.

La MEP est la sécurité sociale et la mutuelle des étudiants. Elle propose une gamme de garanties santé complémentaires et de services spécifiquement adaptés à votre vie d'étudiant tout en suivant les évolutions de l'assurance maladie. Vous trouverez différents contrats avec la possibilité de choisir et d'adhérer directement en ligne. La MEP a mis en place un service sécurité sociale à l'étranger avec la carte européenne d'assurance maladie : CEAM. Cette carte permet la prise en charge de vos soins de santé en Europe lorsque vous vous déplacez dans le cadre de vos études (Programme Erasmus, Stages...) ou dans le cadre de vos vacances.

LA MUTELLE DES ETUDIANTS (LMDE)

Centre Ville
18, avenue Thiers
✆ 3260
www.lmde.com

Du lundi au jeudi de 9h30 à 12h et de 14h à 16h30. Le vendredi uniquement de 9h30 à 12h30.

ONISEP

Rimiez
53, avenue Cap-de-Croix
✆ 04 93 53 70 66
www.onisep.fr
dronice@onisep.fr

La librairie est ouverte au public du lundi au vendredi de 13h30 à 16h30 et le mercredi de 9h à 12h et de 13h 30 à 16h30.

L'Onisep, c'est toute l'info sur les métiers et les formations. Que faire après le bac ? Quelle filière choisir ? Où se former ? Chercher une formation avant le bac... Bref, vous l'aurez compris, l'Onisep répond à toutes vos questions à travers des parutions très complètes. Cet éditeur public, produit et diffuse des documents écrits, audiovisuels et multimédias destinés à rendre l'information sur les métiers et les formations accessible à tous. Présent sur tout le territoire, le réseau de l'Onisep regroupe 28 délégations régionales qui articulent l'information territoriale avec les perspectives nationales et européennes. Sa mission : alimenter une base documentaire unique en Europe de 20 000 adresses d'établissements, publier et diffuser toutes les données de proximité sur la carte scolaire, les filières d'études et l'emploi et proposer aux équipes éducatives des outils d'aide à l'orientation.

Famille – Enfants

■ **L'ESCALE**
Centre ville
4, rue Foncet ✆ 04 92 47 67 40
Accueil sans rendez-vous les lundis, mercredis et jeudis de 13h à 17h ; le vendredi de 9h à 13h et les 2ème et 4ème samedis du mois de 9h à 13h. Gratuit. Anonyme. Sans Rendez-Vous.
L'Escale est un service de la Mairie de Nice destiné aux jeunes de 11 à 25 ans. Implanté en centre-ville à proximité de plusieurs établissement scolaires, c'est un espace de libre expression à l'écoute des jeunes à problèmes. Assistantes sociales et éducatrices spécialisées proposent aux jeunes par le biais d'actions individuelles ou collectives, un temps de pause, un espace de partage et de libre expression. A noter tous les 2e samedis de chaque mois, une consultation juridique animée par des avocats spécialisés dans le droit des mineurs et des jeunes majeurs. Accueil convivial et anonymat garantis.

■ **MAISON DES ADOLESCENTS**
Centre ville
2, rue Raynardi
✆ 04 93 26 10 92
maisado@lenval.com
Du lundi au vendredi de 14h à 19h. Le samedi de 10h à 17h.
La Maison des Adolescents de Nice accueille gratuitement et sans rendez-vous tous les jeunes du département des Alpes-Maritimes âgés de 12 à 20 ans ressentant le besoin de parler de leurs difficultés dans un lieu convivial spécialement pensé pour eux. L'équipe de professionnels ouverts au dialogue apporte des réponses de santé globale (psychiques, somatiques, sociales, éducatives, juridiques et scolaires). Il vous accueille et vous écoute (parents souvent désarmés en plein questionnement et ados).

■ **SOS ENFANTS DISPARUS**
✆ 116 000
www.116000enfantsdisparus.fr
Sur le site Internet, possibilité de consulter l'ensemble des disparitions d'enfants (fugue, enlèvement parental...) et de contacter le centre européen en cas d'informations.

Associations familiales

■ **ACCUEIL DES VILLES FRANÇAISES – AVF**
Centre ville
54, rue Gioffredo
✆ 04 93 85 49 00
www.avf-nice.com
avfdenice@gmail.com
Ouvert du lundi au vendredi de 9h30 à 12h et de 14h30 à 18h. Jeudi de 9h30 à 11h30 en langues étrangères.
Les bénévoles de l'AVF accueillent les nouveaux arrivants qui déménagent et met à leur disposition une multitude d'informations précieuses sur la ville. Elle facilite ainsi leur intégration en proposant des activités sportives, culturelles, de loisirs ainsi que des rencontres conviviales autour d'un déjeuner ou d'un dîner, des conversations en langues étrangères et des sorties organisées. Une adresse futée pour tous ceux qui souhaitent découvrir leur nouvel environnement grâce à un accompagnement de qualité.

■ **ASSOCIATION FAMILLES JEUNESSE – AFJ**
Carré d'or
4, rue Masséna
✆ 04 93 82 28 22
info@afj-aupair.org
Ouvert du lundi au vendredi de 9h30 à 12h30 et de 14h à 17h30.
Créée en 1984, cette association reçoit des jeunes au pair (filles et garçons détenteurs d'une bonne expérience avec les enfants – baby-sitting régulier, clubs de sport, camps, colonies ou centre aérés. Tous ont entre 18 et 27 ans) afin que ces derniers puissent améliorer leur français et être accueillis dans des familles correspondant à leurs attentes. Des rencontres sont donc organisées entre ces jeunes et les familles d'accueil. L'AFJ aide également les jeunes filles françaises désireuses de partir à l'étranger afin d'améliorer leur connaissance en anglais, espagnol, italien...

Baby-sitting

■ **KANGOUROU KIDS**
Libération
1, avenue Villermont ✆ 04 93 92 09 25
www.kangouroukids.fr
contact.06@kangouroukids.fr
Du lundi au vendredi de 9h à 12h et de 14h à 18h (17h le vendredi). Réception sur rendez-vous.
C'est bien connu, faire garder son enfant peut rapidement devenir une vraie galère. Trop peu de places en crèches, horaires décalés, sorties d'écoles... L'agence Kangourou Kids, consciente de ces difficultés, propose une solution adaptée aux contraintes de chacun. Spécialisée uniquement dans la garde d'enfant, l'agence est agréée «Qualité» par l'Etat et habilitée à intervenir auprès de votre bambins quel que soit son âge. Garde d'enfants à domicile, complément de garde, sortie d'école, demi-journée, ou encore garde partagée à deux familles, à chaque contrainte sa solution. Pour les informations tarifaires, consulter le site Internet et n'hésitez pas à demander un devis en fonction de la nature de votre demande.

■ **EDUCAZEN**
Centre ville
2, avenue Baquis
✆ 04 22 13 08 80 / 09 83 25 83 04
www.educazen.com
Du lundi au vendredi de 9h30 à 13h et de 14h30 à 18h.
Vous êtes parents et rencontrez des difficultés pour trouver une place en crèche ? Educazen Nice met à votre disposition des nounous spécialistes de la petite enfance et de la garde d'enfants : cette structure propose en fonction de l'âge des enfants, de la nature des tâches à effectuer et du souhait des parents, des baby-sitters expérimentées. Sorties d'école, garde d'enfant à domicile, accompagnement à la crèche, garde ponctuelle... autant de services possibles qui vous faciliteront votre vie de parents !

Crèche

■ **LES PETITES BULLES**
Nice Ouest
30-34, avenue Henri-Matisse
✆ 04 93 18 50 21
Du lundi au vendredi de 7h30 à 18h30.
A Nice, c'est la première crèche inter-entreprises (les sociétés privées spécialisées bénéficient d'un soutien financier de la part de la caisse d'allocations familiales) qui a vu le jour en 2009. Au total, 15 enfants peuvent y être accueillis et le tarif reste le même que dans les crèches municipales sachant que le prix minimum est de 33 centimes d'euros de l'heure (il peut aller jusqu'à 4 €). Le forfait s'établit en fonction des revenus mensuels des parents de l'enfant. C'est un véritable lieu de vie et d'épanouissement pour les plus petits.

▸ **Autre adresse :** 59 rue de la Buffa 06000 Nice. Tél. 04 91 41 37 59

■ **CRÈCHE DU CENTRE MATERNEL**
Mont-Boron
173, boulevard du Mont-Boron
✆ 04 93 89 34 85
Ouverte 7j/7 et 24h/24.
Cette crèche associative de 34 places est un peu particulière. Elle accueille principalement les enfants des mères prises en charge au Centre Maternel au titre de l'Aide Sociale à l'Enfance. Dans ce cadre, elle est ouverte 24h/24 et 365 jours par an. Dans le cadre du projet éducatif, la priorité est donnée au respect du rythme de chaque enfant et à ses besoins. Sous la responsabilité d'une équipe pluridisciplinaire, les enfants y font l'objet d'une écoute attentive en concertation avec les parents et en collaboration avec les partenaires du réseau médico-social.

Haltes garderies

■ **L'ÎLE DES ENFANTS**
Centre Ville
16, rue d'Angleterre
✆ 04 97 14 83 33
Ouvert le lundi, le mardi, le jeudi et le vendredi de 8h30 à 12h et de 14h30 à 18h ; le mercredi de 9h à 12h et de 14h30 à 17h30. Enfants de 2 à 6 ans.
Une course à faire ? Besoin d'un peu de temps pour soi, envie de souffler ? Laisser votre bambin dans cette structure d'accueil spécifique située en plein centre-ville. Cette association s'occupera de votre enfant en lui proposant des activités ludiques, manuelles, artistiques et motrices. Selon votre besoin, avec ou sans réservation, libérez-vous quelques heures (limité à 3h30 par jour) trois fois par semaine maximum. Les mercredis et les vacances scolaires sont principalement réservés aux enfants de 3 à 6 ans.

Les crèches municipales

Attention ! Vous ne pouvez réserver une place qu'après la naissance de l'enfant. Ensuite, cette jolie petite tête sera prise en charge dans l'une des nombreuses structures que la ville compte par une équipe de professionnels entre 7h30 et 18h30 ou en demi-journée de 7h30 à 12h15 et 13h45 à 18h30.

▸ Arbre Bleu (10 av. Debussy – 04 92 29 21 90), Baron de Bellet (10 av. Banco – 04 92 04 13 34), Bellevue (24 av. Bellevue – 04 92 07 72 10), Californie (172 av. de la Californie – 04 93 71 61 30), Gorbella (48 bd Gorbella – 04 93 84 38 70), La Farandole (2 rue des Mahonias – 04 92 29 45 70, La Joia (2 av. Beatrix – 04 92 09 03 53), La Lézardière (1 rue Edith-Cavell – 04 93 27 27 60), La Petite Ruche (4 rue Jules-Michel – 04 97 08 83 70), La Ritournelle (31 rue Clément-Roassal – 04 97 03 15 91), La Roseraie (1 av. Bellanda – 04 93 76 34 00), La Source (66 bd Gorbella – 04 92 07 91 90), L'Eau Vive (44 bd Gorbella – 04 92 07 88 30), Les Iris (13 rue Fornéro-Ménéï – 04 97 12 12 80), Les Libellules (215 rte de Turin – 04 97 12 18 20), Les Petits-Poucets (139 av. Saint-Lambert – 04 93 52 90 20), Les Rainettes (230 bd de la Madeleine – 04 92 10 49 90), Les Tourterelles (46 rue Anatole-de-Monzie – 04 92 00 17 90), L'Ile des enfants (16 rue d'Angleterre – 04 97 14 83 83), Lou Nidou (24 av Bellevue – 04 92 07 72 16), Lou Pilou (6 rue Provana de Leyni – 04 93 53 82 91), Mantega (60 av. de Pessicart – 04 97 03 83 60), L'Oiseau Bleu (49 av. Cap-de-Croix – 04 92 15 44 50), Terra Amata (2 corniche André-de-Joly – 04 97 12 13 00), Villa Isabelle (12 rue Théodore de Banville – 04 93 84 28 28), Malausséna (32 av. Malausséna – 04 97 13 47 16).

Mômes d'Azur

Les mercredis, les week-ends et pendant les vacances scolaires... occuper les enfants devient vite un vrai casse tête ! Pensez aux activités ludiques et pédagogiques : bricolage, jeu de plein air, jouet à fabriquer, décoration de vacances, coloriages, zoo et parcs d'attraction. Emmenez vos enfants voir des spectacles : cela les amusera, les distraira, les détendra, les défoulera, les instruira... que demander de plus ? Spectacles pour jeune public, pièces de théâtre ou de marionnettes, il y en a pour tous les âges.

www.momesdazur.com

Vacances des enfants

CENTRES DE VACANCES
✆ 04 93 52 00 62

Nice dispose de deux centres de vacances : Beuil-les-Launes (6-12 ans) et Terra Ventura (10-14 ans) qui fonctionnent durant les vacances scolaires. Les inscriptions s'effectuent tous les matins sur rendez-vous hors vacances scolaires.
De nombreuses activités sont proposées : ski en hiver et en été, découverte de la nature et de l'environnement, activités aquatiques, camping, activités ludiques et artistiques ou jeux de plein air.

Fin de vie

SERVICE DE L'ADMINISTRATION FUNÉRAIRE
Centre ville
45, rue Gioffredo
✆ 04 97 13 23 79 / 04 97 13 32 89

Du lundi au vendredi de 8h30 à 17h. Samedi, dimanche et jours fériés de 8h30 à 12h pour les professionnels du funéraire. Ouvert le dimanche.

Chargé de contrôler les opérations funéraires et de mettre en application la police des cimetières, ce service municipal entretient tous les cimetières de la ville (création, extension et construction de caveaux) et se charge d'enregistrer les déclarations des entreprises de pompes funèbres pour les opérations de soins de conservation et de transport de corps, de délivrer les autorisations du maire pour l'organisation des obsèques sur la commune, de mettre en application la police des funérailles et des cimetières. Attention, ce service n'organise pas d'opérations funéraires pour les particuliers : pour la réalisation des soins de corps, des transports, des inhumations ou des crémations, des exhumations et des recueils, il faut s'adresser à une entreprise de pompes funèbres disponible en mairie à l'état civil, dans les mairies annexes, au service de l'administration funéraire, dans les bureaux des gardiens de cimetière et au crématorium.

Handicap

ASSOCIATION DES PARALYSÉS DE FRANCE
Cessole
3, avenue Antoine-Véran ✆ 04 92 07 98 00
www.apf.asso.fr

Ouvert du lundi au vendredi de 9h à 12h30 et de 13h30 à 17h30. Permanence le mardi après-midi.

L'Association des Paralysés de France existe depuis 1933. C'est un service d'accompagnement à la vie sociale, à l'animation et à l'accessibilité. Des sorties sont organisées au restaurant, au cinéma ou au musée et des activités sont proposées comme l'aquarelle ou la peinture sur soie. Pour faire partie de l'association, il suffit de régler une cotisation car devenir adhérent, c'est participer à ce combat et avoir la possibilité de participer à la vie associative. Une participation financière en sus est parfois demandée pour certaines sorties.

■ **ÉCOLE PUBLIQUE SPÉCIALISÉE LE CHÂTEAU**
Vieux Nice
3, rue Saint-Joseph ✆ 04 92 00 49 20
L'école spécialisée du Château située sur la colline du même nom accueille des enfants déficients visuels ou aveugles, et des enfants qui présentent certains troubles de la santé. Son projet d'école est axé sur l'intégration en partenariat avec deux autres écoles du groupe scolaire. Son statut est celui d'une école publique communale dont l'objectif est de faciliter l'intégration des élèves en milieu ordinaire et pour ceux qui ne peuvent y accéder immédiatement, de permettre une scolarisation adaptée.

■ **IEM ROSSETTI**
La Madeleine – 400, boulevard de la Madeleine
✆ 04 97 11 44 44
L'Institut d'Education Motrice Rossetti accueille des jeunes de 3 à 20 ans en situation de handicap moteur lié à une infirmité motrice cérébrale, à une maladie neuro-musculaire ou à un traumatisme. Ouvert aux enfants et adolescents du département des Alpes-Maritimes et de la Principauté de Monaco, l'établissement assure une prise en charge globale (éducatrice, scolaire, paramédicale et médicale). C'est le seul établissement médico-social du département pour les déficiences motrices. Quatre-vingts enfants et jeunes adultes sont reçus aujourd'hui dans un espace adapté, moderne et fonctionnel de 5 300 m². L'établissement comprend un gymnase, une piscine de balnéothérapie, une salle de stimulation sensorielle, un équipement informatique et des moyens techniques adaptés aux personnes handicapées.

■ **INSTITUT D'ÉDUCATION SENSORIELLE CENTRE CLÉMENT ADLER**
Grande Corniche
2, boulevard des Deux-Corniches
✆ 04 93 89 07 17 – pep06.iesader@wanadoo.fr
Créé en 1985 le Centre Clément Ader a pour vocation de conduire des actions spécifiques adaptées au cas de chacun en vue de son intégration scolaire, professionnelle et sociale. Cette «adaptation» se décline en fonction de la déficience de l'enfant. Une fois les capacités du jeune évaluées, une équipe de professionnels lui apprend à surmonter ses difficultés afin de trouver une orientation professionnelle. L'établissement propose également des prestations paramédicales, pédagogiques et éducatives, des activités sportives adaptées, des enseignements pré-professionnels et professionnels. Avec comme support des ateliers de sensibilisation aux métiers de la restauration, de la mécanique, de la menuiserie, de l'espace vert, de la ferronnerie et des métiers du bâtiment.

■ **SCOOTERS RASCAL**
200, rue André-Philip (3e) – LYON
✆ 04 78 62 23 39 – www.scooters-rascal.com
Prix d'achat : de 1800 à 4600 €.
Envie d'acheter un deux-roues médical neuf ou d'occasion ? Cette société propose des scooters pliants ou démontables (3 roues ou 4 roues) permettant de faciliter vos déplacements et le transport dans le coffre d'un véhicule, mais aussi un éventail de rampes d'accessibilité, seuils de porte (standard ou sur-mesure) et des plateformes élévatrices, en fonction de vos besoins spécifiques. Scooters Rascal assure aussi l'entretien, la réparation et la vente de pièces détachées multi-marques de votre scooter médical.

▶ **Rascal loue également des scooters** : J 50 (autonomie : 35 km, 9 km/h, démontage possible pour transport) et Liteway 4 (autonomie : 15 km, 6 km/h, batterie démontable pour chargement séparé du scooter).

▶ **Autres adresses :** Plaza Services 12, avenue de Verdun NICE (tél) 04 93 87 97 23 - www.plaza-service.fr – nice@scooters-rascal.com • Tourist Services 31, rue du Pont-Neuf PARIS (1er) Tél. 01 42 33 38 69 - contact@tourist-services.org

Information Médias

■ **CLUB DE LA PRESSE MÉDITERRANÉE 06**
Quartier des Musiciens
2, rue Rossini ✆ 04 93 88 32 54
www.clubpresse06.com
Cette association a été créée le 19 décembre 1997. Elle s'est fixée pour but de resserrer les liens entre ses adhérents, de défendre les intérêts éthiques de la profession et de favoriser la rencontre et l'accueil de journalistes de différents horizons. Le Club de la presse propose des espaces salons pour l'organisation de réunions et de rencontres professionnelles. De plus, des manifestations régulières présentent «InterMed», un petit mensuel à télécharger. Pour de plus amples informations, connectez-vous sur leur site.

■ **LB COM**
Publicité – Création graphique – Impression
✆ 06 61 58 42 57
contact@lb-com.fr

■ **VINS & GASTRONOMIE**
3, rue Alphonse-Karr ✆ 04 97 08 01 01
www.vinsetgastronomie.com
Magazine bimestriel consacré aux vins et à la gastronomie. Toutes les nouveautés lieux et produits, recension de livres spécialisés, portraits de professionnels (restaurateurs, sommeliers...), recettes de chefs, critiques de restaurants, dégustation de vins et spiritueux ouencore cigares sont mis à l'honneur par *Vins & Gastronomie*.

■ **WEBSTORE**
Centre ville
12, rue Russie ✆ 04 89 06 90 00
www.webstore.fr – info@cote.azur.fr
Ouvert du lundi au vendredi de 9h à 12h et de 14h à 18h.
L'un des leaders dans le domaine de l'Internet sur la France (1995) et surtout sur la Côte d'Azur (parmi les tous premiers fournisseurs d'accès régionaux) à l'origine des sites incontournables comme www.cote.azur.fr, un portail d'informations touristiques et généralistes consacrées à la Côte d'Azur. Le site est développé en 6 langues : français, anglais, espagnol, allemand, italien et russe. Le portail www.cote-azur.com.fr intègre également un moteur de recherche des sites Web et un annuaire des professionnels de la région (plus de 100 000 entreprises référencées). D'autres services sont proposés en ligne comme l'horoscope, la météo, les offres d'emplois ainsi que les événements importants ville par ville. Par ailleurs, www.federal-hotel-montagne.fr est un site thématique basé sur les hôtels des stations de montagne donnant des renseignements sur les possibilités de ski. Il est possible de réserver des hôtels, des résidences mais également de louer des appartements. Enfin, le site www.cuisine-francaise.com est spécialisé en gastronomie et en hôtels en France où les restaurateurs peuvent se faire référencer gratuitement et donner des détails sur leurs établissements.

Presse écrite

■ **20 MINUTES** .... **Quotidien**
Agence Nice Presse
4, rue Sainte Réparate ✆ 04 93 98 51 18
20minutes.nice@gmail.com
Son format en fait un quotidien vraiment facile à lire sans gêner ses voisins de bus ou tramway à l'ouverture des pages ! Côté charte graphique, il est très lisible et permet une lecture condensée de toute l'actualité nationale et régionale. Distribué principalement aux arrêts du tramway, on le retrouve aussi aux arrêts de bus du centre-ville et parfois même près des feux de signalisations. L'actualité locale, politique, économique et sportive y est traitée de façon succincte.

■ **DIRECT NICE** .... **Quotidien**
✆ 04 93 13 17 17
presse@directnice.net
Quotidien gratuit d'information généraliste, *Direct Nice* est distribué à 35 000 exemplaires, chaque matin de la semaine dans les points stratégiques de la ville. Créé par le groupe Bolloré, il est présent dans toutes les grandes villes françaises.

■ **L'AVENIR CÔTE D'AZUR** .... **Économie**
✆ 04 93 80 93 70
www.avenir-cotedazur.com
Cet hebdomadaire juridique et économique publie chaque semaine des informations sur la vie économique, juridique, publique ou sociale mais aussi sur l'urbanisme et l'aménagement du département des Alpes-Maritimes.

■ **MÉTRO** .... **Quotidien**
30, avenue Jean-médecin
✆ 04 93 80 09 58
courrier@publications-metro.fr
Métro est un journal d'informations gratuit appartenant au groupe de presse suédois Metro International. Ce quotidien est présent dans le monde entier avec 84 éditions dans 23 pays différents. Il existe à Nice depuis décembre 2004.

■ **LE PETIT NIÇOIS – LE CANNOIS** ....
Hebdomadaire
2, rue Désiré-Niel ✆ 04 93 87 35 58
www.lepetitnicois.fr
Journal hebdomadaire d'informations régionales qui paraît tous les jeudis – en vente chez les marchands de journaux. Le Petit Niçois connaît depuis quelques temps une nouvelle jeunesse. La maquette a évolué vers une approche résolument plus contemporaine et les sujets traités permettent d'obtenir une autre information sur la région : les communes à la Une, les entreprises d'Azur, les loisirs et les voyages, la gastronomie sans oublier les grands événements culturels et sportifs, les annonces légales, horoscope, programmes TV et les billets d'humeur des chroniqueurs.

■ **TOP ANNONCES** .... **Petites annonces**
✆ 04 93 87 90 77
www.topannonces.fr
Besoin de vendre votre canapé, votre voiture d'occasion ? Vous rechercher une location ou un bien immobilier ? Le journal hebdomadaire Top annonces est le spécialiste du genre. Vous connaissez déjà le principe : le magazine est diffusé gratuitement, vous payez l'annonce selon sa longueur et la catégorie dans laquelle elle se trouve. Vous pouvez passer votre annonce en vous rendant à l'agence, par téléphone ou bien via Internet. Le site est très bien fait et vous permet également de consulter gratuitement toutes les offres de la France entière !

■ **VIVRE NICE ....Mensuel**
✆ 09 53 57 10 54
Vivre Nice est le magazine gratuit de la vie niçoise. Chaque mois, des sujets d'actualité sont présentés, touchant divers secteurs locaux : des sports à la culture en passant par les loisirs, la santé ou encore la vie associative. Vous retrouverez le magazine dans quelques points commerciaux de la ville – brasseries, boucheries, pharmacies, fleuristes, primeurs, boutiques de prêt-à-porter, alimentations générales, etc. – mais aussi sur Internet, où vous pourrez le télécharger gratuitement bien sûr. A noter, une petite rubrique cuisine locale très savoureuse...

Radio

■ **CHÉRIE FM – 95.8 FM**
455, promenade des Anglais
✆ 04 97 25 89 80
www.cheriefm.fr
Emotion, bien-être, douceur, féminité, les plus grands tubes des années 1980 à nos jours. Chérie FM accompagne les femmes et leur entourage et leur propose les meilleurs idées loisirs, sorties, shopping, cinéma, théâtre, sport au féminin... Le succès de cette radio repose sur les valeurs incontestées et les nouveautés qui composent son programme musical : 45 % de variétés internationales et 55 % de variétés françaises. De la musique certes mais aussi des informations pratiques pour être au courant de ce qui se passe dans votre ville et ses alentours : météo, info trafic, actualités, sorties et, bien sûr des cadeaux.

■ **FRANCE BLEU AZUR**
Carré d'Or
2, place Grimaldi
✆ 04 97 03 36 36
www.radiofrance.fr
mediateur@radiofrance.com
Nice 103.8 / Antibes 103.8 / Cannes 100.7 / Menton 94.8 / Contes 94.4.
France Bleu Azur est l'une des 44 radios locales qui constituent le réseau de Radio France. A Nice, une équipe de journalistes et d'animateurs font de l'information de proximité leur priorité : reportages, météo du littoral à la montagne ou encore info circulation des « Patrouilleurs » pour vous aider dans vos déplacements... L'antenne vous offre également au quotidien la possibilité de donner votre avis sur l'actualité. Santé, conso, cuisine, jardinage, droit, circulation, covoiturage, météo, emploi, agenda des spectacles, environnement, patrimoine et l'histoire de la Côte d'Azur... tous les sujets sont abordés ! Sur le site, vous pouvez podcaster les émissions, chroniques et avez la possibilité de suivre aussi l'info en direct via les pages Facebook et Twitter.

■ **NICE RADIO – 102.3 FM**
1, place Masséna
✆ 04 93 87 10 23
www.niceradio.fr
contact@niceradio.fr
Nice Radio d'un bout à l'autre de la Côte d'Azur en FM sur 102.3.
Essentiellement musicale, Nice Radio aborde aussi les informations locales. Emissions l'attention des jeunes, sa grille de programme est principalement constituée de chroniques diffusant de la musique électro-pop sur des plages horaires de cinquante-cinq minutes sans interruption publicitaire.

■ **NOSTALGIE NICE – 93.5 FM ET 93.8 FM**
455, promenade des Anglais
✆ 04 97 25 89 80
www.nostalgie.fr
Si elle continue de diffuser majoritairement des titres de la chanson française des années 1960 à 1980, Radio Nostalgie s'ouvre désormais aux rockers et autres maîtres du funk et de la disco de cette période. Ses programmations musicales s'adressent tout particulièrement à un public allant de 50 ans et plus : Brel, Souchon, Sardou... Au programme également, des bons plans (concerts, cinéma, manifestations, soirées...) et des infos.

■ **NRJ NICE – 99.2 FM**
Immeuble Arenice
455, promenade des Anglais
✆ 04 97 25 89 88
www.nrj.fr
99.2.
Avec « My French Musique », vous êtes au cœur de la musique. Tout au long de la journée, une série d'émissions se succèdent pour laisser la part belle à la chanson française. La station *Hit Music Only* s'offre à tous les styles de musique. L'animateur propose également de nombreux jeux avec des cadeaux à la clé. Dynamique et en recherche constante de nouveautés musicales, NRJ est très apprécié des jeunes.

■ **RADIO ÉMOTION – 100.5 FM ET 105.3 FM**
15, boulevard Victor-Hugo
✆ 04 93 98 20 00
www.radioemotion.fr
contact@radioemotion.fr
Fréquences : Monaco/Menton 100.5 FM – Nice/Cannes/Antibes 105.3 FM.
Fondée en 2008, cette radio azuréenne réussit une performance spectaculaire en termes d'audience. Sa programmation cible les 50 ans et plus avec les *golds* des années 1970 à 1980 : du tango aux yéyés en passant par les classiques de la variété. A cela s'ajoutent des flashs info régionale, nationale et internationale, des interviews, des agendas sans oublier le traditionnel horoscope. Possibilité d'écouter en ligne. Radio Emotion s'agrandit de deux nouvelles fréquences en mars 2013 sur la Vallée de la Roya ainsi que la Vallée de la Vésubie et de la Tinée.

■ **RAJE**
Groupe SOS
80, rue de Paris
MONTREUIL
✆ 01 56 63 94 54
www.raje.fr
Raje, c'est la radio des sons d'aujourd'hui et de demain. Révélatrice de nouveaux talents, elle diffuse également des informations locales. La radio est diffusée en FM dans le Vaucluse, le Gard, l'Hérault et les Bouches-du-Rhône, sur le Web, et en RNT sur Paris, Aix-Marseille et Nice.

RTL 2 NICE – 92.8 FM

1, place Masséna
✆ 04 97 03 30 00
www.rtl2.fr

RTL 2, c'est le bon son pop-rock des années 1980 à aujourd'hui. Au niveau national, la journée commence avec le Grand morning de 6h à 9h dont les animateurs sélectionnent le meilleur son pop-rock. Avec eux, on rit, on chante, on s'informe et on commence sa journée dans la bonne humeur. RTL2, c'est aussi des places de concert et des albums offerts toute la journée. Toutes les semaines, RTL2, en partenariat avec PACA Loisirs, présente une activité sportive ou culturelle à découvrir dans la région. Alors, restez à l'écoute ! Cette radio, au slogan « le son pop-rock » n'en finit pas de se renouveler pour notre plus grand plaisir. Une programmation variée et vivante ponctuée de l'information nationale et locale, de la météo et autres chroniques que nous attendons tous.

VIRGIN RADIO CÔTE D'AZUR – 88.1 FM

31, rue de Paris
✆ 04 92 17 64 00

Des tendances hétéroclites qui vont du rap au rock sans rien des monstres sacrés de la musique aux divas les plus connus... Bref, un cocktail explosif de bonne musique avec des infos en matinales entre 5h30 et 9h dans le morning.

RADIO OXYGÈNE MERCANTOUR

AURON
✆ 0 820 95 60 00
www.radiooxygene.com
contact@radiooxygene.com

101.5 ou 103.1 Alpes-de-Haute-Provence. 88.1, 99.4 ou 96.5 Hautes Alpes. 105.5, 97.7, 91.4 ou 87.8 Alpes Maritimes. 94.2 Ariège. 103.3 Maine et Loire.

Implantée des stations des Alpes du Sud, outre des flashs infos nationaux et locaux, différentes chroniques informent les auditeurs sur toute l'actualité montagnarde : événements culturels, sportifs ou politiques, ouvertures des stations, conditions d'enneigement, météo... Côté musique, l'ambiance est plutôt tendance. Le site Internet constitue une précieuse mine d'infos concernant toute l'actualité montagnarde : état des routes, enneigement, infos sur les villes et villages de l'arrière-pays, manifestations sportives et culturelles... Radio Oxygène est présente dans toutes les grandes stations du Mercantour, des Hautes-Alpes, du Vercors, du Oisans, de Maurienne et du Val d'Isère.

KISS FM – 94.6 FM (CANNES) – 90.9 FM (NICE)

Immeuble l'Européen
1390, avenue du Campon
LE CANNET
www.kissfm.fr
kissfm@kissfm.fr

Antenne, rédaction et régie publicitaire : 04 92 18 61 86. Jeux : 08 92 69 18 15.

Première radio indépendante de la Côte d'Azur. Retrouvez les informations nationales et régionales, la météo, les bons plans «sortie», l'info trafic en temps réel et les meilleurs hits. Pour plus d'informations, rendez-vous sur le site Internet de la radio où des jeux concours vous attendent. Vous y retrouverez aussi les rubriques infos, musique, agenda, météo, sorties, info route...

RADIO MONACO

7, rue du Gabian
MONACO ✆ +377 97 700 700
www.radio-monaco.com
contact@radio-monaco.com

Fréquences : 98.2 à Monaco, 95.4 de Bordighera à Saint-Tropez et 103.2 à Cannes/Grasse/Antibes.

Radio Monaco – station généraliste francophone – est rythmée par un programme musical innovant et de l'information monégasque et internationale. Radio Monaco diffuse ses programmes depuis la Principauté, de Bordighera en Italie jusqu'au golfe de Saint-Tropez via trois fréquences FM, via la RNT au départ de la Principauté de Monaco – du Cap d'Antibes à Menton – et à Paris, les box internet, le site internet www.radio-monaco.com, l'appli Radio Monaco et les réseaux sociaux comme Facebook et Twitter.

- **Un programme musical audacieux**. La programmation musicale de Radio Monaco est un audacieux mélange de nouveautés et de découvertes, qui lui confère toute sa singularité. Les choix artistiques effectués sont le reflet du dynamisme de la Principauté et font la qualité de cette sélection, à la fois ancrée dans son époque et tournée vers l'avenir.
- **Radio Monaco dans le monde**. 20 correspondants basés dans les plus grandes villes du monde viennent compléter l'équipe de 7 journalistes installée dans les locaux du Gildo Pastor Center à Monaco. Réactive, équipée d'un car régie, l'équipe rédactionnelle de Radio Monaco intervient en direct des événements emblématiques de la Principauté, couvre les principales manifestations de la Méditerranée et réalise plus d'une vingtaine d'émissions en extérieur chaque année.

Télévision

FRANCE 3 MÉDITERRANÉE

8, avenue Félix-Faure ✆ 04 92 47 65 00
france3nice@france3.fr

Vous le savez France 3 décroche ! Infos régionales bien sûr mais aussi des programmes uniques comme «Vaqui», que l'on peut traduire par « voilà », LE rendez-vous hebdomadaire de 26 minutes en langue régionale.

NICE AZUR TV

16, avenue Edouard-Grinda ✆ 04 97 25 81 78
www.nice-television.fr
redection@niceazur.tv

Cette chaîne de TV 100% Côte d'Azur propose un journal quotidien rediffusé à 3 reprises dans la soirée, de très bons reportages tels que Les Ficanasses, Suivez le guide, C'est l'histoire, Rencontre avec..., La Grande Emission, Côté Sports diffusé le lundi soir ou encore Ca coule de source. On y retrouve aussi une chronique juridique, une émission ciné et des infos sur le patrimoine, la culture ou le développement durable. Les programmes proposés sont en grande partie orientés sur le local et la proximité. Tous sont réalisés en interne par les équipes d'Azur TV. Azur TV est disponible sur (Canal 31) de la TNT mais aussi sur Numéricable Nice (Canal 95), Orange (Canal 269), SFR (Canal 376) et Darty Box (Canal 312).

Web

■ WWW.COTE.AZUR.FR

www.cote.azur.fr

C'est un portail d'informations touristiques et généralistes incluant un moteur de recherche, des petites annonces et des renseignements sur l'emploi, l'économie, les loisirs, les professionnels de la région... Il couvre les départements du Var et des Alpes-Maritimes. Le site intègre un moteur de réservations hôtelières avec paiement sécurisé en ligne. Plus de 500 hôtels sont actuellement en vente sur le site.

■ WWW.NICE-EMPLOIS.COM

www.nice-emplois.com
nice-emplois@regionsjob.com

Ce site rassemble tout un ensemble d'informations liées à l'emploi sur Nice et sur les Alpes-Maritimes. Vous pourrez y rechercher une offre d'emploi, retrouverez des adresses utiles (annuaire d'entreprises, pôle emploi, missions locales, etc.) et des conseils pratiques (préparer un entretien, faire un CV, comment rédiger une lettre de motivation, etc.). Vous trouverez également des informations sur légales : le code du travail, le régime d'assurance chômage, les contrats de travail temporaires, etc.

■ WWW.NICE.FR

www.nice.fr

Il s'agit du site de la ville de Nice. Vous y trouverez absolument tout ce qui concerne : la municipalité, l'urbanisme, la culture, l'environnement, les sports, la sécurité, les transports, le social, l'économie, l'éducation, la recherche, les loisirs et le tourisme. Bien évidemment des dossiers historiques ou d'actualités y sont développés. A noter également des infos utiles : circulations, qualité des eaux de baignades, etc. mais aussi des services en ligne tels que les demandes d'actes ou la présentation des démarches administratives.

■ WWW.NICE.MAVILLE.COM

Réalisé par le groupe de presse Nice-Matin, il s'agit d'un site d'actualité sur Nice et sa région. En un clic, vous choisissez une ville et vous trouvez toute l'information s'y rapportant avec les différents grands titres du journal. Vous disposerez également d'un service d'annonces gratuites, d'une rubrique d'aide au co-voiturage et à la co-location, d'un agenda, les sorties, les dons d'objets, de l'actualité sportive, de services pratiques (météo, plans, prix des carburants, réseau autoroutier, etc.).

■ WWW.NICETOURISME.COM

www.nicetourisme.com

Il s'agit du site officiel réalisé par l'Office du Tourisme et des Congrès de Nice. Idéal à consulter pour organiser un séjour ou découvrir la ville à travers de bonnes adresses : restaurants, plages, shopping, hôtels, visites et offres spéciales. Le site propose une rubrique «pratique» concernant les transports, les parkings, les accès ainsi que des plans de la Ville.

■ WWW.NICETV.FR

De nombreux reportages, toute l'actualité, des interviews, l'agenda, les manifestations... c'est une webTV avec une grille de programmes spécialement dédiée à la ville de Nice. Les présentations sont réparties en plusieurs catégories : musique, humour, danse, culture, emploi. Vous trouverez différentes rubriques : «Paroles aux Niçois», «Vu à Nice», «emploi/formation», «Nice, ville verte», etc. Et également des liens sur une webcam et le site de la ville pour connaître les informations municipales.

Logement Immobilier

Agences immobilières

■ IMMONOT

info@immonot.com
www.immonot.com

Immonot.com est le site internet de l'immobilier des notaires. Un site qui réunit toutes les offres que les notaires ont en charge. Ces offres sont dans la plupart des cas les biens sujets des dossiers traités dans des divorces, successions... Souvent ce sont des mandats simples les vendeurs souhaitant aussi vendre par d'autres biais. Certaines études se structurent pour devenir de véritables négociateurs, l'avantage étant que le notaire est un spécialiste de l'immobilier ses conseils seront donc avisés pour les vendeurs comme les acheteurs. près de 90000 opportunités à l'échelle nationale sont présentées ! De plus le site regorge de d'informations aussi riches qu'indispensables.

Logements étudiant

■ LES ESTUDINES MÉDITERRANÉE

Nice Ouest
37, avenue de la Bornala ✆ 04 93 37 64 44
www.estudines.fr
loc@estudines.fr
Ligne de Bus n° 60 - Arrêt : La Bornala.

Tarifs T1 et T1 bis de 512 € à 689 €/mois.

Les Estudines – résidences pour étudiants et stagiaires – proposent des appartements meublés et/ou équipés T1 (studio -24 m2) et T1 Bis (studio +24 m2) comprenant pièce principale, kitchenette, entrée et salle d'eau. Vous disposerez également d'aménagements de qualité : vaisselle, placards, prises tv, téléphone, compteur électrique individuel, couchage, table, chaises, bureau, luminaires et mise à disposition du linge de maison. Les appartements bénéficient d'un parking privé sous la résidence qui se situe à 500 m environ de la Faculté des Lettres et des Sciences Humaines et à quelques minutes à pied de la Faculté de Droit et des Sciences Economiques.

■ RÉSIDENCE SÉGURANE

Port
6, rue Passeroni ✆ 04 93 55 95 95
http://segurane.org
resid.segurane@wanadoo.fr

De 525 € à 630 €.

Située en plein cœur de Nice, la résidence possède 169 studios sur 6 niveaux. Parce que le calme est gage de réussite scolaire et... de sommeil, l'équipe de direction de la résidence veille au confort des étudiants jour et nuit (présence d'un portier électronique et d'un veilleur de nuit), et assure un service d'accueil une grande partie de la journée. Tous les studios sont équipés de façon moderne et disposent de tout le confort nécessaire y compris la possibilité de vous raccorder par un réseau local à Internet en connexion illimitée. Electricité, eau chaude sanitaire, fourniture et blanchissage des draps et linge éponge, vaisselle, ménage des chambres, abonnement et consommation liés à votre connexion Internet sont inclus dans votre loyer. Chaque résidence dispose d'une salle d'étude, d'une laverie avec machine à laver et sèche-linge et d'une salle petits déjeuners.

Réceptions Mariages

■ FÉÉLINE CRÉATION

Centre-ville – 1, rue Niepce
✆ 04 93 54 83 07 / 06 75 09 65 62
www.feelinecreation.com

Ouvert du lundi au vendredi de 10h30 à 12h30 et de 14h à 19h ; le samedi de 11h à 18h. Le samedi sur rendez-vous.

Catherine et Virginie réalisent depuis 2007 des mariages sur mesure mais aussi tous vos événements familiaux, du baptême à la barmitzva en passant par les naissances ! Elles proposent des idées qui vous ressemblent et qui surprendront vos invités : faire-part, tables, décoration, cadeaux d'invités, dragées... Féeline Création s'occupe de tout pour votre plus grand bonheur. Et si vous souhaitez participer à la finition de la décoration par exemple, vous pouvez aussi opter pour des bases personnalisées que vous pourrez ensuite décorer et peaufiner avec vos amies ou en famille.

Robes de mariée

■ ALLIANCE

Malausséna
19, rue de Dijon ✆ 04 93 81 28 96
contact@allianceboutique.fr

Ouvert du lundi au vendredi de 9h à 19h. Le samedi de 10h à 17h.

■ MARTINE TOLEDANO

Centre-ville – 13, rue de l'Hôtel-des-Postes
✆ 04 93 80 66 53 – www.martine-toledano.com

Ouvert du lundi au samedi de 9h30 à 12h et de 14h à 18h30. Sur rendez-vous.

Deux univers se rencontrent dans ce temple de la mode : des robes de mariées haute couture signées par de grands créateurs et des robes de soirées chic et tendances.

■ PRONUPTIA

Centre-ville
12, rue Gioffredo ✆ 04 93 13 03 32
www.pronuptia.fr – nice@pronuptia.com

Ouvert du mardi au samedi de 10h à 12h et de 14h à 19h. De 190 € à 1265 €.

Lieux de réception

■ AIR DE FÊTE

Vieux Nice – 1, ruelle de la Halle aux Herbes
✆ 06 11 11 03 60 / 06 23 91 98 53
www.airdefete.co – airdefete@live.fr

Ouvert le dimanche. Anniversaire enfant formule déjeuner de 11h à 14h : 13 € par enfant repas et animations. Teens party à partir de 10 personnes (minimum 12 personnes) de 18h à 21h. Organisation d'événements. Tarif journée de 9h à 18h : 300 € et de 14h à 18h : 150€. Tarif soirée tous les

Le Marki et ses « Kréatures » pour animer vos événements…

Artiste à mille et une facettes, Chauner Gallan fut tour à tour danseur, chanteur et comédien dans les Compagnies de ballets internationales telles que les ballets de l'Opéra de Lyon, les ballets Maurice Béjart, Les Comédies musicales de Broadway comme Cats à Paris, Hello Dolly, Le Petit Prince… dans des rôles titres. Il touche aussi le monde de la publicité, du théâtre et effleure même le cinéma. Après avoir été un magnifique Marquis à Versailles, au musée Jaquemard-André, Café de la Paix à Paris et dans les sites historiques en France, Allemagne et Italie, Chauner crée le **Marki avec 1 K** et offre ses services et sa créativité dans le cadre de soirées événementielles. Personnage divinement costumé, maquillé et chaussé, il existe pour divertir les convives du monde entier lors de tous les événements de la vie : mariage, anniversaire, lancement de produit, défilés… Accompagné de ses « **kréatures** » en chaussons de pointes, ses performances ne passent pas inaperçues et il en est ravi ! Si vous souhaitez vous démarquer lors d'un événement professionnel ou privé, le Marki propose de « bluffer » vos invités : vous choisissez à la carte le style et les costumes, et le Marki accueille et badine avec vos convives. Il fait les annonces de votre choix dans plusieurs langues (français-anglais-italien-russe) et il peut être accompagné d'une ou plusieurs Kréatures qui peuvent selon vos besoins… déambuler tout simplement ou danser en chaussons de pointes ! Une idée vraiment très originale pour l'animation de vos soirées.

▶ Contact : Cie CHAUNER GALLAN Nice 06 12 20 94 00 - jchauner@wanadoo.fr
www.ciechaunergallan.com

jours : location de salle seule à partir de 250 € et location salle + DJ + Barman à partir de 350 €.

Vous cherchez l'endroit idéal pour organiser votre anniversaire ou un autre événement ? Depuis 1997, Air de Fête met à votre disposition une salle voûtée de 90 m² entièrement équipée : frigidaire, micro-onde, congélateur, climatisation, hi-fi, sono, musique tous styles, jeux de lumière, tables, chaises ou encore bar. À louer jusqu'à 1h ou 2h du matin, vous passerez ici une excellente soirée dans l'ambiance que vous aurez choisie. L'établissement organise également les anniversaires de vos enfants et adolescents sur demande. Comptez entre 10 € et 12 € par enfant tout compris : animations (jeux, atelier, jeu de piste, karaoké), goûter avec bonbons, gâteaux maison, crêpes ou glaces selon la saison et boissons, et entre 13 € et 15 € par adolescent avec pizzas, boissons, gâteau maison et bonbons. N'hésitez plus, ce lieu donnera à votre soirée un véritable Air de Fête !

■ CHÂTEAU DE CRÉMAT

Nice Ouest – 442, chemin de Crémat
✆ 04 92 15 12 15

Devis sur demande.

Vous rêvez d'un mariage de princesse... dans un décor somptueux ? Voici l'endroit idéal : sur les collines de Nice, au cœur d'un parc arboré, le Château de Crémat. C'est un véritable château, construit au début du XXe siècle, dans un style moyenâgeux avec une imposante tour à mâchicoulis et des ornements rococo. Il est le «chef lieu» d'un domaine viticole qui se propose de vous louer une grande salle afin que vous puissiez «jouer» à la princesse et vivre en toute sérénité le plus beau jour de votre vie.

■ VILLA FABRON

Nice Ouest – Avenue de Fabron
✆ 04 93 74 49 08

Ouvert toute l'année. Devis sur demande.

Vous rêvez d'un mariage de princesse mais n'avez pas encore déterminé le cadre idyllique qui embellira votre cérémonie. Tiraillée entre une réception extérieure et une solution de repli en cas de mauvais temps, la Villa Fabron répondra aux attentes des futurs mariés les plus exigeants. Idéalement située sur les hauteurs de Fabron, elle offre une belle vue mer depuis son parc de 5 000 m² où trône la belle piscine et le bain bouillonnant. La bastide en pierre de 650 m² peut accueillir 100 personnes assises et 150 en cocktail dînatoire. En extérieur, sous la tente, 250 invités peuvent être reçus et 500 en cocktail dînatoire. Pour que la fête dure jusqu'au bout de la nuit, vos hôtes pourront être accueillis dans les six chambres spacieuses que compte la bastide.

■ **ATMOSPHÈRE SUD SHOWROOM**
71, avenue des Baumettes – VILLENEUVE-LOUBET ✆ 04 93 20 93 20
www.atmospheresud.com
Devis sur demande. Atmosphère Sud accueille, orchestre et coordonne mariage, séminaire, colloque ou dîner-spectacle au sein du nouvel espace événementiel du Pôle Auguste Escoffier. La vaste salle modulable de 700 m^2 à la décoration chaleureuse où domine le bois peut recevoir jusqu'à 600 personnes et dispose d'un équipement haut standing son, lumière et écran de cinéma (12 m x 5 m). L'espace scénique (200 m^2) est à adaptable à la dimension du spectacle et peut s'ouvrir sur l'extérieur sur les bords du Loup dans un cadre verdoyant très agréable. Atmosphère Sud propose ainsi différents packages selon le type d'événement que vous souhaitez organiser sur place à des prix très intéressants. Alors n'hésitez pas à les contacter d'autant plus que l'accueil est charmant et très professionnel.

Location matériel

■ **SONO06**
Vieux Nice – 8, rue Mascoinat ✆ 06 21 44 23 20
www.sono06.com
contact@sono06.com
Sonorisations, lumières, équipements photos et vidéos... Sono06.com propose du matériel professionnel pour que vos soirées de mariages, anniversaires et/ou événements privés soient festifs et animés, le tout à prix discount ! Vous pourrez retirer les petits objets (micro, projecteur, table de mixage, enceintes...) à la rue Mascoinat dans la vieille ville et les objets plus encombrants dans les entrepôts de la société situés à l'aéroport. Possibilité de se faire livrer à domicile sous conditions.

■ **OPTIONS SUD-EST**
5e rue
1re avenue
CARROS
✆ 04 92 08 83 00
www.options.net
Devis sur demande.
Création, conception, décoration : la maison Options met à votre disposition son savoir-faire et son expérience de la location de matériel pour réceptions et de la décoration éphémère. Options propose un matériel différent pour vos réceptions avec des produits et des mises en scène novatrices de tables et buffets imaginées par une équipe de stylistes. Son service de décoration intègre, crée, met en scène et réalise sur mesure vos projets. Le conseil et les services offerts sont très professionnels. C'est sans doute pour cela que la société est une des leaders de ce marché.

Santé

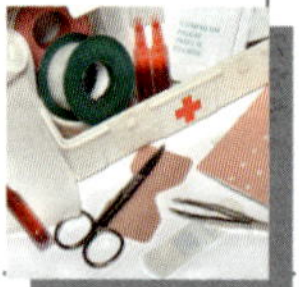

■ **CAISSE PRIMAIRE D'ASSURANCE MALADIE – CPAM**
Pessicart – 48, avenue Roi Robert
✆ 3646 – www.ameli.fr
Ouvert du lundi au jeudi de 8h à 16h ; le vendredi de 8h à 15h30.
Lorsque vous vous rendez à l'un des trois centres cités, vous découvrirez un système automatisé qui permet de connaître l'historique de vos visites sur deux ans. Une borne interactive «Vitale Express» vous permettra de procéder directement à des opérations simples telles que la lecture ou la mise à jour de votre carte vitale. La caisse primaire propose l'édition de formulaires et imprimés divers vous évitant ainsi une attente aux guichets. A noter la présence d'un guichet automatique en façade au 7 rue Pertinax disponible 7j/7 et 24h/24.

▸ **Autres adresses :** 5 rue Romain Rolland 06100 Nice • 7 rue Pertinax 06000 Nice

■ **ESPACE SANTÉ SOCIAL**
Centre ville – 7, rue Pertinax
Ouvert du lundi au vendredi de 8h à 16h.
Cet espace de 2000 m^2 est un centre de la CPAM des Alpes-Maritimes. Il regroupe tous les services qui œuvrent dans le domaine de la santé et du social. Il est composé de 4 unités : le centre d'examens de santé équipé des dernières technologies en matière de dépistage ; le Centre de Protection maternelle et infantile qui mène des actions de prévention adaptées en faveur des futures mères et des enfants jusqu'à l'âge de 6 ans ; le Centre de planification et d'éducation familiale qui regroupe des professionnels de la santé (médecins, sages-femmes, puéricultrices, psychologues...) ; le Service action sanitaire et sociale qui lutte contre l'exclusion sociale.

Herboristeries

■ **LA MAISON DES PLANTES**
Centre ville
20, rue Gubernatis
✆ 04 93 62 19 54
www.maisondesplantes.fr
Ouvert du lundi au vendredi de 9h à 12h et de 14h à 19h ; le samedi de 9h à 12h.
C'est une boutique comme on n'en fait plus depuis 50 ans ! Entrez dans l'univers des plantes et de leurs bienfaits :

racines, écorces, fleurs, feuilles... Ils vous seront présentés sous forme de gélules, en poudre ou séchés. Tous sont classés selon plusieurs catégories : cosmétique, argile, plante, gélule et huile essentielle. Uniquement des plantes, de l'ail à l'aneth en passant pas l'anis, le fucus, la pâquerette, l'oseille, la passiflore et une centaine d'autres plantes pour le bon fonctionnement du corps et de l'esprit. Vous trouverez aussi des savons, des shampoings et des crèmes 100 % naturels. A noter que la boutique est aussi très belle avec ses boiseries et son carrelage d'antan.

Lieux de soins

■ CENTRE ANTOINE LACASSAGNE

Cimiez – 33, avenue de Valombrose
✆ 04 92 03 10 00
www.centreantoinelacassagne.org

Le Centre Antoine Lacassagne (C.A.L.) est un centre de lutte contre le cancer spécialisé dans la chimiothérapie, la radiothérapie externe, la chirurgie des cancers : mammaire, gynécologique, ORL et maxillo-faciale. Il dispose d'un plateau technique de très haut niveau regroupant notamment les moyens de diagnostic et de traitement les plus modernes, des laboratoires de recherche performants – notamment une unité du CNRS – et des équipes de soins multidisciplinaires rompues au difficile combat contre les proliférations tumorales. Depuis 40 ans, ce centre de soin, à la pointe du progrès et en lien permanent avec les structures de recherche, est reconnu internationalement.

■ CENTRE DE JOUR ALZHEIMER NOUVEAU

Libération
2, bis, avenue des Orangers
✆ 04 92 10 18 94

Ouvert du lundi au vendredi de 8h30 à 17h.

Le centre de jour alzheimer est destiné aux personnes atteintes de la maladie éponyme ou de troubles apparentés. Cette structure, dont le personnel est spécialisé, apporte une aide et un soutien aux personnes accueillies et à leurs familles. Cet accueil de jour propose un service de transport, permettant en cas de besoin d'aller chercher les personnes à leur domicile et de les raccompagner. Tout au long de la journée, des activités sont proposées aux usagers sous forme d'ateliers, d'échanges et de sorties. Un repas est également servi sur place.

■ HÉLÈNE CLARISSE MICHAUD MAGNÉTISEUR RADIESTHÉSISTE

Vieux Nice – 14 bis, rue Centrale
✆ 06 51 30 72 61 / 04 93 13 43 15
www.soinmagnetisme.com

Sur Nice et à distance sur l'Europe du lundi au samedi de 9h30 à 20h.

Hélène Michaud est une magnétiseur, guérisseuse médium et radiesthésiste qui a le don d'améliorer votre santé. Elle rééquilibre sur place ou à distance vos chakras, vos corps physique et éthérique ainsi que votre âme pour votre bien-être et votre santé. Egalement médium, Hélène pratique la voyance depuis son adolescence. Les rendez-vous sont quasi immédiats, il suffit de lui laisser un message. Aller faire un tour du côté du site Internet pour connaître les prix des différents soins.

Centre Hospitalier Universtaire de Nice – C.H.U.

Le Centre Hospitalier Universitaire de Nice est un établissement public de santé. Il déploie son activité sur cinq sites où vous êtes dirigés en fonction de votre pathologie. Chaque établissement possède un service d'urgences 24h/24.

▸ **Cimiez** (4 av. Reine Victoria – 04 92 03 44 44), **L'Archet I et II** (151 rte Saint-Antoine de Ginestière – 04 92 03 60 89), **Pasteur** (30 voie Romaine – 04 92 03 77 77), **Saint-Roch** (5 rue Pierre-Dévoluy – 04 92 03 33 33), **Lenval** (57 av. de la Californie – 04 92 03 03 03).

■ POLYCLINIQUE SANTA MARIA

Promenade des Anglais
153, promenade des Anglais ✆ 04 92 03 02 45
www.polyclinique-santamaria.fr
contact@polyclinique-santamaria.fr

La clinique Santa-Maria est surtout connue pour sa maternité. Elle est très rassurante de part sa proximité avec l'Hôpital Lenval car l'unité de soins intensifs néonatale assure une prise en charge immédiate et sur place des nouveaux-nés. Avec 48 lits en gynécologie-obstétrique, 4 salles de travail et 2 salles de pré-travail, les futurs mamans trouvent forcément une place ! Et sachez que si vous êtes une star et que vous ne souhaitiez pas que votre présence soit divulguée, la clinique fera tout le nécessaire pour assurer votre anonymat ! On est sur la Côte d'Azur, non ?

Pharmacies

■ PHARMACIE DE LA PLACE MASSÉNA

Centre ville
56, boulevard Jean Jaurès
✆ 04 93 85 65 45

Ouvert du lundi au samedi. De 9h à 13h et de 14h à 20h.

Pharmacies de garde

Besoin d'un médicament en urgence, le soir, le week-end et les jours fériés ? Composez le 3237 ou rendez-vous sur www.pharmaciesdegarde.com et vous connaîtrez la pharmacie de garde la plus proche de chez vous.

Prévention – Dépistage

■ **CENTRE DE DÉPISTAGE ANONYME ET GRATUIT – CDAG**
Centre ville – Rue Edouard-Beri
Hôpital Saint-Roch ✆ 04 92 47 68 40
Ouvert le lundi, le mercredi et le vendredi de 9h30 à 11h45 et de 14h à 16h30 ; le mardi de 10h à 13h30 et de 14h à 16h30 ; le jeudi de 9h30 à 11h45 et de 16h30 à 18h30. Le mardi de 11h30 à 13h30 et le jeudi de 17h à 18h30 réservés exclusivement au dépistage du VIH.

■ **DROGUE ALCOOL TABAC INFO SERVICE**
✆ 0 800 231 313

■ **ÉCOUTE ALCOOL**
✆ 0 811 91 30 30
Coût d'une communication locale depuis un poste fixe. De 14h à 2h, 7j/7.

■ **ÉCOUTE CANCER**
✆ 0 810 810 821

■ **ÉCOUTE CANNABIS**
✆ 0 811 912 020

■ **ÉCOUTE SEXUALITÉ CONTRACEPTION**
✆ 0 800 803 803

■ **ESPACE NIÇOIS D'EDUCATION POUR LA SANTÉ – E.N.E.S**
Vieux Nice – 3, rue Guigonis ✆ 04 92 47 83 50
Ouvert du lundi au jeudi de 8h30 à 15h45.
Lieu d'accueil, d'écoute et d'orientation ouvert à tous, une équipe de professionnels de la santé aborde les sujets tels que les maladies sexuellement transmissibles, la contraception, les cancers, la nutrition, l'obésité, la diabète... et mène des actions de prévention et d'éducation à la santé. A noter la présence d'une diététicienne qui tient une permanence et répond aux questions des jeunes tous les mercredis de 13h30 à 17h.

■ **SIDA INFO SERVICE**
✆ 0 800 840 800

■ **SOS SUICIDE**
8, avenue Notre-Dame ✆ 04 93 01 22 78

Kinésithérapeutes

■ **ERWAN MOTAIS OSTÉOPATHIE**
6, boulevard Joseph Garnier ✆ 06 61 00 40 61
www.erwanmotais.com
Sur rendez-vous du lundi au vendredi. Séance : 50 €. Possibilité de remboursement par mutuelle.
Erwan est un ancien sportif de haut niveau qui, après une première année d'étude réussie à la Faculté de Médecine de Nice Sophia-Antipolis, s'installe à Nice en tant que masseur-kinésithérapeute. Formé dans divers services de cliniques françaises (clinique Saint-George Nice, E3S clinique Saint-Jean Cagnes-sur-Mer, S.O.S Main Clinique Fontvert Avignon, CERS de Capbreton), il se spécialise en kinésithérapie du sport, en kinésio-taping et devient également orthésiste-orthopédiste avant de décrocher un diplôme en ostéopathie. Ses séances sont douces et s'adressent à tous : femmes enceintes, bébés, enfants, adultes, personnes âgées... et s'effectuent après interrogatoire médical complet. Confiez-lui votre corps, vous serez entre de bonnes mains.

Urgences

■ **SAMU**
✆ 15

■ **SAPEURS POMPIERS**
6, boulevard Madeleine
✆ 18

■ **SOS DENTAIRE PÔLE ODONTOLOGIE**
Centre ville – 5, rue Pierre Dévoluy
Hôpital St Roch 1er Hall Central
✆ 04 92 03 33 75 / 04 92 03 32 70
Du lundi au vendredi 8h15 à 12h 13h45 à 17h15.

■ **SOS MÉDECINS**
✆ 0 810 85 01 01

■ **VIOLS FEMMES INFORMATIONS**
✆ 0 800 059 595
Du lundi au vendredi de 10h à 19h.

Seniors

■ **MAISON DES SÉNIORS**
Centre Ville – 6, avenue Félix-Faure
Informations Seniors – www.cg06.fr
maisondesseniors@cg06.fr
Ouvert du lundi au vendredi de 9h à 12h30 et de 13h30 à 17h.
Au nombre de 7, chaque maison des seniors possède un thème privilégié. Des professionnels se relayent ici pour offrir aux personnes âgées ainsi qu'à leurs familles tous les renseignements souhaités relatif au vieillissement : soutien à domicile, accueil familial, prise en

charge dans un établissement... Le Département des Alpes-Maritimes accompagne tous ceux qui prennent de l'âge mais qui veulent rester autonomes, préserver leur vie sociale et connaître toutes les aides et loisirs qui leur sont destinés. C'est une maison pour accueillir, écouter, informer, conseiller et soutenir.

Autres adresses : Maison des Seniors Barralis « Art de l'écriture et de la parole » 9 rue Barralis 06000 Nice • Maison des Seniors Le Ray « Rythmes et Couleurs » 4 avenue Charles Baudelaire 06100 Nice • Maison des Seniors Les Orangers « Art du Jardin et de la Maison » 4 avenue des Orangers 06000 Nice • Maison des Seniors Mearelli « Sports » 20 route de Grenoble 06200 Nice • Maison des Seniors Pasteur « Voyages et Découvertes » 2 rue Antonia Augusta 06000 Nice • Maison des Seniors Port / République « Bien être et bien vivre » 12 rue Scaliero 06300 Nice

Aide à la personne

SERVICE DE SOINS INFIRMIERS À DOMICILE – SSIAD

Centre Ville
33, avenue George V
Immeuble Le Glasgow
✆ 04 93 53 02 79
www.lesmutuellesdusoleil.fr

Ouvert du lundi au jeudi de 8h30 à 17h. Le vendredi de 8h30 à 15h45.

Sur prescription médicale et après obtention d'une prise en charge, des soins quotidiens peuvent vous être dispensés par un personnel qualifié. Sous la responsabilité d'infirmières coordinatrices, une équipe d'aides soignantes assure les soins d'hygiène et de nursing 7j/7, auprès des personnes âgées résidant sur la commune de Nice, en respectant la déontologie des Services de Soins à Domicile du CCAS de Nice. La mission du SSIAD est d'aider au maintien à domicile dans les situations de perte d'autonomie momentanée (ou à plus long terme) et ainsi éviter l'hospitalisation ou le placement en structure d'hébergement.

Associations – Entraide

SERVICE DE LIEN SOCIAL

Centre Ville – 6, avenue Felix-Faure
Espace social (4e étage)
✆ 04 93 13 52 60

Ouvert du lundi au jeudi de 8h30 à 17h ; le vendredi de 8h30 à 15h45.

C'est un service qui a pour vocation de prévenir et lutter contre l'isolement. Il s'adresse aux personnes âgées de plus de 60 ans résidant sur la Commune de Nice, en situation d'isolement et/ou de détresse psychologique. Plusieurs activités sont proposées : accompagnement des personnes âgées insécurisées (promenades, courses, consultations…), animation à domicile, intervention d'un psychologue, qui permet d'être présent face à des situations de crise (veuvage, deuil, conflit familial) et de faciliter la mise en place de prestations de maintien à domicile, diagnostic et aides techniques adaptées aux handicaps (ergothérapie).

Enseignements – Activités culturelles

UNIVERSITÉ DE NICE INTER-ÂGES – UNIA

Quartier des musiciens – 5 rue Verdi
✆ 04 93 13 46 62 – www.unia.fr
contact@unia.fr

Adhésion à partir de 148 €.

Il n'y a pas d'âge pour apprendre. Ce pourrait être le slogan de cette association qui ne délivre aucun diplôme mais qui a pour objectif de permettre à tous d'accéder à un enseignement de niveau universitaire. Au programme : des cours de langues étrangères, de littérature, de philosophie, d'histoire, de sciences humaines, des ateliers théâtre, des sorties, des conférences, des séances de gymnastique, de natation, des randonnées... Des situations qui associent tous les apprentissages avec la notion de plaisir !

Loisirs – Sports

■ **CYBER SÉNIOR**
Centre Ville – 16, rue d'Italie
✆ 04 93 87 39 74
Ouvert du mardi au samedi de 9h à 12h45 et de 13h45 à 17h30. Réservé +55 ans.
Vous n'y connaissez rien ? Vous pensez ne jamais y arriver mais vous voulez apprendre ? Adressez-vous au Cyber Senior, un service de la Mairie de Nice qui vous proposera des cours d'initiation à Internet. Le bureau, le clavier, la souris, l'unité centrale, le moteur de recherche, la page, le web, les e-mails… les termes spécifiques au secteur informatique n'auront plus de secrets pour vous. Vous apprendrez à faire des recherches, imprimer des documents, envoyer des courriels, confectionner un carnet d'adresses.

Maisons de retraite

■ **MAISON DE RETRAITE DES ANCIENS COMBATTANTS**
Saint-Roch – 51, rue des Orangers
✆ 04 93 89 41 06
Située dans un quartier résidentiel sur les hauteurs de Nice, elle est gérée par le CCAS de la ville. La maison accueille une centaine de résidents qui peuvent profiter du petit jardin et du terrain de pétanque. Les chambres d'environ 22 m^2 et aménagées d'un mobilier rustique sont toutes individuelles et dotées d'une salle d'eau. L'équipe soignante est composée d'un médecin qui assure la coordination médicale de l'établissement trois demi-journées par semaine, de trois infirmières et huit aides-soignantes. Beaucoup de sorties et d'activités sont prévues par un agent de convivialité et une animatrice : pique-niques, sorties au marché, tournois de pétanque avec d'autres maisons de retraite…

■ **ANCILLA**
Malausséna
14, rue de Villeneuve
✆ 04 93 82 80 20
contact@ancilla.fr
En principe, il faut assez peu d'attente (2 mois) pour trouver une place dans cette jolie résidence de sept étages spécialement conçue en 1998 pour recevoir des résidents du troisième et quatrième âge valides ou dépendants. A deux pas de la gare SNCF, elle dispose d'une belle salle à manger de style provençal dans les tons bleus et jaunes. Un petit jardin aménagé planté d'essences provençales est situé au cœur de la résidence. Les 49 chambres dont 41 individuelles et 4 doubles disposent toutes d'une salle d'eau équipée et adaptée.

Résidences

■ **LES FOYERS LOGEMENTS**
Saint-Roch – 6, ruelle Saint-Roch
Résidence Henry-Barety
✆ 04 93 89 48 96
Pour tous les seniors qui souhaitent avoir une vie sociale importante et bénéficier de la convivialité d'un habitat

collectif, ces structures sont idéales. Ces foyers logements accueillent des personnes âgées uniquement valides et autonomes. Situés en centre-ville, ils sont composés de studios dotés d'un coin cuisine, d'une toilette et d'une salle d'eau. Ils comportent chacun des Foyers restaurant où les résidents, mais également les seniors du quartier, peuvent se rendre pour le repas de midi. Des structures qui peuvent se révéler des solutions à un isolement devenu trop lourd à gérer.

Autres adresses : Résidence Gambetta 141 boulevard Gambetta. Tél. 04 93 97 11 88 • Résidence Saint-Barthélemy 64 av. Cyrille Besset. Tél. 04 93 52 63 77

Services à la personne

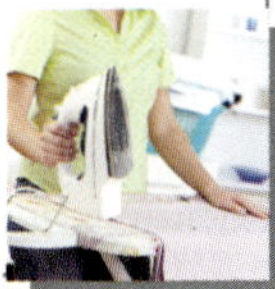

ADOVIVA
Nice Est – 1, avenue du Trident
✆ 04 93 89 87 15 – www.adoviva-services.fr
contact@adoviva-services.fr

Aide et assistance 7j/7. Créée par une infirmière, Adoviva est une société des services à la personne avec une aide et une assistance à domicile 7j/7. Plusieurs prestations sont proposées : aides aux tâches quotidiennes avec l'entretien de la maison et les travaux ménagers (repassage et rangement du linge, collecte et livraison de linge, courses, possibilité de livraison à domicile, préparation des repas et même la promenade d'animaux de compagnie !). Adoviva propose également des aides à l'autonomie : aide à l'hygiène, aide à l'habillage et déshabillage, aide à la marche, préparation et aide aux repas, aide aux déplacements, garde malade et garde d'enfants de +3 ans.

LA SEMEUSE – CENTRE SOCIAL LA RUCHE
Malausséna
5, rue Trachel
✆ 04 93 82 40 42
www.lasemeuse.asso.fr
laruche@centresociallaruche.fr

Ouvert du mardi au samedi de 14h à 19h.
Ce centre agréé par la Caisse d'Allocations Familiales des Alpes-Maritimes est un équipement de quartier et un lieu d'animation et d'interventions sociales. Il offre des activités variées et comprend différents espaces : un centre de loisirs pour les enfants de 6 à 12 ans, un «Point Information Jeunesse», un «Point Info Famille», un «Point Info Santé», un «Espace Retraite Active» pour lutter contre l'isolement et favoriser des échanges, un «Atelier CV et lettre de motivation» et un «Espace informatique» avec accès à Internet.

Services aux entreprises

CHAMBRE DE COMMERCE ET D'INDUSTRIE NICE CÔTE D'AZUR
Centre Ville
20, boulevard Carabacel ✆ 0 820 422 222
www.ccinice-cote-azur.com

Pour un renseignement et ne pas avoir à vous déplacer, composez le 0 800 422 222 (appel gratuit depuis un poste fixe de 8h30 à 18h00).

Cet organisme a pour but d'accompagner des entreprises et des commerces à chaque étape clé de leur cycle de vie : de la création en passant par les démarches pour une modification de statuts, vous pourrez aussi être accompagné et suivi dans le développement de votre entité (développement commercial, export, financement, qualité, innovation...) ou dans les procédures relatives à la cession ou à la transmission de celle-ci.

COREP

Les Baumettes
22, rue Louis-Coppet 06200 Nice
✆ 04 93 97 24 34 – www.corep.fr
nice@corep.fr

Ouvert du lundi au vendredi de 9h à 19h. Le samedi de 10h à 13h. Pendant les vacances, ouvert de 9h à 12 et de 14h à 17h30. Fermé le samedi.

Placé à deux endroits stratégiques (Fac de Droit et Fac de Sciences), ce centre vous permet de réaliser tous vos travaux universitaires à moindres frais. L'atelier vous propose : reprographie, façonnage et affiches numériques grand format tandis que dans l'espace libre-service, c'est en toute sérénité que vous reproduirez vous-même vos documents. Vous pourrez directement imprimer depuis votre ordinateur puis vous faire livrer ou aller chercher vos travaux. Génial, non ?

FAC COPIES

Riquier
17, avenue des Diables-Bleus
✆ 04 93 55 20 20
www.faccopies.com
faccopies@faccopies.fr

Ouvert du lundi au vendredi de 9h à 18h30.

Ces deux adresses sont les quartiers généraux des étudiants, surtout en période de partiels. Sortie papier, impressions numériques, photocopies et scanner : le paradis de l'exposé, du mémoire ou de la thèse. Fac Copies propose aussi un service imprimerie pour vos petits travaux : cartes de visites, flyers, en-têtes de lettres, autocollants pour mailing, posters, dépliants, banderoles, enveloppes, chemises à rabats, etc. Egalement services de plastification de documents et de pelliculage.

JEUNE CHAMBRE ECONOMIQUE – JCE

Port
24, boulevard Stalingrad
✆ 04 93 55 45 86
www.jcenice.org
president@jcenice.com

Vous avez moins de 40 ans et avez envie de vous investir dans la vie de votre ville ? Voici l'association idéale. Créée en 1953, la Jeune Chambre Economique Nice-Côte d'Azur regroupe une quarantaine de membres d'horizons variés (chefs d'entreprise, cadres, professions libérales...) qui réalisent des projets afin de développer leur ville. Un développement économique bien sûr ! Ils sont à l'origine de la journée nationale des droits de l'enfant, la récupération du verre, les gardes-malades à domicile, les cafés littéraires, le concept de zone piétonne...

TEAM CÔTE D'AZUR

Promenade des Anglais
400, promenade des Anglais
✆ 04 92 17 51 51
www.investincotedazur.com
info@investincotedazur.com

Née d'une initiative conjointe du conseil général des Alpes-Maritimes et de la Chambre de commerce de Nice Côte d'Azur, cette agence propose des services complets d'accompagnement à l'implantation d'entreprises et à l'investissement dans la région. Elle fait la promotion économique de la Côte d'Azur et a pour objectif de favoriser les investissements français et étrangers sur le territoire de la Côte d'Azur. Dernièrement lors d'un sommet européen, le Team Côte d'Azur était présent afin de présenter le grand futur «Pôle Images» de Cannes à un ensemble de chefs d'entreprises américains.

Solidarité Entraide

CROIX ROUGE ÉCOUTE

✆ 0 800 858 858

Ouvert du lundi au vendredi de 10h à 22h ; le week-end de 12h à 18h.

L'écoute au téléphone s'inscrit dans un cadre de confidentialité individuelle. Ici, on ne juge pas et l'absence de contact visuel n'est pas un frein aux confidences et au soutien. Le soutien au téléphone peut être également la suite d'une visite ou d'un accompagnement. La personne ne se sent pas abandonnée. Ce service s'adresse en partculier aux personnes exclues ou isolées, en difficultés sociale, psychique, relationnelle ou matérielle. Quoiqu'il en soit, il est important de proposer à la personne en difficulté un échange à l'abri du regard.

FONDATION D'AIDE AUX VICTIMES – GAYS ET LESBIENS

10, avenue de Belgique

Lutte pour la promotion de l'égalité des droits pour tous, contre l'homophobie et aide les jeunes LGBT.

KMOGRAF* - PHOTO : ELODIE PERRIOT

■ MAISON DES SOLIDARITÉS DÉPARTEMENTALES

Jardin Lecuyer
37, avenue du Maréchal Foch
✆ 04 92 17 50 50

Ouvert le lundi de 14h à 19h ; le mardi, le jeudi et le vendredi de 9h à 19h ; le mercredi de 8h à 18h.

Agréé Centre Social par la Caisse d'Allocations Familiales des Alpes Maritimes, cette maison des solidarités et du partage est un lieu de vie et de partage pour tous les habitants. Chacun y amène toute sa culture, ses connaissances et ses différences... autant de richesses qu'ils ont à offrir aux autres. Femmes, jeunes, familles et seniors sont invités à prendre part à des ateliers, des rencontres, des actions de bénévolat, des moments de partage mais aussi à initier et conduire des projets personnels.

■ RESTOS DU CŒUR

Vernier
21, rue Dabray
✆ 04 93 51 94 93

Ouvert pour les inscriptions et la distribution. Le mardi de 9h à 12h et de 13h30 à 16h.

Cette association loi 1901 fondée en 1985 par Coluche a pour objectif d'aider les personnes démunies et de participer à la lutte contre l'exclusion par l'aide alimentaire et l'accompagnement dans l'effort d'insertion sociale et économique. Les relais du Cœur, point d'accueil, d'écoute et d'aide aux personnes en difficulté matérielle ou morale, ont pour but de « remettre l'Homme debout » de l'inciter à tenter sa réinsertion (et non de le faire à sa place) en proposant diverses actions l'aidant à retrouver une identité sociale, des repères administratifs et humains et l'accès aux droits fondamentaux que sont la justice, l'éducation, la culture, la formation, la protection de la famille et de l'enfance.

▸ **Autres adresses :** boulevard Paul Montel • boulevard Verany

■ SYSTÈME D'ÉCHANGE LOCAL

Vernier
53, rue Clément Roassal
✆ 04 93 37 03 94
http://sel06nice.free.fr

Permanence premier lundi du mois de 16h à 18h (sauf jours fériés et mois d'août).

Promener le chien du voisin, faire garder vos enfants, se faire prêter du matériel, déplacer un meuble... vous avez besoin d'un service et avez les compétences pour le rendre en nature, renseignez-vous sur le système d'échange local (SEL), un concept tout droit venu des pays anglo-saxons dans les années quatre-vingt-dix. Echanger vos richesses et bénéficier de celles des autres en évaluant et comptablisant vos échanges, c'est le principe des quelque 350 SEL français dont celui de Nice Azur Provence. Vous pouvez compenser l'échange plus tard avec une autre personne du groupe. Avec le système d'unité, pas besoin d'égalité des services, les unités sont ajoutées ou enlevées du compte. Pour plus d'informations, rendez-vous sur le site www.selidaire.org

Visites – Points d'intérêt

© Florian Villesèche - Fotolia

Offices de tourisme

■ COMITÉ RÉGIONAL DU TOURISME – CRT

Promenade des Anglais
455, promenade des Anglais
✆ 04 93 37 78 78
www.cotedazur-tourisme.com

Label Tourisme & Handicap. Retrouvez sur le site plus de 50 sites labellisés.

Pour une information touristique sur les séjours, le site Internet du Comité Régional de Tourisme Riviera Côte d'Azur (CRT) est fait pour vous ! Indispensable pour l'organisation de vos vacances, trouvez votre hébergement dans les Alpes-Maritimes (hôtel, camping...) ou une location de vacances sur la Côte d'Azur ainsi que vos activités sportives, visites et excursions.

■ OFFICE DE TOURISME ET DES CONGRÈS DE NICE

Promenade des Anglais
5, promenade des Anglais ✆ 0 892 707 407
www.nicetourisme.com

Bureau de la gare : mi-septembre à mi-juin, ouvert de 8h à 19h du lundi au samedi et de 10h à 17h le dimanche. De mi-juin à mi-septembre, ouvert de 8h à 20h du lundi au samedi et de 9h à 19h le dimanche. Fermé le 25 décembre, le 1er mai et 1er janvier. Bureau de la promenade : mi-septembre à mi-juin, ouvert de 9h à 18h du lundi au samedi. De mi-juin à mi-septembre, de 8h à 20h du lundi au samedi et de 9h à 19h le dimanche. Fermé le 25 décembre et 1er janvier. Bureau de l'aéroport T1 et T2 : d'octobre à mars, ouvert de 9h à 18h du lundi au dimanche. D'avril à septembre, de 9h à 20h du lundi au dimanche.

Vous êtes de passage à Nice et ne savez pas quoi faire pour occuper vos journées ou vos soirées ? Rendez-vous à l'office de tourisme et des congrès de Nice où des conseillers vous accueillent, vous renseignent et vous orientent. On vous donnera ici toutes les informations nécessaires pour que votre séjour soit une réussite : vous trouverez notamment l'ensemble des activités et des manifestations

Le coup de canon du midi

C'est une tradition : à l'heure du déjeuner, tous les jours, vous sursauterez en entendant le fameux coup de canon tiré depuis la Colline du Château ! L'histoire raconte qu'en 1861, afin de respecter la tradition militaire du coup de canon de midi mais surtout pour rappeler à sa femme partie en balade matinale de rentrer préparer le déjeuner, Sir Thomas Convetry-More, un hivernant écossais, installa à ses frais et avec l'accord du Maire Malausséna, un canon sur la Colline du Château. Ainsi, un globe coloré était quotidiennement hissé à un mât sur la terrasse de l'hôtel Chauvain où le couple demeurait : à ce signal, un employé municipal allumait la mèche du canon. Quand Sir Coventry quitta Nice, le canon se tut et la ville entière réclama sa réhabilitation : en novembre 1875, un arrêté niçois fut voté pour rappeler officiellement cette heure. Depuis, le coup de canon retentit chaque jour à 12h tapantes.

Le French Riviera Pass

Il vous donne accès à une variété de sites et d'activités à prix réduits. Proposé pour 24h, 48h ou 72h, le pass « French Riviera » est un sésame pour la découverte : embarquez à volonté à bord du bus à impériale découverte « Le Grand Tour » qui vous permettra de découvrir la ville dans une visite guidée commentée. Découvrez également le Musée National du Message biblique Marc-Chagall qui possède la plus importante collection au monde d'œuvres publiques de l'artiste. Direction ensuite l'église russe, majestueuse puis la Ville Arson et sa programmation artistique avant-gardiste ou encore le Musée National du Sport. Le pass vous invite aussi au parc Phoenix avec ses 7 ha accueillant près de 2 500 espèces végétales et des animaux. Le petit train touristique vous permettra enfin de vous faufiler dans les ruelles du vieux Nice jusqu'à la colline du château durant un circuit commenté de 50 min. Possibilité également de découvrir les expositions temporaires du Nouveau Musée National de Monaco et du Grimaldi Forum à Monaco, d'effectuer la visite guidée de Villefranche sur Mer et de profiter des très nombreux avantages dans les commerces et les restaurants... Sans oublier l'Auto Bleue (véhicule électrique en auto-partage) qui offre ses frais d'inscription.

▶ **Infos et tarifs** sur www.frenchrivierapass.com et pass@nicetourisme.com

organisées sur le sol niçois mais aussi concernant les communes alentour. Des brochures en plusieurs langues sont également disponibles gratuitement sur place.

Commandez votre French Riviera Pass au sein de l'office de tourisme ou directement *via* le site Internet de l'établissement. Il s'agit d'une carte vous permettant de bénéficier de nombreuses réductions sur les activités touristiques ainsi que sur les entrées de certains sites culturels. Valable 24, 48 ou 72 heures, vous pourrez découvrir Nice mais aussi Antibes-Juan-les-Pins, Biot, Cagnes-sur-Mer, Beaulieu-sur-Mer, Saint-Jean-Cap-Ferrat, Èze et Monaco en toute liberté.

Visites commentées de la vieille ville à pied, 12 € par personne, durée 2h30 environ, départ à 9h30 de l'office de tourisme.

Autres adresses : Aéroport Nice Côte d'Azur T1 et T2. • Gare SNCF de Nice Ville, avenue Thiers

Visites guidées

CENTRE DU PATRIMOINE
Promenade des Anglais
75, quai des Etats-Unis ✆ 04 93 92 00 41 90
www.nice.fr
Visite guidée.
Vous souhaitez assister à une visite commentée sur le patrimoine, l'histoire ou la culture niçoise ? Tous les jours, des parcours thématiques sont proposés à tous par le Centre du Patrimoine. Chaque visite – en fonction de la thématique choisie – aborde de manière complète et détaillée un aspect de la ville. Possibilité d'avoir les commentaires en anglais, français et espagnol pour les groupes.

FRIEND IN FRANCE NOUVEAU
Centre Ville
9, rue Gubernatis
✆ 06 99 16 22 33
Voir page 30.

MOBILBOARD NICE – GYROPODES SEGWAY
Carré d'Or
2, rue halevy
✆ 06 45 50 79 21 / 04 93 80 21 27
nice@mobilboard.com
Du 1er juillet au 31 août, l'agence est ouverte tous les jours de 9h30 à 13h et de 14h30 à 20h. Du 1er septembre au 30 juin, du lundi au samedi de 10h à 13h et de 14h à 19h. Détail des prestations par téléphone ou sur le site Internet. Visite guidée.
De drôles d'engins électriques circulent dans les rues de Nice : c'est la société Mobilboard qui vous propose de découvrir la ville sur un Segway. Tenant en équilibre sur deux roues grâce à un système gyroscopique, vous pourrez atteindre les 20 km/h. Bénéficiant d'une autonomie d'une quarantaine de kilomètres, vous partirez par petits groupes avec un accompagnateur pour suivre un itinéraire commenté – de 45 min à 1h30 - pour découvrir les curiosités et quelques moments forts de la ville à travers ses quartiers, ses sites et ses bâtiments emblématiques. Vous pouvez également louer votre Segway sans guide à partir de n'importe quel hôtel de la ville pour une demi-journée, une journée ou même une semaine : une formation sera toujours assurée lors de la livraison de l'appareil.

Le Parcours artistique du Tram'

Du nord au sud de la ville de Nice et sur plus de 8 km, la ligne 1 du tramway court sur 21 stations toutes décorées par des affichettes de l'artiste Ben dont on reconnaît immédiatement la patte : des aphorismes calligraphiés en blanc sur noir. Mais l'exposition ne s'arrête pas là : une dizaine d'étapes sur la ligne présente aussi 13 travaux d'artistes contemporains de renommée internationale. Sculptures, éclairages et installations se côtoient ici avec élégance et étonnement.

Rendez-vous sur www.nice.fr rubrique L'Art dans la Ville pour télécharger gratuitement les brochures et plaquettes de présentation de chaque œuvre.

Les Boucles Découvertes

Disponible à la Maison de l'Environnement, dans les mairies annexes, les bureaux de l'accueil de l'office du tourisme ou encore sur le site www.nice.fr, un livret pédagogique intitulé Nice en 8 boucles découvertes invite à la promenade et à la découverte à pied. Une occasion originale de visiter Nice et son patrimoine architectural, historique et végétal. Info futée : l'ensemble de ces parcours pédestres est praticable par tous.

■ **NICE CYCLE TOURS**
Vieux Nice
Rue Colonna d'Istria ✆ 06 19 99 95 22
www.nicecycletours.com
Groupe max. 14 personnes. Réservation obligatoire. 30 € pour la visite de Nice (3h de vélo), 50 € le Riviera Tour. Autres demandes de tarifs selon parcours sur devis. Visite guidée (en vélo). Quoi de plus agréable que de visiter Nice et ses beautés en vélo par une belle journée ensoleillée ? Nice Cyclo Tours vous propose plusieurs circuits selon votre niveau. Chaque parcours possède une durée différente pour découvrir d'une manière insolite et sportive la ville et ses richesses ou la « French Riviera », une balade de Nice à Villefranche-sur-Mer.

■ **NICE LE GRAND TOUR**
Promenade des Anglais
Quai des États-Unis ✆ 04 92 29 17 00
www.nice.opentour.com/fr
Ouvert toute l'année. De début avril à début novembre : départs toutes les 30 min de 10h à 18h. De début novembre à fin mars, départ toutes les 30 min de 10h00 à 18h. Enfant (de 4 à 11 ans) : 12 €. Pass 1 jour : 22 €. Pass 2 jours : 25 €. 1 ou 2 jour(s) enfant : 8 €. Nice la nuit : adulte 15 €. Bus + Nice la nuit : adulte 25 €. Visite guidée (audioguide commentaires originaux en différentes langues).
En route pour le grand tour de Nice ! Découvrez la ville en toute liberté grâce aux bus *hop on-hop off* : achetez votre billet, montez à bord du bus à impériale, écoutez les informations sur les monuments alentour grâce à l'audioguide fourni par le chauffeur. Puis, à votre guise et en fonction des différents arrêts disséminés dans les rues, descendez du véhicule, partez à la découverte des quartiers et des sites incontournables avant de revenir à l'arrêt de votre choix et d'attendre un nouveau bus dans lequel vous pourrez remonter gratuitement sur simple présentation de votre billet au conducteur. Le pass s'achète directement auprès du chauffeur dès la montée dans le bus ou *via* le site Internet. Comptez un passage toutes les 30 minutes environ. A partir de 21h, le tour «Nice la nuit» vous permet de parcourir en 1h30 les principaux sites illuminés de la ville.

Monuments et édifices

■ **ARÈNES DE CIMIEZ**
Cimiez
164, avenue des Arènes de Cimiez
Entrée libre à tout moment de la journée, en haute ou en basse saison. Attention, fermeture des portes à la tombée de la nuit. Situées sur la colline de Cimiez, ces arènes sont classées aux Monuments historiques. Véritable musée archéologique à ciel ouvert, elles forment une enceinte de 67 mètres sur 56 et constituent l'un des plus petits amphithéâtres romains connus en France. Réalisées par les Romains au Ier siècle avant J.-C., les « arènes de Cemelenum » ont été le théâtre de nombreuses manifestations : combats de gladiateurs, jeux et autres spectacles grandioses s'y déroulaient régulièrement dans la plus pure tradition des mises en scène de l'Empire romain. Aujourd'hui, avec une capacité qu'on estime autour des 5 000 spectateurs, elles présentent un cadre magnifique pour accueillir certains événements culturels ou folkloriques niçois. Juste à côté, le parc éponyme est un endroit idéal pour pique-niquer au milieu des oliviers, tout près du musée Matisse et du Musée archéologique.

■ **CHÂTEAU ET PARC VALROSE**
Valrose
28, avenue Valrose ✆ 04 92 07 69 96
www.unice.fr/sciences
Parc accessible gratuitement en période scolaire de 8h à 18h. Visite commentée du Parc et du Château uniquement sur rendez-vous.

Aux origines d'Acropolis...

Précurseur de l'actuel Parc des expositions, Nice se lance au début du XXe siècle dans le tourisme d'affaires et l'organisation d'événements internationaux afin de diversifier son offre. Un palais des Fêtes est alors édifié sur le boulevard Victor-Hugo en 1932 pour accueillir la huitième foire-expo de Nice. Malheureusement, ce bâtiment aux allures imposantes n'a jamais trouvé sa fonction dans la ville. Les manifestations organisées se soldent pour la plupart par des échecs et sont des plus surprenantes, à l'instar de cette réception du 6 mai 1936 pour fêter l'élection des communistes Henri Pourtalet et Virgile Barel à l'Assemblée nationale. Tout un symbole ! Mais la situation géographique de la salle manque cruellement d'attrait. L'actuel palais Acropolis, situé au cœur de la cité depuis 1984, a repéré depuis ce préjudice : concerts, manifestations culturelles, meetings politiques, foires et autres événements y sont régulièrement organisés toute l'année.

Le parc Valrose a été une des plus belles propriétés de la Côte d'Azur. Aujourd'hui, le site accueille le campus de la faculté des sciences de Nice et le siège de la présidence de l'université de Nice Sophia-Antipolis. Dans la deuxième moitié du XIXe siècle, sous le second Empire, le site du « vallon des Roses » est choisi par le baron russe Paul Georgevitch Von Derwies pour se retirer au soleil et se consacrer à la musique dont il est un grand mécène : il se fait alors construire entre 1867 et 1870 le « château Valrose », une magnifique demeure entourée d'un parc agrémenté de nombreuses pièces d'eau, fontaines, fausses grottes, cascades et statues d'origines très diversifiées. Un autre bâtiment surnommé le « petit château » qui abrite actuellement le siège de la direction de la faculté des sciences était autrefois destiné à aux écuries. En 1881, proche du boulevard de Cimiez et de l'avenue Liserb, un immense portail avec deux tours monumentales est ensuite édifié par l'architecte niçois Sébastien-Marcel Biasini à qui l'on doit également l'hôtel Régina, un peu plus haut sur la colline. À la mort du baron en 1881, le domaine devient successivement la propriété de puissants hommes d'affaires jusqu'en 1957 quand la ville de Nice rachète le domaine : rétrocédé à l'État, le ministère de l'Éducation nationale y installe la faculté des sciences en 1965. Le parc Valrose (bâtiments anciens, parcs, monuments) est classé aux Monuments historiques depuis 1991.

FORT DU MONT-ALBAN

Mont Boron
Avenue du Mont-Alban
✆ 04 92 00 41 90
www.nice.fr

Visite guidée (organisée par le Centre du patrimoine sur réservation).

En 1557, le fort du Mont-Alban est édifié sur ordre d'Emmanuel-Philibert, duc de Savoie, par André Provana de Leyni afin de protéger la ville des envahisseurs turcs qui ravageaient la Méditerranée nord-occidentale. La bâtisse, conçue comme une forteresse au sommet de la colline du mont Boron culmine à 220 mètres. Imposante avec sa forme polygonale, ses murs d'enceintes et ses 40 mètres de long, le fort sert de prison à partir de la fin du XVIIIe siècle avant le rattachement de Nice à la France en 1860. Malgré les nombreux assauts subis pendant la Seconde Guerre mondiale, le site reste aujourd'hui un exemple précieux d'un ouvrage du XVIe siècle parfaitement conservé. À son sommet, la vue est exceptionnelle, de la rade de Villefranche-sur-Mer jusqu'au massif de l'Esterel. En contrebas du fort, un parc immense avec ses 11 kilomètres de sentiers balisés et de nombreuses aires de jeux constitue l'endroit idéal pour un pique-nique en famille durant la journée. Attention, à la tombée de la nuit, l'endroit est parfois mal fréquenté.

Une statue de la Liberté sur la Quai des Etats-Unis

Symbole de l'émancipation contre l'oppression, une Statue de la Liberté – identique à celle présente dans le port de la ville de New York – a été érigée sur le Quai des Etats-Unis à Nice face à l'Opéra, un emplacement qui rappelle ainsi l'engagement des forces américaines aux côtés des français durant la Première Guerre Mondiale. Comme l'originale, cette œuvre est signée de la main de l'artiste Auguste Bartholdi dans des proportions toutefois bien plus modestes : si celle de New York atteint les 93 m de haut, celle-ci mesure seulement 1,30 m. Aussi, repose t-elle sur un socle de 2 m de haut.

GARE DU SUD

Libération
Avenue Malausséna
✆ 04 97 13 48 00
www.bmvr-nice.com.fr

Ouvert les mardis, mercredis et samedis de 10h à 18h, les jeudis et vendredis de 14h à 18h.

Dans cette ancienne gare construite en 1892, ancien terminus de la Compagnie des Chemins de Fer du Sud de la France avant de devenir celui de la Compagnie des Chemins de Fer de Provence en 1925, se tient désormais la bibliothèque Raoul Mille, du nom du journaliste et écrivain français disparu en 2012 qui lutta avec foi sa vie durant contre l'illétrisme. Les voyages se font désormais ici dans les pensées des lecteurs et des usagers au travers des nombreux livres et jeux mis à leurs disposition sur 1 500 m² dispersés sur quatre étages.

L'Opéra de Nice : une renaissance en 1885

La comédie apparaît à Nice au XVIIe siècle avec les passages de troupes itinérantes qui se produisent alors dans le palais ducal aménagé pour l'occasion. En 1777, la marquise Alli-Maccarani obtient du souverain sarde Amédée III l'autorisation de transformer son ancienne maison d'habitation aménagée tout en bois en salle de spectacle. L'endroit est splendide : la façade nord s'ouvre sur la ville et la façade sud sur les remparts du quai du Midi, aujourd'hui devenu le quai des Etats-Unis. Le Grand Théâtre, devenu théâtre impérial en 1860 puis municipal à partir de 1871, remporte alors un franc succès jusqu'à l'incendie survenu en 1881. Au cours de cette catastrophe provoquée par une fuite de gaz, quelque 200 personnes auraient péri parmi lesquelles des chanteurs de la Scala de Milan qui s'apprêtaient à monter sur scène pour y interpréter le drame *Lucia di Lammermoor* de Donizetti. En 1885, l'actuel Opéra est reconstruit sur les ruines du défunt bâtiment.

MAISON D'ADAM ET ÈVE

Vieux Nice

Rue de la Poissonerie – Angle Cours Saleya

Cette maison, située au cœur de la vieille ville, est l'unique témoignage restant des maisons peintes d'antan. Très bien conservée, la façade porte un haut-relief représentant un homme et une femme assimilés à Adam et Eve, nus dans le Jardin d'Eden, se menaçant de gourdins. La tradition populaire niçoise dépeint aussi cette sublime fresque comme faisant allusion aux incessantes querelles de ménage des habitants de l'immeuble... Le décor en *sgraffito* (technique médiévale de sculpture dans le mortier) date de 1584.

MONUMENT DE CATHERINE SÉGURANE

Centre-ville

Place Saint-Augustin

Accès libre 24h/24.

Sorte de Jeanne d'Arc nissarde, Catherine Ségurane est une véritable héroïne dans la ville. Ce monument élevé à sa gloire en 1923, symbolise la résistance des Niçois. Selon la légende, cette Madone du Secours, munie d'un simple battoir de lavandière, repoussa l'assaut des Turcs du 15 août 1543 : alors qu'ils grimpaient sur leurs échelles à l'assaut des hautes murailles du château, elle asséna un coup au premier des assaillants et s'empara de son étendard en le précipitant au bas de la muraille.

LE NEGRESCO

Promenade des Anglais

37, promenade des Anglais

✆ 04 93 16 64 00

www.hotel-negresco-nice.com

info@lenegresco.com

Hôtel de luxe sur la Promenade des Anglais, l'édifice date de 1912. Construit par Edouard-Jean Niermans (Hôtel de Paris de Monaco, Moulin rouge, Casino de Paris..) pour le roumain Henri Negresco, ancien maître d'hôtel auprès de clients richissimes, ce joyau de la Belle-Epoque demeure l'unique hôtel-musée de la ville. Ses façades néoclassiques avec leurs riches décorations baroques lui ont permis de se classer Monument Historique en 2003. Les styles des périodes les plus brillantes de l'art français y sont représentés, de Louis XIII à l'art moderne. L'hôtel abrite aujourd'hui de nombreuses collections retraçant plus de cinq siècles d'histoire de l'art avec notamment des œuvres de Niki de Saint Phalle, Moretti, Cyril de La Patellière, Sasha Sosno, Dali, Vasarely... Les 121 chambres et 24 suites ont chacune leur propre décoration. Classé 5*, il est référencé parmi les plus beaux hôtels du monde. A noter : le palace sert fréquemment de décor aux tournages de films.

L'OBSERVATOIRE

Nice Est

Boulevard de l'Observatoire

✆ 04 92 00 30 11

www.oca.eu

Visite guidée (dimanches, mercredis et samedis à 14h45. La visite se déroule essentiellement à l'extérieur sur un parcours accidenté de 2 km avec un dénivelé de 80 mètres équivalant à 30 étages).

Créé en 1881 par le mécène et banquier Raphaël-Louis Bischoffsheim, l'observatoire de Nice est implanté sur le mont Gros dans un parc de verdure d'une quarantaine d'hectares. Charles Garnier construisit les 15 bâtiments d'époque et Gustave Eiffel réalisa la coupole abritant la lunette principale. Réalisé en pierre de taille de La Turbie, l'édifice principal est formé d'une base carrée dont les quatre façades, parfaitement symétriques et identiques, sont décorées de colonnes ioniques. Sa coupole pèse près de 100 tonnes et coulisse grâce à un système de galets roulant posés sur rails. Pour regarder les étoiles, la lunette de 18 m de long permet des observations plus précises. Depuis 1988, l'observatoire de Nice a fusionné avec le Centre d'études en géodynamique et astrométrie (CERGA) de Grasse pour former un établissement public : l'Observatoire de la Côte d'Azur. L'établissement propose au public des visites guidées toute l'année autour d'une agréable promenade.

L'Observatoire

© ISTOCKPHOTO.COM – DANIELDEFOTOGRAAF

■ **PALAIS DE JUSTICE**
Vieux Nice
Tout proche du Cours Saleya, le Palais de Justice trône sur la place du même nom. Construit entre 1883 et 1892 à l'emplacement d'un ancien couvent Dominicain, son architecture est caractéristique du style néo-classique avec ses colonnades et son grand escalier. Face à lui, le Palais Rusca, annexe du Palais de Justice et ancienne caserne militaire. La place du Palais de Justice est, quant à elle, l'une des places les plus animées de la vieille ville : nuits et jours, vous y croiserez musiciens, brocanteurs, peintres et collectionneurs.

■ **OPÉRA DE NICE**
Vieux Nice
9, rue Raoul-Bosio
✆ 04 92 17 40 00 / 04 92 17 40 79

Programmation disponible sur le site www.opera-nice.org. Tarifs et places disponibles sur le site à partir de 7 €.
Classé aux Monuments historiques depuis 1993, l'Opéra de Nice se situe dans la vieille ville. À la fin du XVIIIe siècle, le roi Victor-Amédée III de Sardaigne laisse la marquise Alli-Maccarani transformer sa maison en théâtre : le petit théâtre Maccarani vient de naître. En 1826, il est rasé et remplacé par un grand opéra de style italien. Baptisé Théâtre Impérial sous le Second Empire, il est acheté par la ville de Nice en 1870. Le terrible incendie du 23 mars 1881 détruit entièrement l'édifice et fait plusieurs victimes. En 1882, la municipalité reconstruit un nouveau théâtre : François Aune, architecte niçois et ancien élève de Gustave Eiffel, est en charge du projet. A l'intérieur, la décoration est superbe : le plafond peint par Emmanuel Costa représente le Char du Soleil. Les sculptures sont de Raimondi et représentent les Muses Euterpe (musique), Melpomène (tragédie), Thalie (comédie) et Terpsichore (danse). Le site est inauguré le 7 février 1885 avec l'Opéra Aïda de Giuseppe Verdi. En 1902, l'édifice prend le nom que nous lui connaissons aujourd'hui « Opéra de Nice ». Disposant d'un chœur, d'un ballet et de l'orchestre philharmonique de Nice, fréquenté par des d'artistes d'exception, l'Opéra se caractérise par l'excellence de ses productions lyriques ainsi que par son engagement en faveur de la modernité. N'oubliez pas de jeter un œil à la façade côté mer sur le Quai des Etats-Unis, très bien restaurée.

■ **LE PALAIS DE LA MÉDITERRANÉE**
Promenade des Anglais
15, promenade des Anglais
✆ 04 93 27 12 34
nice.regency@hyatt.com
Intérieur de l'hôtel accessible pour les clients uniquement. Casino ouvert de 10h à 3h du matin pour les machines à sous et à partir de 20h pour les tables de jeux. Façade classée visible depuis la route 24h/24. Restauration. Casino de Jeux.
Situé sur la Promenade des Anglais, le palais de la Méditerranée était un ancien palace édifié par les architectes niçois Marcel et Charles Dalmas pour les milliardaires américains Franck et Florence Gould. Célèbre pour son vaste hall en marbre blanc, son grand escalier de 20 m de large, ses lustres colossaux, ses vitraux précieux et ses bois rares, l'établissement fait faillite dans les années 1970. Racheté par de nouveaux investisseurs qui souhaitent le détruire, décors et mobiliers sont alors vendus aux enchères. Heureusement, grâce à la mobilisation de plusieurs personnalités, la magnifique façade du bâtiment de style Art déco est sauvée de la casse : labellisée Patrimoine du XXe siècle, elle s'offre désormais une nouvelle vie avec à l'arrière, un édifice neuf inauguré en 2004 abritant un hôtel de luxe et un casino de jeux.

PALAIS DE MARBRE

Nice Ouest
7, avenue de Fabron
✆ 04 97 13 20 00

Palais du XIXe siècle qui s'étendait jusqu'à la mer, l'endroit (23 hectares !) était la demeure du banquier Honoré Gastaud qui y planta de nombreuses essences : araucarias, palmiers, eucalyptus, cèdres qui donnèrent par la suite leur nom à la propriété qui porte aussi l'appellation « Villa Les Palmiers » puis « Les Grands Cèdres ». Le site, qui jouissait d'une renommée importante, était alors très apprécié de la tsarine Alexandra Feodorovna mais aussi de Napoléon III et de l'impératrice Eugénie qui y furent logés lors des grandes festivités. En 1871, le consul Ernest Gambard, marchand d'œuvres d'art, acquiert le domaine et charge l'architecte Sébastien Marcel Biasini de construire sur cet emplacement une magnifique demeure dans un style à l'italienne : l'édifice est recouvert entièrement de marbre – d'où son surnom – importé de Carrare par 27 bateaux. Devenu un lieu de réception très prisé des bourgeois locaux et de l'aristocratie russe ou européenne, l'endroit sert aussi de galerie d'expositions. Côté jardin, une serre abritant un jardin d'hiver, des pièces d'eau ainsi que des grottes artificielles y sont installés. La propriété fit l'objet au cours de la fin du XIXe siècle de plusieurs morcellements : le château Barla (aujourd'hui siège du Pérou) et le château de Fabron furent vendus tandis qu'on fit construire l'école Sainte-Hélène sur une parcelle du domaine. Après la mort du consul en 1902, le palais est transformé en un luxueux lupanar. En 1956, l'ensemble du lotissement est vendu à une société immobilière qui le transforme en un ensemble d'immeubles d'habitations. Le bâtiment, désormais encerclé par des barres d'immeubles inesthétiques, conserve malgré tout de sa splendeur et une partie du parc est toujours préservée. Depuis 1960, le palais appartient à la ville de Nice qui y a installé le service des archives municipales.

PALAIS DU GOUVERNEUR ET DES PRINCES DE SAVOIE

Vieux Nice
Cours Saleya

Le palais ouvre ses portes au public uniquement à l'occasion des journées du patrimoine qui se déroulent chaque année au mois de septembre.

On l'appelle également le « palais de la préfecture » ou « palais des rois sardes ». C'est au début du XVIIe siècle que ce palais royal fut construit pour héberger les têtes couronnées de la Maison de Savoie lors de leurs venues à Nice avant d'être transformé en résidence pour les rois de Sardaigne vers 1814 : la façade est réaménagée, le vestibule et l'escalier d'honneur reconstruits. Financé par le duc Philibert de Savoie, le peintre niçois Jules Chéret fut chargé de la décoration intérieure. Espace somptueux, il est le cadre idéal pour l'organisation de réceptions auxquelles est conviée la haute société locale et étrangère. En 1860, lorsque Nice est rattachée à la France, le palais change de vocation et abrite la préfecture des Alpes-Maritimes. Classé au titre des Monuments historiques depuis 1996, il est aujourd'hui le lieu de résidence du président du conseil général ainsi que celle du préfet des Alpes-Maritimes.

PALAIS LASCARIS

Vieux Nice
15, rue Droite ✆ 04 93 62 72 40
palais.lascaris@ville-nice.fr

Ouvert de 10h à 18h sauf le mardi. Fermé le 1er janvier, le 1er mai, le dimanche de Pâques et le 25 décembre. Gratuit. Visite guidée chaque vendredi à 15h (5 €). Visite guidée. Boutique. Animations.

Cet hôtel est le témoignage le plus luxueux et le mieux conservé de ce qu'étaient les demeures baroques de la noblesse et bourgeoisie niçoises. Propriété des Comtes Lascaris-Vintimille, il fut édifié à la fin du XVIe siècle par Jean-Paul Lascaris de Castellar, grand maître de l'ordre des Chevaliers de Malte avec l'aide de son neveu Jean-Baptiste. De style génois, ce bâtiment s'articule autour de deux cours intérieures. Un très bel escalier, véritable puits de lumière, donne accès au premier étage où trônent fièrement les armes des Lascaris : un aigle bicéphale orné d'une croix de Malte. Les peintures d'origine datent du XVIIe siècle tandis que les éléments baroques ont été rajoutés au XVIIIe siècle. Les appartements d'apparat sont décorés de voûtes à fresques et les plafonds sont ornés de fresques à sujets mythologiques dont une superbe *Chute de Phaéton*. Durant votre visite, ne manquez pas le mobilier des XVIIe et XVIIIe siècles, les tapisseries flamandes, l'apothicairerie fondée en 1738 de style rocaille, la collection complète de vases, fioles et chevrettes ainsi que les collections régionales d'art et traditions populaires. En 1942, la Ville de Nice rachète la bâtiment : entièrement réhabilité et classé Monument historique en 1946, le Palais Lascaris devient le Musée de la Musique de Nice et le deuxième de France par l'importance de sa collection qui réunie environ 500 pièces anciennes européennes s'échelonnant de la saqueboute de Schnitzer (1581) au saxophone Grafton (1960). Cette collection présente également de nombreux instruments fabriqués avant 1800 : guitares baroques, luths, violes et la rarissime flûte à bec de Denner.

LE RÉGINA

Cimiez – 71, boulevard de Cimiez
✆ 04 93 81 26 69

Le bâtiment n'est pas ouvert aux visites mais on peut en admirer l'architecture depuis l'extérieur.

À la fin du XIXe siècle, l'aristocratie européenne, charmée par la douceur du climat azuréen et la beauté des paysages, se donne rendez-vous à Nice. Dans les années 1880, la reine Victoria d'Angleterre fait cependant remarquer qu'aucun hôtel n'est à la hauteur de ses exigences. Une puissante société d'exploitation de l'époque lui promet alors l'édification d'un palace tout confort : l'Excelsior Hôtel Regina. Les travaux débutent sous la direction de l'architecte Sébastien-Marcel Biasini. L'édifice est de type Belle Époque et sera achevé en 1897 : grandiose et luxueux, il occupe une surface de 6 260 mètres carrés répartie sur cinq étages avec une longueur de façade sud de 104 mètres. La reine Victoria s'y installe aussitôt dans l'aile gauche : une couronne en fer forgé surplombe encore aujourd'hui ses anciens appartements. À l'intérieur, le palace est d'une grande modernité : ascenseurs à tous les étages, chauffage central, eau chaude, système d'assainissement des eaux usées… Un magnifique jardin privé de 8 250 mètres carrés est aménagé en face de l'hôtel : on y accède par une passerelle en marbre et en métal ouvragé

Le Regina

qu'on aperçoit encore depuis la route. Dans cet espace de verdure, pelouses, terrain de badminton et de croquet, piste cyclable et serre tropicale font le bonheur des résidents. Réquisitionné par l'armée pendant la Première Guerre mondiale puis transformé en hôpital, l'Excelsior Hôtel Régina est racheté par une société immobilière en 1920 et le bâtiment devient l'Hôtel Regina. Mais le krach boursier de 1929 conduit les gestionnaires de l'établissement à la faillite : vendues aux enchères, les 400 chambres sont alors transformées en 98 appartements tandis que les nouveaux acquéreurs donnent au site son nom définitif, Le Régina. En arrivant par le boulevard de Cimiez, on peut admirer une statue de marbre blanc datant de 1912 et représentant la reine Victoria recevant des brassées de fleurs offertes par des jeunes filles. Aujourd'hui, le bâtiment sert souvent de décor à de nombreux cinéastes. Façades, toitures, escaliers, terrasses, véranda, grand hall, couloirs et halls secondaires du rez-de-chaussée, éléments de décor (boiseries, blocs de boîtes aux lettres, luminaires, glaces), passerelle d'accès au jardin au-dessus de la traverse Régina, jardin (y compris les façades et toiture de l'ancienne buvette) et le monument à la gloire de la reine Victoria situé sur le domaine public sont inscrits depuis 1992 au titre des Monuments historiques.

■ TÊTE CARRÉE DE SACHA SOSNO – BMVR

Centre Ville
2, place Yves-Klein

Imaginée par le sculpteur Sasha Sosno et inaugurée en 2002, la Tête Carrée est devenue le symbole de l'architecture contemporaine de la ville avec ses 30 mètres de haut et 14 de large. Inaccessible au public, elle accueille en son siège les bureaux de la bibliothèque municipale Louis Nucéra à la tête du réseau B.M.V.R. de Nice (Bibliothèque Municipale à Vocation Régionale). Le système d'éclairage nocturne du bâtiment a été imaginé par l'artiste Yann Kersalé.

■ TOUR BELLANDA

Vieux Nice
Colline du Château ✆ 04 97 13 23 95

Du 1er avril au 31 mai et du 1er au 30 septembre, ouvert de 8h à 19h. Du 1er juin au 31 aout, ouvert de 8h à 20h. Du 1er octobre au 31 mars, ouvert de 8h à 18h. Gratuit. Ascenceur de la tour payant.

Ouvrage fortifié à vocation militaire, la Tour Bellanda, gardienne de la Baie des Anges depuis le Moyen Age, culmine à 92 m de haut et constitue aujourd'hui l'un des passages obligés pour atteindre le sommet de la colline du château, au sud. Ce monument, vestige d'une tour fortifiée de la citadelle médiévale, fut érigée sur une ancienne acropole. En 1825, elle fut transformée en un simple belvédère avant d'accueillir entre 1831 et 1844, le célèbre compositeur Hector Berlioz qui, inspiré par ces paysages, y a écrit l'ouverture du Roi Lear. Détruite en 1944 puis reconstruite, vous apprécierez le point de vue imprenable qu'elle offre sur la vieille ville, la promenade des Anglais et la baie des Anges après avoir monté les nombreuses marches de l'escalier « Lesage » (ou pris l'ascenseur payant disponible au pied de la tour !). L'édifice abrite aujourd'hui le Musée naval consacré à l'histoire maritime de Nice et sa région.

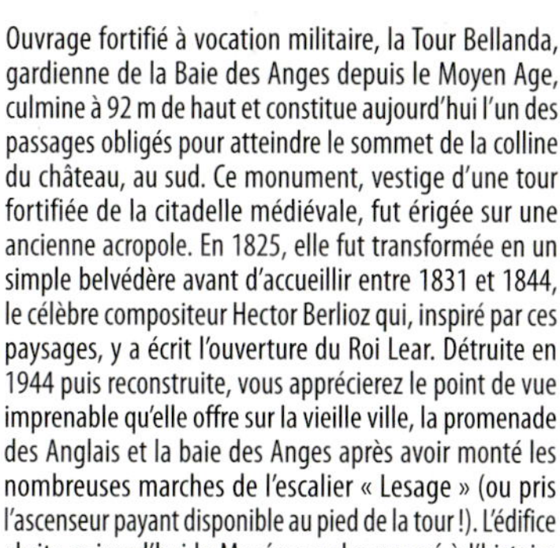

© VALÉRY TRILLAUD

La tour Bellanda

[redacted]ces religieux

BASILIQUE NOTRE-DAME

Centre-ville
37 bis, avenue Jean-Médecin
✆ 04 93 88 73 63

Le secrétariat est ouvert du lundi au vendredi, de 9h30 à 11h30 et de 16h à 18h. L'accueil est assuré par des bénévoles de 9h à 11h30 et de 15h à 18h. Adoration eucharistique : le vendredi de 17h à 18h (suivie de la messe). Confessions : en semaine après les messes ; le vendredi et le samedi de 17h à 18h.

Entièrement restaurée en 2010, cette église est la plus grande de Nice. Inspirée de la cathédrale d'Angers, elle fut édifiée en 1864 avec les offrandes des chrétiens de la ville. Cette construction s'inscrivait dans le cadre d'une volonté des autorités de franciser la ville après l'annexion du comté de Nice à la France ce dont témoigne l'architecture du bâtiment de style néogothique, caractéristique des constructions typiquement françaises. Les plans, signés par l'architecte Lenormand, mettent en avant deux tours carrés de 65 mètres chacune ainsi qu'un déambulatoire à chapelles rayonnantes qui prolonge les nefs. À l'intérieur, une immense rosace représentant des scènes de l'Assomption surplombe l'ensemble de l'édifice.

CATHÉDRALE SAINTE-RÉPARATE

Vieux Nice
3, place Rossetti ✆ 04 93 92 01 35
cathedrale-nice.com

Ouvert du lundi au vendredi de 9h à 12h et de 14h à 18h. Le samedi de 9h à 12h et de 14h à 19h30 et le dimanche de 9h à 13h et de 15h à 18h. Le secrétariat est ouvert du lundi au vendredi de 8h30 à 12h30 et de 13h à 16h (fermé le jeudi après-midi).

Cette ancienne abbaye bénédictine est l'un des principaux témoignages de l'art baroque à Nice. Sa construction dura plus d'un siècle, de 1650 à 1757. Dessinée par l'architecte niçois André Guiberto, elle remplace une modeste église rectangulaire du nom de Sainte-Marie du Château. Classée aux Monuments historiques depuis 1906 et siège du diocèse de Nice, la cathédrale est entièrement dédiée à la patronne de la ville, la jeune martyre sainte Réparate, dont le corps décapité, placé dans une barque, dériva depuis la Palestine pour être tiré sur le rivage par des anges. C'est d'ailleurs l'explication religieuse du nom baie des Anges. Inspirée de l'église Sainte-Suzanne de Rome, elle présente un plan en croix latine avec un dôme aux tuiles vernissées de style génois. Sa façade est sévèrement ordonnée et équilibrée avec un fronton triangulaire. Son campanile a été rajouté au XVIIIe siècle et sa façade rénovée en 1824 avec l'ornement de quatre niches. Dedans, dix chapelles ; dans l'une d'entre elles, vous admirerez le maître-autel à la gloire de sainte Réparate dont les restes reposent dans la cathédrale depuis 1690. Sans oublier la balustrade du chœur en marbre, les trois orgues, les frises dorées et les stucs de l'artiste italien Pietro Riva.

CATHÉDRALE SAINT-NICOLAS DITE ÉGLISE RUSSE

Quartier de la Gare
Avenue Nicolas-II
✆ 06 63 28 98 99
www.cathedrale-russe-nice.fr

La cathédrale est ouverte du mardi au dimanche de 9h à 12h et de 14h à 18h. Fermée aux visites lors de la tenue des offices religieux privés (baptêmes, mariages, enterrements).

Afin de répondre à la demande d'une importante population russe installée à Nice, la construction de la cathédrale orthodoxe Saint-Nicolas débuta en 1903 d'après le projet de l'architecte Preobrajensky. Remarquable avec ses 52 mètres de haut, cette cathédrale est considérée comme le plus bel édifice de ce type bâti hors de Russie. Elle doit son nom à l'empereur Nicolas II qui avec sa mère l'impératrice Maria Feodorovna financèrent entièrement la construction du bâtiment. Ils choisirent un terrain dans le quartier du Piol, là où ils aimaient résider. Inspirée du style de la basilique Saint-Basile de Moscou, la cathédrale fut édifiée avec des matériaux provenant de la région et d'Italie : terre cuite de Florence, marbre et granit rose d'Italie, pierre blanche de La Turbie. Le clocher se compose de six coupoles : la plus haute symbolisant le Christ, les quatre autres représentant les quatre évangélistes et la plus petite de couleur bleue destinée à la Vierge Marie. Le bâtiment est classé aux Monuments historiques depuis 1987. Depuis 1923, c'est une association cultuelle qui gèrait la paroisse orthodoxe Saint-Nicolas de Nice et donc la cathédrale. Mais en 2006, la Fédération de Russie revendiqua la propriété de la cathédrale en s'appuyant sur le fait que le terrain sur lequel elle fut construite appartenait à la famille impériale de Russie avant la révolution russe de 1917. L'affaire a été portée devant la justice qui a donné raison à la Fédération de Russie. Le site ne se visite plus librement.

ÉGLISE JEANNE D'ARC

Valrose
86, avenue Saint-Lambert
✆ 04 93 84 54 60
www.nice.catholique.fr

Ouvert du mardi au samedi de 9h à 12h et de 15h à 18h. Le lundi, ouvert de 15h à 18h.

Construite entre les années 20 et 30, cette église présente une architecture extérieure étonnante. Sa structure en béton armé, nouveau matériau de construction pour l'époque, permet aux architectes d'imaginer une armature futuriste influencée par l'Art Nouveau très en vogue à l'époque. Cette église catholique, classée au titre des Monuments Historiques depuis 1992, présente ainsi trois grandes coupoles ovoïdes et huit plus petites, qui reposent sur quatre piliers et un clocher élancé de 64 mètres de haut. Les peintures intérieures d'Eugène Klementtief s'inspirent du cubisme mais aussi des icônes russes tandis que les vitraux donnent une touche orientale à l'ensemble.

La cathédrale orthodoxe Saint-Nicolas

© VALÉRY TRILLAUD

Les jardins du monastère de Cimiez

ÉGLISE SAINTE-RITA

Vieux Nice

1, rue de la Poissonnerie

✆ 04 93 62 13 62

Ouverture de l'église du lundi au samedi de 7h à 12h et de 14h30 à 18h30. Le dimanche, de 8h à 12h et de 15h à 18h30. Ouverture du magasin en semaine, de 9h à 12h et 14h30 à 18h. Le dimanche, de 10h à 12h et 15h à 18h30. Fermé pendant les offices. Boutique.

L'édifice, anciennement consacré à l'apôtre saint Jacques, est connu dans la ville sous le nom d'église Sainte-Rita-de-Cascia, la « sainte des causes impossibles et des cas désespérés ». C'est l'une des plus anciennes de la ville : on retrouve sa trace pour la première fois vers l'an 900. Entièrement restructurée au XVIIe siècle, elle présente un magnifique décor baroque avec des autels et balustrades finement ornés de marqueteries de faux marbre, des boiseries d'époque, des dorures et des peintures en trompe-l'œil. La nef rectangulaire se termine par un chœur semi-circulaire orné de six chapelles. Près de la sacristie, une petite porte donne accès à l'oratoire Sainte-Rita : une fresque y raconte différents épisodes de la vie de la sainte. Un petit cahier vous permettra d'écrire vos intentions de prière.

ÉGLISE SAINT-JACQUES-LE-MAJEUR DITE DU GÉSU

Vieux Nice

Rue Droite

✆ 0892 707 407

L'histoire de ce bâtiment s'articule autour de deux églises, successivement construites sur ce site, toutes deux édifiées par les Jésuites. La première, assez modeste, située au nord de l'actuelle, est commencée en 1612. La seconde construction débutera trente ans plus tard avec une architecture inspirée de celle de l'église du Gesù de Rome. Décorée d'une façade au XVIIIe siècle, elle devient le premier bâtiment-témoin du baroque niçois. À l'origine, la chapelle servait de couvent aux Jésuites jusqu'à ce qu'ils soient expulsés de Nice en 1774, suite à la dissolution de leur ordre. L'église reçut ensuite en 1802 le siège de la paroisse Saint-Jacques-le-Majeur. Le clocher orné de tuiles colorées vernissées s'inspire de l'architecture génoise. La décoration intérieure, abondante, permettait de répandre dans l'esprit des fidèles l'idée de la gloire de Dieu. Une voûte romane de 36 mètres de long et 14 de large illustre divers épisodes la vie de saint Jacques le Majeur aux côtés du Christ. Ces décors, réalisés au début du XIXe siècle, sont attribués au peintre niçois Hercule Trachel.

MONASTÈRE DE CIMIEZ

Cimiez

Place du Monastère ✆ 04 93 81 00 04

Ouvert du lundi au samedi de 10h à 12h et de 15h à 18h (sauf fêtes). Église ouverte du lundi au dimanche de 8h30 à 12h30 et de 14h30 à 18h30. Jardin du monastère ouvert tous les jours de 10h à 18h.

Le monastère de Cimiez, classé aux Monuments historiques, a été construit au IXe siècle par les frères de l'abbaye de Saint-Pons. En 1546, la confrérie des Bénédictins le cèdent aux Franciscains dont le couvent a été rasé lors du siège de Nice trois ans auparavant et qui abrite aujourd'hui un musée qui retrace la vie franciscaine à Nice depuis le XIIIe siècle. Transformé en caserne pour les militaires puis en hôpital après la Révolution, il reprend sa vocation initiale sous la Restauration Sarde et redevient une église paroissiale placée sous la direction des moines. L'apparence du monastère a totalement été remaniée au XIXe siècle avec l'ajout des façades de style néogothique et d'un porche. A voir à l'intérieur : trois œuvres maîtresses du peintre primitif niçois Louis Bréa ; les fresques sur les voûtes peintes par Hercule Trachel (l'Assomption de la Vierge ; les scènes de vie de saint François et sainte Claire d'Assise) ; un retable de bois sculpté signé Louis Bréa de 1512 représentant la crucifixion. Avant de quitter les lieux, n'hésitez pas vous balader dans le jardin du monastère dont la vue embrasse une grande partie de la ville jusqu'à la mer. Ouvert au public depuis 1927, ce parc serait un des plus anciens jardins niçois dont la disposition serait la même depuis 1546 ! Orangers, citronniers, mandariniers, rosiers ponctuent une pelouse ordonnée qui fait le bonheur des séances photos des mariés !

Musées

■ **CRYPTE MUSÉALE GARIBALDI**
Place Garibaldi
Square Toja

Adulte : 5 €. Tarif réduit 2,50 € (étudiants, + 65 ans, chômeurs, personnes handicapées). Billet non échangeable, ni remboursable. Annulation possible en cas de problèmes techniques. Prévoir des chaussures sans talons pour la visite. Visite guidée (du mercredi au dimanche à 10h, 11h, 14h, 15h, 16h par groupe de 15 personnes maximum. Interdit aux enfants de moins de 7 ans. Durée : 1h. Réservation obligatoire et délivrance des billets au Centre du patrimoine situé au 75 quai des États-Unis).

Plus d'une trentaine de marches nous conduisent vers la découverte archéologique la plus intéressante de ces vingt dernières années ! Ce sont les travaux du tramway qui ont permis de mettre à jour à peine 6 mètres sous terre environ 2 000 mètres carrés de vestiges médiévaux et antiques étonnamment bien conservés racontant plusieurs siècles d'histoire de la cité niçoise. Les curieux peuvent ainsi admirer un parfait cylindre de la tour Pairolière datant du XIVe siècle, l'aqueduc alimentant en eau les jardins du palais sarde du vieux Nice, les ruines de la maison du faubourg médiéval des Augustins, l'immense bastion Saint-Sébastien (XVIIe siècle), les fossés des fortifications ou encore les piliers de l'ancien pont conduisant à la route de Turin. Une visite extraordinaire dans le passé.

■ **FORUM DE L'ARCHITECTURE ET DE L'URBANISME**
Centre Ville – Galerie d'exposition
Place Yves Klein sous le MAMAC
✆ 04 97 13 31 51
www.nice.fr
forum@ville-nice.fr

Ouvert toute l'année. Gratuit. Du lundi au vendredi de 8h30 à 17h. Le samedi de 9h30 à 13h30.

Le Forum d'Urbanisme et d'Architecture de Nice a pour principal objectif de créer une culture commune autour du thème de l'aménagement de la ville, de l'urbanisme et de l'architecture. Informations, concertations ou rencontres, le site s'attache à présenter au public et à mettre en valeur les transformations urbaines qui ont ou vont modifier le visage urbain de Nice.

L'Ecole de Nice, la nouvelle tendance artistique d'après-guerre

A partir des années cinquante, un foyer de création artistique se crée à Nice autour de différents moyens d'expressions et de courants variés mais avec une position commune : le rejet des académismes.

▶ Le fondateur de ce que l'on appellera « L'Ecole de Nice » est Yves Klein, natif de la région et pionnier d'un art expérimental, connu pour l'invention de son fameux « IKB » (International Klein Blue), un bleu outre-mer profond à la base de nombreuses de ses œuvres. Le groupe se composera de beaucoup d'artistes originaires de Nice pour la plupart, tous amis, et poursuivant le même objectif de création : Arman, Martial Raysse, César, Spoerri, Tinguely et Niki de Saint-Phalle en sont les personnalités principales.

▶ L'origine de leur création est plus ancrée dans une lignée philosophique qu'artistique pure : ils dénoncent d'une manière ironique l'air du temps, réagissent face aux réponses qu'a apportées l'abstraction jusqu'à maintenant et refusent un art trop hermétique qui leur empêche de dénoncer au travers de leurs œuvres ce statut aliénant que prend l'objet de consommation courante dans la France d'après-guerre face aux méfaits d'une société de consommation en plein essor. Pour cela, ils doivent inventer une nouvelle manière de créer non conventionnelle avec pour matériaux de réels objets afin d'intensifier l'expression de leurs œuvres : Arman accumule et brise les objets ; César les compresse ; Niki de Saint-Phalle se fait connaître pour ses « nanas », sortes de créatures opulentes et bigarrées qui illustrent une certaine prospérité économique d'après-guerre et Jean Tinguely, son mari, construit des machines-monstres infernales, sorte de caricatures des machines de guerre.

▶ Trois mouvements caractérisent l'école de Nice : le Nouveau Réalisme, sorte de pop art à la française qui apparaît dans les années cinquante. Puis, le mouvement Fluxus dans les années soixante qui pose de façon radicale le problème des limites de l'art et des genres : le support de création devient l'artiste lui-même et l'œuvre d'art devient éphémère, se caractérisant par des performances et des « happenings » en tous genres dans des endroits insolites. Dans cette mouvance, on trouve en chef de file, Benjamin Vautier, plus connu sous le nom de « Ben » qui inventa également une écriture devenue célèbre et notamment utilisée sur divers objets de grande consommation. Enfin, dernier mouvement propre à l'Ecole de Nice : le groupe Support Surface dans les années 1970 qui prône le retour aux outils et aux procédures de la peinture avec Viallat, Dollan Charvolen, Chacallis, Isnard, Maccaferri, Miguel et Saytour. D'autres artistes échappent à tous classements : Bernar Venet, Albert Chubac, Malaval, Verdet et plus récemment, Sosno ou Mas.

BOTOX[S] ou les défenseurs de l'Art Contemporain

L'Association Botox[s] réunit des acteurs azuréens de la création et de la diffusion artistique (musées, associations, galeries d'art – même certains hôtels y participent !) soucieux de représenter de façon objective et professionnelle le monde de l'art contemporain. Leur mission ? Défendre et soutenir l'art contemporain sous toutes ses formes. L'Association propose au public pour environ 15 € par personne et plusieurs fois dans l'année, des parcours originaux permettant d'explorer et de découvrir d'une manière insolite les sites artistiques et lieux de création de la région. Au programme : on monte à bord d'un minibus qui nous conduit à la rencontre d'artistes, de conservateurs de musée, de collectionneurs dans une ambiance décontractée et amicale…

http://botoxs.fr

MARS AUX MUSÉES

Partout dans la ville
Sites culturels et artistiques
www.marsauxmusees.fr
contact@marsauxmusees.fr

Gratuit pour les étudiants.

Organisée par les étudiants du Master Ingénierie Culturelle de l'Université de Nice, cette manifestation annuelle ouverte à tous permet de (re) découvrir les musées et les sites culturels de la Ville sous un nouvel aspect. Pendant le mois de mars, vous pouvez ainsi assister à des visites nocturnes, des spectacles (musique, théâtre, danse), des débats, des rencontres… Une façon ludique et pédagogique pour apprendre et regarder les œuvres d'art et la création artistique sous un autre angle dans une ambiance conviviale !

MOLINARD

Vieux Nice
20, rue Saint-François-de-Paule
✆ 04 93 62 90 50 – www.molinard.com
anicoud@molinard.fr

Ouvert tous les jours de 10h à 18h (fermée entre 13h et 14h ainsi que les dimanches d'octobre à mars inclus sauf vacances scolaires). Décembre de 10h à 18h30 7j/7. Avril à septembre de 10h à 19h 7j/7.

Fondé en 1849 et entreprise familiale depuis cinq générations, Molinard crée des parfums vendus dans d'élégants flacons en cristal de Baccarat. En 1891, la reine Victoria y achète ses eaux de Cologne. Le succès se confirme en 1921 avec l'inimitable fragrance Habanita dont le succès ne s'est jamais démenti ! Au début des années 1930, Lalique et Viard signent de splendides flacons. Dans la boutique nichée au cœur de la vieille ville niçoise, vous trouverez toute une gamme de parfums, eaux de toilette et eaux de Cologne, mais également des produits cosmétiques et d'autres spécialement pour la maison aux effluves douces, envoûtantes et délicates. Des conseillères très compétentes vous orientent selon vos besoins et vos goûts. Ne manquez pas de visiter et de découvrir cette boutique-atelier avec ses produits vrais et intemporels, sans oublier le petit musée et l'atelier où créer son propre parfum. Une adresse sympa et idéale pour faire des cadeaux ou se faire plaisir ! Info futée : 10 % de réduction sur présentation de ce guide.

Autre adresse : 60, boulevard Victor Hugo 06130 Grasse T. 04 93 36 01 62. Ouvert tous les jours de 09h30 à 13h et de 14h à 18h30. Les dimanches d'octobre à mars inclus sauf vacances scolaires. Juillet et Août de 9h30 à 19h00 7j/7. Attention dernière visite 1h avant fermeture.

MUSÉE ARCHÉOLOGIQUE DE NICE

Cimiez pour le site de Cemenelum et quartier du Port pour le site de Terra Amata
160, avenue des Arènes-de-Cimiez
✆ 04 93 81 59 57

Ouvert toute l'année. Du mercredi au lundi de 10h à 18h. Fermé tous les mardis ainsi que le 1er janvier, le dimanche de Pâques, le 1er mai et le 25 décembre. Gratuit. Visite guidée (tarif Plein 5 €. Réduit 2,50 €. Durée 1h à 2h). Boutique. Animations.

Le musée d'Archéologie de Nice est désormais composé de deux structures : le site de Terra Amata dédié à la Préhistoire et le site de Cimiez consacré à l'Antiquité et à l'époque paléochrétienne.

Inauguré en 1989, **le site de Cimiez** présente des collections concernant les âges des métaux, de l'Antiquité et du Moyen Âge. Ces objets archéologiques et documents officiels ou privés ont pour la plupart été trouvés lors de fouilles réalisées de 1950 à 1969 : tous concernent la vie de *Cemenelum* (qui donna d'ailleurs son nom à l'actuel quartier de Cimiez). Le musée présente des pièces exceptionnelles en bronze mais aussi des statues, des stèles, des sarcophages, des statuettes, des vases, de la vaisselle, des bijoux, des flacons à parfum, des épingles, des monnaies ou des fragments de mobilier. Des maquettes permettent également d'expliquer le site archéologique attenant : dans

Profitez, c'est gratuit !

Les quinze musées et galeries d'art municipales appartenant à la Ville de Nice sont gratuits ! Une belle initiative que l'équipe municipale a prise durant l'été 2008 afin de renforcer la fréquentation de ses établissements et de permettre ainsi un accès à tous à la culture. Attention, l'entrée du Musée du Message Biblique Marc Chagall est quant à elle payante : le musée est en effet géré par l'Etat qui offre malgré tout la gratuité à ses visiteurs chaque premier dimanche du mois !

Ruines de Cemenelum

le jardin, vous découvrirez un ensemble thermal, vestiges résultant de différentes époques de construction allant du Ier au VIIe siècle et composés d'une salle d'eau froide (frigidarium), d'un bassin, de deux salles chauffées, d'une salle tiède (tepidarium) et d'une étuve (sudatorium).

▶ Construit sur l'emplacement exact de la mise à jour d'un site d'habitat préhistorique vieux de 400 000 ans, **le site de Terra Amata** présente la reconstitution d'un foyer *acheuléen*. À cette époque, le niveau de la mer était bien plus élevé et la Ville de Nice, comme on la connaît aujourd'hui, était en grande partie sous les eaux. Ce musée offre donc un parcours pédagogique pour partir à la découverte des premiers niçois au travers d'un grand moulage représentant une plage préhistorique, des outils, des ossements ainsi que la reconstitution de la cabane et de la vie de ces *Homo Erectus* qui vivaient à Nice il y a fort longtemps… Une empreinte de pied demeure d'ailleurs le seul témoignage direct de ces hommes de Terra Amata.

▶ **Autre adresse :** 25 Boulevard Carnot, 06000 Nice T. 04 93 55 59 93

MUSÉE D'ART MODERNE ET D'ART CONTEMPORAIN – MAMAC

Centre Ville
Promenade des Arts ✆ 04 97 13 42 01
mamac@ville-nice.fr

Ouvert toute l'année. Fermé le lundi et le 1er janvier, le dimanche de Pâques, le 1er mai, le 25 décembre. Du mardi au dimanche de 10h à 18h. Gratuit. Visites commentées tous les mercredis à 15 heures, 5 € plein tarif. 2,50 € tarif réduit. Visite guidée. Restauration (en face du musée). Boutique. Animations.

Inauguré en 1990, ce musée d'Art moderne et d'Art contemporain (MAMAC) est l'aboutissement de plusieurs projets mis en œuvre aux cours de la seconde moitié du XXe siècle. Ce sont les architectes Yves Bayard et Henri Vidal qui en proposant une architecture reliant le cours du Paillon et l'axe de l'ancienne RN7 ont remporté les suffrages des élus. Le MAMAC est une sorte de grand château-fort composé de quatre tours habillées de marbre gris et reliées entre elles par des passerelles aux larges baies vitrées. Le programme artistique permanent du musée puise sont identité entre le Pop Art et l'Art d'assemblage américain ainsi que dans la nouvelle école du réalisme européen. Le mouvement local de l'École de Nice est bien mis en valeur avec des artistes comme César et Arman dont les célèbres œuvres décorent l'entrée du musée tout comme celles d'Yves Klein, de Niki de Saint-Phalle et de Ben. Le second niveau, réservé aux expositions temporaires, accueille des artistes des années 50 jusqu'à nos jours. Depuis le toit (fermé en cas d'intempéries), on peut profiter depuis une promenade circulaire du panorama sur toute la ville. Certains soirs d'été, le mur du feu réalisé par Yves Klein et encore en parfait état de fonctionnement, s'embrasse pour un spectacle brûlant de toute beauté.

■ MUSÉE DE LA RÉSISTANCE AZURÉENNE

Nice la Plaine 1- Bât A2
Boulevard Maurice-Slama ✆ 04 93 81 15 96
http://musee-resistance-azureenne.com
resistance.azur@free.fr
Bus : Ligne 9 (Terminus)

Ouvert du lundi au vendredi de 13h à 17h30. Gratuit. Visite guidée (avec audiophone tous les jours à partir de 14h). Centre de documentation.

Ce musée qui a vu le jour grâce à l'initiative de quatre résistants azuréens (Antoine Conso, Nelly Henriette Dubois, René Gilli et André Odru) existe depuis 1988. Au travers de 14 salles, une collection aussi riche qu'émouvante évoque la Résistance française sous différentes thématiques : l'histoire de la résistance azuréenne et nationale, la presse clandestine, la défense passive, la vie quotidienne sous l'occupation, la déportation, la guerre et la guerre d'Espagne, le martyrologe. Le lieu se veut aussi pédagogique : des rencontres avec les jeunes générations permettent d'expliquer la notion de « patriotisme ». Le musée fait également office de centre de recherches historiques avec plus de 4 000 ouvrages disponibles, une photothèque, une sonothèque, une vidéothèque et des archives inédites.

…is ✆ 04 92 29 37 00
…com
…@cg06.fr

…rt toute l'année. Du 2 mai au 15 octobre, de 10h à 18h. Du 16 octobre au 30 avril, de 10h à 17h. Fermé le 1er janvier, le 1er mai et le 25 décembre. Gratuit. Animations, spectacles et cérémonies du thé : adulte 10 € et - 16 ans : 5 €. Audioguide gratuit. Location de salles pour événements privés. Visite guidée. Boutique. Animations.

Lieu de rencontres et d'échanges entre les arts asiatiques et la culture occidentale, posé sur un plan d'eau artificiel parcouru d'oiseaux aquatiques au cœur d'un parc floral de 7 hectares, le musée des Arts asiatiques est l'œuvre de l'architecte Tange Kenzo. Sa structure en verre et marbre (contraste entre le vide et le plein) évoque selon les principes asiatiques la terre (le carré) et le ciel (le cercle) : tandis qu'au premier étage, la rotonde couronnée d'une pyramide de verre est réservée à la sphère spirituelle du bouddhisme, le sous-sol est dédié à l'habitat, au mobilier, aux objets usuels et à la zone multimédia. Un espace est également réservé aux expositions temporaires. Quatre zones symétriques présentent les œuvres des civilisations chinoises, japonaises, cambodgiennes et indiennes où objets anciens, modernes, artisanaux ou précieux illustrent les cultures traditionnelles d'Asie. Les dimanches deux cérémonies du thé sont proposées en alternance aux visiteurs : la cérémonie du thé japonais (*chanoyu*) et le temps du thé chinois (*gong fu cha*). Le musée propose également des conférences, animations et spectacles sur réservation et dispose d'une belle boutique.

■ MUSÉE DES BEAUX-ARTS DIT « MUSÉE CHÉRET »

Nice Ouest
33, avenue des Baumettes ✆ 04 92 15 28 28

Ouvert toute l'année. Du mardi au dimanche de 10h à 18h. Fermé le 1er Janvier, dimanche de Pâques, 1er Mai, et le 25 Décembre. Gratuit. Accessibilité partielle. Visite guidée (les mercredis et jeudis à 15h, 5 € tarif plein et 2,50 € tarif réduit).

Installé dans la magnifique villa de la Princesse russe d'Elisabeth Kotchoubey, le Musée des Beaux-arts abrite une collection d'œuvres qui couvre toute l'histoire de l'art du XIIIe au XXe siècle. Au fil des années, la collection s'est enrichie d'importantes donations issues de différentes tendances : impressionniste, école flamande, orientaliste... Au fil des salles, laissez-vous transporter au XIIIe siècle avec des peintres locaux, découvrez les œuvres des écoles du Nord mais aussi celles des grands noms des XVIIIe, XIXe et XXe siècles tels que Bréa, Durandi, Boudin, Monet, Van Loo, Bruegel, Chéret, Breslau, Dufy, Mossa, Van Dongen, Fragonard... De nombreuses expositions temporaires d'une grande qualité contribuent à la renommée de ce beau musée.

■ MUSÉE FRANCISCAIN

Cimiez
164, avenue des Arènes-de-Cimiez
Place du Monastère ✆ 04 93 81 00 04

Ouvert toute l'année. Du lundi au samedi de 10h à 12h et de 15h à 18h. Fermé pendant les offices. Gratuit.

Le Musée franciscain est installé au deuxième étage du monastère de Cimiez dans des bâtiments du XVIIe siècle. L'entrée est située à droite de celle de l'église. Beauté, calme et recueillement sont les maîtres mots du lieu. Ce petit musée évoque la vie à Nice des moines franciscains depuis la création de leur congrégation par saint François au XIIIe siècle jusqu'à nos jours. Y sont exposées plusieurs œuvres d'art (peintures, sculptures, gravures) et documents d'ordre monastique avec notamment un magnifique manuscrit enluminé. Ne manquez pas les trois tableaux du peintre niçois Louis Bréa, une croix séraphique de 1477 et le retable baroque de bois doré.

■ MUSÉE INTERNATIONAL D'ART NAÏF ANATOLE-JAKOVSKI

Nice Ouest
Avenue de Fabron
Château Sainte-Hélène
✆ 04 93 71 78 33

Ouvert toute l'année. Du mercredi au lundi de 10h à 18h. Gratuit. Visite guidée (en français tous les mercredis à 15h30 sur réservation, 5 € tarif plein. 2,50 € tarif réduit). Animations. Parking visiteur gratuit.

Le musée Chéret

C'est au Château Sainte-Hélène de Fabron, demeure du parfumeur François Coty, que s'est installé en 1982, le musée international d'Art naïf de Nice. Ce site doit son existence à la donation des critiques d'arts Anatole et Renée Jakovsky qui lui ont donné d'ailleurs leur nom. Il présente un fonds d'œuvres unique au monde permettant de retracer l'Histoire de l'Art naïf du XVIIe siècle à nos jours : Amérique du Sud, Haïti, Croatie, Europe centrale, Europe... Trois thèmes articulent les collections permanentes : la ville à la campagne ; les fables et contes populaires et l'historique de l'Art naïf. Vous retrouverez les œuvres, sculptures, affiches et dessins d'artistes plus ou moins célèbres tels que Rabuzin, Bauchant, Bombois, Ivan et Josip Généralic, Grandma Moses, O'Brady, Haddelsey, Rimbert, Vivin, Séraphine, Lefranc, Vivancos....

MUSÉE MASSÉNA

Centre Ville
65, rue de France
✆ 04 93 91 19 10
musee.massena@ville-nice.fr

Ouvert toute l'année. Du mercredi au lundi de 10h à 18h. Fermé certains jours fériés (Noël, 1er janvier, dimanche de Pâques et 1er mai). Gratuit.

Installé dans une splendide villa construite à la fin du XIXe siècle par l'architecte danois Hans-Georg Tersling selon le modèle des villas italiennes et néoclassiques du Premier Empire, le site fut la résidence d'hiver du Prince Victor d'Essling, petit-fils du Niçois André Masséna avant que ce dernier en fasse don à la Ville de Nice stipulant que le jardin devra être ouvert au public et que la villa doit devenir un musée. Dès 1921, l'établissement propose ainsi des collections (peintures, arts graphiques, sculptures, mobiliers et objets d'art) développant les aspects marquant du rayonnement de Nice depuis Bonaparte et l'Empire Napoléonien jusqu'à 1939. Depuis la Promenade des Anglais, la vue sur le musée est magnifique : il apparaît tel un joyau architectural posé au cœur d'un très beau parc arboré dessiné par Edouard André, l'un des maîtres des jardins du XIXe siècle.

▸ **Autre adresse :** 35 Promenade des Anglais 06100 Nice

MUSÉE MATISSE

Cimiez
164, avenue des Arènes-de-Cimiez
✆ 04 93 81 08 08
musee.matisse@ville-nice.fr

Ouvert toute l'année. Du mercredi au lundi de 10h à 18h. Fermé pour Noël, le 1er janvier, le dimanche de Pâques et le 1er mai. Gratuit. Visite guidée (lundi, mercredi, jeudi, vendredi à 15h30 ou sur demande selon la disponibilité du médiateur-conférencier, 5 €). Boutique. Animations.

Créé en 1963, la collection de ce musée, présentée autour d'un parcours initiatique pictural, couvre la période de 1869 à 1954. Le musée présente une particularité architecturale qui se reflète dans la présentation de ses collections. D'une part, la Villa des Arènes, demeure génoise du XVIIe siècle, transformée en musée Matisse depuis 1963 met l'accent sur l'évolution artistique de l'artiste avec ses avancées et ses recherches dans le domaine de la couleur et du graphisme. D'autre part, la nouvelle aile, ouverte depuis 1993, accueille quant à elle une partie de la collection permanente constituée de diverses donations (dont celle du peintre lui-même qui vécut à Nice de 1917 à 1954), un cabinet de dessins mais aussi les expositions temporaires qui donnent lieu à des cycles de conférences et à des projections de films d'art. La visite du musée commence donc par des œuvres assez sombres (elles ne s'ouvriront à la lumière méditerranéenne que sous l'influence de Cézanne) puis par d'autres, plus violentes et colorées, quand Matisse devînt un maître du fauvisme. Plus loin, on découvre des toiles d'une grande expressivité correspondant à la période où le peintre habitait Nice : la sensibilité de l'artiste est alors grandissante, inspiré par la mer, les femmes, la chaleur, la lumière et la nature. Le public découvre ensuite la quasi-totalité de l'œuvre sculptée mais aussi une centaine de clichés photographiques, une quinzaine de livres illustrés, plus de deux cents gravures et autant de dessins ainsi que de très nombreux objets ayant appartenu à l'artiste. Il est à noter que certaines salles sont consacrées aux tapisseries, vitraux et documents.

MUSÉE NATIONAL DU SPORT NOUVEAU

Plaine du Var
Boulevard des Jardiniers
Stade Allianz Riviera
✆ 06 16 81 00 82

Voir page 30.

© VALÉRY TRILLAUD

Musée Matisse

MUSÉE NATIONAL MARC CHAGALL

Cimiez
Avenue du Docteur-Ménard
✆ 04 93 53 87 20

Fermé les 1er janvier, 1er mai et Noël. De novembre à avril, de 10h à 17h. De mai à octobre, de 10h à 18h. Gratuit -26 ans, public handicapé (carte MDPH), le 1er dimanche du mois, les enseignants. Adulte : 8 €. Groupe (10 personnes) : 7 €. Tarif réduit 6 €. Tarifs majorés de 1 € en période d'expositions temporaires. Billet jumelé entre le Musée Chagall et le Musée Léger, valable 30 jours à compter de la date d'émission du billet : 12 €. Visioguides en LSF et audioguides. Visite guidée (durée 1h. Prix : 4,50 €. Tarif réduit : 3,50 €). Restauration. Boutique. Animations.

Créé sur l'impulsion du ministre de la Culture André Malraux en 1969, ce musée national présente la plus grande collection publique du peintre Marc Chagall avec des œuvres réalisées entre 1954 et 1967 lorsqu'il vivait à Nice. La thématique du message biblique est née de la volonté de l'artiste de rassembler en un seul endroit son plus important travail sur ce sujet. La collection permanente propose ainsi des œuvres réalisées autour de l'Ancien Testament et est complétée par de très nombreuses œuvres d'inspiration profane ou religieuse. Trois villes figurent notamment au cœur de sa création : Vitebsk, sa ville natale, Paris où il fit sa formation, et Vence où il s'installa après la guerre. Au total, ce sont plus de 800 peintures, gouaches, dessins, lavis, mosaïques et pastels qui sont présentés sur les 900 mètres carrés du musée. Les deux salles consacrées au message biblique sont immuables tandis que les autres accueillent régulièrement des expositions temporaires. Le musée dispose également d'un auditorium où résonne de la musique classique à l'occasion des nombreux concerts qui y sont organisés mais le lieu est surtout notamment célèbre pour ses 3 grands vitraux peints par l'artiste qui évoquent la création du monde. A noter que Marc Chagall a toujours accompagné la vie de cette institution au cours de sa vie et ce, jusqu'à sa mort en 1985. Un bel espace de verdure accessible au public entoure le site.

MUSÉE PRIEURÉ DU VIEUX LOGIS

Nice Ouest
59, avenue Saint-Barthélémy
✆ 04 93 84 44 74

Le site n'est ouvert au public que pour une visite commentée des lieux (env. 3 € par personne). Pour tout autre renseignement, contacter le Musée Masséna au 04 93 91 19 10. Visite guidée (sur réservation).

C'est une villa unique au monde. Ce vieux moulin à huile entièrement remodelé en villa niçoise au début des années 30 reconstitue un intérieur de la fin du Moyen Âge et de la Renaissance. Objets d'art religieux médiéval, objets usuels et mobiliers des XIVe, XVe et XVIe siècles, chaque pièce présentée ici a été rassemblée par le collectionneur et passionné d'art ancien, le révérend père dominicain Alfred Lemerre (1868-1960). L'artisanat français y est représenté par toute les corporations de métiers : peintres, sculpteurs, ferronniers, céramistes, potiers, huchiers, chaudronniers ou maîtres verriers… Le Père lègue son « musée » à la Ville en 1935 à la seule condition : le laisser tel qu'il a été créé. Durant votre visite, ne manquez pas la resserre en bois du XIVe siècle, la collection d'une centaine de burettes d'églises en étain fabriquées dans différentes françaises, l'autel d'église en bois sculpté et peint dédié à saint Jacques, la *pietà* franc-comtoise du XIIIe siècle et les vitraux représentants des scènes bibliques du XVe siècle.

MUSÉE USINE ESPACE D'ART ACTUEL ET VIRTUEL – MUSEAAV

Centre-ville
16 bis, place Garibaldi ✆ 04 93 56 21 19
www.museaav.com
info@museaav.com

Prix d'entrée selon la programmation. Restauration (café Cafeaav sur place). Boutique. Ouvert de 14h à 18h du mercredi au dimanche.

Installé dans une ancienne biscuiterie devenue un entrepôt de vin et un dépôt de Nice, le MUSEAAV est aujourd'hui un lieu culturel alternatif de 1 000 mètres carrés ouvert au public depuis 2006. Loin des circuits muséographiques traditionnels, expositions temporaires ou permanentes, usine graphique ouverte aux *workshops* et laboratoire expérimental culturel multipliant rencontres et événements périphériques (spectacle vivant, rencontres littéraires, projections vidéos...) déclinent l'art contemporain sous toutes ces formes : peintures, sculptures, photographies, sérigraphies, lithographies, installations… Les œuvres des plus grands artistes de ces dernières années y sont présentées volontairement sans cartel ni explication : Pierre Alechinsky, Joseph Beuys, Amédée Cortier, Christo, Marcel Duchamp, Cindy Sherman ou encore Andy Warhol. Le Cafeaav vous permettra de prendre une pause gourmande culturelle tandis que l'Art Shop sera l'endroit idéal pour acheter un petit souvenir de votre artiste préféré !

MUSÉUM D'HISTOIRE NATURELLE

Centre Ville
60, boulevard Risso
✆ 04 97 13 46 80
Bus lignes : 3 - 4 - 5 - 6 - 16 - 17 - 25 Arrêt : Acropolis-Barla

Ouvert toute l'année. Du mardi au dimanche de 10h à 18h. Fermé Noël, 1er janvier, dimanche de Pâques et 1er mai. Gratuit. Visite guidée (les mercredis à 15h).

Mémoire de la nature méditerranéenne, ce Muséum est le premier Musée municipal créé par la Ville de Nice ouvert au public en 1846. À l'époque, il est considéré comme l'un des plus intéressants d'Europe grâce aux collections de deux niçois : le naturaliste Jean-Baptiste Vérany et le savant Jean-Baptiste Barla. Le premier constitue une importante série d'oiseaux, de mollusques, de minéraux et de fossiles de la région. Le second apporte une collection originale axée sur les poissons, les plantes à fleurs et principalement sur les champignons du pays niçois. Aujourd'hui, plus d'un million de spécimens géologiques, zoologiques et botaniques sont présentés au public. Périodiquement, quelques expositions temporaires *hors situ* sont programmées au Parc Phœnix, à la bibliothèque Louis-Nucéra ou à la Maison de la Nature du Parc Départemental de la Grande Corniche. Le musée sera dans plusieurs années délocalisé afin de gagner en superficie dans une future citée des sciences et de la nature construite au sein du Parc Phoenix. Avec plus d'un million de pièces de collection, le Muséum d'histoire naturelle de Nice est classé huitième collection nationale.

THÉÂTRE DE LA PHOTOGRAPHIE ET DE L'IMAGE

Centre Ville – 27, boulevard Dubouchage
✆ 04 97 13 42 20
theatre.photo@ville-nice.fr

Ouvert du mardi au dimanche de 10h à 18h. Gratuit. Visite guidée (visites commentées (en français) sur RDV).

D'abord « foyer d'art » à la fin du XIXe siècle, le lieu présentait des artistes et écrivains niçois à travers des dîners, bals et autres réceptions. En 1911, une salle de théâtre accueillant les plus grands de l'époque (Sacha Guitry, Maurice Daunnay, Charles Trénet, Yvonne Printemps...) est ajoutée au lieu multipliant ainsi les activités de ce club culturel qui proliférera jusque dans les années 70. En 1994, le théâtre de l'Artistique ferme au bout de 99 ans d'existence : la Ville de Nice le rachète. Aujourd'hui, cette institution présente une collection photographique ouverte à toutes les tendances, du photo-journalisme à la photo plasticienne, de la photographie du XIXe aux techniques numériques actuelles. Tout au long de l'année sont également organisées des très belles expositions monographiques ou thématiques. À noter que l'une des missions de cette institution est de rassembler une collection photographique sur Nice et sa région à travers des recherches de documents anciens mais aussi en confiant à des auteurs-photographes des missions d'inventaire du patrimoine humain, urbain, historique et industriel de la ville.

VILLA ARSON

Saint-Sylvestre – 20, avenue Stephen-Liégard
✆ 04 92 07 73 73 9 18
www.villa-arson.org
servicedespublics@villa-arson.org

Les espaces du centre d'art, les jardins et terrasses sont ouverts du mercredi au dimanche de 14h à 18h (de 14h à 19h en juillet et août). Fermé les lundis et mardis, le 1er mai, le 25 décembre et 1er janvier. Gratuit. Visite guidée. Boutique.

À la fois école supérieure d'art, centre national d'expositions d'art contemporain, médiathèque et résidence d'artistes, la villa Arson est un établissement totalement atypique. Créé sur la volonté d'André Malraux, il a été construit en 1970 par l'architecte Michel Marot (grand prix de Rome en 1954) sur la propriété familiale des Arson de Saint-Joseph, une famille bourgeoise de Nice. Les bâtiments sont de styles méditerranéens, brutalistes en béton et agglomérés avec des galets du Var. Quant à l'ancienne maison du XVIIe siècle inscrite à l'inventaire des Monuments historiques, elle est toujours là mais contraste drôlement avec le style contemporain de l'établissement. De magnifiques jardins aux nombreuses essences méditerranéennes sont soigneusement entretenus et sont particulièrement agréables pour s'y promener. La villa a reçu le label du Patrimoine du XXe siècle en 2002. L'établissement organise régulièrement de nombreuses expositions d'art tout au long de l'année dont vous trouverez la programmation détaillée sur le site Internet.

Sites urbains

LA PLACE GARIBALDI

Très élégante et lieu privilégié de l'identité niçoise en raison de sa promiscuité avec la vieille ville et le quartier du port, la place Garibaldi fut construite au XVIIIe siècle par Antonio Spinelli selon le style baroque turinois. Semi piétonne depuis 2007, elle constitue néanmoins un important axe de circulation entre le nord et le sud de la Ville. A l'origine appelée « Place Pairoliera », elle change plusieurs fois de nom mais conserve à partir de 1891 celui qui rend hommage à Guiseppe Garibaldi, un héros de l'unification italienne dont la statue, œuvre d'Antoine Etex achevée par Jean-Baptiste Gustave Deloye, orne son centre. A voir : les façades de couleurs ocre jaune qui, sous les arcades d'architecture baroque, bordent le lieu et notamment celle du Palais Avigdor (au numéro 10) et la fontaine au centre.

L'incontournable galet niçois

Ils sont nombreux, plats, arrondis, lisses, ne collent pas aux pieds et se déclinent du gris foncé au gris clair. Certes peu confortables, ils nous assurent une démarche des moins élégantes, font mal aux pieds et nous obligent à nous tortiller sur notre serviette de plage pour éviter qu'ils ne nous fassent mal au dos... Vive les galets ! Ils participent au charme de la Promenade des Anglais et sont un symbole du patrimoine local de la ville de Nice et du littoral azuréen en général. Les galets de la plage originelle étaient apportés naturellement pendant longtemps : c'était le fleuve du Var qui les fournissait en quantité importante lors de ses crues d'automne ou de printemps. Mais avec les transformations urbaines du littoral et les perturbations climatiques, la plage subit chaque année une cure d'amaigrissement : les galets ne sont plus apportés naturellement mais continuent d'être emportés par les fréquents coups de mer de l'hiver. Des mesures sont actuellement à l'étude en mairie de Nice pour pallier ce phénomène. Attention, interdiction d'en ramener dans ses poches !

Les Studios Riviera – Studios de la Victorine

Implanté sur la colline de Carras à Nice-ouest sur environ 7 ha, le domaine de la Victorine est à l'origine une propriété horticole. Vendu, le site fut transformé en propriété d'agrément par le duc de Rivoli qui le baptisa « La Victorine » du nom de sa nièce Victoire. Au début des années 1920, Louis Nalpas et Serge Sandberg, producteurs, sont séduits par ces lieux qu'ils transforment en l'un des principaux studios français dans le but d'en faire le « Hollywood français ». Mais les travaux qu'ils entreprennent engloutissent leurs fonds : ils se retirent et les studios vivotent jusqu'en 1924. A cette date, un des plus célèbres réalisateurs américains, Rex Ingram, reprend et modernise les lieux jusqu'en 1927 : les films qu'il y tourne donnent au studio une grande réputation. A l'avènement du parlant, la « Victorine », désormais très connue, débarrassée de plusieurs concurrents et bientôt irriguée par les capitaux de Gaumont, attire de nombreux metteurs en scène comme Jean Grémillon, Alexandre Wolkoff, Christian Jaque. C'est le début d'une période faste où sont réalisées de grandes productions : *Les Visiteurs du soir* et les *Enfants du paradis* de Marcel Carné (1942 et 1943), *L'Eternel retour* de Jean Delannoy (1943), *Les Petites du quai aux fleurs* de Marc Allégret, *Fanfan la Tulipe* de Christian Jaque avec Gina Lollobrigida et Gérard Philippe (1951), *Jeux interdits* de René Clément (1951), *La Main au collet* d'Alfred Hitchcock avec Grace Kelly et Cary Grant (1954), *Lola Montès* de Max Ophuls (1955), *Cela s'appelle l'aurore* de Luis Bunuel (1955), *Et Dieu créa la femme* de Roger Vadim avec Brigitte Bardot (1956), *Mon oncle* de Jacques Tati (1956), *Lady L.* de Peter Ustinov avec Sophia Loren et Paul Newman (1964) ou encore *Le Corniaud* de Gérard Oury (1964). Ainsi, au gré des distributions, la Victorine accueille les plus grands : Elizabeth Taylor, Richard Burton, Robert de Niro, Mickey Rourke, Roger Moore, Jean Gabin, Bourvil, Louis de Funès, Alain Delon, Jeanne Moreau, Gérard Depardieu... Mais l'endroit connaît des crises périodiques qui l'affaiblissent considérablement : difficultés financières ou juridiques, irruption de la Nouvelle Vague qui préfère tourner en décors naturels, pression des promoteurs qui convoitent les terrains remarquablement situés, manque de dynamisme de certaines directions.... En 1999, la société est rachetée : la « Victorine » est renommée « Studios Riviera » et annonce des projets ambitieux (tournage de films d'auteurs, de films publicitaires, d'émissions de télévision). L'endroit a servi de cadre au tournage de l'émission de télé réalité de TF1 *Nice People* (2003) ainsi qu'à la série TV *Cinq Sœurs* (2007-2008).

LA PLACE MASSÉNA

Elle constitue l'un des espaces les plus célèbres de Nice. À l'origine, il s'agissait de deux places : la place Charles-Albert au sud de style néoclassique, semi-circulaire, et la place Masséna elle-même au nord, rectangulaire, de style XVIIIe siècle, imaginée par l'architecte Joseph Vernier et bordée d'immeubles aux façades rouges posés sur d'imposantes arcades blanches. Entre 2003 et 2007, à l'occasion des travaux de construction du tramway, l'esplanade a entièrement été réhabilitée par l'architecte Bruno Fortier afin de lui rendre sa splendeur d'antan : principalement piétonne, pavée d'un dallage minéral blanc et noir composant une sorte de damier géant, l'endroit est devenu un large espace de promenade avec au sud, la superbe fontaine du Soleil représentant des personnages de la mythologie gréco-romaine. Depuis 2007, dans le cadre de l'installation d'œuvres d'art contemporain tout au long du parcours du tramway qui la traverse sur son axe nord-sud, la place Masséna est jalonnée par sept statues en forme de scribes en position assise : en résine blanche juchée sur des mâts à une dizaine de mètres au-dessus du sol, chacune s'éclaire à la nuit tombée grâce à des jeux de lumière qui changent progressivement et font alterner les couleurs. L'ensemble, créé par l'artiste catalan Jaume Plensa, s'intitule « Conversation à Nice ».

La place Masséna de nuit

LA PLACE ROSSETTI

Vieux Nice

Face à la cathédrale Sainte-Réparate, cette place est le cœur touristique du vieux Nice accueillant les terrasses de nombreux restaurants et glaciers. Elle porte le nom des généreux donateurs à la ville d'un ilot central qui grâce à sa démolition, permis au site de changer totalement de perspective offrant ainsi un point de vue appréciable à la fois sur la cathédrale mais aussi sur le Palais Lascaris. Les travaux furent effectués dans les années 1880 avec le percement de la rue du même nom qui grimpe aujourd'hui vers la colline du château. En été, la place est très animée, occupée par les tentures et terrasses des nombreux commerçants.

PLACE SAINT-FRANÇOIS

Vieux Nice

La place Saint-François tire son nom du couvent des Franciscains (XIIIe siècle), abandonné à la Révolution puis démoli. Du couvent des frères mineurs de Saint-François, il ne reste aujourd'hui qu'une minuscule partie du cloître. La tour de l'horloge, récemment restaurée, domine la place très animée qui accueille du mardi au dimanche, le fameux marché aux poissons autour de sa petite fontaine aux dauphins. Le Palais communal (ancien Hôtel de Ville), toujours présent et de style baroque turinois, date du XVIe siècle : restauré à plusieurs reprises et inscrit depuis 1949 aux titres des Monuments Historiques, il constitue l'un des rares bâtiments publics baroques de la vieille ville et abrite la Bourse du Travail depuis 1893.

LA PROMENADE DES ANGLAIS

Difficile à croire en la regardant aujourd'hui mais cette imposante promenade n'était qu'un modeste sentier terreux au début du XIXe siècle ! Avec l'arrivée des premiers hivernants britanniques en 1760, le bord de mer devient un lieu agréable de promenade : en 1844, un premier tronçon de 12 m est aménagé au sud-est du Paillon. Dix ans plus tard, la voie est prolongée jusqu'à Magnan. En 1930, le site nous montre son visage actuel : les villas et leurs jardins sont détruits, remplacés par des palaces, des hôtels, des casinos ou des immeubles résidentiels. Vous remarquerez que les palaces comme le Negresco ou l'Opéra ont leur façades au nord, dos à la promenade : rappelons que Nice était une station d'hiver appréciée pour la douceur de son climat mais pas pour la mer ! Durant l'hiver, seuls les anglais, très nombreux sur le littoral azuréen à cette époque de l'année, appréciaient les balades en front de mer d'où le nom de « promenade des Anglais » ... Devenue légendaire, elle déroule son tapis sur près de 8 km de front de mer en épousant la courbe presque parfaite de la baie des Anges. La *Prom'* (comme disent les Niçois) bien que parfois surchargée de véhicules est devenue un lieu de rendez-vous incontournable pour les amateurs de rollers, de courses à pied, de balades à vélo (une piste cyclable a été tracée sur le trottoir sud) ou de promenades à pied. Outre les manifestations nombreuses (carnaval, batailles de fleurs, marathon...), la promenade est réputée pour ses « chaises bleues » et ses pergolas, propices au *farniente* et à la contemplation. Information insolite : ses lampadaires, uniques, éclairent aussi bien le sol que le ciel et servent de balises aux pilotes d'avions en approche pour un atterrissage *by night* à l'aéroport de Nice.

LE VIEUX NICE

La vieille ville raconte le passé médiéval [illegible] ses monuments, ses palais baroques et sa vie [illegible]. Éminemment pittoresque, elle se caractérise par ses ét[illegible] ruelles, ses constructions en hauteur, ses arches surmontée[illegible] de plusieurs étages qui enjambent les rues, ses escaliers qui relient les différents niveaux, ses venelles tortueuses, ses placettes et ses terrasses de restaurants. Construite aux XVIe et XVIIe siècles, réhabilitée dans les années 1950 et aujourd'hui bien mise en valeur, elle reste un émouvant témoignage du passé. Parsemée de petites boutiques de spécialités locales qui fleurent bon les épices, les bougies parfumées et les senteurs du Midi, le vieux Nice est aussi l'endroit où trouver des restaurants aux salles secrètes et des pizzerias dont la terrasse déborde sur la rue. Ses ruelles proposent aux touristes son ambiance Renaissance franco-italienne, l'ocre clair de ses façades, ses volets mi-clos préservant l'intimité des occupants ou la truculence de ses marchands qui s'interpellent en authentique nissart, la langue locale. Ici flotte le souvenir de Garibaldi, natif de Nice, et du jeune général d'artillerie Bonaparte, qui habita au numéro 6 de la rue qui porte aujourd'hui son nom. N'oublions pas également de citer le jeune Masséna, fils d'un marchand de vin qui partit simple soldat et devint en quelques années maréchal de France, duc de Rivoli et prince d'Essling : Napoléon l'avait d'ailleurs surnommé « l'enfant chéri de la victoire ». Ne manquez pas la visite du cours Saleya qui accueille les matins sous ses tentes colorées et bariolées, son célèbre marché aux fleurs, aux fruits et aux légumes qui embaument l'air d'une douceur agréable et parfumée. Cette artère constitue le lieu incontournable dans une visite de Nice et incarne l'âme de la ville. Entouré de bars et de restaurants, le cours Saleya est constamment animé dès 6h du matin jusque tard dans la nuit, en toute saison. À noter que ce charmant décor servit notamment à une course-poursuite dans le film *Ronin* avec Robert De Niro et Jean Reno en 1998.

© VALÉRY TRILLAUD

La Promenade des Anglais

Nice avec
cturne.
ites

Jardins

Nice « la ville verte de la Méditerranée ... ement et l'aménagement de la commune intègrent donc toutes les prérogatives de l'activité humaine : cadre de vie, environnement, infrastructures et modes de transport. Ainsi au cœur de la cité, 300 ha de parcs et jardins chacun doté de ses propres essences et de ses espèces rares permettent à quiconque de faire une pause hors du tumulte de la ville.

Un nouveau parc dans la Plaine du Var

Situées sur le Chemin des Baraques à quelques mètres du Stade Allianz Riviera, les anciennes pépinières horticoles de la Ville de Nice où étaient produits et stockés les arbres et palmiers destinés aux jardins municipaux ont été entièrement réaménagées pour donner naissance à un nouvel espace vert de 1,6 ha mettant en scène 500 plantes appartenant à une vingtaine d'essences différentes : palmier nain, dattier des Canaries, micocoulier, caroubier, chêne vert, olivier... Un sentier pédagogique complète la découverte de ce lieu permettant aux visiteurs de mieux connaître les végétaux au moyen de panneaux explicatifs. Un endroit sympa où aller se promener. Table de pique-nique et espaces de jeux pour les enfants. Ouvert de 8h30 à 18h en hiver et jusqu'à 20h d'avril à septembre.

■ COLLINE DU CHÂTEAU

Vieux Nice – Parc du Château

Ouvert du 1er septembre au 30 septembre et du 1er avril au 31 mai : 8h – 19h. Du 1er octobre au 31 mars : 8h – 18 h. Du 1er juin au 31 août : 8h – 20h. Accueil enfants (parc à jeux). Restauration (en saison estivale).

La colline du château est un grand rocher calcaire culminant à 93 m. A son sommet, 2 plateaux : le premier au sud a abrité durant sept siècles le château de Nice tandis que l'autre, au nord, abrita les premiers faubourgs de la citadelle. Une fois que vous aurez gravi les escaliers qui mènent au Parc ou préféré l'ascenseur (payant), vous pourrez jouir d'un superbe panorama sur la ville ainsi que sur la Baie des Anges. La colline du château est un énorme poumon de verdure niçois : espace de détente et de promenade, ses 2 ha offrent une végétation essentiellement constituée de feuillus et de quelques conifères. Sur les flancs de la colline, des cactées et autres plantes succulentes sont venues coloniser la roche. Une étonnante cascade (construite sur le site de l'ancien donjon du château) alimentée en eaux de la Vésubie vient rafraîchir l'air ambiant des chaudes journées estivales : n'hésitez pas à faire un vœu tout en lançant une piécette dans le bassin en contre-bas ! En vous promenant dans cet écrin de verdure au milieu des allées arborées et décorées de galets (pour certaines), vous remarquerez les ruines de l'ancien château détruit vers 1706 sur ordre de Louis XIV

© VALÉRY TRILLAUD

Point de vue sur la colline du château

Cascade de la colline du château

et celles de la cathédrale médiévale dédiée à sainte Marie. Au XVIIIe siècle, avec l'arrivée des nombreux touristes sur le littoral azuréen, la ville chargea le naturaliste Antoine Risso de reboiser le site en y important d'innombrables essences exotiques. Accompagnés par d'autres (Bottieri, Milonis et Touet), ils offrirent à Nice un magnifique parc arboré. La Tour Bellanda (anciennement Tour Saint Elme) vient embellir le site avec son architecture dans le style des décorations paysagères romantiques. Un peu plus loin, ne manquez pas l'un des plus beaux cimetières de France avec une multitude de magnifiques tombeaux de tous les styles : romain, néo-gothique, ligure… De nombreuses personnalités locales y sont inhumées. Mais c'est sans doute le soir, quand les lumières s'allument et que le parc ferme, et que le visiteur contemple la colline du château depuis la vieille ville, que l'endroit est le plus magique. Quoi qu'il en soit, le site vous offrira de beaux souvenirs.

■ JARDIN ALBERT I ER

Promenade du Paillon
2-6, avenue de Verdun
Entrée libre 24h/24
Situé en bord de mer, l'endroit fut aménagé sur le lit du Paillon en 1863, ce qui en fait le parc le plus ancien de la ville. Au cœur du jardin, entre palmiers, allées sinueuses et parterres de pelouses, le kiosque à musique datant de 1868, se fait le témoin d'un autre temps. Anciennement appelé Jardin Paradis, Jardin des Plantes, Jardin Masséna puis Jardin des Palmiers, le parc prend le nom définitif de Jardin Albert Ier en 1914. Depuis quelques années, l'endroit accueille de nombreux événements comme le Festival du livre ou le Festival du Jazz et de nombreux artistes se produisent sur la scène du Théâtre de verdure. Au centre du jardin, une monumentale sculpture de l'artiste niçois Bernard Venet invite le promeneur à la contemplation tandis que les plus jeunes apprécieront le vieux carrousel et ses chevaux de bois.

■ JARDIN BOTANIQUE

Nice Ouest
78, avenue de la Corniche-Fleurie
✆ 04 92 29 41 80
jardinbotanique@ville-nice.fr
Jardin remarquable. Ouvert toute l'année. Tous les jours. D'octobre à mars de 9h à 17h. D'avril à septembre de 9h à 19h. Gratuit. Chiens interdits. Visite guidée (visite guidée gratuite tous les jours sur rendez-vous).
Ce parc municipal créé en 1983 à partir d'une collection de 100 espèces détenues à l'origine par le musée d'Histoire naturelle s'est rapidement imposé comme un lieu de promenade sur plus de 3 hectares. Situé à flanc de colline, il offre une vue remarquable sur l'embouchure du Var et la Baie des Anges. Il présente plus de 3 500 espèces de plantes principalement méditerranéennes. Le jardin est divisé en deux parties : dans la première poussent des espèces dont les critères de choix répondent à des thèmes classiques (zone des iris, zone humide, zone médicinale...) tandis que la seconde accueille des collections de plantes thématiques (bassin californien, ancienne province du Cap ou sud-ouest de l'Australie…). Une collection d'agaves est particulièrement mise en valeur aux côtés des genévriers, cyprès, sauges et autres palmiers. Au gré de votre balade, vous vous familiariserez avec certaines espèces protégées qu'il faut épargner lors de vos promenades dans la nature. D'autres surprises vous attendent avec la découverte des plantes médicinales, aromatiques ou vénéneuses.

Panorama depuis le mont Vinaigrier

JARDIN DU MONASTÈRE ET DES ARÈNES DE CIMIEZ

Cimiez – Place du Monastère

Entrée gratuite. Ouvert d'avril à mai de 8h à 19h. De juin à août de 8h à 20h. De septembre à octobre de 8h à 18h. De novembre à mars de 8h à 17h30.

Ces deux jardins situés l'un à côté de l'autre sont de véritables havre de paix. Le jardin du monastère bordé du « bois sacré » sera idéal pour la méditation. C'est le plus ancien jardin de la Côte d'Azur. On dit que son plan serait inchangé depuis 1546 ! Différentes variétés de fleurs forment des mosaïques de couleurs tandis que les vieilles pergolas se parent de rosiers grimpants. Orangers, mandariniers et bigaradiers ponctuent une pelouse bien ordonnée. En contre bas, des bassins entourés de bancs à l'ombre seront l'endroit idéal pour une pause rafraîchissante tandis que la vue sur la partie est de la ville est splendide. À quelques pas se trouve le jardin des Arènes, moucheté par les touches argentées des oliviers. C'est un lieu très apprécié des joueurs de pétanques niçois qui investissent les lieux en toutes saisons. Ambiance conviviale assurée ! Votre chemin croisera aussi celui des joggeurs mais aussi des parents accompagnés de leurs enfants.

- **Autre adresse :** 164, avenue des Arènes-de-Cimiez

La baie des Anges ?

La baie des Anges est bel et bien une baie avec des anges dedans... Cependant, les anges dont on parle ici ne sont pas ces êtres asexués et joufflus que les idolâtres aiment à imaginer mais... un type de requin ! Selon la tradition, des pêcheurs prenaient régulièrement dans leurs filets, suite à leurs sorties en mer entre le cap d'Antibes et le cap de Nice, une sorte de requin inoffensif vivant alors sur les fonds marins. Ces squales portaient le nom latin de *squatina angelus* qui signifie « requins anges », clin d'œil à leurs ailerons perpendiculaires ressemblant aux ailes d'anges immortalisées par les artistes depuis les temps anciens. Aujourd'hui le nom est resté. Quant aux requins, ils furent tous exterminés...

PARC DU MONT VINAIGRIER

Mont-Boron
Route forestière du Mont-Boron
www.cg06.fr – cg06@cg06.fr
Bus : ligne 14, arrêt Col de Villefranche

Accès gratuit

Le parc du Mont Vinaigrier est situé à l'extrémité Est de la ville de Nice. Depuis la route de la Grande Corniche, on découvre un écrin de nature préservée qui dévoile un panorama unique sur la baie des Anges et la rade de Villefranche-sur-Mer. Ce mont Vinaigrier est un plateau calcaire situé à plus de 300 m d'altitude avec des versants plus ou moins abrupts. Les Ligures avaient élu domicile sur ce plateau peu élevé doté d'une terre cultivable et qui offre un retour à la nature en lisière de la ville où l'on vient trouver la fraîcheur d'une forêt composée de grands pins d'Alep et de chênes verts. La réhabilitation de la partie agricole du parc et les mesures de protection des paysages caractéristiques des coteaux niçois du XIXe siècle, lui ont valu le label de «Paysage de Reconquête» décerné par le ministère de l'Environnement en 1992. La maison du Vinaigrier abrite une exposition pédagogique qui explique l'évolution du site et de son exploitation agricole au fil des siècles. Des tables et des bancs sont à disposition dans la partie haute du parc pour pique-niquer tandis qu'un sentier accessible pour tous et long de 2 km relie le Col de Villefranche à la Grande Corniche.

■ **PARC CHAMBRUN**
Chambrun – Rue George-Sand
www.nicetourisme.com
Bus : ligne 23, arrêt Chambrun
Entrée gratuite Ce jardin à l'ambiance calme et sereine renferme un petit chef d'œuvre d'architecture romantique, un ancien kiosque à musique dont l'apparence fait écho au Temple de la Sibylle à Tivoli à Rome. Plus communément connu dans la cité niçoise sous le nom de Temple de l'Amour, le parc est situé dans les quartiers nord de la ville au cœur du quartier résidentiel de Saint-Maurice. Au sein du Parc, ne manquez pas le grand cèdre du Liban, vieux de plus de deux siècles !

■ **PARC VIGIER**
Port – Boulevard Franck-Pilatte
✆ 0892707407
info@nicetourisme.com
Entrée libre. Ouvert de 8h à 19h du 1er avril au 31 mai et du 1er septembre au 30 septembre. Ouvert jusqu'à 18h du 1er octobre au 31 mars et jusqu'à 20h du 1er juin au 31 août. Tout près du port s'ouvre sur la mer un jardin méditerranéen de 10 000 mètres carrés de toute beauté. Ici, se mêlent une grande variété d'arbres exceptionnels dont le palmier dattier et l'Agathis. L'endroit fut le lieu d'acclimatation en 1864 du fameux Phoenix Canarien Sis, symbole de la Côte d'Azur et introduit par le vicomte de Vigier.

Sites de découverte

Un peu d'histoire... Avant l'ère chrétienne, Nice n'était qu'un mont. Des tribus ligures s'installent sur ce que l'on appelle toujours la **« colline du Château »** où les sources ne manquent pas. *Nis* aurait signifié « hauteur sur point d'eau » en langue ligure. Durant l'Antiquité, le petit village se partage en deux cités : la grecque sur l'acropole de Nikaia et la romaine sur la colline de **Cimiez** jusqu'à la chute de l'Empire romain en 476 où les habitants se regroupent. En 1543, Nice survit aux attaques des armées franco-ottomanes qui ne parviennent pas à s'emparer du château mais cet événement met en évidence la vulnérabilité du site : Emmanuel-Philibert décide de construire une forteresse inexpugnable, voisine de Villefranche et du fort du **mont Alban**. Nice devient alors une cité militaire où toutes les habitations civiles sont détruites au profit d'une architecture fortifiée de grande envergure : les habitants s'entassent dans la ville basse, l'actuel **vieux-Nice**. Vers 1832, une extension de Nice sur la rive droite du Paillon est encouragée : peu à peu, la ville se détache de son cœur historique pour s'ouvrir sur le tourisme.

Flâneries slaves à Nice

Si la Riviera fut fréquentée de façon sporadique par quelques hommes de lettres russes au cours de la première moitié du XIXe siècle (Lermontov, Gogol et Tolstoï), c'est à partir du moment où des membres de la famille impériale russe firent des séjours sur la Riviera, que la présence slave s'amplifia rapidement sur le territoire azuréen.

Vous commencerez votre périple en vous rendant au Château de Valrose à la Faculté des Sciences de Nice édifié par le baron Von Berwies, un magnat des chemins de fer arrivé à Nice en 1867. Vous arpenterez le magnifique parc dans lequel le baron fit réaliser statues, grottes et cascades. Il y installa même une isba provenant de l'un de ses domaines à Kiev. En redescendant, arrêtez-vous un instant à l'Eglise Sainte-Jeanne-d'Arc pour admirer les magnifiques fresques d'Eugène Klemmentieff. Dirigez-vous ensuite vers le boulevard de Cimiez où se trouve le célèbre Musée Chagall dont la collection composée des 17 tableaux du Message Biblique est exceptionnelle ! Reprenez votre visite par l'église orthodoxe russe qui vit le jour grâce au financement de l'Impératrice Alexandra Féodorovna, impératrice douairière, veuve du tsar Nicolas Ier. Vous repartirez ensuite vers la cathédrale Saint-Nicolas, témoin très pittoresque du passé slave. Cet édifice de style byzantin est mirifique notamment grâce aux cinq coupoles finement dorées à l'or fin qui dessinent des ballons colorés dans le ciel. Non loin de là, l'Hôtel du Parc Impérial fut construit en 1900 pour les hivernants russes sur une autre partie du domaine Bermond. Ses tennis furent le théâtre des exploits de la championne Suzanne Lenglen et il a été transformé en lycée en 1924. Le lendemain, vous arpenterez les allées du cimetière russe : créé en 1867, il fut dédié au grand-duc Nicolas Alexandrovitch. Vous pourrez voir parmi les 3 000 sépultures celles du Grand Duc Rostislav Romanoff, du comte Stroganoff, du Colonel Alexandre Rajevsky, de la Princesse Yourevski ou encore celle de Nicolas Fricero. Pour clore votre périple, passez par le musée des Beaux-Arts Jules-Chéret qui fut la résidence de la Princesse Kotschoubey et qui conserve dans ses collections les œuvres de Marie Bashkirtseff dont son célèbre autoportrait.

A partir de 1860, le **Port** développe une activité de plaisance au détriment du commerce tandis que la manufacture des tabacs, les usines de caravanes, les brasseries et les biscuiteries des quartiers Saint-Roch, Riquier et la Madeleines périclitent.

L'étrange destinée du Paillon. Nourri par quatre affluents du Haut Pays tout proche avant de se jeter dans la Méditerranée, le cours d'eau du Paillon se transformait régulièrement en torrent. Au total, plus d'une quinzaine d'inondations ont été recensées entre 1635 et 1913. Fleuve nourricier, le Paillon a notamment contribué pendant longtemps au développement humain et économique de Nice, notamment quand les sites de productions industrielles étaient installés aux abords. Mais constatant la grande séparation géographique et sociale qui s'opérait entre les deux rives, les élus eurent l'idée... de « couvrir » le fleuve ! Un projet titanesque qui prit forme dès 1868 avec la construction de la **place Masséna** au niveau de l'embouchure puis avec le **jardin Albert Ier** en 1893. Au cours du XXe siècle, le lit du fleuve est donc petit à petit recouvert sur près de quatre kilomètres, du **square Leclerc** à la rue **Tonduti-de-l'Escarène**, offrant aujourd'hui aux édifices publics (théâtres, musées, bibliothèques...) une place de choix. Depuis, la **Baie des Anges** a fait son entrée dans le IIIe millénaire, fière et opulente mais définitivement privée de son fleuve que l'on voit toutefois se jeter dans la mer au niveau de l'actuel Jardin Albert Ier. A noter que la **coulée verte**, nouveau poumon vert de la ville depuis l'automne 2013, redessine les méandres de ce fleuve qui continue discrètement de couler sous les rues de Nice.

CAP DE NICE

Départ du sentier au bout du boulevard Franck-Pilatte

Au bout du boulevard Franck-Pilatte, dans le quartier du Port, empruntez sur votre droite le petit sentier qui descend vers la mer : l'occasion de faire une courte mais superbe promenade, le long de la mer. De grands panneaux pédagogiques décrivent la proche biodiversité des espaces marins alentour. A noter qu'il est également possible de rejoindre le tranquille quartier du Mont-Boron par les escaliers construits à flanc de colline. Attention : il est fortement déconseillé de faire la balade par jour de grands vent au risque de se faire emporter par les vagues venant frapper les rochers !

PARC NATUREL DEPARTEMENTAL D'ESTIENNE D'ORVES

Saint-Philippe – 17, avenue d'Estienne-d'Orves

Ouvert tous les jours de 8h à 20h.

14,5 hectares de verdure s'offrent à vous sur la colline Saint-Philippe en plein cœur de la ville ! De son sommet, vous jouirez de la vue imprenable de la ville et la mer. Flânez parmi les oliviers répartis sur les restanques, enivrez-vous des odeurs subtiles des plantes méditerranéennes et admirez les chênes centenaires. Info futée : la ville a aménagé un sentier découverte qui débute à l'entrée de l'ancien domaine des comtes d'Estienne d'Orves.

Voyages – Tourisme – Transports

ESCOTA
✆ 0 892 70 70 30 (0,34 € TTC/min) / 04 93 48 50 50 – www.escota.fr
Ouvert du lundi au vendredi de 8h à 19h. Samedi 8h30 à 13h00.
Depuis 1956, la société des autoroutes Esterel-Côte d'Azur-Provence-Alpes (Escota) donne en temps et en heure l'état du trafic sur plus de 450 kilomètres d'autoroutes lui-même géré en temps réel par l'intermédiaire des personnels du service d'intervention et de surveillance ou des caméras. L'information recueillie est immédiatement retransmise aux conducteurs par l'intermédiaire de Radio Vinci Autoroutes Sud (107.7 Info Trafic) et des panneaux à messages variables.

THE TRAVEL HUT NOUVEAU
Centre Ville
9, rue Gubernatis
✆ 06 21 38 55 04
Voir page 30.

Agences de voyage

PHOCÉENS VOYAGES
Centre ville
11, avenue Jean Médecin ✆ 04 97 03 60 00
www.phoceens-voyages.com
info.nice@phoceens.com
Ouverture(s) du lundi au vendredi de 09h à 12h et de 14h à 18h le samedi de 09h à 12h. Possibilité de voyages de groupes ou à thèmes.
Envie d'ailleurs ? Leader sur la Côte d'Azur en matière de tourisme, fort de plus de 30 ans d'expérience, d'un grand réseau de distribution, d'une flotte de 70 autocars de tourisme et d'un tour opérateur, Phocéens Voyages est le spécialiste du voyage en groupe et à thème. Une équipe saura être à votre écoute pour vous proposer toutes les solutions de voyage : croisières, séjours, circuits individuels ou circuits organisés, voyages d'exception au bout du monde, séjours et des week-ends à la carte.

VOYAGEURS DU MONDE
Centre ville
4, rue Maréchal-Joffre
✆ 04 97 03 64 64
www.voyageursdumonde.fr
Ouvert du lundi au samedi de 10h à 19h.
Depuis 30 ans, VDM crée des voyages sur mesure en individuel. L'esprit de ce voyagiste, c'est avant tout de donner des conseils pointus transmis par des spécialistes hautement qualifiés. Un itinéraire au long cours, une escapade urbaine, un séjour plage, un circuit, le voyage d'une vie... tous vos projets sont construits par des spécialistes du pays ou de la zone géographique qu'ils vendent. VDM c'est également les Cités des Voyageurs pour trouver toute la documentation nécessaire afin de préparer votre séjour, une boutique d'accessoires de voyage, des expositions-ventes d'artisanat et des rencontres.

Transports

SB DRIVER
217, route de Grenoble
✆ 06 22 35 12 12 / 09 53 85 15 65
www.sb-driver.com
info@sb-driver.com
Prix variables selon horaires et trajets. Transfert aéroport à partir de 45 €/2 personnes.
La compagnie vous propose ses services de taxi moto, de voitures et/ou motos avec chauffeur. Rapide, sécurisé et à toute heure du jour ou de la nuit, c'est une solution pratique pour rejoindre sans difficulté vos lieux de rendez-vous ainsi que les principaux points de trafic de la région : aéroports, gares, ports, centres d'affaires... Des emplacements sont également prévus sur chaque véhicule pour ranger vos valises et affaires personnelles.

Retrouvez le sommaire en début de guide

Aéroport international Nice-Côte d'Azur

Avion

■ AÉROPORT INTERNATIONAL NICE-CÔTE D'AZUR

Rue Costes et Bellonte
✆ 0820 423 333 012
www.nice.aeroport.fr

L'Aéroport Nice Côte d'Azur occupe la troisième place parmi les aéroports français après ceux de Paris et le deuxième aéroport français d'aviation d'affaire après celui du Bourget. Construit sur une zone partiellement gagnée sur la mer, il relie la Côte d'Azur à plus de 90 destinations dans le monde. Il se scinde en deux pôles : le Terminal 1 pour l'international et le Terminal 2 pour les vols nationaux. De nombreuses compagnies y possèdent un comptoir parmi lesquelles British Airways, Air France, Aer Lingus, Austrian...

■ EASY-MOOV

✆ 04 93 00 12 66 / 06 10 16 67 85
www.easy-moov.fr

7j/7 - 24h/24. Transfert aéroport à partir de 160 € HT.

Easy Moov est une société de Taxi Moto qui propose un service en Goldwing. Ayant signé une charte de qualité pour un service irréprochable, déplacez-vous aisément et rapidement d'un lieu de travail à un autre tout en évitant le stress des bouchons. Vos déplacements sont assurés sur tout le département des Alpes-Maritimes ainsi que du Var : moto taxi, transport de personnes vers toutes destinations, accès à l'aéroport Nice-Côte d'Azur... La flotte de véhicules est composée de Honda Goldwing et de BMW break dernière génération pour optimiser votre confort. La société met également à disposition de ses clients : casque Modulable ou Jet avec Intercom et équipée de sani-tête, blouson ou Combinaison de pluie sur chaussure, tablier de Protection étanche doublé pour le froid et gants de protection. Petits plus si vous voyager en hiver : les Goldwing sont équipées du chauffage et de siège chauffant !

■ NICE AIRPORT XPRESS

RLM – Pont Garigliano – Aéroport
L110 Aéroport Nice / Monaco / Menton
Pour L210 Aéroport Nice / Cannes : 0820 48 11 11
✆ 04 93 48 70 30 / 04 97 00 07 00
www.niceairportxpress.com
info@niceairportxpress.com

Départs 7j/7 de 7h à 21h. Supplément bagage 5 € à partir du troisième. Détail des arrêts et des trajets pour chaque ligne sur le site Internet. Chèques non acceptés. Renseignement lignes et horaires numéro Vert 08 00 06 01 06. Compter un bus toutes les 30 minutes en moyenne.

Liaison de bus express par autoroute, voilà une solution futée pour se rendre à Cannes, Monaco ou Menton au départ de l'aéroport de Nice ! On peut acheter et imprimer son billet directement depuis le site Internet. Les véhicules sont pourvus de soutes à bagages et sont climatisés pour vous permettre de voyager dans les meilleures conditions. Les titres de transport sont également en vente à bord des véhicules (possibilité de paiement par carte bancaire) et aux guichets des gares routières de l'aéroport.

AIR FRANCE : destinations en direct au départ de Nice

Air France dessert en vols directs au départ de Nice les villes de Paris, Lille, Strasbourg, Nantes et Lyon ainsi que Biarritz, Bordeaux, Metz, Rennes, Toulouse avec Hop et Figari, Ajaccio, Bastia, Calvi en partenariat avec Air Corsica.

- Vers l'Europe : Nice <> Tel Aviv, Nice <> Amsterdam (opéré par KLM), Nice <> Rome (opéré par Alitalia)
- Vers l'Internationnal : Nice <> New York en partenariat avec Delta (vols suspendus du 06 janvier au 29 mars 2015)

AIR FRANCE avec l'offre «Mini» vous permet également de bénéficier de petits prix toute l'année en cabine Economy à partir de 50 € l'aller simple. Elle vous est proposée sur la plupart des vols en France métropolitaine et en Europe. A découvrir sur le site www.airfrance.fr, auprès de votre agence de voyage ou au 3654.

AIR FRANCE
Aéroport Nice Côte d'Azur
Terminal 2
✆ 36 54
www.airfrance.fr

Air France au service des personnes handicapées ou à mobilité réduite Service Saphir Tel : 09 69 36 72 77 mail : mail.saphir@airfrance.fr.

Avec plus de 200 vols directs au départ de Nice par semaine, Air France regroupe plusieurs réseaux : Air France, KLM, Alitalia ou encore Delta Airlines. L'agence Air France située au n°10 avenue de Verdun à Nice est ouverte du lundi au vendredi de 9h30. De nombreuses promotions sont disponibles sur le site.

- Ligne 110 : Nice Aéroport – Monaco – Menton.

Aller simple 20 €. – 26 ans : 15 €. A/R : 30 €
Départ de l'aéroport terminal 1 de Nice. Arrivée gare routière de Menton.

- Ligne 210 : Nice Aéroport – Cannes

Aller simple 20 €. – 26 ans : 15 €. A/R : 30 €
Départ de l'aéroport terminal 1 de Nice. Arrivée hôtel de ville de Cannes.

Le port de Nice vu depuis le Château.

- Ligne 250 : Nice Aéroport – Vallauris-Golfe-Juan

Aller simple 10 €. Enfants entre 4 et 12 ans : 5 €. A/R : 15 €
Départ de l'aéroport terminal 1 de Nice. Arrivée Vallauris.

Bateau – Ferry

CORSICA FERRIES
Le Port – Quai Amiral-Infernet
✆ 0 825 095 095 / 04 92 00 42 93
www.riviera-ports.com
resa1@corsicaferries.com

7j/7 de 7h à minuit. Contact téléphonique du lundi au samedi de 8h à 20h. Le dimanche de 9h à 19h. Application mobile pour iPhone. Jusqu'à 30 traversées par jour. Chèque Vacances.

Au départ de Toulon, Nice, Savone et Livourne, la clientèle française a l'habitude d'emprunter ses lignes maritimes pour se rendre en Corse mais aussi en Sardaigne. Côté tarifs, la compagnie propose des prix intéressants et assure plus de 20 traversées par jour entre le continent et la Corse. Vous embarquerez à bord de ferries modernes, véritables villes flottantes pour certains disposant de cabines équipées, bars, cafétérias, *self-service*, restaurants, espace de jeux pour les enfants, piscine, *solarium* et boutiques. Une traversée qui commence comme une croisière ! Les tarifs régulièrement accompagnés de promotions intéressantes sont consultables sur le site.

- **Autres adresses :** Gare maritime – 20220 l'Ile-Rousse. • Gare maritime – 2, avenue de l'Infanterie maritime – 83000 TOULON • Palais de la mer BP 275 5, rue Chanoine Leschi (siège social) Route du Cap 20296 Bastia • Port de commerce – 20260 Calvi • Quai l'Hermitier – Gare maritime – 20000 AJACCIO

AIRFRANCE
FRANCE IS IN THE AIR
SKYTEAM
AU DÉPART DE NICE
PARIS
JUSQU'À
24 VOLS
PAR JOUR
AIRFRANCE KLM
AIRFRANCE.FR
France is in the air : La France est dans l'air.
Renseignez-vous sur airfrance.fr, au 36 54 (0,34 € TTC/min à partir d'un poste fixe) ou dans votre agence de voyages.

www.mappy.com ou www.viamichelin.com

En indiquant les communes de départ et d'arrivée, pour éviter les détours inutiles ou établir le budget de votre voyage, ces services vous permettent de définir un itinéraire précis et détaillé, de connaître la durée estimée du trajet et de calculer son coût : itinéraire direct, avec ou sans péage, par étape et selon votre véhicule. Ces services vous donnent aussi des informations utiles sur le trafic.

PORT DE NICE – RIVIERA PORTS
Port
Quai Amiral-Infernet
✆ 0 820 425 555 / 04 92 00 42 14
www.riviera-ports.com

Du 01/07 au 31/08 ouvert de 7h à 22h 7 j/7. Du 01/09 au 30/06 ouvert de 8h à 18h 7 j/7. VHF : canal 9 (Service Plaisance) et canal 12 (Capitainerie d'Etat). Eau potable, électricité, prêt de prises de type européen, téléphone, ramassage des ordures ménagères, sanitaires, douches, carburant.

Le port de Nice porte le nom de Port Lympia, du nom de la source qui alimentait cette zone marécageuse. Ce n'est qu'en 1749 sous les ordres du roi Charles-Emmanuel III que les travaux de construction commencèrent grâce à l'ingénieur militaire Antonio-Felice Devincenti qui élargit et approfondit le lac marécageux. Ouvert à la navigation en novembre 1751, il ne sera qu'un modeste abri durant près de cent ans pour atteindre ses dimensions définitives vers 1880. Plusieurs aménagements dans les années 1970 lui permettent d'accueillir les plus grands navires. Aux alentours, vous remarquerez la place de l'Ile-de-Beauté bordée d'immeubles à portiques aux façades rouges rehaussées de bas-reliefs ou l'église Notre-Dame-du-Port achevée en 1853. Le port de Nice est le 1er port cimentier de France en liaison avec les usines de traitement des galets de la vallée du Paillon et 2e port de croisière de France. Du 1er juin au 30 septembre, il est possible d'effectuer des promenades en mer à partir du port de Nice et de découvrir ainsi le littoral azuréen.

SNCM
Centre Ville
3, place Masséna
✆ 04 93 62 63 07
www.sncm.fr
aliso-nice@selectour.com

Ouvert du lundi au vendredi de 9h à 12h et de 14h à 18h. Le samedi, ouvert de 9h à 12h.

La flotte de la Compagnie SNCM vous permet à la fois de rejoindre au départ de Nice l'Île de Beauté (Bastia, Calvi, Île Rousse, Ajaccio, Propriano et Porto Vecchio) en quelques heures seulement en partenariat avec la Méridionale ou de partir pour la Sardaigne et la Botte italienne. Les traversées ont un air de vacances avec à bord, des boutiques, des restaurants et différentes animations (films, spectacles, soirée dansante, ateliers pour enfants...). Certains départs proposent également des excursions côtières pour admirer la Baie des Anges depuis la mer. D'autres sorties maritimes vous conduisent jusqu'à Saint-Tropez, San Remo, Monaco ou Cannes par exemple. A noter que la compagnie propose aussi des promenades nocturnes à l'occasion des feux d'artifices dans les principales villes côtières, histoire de faire une balade originale et romantique.

Le port de Nice

TRANS CÔTE D'AZUR

Quai Lunel ✆ 04 92 98 71 30
www.trans-cote-azur.com
croisieres@trans-cote-azur.com

Autres destinations et sorties détaillées sur le site Internet. Possibilité d'acheter les tickets on-line sur le site Internet. Îles de Lérins (1h) du 31 mai au 6 juillet et du 2 septembre au 5 octobre 2014 le mardi, jeudi, samedi et dimanche et du 8 juillet au 31 août 2014 tous les jours (excepté lundi) : 38 € AR.

Trans Côte d'Azur est une compagnie maritime de navigation spécialiste des croisières, excursions, affrètements et navettes aux départs des ports de Cannes et Nice. Vous pourrez découvrir le littoral au fil de l'eau lors d'une promenade côtière, faire une traversée de Cannes jusqu'aux les îles de Lérins, vous promenez le long de la Corniche d'or ou encore aller à Monaco ou jusqu'à Saint-Tropez ! La compagnie propose aussi ses services à l'occasion d'événements exceptionnels comme les feux d'artifices dans la baie de Cannes ou le Grand Prix de F1 à Monaco. Vous pouvez aussi composer vous-même votre journée idéale allant de la simple sortie en mer en passant par un déjeuner, un cocktail ou un dîner à bord d'un bateau.

Bus – Autocar

AUTOCARS BONNAFFOUX BREMOND

35, rue de France ✆ 04 93 91 41 55
www.autocars-bonnaffoux-bremond.fr/
info06@autocarsbb.fr

Devis sur demande.

La compagnie dispose d'une flotte d'autocars grand tourisme trois étoiles de 8 à 61 places pour vous accompagner dans vos circuits, votre séjour ou dans l'organisation de votre voyage. Autocars Bonnaffoux Bremond assure également les transfert aéroports, les voyages scolaires et les lignes régulières.

Autre adresse : Rue Masséna, Menton. Email : autocarsbreuleux @wanadoo.fr T. 04 93 35 73 51

EUROLINES

Centre ville – 27, rue Hôtel des Postes
✆ 08 92 89 90 91 – www.eurolines.fr
nice@vt-eurolines.eu

Ouvert du lundi au samedi de 8h à 21h et le dimanche de 10h à 18h. Numéro d'urgence : 01 49 72 51 57.

Les principales destinations desservies sont Lisbonne, Barcelone et Belgrade. De multiples pays sont également présents comme la Bulgarie, l'Autruche, l'Italie, le Maroc, etc.

Autre adresse : Gare Lindbergh – 175, boulevard René Cassin 06300 Nice. Tél. 0 892 89 90 91 (0,34 €/min). E-mail : nice@vt-eurolines.eu. Ouvert du lundi au vendredi de 10h à 13h30 et de 14h30 à 17h30. Le samedi de 10h à 14h. Dimanche : de 14h30 à 17h30

LIGNES D'AZUR

Centre ville 3, rue d'Italie
✆ 0800 1006 1006

Ticket solo : 1,50 €. Ticket 10 voyages : 10 €. Pass 1 jour : 5 €. Agence ouverte de 8h à 19h du lundi au vendredi. Le samedi de 8h30 à 18h. Renseignements bus et tramway (horaires, calculateur, perturbations, idées de balades... sur www.lignesdazur.com et mob.lignesdazur.com (application pour smartphone). Points de vente tickets bus et tramway : dans les agences, les bus, les Parcazurs et sur les quais des stations de tram. Permanence téléphonique ouverte de 7h à 20h. Bureau ouverts de 8h à 19h du lundi au vendredi. Le samedi de 8h30 à 18h. « Infobus » sillonne la Métropole Nice-Côte d'Azur : planning disponible sur www.lignesdazur.com.

Le réseau Lignes d'Azur assure les liaisons sur l'ensemble du territoire en bus et tramway. Pour vos trajets occasionnels, le ticket solo Azur vous permet d'emprunter successivement deux réseaux de transport pour réaliser un voyage comprenant une correspondance entre l'une des lignes du réseau Lignes d'Azur et l'une des lignes des réseaux suivants : Sillages, Envibus, Bus Azur, Ligne d'Azur et Communauté de la Riviera française. Attention : pour être en règle, n'oubliez pas de composter votre ticket en montant dans le bus ou le tramway. Si vous êtes détenteur d'une carte Lignes d'Azur, vous pouvez la recharger dans les agences Lignes d'Azur, par Internet sur www.lignesdazur.com ou directement via l'application mobile.

Autres adresses : 17, avenue Thiers – Nice • 2, rue de l'Eusière – Carros • 4, boulevard Jean-Jaurès – Nice • Galerie Renoir – 17, avenue Auguste-Renoir – Cagnes-sur-Mer • Les Roses – 100, avenue du Général-Leclerc – Saint-Laurent-du-Var

Train

CHEMINS DE FER DE PROVENCE

Libération
4, bis rue Alfred-Binet
Gare de Nice
✆ 04 97 03 80 80 / 04 93 29 82 82
www.trainprovence.com

Tarifs aller simple : Nice > Digne les Bains : 23,30 €. Nice > Entrevaux : 11,80 €. Desserte de l'Allianz Riviera 5 € AR.

Une escapade entre mer et montagne : partez à la découverte de l'arrière pays méditerranéen sur la ligne du Train des Pignes ! Entre Nice et Digne Les Bains, sur une ligne toujours pittoresque, découvrez villages perchés et gorges impressionnantes. Passez des palmiers de la Côte d'Azur aux odeurs de thym du Haut pays, des cultures d'oliviers aux montagnes souvent enneigées. Terroir et découverte sont au rendez-vous pour un voyage unique au cœur de la Provence.

- La ligne des Chemins de Fer de Provence grimpe jusqu'à 1000 m d'altitude et dessert 50 haltes et gares, et notamment les villes et villages de Villars sur Var, Touët-sur-Var, Puget-Théniers dans les Alpes Maritimes, Entrevaux, Annot, Thorame, Saint André-les-Alpes et Digne-les Bains dans les Alpes de Haute Provence.
- Moyen rapide et fiable de circuler au quotidien, la compagnie assure aussi un service de 22 navettes en moyenne par jour entre Nice et Plan du Var mais aussi 4 allers-retours par jour entre Nice et Digne-les-Bains. Laissez votre véhicule à la gare de Nice (stationnement payant) ou à celle de Lingostière (stationnement gratuit) et partez à la découverte de l'arrière-pays niçois par un moyen de locomotion pittoresque qui fonctionne 365 jours par an !
- Desserte du Stade Allianz Riviera les jours de matchs avec possibilité de réservation des billets en avance.
- Une offre touristique unique et incomparable : ventes d'excursions dans les villages (train+déjeuner) et de bons cadeaux pour offrir à une personne de votre entourage une balade originale à bord du Train des Pignes. L'été un train à vapeur circule les dimanches de mai à octobre et l'hiver le train de neiges vous conduit vers la station de la Foux d'Allos. Renseignements et réservations : 04 97 03 80 80 ou www.trainprovence.com
- **Autres adresses :** Gare de Lingostière : Chemin de la Glacière 06200 Nice • Gare de Plan-du-Var : RN 20206670 Plan-du-Var

GARE SNCF DE NICE-VILLE

11, Avenue Thiers
✆ 0800 11 40 23 / 3635
www.sncf.com

Espace de vente ouvert du lundi au vendredi de 6h10 à 21h, les dimanches et jours fériés de 7h à 20h.

Desservie par près de 130 TER, 30 TGV et 15 InterCités chaque jour, la gare principale de Nice est située au cœur de la ville, à deux pas du tramway. L'espace de vente vous accueille en semaine de 06h10 à 21h et les week-ends et jours fériés de 7h à 20h. Plus d'informations sur TER au 0800 11 40 23 (n° vert, appel gratuit depuis un poste fixe) tous les jours de 7h à 21h30, sur le site ter-sncf.com/paca ou sur l'application TER Mobile. Plus d'informations sur TGV et Intercités au 3635 ou sur le site sncf.com.

TRAIN DES MERVEILLES
Gare de Nice-Ville
✆ 0 800 11 40 23
www.ter-sncf.com

Du 1er juin au 30 septembre et les week-ends d'octobre, votre voyage est animé gratuitement par des guides-conférenciers. Appel gratuit depuis un poste fixe tous les jours de 7h à 21h30. Durée du voyage Nice-Tende : 1h45 environ.

Monter à bord du train touristique mis en place par la région PACA et la SNCF est une façon originale de découvrir les vallées du Paillon et de la Roya-Bévéra. Le train des Merveilles vous mène aux portes du parc national du Mercantour : de Nice à Tende en passant par Sospel et Breil-sur-Roya, partez le temps d'une journée (ou plus !) pour l'un des plus beaux trajets ferroviaires dans un cadre d'exception.

Le départ en gare SNCF depuis Nice-Ville vous transporte au cœur des villages hauts perchés des vallées : Peillon, L'Escarène, Sospel, Breil, Fontan, Saorge, la Brigue tous les jours du 1er juin au 30 septembre avec un commentaire bilingue (français/anglais) assuré à bord par un guide-conférencier. Sans réservation pour les individuels et sans supplément de ticket, ce sera l'occasion de vous faire raconter le paysage et revivre l'histoire de ces villages pittoresques tout en vous donnant de nombreuses idées de découvertes.

Transport urbain

AUTOBLEUE
17, avenue Thiers
✆ 09 77 40 64 06
contact@autobleue.org

Ouvert tous les jours. En service 24h/24.

Sur le même principe que le vélo bleu, voici l'autobleue ! La métropole NCA a mis en place un service d'autopartage de Peugeot 100 % électriques répartis sur plusieurs stations entre Nice et Cagnes-sur-Mer. Pour en disposer, il vous suffit de la reserver sur Internet, en agence ou par téléphone 7j/7 24h/24. Plusieurs formules sont proposées en fonction de vos besoins, de 1h à un forfait à la journée. Comptez environ 26 € pour l'ouverture de votre compte. Une fois la réservation effectuée, rendez-vous à la station de votre choix avec votre badge et louez une voiture. Vous la rapporterez ensuite à la station de départ. Depuis le début de l'année 2014, tout utilisateur pourra également restituer son véhicule à une autre station que celle où il a été emprunté : attention, ce service reste pour le moment expérimental et ne fonctionnera à coup sûr que jusqu'au mois d'avril !

Autres adresses : 10, rue Flaminius Raiberti 06100 Nice • 11 bis, rue du Congrès 06000 Nice • 11, rue Saint-François-de-Paule 06300 Nice • 12, rue Etienne Curti 06670 Colomars • 14, place Auguste Blanqui 06300 Nice • 141-143, boulevard de Cessole 06100 Nice • 15, boulevard François Suarez 06340 La Trinité • 16, rue Georges Ville 06200 Nice • 167-169, boulevard de la Madeleine 06000 Nice • 18, avenue Notre-Dame 06000 Nice • 192, avenue de la Californie 06200 Nice • 195, promenade des Anglais 06200 Nice • 2, allée Sandro Pertini 06000 Nice • 2, avenue Alfred de Musset 06100 Nice • 2, rue Trachel 06000 Nice • 22, rue de Châteauneuf 06000 Nice • 23, avenue Thiers 06000 Nice • 25, rue de Rivoli 06000 NIce • 28, avenue de la Californie 06200 Nice • 28-30, rue des Ponchettes 06300 Nice • 28-32, rue Auguste Gal 06300 Nice • 31 rue Verdi 06000 Nice • 31, rue Monseigneur Daumas 06300 Nice • 4, place du Maréchal Juin 06140 Vence • 41, route de Turin 06300 Nice • 43, boulevard Stalingrad 06300 Nice • 44, avenue Cyrille Besset 06100 Nice • 46-50, rue Smolett 06300 Nice • 47, rue Vernier 06000 Nice • 5, boulevard Saint-Roch 06300 Nice • 5, rue Gustave Deloye 06000 Nice • 50, avenue de la Bornala 06200 Nice • 52, avenue de la Marne 06100 Nice • 53, boulevard Victor Hugo 06000 Nice • 56, rue Saint Philippe 06000 Nice • 56, rue Théodore de Banville 06100 Nice • 57, boulevard de Cimiez 06000 Nice • 58, route de Grenoble 06200 Nice • 6, avenue de l'Hôtel des Postes 06800 Cagnes-sur-Mer • 6, rue des Potiers 06000 Nice • 7, avenue du Général de Gaulle 06230 Villefranche Sur mer • 7, rue Emmanuel Philibert 06300 Nice • 72, boulevard Napoléon III 06200 Nice • 8, boulevard Rambaldi 06000 Nice • 8, rue Marie Bashkirtseff 06200 Nice • 940-990 avenue Général de Gaulle 06700 Saint Laurent du Var • boulevard Marinoni 06310 Beaulieu Sur mer • Chemin du Roure 06510 Carros • en face du 21 avenue Désambrois 06000 Nice • Intersection rue Costes et Bellonte et avenue Lindbergh 06200 Nice • Terminal 2 Aéroport Gare Routière 06200 NIce

Ligne 2 du tram, c'est parti !

Depuis le mois de septembre 2013, le centre ville niçois est en effervescence : rues barrées, déviations, pelleteuses et autres engins de chantier... Les travaux de la ligne 2 du tramway ont commencé ! D'ici 2017, cette ligne qui reliera la partie *ouest* de la ville à sa partie *est* aura la particularité d'être souterraine sur près du tiers de son tracé.

VÉLO BLEU
BP 105
Vélo Bleu
✆ 04 93 72 06 06
7j/7 et 24h sur 24. Tarif réduit sur l'inscription à l'année pour les abonnés annuels Ligne d'Azur et les porteurs d'un badge Autobleue actif. 1/2 heure gratuite à chaque location.
Le vélo en libre-service, c'est un ensemble de 175 stations qui permet – après s'être acquitté d'un droit d'inscription – de prendre un vélo à un endroit et de le redéposer à un autre sur les communes de Cagnes sur Mer, Saint-Laurent-du-Var et Nice. Les 1750 vélos sont mis à disposition 365 jours par an 7j/7 et 24h/24. Trois modes de paiements sont possibles : via la carte sans contact (Carte Vélo Bleu ou Ligne d'Azur), via votre téléphone portable ou encore via identification NFC (BPASS). Les futurs abonnés disposent de quatre durées d'engagement pour les droits d'inscription : 1 an, 1 mois, 1 semaine ou 1 jour. Un service de renseignements téléphoniques est accessible en permanence grâce à un serveur vocal interactif : un téléconseiller répondra à vos questions du lundi au samedi de 7h à 20h sauf les jours fériés. Possibilité de souscription en ligne.

VISIT MY CITY
8, place Masséna
✆ 04 93 16 01 59
contact@visitmycity.fr
Prix variables selon parcours. Sur la base de 2 personnes. Parcours littoral 1h. Parcours collines 4h. Parcours complet 1 journée.
L'agence met à votre disposition des véhicules électriques destinés à la location. Équipé d'un GPS, vous êtes ensuite libre d'aller où vous voulez selon un parcours choisi au préalable : littoral, collines ou parcours complet car selon le choix de votre circuit, chaque voiture possède sa propre identité et décrit la ville ou le quartier devant lequel on se trouve grâce à un système multilingues (six langues au total) qui s'enclenche et qui raconte l'histoire du lieu, d'une rue ou d'un monument. Une manière ludique et pédagogique pour visiter la ville à son rythme.

WWW.CEPAROU06.FR
C'est un service d'information à destination des voyageurs permettant de simuler des itinéraires en transport en commun (bus, autocars, trains, tramway) et proposant des modes de déplacement doux (marche à pied, vélos) dans les Alpes-Maritimes et la principauté de Monaco. L'usager peut ainsi préparer son déplacement en indiquant son lieu de départ et sa destination (adresse, point d'arrêt ou lieu public). À l'issue de sa recherche, le système lui indique un ou plusieurs itinéraires ainsi que le temps de parcours prévu (horaires, tarifs et plans des lieux de correspondance). On peut visualiser sur une carte les itinéraires proposés (vue d'ensemble, détail de l'itinéraire par étape). Le système informe aussi sur les éventuelles perturbations (travaux, grèves, congestion trafic connue à certains horaires). Le site www.ceparou06.fr a aussi une version conçue pour le Web mobile.

Stationnement – Parkings

PARC RELAIS PARCAZUR
Parcazur «Las Planas»
2, boulevard Henri-Sappia
Ouvert de 4h à 2h30
Parcazur AR 3 €. Multi 10 10 €. Pass 1 jour 5 €. Pass 7 jours 15 €. Aéro 6 €.
Depuis la mise en service du tramway, les automobilistes bénéficient de plusieurs infrastructures de stationnement appelées parcs-relais Parcazur. Vous y accédez librement avec votre véhicule (voiture ou moto) et vous stationnez le temps que vous souhaitez sans dépasser la journée en cours. Avec votre abonnement ou un titre de transport Ligne d'azur, vous rejoignez le centre-ville en bus ou en tramway à un tarif très attractif. Attention : la sortie du Parcazur s'effectue à l'aide de votre titre ou de votre abonnement validé (les titres Solo et Ticket Azur ne sont pas acceptés).

Autres adresses : parcazur Palais des Expositions. Niveau 3 parking Jean Bouin 06300 Nice. De 4h15 à 2h15 • parcazur Pont-Michel. Route de Turin 06300 Nice. De 4h55 à 1h45 • parcazur saint-Augustin. 1, route de Grenoble 06200 Nice. De 5h30 à 22h • parcazur Vauban. Mail des Universités 06300 Nice. De 5h à 1h50

Location de vélo à Nice

Où se garer malin ?

Une course à faire en voiture dans le centre-ville de Nice ? Plusieurs parkings de la vsille offre des conditions tarifaires très intéressantes. C'est le cas par exemple des parkings de la vieille ville (Saleya, Palais de Justice et Corvésy) qui restent gratuit la première heure de stationnement. Mais au-delà, mieux vaut privilégier Corvésy ! Du côté de la place Masséna et de Jean-Médecin, les tarifs sont très onéreux même si le parking de Nice Etoile est sensiblement moins cher. On déconseille toutefois le secteur entre la zone piétonne et le square Mozart qui affichent des prix exorbitants... Mais rassurez-vous car en s'éloignant un peu, les parkings Louvre et Mozart sont nettement moins chers. Et si vous voulez faire des économies, tentez votre chance dans la rue aux emplacements indiqués ou laissez votre auto dans l'un des nombreux parcs-relais de la ville pour ensuite regagner, pour le même prix et avec le même ticket, le centre-ville en tram'.

PARKINGS AÉROPORT DE NICE T1 & T2
www.nice.aeroport.fr

24h/24 - 7j/7. Parking P9 Low Cost T1 et T2 : 7 €/jour. P2 : au contact du T1 parking couvert (sous-sol) et en plein air (surface) 17,80 €/jour. P3 au contact du T1 en face de la gare routière 17,80 €/jour. P5 au contact du T2 sur 4 niveaux 17,80 €/jour. P6 à proximité du T2 17,80 €/jour. G1 T1 sécurisé et couvert à 50 m du T1 29 €/jour. G2 sécurisé et couvert en sous-sol du T2 29 €.

Connectez-vous sur le site www.nice.aeroport.fr, estimez le coût de stationnement de votre véhicule et choisissez le parking qui conviendra le mieux à vos attentes et à votre budget ! Si vous recherchez des informations précises en temps réel sur les places de stationnement de l'aéroport pour les terminaux 1 ou 2 ou que vous souhaitez réserver votre place de parking jusqu'à 10 minutes à l'avance (sous réserve de places disponibles), rendez-vous sur le site http://mobile.nice.aeroport.fr.

SEMIACS
BP 1539
3, rue du Congrès
✆ 04 93 16 85 75
www.parkings-semiacs.com

Tarifs différents selon les parkings.

Leader français de la gestion de parcs auto, Semiacs met à disposition du public plusieurs parkings répartis au sein des différents quartiers de la ville de Nice. Chaque site dispose d'un service de sécurité et offre une gamme de forfaits et abonnements adaptés aux besoins de chacun. Pour ceux qui ont juste besoin de faire une course : plutôt que d'éviter de vous garer en double file (ce qui est sévèrement sanctionné par la vidéoverbalisation), les parkings Corvesy, Promenade des Arts, Masséna, Palmeira, Palais Méditerranée, Marshall et Bosquets vous offrent une heure. Profitez-en !

VINCI PARK SERVICES
✆ 08 10 26 30 00
www.vincipark.com

Prix variables en fonction de la zone géographique du parking. Tarifs jour et nuit.

Le groupe Vinci Park Services met à disposition plusieurs parcs de stationnement situés dans le centre ville de Nice : Acropolis Jean Bouin, Barla, Lenval, Louvre, Masséna, Mozart, Palais de Justice et Saleya. Si vous voulez avoir une idée de combien il vous en coûtera pour laisser votre voiture dans l'un de ces parkings, consultez le site internet de la société et cliquez sur le parking de votre choix : vous aurez alors accès aux tarifs complets, horaires après horaires ainsi qu'aux coordonnées du responsable du site.

Taxis

TAXI RIVIERA – ALLO TAXI NICE
14, avenue Mirabeau
✆ 04 93 13 78 78 / 08 99 70 08 78
www.taxis-riviera.fr
allotaxinicois@fr.oleane.com

Ouvert tous les jours et les jours fériés. 7j/7 - 24/24h. Toutes distances et tous transports.

Plus de 350 véhicules avec chauffeurs sont à votre service pour faciliter vos déplacements. La compagnie propose plusieurs services allant de la réservation jusqu'aux abonnements. Une fois votre appel enregistré, un système de satellite transmet votre demande aux conducteurs : celui le plus proche de la zone géographique dans laquelle vous vous trouvez prendra la course dans les meilleurs délais.

TAXIS NIÇOIS INDÉPENDANTS
Avenue Thiers
Borne devant la gare SNCF Nice-Ville
✆ 04 93 88 25 82
www.taxis-nicois-independants.fr

Ouvert tous les jours et les jours fériés. 24/24h. Paiements en espèces seulement.

Basée devant la gare SCNF de Nice-Ville, une cinquantaine de chauffeurs de taxis sont à votre disposition pour toutes les distances 24h/24 et 7j/7 pour un service de qualité garantissant ponctualité, tranquillité et sécurité. Des véhicules de 1 à 6 places équipés tout confort et climatisés vous assurent tous vos déplacements vers vos lieux de rendez-vous, petites ou longues distances. Certains chauffeurs parlent également anglais.

TAXI PIERRE-YVES FERRIER
AURON
✆ 06 11 09 04 66 / 04 93 02 41 60
pierreyves.ferrier@sfr.fr

7j/7 toutes distances. Véhicule 7 places.

Pierre-Yves Ferrier est chauffeur de taxi. Résident dans la Vallée de la Tinée, il effectue néanmoins des transferts depuis Auron et/ou Saint-Etienne-de-Tinée vers l'aéroport ou la gare des trains de Nice mais aussi les communes alentours. Son véhicule 7 places permet de transporter non seulement du monde mais aussi des bagages volumineux ! Pierre-Yves assure également le transport médicalisé : conventionné avec l'assurance Maladie et la CPAM, ceux-ci pourront donc être pris en charge par ces organismes sous conditions. Même chose pour ce qui est du rapatriement puisque le taxi est agréé avec certaines compagnies d'assurance.

Location de véhicules

■ **PLAZA SERVICES**
Carré d'Or
12, avenue de verdun
✆ 04 93 87 97 23
www.plaza-service.fr
nice@scooters-rascal.com
Location scooter Rascal PMR : 25 €/j, 140 €/7j, 250 €/15j et 350 € pour 3 semaines. Caution 400 €. Livraison et récupération sur devis. Nombre de places : 70 dont 5 handicapés. ervice Lavages, Rénovation, Abonnements.

■ **ULYSSE TRANSPORTS**
Plaine du Var
234, route de Grenoble ✆ 04 93 71 07 00
www.ulysse-transport.fr
reseau@ulysse-transport.fr
Disponibilité 7j/7.
Premier réseau de transport et d'accompagnement de personnes à mobilité réduite, Ulysse met à votre disposition des véhicules aménagés pour les personnes en fauteuil roulant ainsi que des chauffeurs accompagnateurs formés à l'accompagnement des personnes handicapées.

Autre adresse : 25 rue Anatole de Monzie T. 04 93 82 97 60

Voiture

■ **CONTINENTAL RENT**
Plaine du Var
222, route de Grenoble
✆ 04 93 18 07 07
continentalrent.nice@free.fr
Ouvert de 8h à 12h et de 14h à 17h30 du lundi au vendredi de 8h à 12h et de 16h30 à 18h le samedi..
Vous pouvez louer un véhicule à l'heure ou à l'année car la société vous propose des formules intéressantes pour des moyens et longs séjours. Egalement à la location : des véhicules utilitaires, des camions benne BTP, des voitures sans permis et des scooters. Programme de fidélité avec réductions pour les abonnements. Découvrez les guides et catalogues des promos, des soldes en magasin et en ligne sur Internet.

■ **CITER**
Terminal 2
Aéroport de Nice Côte d'Azur
✆ 04 93 21 42 52 – www.citer.fr
Ouvert tous les jours de 7h à 23h30.
C'est l'un des acteurs les plus importants de la location de véhicules sur le littoral azuréen : avec plus de 180 000 véhicules répartis dans 1 248 agences, Citer est implanté dans 43 pays. Profitez du forfait location tout compris : assurances, taxes, frais d'aéroport, plein d'essence et conducteurs supplémentaires.

GREENRENT
6, rue Meyerbeer ✆ 09 83 80 98 16
www.greenrent.fr
Ouvert du lundi au samedi de 8h30 à 18h30. Le dimanche de 10h à 17h30.
GreenRent est le premier loueur de voitures respectueuses de l'environnement en mettant à votre disposition toute une sélection de véhicules propres. Le service livraison sur demande vous permet de recevoir votre voiture et de la rendre n'importe où sur la Côte d'Azur.

Le stationnement intelligent, c'est quoi ?

Marre de perdre votre temps à tourner pendant des heures à la recherche d'une place où garer votre véhicule dans le centre-ville de Nice ? Le « stationnement intelligent » va vous redonner le sourire : on télécharge sur Internet l'application mobile qui vous indique, une fois lancée, où trouver les places de stationnement disponibles grâce à des capteurs invisibles implantés au niveau des trottoirs. Ce dispositif fonctionne avec des horodateurs multifonctions et high-tech. On paye via son smartphone à la seconde près (plus de gaspillage !). Attention : on rappelle toutefois qu'il vaut mieux disposer dans sa voiture d'un kit permettant d'accrocher son téléphone sinon gare à la verbalisation et aux accidents !

RENT A CAR

8, rue Grimaldi
✆ 04 93 87 99 28
www.rentacar.fr
direction@rentacar.fr

Du lundi au vendredi de 8h à 12h et de 14h à 18h30. Le samedi, de 8h à 12h et de 14h à 18h.

Rent a Car propose différentes catégories à la location : économique, citadine, confort, berline, minibus, monospace... avec possibilité d'une location à l'heure, à la journée ou plus. Cette société dispose également d'un grand parc de véhicules utilitaires. A noter la société propose également à la location de nombreuses voitures de cinéma pour parcourir les routes cinématographiques et mythiques de la Côte d'Azur : la Porsche 356 Speedster (celle de James Dean), l'Aston Martin dBS (celle de Roger Moore et Brett Sinclair dans *Amicalement Vôtre*), une Jaguar type cabriolet (celle de Cary Grant dans *How to Steel a Million* avec audrey Hepburn), l'Alfa Romeo Giulietta de *La Dolce Vita* sans oublier la Ferrari de *Magnum*, la De Lorean de *Retour vers le Futur*, l'AC Cobra de Steve MacQueen, la Ford Mustang de *Goldfinger* ou encore la lotus Super Seven du *Prisonnier*...

Autres adresses : 10 Quai Papacino 06300 Nice T. 04 93 56 45 50 • 38 Avenue Auber 06000 Nice T. 04 93 88 69 69

RIVIERA CAR RENT

Port – 24, quai Lunel
✆ 09 81 14 38 58
riviera-car-rent.fr/
rivieracarrent@gmail.com

Ouvert du lundi au samedi de 9h à 12h et de 14h à 18h. Ouvert 7j/7. Tarifs disponibles via le site Internet.

Catherine Lutz et Thierry Laugier vous accueillent avec le sourire. Sur leurs conseils, vous pourrez leur louer un véhicule vous permettant de découvrir la multitude d'endroits merveilleux de la Côte d'Azur.

TRUCHE LOCATION

Hôtel Park Inn, Face à l'aéroport
179, boulevard René-Cassin
✆ 04 93 21 21 00
www.truchelocation.com
nice@truchelocation.com

Ouvert tous les jours de 8h à 21h y compris le week-end et les jours fériés. Vaste choix parmis citadine, compacte, berline, monospace, berline luxe, minibus et sans permis. Véhicules manuels ou automatiques. Infos tarifs sur demande.

Situé face à l'aéroport à seulement 150 m du Terminal 1, Truche location est spécialisé dans la location de véhicules de tourisme et d'utilitaires. Un conseiller vous proposera pour une journée, une semaine ou un mois en fonction de votre projet, le véhicule le plus adapté à vos besoins selon les disponibilités. Truche Location propose également à la vente certains de leurs véhicules de location.

BSP AUTO

✆ 01 43 46 20 74 – www.bsp-auto.com

Ouvert tous les jours de 9h à 22h. Devis gratuit. À partir de 28 € par jour pour une durée de 7 jours en catégorie A.

La plus importante sélection de grands loueurs dans les gares, aéroports et centres-villes. Les prix proposés sont les plus compétitifs du marché. Les tarifs comprennent toujours le kilométrage illimité et les assurances. Les bonus BSP : réservez dès maintenant et payez seulement 5 jours avant la prise de votre véhicule, pas de frais de dossier ni d'annulation, la moins chère des options zéro franchise. Réduction spéciale aux lecteurs de ce guide avec le code «petit futé».

Moto – Scooter

HOLIDAY BIKES

23, rue de Belgique ✆ 04 93 16 01 62
www.holiday-bikes.com

Ouvert du lundi au samedi de 9h à 12h30 et de 14h à 18h. Ouvert le dimanche de 10h à 12h et de 17h à 18h.

C'est le royaume des deux-roues ! Des vélos aux scooters en passant par les gros cubes (125 cc et 600 cc) et jusqu'aux vélos électriques, vous pouvez tout louer auprès de Holiday Bikes à des prix très raisonnables. Vous trouverez d'autres agences de location de la même enseigne notamment à Cannes, Juan-les-Pins ou encore Menton. Vous pouvez d'ores et déjà réserver votre location en ligne. Le site est très bien conçu en français et anglais. Attention toutefois aux tarifs indiqués sur le site, pas toujours d'actualité !

Vélo

FUN'N'ROLL

13, rue Cassini ✆ 04 93 55 12 32
infos@fun-n-roll.com

Ouvert du mardi au samedi de 10h à 19h. Le lundi de 14h à 19h. La Promenade des Anglais se prête très bien au jeu de la glisse : aussi laissez-vous tenter par une paire de rollers. Idéal en famille pour passer un bon moment, cette activité se pratique en toute sécurité. Fun'n'roll vous propose une location de rollers à partir de 5 € pour la journée ou la soirée. Comptez 2 € en plus pour les protections. Débutants ou confirmés, n'hésitez pas à demander des conseils : vous serez renseignés par des spécialistes en la matière. L'établissement organise aussi régulièrement des sorties « glisse » à l'ambiance familiale et conviviale : la programmation est disponible sur leur page Facebook. A noter que vous pouvez aussi louer sur place des skateboards, des patins à glace et des trottinettes.

LOCATION DE VOITURES
EN FRANCE ET PARTOUT DANS LE MONDE
BSP-AUTO.COM
01 43 46 20 74
TOUS LES GRANDS LOUEURS
A TARIFS DISCOUNT
EVADEZ-VOUS ...
Ma location de voiture avec bsp-auto c'est :
- La garantie du meilleur tarif
- Une offre tout compris
Km illimités ✓
Assurances incluses ✓
Annulations et modifications sans frais ✓
- La moins chère des options "0 franchise"
Je ne paie ma location que 5 jours avant le départ
Réservations gratuites
Tel: 01 43 46 20 74
Des conseillers spécialisés 7j/7
www.bsp-auto.com

■ **NICEA LOCATION RENT**
12, rue de Belgique ✆ 04 93 82 42 71
nicealocationrent@free.fr
Location de scooters (50 cm^3 et 125 cm3). Vélos de ville, VTT, VTC, vélo électrique, vélo de course, tandem, remorques pour enfants, sièges pour bébés, paniers pour vos courses, porte-bagage, top case....
Créé depuis plus de trente ans, l'établissement met à votre disposition toutes sortes de vélos mais également des scooters (50 cc et 125 cc). Idéalement situé près de la gare SNCF, vous pourrez partir à la découverte de la ville ou de la région pour les plus sportifs en évitant les embouteillages.

■ **ROLLER STATION**
49, quai des Etats-Unis
✆ 04 93 62 99 05
www.roller-station.fr
roller.station@gmail.com
Ouvert 7j/7 de 10h à 18h de novembre à mars, de 10h à 19h en avril, juin et septembre et octobre, et de 9h30 à 20h30 en juillet et août.
Vous bénéficiez ici de conseils de professionnels en matière de vélos, rollers ou skate boards à la location ou à la vente. Comptez 5 € pour 1h de rollers, trottinettes et autres planches à rouler (8 € la journée) et 5 € 1h de vélo (ou 15 € la journée). Son emplacement sur le quai des Etats-Unis au bout de la Promenade des Anglais vers le vieux Nice en fait le point de départ idéal pour une balade en solo ou entre amis des plus amusantes et sportives.

Bateau

■ **MOORINGS YACHTING**
Le port – 10, quai Papacino ✆ 04 92 00 09 01
www.moorings.com – moorings@moorings.fr
Une quarantaine de voiliers de 9 mètres à 15,50 mètres pour naviguer sur la Grande Bleue – capacité de 4 à 12 personnes –, monocoques et catamarans.
On peut louer son voilier à la carte sans skipper si l'on est un navigateur confirmé, avec skipper pour les néophytes et avec hôtesse si l'on veut être déchargé des soucis du ménage et de la cuisine ! Le forfait location est très flexible hors-saison avec des tarifs week-ends. En été, le régime des locations est à la semaine. Possibilité de one-way avec par exemple un départ pour la Corse depuis Nice avec l'alternative de laisser le bateau sur place et de revenir en avion. Les tarifs sont évidemment variables en fonction de la saison et des prestations demandées puisqu'elles sont à la carte.

Pratique voyage

HANDICAP AVENTURE
Gambetta
11, avenue Buenos Aires
✆ 04 93 86 20 28
✆ 06 03 25 43 20
http://handicapaventure.edicomnet.fr
handicap@dbmail.com
Association créée en 1990.
L'Association Handicap Aventure propose depuis 1990 aux personnes souffrant d'un handicap, des activités aux sensations extrêmes comme des randonnées en 4x4, des sorties en nature ou des rendez-vous spéléologiques. Leur devise ? Là où il y a une volonté, il y a un chemin ! Le site Internet est très complet : vous y retrouverez en images et vidéos toutes les activitées proposées et des explications et informations utiles et précises.

Escapades dans les Alpes du Sud

ation de ski d'Auron

R. PALOMBA/STATIONS DU MERCANTOUR

Si les adeptes d'héliotropisme et d'animations préfèreront Nice et son bord de mer pour jouir des nombreuses activités balnéaires, festives et nocturnes, les investigateurs d'authenticité s'échapperont vers l'arrière-pays et ses zones préservées pour sortir des sentiers battus, vagabonder et découvrir en toute quiétude les nombreux villages perchés de la Vallée de la Tinée, des gorges du Cians et le Val d'Allos. Les sybarites apprécieront donc les plaisirs de la vie dans les palaces réputés qui ourlent le littoral, les fondus des plaisirs de la glisse prendront de bons bols d'air en montagne et profiteront des pistes de ski tandis que les randonneurs découvriront la splendeur des paysages, la diversité de la faune et de la flore des Alpes du Sud.

Vallée de la Tinée

Tout au long de la vallée de la Tinée, de nombreux villages pittoresques ont su conserver et préserver leur authenticité : découvrez leurs richesses historiques, architecturales et naturelles à travers les sentiers de randonnées et les sites patrimoniaux que constituent encore aujourd'hui chapelles, églises, fontaines, lavoirs ou fours communaux. La Vallée de la Tinée regorge également de clues et de vallons tandis que les adeptes du VTT apprécieront les nombreuses pistes praticables. D'autres activités s'offrent aussi à vous comme les randonnées pédestres ou équestres, le parapente, l'escalade ou la Via Ferrata. Sans oublier la pratique du ski avec trois stations incontournables : Auron, Isola 2000 et Valberg !

Auron

- Située à 1h30 de route du littoral et à 1 600 m d'altitude, Auron est un ancien village d'alpage situé au cœur d'un cirque de hautes montagnes qui possède le plus grand domaine skiable du département : 900 ha aménagés dont 200 ha de surface balisée et damée, et 135 km de pistes.
- Pendant des siècles, le plateau d'Auron fut un espace de culture et de pâturage pour les habitants de Saint-Etienne-de-Tinée. Au début du XXe siècle, les seuls « étrangers » à y venir étaient des militaires en manœuvre et quelques rares skieurs. Il fallut attendre 1931 pour qu'un sentier carrossable relie Saint-Etienne à Auron.
- La station fut créée en 1937 avec l'inauguration de son premier téléphérique, le troisième de France ! Elle eut l'honneur d'accueillir un an plus tard le 27e Championnat National de Ski. Son développement sera stoppé par la guerre et connaîtra une longue parenthèse avant de se redresser. Auron est aujourd'hui une dynamique station d'hiver qui a su conserver l'intimité de son village avec son caractère architecturel et son ambiance d'ancien bourg d'alpage : la chapelle saint Erige (XIIe siècle) est intacte et le clocher (fin XIIe) fut probablement construit à l'initiative des Templiers installés à Saint-Dalmas-le-Selvage situé à quelques encablures. Les peintures murales sont dans un remarquable état de conservation et comptent parmi les plus belles fresques du département.
- Auron en ancien provençal se dit « aura » qui désigne le vent et l'air : une appellation qui vient sans doute du léger souffle d'air qui règne presque continuellement sur le plateau.

■ OFFICE DE TOURISME D'AURON
La Grange Cossa
Avenue de Malhira ✆ 04 93 23 02 66
www.auron.com
auron@stationsdumercantour.com
Ouvert tous les jours de 9h à 12h et de 14h à 18h. Fermé les dimanches en basse saison. WiFi gratuit.
Charmant et sympathique office de tourisme, une équipe de deux ou trois personnes vous accueille quotidiennement et vous renseigne sur le domaine du Mercantour. Une visite de monument, une sortie en groupe à organiser, une escapade en montagne, des réservations d'hôtel, des tarifs de forfait de ski ou un espace spécial enfant... rien de leur échappe !

Ressourcez-vous à la montagne été comme hiver !

Revêtue de son beau manteau blanc en hiver, la montagne vous invite à découvrir plusieurs types d'activités : ski, scooter des neige, patinage, rando raquette ou surf. En été, les pistes accueillent les VTT tandis que de nombreuses randonnées pédestres ou à cheval vous permettront de découvrir des paysages à couper le souffle. Sans oublier tout l'éventail de possibilités entre la visite de parcs animaliers, les via ferrata, l'escalade, les descentes en canyoning, rafting, canoë ou parapente ainsi que les animations ludiques et culturelles... De quoi séduire les sportifs et les amoureux de la nature en toute saison !

Points d'intérêt

LA CHAPELLE SAINT-ÉRIGE

Grange Cossa
✆ 04 93 23 02 66

En juillet et août : chaque jeudi et dimanche à 17h (participation libre, rendez-vous à la chapelle). Hors saison sur demande auprès de l'Office de Tourisme au 04 93 23 02 66 en fonction des disponibilités du guide bénévole. Visite guidée (uniquement sur réservation 48h à l'avance auprès de l'office du tourisme).

Ancien lieu de pélerinage, cette chapelle est un lieu étonnant dans lequel on venait demander aux saints des guérisons, voire même de ressusciter des enfants morts sans baptême, le temps de les faire baptiser. Les papes accordèrent aussi des indulgences aux pèlerins venus prier dans cette belle chapelle romane du XIIIe siècle qui abrite également des peintures murales qui comptent parmi les plus belles de l'arrière-pays niçois avec des œuvres des artistes Baleison et Canavesio.

Bus directs de la mer à la montagne

Des navettes au départ de Nice desservent toute l'année les stations de la Vallée de la Tinée. Ce dispositif est complété par celui des lignes régulières classiques qui permet les déplacements inter-villages dans les vallées. En hiver, les horaires sont adaptés aux horaires des skieurs et offrent une véritable alternative à la voiture pour accéder aux stations tandis que l'été, la ligne 740 laisse au promeneur tout le loisir de découvrir l'arrière-pays niçois chaussures aux pieds ! Renseignements et horaires sur **www.lignesdazur.com**

Le couvert

L'ALISIER

Plateau de Chastellarès
✆ 04 93 23 34 83
www.lalisier.com
contact@lalisier.com

Ouvert durant la saison d'hiver. Ouvert tous les jours. Carte : 22 € environ. Possibilité d'organiser des soirées privées sur demande. Chèque Vacances, Chèque Restaurant. Transats à disposition des clients.

L'Alisier bénéficie d'une belle et grande terrasse exposée au soleil où il est agréable de faire une pause entre deux pistes pour parfaire son bronzage ou l'été pour profiter de la vue sur les alentours ! La salle intérieure est aussi avenante avec son salon, sa cheminée et son grand écran plasma : idéal pour prolonger la pause après déjeuner ou après la dernière piste pour se détendre autour d'un chocolat chaud. La cuisine est familiale et traditionnelle, et les produits de saison sont travaillés avec soin. La formule snack est à conseiller aux plus pressés. Le personnel est très aimable. Bref, une bonne adresse où vous serez bien accueillis.

LA BERGERIE

Quartier inferieur Nabinas
✆ 04 93 23 06 81
http://labergerie-auron.fr
restaurant-chez-simon@wanadoo.fr

Saison d'hiver : ouvert tous les midis ; le soir seulement sur réservation. Fermé l'été. Réservation recommandée. Carte : 32 € environ. American Express. Parking. Sur les pistes, accessible à pied, terrasse ensoleillée, solarium.

La Bergerie est une adresse incontournable de la station. La salle intérieure est chaude tandis qu'une belle terrasse s'ouvre sur les pistes avec solarium et chaises longues pour la bronzette. Côté gastronomie, c'est l'une des meilleures tables d'Auron : la cuisine est élaborée en fonction des saisons et propose notamment grillades au feu de bois, barbajuans, tagliolinis à la truffe noire de Castellane, creusenade, pluma ibérique sans oublier les spécialités montagnardes. Ambiance festive à souhait sous l'impulsion du maître des lieux qui anime ce lieu à merveille. L'endroit participe aussi aux grand événements de la station pendant la saison d'hiver : les chefs aux sommets, soirées électro... A découvrir absolument. Réservation conseillée.

Station de ski d'Auron

Combien coûte une journée à la neige ?

Pour ce qui est de la location du matériel, comptez entre 20 € et 40 € pour les chaussures et les skis. Les prix dépendent du matériel désiré. Le forfait – sésame indispensable à toute remontée mécanique – varie aussi : pour les adultes, il faudra débourser environ 35 € par jour et par tête. Les enfants, étudiants, demandeurs d'emploi et titulaires de la carte famille nombreuse bénéficieront de réductions intéressantes sur présentation de justificatif(s). N'oubliez pas de vérifier auprès de votre assurance si vous êtes couverts pour la pratique des sports de montagne : à défaut, vous pouvez en prendre une sur place au moment de l'achat des forfaits (env. 4 € par jour et par tête). Et si vous avez une petite faim, les prix divergent et les petites bourses opteront pour un pique-nique au bord des pistes !

■ LA BRASSERIE DE L'ENDROIT

Place Centrale
✆ 04 93 03 40 48
www.edelweissauron.com
En face de la patinoire dans le village et juste aux portes du téléphérique

Ouvert toute l'année. Tous les jours le midi et le soir. Carte : 33 € environ. WiFi gratuit. Terrasse.

Le cadre est sobre, axé sur le bois, avec de petites touches de décoration très féminines de-ci de-là. Selon les heures de la journée, La Brasserie affiche plusieurs facettes. L'après-midi, on y prend un chocolat chaud dans une atmosphère tranquille et familiale. Puis, à l'heure de l'apéro, le lieu devient le rendez-vous incontournable pour déguster une kémia dans une ambiance festive. A partir de 19h, on passe à table et l'on découvre des recettes familiales mijotées avec des produits frais : excellentes pièces de viande, belles et grandes salades composées, pâtes à toutes les sauces... Une cuisine généreuse concoctée par un chef passionné. Une belle terrasse extérieure chauffée s'ouvre aussi sur la place devant la patinoire.

■ LE GALION

avenue de Malhira
✆ 04 93 23 01 56 / 06 11 26 55 90
legalionauron@gmail.com

Fermé du 1er octobre au 31 novembre. En saison d'hiver et vacances scolaires, ouvert tous les jours midi et soir. Carte : 50 € environ. Différentes formules déjeuner à partir de 17 €. Terrasse.

Une institution qui perdure grâce à l'accueil chaleureux des propriétaires et à leur professionnalisme. Le Galion propose une cuisine de type gastronomique avec une carte généreuse, moderne et traditionnelle à la fois. Les suggestions défilent à l'ardoise et changent souvent, complétées par les spécialités montagnardes et l'incontournable « côte de bœuf » que les habitués recommandent vivement ! La carte des vins et des champagnes séduit aussi les plus connaisseurs. En plus, le cadre est agréable et la décoration élégante : larges baies vitrées, belle terrasse, grandes tables pour les groupes d'amis et un second salon plus intime. Le Galion est aussi un lieu propice pour se retrouver à l'heure de l'apéro dans le coin lounge, cosy à souhait. Une adresse incontournable, toujours animée et conviviale sans oublier une cuisine qui se distingue par sa régularité dans la qualité. Hautement recommandé ! Réservation recommandée.

■ LA GRANGE D'AUR

Place d'Auron ✆ 04 93 23 30 98
http://le-nautique.fr/grange
graciann@orange.fr

Haute saison : ouvert tous les jours le soir ; le week-end le midi et le soir. Carte : 35 € environ. Parking.

Arrivée à Berchia

Ce chalet de montagne en pierre abrite un restaurant dont la réputation n'est plus à faire. La salle est cosy, une belle terrasse s'ouvre au calme sur la place de l'église et l'accueil des propriétaires est sympathique et convivial. Les spécialités montagnardes sont présentées en formules : les fondues aux trois fromages (savoyarde ou lombarde avec des gnocchis), les raclettes, la pierrade aux trois viandes, la fameuse tartiflette ou le reblochon gratiné… Un délice ! On peut aussi opter pour la version carte d'été, plus *light* avec ses crudités en tapenade, ses grillades au barbecue, ses tartares et carpaccios de viandes ou poissons. Une belle adresse à (re) découvrir.

■ LE GRIZZLY
Secteur de Lieuson
Route du puits
✆ 04 93 02 49 67
http://legrizzlyauron.free.fr
legrizzly06@yahoo.fr

Ouvert en saison d'été et d'hiver tous les jours midi et soir. Possibilité de privatiser le lieu pour un événement privé. Carte : 26 € environ. Carte à partir de 10 €. Formule en hiver à partir de 35 € environ. Formule estivale 28 € (accès par le Télépulsé possible). Terrasse. Dortoir pour 19 couchages et 4 chambres. Parking. Voiturier. Accès télécabine ou 4x4, motoneige, quad.

Ce chalet d'altitude est situé sur les pistes à côté du téléphérique de la Pinatelle que les piétons peuvent emprunter pour y accéder. Loin de l'agitation du front de neige, l'endroit est très accueillant avec sa terrasse bien ensoleillée, ses transats pour la bronzette et l'ambiance musicale qui rend l'endroit très convivial. L'équipe est jeune et dynamique. La carte est simple pour les personnes pressées ou plus complexe pour celles qui ont envie de prendre leur temps avec des plats montagnards, des grillades au feu de bois et des spécialités à la broche si vous prenez le soin de réserver : cochon de lait, méchoui d'agneau, chevreuil… Après cette halte conviviale entre deux balades en été ou deux descentes en hiver, il est difficile de reprendre la route : on a plutôt envie de lézarder au soleil ou de se reposer contre la grande cheminée dans la salle. On peut aussi réserver une table pour dîner le soir avec les pensionnaires : on vient vous chercher et on vous ramène en motoneige. Le chalet possède 4 chambres et un dortoir de 19 couchages.

■ LE PETIT SAVOIE
Boulevard Georges Pompidou
✆ 04 93 23 02 51
www.hotelsavoie.com
accueil@hotelsavoie.com

Ouvert toute l'année. Midi et soir durant la saison d'hiver. Réservation recommandée. Menu unique à 24 €. Carte : 35 € environ.

L'Hôtel Savoie*** dispose de son restaurant «Le Petit Savoie». Dans une ambiance feutrée où le bois domine, vous dînerez aux chandelles en famille ou entre amis. La carte est composée de spécialités montagnardes (raclettes, fondues, tartiflette, braseros…) et de plusieurs menus équilibrés en produits frais. On apprécie l'accueil chaleureux de l'équipe mais aussi les assiettes, gourmandes et généreuses.

■ **LES PIVOTES**
Boulevard Georges Pompidou
✆ 04 93 23 02 72
http://lecureuil.com
contact@lecureuil.com
Ouvert 7/7 jour de 19h30 à 22h de début juin au 15 septembre et de début décembre au 15 avril. Réservation impérative. Carte : 35 € environ. Menu à partir de 25 €. Ouvert aux clients de l'Hôtel L'Ecureil et le soir à tous, exclusivement sur réservation.
Au sein de l'Hôtel L'Ecureuil, le restaurant Les Pivotes est très favorablement plébiscité par le public. Le tablier revient au patron de l'établissement qui utilise des produits du terroir et travaille en étroite collaboration avec les producteurs locaux. Les spécialités montagnardes sont ici à l'honneur et le chef propose un menu à choix multiples qui varie tous les jours. Les assiettes sont copieuses et le service impeccable. La salle en bois clair est superbe et la cheminée en coin dégage une sensation de bien-être qu'on vous invite à découvrir.

■ **AU REFUGE**
Immeuble Le Saint-Etienne
Boulevard Georges-Pompidou ✆ 04 93 05 76 93
au-refuge@orange.fr
Ouvert toute l'année. Toute la journée. Tous les jours. Carte : 18 € environ.
Ce restaurant est une petite merveille à découvrir absolument : les plats sont généreux et copieux, et la cuisine traditionnelle est concoctée avec des produits de montagne. La fondue, la tartiflette ou encore les lasagnes maison se déclinent ainsi sur différents modes. La spécialité de la maison est la viande de taureau servie grillée ou en daube. Le chef accommode également à sa façon les crêpes salées avec parfois une touche de ratatouille, de chèvre et de truffe ! Bonne petite cave à découvrir également. Accueil bien sympathique. Seul bémol : la musique parfois forte qui empêche les conversations entre amis.

■ **LE SLALOM**
Place Centrale
✆ 04 93 23 00 13 / 06 83 52 74 52
www.le-slalom.com
resto@le-slalom.com
Face à la patinoire
Ouvert toute l'année. Haute saison : tous les jours de 8h à 1h. 3 formules petit déjeuner : américain, continental et énergétique à partir de 12 €. Vin au verre. Plat du jour environ 16 €. American Express. Terrasse. Vente à emporter. Pizzas à emporter. Solarium avec transats. Terrasse.
Le cadre est élégant, la terrasse toujours ensoleillée et couverte par un auvent quand le froid se fait sentir. Le Slalom déroule son programme selon l'heure de la journée : petit déjeuner dès 8h avec plusieurs formules tandis qu'après le ski, l'endroit devient une halte agréable pour grignoter une crêpe avant de se retrouver pour l'apéro avec tapas. Côté restauration, la carte laisse la part belle aux spécialités de la montagne et différents plats grillés. Les affamés pourront y déguster la côte de bœuf de 1 kg servie pour deux personnes accompagnée d'un délicieux gratin dauphinois. Ambiance musicale jusqu'à 1h du matin.

■ **LA TABLE**
La Voie du Berger
✆ 04 93 23 00 21
www.chaletdauron.com
mail@chaletdauron.com
*Ouvert de la fin décembre à début avril. Ouverture sur demande, se renseigner. Possibilité de combiner une formule demi-pension avec l'Hôtel le Chalet d'Auron****.*
Au cœur du magnifique hôtel Le Chalet d'Auron****, le chef du restaurant La Table concocte une cuisine savoureuse et saine alliant quelques incontournables de la montagne aux spécialités régionales et à la gastronomie traditionnelle : blanquette de veau à l'ancienne, pot-au-feu provençal façon grand-mère, magret de canard zesté à l'orange... Les assiettes sont bien présentées et créatives. La déco est soignée et élégante. L'établissement propose aussi des formules demi-pension à partir de 70 € avec un choix conséquent de plats et de suggestions sans oublier les desserts préparés le chef pâtissier. On apprécie la jolie terrasse qui offre un superbe panorama sur le paysage environnant.

Le gîte

■ **LE BATACLAN** .... 2 étoiles
Plateau Nabinas
✆ 04 93 23 31 20
http://lebataclan.fr
le.bataclan@voila.fr
33 chambres. Chambre double. Demi-pension (de 70 € à 85 €). Petit déjeuner : 10 €. Chambres doubles de 90 € à 120 €. Wifi. Restauration (pizza à partir de 11 €. Plat du jour à partir de 12 €). Chambres équipées : TV écran plat, sèche cheveux, téléphone. Hammam. Parking privé l'été. Parking Municipal gratuit à 200 m. Terrasse avec vue panoramique face aux pistes.

Situé au pied des pistes, vous n'avez plus qu'à chausser vos skis chaque matin d'hiver avant de vous élancer pour une journée de glisse. En été, le site est tout aussi sympathique : imaginez un plan d'eau de 2 500 m², une véritable oasis de fraîcheur dans un cadre champêtre avec plage aménagée et des activités de plein air à profusion. Le soir, en toute saison, vous bénéficiez d'un calme absolu sans pour autant être complètement isolé : l'accès à la station est facile, le parking de Chastellarès est à quelques pas. Côté service, le restaurant propose toute l'année une cuisine traditionnelle au feu de bois et dispose d'une jolie terrasse orientée plein sud (ombragée l'été) pour grignoter un morceau. Le salon réunit quant à lui les clients autour d'un billard ou d'un baby-foot dans une ambiance conviviale tandis que le spa, la salle de gym et le hammam offrent bien-être et détente. Le PAC Privilège propose des tarifs en hiver intéressants avec remontées mécaniques et demi-pensions hors week-end et vacances scolaires. L'établissement accueille aussi les groupes et organise tout événement privé sur demande (banquet, baptême, mariage, communion et anniversaire).

■ LE CHALET D'AURON ....4 étoiles

La Voie du Berger ✆ 04 93 23 00 21
www.chaletdauron.com
mail@chaletdauron.com

Ouvert du 1er juillet au 31 août et de début décembre à mi-avril. 17 chambres (2 suites). Demi-pension : 70 €. Petit déjeuner : 23 €. Lit supplémentaire : 90 €. Chambre simple hiver de 140 € à 200 €, en été de 120 € à 150 €. Animaux acceptés (15 €/jour). Connexion Internet gratuite. Wifi gratuit. Restauration. Hammam, sauna.

Le Chalet d'Auron est un endroit hors du temps. Authentique et magnifique hôtel situé à 200 m de la place du village, vous êtes ici transporté dans un univers de luxe, de calme et de volupté. Le cadre ressemble à une maison d'hôtes. Les chambres (dont certaines sont communicantes) et les deux suites rivalisent de raffinement : décoration de très bon goût où le bois clair et les lourds tissus confèrent une sensation de chaleur et de bien-être. Equipement de grand standing avec terrasse privative orientée plein sud, écran LCD avec TV satellite, minibar, Internet, coffre-fort et sèche-cheveux dans les salles de bains. Le moindre détail est étudié. Côté détente, rien n'est négligé : une piscine extérieure chauffée et couverte toute l'année, un sauna, un hammam... Le restaurant La Table est à la hauteur de l'établissement. Quant au bar, il est une invitation à la rêverie, enfoncé dans des fauteuils de cuir face à la cheminée qui crépite en écoutant une musique jazz. La terrasse panoramique en teck s'ouvre quant à elle sur toute la vallée. Des prestations de haut standing inégalées dans la station.

■ LE DAHU

Immeuble Le Dahu
Boulevard Georges-Pompidou
✆ 04 93 23 31 66
www.ledahu.fr
locationledahu@sfr.fr

Ouvert toute l'année. 10 appartements du studio au 2 pièces duplex. Tarifs sur demande. Caution 200 € + tawe de séjour en sus. Chèque Vacances. Tous les appartements sont équipés : four, micro-ondes, réfrigérateur, plaques électriques, lave-vaisselle, hotte aspirante, matériels et ustensiles de cuisine, vaisselle.

Décorés avec goût et simplicité, les appartements meublés de ce chalet situé face à la chapelle Saint-Erige sont bien équipés : cuisine complète avec micro-ondes, lave-vaisselle et TV notamment. Certains disposent d'un grand balcon ensoleillé. Petit plus : la présence d'un parking sur place et d'un ski room pour déposer votre matériel de ski. Les propriétaires sont très sympathiques et sont sur place en cas de besoin. Il est préférable de les contacter directement pour connaître tous les tarifs qui varient selon la période et la durée de votre séjour.

■ FRANCELOC ALPINA ....3 étoiles

Voie Berger
✆ 04 92 28 38 48
www.franceloc.fr
alpina06@wanadoo.fr

Ouvert toute l'année. Studio 4 personnes. Studio divisible (ou mezzanine) 4 personnes. 2 Pièces cabine 6 personnes. 2 Pièces duplex 8 personnes. Le Site Internet propose de belles offres promotionnelles toute l'année. Piscine couverte et chauffée. Courts séjours possibles à partir de 2 nuits. De 126 € à 700 € la semaine. Se renseigner pour connaître les tarifs qui varient selon la saison et la durée du séjour. Wifi gratuit. Taxe de séjour selon tarif en vigueur à régler sur place. Caution 200 € à régler sur place. Pas de téléphone. Cabine téléphonque. Prise TV. Ascenseurs. Casiers à ski. Lit bébé gratuit selon disponibilités.

L'Alpina est l'une des plus belles résidences de la station. Située à 200 m de la place centrale, elle se distingue par sa construction récente. Les appartements sont spacieux, bien décorés et meublés avec goût. Chacun dispose d'un balcon ou d'une terrasse. Demandez une orientation plein sud pour lézarder au soleil d'hiver après avoir dévalé les pistes ! Vous pourrez également profiter en famille de la piscine couverte et chauffée de la résidence.

■ FRANCELOC LE SAINT ÉTIENNE

En face du téléski du Riou
✆ 04 92 28 38 48
www.franceloc.fr
auron-saint-etienne@franceloc.fr

Ouvert toute l'année. Studio 4 personnes. 2 pièces 4/5 personnes. 3 pièces duplex 7 personnes. 4 pièces duplex 9 personnes. Réception fermée en été : se renseigner à L'Alpina. Le site Internet propose de belles offres promotionnelles toute l'année. Se renseigner pour connaître les tarifs qui varient selon la saison et la durée du séjour. Pas de téléphone. Prise TV. Ascenseurs. Casiers à ski. Taxe de séjour selon tarif en vigueur, à régler sur place. Caution 200 € à régler sur place.

Face au téléski du Riou, on vous reçoit au Saint-Etienne dans un beau et grand chalet habillé de bois. La résidence est située à deux minutes à pied de la place Centrale et à moins de 150 m des pistes. Les appartements sont joliment meublés et équipés d'un coin cuisine avec plaques électriques, four à micro-ondes et lave-vaisselle. Petit plus : l'orientation plein sud pour la majorité des appartements.

■ **HÔTEL EDELWEISS**............................2 étoiles
Place Centrale ✆ 04 93 03 40 48
www.edelweissauron.com
edelweissauron@wanadoo.fr

Ouvert toute l'année. 17 chambres. Demi-pension : 95 € (par personne en hiver et 75 €/personne en été sur la base d'une chambre double). Petit déjeuner : 10 € (continental). Parking ouvert. Chambre double confort de 70 € à 140 €. Chambre double standard de 60 € à 110 €. Chambre triple de 90 € à 155 €. Familiale de 130 € à 215 €. Chèque Vacances. Wifi gratuit. Restauration.

A deux pas du téléphérique, l'Hôtel Edelweiss est géré en famille. Sa décoration est élégante et contemporaine dans une ambiance chaleureuse de bois clair. Toutes les chambres disposent d'un casier à skis et d'un balcon individuel exposé plein sud face aux pistes. Elles sont confortables et possèdent une salle de bains (avec douche ou baignoire) et toilettes. Toutes possèdent également un téléphone et une TV. Le restaurant propose une cuisine familiale mijotée aux produits frais et une cuisine du monde : La Brasserie de l'Endroit. Et pour ceux et celles qui voudraient prolonger le plaisir, un espace bien-être et beauté est présent sur place.

■ **L'ÉCUREUIL**......................................2 étoiles
Boulevard Georges-Pompidou
✆ 04 93 23 02 72
www.lecureuil.com
contact@lecureuil.com

Logis (1 cheminée). Qualité Tourisme. Ouvert du 1er décembre au 15 avril et du 1er juin au 30 septembre. 19 chambres (le prix des chambres varient en fonction de la saison et de la durée du séjour). Chambre simple à partir de 70 € ; chambre double à partir de 75 € ; chambre triple à partir de 81 €. Petit déjeuner : 10 €. Demi pension : suivant occupation par chambre et période. Se renseigner. Animaux acceptés (5 €/jour). Wifi gratuit. Sauna. Parking gratuit.

Les chambres de ce charmant établissement sont décorées aux couleurs de la Savoie d'où est originaire le gérant. Elles sont petites mais confortables et fonctionnelles. Elles peuvent accueillir une, deux, trois ou quatre personnes ; certaines sont communiquantes, idéal quand on voyage en famille. Celles avec le balcon orienté vers les pistes de ski sont notamment très agréables. L'esprit famille est ici clairement revendiqué. Sur place, le restaurant Les Pivotes propose à la carte des produits du terroir.

Loisirs

■ **ÉCOLE DU SKI FRANÇAIS**
Immeuble la Ruade
Place Centrale ✆ 04 93 23 02 53
esfauron.com

Cours particuliers enfants et adultes. Handiski. Tarifs disponibles sur le site internet.

L'équipe se compose de 120 moniteurs présents de décembre à avril sur les pistes de la station. L'ESF propose toutes sortes de prestations adaptées : initiation ou perfectionnement et leçon particulière ou cours collectif en

Hôtel + VTT à petits prix !

Envie de dévaler les pistes d'Auron en VTT tout en étant hébergé sur place à petits prix ? C'est possible ! Certains hôtels de la station proposent deux formules : 1 nuit avec petit-déjeuner et pass 2 jours de remontées mécaniques à partir de 74 € par personne ou 2 nuits (obligatoirement en week-end) à partir de 136 € par personne. Accès aux 5 remontées mécaniques de l'été : Tériou + TSD Nabines + TSD Blainon + TC Pinatelle + TS Lieuson. Renseignements auprès de l'Office du Tourisme d'Auron.

fonction de l'âge et du niveau de pratique du skieur. Au menu : ski alpin, snowboard, freestyle, télémark, handiski, raquettes à neige... Le Club «Piou Piou» accueille les enfants de 3 à 6 ans. Les enfants ont la possibilité d'effectuer des stages de perfectionnement durant les vacances scolaires de Noël, février et Pâques. L'ESF Auron propose également aux personnes sans autonomie, à mobilité réduite, mal ou non voyants, mal ou non entendants ainsi qu'aux déficients mentaux des cours assis ou debout (DualSki, TandemSki, Kartski). Renseignements : www.handiski06.com

■ LE HARAS DU FARBAN

Plateau de Chastellarès ✆ 06 84 30 50 35
http://harasdufarban.fr
info@harasdufarban.fr

Ouvert juillet et août. Sur réservation en juin et septembre. Randonnées de 2 à 8 jours : 80 € par jour + repas et hébergement. Prix à la demande en fonction de la durée et du nombre de personne. 1h : 23 €. 2h : 38 € et ½ journée (3 h) : 57 €.

Ce centre équestre propose de belles promenades en altitude : rassurez-vous, les sommets sont vite accessibles. Alliant la marche, le trot et le galop, vous atteignez rapidement le haut des pistes : 2h suffisent pour accéder à certains sommets et en redescendre. Les débutants sont donc conviés à la plupart des escapades. A 2 000 m d'altitude, vous bénéficiez d'un décor magnifique sur fond de cîmes enneigées avec ruisseaux ou vieilles granges, avec parfois un berger accompagnant son troupeau dans les alpages...

■ LA PATINOIRE

Place d'Auron ✆ 04 93 23 37 43

Ouvert de 10h à 22h. Tous les jours durant la saison d'hiver (nocturne le samedi).

Vous ne pouvez pas la rater, elle se dresse au beau milieu du village seulement en hiver bien évidemment ! Activité ludique à souhait pour les grands et les petits. La patinoire est le centre d'attraction. Que vous soyez novice ou expérimenté, vous prendrez plaisir à esquisser quelques pas de glisse à condition de vous couvrir si vous décidez de tenter l'expérience de nuit. Il est recommandé d'y accompagner les jeunes enfants plutôt dans la journée.

■ PISCINE D'AURON

Haute saison : ouvert tous les jours de 10h à 18h. Adultes 4,5 €. -12 ans 3,5 €. Gratuit -3 ans. A partir de 15h30 : 3 € pour tous. Aquagym tous les matins de 9 h à 10h : 5 €. Location matelas : 5,50 €.

Située à côté du cinéma, cette belle piscine d'altitude est découverte mais chauffée. Idéal pour se reposer et bronzer au bord de l'eau, cet espace sportif propose également des cours d'aquagym pour les plus courageux et des leçons de natation avec au programme : apprentissage de la natation et/ou perfectionnement dans les différentes nages. Possibilité de location de matelas et de parasols.

■ TENNIS

✆ 06 10 79 81 00 / 04 93 23 02 66

Cours particulier 1h : 40 € et 5 x 1h 180 €. Leçon particulière 2 élèves 5 x 1h : 150 € (par élève). Location des courts à l'heure en juillet 9 €, en août (10h à 13h et 16h à 21h) 13 € ou (8h à 10h – 13h à 16h) 9 €. Camp d'été 1 semaine 490 €, 2 semaines 980 € : encadrement par des moniteurs BE tennis intensif (3h/jour), multi-activités (escalade, ping-pong, tir à l'arc...), sports collectifs (foot, volley, basket) et détente (piscine, karaoké...).

Envie de faire un tennis ? Durant les mois de juillet et août à Auron, le club de tennis bat son plein. Chaque semaine sont organisés des stages pour adultes, adolescents et enfants. Vous pourrez également profiter de stages spéciaux «mini-tennis». Possibilité de leçons particulières ou en groupe et de louer les courts.

Sorties

■ À LA 9

Face à l'office de tourisme
✆ 04 93 03 11 39 / 06 03 22 25 40

Ouvert toute l'année. 7j/7 de 14h à 23h30. Salle de billard ouverte à l'année, 1 billard americain, 2 pool anglais, bar à bieres.

Les amateurs ou confirmés apprécieront cette salle de billards à l'ambiance feutrée et amicale. La déco est sobre : lambris de bois sur les murs, moquette rouge au sol et lumière tamisée. A la 9 met notamment à la disposition de ces clients deux pools anglais (214 x 119/7 pieds) et un billard américain (282 x 154/9 pieds), promesses de belles soirées entre amis. Côté rafraîchissement, vous aurez le choix entre softs, vins, cocktails ainsi qu'une carte de bières du monde variée. Une belle adresse en journée comme en soirée.

■ LES ENFANTS TERRIBLES

Centre du village d'Auron
✆ 04 93 23 39 21

Haute saison : ouvert tous les jours de 18h à 2h30.

Le cadre est simple et l'espace intime avec un grand bar central et des tables avec de hauts tabourets autour. La soirée se passe en deux temps : d'abord à l'ouverture, quand les habitués s'y retrouvent pour l'apéro Kemia autour du bar dans un ambiance lounge où l'on discute et l'on rigole... Puis en version boîte de nuit avec une excellente musique et une ambiance bon enfant. La soirée se passe d'ailleurs tellement bien que vous n'avez pas remarqué l'heure...

LE FREESTYLE BAR

Place Centrale ✆ 04 89 34 32 13

Ouvert tous les jours toute l'année de 9h à 1h30 du matin sauf 15 jours en mai et 15 jours en octobre. Ouvert toute l'année. De 9h à 1h30 du matin sauf 15 jours en mai et 15 jours en octobre. Terrasse. Animations. Jeux. Terrasse. Animations. Jeux.

L'ambiance est à la fête ! Des planches de skateboard et de snowboard accrochées au mur rappellent l'univers des freestylers. Des soirées thématiques sont régulièrement organisées (reggae, électro...) tandis qu'un écran plasma géant diffuse des clips musicaux ou des rencontres sportives pour le plus grand bonheur des fans de foot, entres autres. L'accueil est agréable et convivial. Ici, pas de carte : le bar expose sur de jolies petites ardoises accrochées aux murs les nombreux cocktails disponibles avec une spécialité pour les *shooters*, variés et originaux comme le Vodka Schtroumpfs, le malabar-caramel et le Vodka bonbons. Présence d'une jolie terrasse ensoleillée agrémentée de parasols et possibilité d'acheter sur place du saucisson. Un jeu de fléchettes électronique vous permettra aussi de mesurer votre acuité visuelle et votre degré de concentration auprès de vos amis dans une ambiance décontractée.

LE RIOUNET

Boulevard Georges Pompidou
✆ 04 93 23 02 66

Séance 18h et 21h. Entrée : 8 €. 6,50 € (-12 ans, + 60 ans, séances de 18h).

Le Riounet propose les derniers films à l'affiche avec plusieurs séances en saisons. Le cinéma projette l'intégralité de ces films en numérique ce qui accroît la qualité des images diffusées pour le plus grand bonheur des cinéphiles du coin. Vous pouvez obtenir tous les renseignements relatifs aux projections ainsi que l'intégralité des programmes, semaine à après semaine, à l'office de tourisme. Alors installez-vous confortablement sur l'un des nombreux fauteuils en velours rouge, et... action !

Emplettes

AU BONHEUR DES DAMES

Galerie La Ruade
✆ 04 93 02 60 97 / 06 63 40 16 62
aubonheurdesdames.auron@orange.fr

Ouvert tous les jours de 9h30 à 12h et de 15h à 18h.

La devanture et l'intérieur de cette jolie boutique tout en bois et en briques rouges rappellent le cadre chaleureux et typiquement montagnard de la station. Situé dans la galerie marchande, ce magasin est l'endroit idéal où dénicher un cadeau ou pour se faire plaisir : vous aurez en effet le choix entre des peluches, des bibelots, des objets de décoration ou de la vaisselle... bref, tout pour emporter un bout de montagne chez vous. L'accueil est charmant. Vous trouverez aussi un vaste choix de cartes postales.

BOUTIQUE ILOSE

Place Centrale – Galerie La Ruade
✆ 06 18 07 94 35 – ilose@hotmail.fr

En inter-saison ouvert dès 11h à 17h30 hors lundis et jeudis. Ouvert tous les jours en saison de 11h à 18h sauf le lundi. Hors saison ouvert à partir de 16h. Le lundi de 10h à 12h30 et de 15h à 19h.

Les inconditionnel (le) s de mode trouveront dans cette petite boutique nichée au cœur de la station un vaste choix de marques pour enfants, hommes et femmes : Kaporal, Guess, Temps des Cerise, Diesel... ainsi que d'autres articles sans marque à prix doux. Du jeans en passant par les T-Shirts, les chaussures et les dessous sans oublier les nombreux accessoires, chacun trouvera son bonheur. Retrouvez toute leur actualité sur leur page Facebook.

DEC'AURON

Avenue Malhira
✆ 04 93 02 05 81
www.decauron.com
decauron@wanadoo.fr

Ouvert tous les jours en saison été et hiver de 9h30 à 20h. En intersaison, ouvert le vendredi de 9h à 15h ; le samedi de 9h30 à 12h30 et de 14h à 19h ; le dimanche de 9h30 à 12h30 et le lundi de 9h à 15h.

Envie de réaménager votre intérieur ? Foncez chez Dec'Auron ! Vous trouverez un vaste choix de meubles et objets déco (vaisselles, linge de maison, luminaires...) issus des collections Arpin, Bleu Nature, Country Corner, Comptoir de Famille, Pierre Frey, Les Sculpteurs du Lac, Jardins d'Ulysse et les faïences de Niderviller. L'ambiance est authentique et élégante. Le bois omniprésent rappelle l'esprit de la montagne. Des devis personnalisés peuvent être réalisés directement chez vous en fonction de vos besoins et vous pourrez aussi bénéficier de conseils en décoration sans engagement de votre part.

L'ATELIER

Avenue Malhira ✆ 06 11 30 54 22
fredericclini@aol.com

Ouvert tous les jours de 11h à 13h30 et de 18h à 1h30. Ardoise charcuterie à partir de 11 €. Ardoise fromages à partir de 13 €. Assiette mixte à partir de 25 €.

Non loin de la place centrale, L'Atelier aura plaisir à vous transmettre sa passion des vins et autres spiritueux : on prend le temps de vous conseiller parfaitement parmi un large choix de vins et de champagnes triés sur le volet. La déco est moderne et on apprécie particulièrement les bouteilles présentées dans des caissons rétro-éclairés pour un effet des plus esthétiques. De copieuses assiettes de vins et/ou fromages viennent accompagner les dégustations au verre ou à la bouteille. Un endroit idéal pour se retrouver entre amis et passer un agréable moment d'autant que l'équipe, souriante et passionnée, ajoute à la bonne ambiance des lieux. Info futée : L'Atelier propose aussi à la vente quelques-uns de ses crus !

SAVEURS DE MONTAGNE

Avenue Malhira
✆ 04 93 03 43 92 / 06 26 10 63 89
www.saveurdemontagne.fr
saveursdemontagne@voila.fr

Haute saison : ouvert tous les jours de 10h à 12h30 et de 16h à 18h30.

Voici une boutique gourmande qui vend des fromages et de la charcuterie à la coupe, de l'épicerie fine, une variété de saucissons haut de gamme de fabrication artisanale et naturelle (poids moyen 450 g) sans oublier les incontournables produits du terroir (miels, confitures, liqueurs...). Vous pouvez aussi commander une raclette à emporter : on vous prépare les mélanges appropriés en quantité suffisante pour régaler tous vos convives et on vous prête même l'appareil électrique s'il vous fait défaut ! Vous trouverez aussi des pâtes fraîches maison fabriquées sur place. Vous apprécierez également les crèmes caramel au beurre salé, chocolats à casser, sels liquides, épices, thés, cacaos, pains de sucre et cristaux de sel à râper ainsi que les quelques objets de décoration (savons artisanaux de créateurs, bougies et bougeoirs, encens ou tisanières). Une adresse indispensable à garder sous le coude.

■ **SPORT 2000**
Immeuble Le Savoir ✆ 04 93 23 02 31
www.location-ski-auron.fr
flsportauron@wanadoo.fr
Boutique Place Centrale : Consigne à ski gratuite pour les clients.
Une équipe de professionnels vous écoute et vous conseille avant de vous équiper en toute sécurité. En hiver, la boutique est facile d'accès pour les skieurs et snowboardeurs d'autant que vous y trouverez tout ce dont vous aurez besoin pour dévaler les pistes enneigées (vente, location, réparation, entretien, gardiennage de nuit pour les clients et boot fiting) mais aussi vêtements ski, prêt-à-porter et chaussures. L'été, des VTT DH, Freeride, DH 24 pouces, semi-rigide (freins disques) ou classiques (adultes et enfants) vous attendent à la location pour dévaler les pentes herbacées de la station.

▸ **Autre adresse :** Place Centrale Auron, face au téléphérique. Tél. 04 93 23 00 30

■ **ZEN ALTITUDE (ZIGGY SHOP)**
Immeuble Le Blainon
Rue Sainte-Marie-Madeleine
✆ 04 93 03 27 23
info@ziggyshop.fr
Ouvert du lundi au vendredi de 8h30 à 12h et de 14h à 19h ; le week-end de 8h30 à 19h. En été : ouvert uniquement les week-ends. Location complet ski : à partir de 20 € la journée.
Dans cette boutique installée au cœur de la station d'Auron, vous trouverez des marques tendances qui plairont à tous les amateurs de ski et de snowboard : Rossignol, Atomic, Movement, Imperium, Nikita, 686, Spy, Dragon ainsi que des T-shirts et des vestes très fun à l'effigie de la *zen attitude*, la marque du maître des lieux. Une adresse sympa et incontournable pour faire son shopping puis discuter et prendre un café sur la petite terrasse ensoleillée installée devant la boutique avec sa vue panoramique.

Bairols

Ce charmant village perché entouré de châtaigniers est situé sur un éperon rocheux à 800 m d'altitude dont il tire son nom : Bairols vient en effet de Baous signifiant rocher dominant. Son architecture qui suit la crête des montagnes environnantes en fait un lieu enchanteur offrant un panorama exceptionnel, considéré l'un des plus beaux de la région.

Le couvert

■ **L'AUBERGE DU MOULIN**
4, rue du Collet
✆ 04 93 02 92 93
laubergedebairols@gmail.com
Accès à 7 km de Pont de Clans.
Ouvert tous les jours midi et soir sauf dimanche soir et lundi. Réservation recommandée. Plat du jour + café (en semaine) : 12 €. Formules à 19 € (entrée + plat ou plat + dessert) et 26 € (entrée + plat + dessert). Une chambre d'hôtes (pour deux personnes – petit déjeuner inclus) : 60 € la nuit.
Sarah et Nicolas vous accueillent dans leur jolie auberge, un ancien moulin à huile et à farine datant de 1939. Vous y verrez les mécanismes d'antan apparents, dégusterez une cuisine de terroir raffinée et des mets du Sud-Ouest avec une vue imprenable sur la vallée de la Tinée ! Ici, tout est fait maison. Un régal pour les papilles ! Une chambre d'hôtes est également disponible pour prolonger votre séjour dans cet havre de paix...

La Colmiane

Situé à 1 450 m d'altitude, le hameau de La Colmiane est rattaché à la commune de Valdeblore.
Il est surtout connu pour sa station de ski située entre 1500 et 1800 m dont la création remonte aux années 1930.

Plutôt modeste comparée à ses voisines, celle-ci dispose néanmoins d'une installation moderne et performante sur 30 km de pistes, et possède tous les atouts pour séduire les familles (mais l'enneigement est parfois limité suivant les années) : canons à neige, grand half-pipe et matelas pour le freestyle, Ecole de Ski Français (ESF), tapis roulant et manège...

■ **OFFICE DU TOURISME DE VALDEBLORE LA COLMIANE**
La Colmiane
✆ 04 93 23 25 90
www.colmiane.com
otcolmiane@wanadoo.fr
Ouvert du lundi au samedi de 9h à 12h et de 14h à 18h. Tous les jours en saison.
Certains seront surpris de trouver cette station de ski dans la vallée de la Tinée tant elle paraît proche de la vallée de la Vésubie entre administration (la communauté des communes de la Tinée s'étend jusqu'au Val de Blore et donc jusqu'à La Colmiane) et géographie (La Colmiane est à mi-chemin entre la vallée de la Tinée et la Haute Vésubie). La route construite dans les années 1930 pour relier la Vésubie au Val de Blore fut sans doute à l'origine de cette station voulue par le Ski Club de Nice. Aujourd'hui, c'est une station familiale et conviviale qui offre tout le confort de ses grandes sœurs alpines. De 1 500 m à 1 800 m, les adeptes de la glisse découvrent ski, snowboard, balades en raquettes et piste de luges. La Colmiane dispose d'une installation moderne et performante. L'été, la destination propose un cadre verdoyant où faire des randos et une pause, hors du tumulte du littoral.

Points d'intérêt

■ **COL DE LA COUILLOLE**
Prévoir équipement neige durant l'hiver. Le col peut être fermé en hiver.
À une altitude 1 678 m, le Col de la Couillole offre un panoramma à couper le souffle en toute saison. Un monument commémoratif de l'ouverture de la route y est érigé. Les amateurs de la petite reine connaissent bien les lieux. Si en été, les VVTistes trouvent des sentiers balisés, les fondeurs s'en donnent à cœur joie en hiver !

Le couvert

■ **LE GREEN ÉCOLODGE**
Route du Télésiège
✆ 04 93 03 00 00 / 06 68 73 77 77
www.greenecolodge.com
contact@greenecolodge.com
♿
Ouvert toute l'année. Réservation recommandée. Cartes, menus et formules à partir de 19 €. Déjeuner et dîner : formule à 19,50 € et menu à 25 € pour les clients de l'hôtel. Accueil des groupes. Grande terrasse panoramique sur les montagnes. Paniers pique-nique pour les clients du lodge. Accès WiFi. Navette Aéroport La Colmiane (Supplément / tarif sur réservation).
Cet hôtel possède un restaurant entièrement dédié aux saveurs gourmandes et naturelles où se mêlent produits frais bio et récoltes locales. Le menu est léger pour le déjeuner et plus sophistiqué le soir. Dans la salle tout en bois naturel agrémentée d'un bar central et d'une grande cheminée, l'ambiance est chaleureuse qu'on soit à une table pour deux ou à une table commune où se côtoient copains ou habitués. L'ardoise change tous les jours tandis que les recettes simples et savoureuses sont élaborées en fonction du marché et des récoltes du potager. Au rythme des saisons, on peut donc goûter aux mille-feuilles de tomates, ballottins d'aubergines, assiettes de charcuterie du pays... Les viandes s'accompagnent de légumes, soufflés, tians ou gratins relevés aux senteurs de romarin, de sarriette ou de thym. Des desserts frais et inspirés pour terminer : tartes de saison, fruits frais en clafoutis ou poêlés, mousses aux chocolats parmi d'autres. Belle carte de vins français et sélection de vins bio, thés ou cafés issus du commerce équitable. Tout participe au bien-être et à la sérénité dans ce paradis du silence, naturel et sauvage.

■ **L'OUTA**
La Colmiane
✆ 04 93 02 79 62 / 06 12 63 37 22
Qualité Tourisme. Fermé du 1er au 30 avril et du 1er au 30 novembre. Ouvert pour le déjeuner tous les jours sauf le mercredi en basse saison. En juillet et août et durant les vacances scolaires, ouvert le midi et le soir sauf le dimande soir. Réservation recommandée. À partir de 18 €. Plat du jour : 13,50 €. Accueil des groupes. Terrasse.
On est ici aux portes du Parc du Mercantour et tout dans la décoration rappelle la montagne : belle cheminée, piolets et vieux skis en bois accrochés aux murs, nombreux objets en cuivre, tables en bois et chaises paillées. Le restaurant vit au gré des saisons qui apportent des plaisirs différents. En hiver, la carte est rustique ; les plats tiennent au corps et requinquent skieurs et randonneurs : raviolis et gnocchis maison, daube aux blettes, tartines de l'Outa ou escalope savoyarde sans oublier gaufres, crêpes, chocolat et vin chaud servis tous les après-midi jusqu'à 18h. L'été, on déguste attablé sur la grande terrasse une cuisine méditerranéenne typique : beignets de fleurs de courgettes, farcis niçois, ratatouille aux légumes du jardin, truites du vivier... Les desserts sont également faits maison : tiramisu, fouetté de marron, tartes myrtilles ou abricots. L'accueil est chaleureux et l'établissement affiche le label Qualité Tourisme, gage de professionnalisme, de prestations de qualité et de savoir-faire. Une reconnaissance bien méritée.

Le gîte

■ **LE GREEN ÉCOLODGE**
Route du Télésiège
✆ 04 93 03 00 00 / 06 68 73 77 77
www.greenecolodge.com
contact@greenecolodge.com
Ouvert toute l'année. 6 chambres. De 130 € à 210 € ; ; Pension complète : 60 € (complète). Demi-pension : 40 €. Petit déjeuner : 15 €. Accès privé aux spa (bain japonais et sauna) : 20 € par chambre 1h. Supplément service en chambre : 5 €. Pressing (lavage et séchage) : 20 € pour 5 kg. Repassage : 5 €/vêtement. Wifi gratuit. Restauration.
«Une audace dans les alpages» dixit les patrons qui ont

choisi d'installer leur «Green» à 1500 m d'altitude dans la station de ski de La Colmiane aux portes du Parc du Mercantour. Destiné à une clientèle sensible à la protection de l'écosystème qui cherche le dépaysement dans le rapport à la nature, c'est un hébergement à la montagne réalisé dans le respect de l'environnement comme il n'en existait pas. Les propriétaires ont développé un concept Ecolodge novateur salué par la presse : chauffage solaire avec pompe à chaleur et chauffage au sol, toilettes japonaises, douches à l'italienne, isolation bio (chaume). Ici rien n'a été acheté : chaque meuble et chaque objet est façonné en bois, en écorce ou avec des matériaux récupérés et recyclés. La décoration, différente dans toutes les chambres, est une réflexion sur la consommation. On vient ici se ressourcer et savourer les plaisirs sains. La cuisine utilise des produits frais locaux naturels ou certifiés bio.

■ RÉSIDENCE ADRÉCHAS

Route de la Via Ferrata ✆ 04 93 03 10 68
www.adrechas.com
contact@adrechas.com

Ouvert toute l'année. 18 appartements du studio au 3 pièces répartis sur 3 étages. Studio / appartement de 60 € à 230 € la nuit, de 245 € à 830 € la semaine. Pension complète : 42 € (-10 ans : 26 €). Petit déjeuner buffet : 8,50 €. Prix selon taille de l'appartement (2 - 6 personnes) et durée du séjour. Animaux acceptés (35 € par séjour (de petite taille uniquement)). Wifi payant. Service de ménage. Restauration. Ascenseur. Hammam, bain bouillonnant, sauna. Tarif Spa résident accès individuel 7 €/jour, 10 €/jour pour 2 personnes. Non résident : 20 € entrée individuelle. Massages 15 € 20 minutes, 40 € 30 minutes, 65 € 1h (-50% entrée spa).

Au cœur des montagnes azuréennes, un lieu de détente où familles et groupes d'amis pourront s'oxygéner été comme hiver. Les appartements – du studio au T3 - de cette résidence moderne bien située sont décorés avec soin et équipés tout confort. La résidence propose toute l'année des services attractifs : aire de jeux, salle de fitness et espace détente avec un spa qui vous accueille de 10h à 19h non-stop sur ses 100 m² dédiés au bien-être (massages, jacuzzi, hammam et sauna). L'établissement est ouvert tous les jours, et même les non-résidents y ont accès. À tester sans modération !

Loisirs

■ CENTRE ÉQUESTRE DU MERCANTOUR

✆ 06 08 99 06 11

Ouvert chaque année du 15 avril à fin octobre. Tarifs consultables sur le site Internet. 1h leçon de poney avec moniteur : 21 €. Randonnée journée 64 €.

Durant toute la belle saison, Philippe Blois, accompagnateur de tourisme équestre, vous emmène visiter le Parc National du Mercantour à cheval. En toute sécurité et au gré des promenades (à l'heure, à la journée ou à la demi-journée), découvrez la nature, sa faune et sa flore au plus près : une véritable symbiose. Pour les plus petits, possibilité de sortie en poney en longe (sans accompagnateur). Mais pour se perfectionner ou maîtriser l'art de monter, rien de mieux que de prendre quelques leçons au manège !

■ COLMIANE FOREST – FORÊT D'AVENTURES

✆ 04 93 02 83 54
www.colmiane.com
otcolmiane@wanadoo.fr

Ouvert le week-end en mai, juin et septembre. Tous les jours de 14h à 16h du 1 au 5 juillet puis de 10h à 16h jusqu'à fin août. Tarifs par activité et tranche d'âge. Parcours baby ouvert aux enfants à partir de 3 ans. Forfait multi-activités, et pack + valable pour la saison. Détails et renseignements sur le site de l'Office de Tourisme.

Colmiane Forest est un parcours d'aventures au cœur de la forêt à la découverte d'un site remarquable. En toute sécurité et sous l'œil attentif des animateurs, vous ou vos enfants évoluerez d'arbre en arbre sur des parcours différents en fonction de l'âge ou de la taille. L'espace « Baby » est ouvert aux enfants à partir de 3 ans. Des forfaits multi-activités valables toute la saison sont proposés à prix dégressifs et comprennent luge d'été, mini-golf, et le tout nouveau mur d'escalade au Boréon. Les tarifs comprennent la location du matériel.

■ ÉCOLE DU SKI FRANÇAIS

Immeuble Azur Mercantour ✆ 04 93 02 83 57
www.esf-la-colmiane.com
contact@esf-la-colmiane.com

Cours privé 1h 1 personne pendant les vacances scolaires 42 €, hors vacances scolaires 39 €. Cours privé 1h30 1 personne pendant les vacances scolaires 63 €, hors vacances scolaires 58,50 €. Cours de ski nordique, classique, skating, télémark, raquettes et randonnées.

Les monitrices et moniteurs font partager leur passion de la glisse. Dès 3 ans, le jardin des petits loups équipé d'un tapis roulant permet aux plus petits de découvrir le ski tout en s'amusant. De 3 à 7 ans, le club des Piou-Piou prend le relais les mercredis, week-ends et jours fériés ainsi que pendant les vacances scolaires. Ensuite, ils pourront être admis dans le groupe des débutants et bénéficier de cours adaptés en conséquence. L'ESF organise aussi des compétitions, des parcours ludiques et des biathlons de ski alpin et ski de fond ainsi que des courses nocturnes. Avis aux amateurs ! Possibilité de prendre des cours.

■ LUGE D'ÉTÉ

✆ 04 93 02 83 54
www.colmiane.com
otcolmiane@wanadoo.fr

Ouvert tous les jours de fin juin à début septembre de 10h30 à 17h30 (sauf la première semaine de juillet, ouvert de 14h à 17h) puis chaque week-end en septembre. Entrée : 10,50 € (avec montée en télésiège. Carnet de 10 entrées 85 €). Dès 3 ans. Jusqu'à 1,35 m : les enfants doivent être accompagnés d'une personne de plus de 15 ans. No limit 20 € (passages illimités de 10h30 à 12h). Forfait multi-activités (luge d'été + Colmiane Forest + minigolf) : 24,50 €. Chèque Vacances.

C'est en 2008 que la plus longue luge d'été monorail de France a été ouverte à la Colmiane : sensations garanties avec ses 1 670 mètres de long, son dénivelé de 400 mètres, ses 22 virages et ses pentes de plus de 50 % par endroits. Le parcours s'adresse aux petits comme aux grands : chacun peut choisir son rythme car les luges disposent de leur propre système de freinage permettant de moduler la vitesse qui peut atteindre 42 kilomètres à l'heure pour les plus téméraires. Sensations garanties !

VIA FERRATA DE LA BAUS DE LA FREMA

✆ 04 93 23 25 90 / 06 80 08 13 07 / 06 74 94 28 48

Ouvert de mai à octobre en fonction de l'enneigement. Entrée : 5,50 € (adulte). Pour la variante plus athlétique une dégaine en plus est conseillée. Matériel spécifique obligatoire en location dans les magasins de sports de la station, kit complet 12 €.

La Colmiane s'est dotée d'une remarquable Via Ferrata, celle de la Baus de la Frema. D'une longueur de 1 600 m avec un dénivelé de 446 m, le parcours est plutôt très sportif. Il faut compter environ 4h30 pour réaliser l'ensemble du dénivelé et les difficultés sont différentes suivant les parties du circuit qui dispose de deux ponts de singe dont un très athlétique demandant d'intenses efforts. Différentes échappatoires et location du matériel sur place possibles.

VTT

SEM des Cimes du Mercantour

✆ 04 93 02 83 54

colmiane@wanadoo.fr

Tous les jours de fin juin à début septembre puis uniquement les week-ends du mois de septembre. Transport VTT (aller simple) 6,60 €. Nombre de remontées illimité : demi-journée VTT de 13h à 17h30 : 9,70 €. Journée 13,20 €. Saison 95 €. Horaires d'exploitation de 10h30 à 17h30 (sauf première semaine de juillet, ouvert de 14h à 17h). Sept parcours à profil descendant desservis par le télésiège débrayable à la station de la Colmiane.

Le site de la Colmiane a été aménagé pour la descente avec plusieurs pistes balisées : une verte (3,5 km – 15 minutes), deux bleues (la Pignatelle 11 km – 1h30 et l'Ancien Canal 4,5 km – 25 minutes), deux rouges (le Lavanchier 8 km – 1h30 et le GR 5 longue de 5 km – 1h) et deux noires (la Nicolas Vouilloz 2 km – 3 minutes et la Conquet 2,5 km – 5 minutes). On retrouve des modules disséminés sur la verte et une des bleues. Les durées annoncées sont indicatives : elles représentent environ le double des temps de roulage moyen. Si vous ne disposez pas de VTT, possibilité d'en louer sur place auprès de VTT randonnée et VTT descente Ferrata Sports.

Ilonse

Situé sur un promontoire rocheux à seulement 70 km de Nice et à 1 256 m d'altitude, Ilonse est la patrie de Raymond Feraud, un moine troubadour auteur d'un grand poème provençal composé vers 1 300 et intitulé *La Vida de San Honorat*.

Le village, perché sur le versant sud-ouest d'une crête rocheuse autrefois couronnée d'un château appartenant aux Grimaldi de Beuil, a conservé de son passé son caractère médiéval de petit bourg fortifié comme en témoignent ses maisons de pierres, ses ruelles étroites, ses nombreux passages sous voûtes et ses porches à ogives.

Au XIe siècle, le village d'Ilonse apparaît pour la première fois dans le cartulaire de l'Abbaye de Lérins sous l'orthographe *Ilontia puis Ilonza* au XIIe siècle, *Ylonse* en 1249 et *Ilonse* en 1382. En 1860, le village est rattaché à la France : la commune intègre alors le canton de Saint-Sauveur-sur-Tinée.

Les Chats d'Ilonse. C'est le surnom qu'est donné aux habitants du village. Certains prétendent que ce qualificatif provient de leur caractère indépendant et sauvage mais on peut aussi se demander si ce sobriquet ne ferait pas référence à leur agilité à rester perchés sur un site aussi escarpé ? Reste à ce jour une autre interprétation possible : les chats ont toujours vécu en nombre à Ilonse afin de lutter contre les rats, mulots et autres campagnols ennemis des nombreuses cultures du pays.

Le Blason. Créé tardivement en 1945 par Max Batier, il évoque les principales ressources traditionnelles que sont la culture des céréales et l'élevage ovin.

Comment s'y rendre ? Il faut prendre la RN 202 puis la départementale 2205 et la RD 59 menant au village. Une fois passé la commune de La Bolinette s'ouvre sur la gauche la départementale 59 qui mène via le hameau d'Irougne au village d'Ilonse. Les paysages sont spendides mais attention aux virages en épingles très nombreux (11 km). On ne perçoit qu'au dernier moment les premières maisons du village.

AUBERGE LA GRUPPIO

Place du Planet

✆ 04 93 02 07 78

http://gruppio.unblog.fr

r.cat06@hotmail.fr

Ouvert tous les jours. Ouvert tous les jours sauf le mardi et le mercredi.

La Gruppio signifie « la mangeoire » en langue occitane : c'était le lieu des hauts râteliers dans lesquels les paysans mettaient autrefois le foin afin de nourrir leurs vaches. Rassurez-vous, il en va autrement pour le service de cette auberge assurée dorénavant par les charmantes Aurélie et Arianne. L'établissement, où il fait bon déjeuner, se compose d'une belle et intime salle à manger qui concurrence la superbe terrasse ombragée dominant la place du village. La carte met à l'honneur la cuisine du terroir et met en appétit : raviolis, farcis, daube… De quoi ravir les papilles et combler les plus gros appétits ! La Gruppio propose également l'hébergement pour ceux qui veulent mieux connaître le village et ses environs.

Isola village

Le village est enraciné au confluent de deux torrents alpins, La Tinée et La Guerche, à 870 m d'altitude. Longtemps inféodé à de puissantes familles – dont 3 siècles aux Thorame Glandèves – la commune d'Isola parvient à se libérer et rejoint le giron du Royaume du Piémont-Sardaigne. En 1861, après l'unification italienne, seul Isola devient français tandis que la majeure partie du territoire communal passe sous l'autorité du Royaume d'Italie. Le régime de Mussolini construit des fortifications stratégiques sur les sommets qui dominent le vallon de Chastillon (voir rubrique Isola 2000) et le village d'Isola est bombardé à la libération. Pour retrouver la globalité de son territoire, la commune doit patienter jusqu'à la signature du traité qui impose la rectification des frontières entre la France et l'Italie le 10 février 1947. Aujourd'hui ce village pittoresque a su garder ses traditions et sauvegarder son patrimoine qui témoigne de son riche passé.

La Châtaigneraie d'Isola village, exemple du savoir-faire castanéïcole régional !

Les châtaignes sont une sorte de fruit dont la culture millénaire vient d'Orient. Leur nom renvoie au port de la mer noire « Kastan » à partir duquel elles été exportées. Les Grecs les ont ensuite baptisées « Kastanier » et « Castanea Sativa » par les Romains qui ont répandu leur culture dans leurs empires. Dans la vallée de la Tinée située dans l'arrière-pays niçois, les plus vieux châtaigniers sont âgés d'environ 450 ans (parfois plus !) ce qui situe le début de la castanéiculture dans la région au XVIe siècle. Un petit village se distingue cependant par la place qu'il confère à la culture de ce fruit : il s'agit d'Isola, une commune où les châtaigniers, en tant que patrimoine écologique et économique, ont toujours tenu une place importante dans la vie des hommes. On doit l'arrivée de la châtaigne à Isola aux moines bénédictins de l'abbaye de Saint-Dalmas de Pedona qui, au XIe siècle, en fit un élément majeur de l'économie locale : ressource alimentaire de base, son fruit permettait en effet de nourrir les populations. Ainsi, pendant des siècles, la commune était « riche » de ces terres sur lesquelles poussaient ces arbres dont la longévité perdurait au-delà des siècles ! Mais la fin des années 1990 marqua l'arrivée d'un fléau : les châtaigniers furent touchés par la maladie de l'encre (champignons qui ronge les racines de l'arbre et le tue), décimant petit à petit les châtaigneraies environnantes et donc la production de châtaignes (en 2009, on a récolté environ 3 tonnes contre 30 tonnes en 1989 !). Les acteurs locaux (municipalité, villageois et propriétaires de châtaigniers) se sont donc mobilisés afin de préserver à la fois leur patrimoine naturel, vecteur de l'identité de leur « pays » mais aussi le savoir-faire ancestral de la castanéiculture, par la mise en place d'actions multiples : reboisement, soins et surveillance des arbres. La châtaigneraie d'Isola est donc devenue un bel exemple dans la défense du patrimoine naturel régional mais aussi un site d'expérimentation scientifique et botanique de qualité avec des campagnes de tailles sévères, l'implantation de châtaigniers avec des souches résistantes à la maladie ou encore la volonté d'aider les propriétaires à remettre en état leurs châtaigneraies laissées à l'abandon. En 2002, la « pépinière d'Isola » a été créée par le Syndicat Agricole et l'association des propriétaires de la Châtaigneraie sur un terrain mis a disposition par la commune : un site unique où sont greffés, sur des « porte-greffes » résistant aux maladies, des variétés qui continuent de participer à la renommée castanéïcole de la commune. Fort de ce succès, d'autres villages ont depuis rejoint le mouvement.

▶ Depuis plus de cinquante ans, Isola village célèbre chaque premier week-end de novembre « **la Fête de la Châtaigne** », une manifestation qui célèbre la castanéiculture et la met à l'honneur sous toutes ses formes : dégustation de châtaignes grillées, ventes de produits dérivés (confitures, gâteaux), repas traditionnel avec la polenta et la daube, bal populaire, chants traditionnels, métiers d'antan...

▶ **Le Blason du village**. On retrouve sur le blason d'Isola : les châtaignes, les clefs – attributs de saint Pierre, le Saint Patron du village – ainsi que la bande ondée symbolisant La Tinée et la devise « Libertas » « Fidelitas » qui entoure la date de « 1702 », année où les Isoliens sont devenus libres en rachetant leur inféodation au royaume de Piémont Sardaigne.

▶ **La célébration de la Sainte-Anne le 26 juillet**. La journée débute par une procession dans le village puis une messe est célébrée par la confrérie des Pénitents blancs dans la chapelle sainte-Anne pour mettre à l'honneur leur Sainte Patronne.

▶ **La fête patronale du 15 août**. Chaque année vers la mi-août, Isola village célèbre sa fête patronale. Isoliens de cœur et de naissance, villageois des communes proches ou touristes participent aux nombreuses célébrations : discours, jeux, apéritif d'honneur, dîner, concerts, bals, pièces de théâtre, expositions...

▶ **La Course de Louch fin août**. Vous aimez relever les défis ? Sportif aguerri ou amateur de courses à pied, lancez-vous dans cette compétition de 13 km (circuit long) ou de 6 km (circuit court) en pleine nature.

Points d'intérêt

■ LA CHAPELLE DE SAINTE-ANNE

Cette magnifique chapelle qui appartient à la confrérie des Pénitents-Blancs encore très active, date de 1465. Elle a subi des transformations dûes à la culture sarde et piémontaise, des vagues de la contre-réforme à l'école de peinture du comté de Nice du XVIIe siècle. Elle a été restaurée entre 1818 et 1823. Toutes les peintures intérieures des plafonds sont en terre de Sienne. Le décor en trompe l'oeil reprend les modèles italiens, du Piémont voisin par lequel avec Vinadio Isola est très lié. Vous pourrez y admirer des objets processionnaires, les objets du culte, une Sainte Anne en bois du XIVe siècle, un magnifique tableau de l'Ascension...

ItinéeGuides

Envie de découvrir le patrimoine naturel, économique, religieux et culturel du village d'Isola ? Direction le chalet d'accueil installé sur le pont de La Guerche où l'on vous prêtera un GPS (5 disponibles) qui vous permettra de découvrir la commune pas à pas. Cette prestation existe aussi pour les villages de Saint-Sauveur-sur-Tinée, Clans et Ilonse. Possibilité également de télécharger la version numérique «Tinée Mobile» sur votre Smartphone.

LA CHAPELLE SAINT-ROCH

Construite au XVIe siècle pour conjurer une épidémie de peste, qui épargna d'ailleurs tout le village, la petite chapelle Saint-Roch a été restaurée à la fin du XIXe siècle. Elle abrite une superbe toile du XIIe siècle et un autel très particulier, taillé à la main dans une meule de moulin en pierre. La Saint-Roch, patron des pèlerins de nombreuses confréries et protecteur des animaux – est célébrée le 16 août par une fête folklorique très populaire.

LE CLOCHER SAINT-PIERRE

Un peu isolé, vous allez certainement remarquer le clocher Saint-Pierre, unique vestige de l'ancienne église Saint-Pierre détruite par une crue du torrent au XVIe siècle. Ce clocher carré est un magnifique clocher alpestre datant XIIe siècle, alors que l'église Saint-Pierre, construite au XVIIe siècle, possède une façade classique ornée de niches avec des statues et une remarquable porte sculptée.

LE FOUR COMMUNAL

Témoin d'une activité agricole soutenue, ce four a été utilisé durant 800 ans – jusque dans les années cinquante – par tous les Isoliens. Chacun venait entre ces murs cuire son pain, ses galettes et autres fougasses. Après avoir été transformé en musée durant une dizaine d'années, il a retrouvé sa fonction première et certains jours de fête, se remet à chauffer.

LES LAVOIRS COMMUNAUX

Dans ces magnifiques lavoirs, vieux de trois siècles, coule une eau de source fraîche, limpide et pure alimentée par les sources vives locales. Ils ont été usés et polis par les petites mains de milliers de lavandières qui y ont fait tant de lessives à la «cendre». Depuis les années soixante-dix avec l'arrivée de la modernisation, ils ne sont plus utilisés mais restent les témoins privilégiés d'une époque révolue.

L'ÉGLISE SAINT-MARTIN

Construite entre 1200 et 1250, c'est la plus grande église gothique des Alpes-Maritimes. Magnifique exemple d'architecture romane de type cistercien : la pureté des lignes et l'harmonie des volumes suffisent pour créer une ambiance de recueillement. Dans le chœur, sous un arc en berceau brisé, le banc de pierre où siégeait l'abbé élu par les moines.

LE MOULIN A GRAIN

Comme le four communal, ce moulin est le témoin d'une activité agricole soutenue dans le village. Il ne fonctionne plus depuis les années cinquante, manque de grains à moudre ! En effet, l'exode rural est passé par là. A ces belles heures, il broyait 100 kg de seigle ou de blé en environ 10h. Sa conception est tout à fait originale, la menuiserie en bois est superbe et les techniques mécaniques ingénieuses.

Le couvert

LE COLLET

Restaurant, Pizzeria – 45, rue de la Liberté
✆ 04 93 02 17 06 – www.lecollet-isola.fr

Ouvert toute l'année. Tous les jours midi et soir sauf dimanche soir et lundi soir – excepté réservation ou groupe. Menus de 15 € à 27 €. Pizza à partir de 8 €. Salade à partir de 3,50 €. Entrée à partir de 9,50 €. Pâte à partir de 7,50 €. Viande à partir de 12,50 €. Poisson à partir de 14,50 €. Dessert à partir de 4,50 €. Vins du Pays de Loire et du Var. Chèque Restaurant. Terrasse.

Au bout de la rue longue, vous trouverez Le Collet avec ses deux salles au décor rustique pouvant accueillir une soixantaine de convives. Dans la salle du bas – celle du bar – la cheminée participe à l'ambiance conviviale durant les frimas de l'hiver. En été, on préfère s'installer sur la terrasse extérieure ombragée proche de la fontaine. Vous aurez le choix entre des menus abordables ou des plats affichés à la carte comme des salades composées, des poissons ou des viandes. On vous propose aussi des pizzas cuites au feu de bois à déguster sur place ou à emporter. On apprécie surtout la cuisine traditionnelle revisités par le chef : daube maison au vin rouge avec lardons et cèpes, alouette sans tête aux lardons et persillade, veau à la provençale gratiné au four à bois... On mêle ici saveurs du sud et du terroir. Tous les jours, une ardoise présente également des plats et des suggestions en fonction du marché. Dans cette affaire familiale, l'accueil est sympathique et le service attentif. Une adresse qui donne une bonne raison de s'arrêter au village.

LE LAC DES NEIGES

Route d'Isola – RD 2205 - Quartier Lazizola
✆ 04 93 02 18 16
www.princiland.fr
lelacdesneiges@yahoo.fr

Ouvert uniquement l'été. Ouvert le midi et le soir.

Voilà un petit coin de paradis avec de la verdure au bord de la rivière ! Le décor est posé : un petit lac artificiel aux eaux claires, une vue imprenable sur la montagne, une ambiance calme et sereine sans oublier un accueil convivial... Installez-vous sur la jolie terrasse pour le petit déjeuner, le déjeuner ou le dîner et appréciez l'endroit. La proximité du plan d'eau permet de proposer quelques animations pour les enfants : pêche à la truite et balade en bateau à pédales.

Le gîte

LE FOEHN

Village Vacances – ✆ 04 93 18 22 31
www.udsp06.fr – lefoehn06@orange.fr

Ouvert toute l'année. 150 couchages. Chambre double avec balcon et lits superposés. Chambre lit double. Chambre lits superposés. Parking. 8 salles de cours. 1 salle de détente. Tarifs groupe : se renseigner. Nuitée à partir de 17 € / nuit / personne petit déjeuner inclus. Repas adulte à partir de 16 € (entrée, plat, dessert, café). Jeux pour enfants. Séminaires. Réceptions et mariages. Wifi gratuit. Restauration (200 couverts).

Ce complexe est géré par l'Union Départementale des Sapeurs Pompiers 06 et vous accueille toute l'année pour tous types d'événements : séjours vacances, séminaires professionnels ou stages de préparations physiques. Vous aurez également accès aux différentes prestations offertes par la structure. Un cadre unique qui allie à merveille montagne et modernité.

Campings

■ LE LAC DES NEIGES
Route d'Isola
RD 2205 - Quartier Lazizola ✆ 04 93 02 18 16
www.princiland.fr
lelacdesneiges@yahoo.fr

D'octobre à mai, ouvert du mardi ou vendredi de 9h à 12h et de 14h à 17h. Le samedi, de 9h à 12h. De mai à septembre, du lundi au samedi de 9h à 12h et de 14h à 18h. Sur réservation en dehors de ces horaire. 98 emplacements (+ possibilité de gîtes 8 couchages, gîtes 15 couchages + 2 studios de 2 à 4 personnes. Location de mobil'home). Exposition : ombragé / mi-ombragé / ensoleillé. Sol : herbeux / gravillons. Relief : plat. Mini-golf. 2 courts de tennis. Sanitaires adaptés pour personnes à mobilité réduite. Pièce bébé avec baignoire disponible. 1 ou 2 nuits à partir de 23 €. Détail des prix sur le site Internet. Chiens non acceptés dans les locations. Chèque Vacances. Jeux pour enfants. Restauration (snack au bord du lac : toute la journée l'été uniquement sur place ou à emporter. Glaces et boissons).
Le camping est situé à 875 m d'altitude dans un parc arboré entre le lac, la rivière et la montagne. Il vous accueille tout au long de l'année selon vos envies : tente, caravane, camping-car, mobil-home ou gîte dans un cadre montagnard et calme à proximité de la piste cyclable et à 2 minutes du centre de remise en forme Aquavallée. Parmi les équipements à disposition : point phone, douches chaudes, salon de télévision, jeux pour enfants... A noter au bord du lac, la présence d'un snack – ouvert l'été seulement.

Loisirs

■ AQUAVALLÉE
1, chemin de Longon ✆ 04 93 02 16 49
www.aquavallee.fr
contact@aquavallee.fr

Fermé le lundi. En période scolaire, ouverture piscine et bien-être : mardi, mercredi, jeudi et vendredi de 12h à 19h30. Le samedi et le dimanche de 11h à 19h30. Du 6 juillet au 2 septembre, espaces piscine et bien-être ouverts du mardi au dimanche de 11h à 19h30. Retrouvez les horaires espaces Squash et Forme sur le site Internet : variables selon la saison. Entrée : 5,40 € (10 Entrées adultes : 49,10 €). Enfant : 4,10 €. 1 séance squash (1 personne 30 minutes) : 8,10 €. Restauration. Boutique.
Créé en 1991, Aquavallée est situé à l'entrée du village et à proximité des stations du Mercantour. Ce vaste complexe est le lieu idéal pour se reposer et passer un moment agréable après la randonnée ou le ski. De multiples activités sportives et de détente y sont proposées : un bassin de 25x10 m, un espace ludique avec un toboggan de 30 m de long, un bassin chaud à 30°C pour les enfants et des bassins pour les tous petits. C'est sans oublier l'espace «Détente» avec hammam, sauna et jacuzzi ainsi que les zones cardio/musculation et squash. Un véritable centre de remise en forme destiné à se procurer plaisir, bien-être, sport et détente au sein d'un même espace. Sur place, un snack est disponible pour se restaurer.

Emplettes

■ LA GUERCHE
En face de l'église paroissiale
Place Jean Gaïssa
✆ 04 93 02 17 05
Ouvert tous les jours de 7h à 12h30 et de 16h à 19h30. Ouvert le dimanche (le matin seulement).
Vous trouverez ici tout ce dont vous aurez besoin pour le quotidien : produits alimentaires (fruits et légumes frais, produits laitiers, charcuterie, pain, biscuits, chocolats...), presse quotidienne régionale, produits pour l'hygiène ou produits d'entretien pour la maison. C'est sans oublier les cigarettes, les cartes postales et les objets souvenirs (peluches, vide-poches, porte-clés...). Cette mini-supérette est un véritable lieu de vie et de rencontres pour tout le village, et venir y faire vos courses sera aussi l'occasion d'entendre chanter l'accent des villageois et d'être tenu informé des derniers potins du coin. L'enseigne est tenue par Karine et Alain dont on apprécie la légendaire bonne humeur et leur accueil très convivial !

Isola 2000

▶ Le projet d'Isola 2000 est né en 1947 lorsqu'un skieur anglais, Peter Boumphrey, découvrit le site magnifique du Chastillon et décida d'y implanter une station de sports d'hiver : en 1964, le Conseil Municipal adopta le principe de création et entérina le projet. La station fut inaugurée en 1972. Située en bordure du Parc National du Mercantour et à seulement une centaine de kilomètres de Nice, Isola 2000 s'est fait une place de choix : elle fut la station la plus enneigée de France ces dernières années. Neige et soleil, un mélange parfait pour les amateurs de tous les sports de glisse !
▶ Le plateau de Chastillon où se situe Isola 2000 était un territoire militaire hautement stratégique au cours de la Seconde Guerre Mondiale sur lequel on peut encore aujourd'hui observer de nombreux vestiges (*blockhaus*, casernes...). Après la signature de l'Armistice de 1945, la frontière a été définie sur la route qui reliait Isola à Vinadio par le Col de la Lombarde entre la France et l'Italie, fermé en hiver.
▶ Un domaine skiable unique. Avec ses 120 km de pistes ski situés entre 1 800 m et 2 610 m d'altitude répartis sur 42 pistes (3 noires, 11 rouges, 21 bleues, 7 vertes), la station offre à ses visiteurs les jours de beaux temps une vue imprenable sur la Méditerranée depuis ses plus hauts sommets.

■ OFFICE DE TOURISME D'ISOLA 2000
Résidence des Tavels – Immeuble Le Pélevos
✆ 04 93 23 15 15
www.isola2000.com
isola2000@stationsdumercantour.com
Ouvert tous les jours et les jours fériés de 9h à 12h et de 14h à 18h. Pendant les vacances scolaires de 9h à 18h tous les jours.
Une équipe sympathique vous accueille tous les jours et vous renseigne sur les incontournables à voir et à faire à Isola 2000 et dans ses environs. La station propose de multiples activités : randonnées en moto-neige, circuit de glace, kart cross sur glace, snake gliss, randonnées, balades nocturnes en raquettes, héliski, snowpark, promenades en calèche autrichienne, vols panoramiques en hélicoptère...

■ CHALET LA VALETTE
Domaine Saint-Sauveur ✆ 06 09 87 11 71
http://altitudelodges.com
info@altitudelodges.com
Ouvert 7j/7 de décembre à fin avril de 9h à 16h et sur réservation le soir. Excursion en scooters des neiges de la station d'Isola 2000 jusqu'au chalet : 45 min. 12 personnes, réservation 24h à l'avance au 06 09 87 11 71 ou au comptoir du Chalet. CB non acceptée. Terrasse.
Au coin du feu ou sur son magnifique solarium plein sud offrant une vue imprenable sur les montagnes environnantes, ce chalet de caractère situé à 2 200 m d'altitude est accessible uniquement en ski, en scooters des neiges ou à pied. La carte propose une cuisine traditionnelle montagnarde dans une intimité feutrée et conviviale : tourte aux cèpes, dos de lièvre farci, truite de fontaine... Vous apprécierez l'ambiance haute montagne de lieu d'alpage en dégustant les spécialités du Chef sous l'œil câlin de l'âne Théophile, la mascotte de la maison.

■ LES CHOUCAS
Front de neige, piste de Belvédère
✆ 04 93 02 39 97 – www.les-choucas.com
Ouvert en saison d'été et d'hiver, tous les jours midi et soir. Réservation recommandée. Menu enfant : 11 €. Tapas à partir de 11 €. Entrées à partir de 6 €. Pizza à partir de 7,50 €. Pâtes et risottos à partir de 12,50 €. Viandes à partir de 16 €. Carte du soir : 24 € environ spécialités montagnardes. American Express. Terrasse.
Situé au bord des pistes face au front de neige, on aime s'y retrouver le midi sur la terrasse ensoleillée ou le soir dans la belle salle en bois réchauffée par le feu qui crépite dans la cheminée. Toute l'équipe vous accueillent dans la joie et la bonne humeur. Côté cuisine, il y a en pour tous les goûts et tous les budgets. Aux plats et suggestions du jour s'ajoutent les spécialités de montagne comme la tartiflette, la fondue savoyarde, la fondue royale, la fondue aux cèpes, la fondue bourguignonne ou la raclette sans oublier les classiques incontournables comme les pâtes, les grillades au feu de bois et les pizzas. Si les assiettes sont copieuses, essayez de garder une place pour le dessert, un vrai régal : tiramisu, crumble et tarte sont faits maison !

■ LA MARMOTTE
Front de Neige
Résidence Saint-Pierre ✆ 04 93 23 98 65
cyrilmarmotte@mac.com
Ouvert tous les jours midi et soir du 2 décembre au 25 avril, et de début juillet à mi-septembre. Carte : 25 € environ.
Cyril dirige les lieux accompagné par une joyeuse équipe souriante et efficace. On aime le cadre, la décoration et l'emplacement. Côté cuisine, la carte est variée, les plats bien présentés et de bonne qualité : pizzas fines et bien garnies, viandes tendres, grandes salades composées, pâtes, viandes grillées, gambas à la provençale façon Marmotte... sans oublier les spécialités de montagne bien évidemment ! Un lieu incontournable de la station avec un personnel agréable et un service rapide.

■ LA RACLETTE
Galerie Marchande
Front de neige ✆ 04 93 23 10 34
Ouvert toute l'année. De 12h à 14h30 et de 19h15 à 22h30. Carte : environ 15 € le midi et 25 € le soir. Depuis 1975, La Raclette fait partie des tables incontournables de la station. Le Chef met l'accent sur la fraîcheur des produits et sur un accueil très affable. Si les spécialités de la montagne sont bien entendu mises à l'honneur, la carte s'oriente également sur des poissons préparés dans le style japonais, très peu cuits et marinés dans des saveurs asiatiques. On y sert également des traditionnelles pizzas et des pâtes. On aime particulièrement la terrasse qui surplombe la piste. À conseiller, surtout le soir pour l'ambiance.

Crête de Sistron

■ LE YÉTI NOUVEAU
Immeuble le Télécabine
Front de Neige ✆ 04 93 23 17 08
le-yeti-d-isola@orange.fr
Ouvert de début décembre à fin avril et en juillet et août 7j/7. Salon de thé de 14h30 à 18h. Dîner de 19h à 22h. Prix moyen à la carte : entre 25 € et 30 € par personne. Tickets restaurant. Chèque Vacances. Terrasse avec vue panoramique. Wifi. Animaux acceptés.
Situé en plein cœur de la station d'Isola 2000, ce nouvel établissement qui affiche un yéti sympathique dès l'entrée ne tardera pas à faire parler de lui. Ses atouts ? L'incroyable vue panoramique à 180° qu'offre la jolie terrasse agencée au premier étage, une grosse cheminée d'époque dans la salle de restaurant, le coin cosy spécialement aménagé pour l'heure du thé où l'on peut déguster pâtisseries maison, crêpes et diverses variétés de thé sans oublier bien sûr la cuisine savoureuse et audacieuse du chef. La carte mélange harmonieusement des spécialités montagnardes et du sud-ouest avec des déclinaisons autour du foie gras ainsi que des recettes françaises traditionnelles comme le camembert chaud au miel ou le filet de bœuf Rossini. Un établissement à ne manquer sous aucun prétexte.

■ FRANCELOC RÉSIDENCE LES ADRETS I & II
Franceloc ✆ 04 93 23 20 00
www.franceloc.fr
isola2000@franceloc.fr
Ouvert toute l'année. Studio pour 4 personnes à partir de 182 € la semaine. Location lit bébé : 25 € /semaine. Location de linge : draps 10 € / lit simple / change et 14 € / lit double / change. Serviettes de toilette 6,50 € / pers / change. Location de TV 31 € /semaine ou 51 € / 2 semaines. Animaux acceptés (35 € par semaine. Parking public extérieur gratuit ou parking privé découvert payant. Caution 200 € à régler sur place).
La résidence Les Adrets I & II est très bien située : à seulement 150 m des pistes, elle bénéficie également d'un emplacement idéal en plein cœur de la station près du front de neige et à proximité des commerces. Le personnel est sympathique et affable. Les appartements (studios 2 et 4 personnes, appartements pour 6, 7 et 9 personnes) sont confortables, bien équipés et orientés plein sud pour profiter au maximum de l'ensoleillement exceptionnel de la station. Tous disposent d'une salle de bain ou d'une salle de douche mais aussi d'un coin cuisine entièrement équipé. Possibilité sur place de louer linge, TV et lit bébé.

■ HÔTEL CLUB DU SOLEIL «LE PAS DU LOUP»...4 étoiles
Hôtel Club du Soleil
Galerie Marchande, Centre Station
✆ 04 93 23 27 00 / 0826 300 250
www.soleilvacances.com
Ouvert toute l'année. 110 chambres. Chambre double à partir de 141 €. Pension complète (compris). Animation et mini-club. Chambre simple à partir de 61 €. American Express, Chèque Vacances. Animaux acceptés. Wifi gratuit. Sauna.
L'établissement propose des chambres modernes et confortables ainsi que des appartements pouvant accueillir jusqu'à 6 personnes. Les chambres sont équipées de salle de bains avec baignoire, W.C, sèche-cheveux, TV satellite écran plat, coffre-fort et téléphone. La formule *all inclusive* avec pension complète offre un bon rapport qualité/prix. Le restaurant de l'hôtel propose quant à lui un choix varié de cuisine traditionnelle dans un cadre agréable. On peut aussi profiter à tout moment de la terrasse ensoleillée donnant sur la piste. Les points forts sont les services et les animations (apéritifs, soirées, jeux...) ainsi que le prêt de luges et le mini-club pour les enfants en périodes de vacances scolaires. Les autres atouts sont la petite piscine située dans le centre de remise en forme et le sauna (accès en sus). Une adresse à retenir surtout pour les vacances en famille ou pour ceux qui aiment tout avoir sur place dans un même lieu.

Le Col de la Lombarde

Surplombant la station d'Isola 2000 à 2 351 m d'altitude, le Col de la Lombarde relie la Vallée de la Tinée en France à celle de la Stura di Demonte au Piémont en Italie. Après avoir franchi le col (attention, la route est fermée en hiver à cause de la neige), vous arriverez au sanctuaire le plus haut d'Europe : Sainte-Anne de Vinadio, véritable havre de paix qui accueille chaque année de nombreux pèlerins et visiteurs du monde entier.

■ HÔTEL CLUB ISOLA 2000 MMV – LES TERRASSES D'ISOLA ....3 étoiles
Résidence C2A
Le Hameau
✆ 04 93 05 14 31 / 04 91 87 50 23
www.residences-hotels-c2a.fr
reservation@residences-hotels-c2a.fr

Ouvert toute l'année. Accueil jusqu'à 20h. Parking fermé : 10 €. A partir de 546 € pour un appartement 2 pièces capacité 4 personnes pour une semaine. Chèque Vacances. Animaux acceptés. Connexion Internet. Wifi. Service de ménage. Location de draps. Tv satellite. Hammam, bain bouillonnant.

Située à 200 m du front de neige, cette résidence propose 140 appartements répartis en deux bâtiments de sept étages. Spacieux (35 à 81 m²) et disposant d'un balcon orienté sud, ils sont fonctionnels (rangements nombreux), confortables et bien équipés : TV écran plat, cuisine avec grand frigo, plaques à induction, four, micro-ondes, lave-vaisselle... Les T2 pour six personnes (et au-delà) possèdent deux salles de bains et deux W.C tandis que certains appartements sont en duplex. Prestations payantes en sus : kit de linge de lit, linge de toilette et ménage de fin de séjour. Accès Internet WiFi gratuit. Parking couvert en option. Les clients disposent d'un bel Espace Spa gratuit : piscine intérieure chauffée, bain bouillonnant et hammams. On peut aussi réserver des courts séjours escapades de 2 à 6 nuits en prestation hôtelière : les prix à la nuitée incluent alors linge de lit et de toilette + accès au Spa. L'accueil est sympathique et la clientèle cosmopolite.

■ HÔTEL LE DRUOS..............................2 étoiles
Hôtel sur le Front de Neige
✆ 04 93 23 12 20
www.hoteldruos.com
infos@hoteldruos.com

Ouvert de début décembre à fin avril et de mi-juillet à fin août. 39 chambres ; Demi-pension : 24 € (entrée + plat + dessert hors boissons). Lit supplémentaire. Chambre simple à partir de 66 € par nuit avec petit-déjeuner. Samedis soirs : soirée raclette à partir de 25 € par personne (raclette + dessert, hors boissons). Places limitées. Réservation conseillée. Animaux acceptés (10 € / jour / animal). Wifi. Chambres disponibles à partir de 16h devant être libérées avant 10h30 le jour du départ. Terrasse. Local à ski avec casier personnel et chauffe-chaussures.

Son emplacement plein sud sur le front de neige est très prisé : on en sort et on y entre par la terrasse, skis aux pieds que l'on dépose ensuite dans son casier personnel avec chauffe-chaussures ! Les chambres habillées de bois sont confortables et lumineuses, équipées de salles de bains avec douche ou baignoire, toilettes et TV écran plat (TNT). Certaines sont communicantes ce qui est rassurant pour les familles avec enfants. On aime se retrouver au salon où trône une cheminée majestueuse pour déguster l'en-cas de l'après-ski ou au bar pour un apéro convivial en début de soirée. Le personnel est attentif au moindre détail et répond au mieux à vos requêtes. On vous recommande cette adresse sans hésitation.

■ HÔTEL SPA LA DIVA
Centre Station
✆ 04 93 23 17 71
www.hotelladiva.fr
clients@madamevacances.com

Ouvert de la mi-décembre à la mi-avril. 28 chambres. Demi-pension (se renseigner suivant occupation). Petit déjeuner inclus. Les prix varient selon l'orientation de la chambre et la période. Voir conditions sur le site Internet. Animaux acceptés (13 € / nuit). Wifi. Hammam, bain bouillonnant, sauna. Terrasse.

L'hôtel domine la station. Orienté plein Sud, on peut rejoindre aisément les remontées mécaniques à pied depuis l'entrée ! Avec son architecture extérieure façon chalet traditionnel, l'intérieur est étonnant avec son style contemporain chic, une décoration que l'on retrouve aussi dans les chambres spacieuses pourvues de tout le confort : TV par satellite, minibar et peignoirs. Certaines sont communicantes, idéales pour les séjours des familles avec enfants. Le salon et le bar sont des pièces superbes qui donnent sur la terrasse où on profite du soleil entre deux descentes allongés sur des transats. La salle de restaurant possède une belle cheminée qui réchauffera les soirées hivernales et offre une vue exceptionnelle sur les pistes. Côté restauration, la table est bonne : les menus sont variés et les desserts recherchés. Un bel espace « spa » satisfera aussi les clients de l'établissement à la recherche d'un moment de détente avec bassin à remous, hammam et sauna. L'hôtel dispose également d'un ascenseur et d'un local à skis pour plus de commodité. Le service est soigné, le personnel accueillant, professionnel et chaleureux. Que demander de plus ? L'endroit est un peu cher certes mais son rapport qualité/prix est très intéressant compte tenu de la classification, des prestations et de l'environnement.

■ PIERRE & VACANCES «LES TERRASSES D'AZUR»
✆ 04 93 23 24 00
www.pierreetvacances.com
iot@pierreetvacances.com

Fermé de fin avril à début juillet et de fin août à la mi-décembre. Tarifs hiver pour 4 personnes. Studio / appartement à partir de 320 € la semaine. 133 appartements du studio 4 personnes au 3 ou 4 pièces

Handiski : Tandem Ski

La station d'Isola 2000 met à disposition des personnes à mobilité réduite ne pouvant pas skier seules deux fauteuils « Tandem Ski » à la télécabine du Mercantour au Parking P1 au départ des pistes du bas de la station. Conduites par des accompagnateurs habilités et formés, les personnes à mobilité réduite ont ainsi la possibilité de skier en famille et de retrouver les sensations de glisse. Rens. **www.handiski06.com**

Le Snowpark Tony's Snowland

Situé à 2 300 m d'altitude sur le secteur Mouflon et édifié pour rendre hommage aux exploits sportifs de Tony Ramoin, l'enfant du pays qui décrocha la médaille de bronze aux Jeux olympiques de Vancouver en 2010, le site est devenu incontournable pour les amateurs de glisse ! Ludique et technique, le snowpark propose des modules pour tous les niveaux de pratiquants : slopestyle (1 ligne noire série de kickers de 10 à 15 m suivie de box et de rails tubulaires), zone de handrails (barres à slide métalliques), espace débutants (easypark comprenant 1 ligne verte série de woops débutant, 1 ligne bleu série de kickers de 2 à 4 m suivie de box débutante et 1 ligne rouge série de kickers de 5 à 8 m suivie de box rouge), biopark débutant (box large en bois), biopark experts (composé de box experte en bois, d'une table à butter et d'un wall) et boardercross. De quoi (re) découvrir de nouvelles sensations de glisse. Le Tony's Snowland accueille aussi régulièrement de nombreuses compétitions nationales et européennes. Attention, le port du casque est obligatoire et les protections sont fortement conseillées !

- **Forfait Snowpark** 20 €/jour adulte, enfant, étudiant. Accès illimité au télésiège de Marmottes + 2 montées/jour par le télécabine Mercantour. **Ouvert** pendant la saison de ski, tous les jours de 10h à 16h.

pour 7 ou 8 personnes. Réception ouverte 7j/7, parking couvert payant, ascenseurs, casiers à skis.

Cette résidence façon chalet de montagne située à l'entrée d'Isola 2000 en surplomb des pistes offre une vue panoramique exceptionnelle sur la vallée du Chastillon. Les appartements (du studio pour 4 personnes aux 3 pièces pour 8 personnes) sont orientés au sud et sud-ouest, et tous bénéficient d'un petit balcon ensoleillé. Ils sont équipés d'une salle de bains, de W.C et d'une kitchenette complète comprenant un lave-vaisselle, un four micro-ondes, des plaques électriques et un réfrigérateur. Le linge de maison et le ménage en fin de séjour sont inclus dans le prix. Les pistes et les commerces sont facilement accessibles par le funiculaire ou par des navettes. Une solution idéale pour passer des vacances sympa à prix doux !

RÉSIDENCE HÔTEL LE NEW CHASTILLON ....4 étoiles

Centre Station
✆ 04 93 23 26 00
www.soleilvacances.com
reservation@soleilvacances.com

Ouvert toute l'année. 75 chambres (studios et appartements). Pension complète. Demi-pension. Petit déjeuner buffet. A partir de 359 € par semaine pour un studio pour 2 personnes. Séminaires. Ascenseur. Animaux acceptés sans supplément sauf locaux communs. Sauna. Salle de billard (payant). Piscine couverte chauffée.

Entièrement rénové en 2013, l'hôtel donne sur les pistes et sur la montagne environnante. Les chambres disposent d'une tv câblée, d'un téléphone direct et d'une salle de bain privée avec WC et sèche-cheveux. Un espace détente avec sauna, bains bouillonnnants, appareils de musculation et piscine couverte chauffée complètent la prestation de cet établissement à l'accueil charmant et professionnel. Côté restaurant, le chef vous surprendra avec ses fondues et sa raclette mais aussi avec ses recettes traditionnelles comme le pavé de bœuf aux chanterelles d'automne et jus balsamique, l'escalope de foie gras poêlée et la cassolette d'escargots au beurre mousseux. Possibilité de réserver également des appart-hôtels comprennant un séjour avec canapé convertible (2 personnes), un coin cuisine équipé (plaques vitrocéramiques, réfrigérateur, four micro-ondes, lave-vaisselle...), une salle de bains avec sèche-cheveux et WC sans oublier une connexion wifi gratuite.

ACTIVITÉS SUR GLACE MOTORISÉES

AT2000
Parking Circuit de Glace
✆ 04 93 23 91 32
www.circuitdeglace.com
contact@circuitdeglace.com

Ouvert toute la saison d'hiver.

Comme une alternative au ski, Arnaud Trésiviol et son équipe animent depuis 1993 des activités sportives motorisées. Contact, prix et renseignements sur Internet ou par téléphone.

- **Conduite sur circuit de glace**. Réservée aux titulaires d'un permis de conduire, partez sur les traces du célèbre Trophée Andros qui passe ici en janvier chaque année. L'école Nissan Isola 2000 accueille le public qui veut se perfectionner en conduite sur glace ou simplement se faire plaisir en toute sécurité. Encadré par une équipe professionnelle, vous pourrez effectuer un baptême de piste (copilote) ou prendre un cours particulier avec un moniteur.
- **Kart sur glace**. Réservé aux titulaires d'un permis de conduire, montez à bord d'un kart de compétition transformé pour une utilisation sur glace. Les sensations sont différentes de celles du kart sur asphalte. On s'amuse et on frissonne quand on a du mal à prendre les virages ! Par séances de 10 mn ou challenge demi-journée (3h).
- **Scooter des neiges**. En solo ou en duo et de jour comme de nuit, une formidable expérience à la découverte de paysages magnifiques. Toutes les randonnées motoneige sont accompagnées d'un guide. Prêt de casques et fourniture de charlottes.

Forfait ski vente flash -50 %

Voilà un super bon plan : tous les mardis exclusivement, le site Internet www.isola2000.com propose à la vente des forfaits ski à -50 % à la journée ou pour 3, 5 et 7 jours. Renseignez-vous !

LA CALÈCHE DU COMTÉ DE NICE

Les Crosilles
✆ 04 93 23 17 47 / 06 82 88 89 41
Sur la place

Promenades en calèches. Taxi.

Concept original et 100 % nature pour cette association qui propose une autre façon de découvrir les paysages de la région : dans une calèche autrichienne ! Il s'agit précisément d'un traîneau monté sur roues et traîné par deux Comtois et un Merins. Une fois à bord, laissez-vous conduire, détendez-vous et profitez pleinement de la nature environnante qui défile sous vos yeux. Gilbert applique des tarifs selon la demande car outre les balades, il fait également office de « taxi ». Attention, pensez à bien vous couvrir.

CANYONING – CHALET TINÉE AVENTURES

✆ 06 80 32 54 28
tineeaventure@free.fr

Demander M. Christian Rastello.

Les parcours ont lieu dans les trois vallées autour d'Isola, à savoir la Vésubie, la Tinée et la Roya. Ayant goûté à ce plaisir maintes fois, notre équipe en est adepte, mais il est également possible d'opter pour la randonnée pédestre. Les connaisseurs et les lecteurs qui auront lu la partie du guide consacrée au Parc du Mercantour le savent : la région est d'une grande richesse naturelle, aussi si le domaine vous attire, il convient de se rapprocher de l'office de tourisme pour de plus amples informations, comme les itinéraires. Sinon, il reste les guides habilités – même contact que pour le canyoning. Tinée Aventures vous propose également des randonnées en raquettes, du ski hors-pistes, du ski de randonnée, une école d'escalade.

La station d'Isola 2000

ÉQUITATION LA MÈNE

Laura Colanesi ✆ 06 26 55 10 26

Ouvert en été. Cours ou balade adulte. Randonnée cheval 70 € la journée et 30 € 1/2 journée. Poney stage enfant. Prix sur demande.

Le relais équestre de la Mène rejoint chaque été les alpages. Laura propose des stages découverte, des randonnées, des cours d'équitation à cheval ou à poneys pour le bonheur des petits et grands. Vous pourrez également rejoindre les lacs d'altitude avec votre âne de bât qui se chargera de porter votre repas et votre couverture pour le pique-nique... Plusieurs formules sont possibles : à la journée ou à la 1/2 jounée.

GOLF D'ISOLA 2000

✆ 04 93 23 29 29 / 04 93 23 90 10 (réservation)

Fermé du 15 septembre au 15 juin. Restauration.

On ne pratique pas que le ski ou les sports de montagne à Isola ! Le golf aussi a sa place sur les sommets : d'ailleurs, le site détient le titre du parcours le plus haut d'Europe. On pourrait penser que la balle puisse se perdre dans un ravin mais ce n'est pas le cas : le parcours de 5 035 m constitué de 18 trous ne pose pas de difficultés particulières et le paysage est tout simplement sublime...

L'ÉCOLE DU SKI FRANÇAIS

Résidence Tavels
✆ 04 93 23 28 00
www.esf-isola2000.com
esf.isola.resa@wanadoo.fr

Eventail de prestation très varié : ski, snowboard, newschool, boardercross, randonnées – raquette à peau de phoque –, transfert par hélicoptère sur tout le massif alpin. On peut choisir entre les cours collectifs, particuliers ou des stages. Initiation ou perfectionnement en ski ou snowboard à titre privé en vue d'une préparation de compétition. La formation à la montagne et le hors-piste font également partie des prestations.

PARCOURS FORESTIER ISOLIANE

✆ 06 22 94 24 65 / 06 62 60 30 64
isola2000@gmail.com

Ouvert toute l'année. Les week-ends de mi-juin à mi-septembre et tous les jours en juillet et août de 10h à 18h. Départs en continu de 10h à 16h30. Dernier départ à 16h30. Parcours Aventure : adulte 20 € et 15 € (- de 14 ans). Parcours Découverte : adulte 18 € et 15 € (-14 ans) Parcours Kids (dès 4 ans) : 10 €. Accès au parc illimité toute la journée 29 €.

Frissons garantis dans les mélèzes ! Isolianes propose un parcours avec 10 tyroliennes, pouli poula, saut de tarzan et autres ponts himalayens surplombant la rivière à 50 m de haut sur 200 m de long. En tout, ce sont 48 ateliers répartis sur trois niveaux (Kid, Découverte et Aventure) d'une durée moyenne de 2h30. Les départs pour les adultes se font tous les jours de 10h à 18h30 non-stop tandis que ceux pour les enfants ont lieu tous les jours à 11h, 14h ou 15h. Des sessions de nuit à partir de huit personnes sont régulièrement organisées : attention, l'inscription est obligatoire. Présence d'une buvette sur place.

PISCINE 2000

✆ 04 93 02 19 88

Ouvert de 10h à 18h. En juillet août. Adultes : 4 €. -12 ans : 3 €.

Cette piscine en plein air est chauffée (de 22° C à 25° C). Surveillée par des Maîtres Nageurs Sauverteurs Diplômés d'Etat, cet espace nautique est un lieu de divertissement qui propose également des activités aquatiques payantes (en plus de l'entrée) comme les leçons de natation (apprentissage et perfectionnement) ou les cours d'aquagym. Les matelas, parasols et chaises sont gratuitement mis à disposition.

RANDONNÉES

Emile Fabre ✆ 06 83 84 97 13
emilefabre@wanadoo.fr

De début juin à septembre, Emile, enfant du pays et guide accompagnateur en montagne, a fait du Mercantour son terrain de jeux favori. Il vous propose des journées à thème et des week-ends découvertes afin de partager sa passion et vous faire découvrir toutes les richesses de la Haute-Tinée. Que vous soyez débutant ou sportif... en solo, en famille ou entre amis, le temps d'une journée ou d'une semaine... Faites vous plaisir grâce à des randonnées étudiées sur mesure. Sorties à la journée à partir de 25 € et le week-end 50 €. En hiver, de novembre à avril : sorties en raquettes : 35 € par jour matériel compris.

RAQUETTE AND YOURTE

✆ 06 81 10 78 31 / 06 84 77 55 64
raquetteandyourte@gmail.com

Randonnée accessible à tous niveaux limitée à 12 personnes maximum encadrée par un moniteur diplômé d'Etat. Raquettes et lampes fournies. Le départ se fait à 17h30 en face de l'entrée du télécabine Pelevos. Adulte : 24 €. Enfant : 19 €. Raquettes fournies.

Envie d'une escapade originale ? Venez vivre l'aventure d'une balade en raquettes et partez à la découverte d'une authentique yourte mongole au milieu des bois. A l'intérieur, tout est chaleureux et très confortable : le feu de bois réchauffe les convives installés autour de grandes tables en bois ; ce sera l'occasion de déguster une collation dans une ambiance conviviale et amicale. Les plus petits bénéficient de leur espace récréatif. A la tombée de la nuit, vous reprendrez doucement le chemin vers la station sous le ciel étoilé. Dépaysement et bonne humeur garantis !

TÉLÉCABINE DU PELEVOS

Ouvert du lundi au vendredi de 9h30 à 11h45 et de 14h à 16h30 ; le week-end de 9h à 12h30 et de 14h30 à 16h30. Entrée : 4,20 €. Cette télécabine est surtout utilisée par les adeptes des randonnées. Le tarif piéton vous permet l'accès à la vue panoramique sur la station d'Isola 2000 depuis le sommet du télécabine du Pelevos à 2 300 m.

HÔTEL CLUB ISOLA 2000 MMV – LES TERRASSES D'ISOLA

Résidence C2A
Le Hameau ✆ 04 93 05 14 31 / 04 91 87 50 23
www.residences-hotels-c2a.fr
reservation@residences-hotels-c2a.fr

Ouvert du lundi au mercredi et le vendredi de 10h à 12h et de 15h à 20h ; le jeudi jusqu´à 21h ; le week-end de 15h à 20h. Résidents de l'hôtel : 15 €/journée, 14 € l'après-midi et 8 € la matinée. Extérieurs : 20 €/journée.

La résidence Les Terrasses d'Isola est équipée d'un espace spa de 200 m² comprenant un bassin intérieur chauffé à jets, un hammam, un Jacuzzi, un espace détente avec tisanerie, des cabines de soins... le tout avec une vue panoramique sur le domaine skiable ! Après une journée de ski, vous pourrez renouer avec des instants de plénitude en plongeant dans une atmosphère d'apaisement où se mêlent musiques relaxantes et senteurs d'huiles essentielles. Les soins réalisés par des esthéticiennes formées aux techniques de la prestigieuse école internationale d'hydro-esthétique sont effectués avec des produits Decleor.

SPA DES TEMPS

Sandra Lacoste
Résidence La Lombarde
✆ 04 83 10 40 08
www.sandra-lacoste.com
contact@sandra-lacoste.com

Pendant la saison d'hiver ouvert tous les jours y compris dimanches et fériés de 9h à 20h. Du 25 Juin au 5 septembre de 10h à 12h et de 14h à 18h. Services disponibles en institut : onglerie, épilation, cabine UV, tisanerie. Hammam avec ou sans massage.

Depuis 2001, Sandra Lacoste a développé un concept de soins innovants basés sur les saisons et les éléments. Elle travaille avec les gammes de produits cosmétiques haut de gamme Carita et Terraké. Après un diagnostic personnalisé, elle vous suggère des soins adaptés pour évacuer fatigue et stress du quotidien mais aussi pour améliorer la circulation de vos énergies, vous permettre d'être en harmonie avec votre corps ou simplement vous relaxer. Sandra propose quatre univers inédits liant des principes actifs pour un rituel de beauté efficace et apaisant en toute sérénité. Dans son institut, vous aurez aussi accès à d'autres prestations : épilation, pose d'ongles, cabine UV, tisannerie et hammam pouvant accueillir 3 personnes par séance.

ASTRA GAME

Immeuble Le Saint-Pierre

Ouvert pendant la saison de ski. Ouvert tous les jours de 10h à minuit.

C'est une grande salle de jeux faite pour vous divertir et passer un agréable moment en famille ou entre amis. Idéal pour faire une petite partie : baby-foot, billard, jeux de tirs, conduites, jeux de forces, flippers... Il y en a pour tous les goûts ! Jeunes et moins jeunes se succèdent devant les nombreux jeux traditionnels ou les écrans des jeux électroniques de cette salle conviviale.

LE CROCODILE

Galerie marchande
✆ 04 93 23 18 80
lecrocodilebar@hotmail.fr

Haute saison : ouvert tous les jours de 17h à 2h30.

Pub, cybercafé, boîte de nuit, rhumerie... Une fois passé l'énorme crocodile installé au-dessus de la porte d'entrée, vous pénétrez dans ce temple du divertissement incontournable de la station. Ambiance survoltée si l'on veut faire la fête et s'éclater entre copains ! La fréquentation est plutôt jeune et la musique offre un cocktail détonnant de sons électro-house.

■ **LE HI-BAR**
Immeuble Le Télécabine
✆ 04 93 05 88 69 / 06 64 72 52 19
www.hi-bar.fr
info@hi-bar.fr
Ouvert toute l'année. Du lundi au jeudi de 8h à 21h30. Le vendredi et le samedi, de 8h à 2h. Le dimanche, de 8h à 21h30. Possibilité de vente à emporter. Terrasse.
Des pistes enneigées aux pistes électroniques, il n'y a que la porte du Hi Bar à franchir au cœur de la station d'Isola 2000. Le midi, on profite de la formule *snacking* et de la vente de produits à emporter que l'on déguste sous les parasols chauffants de la terrasse dont le mobilier moderne est posé au pied des pistes. En journée, on profite aussi du bar extérieur. Mais c'est en début de soirée que la fête s'empare des lieux : l'apéro-tapas avec ambiance musicale précède les soirées DJ qui réunissent une clientèle post-trentenaire jusqu'au milieu de la nuit. Dans l'ambiance design et branchée de cet espace aux murs de nacre et d'acier, on se serre autour du bar éclairé de leds multicolores pour siroter cocktails, vins ou champagnes au rythme de la *house-music*.

■ **SNOWBALL BAR**
Le Pelevos
✆ 04 92 02 16 45
Ouvert pendant la saison de ski. Haute saison : ouvert tous les jours de 17h à 2h30. Restauration jusqu'à 1h du matin.
Ambiance jeune et décontractée dans ce mini-bowling (les pistes sont plus courtes) où l'on peut boire un verre entre potes, prendre un morceau et surtout s'amuser. Fous-rire garantis. Des soirées à thème sont organisées tout au long de la saison : blind tests, karaokés et diffusions de tous les matchs de foot sur écrans géants... De quoi animer vos soirées ! Et pour caler les fringales nocturnes, le service restauration est ouvert jusqu'à 1h du matin, sur place ou à emporter.

■ **MAGIC SNOW**
Immeuble le Malinvern
✆ 04 93 23 15 30
http://magicsnow.fr
Ouvert toute l'année tous les jours durant les vacances scolaires de 8h30 à 20h. Hors vacances scolaires de 8h30 à 19h. Le magasin Ski Republic se situe en bas de l'escalier au niveau de la Poste et de la Gendarmerie.
Vous serez ici accueilli par Stéf, la responsable. Passionnée de ski, elle saura vous orienter et vous conseiller sur le matériel qui vous conviendra le mieux. Accompagnée de Galak, entraîneur au Club de snow Back to Back et pro de surf ainsi que de Julien et Cyril, l'équipe est accueillante et professionnelle. En hiver, la boutique loue et vend des articles liés au sport de glisse mais aussi des snowscoots tandis que l'été, vous trouverez des VTT et des trottinettes pour faire de vos vacances un moment convivial et sportif à partager entre amis ou en famille.

▸ **Autre adresse :** Place Centrale – Auron. Tél. 04 93 23 32 21

■ **LA VACHERIE DE CHASTILLON**
✆ 04 93 23 12 48 / 06 13 41 50 62
Ouvert toute l'année de 9h à 13h et de 15h30 à 20h. Parking P1, face au circuit de glace.
Une adresse incroyable... à condition d'aimer le fromage ! Cet endroit incontournable et sympathique tenu depuis plus de quarante ans par la famille Colombero propose à la vente toute une sélection de produits du terroir et des salaisons de qualité élaborés dans la pure tradition de fabrication piémontaise : fromages au lait cru (Alpin, Bergère), tomes de montagne (2 mois d'affinage), taleggio, rigatello, reblochon, yaourts au lait entier ou fromages frais. Les plus curieux pourront également visiter l'atelier de fabrication de ces produits et assister à leur préparation tandis que les plus petits découvriront la traite des vaches et l'alimentation des veaux. Une savoureuse visite qui s'impose aux papilles dans cette vacherie devenue une institution.

Roure

Ce village montagnard allongé en balcon à 1132 m d'altitude au-dessus d'un à-pic impressionnant dominant la rivière Vionène est un paradis des amoureux de la nature. La flore dans les environs est abondante.
On y observe facilement des lièvres, des gypaètes, des sangliers, des chevreuils, des marmottes et évidemment des chamois. Au village, les trois superbes granges préservées témoignent de l'architecture agropastorale tandis que les maisons de pierres rouges aux toits de bardeaux ou de lauze violette datent pour la plupart du XVIIe et XVIIIe siècles.
L'église classée roman-gothique saint-Laurent abrite un superbe retable de François Bréa de 1560 et la chapelle saint-Sébastien, inscrite à l'Inventaire des Bâtiments de France, offre des fresques naïves du début du XVIe siècle.
Une visite s'impose : celle du célèbre arboretum Marcel Kroenlein qui sur 6 ha permet d'observer une flore de l'étage montagnard.

Points d'intérêt

■ **ARBORETUM MARCEL KROENLEIN**
www.arboretum-roure.org
arboretum.roure@wanadoo.fr
Ouvert toute l'année de 10h à 18h. Adulte : 5 € (gratuit pour les enfants et les adhérents). Tarif groupe sur demande. Label Tourisme & Handicap. Parking adapté. Toilettes sèches et accessibles. Visite guidée. La boutique vend des cartes postales d'artistes et des plantes du site.
Un Arboretum est une collection d'arbres, un témoin et un protecteur de la biodiversité. Celui-ci a été créé en 1988 pour permettre d'observer l'étage montagnard entre 1 000 m et 1 700 m. Il rassemble feuillus et conifères auxquels s'ajoutent des collections d'érables, de fruitiers anciens, des genévriers, des rosiers sauvages, des joubarbes... Depuis sa création, près de 400 arbres ont été plantés dont 137 espèces exotiques acclimatées avec succès. Un inventaire forestier réalisé par le Comité Scientifique de l'Arboretum permet de suivre l'évolution de chaque arbre. Les trois cascatelles aux oiseaux et le parcours ornithologique créé par Michel Belaud sont uniques. Le site propose également un espace lié à l'Art et expose à ciel ouvert le travail des artistes du groupe *No-Made*

qui offrent leurs œuvres à la Nature parmi lesquels Ben, Folon, Sosno, Arman, Ernest Pignon Ernest... En saison d'hiver, des sorties rando-raquettes sous les mélèzes sont également organisées.

Le couvert

■ AUBERGE LE ROBUR
Rue Centrale
✆ 04 93 02 03 57
www.aubergelerobur.fr
aubergelerobur@gmail.com

Ouvert sur réservation au déjeuner et au dîner du jeudi au lundi. Possibilité de réservation via le site Internet. Réservation recommandée. Vin au verre. Menu balade du sel au sucre : 3 plats à 29 €. Menu la grande randonnée : 5 plats 39 €.

Christophe Billau officie ici à 1 100 m d'altitude. On fait volontiers le détour jusqu'à Roure pour venir goûter sa cuisine élaborée à partir de produits frais de saison et de terroir. Ses mets succulents convaincront les plus difficiles par la recherche constante de saveurs et de goûts uniques. Les légumes sont issus de la ferme bio de Lespinas à Valbeblore tandis que la carte des vins – à dominante locale – laisse aussi la part belle aux domaines dédiés au vin nature mais pas seulement. On vous recommande vivement de découvrir les lieux qui surplombent la vallée de la Tinée et de vous attarder à cette excellente table qui s'est vu attribuer le titre de Jeune Talent de la région PACA par le guide Gault & Millau en 2011, le Bib Gourmand du Guide Michelin en 2012 et une étoile Michelin en février 2014... On vous aura prévenu ! L'Auberge de Robur est une étape incontournable pour les gourmands, les épicuriens et les randonneurs.

Le gîte

■ AUBERGE LE ROBUR
Rue Centrale
✆ 04 93 02 03 57
www.aubergelerobur.fr
aubergelerobur@gmail.com

76 € / chambre simple ou double. Pension complète (77 € ou 87 € par personne en chambre double et 115 € ou 125 € en chambre simple (chambre, dîner et petit déjeuner)). Petit déjeuner : 10 €. Condition d'annulation : sans frais 5 jours avant l'arrivée. Cour de cuisine : 99 € ou 110 € par personne en occcupation double du 1er octobre au 30 avril. Animaux acceptés (5 €). Wifi gratuit. Restauration (restaurant gastronomique).

Au cœur du village est nichée cette jolie auberge à la décoration montagnarde et chaleureuse qui vous réconforte d'emblée. L'accueil est sympathique dans ce lieu de détente qui offre un repos bienfaisant au randonneur ou au touriste en quête de confort tranquille. La vue sur la vallée de la Tinée est particulièrement impressionnante par les grandes baies vitrées. Les chambres sont pourvues de lits simples ou doubles. Toutes sont équipées de salles de bains modernes. Un forfait tout compris vous permet de savourer les plaisirs de la table de Christophe Billau, jeune étoilé au guide Michelin : un grand moment que l'on vous recommande et qu'il ne faut surtout pas rater !

Saint-Dalmas-le-Selvage

▶ Situé à la source de la rivière La Tinée et aux confins du département, c'est un typique village alpin – le plus haut des Alpes-Maritimes – tout en pierres préservé et classé. En parcourant ses ruelles pavées qui se croisent en damier, vous découvrirez les maisons hautes serrées aux façades biscornues et aux toits pentus ainsi que les nombreux cadrans solaires. La sérénité des lieux est troublée par le torrent qui fait un bruit assourdissant. L'église romane est excentrée, nichée dans le vallon en contrebas au bord de la rivière.

▶ Entouré de forêts de mélèzes et d'épicéas, la commune regroupe les hameaux du Pra (1 700 m), point de départ de l'itinéraire menant au site des Lacs de Vens ; de Bousieyas (1 960 m), le hameau le plus haut du département sur la célèbre route du Col de la Bonette et de La Fourche (2 300 m), camp militaire fantôme datant de 1896 et dernier lieu-dit avant d'attaquer la route des cols.

▶ Saint-Dalmas-le-Selvage est considéré comme le site majeur de glisse nature dans la région : ski de fond et ski de randonnée se pratiquent ici dans des paysages vierges grandioses tels que le Col de la Braïssa (2 599 m), le Mont Aunos (2 514 m), la Croix de Carlé (2 529 m) ou le Col de la Moutière (2 454 m).

■ OFFICE DE TOURISME DE SAINT-DALMAS-LE-SELVAGE
Maison du Haut Pays ✆ 04 93 02 46 40
www.saintdalmasleselvage.com

Basse saison : ouvert le lundi, le mardi et du jeudi au samedi de 9h à 12h et de 14h à 18h. Haute saison : du vendredi au mardi de 9h à 12h et de 14h à 18h.

Aux portes du Parc National du Mercantour, ce village classé est le point de départ de multiples randonnées et excursions. L'Office du Tourisme vous en dressera les diverses possibilités en fonction de la saison : en hiver, vous pourrez découvrir un circuit à raquettes à neige jusqu'au Col d'Anelle. L'itinéraire – environ 3h30 - est damé et sécurisé pour tout public. Location sur place de raquettes et d'un écoguide GPS. Réservation au préalable par téléphone ou e-mail. Il faut cependant noter que tous les cols sont fermés en hiver ce qui rend inaccessible la route de la Bonette à 2 802 m d'altitude. Accès WiFi libre et gratuit. Ventes de produits locaux.

Louer un EcoGuide !

Ce guide numérique vous permettra de découvrir Saint-Delmas-le-Selvage d'une manière ludique, insolite et pédagogique : jouez à des quizz, répondez à des questions, écoutez des sons, participez à des animations ou regardez des photos... Ce guide interactif vous signale aussi par un chant d'oiseau les curiosités de la nature à ne manquer sous aucun prétexte ! Possibilité de découvrir trois itinéraires au départ de l'Office du Tourisme. Location à la journée : 5 €.

Points d'intérêt

■ LA CHAPELLE SAINTE-MARGUERITE

Possibilité d'emprunter les clés de la chapelle à l'Office du tourisme.

Classée Monument Historique, la chapelle Sainte-Marguerite possède de magnifiques peintures murales attribuées à Jean Baleison (XVème siècle). Un guide explicatif détaillé ainsi que les clés de la chapelle sont disponibles gratuitement à l'Office du Tourisme en échange d'une pièce d'identité.

■ L'ÉGLISE PAROISSIALE DE SAINT-DALMAS-LE-SELVAGE

Classée à l'inventaire supplémentaire des Monuments Historiques, cette église était à l'origine un prieuré dépendant de l'Abbaye bénédictine de Pedona. Son clocher érigé en 1718 fait partie de l'un des 9 clochers lombards de la Vallée de la Tinée. Une magnifique peinture équestre de Saint Dalmas orne la façade principale au-dessus du porche auvent. A l'intérieur, deux triptyques (primitifs niçois) et deux toiles du XVIIe siècle (Pons et Bottero).

■ LA ROUTE DE LA BONETTE

Fermée en hiver à cause de la neige.

Ceux qui font « la traversée des grandes Alpes » ont toujours un pincement au cœur alors qu'ils abordent la route de la Bonette qui culmine à 2 802 m. Depuis Saint-Etienne-de-Tinée, on accède au hameau du Pra puis à celui de Bousiéyas, dernier lieu de vie avant le col. Cette route, inaugurée et classée le 18 août 1960 par Napoléon III, traverse de vastes alpages et vous emmène dans des paysages uniques. Après de nombreux virages et des pentes qui dépassent souvent les 10%, on arrive enfin au sommet du col où la table d'orientation permet de nommer toutes les grandes cimes des Alpes du Sud, du Mont Pelat au Viso ainsi que la barre majestueuse des Ecrins. On redescend ensuite par le même chemin ou on poursuit vers les Alpes-de-Haute-Provence en direction de Barcelonnette par une route charmante où la circulation est réglementée – amis du caravaning, renseignez-vous ! Attention : cette route mythique est fermée l'hiver.

Le couvert

■ AUBERGE DE L'ÉTOILE

Rue du Moulin © 04 93 02 44 97
www.gitesdupresbytere.com
auberge-deletoile@wanadoo.fr

Ouvert en saison d'hiver du vendredi soir au dimanche midi. En période de vacances scolaires Noël et février : tous les soirs et le dimanche midi. Accueil de groupes le midi sur réservation. Réservation recommandée. Carte : 27 € environ. CB non acceptée. Chèque Vacances.

Dans un décor rustique où deux salles sont prolongées par une vaste terrasse, on déguste une cuisine inventive et raffinée faite maison à base de produits du terroir et déterminée par les saisons : suprême de pintade et escalope de foie gras sauce au cacao amer, gnocchi de pommes de terre maison sauce aux cèpes, carré de porcelet rôti au jus de thym, filets de rougets poêlés sur lit de taboulé tiède aux tomates fraîches et pesto ou encore lapin farci aux chanterelles… En dessert, on retrouve les saveurs montagnardes dans le chaud froid châtaigne chocolat ou dans la faisselle à la gelée de fleurs de pissenlits ! L'accueil est souriant, le service efficace et la nourriture délicieuse. Un beau rendez-vous en perspective.

Le gîte

Gîtes

■ GÎTES DU PRESBYTÈRE

Rue du Moulin
© 04 93 02 48 40
www.gitesdupresbytere.com
auberge-deletoile@wanadoo.fr

Ouvert toute l'année. Gîtes meublés pouvant accueillir de 4 à 11 personnes, location semaine ou week-end. Arrivée à partir de 16h, départ avant 12h. De 350 € à 765 € la semaine selon saison. Caution 900 € / gîte. CB non acceptée. Chèque Vacances. Service de ménage. Restauration (se renseigner sur les tarifs à l'Auberge de l'Etoile). Lave-linge, lave-vaisselle. Tv satellite.

St Dalmas le Selvage

© AM STOCK NATURE

Col de la Bonette

Les Gîtes du Presbytère sont composés de trois beaux appartements meublés dans une maison ancienne rénovée. Le Blanchon pour 4 personnes est situé en rez-de-jardin et possède une grande terrasse ; Le Mouflon pour 6 personnes est situé au premier étage et possède un balcon ; Le Chamois installé au deuxième étage est un duplex pouvant recevoir jusqu'à 11 convives. Tous sont spacieux, lumineux, confortables et entièrement équipés avec cuisine moderne, salle de bains complète, W.C séparés et chauffage individuel électrique. Au sous-sol, vous trouverez des placards fermés pour ranger skis, chaussures et raquettes ainsi qu'une buanderie avec lave-linge. La location est consentie à la semaine ou au week-end. Réservation fortement recommandée.

Chambres d'hôtes

■ LA PETITE ÉTOILE EN MERCANTOUR

Le Village
Maison de l'étoile
✆ 04 93 02 41 08 / 06 89 37 23 36
http://maisondeletoile.free.fr
maisondeletoile@wanadoo.fr
A Saint-Etienne-de-Tinée, prendre la direction du Col de la Bonnette.

Ouvert toute l'année. 5 chambres (de 2 à 4 personnes). Demi-pension (de 45 € à 65 € par personne et par jour selon la chambre, le nombre de personnes et la durée du séjour). Petit déjeuner inclus. CB non acceptée. Chèque Vacances. Restauration (table d'hôtes bio). Promotions en semaines hors week-end et hors vacances scolaires (zone B). Gîtes ruraux agréés «Gîtes de France» disponibles à côté de la maison pour groupes +15 personnes.

Alexandra et Patrice, deux amoureux de la nature et des produits du terroir bio cultivent leur potager dont les légumes nous régalent au fil des saisons et vous ouvrent les portes de leur maison d'hôtes où quatre belles chambres pouvant accueillir de 1 à 4 personnes vous attendent. L'ambiance est conviviale et les lieux reflètent la philosophie chaleureuse et authentique des hôtes. Les trois plus grandes chambres disposent de salles de bains privatives. La table commune est joyeuse, souvent bigarrée tandis que la cuisine saine et bio invite à des découvertes étonnantes. Une belle adresse futée !

Loisirs

■ ESCALADE DES CASCADES DE GLACE

Visibles en hiver depuis le village, ces deux superbes cascades de glace hautes de plus de 100 mètres sont situées dans le vallon de Giallorgues et forment un paysage féerique, magique et spectaculaire qui s'est formé avec les effets conjugués de l'eau et du froid. Leur ascension en accès libre est toutefois réservée aux initiés ou avec l'aide d'un professionnel. Un matériel spécifique est recommandé.

■ LE SKI

Saint-Dalmas-le-Selvage est un site de ski et de randonnée nordique avec plus de 50 km de sentiers balisés et étagés entre 1 280 m et 2 881 m d'altitude. Il existe deux secteurs de randonnée nordique : Anelle et Gianto au départ du parking du village avec 35 km d'itinéraires. Pour la pratique du ski de fond, vous disposerez de 17 km de piste. Au total, le domaine skiable comprend 1 boucle et 1 circuit de ski de fond (3 km), 6 circuits de ski de randonnées, 1 boucle et 5 circuits de randonnées raquettes.

Saint-Dalmas-Valdeblore

■ CAMPING A LA FERME
✆ 04 93 02 83 30 / 06 84 15 84 55
www.camping-ferme.com
bernard.leduff@wanadoo.fr

Fermé du 15 octobre au 25 mai. Sol : herbeux. Emplacement + véhicule + 2 personnes à partir de 7,50 €. Branchement électrique : 3,50 €/jour. Gardiennage du véhicule pendant vos jours de randonnées : 3,50 € par jour. Animaux acceptés. Wifi gratuit.

Un petit coin de paradis... Myriam et Bernard Le Duff vous invitent chez eux à la ferme. Au milieu d'une prairie, vous pourrez planter votre tente ou arrêter votre camping-car. Pour la toilette, tout est prévu : coin sanitaire comprenant deux douches chaudes, un grand bloc lavabo, deux W.C et des prises électriques. D'autres services gratuits sont mis à votre disposition : un bloc évier, deux fours micro-ondes, deux réfrigérateurs avec des compartiments congélateurs pour vos pains de glaces. Pour les moments de détente, vous disposez d'un grand auvent en bois avec tables et chaises. Un petite bibliothèque et différentes cartes IGN ainsi que de la documentation sur la région sont également à votre disposition. En saison, vous pourrez cueillir et savourer les framboises et les légumes du potager tout proche.

■ CAMPING A LA FERME
✆ 04 93 02 83 30 / 06 84 15 84 55
www.camping-ferme.com
bernard.leduff@wanadoo.fr

La ferme de Myriam et Bernard Le Duff propose un espace de découvertes pédagogiques pour les enfants, un joli camping avec de nombreuses commodités sans oublier une petite épicerie où trouver une multitude de produits frais : légumes, miel, oeufs, framboises et autres confitures faites maison ! Vous pourrez également faire connaissance sur place avec les animaux de la ferme : bouc, chevaux, moutons et poules...

Saint-Etienne-de-Tinée

▸ Entouré de montagnes, c'est le plus important village de la Vallée de la Tinée. Situé à proximité de la station de ski d'Auron, ce carrefour situé au cœur du Parc National du Mercantour et habité depuis la Préhistoire, fut rattaché à la France en 1860 avec l'ensemble du Comté de Nice. Il fut en partie ravagé par un incendie en 1929 et doit sa renaissance à une souscription lancée à toutes les communes de France par un maire audacieux et novateur, Maurice Rovéry qui fut aussi à l'origine de la création d'Auron en 1937.

▸ La commune de Saint-Etienne-de-Tinée regroupe plusieurs hameaux (La Blache, Douans, Le Cialancier, Le Pré du Loup, La Rougelle, Le Bourguet, Roya) ainsi que la station de ski Auron à qui elle est reliée l'hiver au domaine skiable par le téléphérique «La Pinatelle». De tradition pastorale, la vallée développe un programme d'actions pour permettre à de nombreux transhumants éleveurs d'ovins, caprins, bovins, d'utiliser ses pacages.

■ OFFICE DE TOURISME DE SAINT-ÉTIENNE-DE-TINÉE
1, rue des Communes de France
✆ 04 93 02 41 96
www.saintetiennedetinee.fr
saint-etienne@stationsdumercantour.com

Haute saison : ouvert tous les jours de 9h à 12h et de 14h à 18h. WiFi gratuit. Départ et inscription des visites guidées.

L'OT organise des visites guidées du patrimoine religieux, du moulin et du musée des traditions. L'équipe souriante et dynamique conseille également sur des itinéraires à la carte. Le village est le lieu de départ de nombreuses randonnées et circuits pédestres dans le Parc National du Mercantour. Des guides et accompagnateurs en montagne vous proposent aussi des sorties organisées par thème pour vous faire découvrir la faune et la flore environnantes.

Points d'intérêt

■ LA CHAPELLE DES TRINITAIRES

Un guide du patrimoine religieux est en vente dans les Offices de Tourisme d'Auron et St Etienne de Tinée : 2 €. Mercredi et vendredi : de 10 à 12 h et de 16h à 18h. Entrée gratuite (participation libre). Renseignements et réservations auprès de l'Office de Tourisme de St Étienne de Tinée au 04 93 02 41 96 ou de l'Office de Tourisme d'Auron au 04 93 23 02 66.

Il s'agit de la chapelle du couvent désaffectée des Trinitaires, ordre religieux qui avait pour mission l'évangélisation des «barbaresques» d'Afrique du Nord et le rachat des captifs. A l'intérieur se trouvent de magnifiques fresques dédiées à Notre Dame du Bon Remède de 1685 et d'autres représentant le combat naval de Lépante, le 12 octobre 1571, lors duquel la flotte chrétienne envoya par le fond la flotte turque. Pour l'anecdote, c'est lors de cette bataille que Cervantès perdit sa main droite.

■ LA CHAPELLE SAINT-SÉBASTIEN

Un guide du patrimoine religieux est en vente dans les Offices de Tourisme d'Auron et St Etienne de Tinée : 2 €. Mercredi et vendredi : de 10 à 12 h et de 16h à 18h. Entrée gratuite (participation libre). Renseignements et réservations auprès de l'Office de Tourisme de St Étienne de Tinée au 04 93 02 41 96 ou de l'Office de Tourisme d'Auron au 04 93 23 02 66.

Cette chapelle a été édifiée dans la deuxième moitié du XVe siècle. Située à l'entrée du village, elle est dédiée à Saint Sébastien, protecteur contre la peste. Plusieurs épidémies avaient durement touché les terres du Comté de Nice en 1467, 1498 et 1524. Elle est d'ailleurs ornée de fresques murales naïves de Jean Baleison et Jean Canavesio qui représentent le spectre de la peste.

■ L'ÉGLISE PAROISSIALE
Place du village

Un guide du patrimoine religieux est en vente dans les Offices de Tourisme d'Auron et St Etienne de Tinée : 2 €. Mercredi et vendredi : de 10 à 12 h et de 16h à 18h. Entrée gratuite (participation libre). Renseignements et réservations auprès de l'Office de Tourisme de St Étienne de

Tinée au 04 93 02 41 96 ou de l'Office de Tourisme d'Auron au 04 93 23 02 66.
Classée par les Monuments Historiques, elle allie plusieurs styles accumulés au cours des siècles successifs : la façade date de la Renaissance, le clocher roman est de style lombard tandis que le chœur est gothique. A l'intérieur, le maître-autel est revêtu de bois doré. La chapelle de l'ancien couvent des trinitaires – ordre religieux qui avait pour mission l'évangélisation des Barbaresques d'Afrique du Nord et le rachat des captifs – est sous la protection de Notre-Dame-du-Bon-Remède. A l'intérieur, des peintures évoquent la bataille de Lépante (large du golfe de Patras le 12 octobre 1571), par laquelle la flotte de la coalition chrétienne commandée par un Habsbourg, l'Archiduc Don Juan d'Autriche, remporta un retentissant succès contre le Sublime Porte. C'est au cours de cette bataille que Cervantès, embarqué comme matelot sur un navire espagnol, perdit sa main droite.

■ LE MOULIN A BLÉ

Ouvert toute l'année. Visite guidée (mercredi et vendredi de 10 à 12 h et de 16h à 18h. Gratuit).
Ce moulin a stratégiquement été construit entre la rivière «La Tinée» et le vallon du Ténibre : bâti en 1870, le moulin de Saint-Etienne-de-Tinée a mécaniquement fonctionné avec la force de l'eau jusque dans les années quatre-vingt.

■ MUSÉES DES TRADITIONS

2 rue Communes de France
Visite guidée le mercredi et le vendredi de 10 à 12 h et de 16h à 18h. Gratuit.
Découvrez l'histoire des ancêtres qui habitaient ici et la vie traditionnelle en milieu montagnard au travers d'une multitude d'objets et ustensiles divers.

Le couvert

■ LE CHAMOIS D'OR

Restaurant, Café, Crêperie, Glacier
Avenue du Général de Gaulle
✆ 04 93 02 44 80
Ouvert de juin à octobre. Service midi et soir tous les jours sauf lundi. Carte : 14,50 € environ. Vin au verre. Salades à partir de 12 €. Galette au sarrasin à partir de 4,50 €. Chèque Vacances, Chèque Restaurant. Jardin. Terrasse.
Il faut découvrir l'ambiance reposante de ce restaurant situé à côté du petit square des Combattants face au clocher de l'église. Au moindre rayon de soleil, on déserte la belle salle en bois pour s'installer sur la terrasse-jardin bordée de fleurs, sous les arbres et la tonnelle. La carte propose des crêpes et une cuisine de qualité à prix doux : belle variété de galettes au sarrasin salées cuites à la demande, salades composées à base de produits frais, assiettes de charcuterie ou de fromages du pays, diverses préparations de canard (origine française aux myrtilles et genépi, au piment d'Espelette, sauce framboise ou roquefort ou poivre), entrecôte montagnarde (viande, jambon cru, fromage à raclette chaud). Côté desserts : coupes de glaces ou fromages blancs aux fruits, et surtout des crêpes à foison garnies de mélanges audacieux qu'on peut aussi déguster à l'heure du thé. Tout est bon, simple et bien préparé. L'accueil est sympathique et le personnel efficace. Rien ne manque à cette escapade gourmande en altitude.

■ LOU BEN MANJA

Hôtel Restaurant
Place San Ment
✆ 04 93 02 40 28
www.loubenmanja.fr
Qualité Tourisme. Ouvert toute l'année. Tous les jours le midi et le soir. À partir de 19 €. Pizza à partir de 8,50 €. Formule du midi : 19 €. Vin au verre. 8 chambres (à partir de 60 €). Pension complète (déjeuner + dîner + petit déjeuner 35 €/ personne par jour) ou demi-pension (déjeuner ou dîner + petit déjeuner 25 €/personne par jour). Taxe de séjour en sus. Petit déjeuner 6 €. Chèques non acceptés. Chèque Vacances, Chèque Restaurant. Accueil des groupes (dont motards). Terrasse. Vente à emporter.
Avec les salles où domine le bois clair, la grande terrasse ouverte sur la place et les jeux de boules non loin, le lieu est conviviale et peut accueillir une centaine de convives. Le Chef Eric Anoge est un enfant du pays qui propose une cuisine créative élaborée à partir de produits frais sélectionnés suivant la saison. S'il met en avant les saveurs du terroir, les spécialités niçoises, les pâtes et les risottos, il prépare aussi un fabuleux magret de canard sauce au miel et mijote des plats traditionnels à l'ancienne : aïoli d'antan, rognons de veau sauce marchand de vin, pigeon farci au foie gras et aux truffes, ris de veau aux morilles... Les desserts sont aussi faits maison : crème brûlée, tiramisu, nougat glacé ou encore fondant aux marrons. Les assiettes sont généreuses à l'image de l'accueil, très souriant. Pour prolonger votre séjour, Lou Ben Manja qui se décline également en hôtel dispose de huit chambres tout confort et très bien équipées.

■ LOU SAN JEAN

5, rue des Communes de France
✆ 04 93 05 10 48
jean-claude.sembla@orange.fr
Ouvert tous les jours en été et pendant la saison d'hiver. Menu unique à 19,50 € (entrée, plat, dessert). Menu enfant : 9,50 €. Formule 12 €. Carte selon saison. Jardin. Terrasse.
Ce petit restaurant met la cuisine traditionnelle et de saison à l'honneur, et réserve de belles surprises. Il y a d'abord le jardin situé à l'arrière dans lequel l'ambiance invite au calme et à la quiétude : assis au soleil ou à l'ombre des arbres, on mange ici au grand air à l'abri du bruit des voitures pour notre plus grand enchantement. Les jours de mauvais temps ou durant les frimas de l'hiver, vous pourrez vous attabler dans l'agréable salle intérieure où le bois est omniprésent. La carte est belle et variée tandis que les plats évoluent au gré des saison. Quant aux assiettes, elles sont gourmandes et copieuses, servies avec le sourire d'Arlette ou Patrice, les propriétaires des lieux. A découvrir, absolument !

Retrouvez l'index en fin de guide

Le gîte

■ HÔTEL RESTAURANT LE STÉPHANOIS

✆ 04 93 02 40 26
lestephanois2@gmail.com

Ouvert toute l'année. Chambre double à partir de 38 € ; chambre triple à partir de 52 €. Demi-pension : 38 € (selon saison). Petit déjeuner : 5 €. Salle de bains et sanitaires partagés. Lavabo dans chaque chambre. Restaurant plat du jour 16 €. Vins à partir de 15 €. Snack et sandwich à partir de 4 €. Restauration.

Ce petit établissement niché au cœur du village est une affaire familiale. Les chambres sont sans prétention mais confortable, équipées d'un lit, d'une petite armoire et d'un lavabo. Les sanitaires et les salles de bains sont parfois localisés sur le même palier que votre chambre à moins qu'il ne vous faille descendre ou monter d'un étage : pas très pratique certes mais l'accueil chaleureux de la propriétaire des lieux vaut le détour. Les petits déjeuners sont copieux et les repas servis faits maison. Une bonne adresse pour une étape à la montagne.

■ TERNELIA LE RABUONS

Village de vacances
Ternelia – Le Rabuons ✆ 04 93 02 40 07
www.rabuons-mercantour.com
lerabuons@ternelia.com

Ouvert toute l'année. A partir de 350 € par personne et par semaine en pension complète. Label Tourisme & Handicap. Club enfants. Jeux pour enfants. Séminaires. Wifi. Restauration (2 salles de restaurants). Animations. Salle sport de cardio/musculation d'avril à octobre. Parking réservé. Piscine chauffée l'été uniquement. Buanderie. Bagagerie. Salle de vidéo projection. Location de matériel de ski et raquettes à neige.

Situé aux portes du Mercantour, Le Rabuons satisfera petits et grands. Différentes formules sont proposées : pension complète, 1/2 pension ou location incluant les clubs enfants et ados ou les visites et les animations. Sans oublier les séjours à thèmes tout compris (raquettes, randonnées, découverte du patrimoine) et les classes découverte avec de décembre à mars les classes de neige, et durant les saisons intermédiaires, les classes rousses et vertes qui proposent des programmes pédagogiques très intéressants. Familles, séniors, scolaires ou randonneurs, chacun trouvera sa formule clé. N'hésitez pas à faire un tour sur le site Internet qui propose régulièrement des promotions et qui détaille les prestations et les sorties organisées sur place.

Gîtes

■ MA VIEILLE ECOLE

Village de Roya ✆ 04 93 03 43 05
www.mavieilleecole.com
contact@mavieilleecole.com

Ouvert tous les week-ends en hiver et pendant les vacances scolaires. Ouvert tous les jours midi et soir du 1er mai au 30 septembre. Gîte d'étape (21 lits répartis en 5 dortoirs) et restaurant gourmand. 20 € la nuit, 25 € avec petit déjeuner, 39 € en demi-pension. CB non acceptée.

A 1500 m d'altitude sur la place du petit village de Roya (commune de Saint-Étienne-de-Tinée) se dessine la façade aux volets bleus du gîte « Ma Vieille Ecole ». École du hameau dans les années 60, ce bâtiment restauré abrite désormais un gîte d'étape et un restaurant gourmand. Des vieux cahiers, des livres, des cartables d'époque et des photos de classe sont exposés sur le mur de cette adresse authentique. Ma Vieille Ecole est une véritable étape gastronomique dont les plats inventifs sont faits maison avec une ardoise qui change au gré des saisons. On s'attable dans la vaste salle claire et lumineuse ou sur la terrasse orientée plein Sud avec vue à 180° sur les sommets environnants. On prolonge le plaisir dans ce havre de paix en réservant son lit parmi les 21 couchages disponibles, répartis en 5 dortoirs lumineux avec parquet et lits en bois blond. Coup de cœur absolu !

▶ Comment y aller ? Prendre la direction de Saint-Etienne-de-Tinée, tournez à gauche au village du Bourguet direction Roya D61. Roulez sur 6 km.

Campings

■ LE CAMPING DU PLAN D'EAU ....2 étoiles

✆ 04 93 02 41 57 / 04 93 02 41 96
www.campingduplandeau.com
camping@saintetiennedetinee.org

Emplacement pour 2 personnes : 10 €. Personne supplémentaire : 3 €. -7 ans : 2 €. Animal : 0,80 €. Taxe de séjour 0,20 €/personne. Spécial camping-car : véhicule + 2 personnes : 10 €. Ajouter 2,50 € pour électricité et 3 € pour la vidange. Ouvert du 1er juin au 30 septembre. 23 emplacements pour tentes et de 6 emplacements pour camping-car pour une durée maximale de 4 nuitées. Plan d'eau ouvert du 1er juillet au 1er septembre 2013 de 10h30 à 18h30 et entrée gratuite. Parking gratuit à l'entrée. Aucun véhicule à moteur n'est autorisé dans l'enceinte du camping du Plan d'eau.

A quelques minutes du village de Saint-Etienne-de-Tinée, le Camping du Plan d'Eau** est l'endroit idéal pour séjourner durant votre été. Vous êtes ici en pleine nature avec pour seul cadre les montagnes majestueuses environnantes. De nombreuses activités s'offrent à vous : baignade au plan d'eau (entrée gratuite), tables de pique-nique, kayak, volleyball, badminton ou baby-foot. Les plus sportifs pourront partir randonner. Une buvette sur place vous permettra de vous rafraîchir les jours de fortes chaleurs notamment. Idéal pour des vacances en famille.

Loisirs

■ HAUTE VALLÉE DE LA TINÉE

Maison du Parc ✆ 04 93 02 42 27
www.parc-mercantour.com
mercantour@wanadoo.fr

Contact : David Fulconis 06 31 50 73 68 et Aurélie Castellana 06 07 24 26 92.

Le village de Saint-Etienne-de-Tinée est le point de départ de nombreuses randonnées pédestres dans le Parc National du Mercantour. Seul, en famille ou entre amis, accompagné par un guide de montagne ou équipé avec du matériel d'orientation, chaque balade sera l'occasion de découvrir la faune et la flore du coin.

Le lac de Vens. Situé à 2 475 m d'altitude, il faut compter environ 2h30 de marche depuis le hameau du Pra. Des paysages splendides vous attendent tandis que les plus chanceux apercevront mouflons ou chamois. Ce circuit vous amène sur un plateau où se trouve la maison forestière de Tortisse. De là, vous apercevrez les arches de Tortisse formant une spirale. Une fois arrivé aux lacs, un refuge de montagne y est implanté pour permettre à de nombreux randonneurs de se reposer et d'apprécier une soirée près des étoiles.

Le lac de Rabuons. Situé à 2 523 m d'altitude, il faut grimper pendant 4h dans la vallée de la Tinée. C'est le plus grand lac de la région. Le mont qui le surplombe est «le mont Ténibre» qui culmine à plus de 3 000 m, le plus haut des Alpes du Sud. Cette randonnée est sensationnelle et les paysages sont grandioses !

Le col de la Bonnette. Reliant Nice à Briançon, la route la plus haute d'Europe fut classée en août 1860 par Napoléon III. Depuis le col, le panorama offre une vue imprenable sur les Alpes du Nord et le Mont Viso en Italie.

PÊCHE À LA TRUITE

Avec un décor montagnard exceptionnel, la Haute et la Moyenne Tinée avec leurs truites exclusivement sauvages font rêver les pêcheurs... Ce très vaste domaine halieutique avec 45 km de rivière, de nombreux vallons et 22 lacs permet aux adeptes de la pêche en tout genre – au toc, au lancer ou à la mouche artificielle – de s'adonner librement à leur passion. A noter que la carte de pêche délivrée par l'AAPPMA est obligatoire.

Emplettes

LE CHAUDRON DES DÉLICES
RD 139 – 11, route de Demandols
✆ 04 93 02 57 27

Ouvert toute l'année. En été de 15h à 18h. Hors saison horaires variables. Vente en ligne.

La gourmandise est reine et l'honneur est porté aux produits et aux ingrédients locaux : miel, aromates, fleurs, plantes et fruits. Ces produits savamment mélangés dans un chaudron magique, de petites fées inventent dans l'atelier attenant à la boutique des recettes originales et gourmandes pour le plus grand bonheur de nos papilles : friandises, sirops de fruits, sirops de plantes, délices de fruits, biscuiterie... Tout le monde trouvera son bonheur. La boutique propose également des condiments (moutarde, vinaigres, sels, huiles...) qui réveillent les plats les plus basiques. C'est sans oublier les produits de beauté traditionnels (gels douche et savons) parfumés aux huiles essentielles et confectionnés à partir de plantes broyées. Vous l'aurez compris : tous vos sens seront mis en éveil dans cette jolie boutique artisanale où les petits pots aux multiples couleurs s'exposent et invitent à la gourmandise.

L'ART DES CHOIX
Boucherie – Traiteur – Epicerie – Plat à emporter – 2, rue Gayolle ✆ 04 93 02 49 25

Ouvert tous les jours toute l'année sauf le dimanche après-midi de 8h à 12h30 et de 16h à 19h.

Accueillir, faire découvrir et partager un moment savoureux sont les maîtres mots du patron qui vous reçoit dans sa boutique dans une ambiance conviviale. Pâtissier, confiseur et chocolatier de formation, et après une expérience enrichissante à New York, Alexandre, très attaché à ses racines, rentre au pays où il ouvre il y a 10 ans cette affaire familiale. Les produits à la vente (viande bovine, saucisson...) et les plats cuisinés maison (pissaladière, taboulé, quiches...) inspirent simplicité et authenticité, et invitent à la dégustation. Dans un décor montagnard où prédomine le bois, les épicuriens se laisseront bercés par les mets concoctés avec soin par le Chef au savoir-faire unique n'ayant de cesse de mettre en valeur toute la délicatesse de ses produits. La boutique propose également des plats à emporter sur commande et affiche un petit coin épicerie fine. A vos fourchettes !

Saint-Sauveur-sur-Tinée

Le village se révèle au terme des quatre derniers kilomètres d'une corniche pittoresque taillée dans le filon de schistes rouges permiens.

La route se dispute son passage entre roches, où la flore force sa vie dans les moindres fissures, et la rivière en contrebas qui serpente en fond de vallée. Saint-Sauveur-sur-Tinée est une étape du chemin de grande randonnée pédestre (GR5) et de la route de la Grande Traversée des Alpes allant de la Suisse à Menton.

OFFICE DE TOURISME DE SAINT-SAUVEUR-SUR-TINÉE
Avenue des Blavets ✆ 04 93 05 47 58
www.saintsauveursurtinee.fr
tourisme.stsauveur@orange.fr

Ouvert de 9h à 12h et de 14 à 17h en alternance le jeudi, vendredi, samedi et le mercredi, jeudi, vendredi de la semaine suivante.

En sortant des spectaculaires gorges de la Mescla en schiste rouge, on arrive à Saint-Sauveur-sur-Tinée, gros bourg de moyenne montagne situé à la limite du Parc National du Mercantour et blotti dans une boucle de la rivière de la Tinée. Bâties en pierre locale, les maisons rouges sombres méritent un détour. Les nombreuses chapelles ainsi que l'église baroque saint-Michel-Archange (XIVe siècle) sont les témoins du riche patrimoire religieux local. Le clocher pyramidal roman aux quatre têtes de loups et le retable de Guillaume Planeta (1583) sont classés.

Piste cyclable entre Saint-Etienne-de-Tinée et Isola village

Pour une promenade sportive seul, en famille ou entre amis, empruntez la piste cyclable entièrement sécurisée qui relie le village de Saint-Etienne-de-Tinée à celui d'Isola situé à 14 kilomètres environ en contre-bas de la vallée. Le circuit vous permet de découvrir des paysages sublimes au bord de la rivière La Tinée qui borde la route. Le dénivelé est d'environ 300 m.

ItinéeGuides

Envie de découvrir le patrimoine naturel, économique, religieux et culturel de Saint-Sauveur-sur-Tinée ? Direction l'Office du Tourisme où l'on vous prêtera un GPS qui vous permettra de découvrir la commune pas à pas. Cette prestation existe aussi pour les villages d'Isola, Clans et Ilonse. Possibilité également de télécharger la version numérique «Tinée Mobile» sur votre Smartphone.

Points d'intérêt

■ **OUVRAGE MAGINOT DE LA FRASSINEA**
Fort de Rimplas
✆ 04 93 05 47 58 / 04 93 02 00 22 / 06 32 16 30 10
www.frassinea.asso.fr
contact@frassinea.asso.fr
En bordure de la route M 2205, à 2,5 km au sud du village de St-Sauveur sur Tinée.
Visites de mai à septembre, tous les samedis de 14h30 à 18h. Pour les groupes, réservation possible en semaine les après-midi. Entrée libre pour les visiteurs individuels. Groupe : 3 € par personne. Visite guidée.
Sur la route du ski, voilà une halte culturelle et historique des plus intéressantes ! Des visites commentées d'une trentaine de minutes permettent de découvrir cette construction militaire dont l'objectif était de faire barrage à l'intrusion des chars italiens pendant la Seconde Guerre mondiale. Vous apprendrez comment s'organisait la vie dans le bunker avec la découverte des parties techniques (fonctionnement des salles des machines, atelier, soute à munitions...) et celle des casernements (dortoir, réfectoire, cuisine, sanitaires...). Des expositions thématiques renseignent aussi sur le contexte historique, notamment sur la ligne Maginot et la Deuxième Guerre mondiale.

Loisirs

■ **LA MOYENNE TINÉE CLUB HALIEUTIQUE**
Bureau : 5, rue Cavendish à Nice
Contact : Pierre Barale
✆ 04 93 52 58 60
www.club-halieutique.com
Carte de pêche obligatoire.
L'Association « La Moyenne Tinée » présidée par Pierre Barale s'active sur les rives de la Tinée située à 30 km au nord de Nice. C'est une rivière merveilleuse aux profils variés. On y pêche à la mouche dès l'ouverture et avant la fonte des neiges. La pêche au vers de terre à rouler sur le fond est également très pratiquée dans ce secteur. A l'ouverture, si le niveau d'eau le permet, des farios de plus de 30 cm dans les parties profondes attendent derrière un caillou leur alimentation. Vous trouverez les cartes de pêche en vente à l'hôtel-restaurant Le Relais d'Auron, au restaurant Chez Paluma à Pont-de-Clans et au tabac presse Chez Edhy sur la route de Valdeblore.

Emplettes

■ **LA BOLLINETTE**
D2205 – Lieu-dit la Bollinette
✆ 04 93 02 01 12
Ouvert de 7h à 23h tous les jours pendant les vacances scolaires (La Toussaint, Noël, Février, Pâques) et de juin à début septembre. Ouvert le vendredi, samedi, dimanche et lundi l'hiver.
La Bollinette est une vraie institution ! Madame Douma, d'une gentillesse extrême, propose du pain, des brioches tressées, des friands aux saucisses, des pissaladières, des pizzas et d'excellentes tartes et chaussons aux pommes. Vous ne résisterez pas longtemps à l'envie de déguster ces produits faits maison qui par leur bonne odeur vous mettront l'eau à la bouche...

Valdeblore

Pour faire un peu d'étymologie, le mot « blore » signifierait en provençal « pente herbeuse très raide, entre forêt et rochers » ce qui correspond parfaitement à la physionomie de la région. Cette vallée prospère cultive un art de vivre qu'il fait bon partager. Valdeblore est en fait constitué de quatre villages : La Bolline, La Roche, Saint-Dalmas et Mollières.

Le couvert

■ **LA MAÏOUN**
La Bolline – rue de l'Eglise ✆ 04 93 02 79 13
Ouvert de mai à fin octobre du mercredi soir au lundi inclus. Formule déjeuner : 14 € (plat + café gourmand + verre de vin – valable du lundi au vendredi hors jours fériés). Menus à 23 € et 29 €. Terrasse. Vente à emporter.
Ce restaurant à la façade colorée – comme sa cuisine – possède un cadre magnifique. La terrasse sous la tonnelle ombragée par les vignes ainsi que le plafond végétal apportent une touche d'intimité et une note de fraîcheur après une journée ensoleillée. Quant à la cuisine, la carte est réduite mais les saveurs sont présentes : petit punch maison et son assiette d'accras, salade de crabe/thon carottes jaunes et sauce à base de tomates fraîches, colombo de poulet généreusement servi avec purée polenta et pour finir banane flambée et sa boule coco. Un menu niçois est également proposé histoire de satisfaire tous les goûts. L'accueil est chaleureux, les gérants Marlette et Marius agréables et les conseils judicieux. Une bouffée tropicale en pleine montagne !

■ **LA SÉRÉNA**
La Colmiane
✆ 04 93 02 89 01 / 06 76 49 22 47
http://laserena.e-monsite.com
Fermé les jeudis et vendredis hors saison. Tickets restaurant et chèques vacances acceptés. Menu spécial fête 35 €. Soirée à thème. Accueil de groupes. Salon de thé l'après-midi. Wifi gratuit.
Ce restaurant propose une cuisine traditionnelle dans une ambiance chaleureuse et conviviale. La carte est élaborée en fonction des produits frais du marché.

Des repas de groupes ainsi que des soirées à thèmes sont également organisés. L'après-midi, succombez aux tartes, crêpes sucrées et autres pâtisseries maison prêtes à être dégustées.

■ LE STOP

La Roche
Route Nationale ✆ 04 89 34 32 61

Ouvert toute l'année. Ouvert tous les jours de 9h à 14h30 et de 18h à 22h30 (selon saison). Plat du jour : entre 10 € et 15 €. Vin au verre (19 cl) 2 €, au pichet) 25 cl) 4,50 €, au pichet (50 cl) 6,50 €. Desserts maison. Terrasse. Vente à emporter.

En terrasse ou en salle, dégustez tout au long de l'année des pizzas (environ quinze variétés), des salades, des sandwichs, des paninis sans oublier le plat du jour comme le magret de canard sauce aux fraises du jardin. Les desserts qui varient selon les saisons sont gourmands : mousse de patate douce, palet de Speculoos et sa glace vanille, fondant au chocolat et Chantilly maison à la vanille, compotée de nectarine et son crumble coco ou poire pochée vins en trois façons. Alexandra et Bruno, les jeunes propriétaires, mettent tout en œuvre pour proposer une cuisine goûteuse, élaborée uniquement avec des produits frais et locaux tout en affichant des prix abordables. Le Stop, un arrêt incontournable !

Le gîte

■ AUBERGE LES MURÈS

Les Grêles ✆ 04 93 23 24 60
www.aubergedesmures.com

5 chambres (4 chambres et une suite familiale). Chambre double à partir de 60 € ; studio / appartement à partir de 114 €. Demi-pension : 50 €. Petit déjeuner : 9 €. Week-end découverte à partir de 192 € (2 nuits pour 2 personnes en 1/2 pension). Menu de 14 € à 25 €. Dortoir 8 couchages à partir de 18 €/personne. Chèque Vacances. Animaux acceptés. Wifi. Restauration (le soir uniquement, menu 23 €).

L'Auberge des Murès est un authentique chalet d'altitude. Dans un coin de nature préservée, on se retrouve dans une atmosphère familiale pour découvrir ce pays méconnu. Gabrielle, Jean-Louis et César vous accueillent avec le sourire. Ils proposent quatre chambres et une suite familiale tout confort (douche ou bain, W.C indépendant et parking privé) avec balcon ou terrasse, et vue sur les montagnes. Il y a aussi un dortoir de 8 couchages. Bref, c'est l'endroit idéal pour s'arrêter et respirer en savourant une cuisine régionale. Aux fourneaux, Gabrielle affectionne particulièrement les produits locaux, notamment les légumes et fruits bio. Elle prépare la traditionnelle daube, la soupe des Murès avec sa planchette de fromages assortis ainsi qu'une délicieuse terrine de campagne et selle d'agneau aux herbes de Provence. Depuis le balcon de sa chambre, on redécouvre ainsi les Alpes en profitant d'un bain de soleil.

■ HÔTEL DE VALDEBLORE..................2 étoiles

Isabelle et Serge Mayoux
La Bolline ✆ 04 93 03 28 53 / 06 33 25 26 50
www.hotel-valdeblore.com
hoteldevaldeblore@wanadoo.fr

Ouvert toute l'année. Accueil 7j/7 de 16h à 19h. 9 chambres. Hors saison : chambre simple 50 €, double 65 €, triple 90 €, quadruple 110 €. En saison : chambre simple 56 €, double 73 €, triple 100 €, quadruple 120 €. Petit déjeuner buffet : 7 € par personnes. Lit supplémentaire (valable uniquement pour les chambres de 4 personnes) : 16 €. Terrasse. Salle de restauration. Animaux acceptés sans supplément (sous certaines conditions). Chèque Vacances.

Ce petit hôtel** de charme placé au cœur du village vous accueille toute l'année. Avec sa belle façade en pierres, vous aurez le choix entre des chambres individuelles ou familiales entièrement restaurées et équipées de lits confortables. Les salles de bains sont spacieuses comprenant chacune cabine de douche ou baignoire selon vos souhaits. L'accueil est agréable et convivial. Vous apprécierez votre séjour dans cet endroit calme, chaleureux et relaxant. Une adresse idéale pour vous reposer et sortir du quotidien.

■ L'HOSTELLERIE DU RANDONNEUR.....2 étoiles

1, chemin des Canebiers
RIMPLAS
✆ 04 93 02 01 45
www.hostellerie-rimplas.fr
contact@hostellerie-rimplas.fr

Ouvert toute l'année. 9 chambres. Chambre double 62 €. Chambre 2 lits simples : 52 € pour 1 personne et 60 € pour 2 personnes. Demi-pension 26 € par personne comprenant le repas du soir + petit déjeuner. Wifi gratuit. Restaurant (accueil sur réservation) : Menu à 25 € (entrée + plat + dessert) ou à la carte. Terrasse avec vue panoramique. Accueil de groupes.

Cet établissement vous accueille pour vos séjours d'affaires ou de loisirs dans l'une des neuf chambres à disposition. Dans un cadre agréable, venez prendre un grand bol d'air frais à la montagne et profitez d'une vue exceptionnelle sur la vallée de la Tinée ou sur le charmant village de Rimplas. Entièrement équipées, vous choisissez le type de chambre qui vous convient en fonction de vos besoins et de vos envies. Le restaurant vous ouvre ses portes tous les jours sauf le mercredi et propose une cuisine de qualité avec des plats copieux, des spécialités niçoises, du pain frais et chaud, le tout dans une ambiance chaleureuse !

Activités toute l'année !

A moins d'une heure de Nice, Valdeblore propose de nombreuses activités de plein air quelle que soit la saison.

- En été, optez pour les promenades en âne, la pêche, la découverte de la faune et la flore, les randonnées ou encore les activités sportives comme le quad, la luge d'été, le parapente, l'accrobranche, le golf et minigolf, la Via Ferrata, le canyoning ou l'équitation.
- En hiver, le ski et les randonnées en raquettes sont à l'honneur à la station familiale et sympathique de la Colmiane qui se compose de 4 pistes vertes, 6 bleues, 9 rouges et 2 noires.

Gîtes

■ LES MARMOTTES

Saint Dalmas
Quartier la Madone
✆ 04 93 02 89 04 / 06 85 39 13 38
www.gite-marmottes.fr
info@gite-marmottes.fr

Fermé en novembre. Pour 25 personnes. Chambre (1 ou 2 pers) 47 €. Chambre triple : 60 €. Dortoir (4 personnes) 16,50 € par personne. Demi-pension : de 40,50 € à 71 €. Chèque Vacances. Qualité Tourisme.

Ce petit chalet d'étape propose deux formules d'accueil. En dortoir, les sanitaires sont communs et les draps et linge de toilette ne sont pas fournis sauf les couvertures, les housses de matelas et les oreillers qui sont mis à votre disposition. En chambre (double ou triple), vous disposez d'une salle d'eau privative ; les draps et linge de toilette sont quant à eux fournis. Vous pouvez aussi choisir entre un hébergement simple ou en demi-pension. Dans un décor de bois, vous y trouverez pour le dîner un service de repas en table d'hôte et pique-nique à emporter.

Chambres d'hôtes

■ LES CYTISES

Saint-Dalmas
Chemin du Reventin
✆ 04 93 03 27 36
carovatan@yahoo.fr

Ouvert toute l'année. 3 chambres. à partir de 95 €. Petit déjeuner inclus. Lit supplémentaire : 15 €. Parking, salon de jardin, terrasse. CB non acceptée. Langues parlées par le propriétaire : anglais, espagnol, italien.

Aux portes du Parc National du Mercantour, Les Cytises propose toute l'année trois chambres d'hôtes équipées. Au calme en pleine nature dans un décor montagnard, vous profiterez du paysage sur la superbe terrasse et du jardin privatif. Chaque chambre possède la télévision, une salle de bains et des toilettes indépendantes. Aux beaux jours, vous prendrez votre petit déjeuner sur le salon de jardin, histoire de profiter des rayons du soleil. Une salle commune et un parking sont également à votre disposition.

■ VAL DE TROLLS

Le Pioulet
Saint-Dalmas
✆ 04 93 02 04 71 / 06 03 61 03 62
www.valdetrolls.fr
valdetrolls@yahoo.fr

Gîtes de France (3 épis). Ouvert toute l'année. Accueil à partir de 16h. 3 chambres dont une avec accès pour les personnes à mobilité réduite. Chambre simple de 55 € à 65 € ; chambre double de 75 € à 85 € ; chambre triple de 110 € à 120 €. Taxe de séjour en sus par nuitée et par personne. CB non acceptée. Animaux acceptés (6 € (accord préalable des propriétaires)). Application mobile. Un chèque d'acompte de 40% (non encaissé) est demandé pour toutes réservations.

Blotti au cœur des montagnes des Alpes du Sud, Val de Trolls est un chalet en fustes traditionnelles niché dans la vallée de Valdeblore. Idéalement placé au village de Saint-Dalmas, cet établissement vous offre une vue panoramique à 360° vous permettant ainsi d'admirer les monts environnants tranquillement installé sur la terrasse pour déguster un petit déjeuner copieux avec des produits maison ou bien au chaud au coin du poêle lors des longues et belles soirées d'hiver. Restez bien attentifs aux bruits qui vous entourent et ouvrez grand vos yeux, les plus chanceux apercevront peut-être un lièvre ou un autre animal de montagne. Les propriétaires vous accueillent toute l'année en toute simplicité pour rendre votre séjour original et authentique dans un cadre magique.

Loisirs

■ ÂNES DE BLORE

Saint-Dalmas
L'Intraou
✆ 06 88 47 19 70
www.anesdeblore.fr
anesdeblore@gmail.com

Randonnées à la découverte du Mercantour, avec un âne de bât. Haute saison : ouvert tous les jours de 9h à 17h. 25 € pour 1h30, 30 € pour 1/2 journée, 45 € la journée. Circuits de 1h30 à 7 jours en autonomie et en bivouac.

On part à la découverte du Mercantour en agréable compagnie. Plusieurs formules adaptées à tous les publics comme la promenade découverte, une petite boucle familiale pour aller à la rencontre de l'âne et du village ou la randonnée avec les ânes bâtés pour une durée de deux à sept jours en direction de l'Italie. Pour les groupes scolaires ou les centres de vacances, une ânière peut sensibiliser les enfants à l'environnement montagnard et aux ânes.

■ IMAGIN'AIR

Résidence Azur Mercantour
✆ 06 60 72 60 43
www.imagin-air.com
info@imagin-air.com

Ouvert toute l'année. Speeriding : 130 € pour 4h. Biplace parapente découverte 45 €. Biplace parapente découverte du Pic : 60 €. Biplace parapente découverte de la Balme : 80 €. Vidéos en sus : 20 €. Biplace parapente performance 110 €. Stage à partir de 430 €. Forfaits 15 vols : 600 €.

L'école organise toute l'année des baptêmes en parapente biplace ainsi que divers stages adaptés à votre niveau encadrés par des moniteurs Brevetés d'Etat. Dans cette structure familiale, l'ambiance est décontractée et la bonne humeur quotidienne. De la Colmiane à Roquebrune-Cap-Martin en passant par Auron et l'Italie, une multitude de sites sont à découvrir afin de vous garantir un maximum de plaisir. Moyennant quelques euros supplémentaires, vous pourrez immortaliser votre vol sur un DVD grâce à une vidéo embarquée. Les moniteurs détiennent la qualification handicap permettant de voler avec des personnes en fauteuils roulants adaptés au parapente ; les réservations pour ces types de vols doivent se faire 15 jours à l'avance.

▶ **Autre adresse :** Autres sites de découverte et d'initiation : Auron, Roquebrune Cap Martin et Tende.

Gorges du Cians

Le Cians est un petit torrent alpin tantôt à sec tantôt impétueux lors de la fonte des neiges qui se jette dans le Var après s'être frayé 23 km d'un parcours acrobatique à travers des clues profondes et étroites. Ici, le paysage est grandiose : la roche est tantôt faite de schiste rouge tantôt blanche à cause du calcaire. Les amateurs de sensations fortes trouveront ici leur bonheur (rafting, family-raft, cano-raft, kaya-kayak, rando-aqua, canyoning, via ferrata ou escalade parmi d'autres) tandis que les nombreux chemins de randonnées invitent les moins impétueux à la découverte de la nature.

Beuil

Dominant le Haut Cians et les roches rouges des gorges du même nom, Beuil est une vieille cité médiévale qui présente une architecture remarquable avec ses maisons en pierre sèche aux toits en bardeaux de mélèze qui formaient une enceinte contre les brigands et les loups. Les Seigneurs de Grimaldi y régnèrent pendant trois siècles. En suivant le sentier de l'histoire, on admire au détour des ruelles un patrimoine préservé : le lavoir en trois parties voutées, le four à pain communal, les granges traditionnelles, l'arcade de la reine Jeanne d'où partaient les passages secrets menant au château rasé vers 1621, les chapelles... Beuil est devenue le berceau du ski et des sports d'hiver dans les Alpes Maritimes. C'est en 1909 que le Chevalier Victor de Cessole découvre le potentiel du site. En mars 1910, à son initiative, le Ski Club organise les premiers concours : courses de vitesse, de fond, de saut, de style et concours de luges. C'est un succès. La mode est lancée, et un tremplin olympique est inauguré le 9 mars 1930. Aujoud'hui, ce petit village alpin serré autour de son église est donc un pôle nordique avec de beaux parcours de ski de fond et de raquettes à neige : des pistes de ski alpin au départ de la Condamine et des Launes permettent la liaison avec la station de Valberg. Le domaine skiable s'étend ainsi sur près de 130 km de pistes. C'est sans oublier Beuil station d'été qui offre un cadre reposant dans une très belle région où les promenades, les sports, les loisirs et les excursions sont nombreux et variés.

■ **OFFICE DE TOURISME DE BEUIL**
Quartier Du Pissaire
✆ 04 93 02 32 58
www.beuil.fr
office.de.tourisme@beuil.fr
Ouvert tous les jours de 9h à 12h et de 14h à 17h. Dimanches et jours fériés de 10h à 12h et de 14h à 17h.
Besoin de renseignements sur les manifestations, les loisirs ou sur l'histoire du village ? L'Office de Tourisme met à votre disposition toutes les informations nécessaires quant au bon déroulement de votre séjour. A votre disposition sur simple demande : les listes détaillées des hébergements disponibles, des restaurants, des commerces, des entreprises et des services.

Le village de Beuil

Points d'intérêt

■ LES GORGES DU CIANS

Le Colorado des Alpes Maritimes offre des gorges impressionnantes par leurs formes et par leur couleur ocre, profondes et étroites, merveilles géologiques uniques au monde. Entre Touët-sur-Var et Beuil, les Gorges du Cians longent la D28. Sur plusieurs kilomètres, on circule dans un univers grandiose et remarquable datant de l'ère primaire. Traversées par ce petit affluent du Var, ces gorges sont taillées dans les roches schisteuses rouges, avec de nombreuses fissures, clues, déversoirs, cascades, dont beaucoup sont accessibles par des sentiers piétonniers. On peut aussi rejoindre quelques sommets par des sentiers de Grande Randonnée : le mont Raton, 2 066 m, les Cluots, 2 105 m, la Tête du Giarons, 2 025 m, la cime de Courbaissa, 2 065 m.

Le couvert

■ L'ESCAPADE

A l'entrée du village
✆ 04 93 02 31 27
www.hotelescapade.fr
hotel-escapade@wanadoo.fr

Fermé du 29 septembre au 26 décembre. Hôtel-restaurant. Menu Terroir : 25 €. Menu gourmand : 30 €. Menu enfant : 12 €. Chèque Vacances. Terrasse.

En été, on est tout de suite attiré par la très jolie terrasse fleurie qui s'étend devant les murs en pierres de l'hôtel. En hiver, on lui préfèrera la grande salle rustique avec son ambiance chaleureuse, son plafond et ses murs couverts d'antiquités et d'objets culinaires et agricoles d'antan. La cuisine a des accents régionaux avec des plats aussi délicieux que le bœuf en daube à l'ancienne avec raviolis, la truite au basilic et à l'huile d'olive ou les cannellonis aux sanguins. Tout est préparé maison. Pour commencer, essayez le cocktail d'entrées. La présentation met en valeur les copieuses portions. Un bon choix de desserts, glaces et cafés composés. Laissez-vous tenter par une glace au génépi pour fêter votre visite à la montagne. Une excellente adresse à retenir. Et pour ceux qui veulent rester quelques jours dans ce cadre magnifique, pas de problème… votre chambre vous attend à l'Escapade !

Le gîte

■ L'ESCAPADE

A l'entrée du village
✆ 04 93 02 31 27
www.hotelescapade.fr
hotel-escapade@wanadoo.fr

Fermé du 29 septembre au 26 décembre. Hôtel-restaurant. Accueil 24 heures sur 24. Chambre double de 67 € à 81 €. Petit déjeuner buffet : 12 €. Demi-pension : entre 70 € et 80 € par personne. Animaux acceptés. Connexion Internet. Restauration (menu à partir de 25 €). Terrasse. Service restauration.

A l'entrée du village, une grande bâtisse sur trois étages : le rez-de-chaussée est occupé par une salle à manger rustique avec son four à bois où sont cuites les pizzas maison. Les chambres sont confortables, propres et claires avec du parquet au sol et au moins un mur recouvert de lambris de bois pâle. Elles sont toutes équipées de TV écran plat et de salle de bains ou coin douche/lavabo selon la taille de la chambre. Certaines ont un petit balcon avec une très jolie vue sur la vallée. Les chambres au troisième étage sous le toit bénéficient d'une ambiance chalet avec plafonds et murs en bois foncé. Le restaurant est excellent et ceux qui cherchent un séjour en demi-pension seront comblés. Une adresse futée pour passer quelques jours à la montagne, été ou hiver.

Gîtes

■ CENTRE NATURE MONTAGNE

✆ 04 93 02 31 93 / 06 64 92 03 00
www.gitecnm06.com
cnm7@orange.fr

1/2 pension à partir de 45 €. Nuit et petit déjeuner à partir de 25 €. Nuit à partir de 20 €.

Situé entre les gorges du Cians et du Daluis, le Centre Nature Montagne affiche une ambiance chalet de montagne tout confort. Les chambres sont sommaires mais confortables, toutes équipées d'une salle de bains privative. Un sauna tout en bois invite au bien-être, idéal pour se détendre après une belle journée de randonnée. En été ou en hiver, on profite également de la belle terrasse avec vue panoramique sur les alentours. Les gérants vous feront partager leur amour de la nature et le soir venu, ils vous prépareront de bons petits plats : gratin d'aubergine, daube niçoise ou tartes maison que vous dégusterez dans la belle salle de leur restaurant où trône une magnifique cheminée. A noter que le gîte peut accueillir au total une quarantaine de personnes et qu'il est donc ouvert aux réservations de groupes, de séminaires…

Loisirs

■ SAUT À SKI

Beuil a une longue tradition sportive dans le domaine nordique. Le premier tremplin de saut à ski du département est inauguré en 1930 à la Condamine en présence du champion olympique norvégien Emil Petersen et du Lieutenant Pourchier, originaire de Beuil, membre de l'équipe olympique française, initiateur du tremplin. En 1996, Beuil reçu les Championnats d'Europe de saut à ski sur le tremplin olympique. Renseignements auprès de l'Ecole de Ski Français au 04 93 02 30 96.

Emplettes

■ LE RUCHER AUX MARMOTTES

Route des Serres de Nairaud
Les Launes
✆ 06 19 49 42 19
pascal.thiery9@wanadoo.fr

Boutique ouverte 7j/7 de 10h à 12h et de 14h à 18h. Visite de l'exploitation (animation) en juillet et août tous les jours de 10h à 12h. Se renseigner par téléphone pour le reste de l'année. Au Marché de Valberg le mardi et le vendredi pendant toutes les vacances scolaires.

Située à Beuil Les Launes en pleine nature près d'un site où les marmottes sont naturellement installées, cette miellerie artisanale a des vertus commerciales et pédagogiques ! On vous y accueille en groupe ou en individuel pour vous faire découvrir le travail d'apiculteur au gré des saisons : visite de ruches, extraction du miel... Dans la boutique attenante aux ateliers, vous pourrez goûter les différentes sortes de miel (de montagne, Provence, lavande, ronce, thym,...) et les spécialités dérivées : nougats, pains d'épice, bougies à la cire d'abeille. La production est aussi en vente sur le marché de Valberg deux fois par semaine pendant les vacances.

Valberg

Situé sur un col à 1 700 m d'altitude, Le Quartier était un lieu de pacage estival des troupeaux, propriété du baron Pierre Grimaldi de Beuil qui le céda à la commune de Péone en juillet 1944. Au début du XXe siècle, le Club Alpin Français y établit une base pour faire découvrir les sports d'hiver à ses adhérents. Le docteur Agnelli, maire de Guillaumes, comprit vite l'enjeu de développer une station dans cette région rurale et pauvre. En 1936, on y inaugura le premier remonte-pente du département. Le village, à la périphérie du Parc National du Mercantour, fut baptisé Valberg pour célébrer l'alliance des vallées et de la montagne.
A 1h30 du littoral en empruntant la route des Gorges du Cians ou celle des Gorges du Daluis, la station familiale est fréquentée hiver comme été. Des bâtiments modernes côtoient l'habitat typique montagnard, le centre est piétonnier et des navettes gratuites circulent pour faciliter les déplacements. La station a obtenu le label national « Famille Plus » qui garantit des prestations adaptées en termes d'accueil, infrastructures dédiées, animations, tarifs...

■ **OFFICE DU TOURISME**
Place Charles Ginesy
Immeuble les Ancolies ✆ 04 93 23 24 25
www.valberg.com
ot@valberg.com
Ouvert tous les jours 9h à 12h et de 14h à 18h. Pendant les vacances scolaires zone B d'été, de Noël et de Février de 9h à 12h30 et de 14h à 18h30.
Valberg est une station dynamique et familiale qui multiplie les activités pour tous. Première station d'altitude a avoir obtenu le Label Famille Plus, une équipe énergique vous renseigne et vous oriente en fonction de vos goûts et vos aptitudes. Espace d'exposition, WiFi gratuit, poste informatique en libre service, coin enfants, ventes de livrets de randonnée...

Points d'intérêt

■ **LE LAC DU SÉNATEUR**
Se promener jusqu'au lac du Sénateur à 1 748 m d'altitude constitue une superbe balade que vous pouvez faire notamment en famille car agrémentée de nombreuses terrasses d'interprétation sur la vie de la montagne au fil des saisons. Arrivé au lac, chacun trouvera un endroit pour se détendre ou s'adonner à la pêche la truite ! En hiver, cet itinéraire est spécifiquement réservé à la pratique de la raquette à neige.

Le couvert

LE CHAUDRON

8, avenue de Valberg
✆ 04 93 03 37 95

Ouvert toute l'année. Sauf 15 jours en juin. 7/7 jours en saison (ouverture de la station). Un jour de fermeture hebdo en basse saison. Menu unique à 16 € (plat + dessert +une boisson). Carte : 20 € environ. Menu enfant : 10 €. Terrasse.

Une petite adresse agréable, sans chichi, tenue avec soin par un jeune couple charmant : Myriam et Alexandre. Ils cuisinent tous les deux, lui est originaire du Sud-ouest et aime travailler les produits de son terroir. (foie gras, magret..). Myriam, après avoir aidé son mari dans la préparation des suggestions du jour est au service en salle. La carte se décline à l'ardoise en fonction de la saison. L'été laisse la part belle aux grandes salades, l'hiver on se réchauffe devant un hamburger au foie gras. Le lieu est fréquenté également par les habitués pour ses pizzas que l'on peut déguster sur place ou à emporter. Une carte de fidélité est même en vigueur avec une pizza offerte à la 10ème achetée.

LE KL STREET FOOD

9, avenue de Valberg
✆ 04 93 02 32 82

Haute saison : ouvert tous les jours de 8h à 21h.

Sur place ou à emporter, au menu de ce snack à l'ambiance amicale, un tour du monde de la restauration rapide : hamburger, sandwich américain, panini, kebab, pizza et couscous maison... Sans oublier pâtes, salades composées, viandes grillées et les plats du jour aux saveurs de montagne comme la traditionnelle tartiflette. Le matin, on vous sert le petit déjeuner continental ou à l'anglaise tandis que l'après-midi, on y retourne pour s'accorder une pause gourmande avec les crêpes sucrées et le vin chaud... Bon, rapide et à petits prix.

LE REFUGE

Immeuble Les Gémeaux
17, avenue de Valberg
✆ 04 93 02 42 45
lekl@orange.fr

Ouvert toute l'année. Ouvert tous les jours en saison (décembre à avril) et fermé le jeudi. Carte : 25 € environ. Formule du midi : 18,50 € (entrée+plat+dessert). Terrasse.

Jean-Marc vous accueille dans son chalet tout douillet, dans un cadre chaleureux, face aux pistes. C'est un chef qui aime travailler les produits du terroir méditerranéen ; il est originaire de Corse mais ne se contente pas d'explorer la cuisine de son île… Il ouvre son univers aux spécialités régionales : beignet de courgettes, La secca d'Entrevaux (jambon sec séché), carpaccio de poulpe, crème brûlée au foie gras… La carte est assez étroite mais au moins ici tout est frais et fait « maison », même les desserts. Les spécialités montagnardes, fondues savoyarde, suisse, ou autres raclettes, tartiflettes, reblochonnade et mont-d'or aux pommes acides sont aussi au programme en hiver. Les amateurs de fromage se régaleront de la qualité et de la quantité car les portions sont copieuses. Terrasse plein sud face aux pistes.

LES MÉLÈZES

Place Ginesy
✆ 04 93 03 55 32
lesmelezes.valberg@yahoo.fr

Ouvert toute l'année. 7/7 jours en saison, de 8h à 23h ; fermé le dimanche soir et lundi hors saison. Carte : 17 € environ (25 € le soir). Plat du jour : 14 €. Terrasse.

La terrasse extérieure située aux pieds des pistes vous accueille en continu, quel que soit le moment de la journée, du petit déjeuner du matin au repas du midi. La carte est assez classique : pizzas, burgers, pâtes et spécialités montagnardes. L'après-midi, les habitués se retrouvent après le ski pour savourer une crêpe ou boire un verre. Le soir, l'ambiance se fait un peu plus cosy à l'intérieur. Et pour les plus fêtards, c'est le pub Kiss N' Fly situé sous le restaurant que la nuit se poursuit dans une ambiance musicale (ouvert de 19h à 2h30).

LE VALBERGAN, RESTAURANT PANORAMIQUE

2, avenue de Valberg
✆ 04 93 02 50 28 / 06 08 89 27 74
glslevalbergan@hotmail.fr

Fermé du 25/06 au 13/07 et la 2ème semaine des vacances de la Toussaint. Service de midi à 15h et de 19h à 23h. Fermé le mardi soir et le mercredi. Réservation recommandée. Carte : 30 € environ. Suggestion du jour : 29 € (à l'ardoise : entrée + plat + dessert). Formule déjeuner 19 €. Menu dégustaton 45 €. Service brasserie au rez-de-chaussée ouvert du jeudi au mardi de 8h30 à 18h avec formule à 16 € et plat du jour à 12 €. Accueil des groupes. Terrasse.

Le restaurant se situe à l'étage et la brasserie-crêperie au rez-de-chaussée. Une situation privilégiée au cœur du village face aux pistes de ski. La grande terrasse plein sud vous tend les bras, ensoleillée à souhait. Gilles, le Chef et Laurence, son épouse, vous accueillent dans leur nid douillet qui fleure bon la montagne. La cuisine se scinde en deux avec d'un côté les spécialités montagnardes et de l'autre, les suggestions à l'ardoise qui s'affichent en fonction des trouvailles du marché : 5 entrées, 2 poissons, 1 risotto et 2 viandes se déclinent selon la saison. La cuisine est inventive et évolue sans cesse. On aime la daurade à la plancha, la fricassée de rognons de veau aux cèpes, le foie gras maison ou les artichauts présentés sous toutes leurs formes. C'est sans aucun doute l'une des tables les plus réputées de la station. Depuis peu, Gilles a repris le rez-de-chaussée pour proposer une carte de type brasserie avec omelettes, pâtes, crèpes et autres plats traditionnels.

LA VALLÉE BLANCHE

Hôtel Restaurant
1, Chemin du Ciai
✆ 04 93 02 64 28
www.hotel-lavalleeblanche.com
info@hotel-lavalleeblanche.com

Ouvert 7/7 jour midi et soir durant les deux saisons : été (du 1er juillet au 15 septembre) et l'hiver (du 15 décembre au 31 mars). Réservation recommandée. Carte : 50 € environ (le soir et 30 € le midi). Menu enfant : 11 €.

Le restaurant propose une cuisine inventive avec un choix qui va du snacking (hamburgers de luxe) aux plats de montagne traditionnels. Aux premiers rayons

de soleil, on s'installe dehors pour profiter de l'énorme terrasse qui offre une vue panoramique sur les pistes et les sommets. Le soir, on tente une expérience unique qui consiste à prendre l'apéro sous les étoiles, immergé en maillot dans le bain nordique chauffé au feu de bois grésillant... Un plaisir à savourer à plusieurs, une expérience sensorielle mémorable !

Le gîte

■ ADONIS VALBERG - RÉSIDENCE DU GRAND HÔTEL ....3 étoiles

6, route de Guillaume
✆ 04 93 02 09 56
Fax : 04 93 02 09 59
adonis-residence-valberg.com
infos@adonis-residence-valberg.com

41 appartements avec Studio : 2 personnes - Appartement T2 : 4 personnes - Appartement T3 : 6 personnes. Selon la saison : studio de 95 € à 150 €, T2 de 115 € à 195 €, T3 de 145 € à 225 €. Parking gratuit. Local à skis. Micro-ondes, plaques de cuisson céramique. Sèche-cheveux. Tv satellite.

Adonis Valberg *** Résidence du Grand Hôtel vous reçoit dans l'un de ses 43 appartements. Dans cette station de sports d'hiver classée «village de charme», la Résidence est idéalement située au pied des pistes. A proximité immédiate du début de la zone piétonne ombragée de Valberg où vous pourrez flâner et vous imprégner de ces lieux chargés d'histoire. Adonis vous offre tous les services d'un hôtel avec l'indépendance d'une résidence ainsi que des équipements modernes : tv écran plat, kitchenette (micro-ondes, frigo, plaque vitro-céramique, lave-vaisselle, kit vaisselle, salle de bain entièrement équipée, wifi gratuit et linge de lit et de toilette fourni). Pour votre véhicule, en plus d'un parking gratuit, on trouve un local à skis disponible. Une belle halte pour se reposer ou skier !

■ LE CHASTELLAN ....2 étoiles

Rue Saint-Jean ✆ 04 93 02 57 41
contact@le-chastellan.com

Ouvert toute l'année. Accueil de 8h à 20h tous les jours. 32 chambres (4 étages). Chambre simple à partir de 70 € ; chambre double à partir de 79 €. Petit déjeuner inclus. Demi-pension : 64,50 € par personne. Restaurant ouvert le soir du lundi au samedi en saison uniquement. Menu à 25 € (entrée + plat + dessert). American Express, Chèque Vacances. Wifi gratuit.

Situé au centre de la station de Valberg, Le Chastellan est un hôtel à l'ambiance familiale dont la belle façade en pierres brutes rappelle ici le cadre montagnard dans lequel il se trouve. Les 32 chambres sont spacieuses réparties sur 4 étages. Confortable, la décoration est de bon goût : mobilier chocolat, omniprésence du bois... Les familles apprécieront les suites familiales composées de deux chambres communicantes, l'une avec un grand lit et l'autre avec des lits jumeaux. Au rez-de-chaussée, un salon avec cheminée permet de se détendre au coin du feu en hiver tandis qu'en été, vous profiterez de la superbe terrasse ensoleillée. Le Chastellan propose aussi une formule demi-pension au sein de l'hôtel comprenant une entrée, un plat et un dessert. Une bonne occasion pour déguster l'une des nombreuses spécialités maison.

■ HÔTEL L'ADRECH DE LAGAS........3 étoiles

63 avenue Valberg ✆ 04 93 02 51 64
adrech-hotel@wanadoo.fr

Logis (3 cheminées). Fermé en octobre/novembre et avril/mai. Chambre double de 104 € à 130 €. Demi-pension : 26 € (par personne, repas du soir). Petit déjeuner : 11 €. Parking ouvert. Formule déjeuner du restaurant : 16 € (entrée + plat ou plat + dessert).

Un ravissant établissement situé à l'entrée du village de Valberg au niveau du départ des pistes. Il bénéficie d'une orientation de rêve avec une exposition plein sud (idéal pour la terrasse) et un accès très pratique pour les skieurs. Les chambres disposent d'une terrasse face aux pistes avec table et transats. Elle sont conçues avec un grand placard et des toilettes séparées de la salle de bains. Côté restauration, la table est réputée dans la station. La formule du midi séduit les skieurs qui profitent de la grande terrasse ensoleillée. Le soir, l'atmosphère se fait plus cosy : on se retrouve à l'apéro autour de la grande cheminée et on savoure les spécialités de la montagne ou les suggestions du Chef comme la côte de bœuf au feu de bois. L'été, on y vient de partout pour le barbecue du samedi soir. Sur place, on trouve également une salle de jeu avec billard, un espace fitness et deux saunas. Une atmosphère familiale et un accueil chaleureux des propriétaires qui, cela se voit, aiment leur métier.

© VALBERG

Village de Valberg

HÔTEL LE CHALET SUISSE ....3 étoiles

4, avenue de Valberg
✆ 04 93 03 62 62
www.chaletsuisse.fr

Chambre classic de 98 € à 113 €. Chambre prestige double de 120 € à 130 €. Chambre prestige familiale de 130 € à 177 €. Suite 4 personnes de 160 € à 217 €. Appartements meublés 270 € à 541 €. 23 chambres ; Petit déjeuner : 12 €. Garage : 10 €. Animaux acceptés (5 €/jour). Wifi. Hammam, sauna.

L'établissement porte bien son nom ! Avec la petite touche helvétique sur la façade, cet hôtel de vingt-trois chambres est situé en plein centre près des pistes. L'intérieur cependant s'en démarque avec un esprit maison que viennent renforcer des couleurs ensoleillées comme celles de la salle du petit déjeuner. L'équipement est conforme au standing (téléphone, tv satellite, double vitrage, Internet, WiFi, baignoire) et on peut y loger jusqu'à 4 personnes. Quelques petits plus ne sont pas à négliger comme la présence d'un hammam et celle d'un sauna. Le *lounge bar* donne envie de s'y poser avec son large choix de cocktails, de vins et d'apéritifs accompagnés de tapas. A la brasserie du Chalet Suisse, on savoure attablé à la terrasse ensoleillée des spécialités de montagne et une belle cuisine traditionnelle.

■ LE VAL D'AZUR ....4 étoiles

5, avenue Saint Bernard
✆ 04 93 23 10 76
www.valdazur-valberg.com
contact@valdazur-valberg.com

Ouvert pour la saison, été comme hiver. Accueil 24h/24. Petit déjeuner buffet : 10 €. Tarifs à la semaine ou à la nuitée avec un minimum de 2 nuits. Wifi gratuit. Garage pour toute la résidence compris dans le prix. Animations selon affluence.

Une résidence cossue, située aux pieds des pistes et composée de 100 appartements. Équipements très fonctionnels, de beaux volumes et une décoration contemporaine soignée. On aime évidement les appartements situés plein sud avec une grande terrasse orientée sur les pistes. Plusieurs types de logement sont proposés, du simple studio au 4 pièces pouvant recevoir jusqu'à 8 personnes. Val D'Azur est prisée également pour le sens de l'accueil de l'équipe dirigeante et les animations variées qui sont proposées aux clients. De nombreux artistes se produisent en effet durant la saison dans la salle de spectacle de la résidence. C'est un «après ski» inédit fort apprécié par les habitués de la résidence. Cabaret, chanteurs et comédiens humoristes se retrouvent à Valberg dans ce cadre privilégié. Ajoutez à cela une magnifique piscine intérieure chauffée et une bonne humeur ambiante insufflée par le directeur et son équipe. Il est vivement conseillé de réserver à l'avance car succès oblige, la résidence est très prisée, surtout en saison de vacances scolaires.

■ LA VALLÉE BLANCHE..........................2 étoiles

Hôtel Restaurant
1, chemin du Ciai
✆ 04 93 02 64 28
www.hotel-lavalleeblanche.com
info@hotel-lavalleeblanche.com

Fermé du 1er avril au 15 juin et du 15 septembre au 15 décembre. Restaurant ouvert 7/7 jour midi et soir durant les périodes d'ouverture. 10 chambres. Tarif chambre double en demi-pension : à partir de 65 € par personne en été et de 90 € en hiver. Chèque Vacances. Wifi gratuit. Restauration (addition moyenne à la carte au restaurant : 50€ le soir et 25 € le midi (formule entrée + plat + dessert)). Forfait Bain nordique : 70 €/personne (dîner aux bougies et bain, cocktail et peignoir fourni).

Annette et Didier vous accueillent chaleureusement dans leur superbe hôtel-restaurant, idéalement situé au pied des pistes face à l'alpage, à quelques pas d'une remontée mécanique. L'hôtel se démarque par la qualité et l'originalité de ses prestations et son ambiance intérieure scandinave, façon arty chic contemporain, originale et authentique. Côté hébergement, l'établissement possèdent 10 chambres confortables et douillettes avec balcon et de taille moyenne toutes louées en demi-pension. La Vallée Blanche est une adresse à privilégier pour profiter d'un nouvel art de vivre à la montagne.

Gîtes

■ GÎTE D'ALIÈGE

Péone
Quartier Aliège ✆ 04 93 02 52 41
www.gite-aliege.fr
gitedaliege@hotmail.fr

Gîtes de France (2 épis). Ouvert toute l'année. Sur réservation. En gîte ou en chambre : Demi-pension (hébergement, petit-déjeuner, repas du soir) 38 €. Pension pique-nique (nuitée, petit déjeuner, pique-nique, repas du soir) 43 €. Pension complète (pension pique-nique + apéritif, boissons, fromage pays, café, digestif) 51 €. Nuitée 17 €. Petit déjeuner 6 €. Repas du soir 17 € (sans boisson). Panier pique-nique : 7 €. Gîte libre 19 € (nuitée + cuisine à disposition) minimum 8 personnes. Nuitée 17 € en dortoir. Tarif de groupes (à partir de 8 personnes). Label Qualité Tourisme. Label Gîte Panda. Restauration (repas du soir uniquement. Pique-nique le midi).

A 20 minutes de Valberg, cette ancienne ferme tenue par Annie et Michel, aujourd'hui rénovée et transformée en gîte d'étape, fait le bonheur des randonneurs et des amoureux de la nature. Ici, on se sent bien, on mange bien et on dort bien ! Les chambres individuelles, les gîtes et les dortoirs offrent un cadre confortable et chaleureux où règnent le bois et les couleurs chaudes. Annie vous accueille avec de bons plats fait maison : lasagnes, tartiflette, assiettes de charcuterie, tartes sucrées... comme à la maison. L'ambiance est familiale et les groupes d'amis y trouveront assez d'espace pour se retrouver le temps d'un week-end ou d'une semaine à la montagne à des prix imbattables !

Chambres d'hôtes

■ LE CHANT DU MÈLÉ

970, chemin des Huerris
✆ 04 93 02 57 88 / 06 81 98 53 90
www.chambres-hotes-valberg.com
contact@chambres-hotes-valberg.com

5 chambres. Chambre simple à partir de 43 € ; chambre double à partir de 73 € ; chambre triple à partir de 109 €. Demi-pension : 63 € (repas du soir, nuitée et petit-déjeûner. 73 € pour une personne seule dans une chambre. 58 € -8 ans). Petit déjeuner inclus. Nuitée + petit-déjeûner. Taxe de séjour en sus : 0,50 € par adulte, et 0,25 € par enfant. Haute saison : du 1er décembre au 31 mars et du 15 juin au 15 septembre ainsi que les week-ends toute l'année. CB non acceptée. Chèque Vacances. Wifi gratuit. Restauration (table d'hôtes). Pas de tv. Garage motos, vélos gratuit. Grand parking privé.

Situé en pleine nature à 900 m du centre de la station, ce chalet typique en bois de Mélèze saura à coup sûr vous séduire tout comme l'accueil chaleureux de Patricia et Patrick qui se plieront en quatre pour vous rendre le séjour encore plus agréable. La décoration typique est de très bon goût et ne tombe jamais dans le kitch. A l'heure de l'apéro, retrouvez-vous autour du feu de cheminée le temps de déguster un succulent vin de citron (maison bien entendu) avant de passer à table pour déguster l'une des spécialités concoctée par vos hôtes. Le soir venu, vous profiterez de votre petit nid magnifiquement décoré où confort et chaleur participeront à vous détendre. Le chalet possède 5 chambres de 2 à 4 personnes, toutes personnalisées et chacune porte un nom en patois.

Loisirs

■ ESPACE VALBERG AVENTURE – E.V.A

✆ 04 93 02 63 96 / 04 93 23 24 25

Ouistiti : départs en continu 10h-12h / 14h-17h. Découverte : départs en continu 10h-16h. Bleu et rouge : départ toutes les heures de 10h à 15h. Présentez-vous à l'accueil 15 minutes avant le départ. Cette activité est ouverte pendant les week-ends de juin et septembre, et tous les jours aux mois de juillet et août. Parcours vert (dès 6 ans. Taille min. 1,25 m accompagné d'un adulte majeur) : 14 €. Parcours bleu et rouge : 23 €. Parcours enfant 10 €. Tarifs préférentiels pour les groupes.

C'est un parcours dans les arbres accessible par le télésiège de la Croix-du-Sapet. Il propose trois niveaux de difficulté : un parcours vert accessible à tous, un parcours bleu de 41 ateliers, un parcours rouge de 37 ateliers ainsi qu'un parcours Ouistiti adapté pour les enfants à partir de 4 ans. Promenez-vous sur les passerelles suspendues, les tyroliennes, les ponts de singe, les pendules, le pouli-poula, les poutres fixes et mobiles, l'échelle souple, le trapèze, la corde lisse, les pas de géant, le surf, le filet... Sensations fortes garanties !

■ LA LUGE D'ÉTÉ

✆ 04 93 02 55 68

Au départ du télésiège du Garibeuil 1 tour : 3,50 €. 3 tours : 9,30 €. 5 tours : 15 €. 10 tours : 28,40 €. 20 tours : 49,10 €. Les moins de 6 ans doivent être accompagnés d'un adulte. Ouvert tous les weekends à partir du 7 juin et du 7 septembre, et tous les jours en juillet, août et du 1er au 7 septembre (10h15/12h15-14h/18h).

Par le télésiège du Garibeuil, vous pourrez pratiquer la luge d'été. Deux pistes sont à votre disposition, une lente et une autre plutôt rapide.... Les sensations sont garanties : les enfants et les adultes adorent ça. Ce sont des luges de type « ciment » avec des pistes incrustées dans le sol. Assis sur votre luge, il vous faudra dévaler les pistes sans oublier de freiner à la fin !

■ MAISON DES GUIDES ET ACCOMPAGNATEURS DES PORTES DU MERCANTOUR

✆ 04 93 02 32 15
www.oeroc.fr
contact@oeroc.fr

Randonnées – Canyoning – VTT – Escalade – Alpinisme – Cascade – Via ferrata – Ski...

Eté comme hiver, les guides et accompagnateurs d'Oreroc vous feront découvrir des sensations uniques. Ils organisent et encadrent des activités sportives de haute montagne. A la belle saison, partez à l'aventure : randonnées, canyoning, escalade, VTT, alpinisme, aqua-rando, Via Ferrata, randonnée souterraine... Et quand vient la neige, en toute sécurité vous pourrez pratiquer : le ski de randonnée, les randonnées de raquettes ou encore l'escalade de cascades de glace.

Valberg, ski alpin

PISCINE MUNICIPALE

Ouverte tous les jours en juillet et en août, de 10h à 19h. Ouvert du19 avril au 4 mai, de 10h30 à 12h30 & de14h à 19h. Fermée le jeudi. Entrée adulte 5 € / Entrée enfant -12 ans 3 € / Entrée enfant -5 ans gratuit. Carte de 5 entrées : 10 € par enfant, 17,50 € par adulte. Stage de perfectionnement natation en été (avec les maitres nageurs de la piscine) : réservé + 7 ans à partir de 50 €. Inscriptions 06 03 48 24 63 ou 06 12 73 40 39 ou 06 61 21 81 34. Vente de serviette de plage à l'accueil de la piscine. Pas de mise en service de la pataugeoire en hiver.

Assez récente, cette piscine municipale est extraordinaire. Chauffée et couverte en cas de mauvais temps grâce à sa structure modulable et sa conception très moderne, cet espace ludique vous permet de faire en plein hiver un plongeon sous un ciel d'azur. En peu de temps, elle est devenue le lieu de rendez-vous incontournable de de la station. A l'image des bains nordiques, vous pourrez vous détendre après une journée de ski dans l'eau chauffée de la piscine. Un moment inoubliable entouré par un beau manteau neigeux.

QUAD ET MOTONEIGE

✆ 06 20 60 93 48
www.quad-motoneige-valberg.com

Quad : ouvert de 10h à 18h. 45 min environ 60 € le quad. 1h30 environ : 90 € le quad. Rando 1/2 journée avec déjeuner gastronomique 200 €. Motoneige sur réservation uniquement. Dès 17h. Pour 1 ou 2 personnes Maxi 11 personnes. Permis voiture, caution. 30 min : 70 € la moto-neige. 1h : 100 € la moto-neige.

C'est l'évasion : en été ou en hiver, partez à la découverte de paysages grandioses ! Joël Bastian vous plongera au cœur de la nature du Mercantour par de charmants petits chemins. Les quads sont disponibles sur réservation pour 1 ou 2 personnes (maxi 11 personnes). Pour les sorties en motoneige, les sensations de glisse et de liberté sont garanties. A noter que le permis voiture est obligatoire pour les deux activités et qu'une caution sera demandée.

RANCH LE LAGAS

Ranch Le Lagas
✆ 04 93 02 63 84 / 06 07 74 19 70
www.ecuries-delamoute.com

Haute saison : ouvert tous les jours de 10h à 12h et de 15h à 18h.

Sébastien Chaix, accompagnateur et meneur de tourisme équestre, vous propose toute l'année des promenades et randonnées à cheval dans un merveilleux cadre de montagne... A cheval, les balades s'organisent selon les niveaux de chacun : environ une heure pour les débutants, en 1/2 journée ou en journée voire sur plusieurs jours pour les plus expérimentés. Et pour initier les plus jeunes, rien de tel qu'une balade à poney en main. Vous pourrez aussi pique-niquer à dos d'ânes ou de poneys, promener en calèche ou mettre votre cheval en pension courte ou longue durée.

Autre adresse : 4 chemin du Raï 06470 Beuil

SENTIER PLANÉTAIRE

Appli IPhone disponible. Traversée panoramique.

Promenade de 10 kilomètres de long jalonnée de structures monolithiques représentant toutes les planètes de notre système solaire, c'est une reconstitution exacte de notre système solaire à l'échelle 1/1000000e... La première partie du parcours mène à Jupiter puis au lac Sénateur. C'est une portion plutôt familiale : comptez 1h30 AR. L'itinéraire se poursuit sur le thème des astres pour atteindre l'abri Sainte-Marie (3h AR). Les plus courageux iront jusqu'à Neptune, point culminant de l'itinéraire (5h AR). Renseignements auprès de l'Office du Tourisme.

VALBERG GOLF CLUB

Centre administratif – Route de la Colle
✆ 04 93 23 24 25 / 06 86 69 97 26
www.valberggolfclub.com

Location de voiturettes en sus sur place dès 20 € (monoplace 15 €). Tarifs haute saison : parcours 9 trous à partir de 30 € (junior 20 €) 18 trous à partir de 45 €. Basse saison : 9 trous à partir de 20 € (junior 15 €) et 18 trous à partir de 30 €. Possiblité de forfaits et abonnements.

Suivant une géographie naturelle du terrain, ce golf convient aux débutants pour ses courtes longueurs et son caractère ludique mais aussi aux plus expérimentés qui pourront confirmer leur talent sur un tracé très technique et original. A disposition : 3 greens d'entrainement gratuits, un putting green, un practice, un club house et sa boutique. Possibilité de location de matériel (clubs, sac de balles...) et de voiturettes. Mise en place de leçons particulières et stages.

Détente, forme

LE CENTRE 1700

Place Charles Ginesy – Les Mélèzes
✆ 06 09 17 83 08 / 06 10 38 77 35
centre1700@orange.fr

En saison, ouvert de 10h à 12h et de 15h à 20h. Massage : de 80 € / h à 120 € pour 1H30. Privatisation complète du centre durant 1H30 (max 12 pers et mininum 6 pers) – 60 € / pers. Tarif : le matin c'est 60 €/1h le salon privatif (maximum de 4 personnes) ; 80 € l'après midi. La suite spa+ hammam 1H30 (max 4 pers) : 120 € le matin et 160 € l'après midi.

Une douce halte cocooning à réserver lors de votre séjour à Valberg. Nous avons adoré l'atmosphère qui se dégage de ce centre de bien-être. 150 m² dédié au repos de votre corps et de votre esprit. L'espace se scinde en plusieurs salons : un boudoir baroque ou marocain pour boire un verre, un spa, un hammam, un sauna et des salles de massages avec fauteuil massant.

Le principe est très sympa... Vous pouvez louer pendant 1 heure (60/80 €), un espace bien-être conçu sous forme de salon privatif. Seul ou avec des amis (4 personnes maximum), vous profiterez des bienfaits de l'eau et/ou de la chaleur. Pour les massages, ce sont des fauteuils adaptés à cet effet (20 €/30 min) qui se mettent au travail ! Un lieu vraiment apaisant où l'ambiance « zen » est insufflée par Florence la maîtresse des lieux. Elle est d'ailleurs associée avec une praticienne en massages bien-être (Karine Stein) diplômée en France et au Canada. Elle propose en plus sur réservation un panel de massages : Californien, Suédois, drainant... Une étape quasi obligatoire à Valberg. Il est prudent de réserver en amont de votre séjour. A noter : pensez aux bons cadeaux, une idée futée et originale pour faire plaisir.

Emplettes

■ **SANDIA SPORT**
12, avenue de Valberg ✆ 04 93 05 47 83
valberg.skimium.fr
sandiasports@gmail.com
La famille Krechtmann est heureuse de vous accueillir dans son magasin de location et vente de matériel de glisse, au centre de la station, à côté du petit casino. Ils sauront vous conseiller avec patience sur le choix de vos locations en fonction de votre besoin et de votre niveau. Julien et Pierre Krechtmann, moniteurs ESF diplômés en ski et snowboard, se feront un plaisir de vous faire découvrir le domaine de Valberg.

Guillaumes

Situé au confluent du Var et du Tuébi, ce village, habité depuis les temps les plus reculés, constitue la transition entre le haut et le moyen pays. Point stratégique, objet de combats incessants entre la France, la Savoie, la Sardaigne, le comté de Provence, les troupes espagnoles, Guillaumes a été maintes fois au cours des siècles, pillé, incendié, démantelé et rançonné. Ce n'est que depuis 1860 que le village a retrouvé la paix et une relative prospérité. Guillaumes, c'est aussi le Pays des Gorges Rouges, haut lieu de la minéralogie internationale.

■ **OFFICE DE TOURISME DE GUILLAUMES**
25, place de Provence ✆ 04 93 05 57 76
www.pays-de-guillaumes.com
Ouvert le lundi de 14h à 17h ; du mardi au vendredi de 10h à 12h30 et de 14h à 17h.

■ **LES GORGES DE DALUIS**
Le long de la D2202, la route offre un superbe point de vue vertigineux sur le fleuve Var qui gronde comme un torrent au fond de la gorge. La route en encorbellement taillée dans le roc est coupée de nombreux tunnels et permet d'apprécier de nombreux points de vue impressionnants. Quelques parkings facilitent les haltes sans couper la circulation et méritent des arrêts.

■ **LE HAMEAU DE VILLEPLANE**
Par la D2202 au sud de Guillaumes puis la D88, le hameau de Villeplane perché à 1214 m d'altitude permet d'effectuer un agréable trajet dans une symphonie de couleurs où se mêlent le vert des pins et des buis et le rouge violacé des schistes apparents. Le hameau est serré autour de sa petite chapelle saint-Sauveur. En chemin, vous découvrez le hameau de la Saussette où l'on remarque la Chapelle saint-Jacques et le vieux puits. C'est le point de départ des randonnées avec les ânes de bât.

■ **MUSÉE DES ARTS ET TRADITIONS POPULAIRES**
Rue Raymond-Berenger ✆ 04 93 05 57 76
Ouvert sur rendez-vous.
Alimenté principalement par les dons des habitants du village et de la région, il constitue aujourd'hui un témoignage très intéressant sur la vie quotidienne d'autrefois et l'artisanat traditionnel de cette vallée.

Roubion

La station Roubion-Les Buisses est ouverte les week-ends et les vacances scolaires uniquement. Son domaine skiable, de 1410 m à 1920 m, s'étend sur 30 km dans un cadre naturel préservé.
Par temps clair, le sommet du mont Pommier, vous offre une vue splendide sur la mer et la Corse, les pieds dans la neige ! Convivialité, famille et nature sont au rendez-vous à 1h de Nice au tarif le plus attractif des Alpes-Maritimes. Le Club Piou-Piou avec un tapis-ski accueille les jeunes enfants de 10h30 à 12h30 sous l'égide de l'ESF. Sur le site du Pommier, on pratique le snowkite soit avec un snowboard ou soit avec des skis, tiré par une voile de cerf-volant (kite en anglais).
Il permet d'évoluer en montagne, dans des endroits vierges et dégagés, et de remonter les pentes avec très peu de vent. Contacts, tarifs et informations sur le site de l'association des sports de glisse : www.unit6.fr

■ **OFFICE DE TOURISME**
Le Village
✆ 04 93 02 10 30
✆ 06 08 99 12 43
www.roubion.com
tourisme@roubion.com
Basse saison : ouvert du mardi au dimanche de 9h à 12h et de 14h à 18h. Haute saison : tous les jours de 9h à 12h et de 14h à 18h.
Avant de devenir une station de ski familiale intégrée à la métropole Nice Côte d'Azur, le village de Roubion accroché à la falaise – c'est un véritable nid d'aigle vertigineux – et ceint de remparts, attirait pour son riche patrimoine, et son architecture. Il faut se promener dans ces ruelles étroites et moyenâgeuses pour voir des maisons montagnardes typiques et déboucher sur des placettes où trônent des fontaines. Vestiges de remparts et de portes du XIIe siècle, ruines classées du château, témoignent de son passé. Ce village perché pittoresque offre des points de vue saisissants sur les montagnes alentours.

Loisirs

■ **LES BUISSES**
Les Buisses
A 2 km de Roubion
Petite station de ski familiale avec ses 30 km de pistes de ski alpin qui serpentent à travers les forêts de mélèzes et ses nombreuses pistes de ski de fond et circuits raquettes tracés en boucle dans ces mêmes forêts ou sur les plateaux qui dominent la station, Roubion offre une ambiance naturelle, préservée de tout bétonnage. Il faut dire que Roubion est une des communes du Parc national du Mercantour et que la nature sauvage est ici d'une exceptionnelle beauté. C'est donc le paradis des randonneurs et des amateurs de VTT qui choisiront l'un des circuits balisés pour découvrir des lieux de solitude magnifiques. Les amateurs d'escalade se rendront avec bonheur dans ce village pourvu d'un site d'escalade équipé et adapté à tous les niveaux. Quant aux adeptes de canyoning, ils peuvent profiter du canyon du Moulin situé en contrebas du village. Le patrimoine n'est enfin pas en reste grâce à trois sentiers d'interprétation.

Index

C

D

E

N

O

P

Q

R

S